【传世经典 文白对照】

资治通鉴纲目

一

〔宋〕朱 熹 编 撰

孙通海 王景桐 主 编

王秀梅 朱振华 副主编

中华书局

图书在版编目（CIP）数据

资治通鉴纲目/（宋）朱熹编撰;孙通海,王景桐主编;王秀梅,朱振华副主编. —北京:中华书局,2022.4
（传世经典 文白对照）
ISBN 978-7-101-15662-1

Ⅰ.资… Ⅱ.①朱…②孙…③王…④王…⑤朱… Ⅲ.中国历史-古代史-编年体 Ⅳ.K204.3

中国版本图书馆 CIP 数据核字（2022）第 042202 号

书　　名	资治通鉴纲目（全十册）
编 撰 者	〔宋〕朱 熹
主　　编	孙通海　王景桐
副 主 编	王秀梅　朱振华
责任编辑	熊瑞敏　刘树林　刘胜利　胡香玉
	张　敏　周梓翔　张舣方
出版发行	中华书局
	（北京市丰台区太平桥西里 38 号　100073）
	http://www.zhbc.com.cn
	E-mail:zhbc@zhbc.com.cn
印　　刷	北京盛通印刷股份有限公司
版　　次	2022 年 4 月第 1 版
	2022 年 4 月第 1 次印刷
规　　格	开本/880×1230 毫米　1/32
	印张 242⅝　字数 5000 千字
印　　数	1-8000 册
国际书号	ISBN 978-7-101-15662-1
定　　价	598.00 元

出版说明

　　《资治通鉴纲目》五十九卷，是南宋学者朱熹主持编撰的一部史学著作。其书记述自战国周威烈王二十三年（前403）至五代后周显德六年（959）共一千三百六十二年的历史，创立纲目体的史书体裁，是在元明清时期具有重大影响的一部传世经典。

　　朱熹（1130—1200），字元晦，祖籍徽州婺源（今属江西）人，南宋理学家、教育家。他十九岁中进士，"登第五十年，仕于外者仅九考，立朝才四十日"（《宋史·朱熹传》），即除担任九年地方官和四十天的焕章阁待制兼侍讲外，大半生都从事于学术研究和教育事业。一生博极群书，广注典籍，重要著作有《四书章句集注》《周易本义》《诗集传》《楚辞集注》等。思想上，他继承发展了程颢、程颐兄弟，周敦颐、张载等人的学说，成为宋代理学的集大成者。《资治通鉴纲目》便是他在理学观念指导下编写的一部史学著作，被视为史学义理化的典范之作。

　　《资治通鉴纲目》，顾名思义，与北宋时期司马光编撰的《资治通鉴》有着密切的关系。《资治通鉴》这部巨著"网罗宏富，体大思精，为前古之所未有"（《四库全书总目》），但全书二百九十四卷，卷帙浩繁，令人难于卒读。朱熹在《资治通鉴纲目序例》中说，司马光本人也觉察到这个问题，准备编一部详略适中的《通鉴举要历》，可惜未能完成。到了南宋绍兴初年，胡安国根据司马光的遗稿，编就《通鉴举要补遗》一书。朱熹曾在胡安国家见过《通鉴举要补遗》，犹感难以"领其要而及其详也"，便在司马光及胡安国有关《通鉴》著述基础上，"别为义例，增损檃括"而成《资治通鉴纲目》。

　　关于《资治通鉴纲目》的编修过程，学界根据朱熹书信等有关资料，认为约在乾道六年（1170）已修成部分书稿。至淳熙二

年(1175),朱熹在给吕祖谦的信中说"《纲目》草稿略具,俟写校净本毕,即且休歇数月"(《晦庵先生朱文公文集》卷三十三《答吕伯恭》),则其时全书"草稿"已经修成。参与修纂的包括李伯谏、张元善、蔡季通等人。此后几年,朱熹对草稿做了一定程度的修订,后因多事多故,精力不济,修订工作未能完成,他一度在给尤袤的信中悲叹"《纲目》不敢动着,恐遂为千古之恨"(《晦庵先生朱文公文集》卷三十三《答尤延之》)。后来朱熹曾请学生赵师渊协助修订《资治通鉴纲目》一书,但最后是否修订完成,已不得而知。故学界一般认为,《资治通鉴纲目》是一部出于众手的未定之稿。

《资治通鉴纲目》的一大特色在于创立了"纲以提要,目以备详"的纲目体。所谓"纲",就是简明扼要地叙述某年某月发生的重大事件,这部分用大字书写刻印(本书采用黑体排印)。所谓"目",就是对纲中所标列的重大事件进一步加以周详的阐述和交待。诸如追溯事件的起因,总结事件的结果,详细陈述事件的过程,完整记载人物的言论,等等。这部分用小字书写刻印(本书用宋体排印)。对于纲目的编修要求,朱熹曾在给赵师渊的信中说:"其纲欲谨严而无脱落,目欲详备而不烦冗耳。"(四库本《御批资治通鉴纲目》卷首)纲目体的成功运用,"使夫岁年之久近,国统之离合,事辞之详略,议论之同异,通贯晓析,如指诸掌"(《资治通鉴纲目序例》),更便于读者阅读了解历史。朱熹之后,还有不少人采用这种手法编写史书,他们往往取"通鉴"与"纲目"中各一字,合成为"纲鉴"二字来命名著作,如清代吴乘权编的《纲鉴易知录》便是一例。

《资治通鉴纲目》的另一特色在于其叙事采用《春秋》笔法,寓褒贬于行文之中。正如元人汪克宽《资治通鉴纲目考异凡例》中指出,其书"褒善贬恶,明著义例,悉用《春秋》书法,一字不苟"。朱熹手定的《纲目凡例》,对编写中将要遇到的诸如统系、岁年、名号、即位、改元、尊立、崩葬、篡贼、废徙、祭祀、行幸、恩泽、朝会、封拜、征伐、废黜、罢免、人事、灾祥等十九项事类,都详

细规定了行文要求。其中既有属于技术性的体例规定，也有大量带有褒贬扬抑性质的称谓规定。例如，《资治通鉴纲目》在纪年时严格区分正统和非正统，正统政权纪年用大字（本书用黑体排印），非正统政权纪年则用小字（本书用仿宋体排印）。又如，在统系方面，三国时期，与司马光《资治通鉴》以曹魏为正统不同，朱熹在《资治通鉴纲目》中则以蜀汉为正统。有学者认为，《资治通鉴纲目》中的这种正统观念，对于《三国演义》小说"尊刘抑曹"倾向的形成，具有重要影响。

《资治通鉴纲目》问世后，由于在维护正统秩序方面比《资治通鉴》更加鲜明，因之备受统治者推崇，被视为"帝王教科书"。明宪宗曾为成化本《资治通鉴纲目》作序，称赞其"足以继先圣之《春秋》，为后人之轨范"；清康熙帝也对此书亲加批注，形成《御批资治通鉴纲目》一书；乾隆帝也命大臣依纲目体编修了一部起自上古、迄于明末的简明编年体通史，亲加批注，形成《御批通鉴辑览》。后世学者的相关研究著作也很多，如《四库全书总目》中提到有宋人尹起莘的《资治通鉴纲目发明》、宋人刘友益的《资治通鉴纲目书法》、元人汪克宽的《资治通鉴纲目考异》、元人王幼学的《资治通鉴纲目集览》、元人徐昭文的《资治通鉴纲目考证》、明人冯智舒的《资治通鉴纲目质实》等。

由于统治者的推崇，加之其书叙述简明，便于初学历史之入门，故自宋嘉定十二年（1219）首次刊刻之后，代有刊印，据不完全统计，仅明刻本就有三十多种，其中流布较广的版本有明代成化本、崇祯本、清代康熙本。

不过，当前适合普通读者阅读的《资治通鉴纲目》普及读本则极为罕见。此次出版的"传世经典 文白对照"《资治通鉴纲目》，是在孙通海等1996年编译出版之《文白对照资治通鉴纲目》的基础上精心修订而成的。旧版原文以日本平冢文库文政二年（1819）刊本为工作本，参校崇祯本、康熙本，并参考中华书局排印本《资治通鉴》做了比勘。此次出版，我们又根据"中华再造善本"影印之宋本《资治通鉴纲目》对原文做了校订，并参

校明成化本及严文儒、顾宏义校点之《朱子全书》本等，以求原文更加准确；同时进一步修订完善了译文，以求更加准确流畅。本书删除了《资治通鉴纲目》原书中可读性较差的史评部分，意在为大家提供一个更为简明的普及读本。原文干支纪年后括注公元纪年，译文部分增补纪年帝号标题（《资治通鉴纲目》无正统纪年帝王者，依《资治通鉴》所用纪年帝王），以便检索。全书采用丛书"左文右白"的经典版式，便于文白对照阅读。

　　限于学识水平，我们的工作中难免有处理不当乃至错讹之处，敬请读者方家不吝批评指正，以便我们修订完善。

中华书局编辑部

2022年2月

编委会

总　目

目录

第一册

资治通鉴纲目

资治通鉴纲目序例

先正温国司马文正公受诏编集《资治通鉴》,既成,又摄其精要之语,别为《目录》三十卷,并上之。晚病本书太详,《目录》太简,更著《举要历》八十卷,以适厥中,而未成也。

绍兴初,故侍读南阳胡文定公始复因公遗稿,修成《举要补遗》若干卷,则其文愈约而事愈备矣。然往者得于其家而伏读之,犹窃自病记识之弗强,不能有以领其要而及其详也。故尝过不自料,辄与同志因两公四书别为义例,增损檃括以就此编。

盖表岁以首年,逐年之上,行外书某甲子,遇"甲"字、"子"字则朱书以别之。虽无事,依《举要》,亦备岁年。而因年以著统,凡正统之年,岁下大书;非正统者,两行分注。大书以提要,凡大书,有正例,有变例。正例如始终、兴废、灾祥、沿革及号令、征伐、杀生、除拜之大者。变例如不在此例而善可为法、恶可为戒者,皆特书之也。而分注以备言,凡分注,有追原其始者,有遂言其终者,有详陈其事者,有备载其言者;有因始终而见者,有因拜罢而见者,有因事类而见者,有因家世而见者;有温公所立之言、所取之论,有胡氏所收之说、所著之评,而两

前代贤臣温国公司马文正公受诏编集《资治通鉴》，书修成后，又摘录书中的精要部分，另编《目录》三十卷，一并呈上。司马文正公晚年忧虑原书内容过于详细，而《目录》又过于简略，又另著《举要历》八十卷，以便详略适中，然而未能完成。

绍兴初年，故侍读南阳胡文定公才又根据司马文正公的遗稿，重新撰成《举要补遗》若干卷，比之前书，可谓文字更加简约而事件更加完备了。然而往昔在他家里看到此书，得以恭敬地阅读，还是私自忧虑记忆力不强，不能做到领会其中的要领，进而详察其内容。所以曾经很不自量力，就与志同道合者参考两公所撰四种著作，另立主旨体例，增删改写，成就此书。

本书在纪年开始，先标明干支，每年之上，在行外书写相应的干支，如遇"甲"字、"子"字，就用朱砂书写，以示区别。当年虽无可记之事，依《举要》体例，亦存年代。依系年代标明统绪，凡系正统政权纪年，干支下大字书写；非正统政权纪年，分两行书写说明。大字书写以提示要领，凡是大字书写的，有正常之例，亦有变通之例。属于正常之例的，诸如重大事件的始起终末，兴起废止、灾害祥瑞、沿袭变革以及事关重要的号召命令、征战讨伐、杀戮生养、拜官罢免。属于变通之例的，即不属于以上范围，而其善举足可以为后人效法，其恶迹足可以为后世警戒的，均特加以陈述。而后分行注释，以完备述说，凡是分别加以阐述的内容，有的追溯其起因，有的总结其结果，有的详细陈述事件的经过，有的完整记载人物的言论；有的凭借事件的始末而体现，有的借助擢升罢免的异同而体现，有的依靠事类的性质而体现，有的通过家世的变迁而体现；其中尚有温国公所立之言、所取之论，有胡氏所录之说、所撰之评，而两

公所遗,与夫近世大儒先生折衷之语,今亦颇采以附于其间云。使夫岁年之久近,国统之离合,事辞之详略,议论之同异,通贯晓析,如指诸掌,名曰《资治通鉴纲目》,凡若干卷。藏之巾笥,姑以私便检阅,自备遗忘而已。

若两公述作之本意,则有非区区所敢及者。虽然,岁周于上而天道明矣,统正于下而人道定矣,大纲概举而监戒昭矣,众目毕张而几微著矣。是则,凡为致知格物之学者,亦将慨然有感于斯,而两公之志或庶乎其可以默识矣!

因述其指意条例如此,列于篇端,以俟后之君子云。
乾道壬辰夏四月甲子,新安朱熹谨书。

公所遗漏的，与近代儒学大师折衷公允的评语，如今也颇摘录以附于文中。使得远近的历史年代，兴衰离合的国家统绪，详略不一的史实陈述，相同乖异的诸家议论，均能贯通一体，明白晓悉，了如指掌，给它取名为《资治通鉴纲目》，共有若干（成书五十九）卷。将其存放于巾箱之中，姑且便于私下翻阅，以备自己遗忘罢了。

至于两公著述的本旨大意，其中有区区我辈所不敢涉及的。尽管如此，岁星围绕于天，那么天道得以显明；统绪匡正于民间，那么人道从而确定；大纲概举，那么鉴戒昭然可睹；众目毕张，那么几微明显可见。这样，凡是探求致知格物的学者，也将慨然有感于此，而两公的志向，或许从中有所感悟默识吧！

因述此书的旨意条例如上，列于篇章之首，以待后来君子。

乾道壬辰年（宋孝宗乾道八年，公元1172年）夏四月甲子日，新安朱熹敬书。

资治通鉴纲目卷一

起戊寅(前403)周威烈王二十三年,尽乙巳(前256)周赧王五十九年。凡百四十八年。

戊寅(前403) **周威烈王**午**二十三年**秦简公十二年,晋烈公止十七年,齐康公贷二年,楚声王当五年,燕闵公三十一年。魏文侯斯二十二年,赵烈侯籍六年,韩景侯虔六年,皆始为侯。统旧国五,新国三,凡八大国。

初命晋大夫魏斯、赵籍、韩虔为诸侯。

初,智宣子将以瑶为后,智果曰:"不如宵也。瑶之贤于人者五,其不逮者一也。美须长大则贤,射御足力则贤,伎艺毕给则贤,巧文辩惠则贤,强毅果敢则贤。如是而甚不仁。夫以其五贤陵人而以不仁行之,其谁能待之?若果立瑶也,智宗必灭。"弗听。智果别族于太史,为辅氏。

赵简子之子,长曰伯鲁,幼曰无恤,将置后,不知所立,乃书训戒之辞于二简,以授二子曰:"谨识之。"三年而问之,伯鲁不能举其辞,求其简,已失之矣。问无恤,诵其辞甚习,求其简,出诸袖中而奏之。于是简子以无恤为贤,立以为后。

简子使尹铎为晋阳,请曰:"以为茧丝乎?抑为保障乎?"

周威烈王

戊寅(前403) **周威烈王**午二十三年秦简公十二年,晋烈公止十七年,齐康公贷二年,楚声王当五年,燕闵公三十一年。魏文侯斯二十二年,赵烈侯籍六年,韩景侯虔六年,都开始做诸侯。计有五个旧国,三个新国,共八大国。

周威烈王姬午最先分封晋国大夫魏斯、赵籍、韩虔为诸侯。

起初,智宣子想立智瑶为后嗣,智果说:"不如立智宵。智瑶比别人强的地方有五点,不如别人的有一点。他须发繁茂,身材高大,比别人强,骑马射箭矫健有力比别人强,才艺双全比别人强,能文善辩比别人强,坚毅果敢比别人强。虽然如此,他却很不仁道。如果他凭五点优势凌驾别人之上,又推行不仁不义之道,谁能支持他?如果真的立智瑶为后嗣,智氏宗族必定灭亡。"智宣子不听。智果向太史请求脱离宗族,另立为辅氏。

赵简子有两个儿子,长子叫伯鲁,幼子叫无恤,赵简子想要安排后嗣,不知道立哪个好,于是便在两片竹简上写上训导告诫的辞句,分别交给两个儿子,说道:"一定要认真记牢。"三年后,赵简子考问他们二人,伯鲁说不出竹简上的话,追问竹简的下落,原来已经丢失了。接着问无恤,无恤能够熟练背诵竹简上的话,询问竹简的下落,无恤当时就从袖子中拿出来献上。于是赵简子认为无恤是贤明之人,便立他为后嗣。

赵简子派尹铎去治理晋阳,尹铎请示说:"您让我治理晋阳,是让我把它当作茧丝来抽尽剥光呢?还是当作保障来培植呢?"

简子曰："保障哉!"尹铎损其户数。简子谓无恤曰："晋国有难,而无以尹铎为少,无以晋阳为远,必以为归。"

智宣子卒,智襄子为政,与韩康子、魏桓子宴于蓝台。智伯戏康子而侮段规。智国闻之,谏曰："主不备,难必至矣。"智伯曰："难将由我,我不为难,谁敢兴之!"对曰:"不然。《夏书》有之曰:'一人三失,怨岂在明,不见是图。'夫君子能勤小物,故无大患。今主一宴而耻人之君相,又不备,曰'不敢兴难'无乃不可乎! 蜹、蚁、蜂、虿,皆能害人,况君相乎!"弗听。

智伯请地于韩康子,康子欲弗与。段规曰:"智伯好利而愎,不与,将伐我,不如与之。彼狃于得地,必请于他人,他人不与,必向之以兵,然则我得免于患而待事之变矣。"康子曰:"善。"乃与之。智伯悦。又求地于魏桓子,桓子欲弗与,任章问焉,桓子曰:"无故。"任章曰:"无故请地,诸大夫必惧,吾与之地,智伯必骄。彼骄而轻敌,此惧而相亲,以相亲之兵待轻敌之人,智氏之命必不长矣。不如与之以骄智伯,然后可以择交而图之,奈何独以吾为智氏质乎!"桓子曰:"善。"亦与之。

智伯又求蔡、皋狼之地于赵襄子,襄子弗与。智伯怒,帅韩、魏之甲以攻之。襄子将出,曰:"吾何走乎?"从者曰:"长子近,且城厚完。"襄子曰:"民罢力以完之,又毙死以守之,其谁与我!"从者曰:"邯郸之仓库实。"襄子曰:"浚民之膏泽以实之,又因而杀之,其谁与我! 其晋阳乎,先主之所

赵简子说:"当作保障!"尹铎便减少纳税的户数。赵简子对无恤说:"一旦晋国有危难,不要嫌尹铎势力小,不要怕晋阳路途远,一定要拿它作为归宿。"

智宣子去世,智襄子执政,与韩康子、魏桓子在蓝台设宴聚饮。席间,智襄子戏弄韩康子,又侮辱段规。智国听说后,劝诫说:"您不提防灾祸,灾祸必至无疑。"智襄子说:"灾难祸端都取决于我,我不发难,谁敢惹事!"智国回答说:"不对。《夏书》有言:'一个人屡次犯错误,结下的怨恨岂能在明处,应该在未暴露前解决。'君子能够谨慎处理小事,所以没有大祸。现在您一次宴会就羞辱了人家的君主和辅相,还不防备,说人家'不敢惹事',这恐怕不妥吧!连蚊子、蚂蚁、黄蜂、蝎子都能害人,何况是君主和辅相呢!"智襄子不听。

智襄子向韩康子索要土地,韩康子不想给。段规说:"智襄子好利又刚愎自用,如果不给,他会讨伐我们,不如给他。他得到地后会更加骄侈,必然又向别人索取,别人不给,势必向他们动武,这样我们就可以避免祸患而等待事情的变化了。"韩康子说:"好吧。"便把土地给了智襄子。智襄子很高兴。又向魏桓子索取土地,魏桓子不想给,任章问为什么,魏桓子说:"无故要地。"任章说:"智襄子平白无故索要土地,各位大夫必然畏惧,我们如果给他土地,他必然骄傲。他骄傲而轻敌,大家畏惧而结交,以团结亲密之兵对待骄侈轻敌之人,可见智氏的命运不长了。不如把土地送给智襄子,让他骄侈下去,然后再选交盟友,共同图谋,何必单独让我们成为他的靶子呢!"魏桓子说:"好吧。"也交出了土地。

智襄子又向赵襄子索要蔡、皋狼之地,赵襄子不给。智襄子大怒,率领韩、魏两家甲兵去攻打。赵襄子准备出逃,说:"我到哪里去呢?"随从说:"长子城近,而且城墙坚固。"赵襄子说:"百姓修筑城池已筋疲力尽,又让他们拼死把守,谁能追随我!"随从说:"邯郸城仓库充实。"赵襄子说:"搜刮民脂民膏来充实仓库,又让他们因打仗而丧生,谁能追随我? 还是去晋阳吧,那是先主所

属也,尹铎之所宽也,民必和矣。"乃走晋阳。三家围而灌之,城不浸者三版,沉灶产蛙,民无叛意。智伯行水,魏桓子御,韩康子骖乘。智伯曰:"吾乃今知水可以亡人国也。"桓子肘康子,康子履桓子之跗,以汾水可以灌安邑,绛水可以灌平阳也。絺疵谓智伯曰:"韩、魏必反矣。"智伯曰:"子何以知之?"对曰:"以人事知之。夫从韩、魏而攻赵,赵亡,难必及韩、魏矣。今约胜赵而三分其地,城降有日,而二子无喜志,有忧色,是非反而何?"明日,智伯以其言告二子,二子曰:"此谗臣欲为赵氏游说,使主疑二家而懈于攻赵也。不然,二家岂不利朝夕分赵氏之田,而欲为此危难不可成之事乎!"二子出,絺疵入曰:"主何以臣之言告二子也?"智伯曰:"子何以知之?"对曰:"臣见其视臣端而趋疾,知臣得其情故也。"智伯不悛。赵襄子使张孟谈潜出见二子,曰:"臣闻唇亡则齿寒,赵亡则韩、魏为之次矣。"二子乃阴与约,为之期日而遣之。襄子夜使人杀守堤之吏,而决水灌智伯军。智伯军乱,韩、魏翼而击之,襄子将卒犯其前,大败其众,遂杀智伯,灭其族而分其地,唯辅果在。

赵襄子漆智伯之头,以为饮器。智伯之臣豫让欲为之报仇,乃诈为刑人,挟匕首,入襄子宫中涂厕。左右欲杀之,襄子曰:"智伯死无后,而此人欲为报仇,真义士也,吾谨避之耳。"让又漆身为癞,吞炭为哑,行乞于市,其妻不识也。其友识之,为之泣曰:"以子之才,臣事赵孟,必得近

嘱托的地方,尹铎所宽民的地方,百姓必定亲和我们。"于是投奔晋阳。智氏、韩氏、魏氏三家围城而用水灌,城墙只剩下三版高的地方没有被淹没,泡塌的锅灶孳生出青蛙,百姓却无背叛之心。智襄子巡察水情,魏桓子驾车,韩康子陪乘。智襄子说:"我今天才知道水可以灭亡一个国家。"魏桓子用胳膊肘碰了一下韩康子,韩康子也踩了一下魏桓子的脚,因为汾水可以灌安邑,绛水可以灌平阳。絺疵对智襄子说:"韩、魏必定反叛。"智襄子说:"你怎么知道的?"絺疵回答说:"凭人情世故知道的。我们指使韩、魏一起攻赵,赵家灭亡,势必危及韩、魏。现在约定战胜赵家之后三家分地,破城指日可待,可韩、魏两家并不欢喜,反而有忧色,这不是想反叛又是什么?"第二天,智襄子把絺疵的话告诉韩、魏两人,两人说:"这是奸臣进谗言想为赵家游说,让您怀疑我们韩、魏两家而松懈对赵家的进攻。不然,莫非我们两家偏要抛开早晚能分到赵家的利益,而去干危险而不能成的事吗!"两人出去,絺疵进来说:"主公为什么把我的话告诉他们?"智襄子说:"你是怎么知道的?"絺疵回答说:"我见他们看我两眼就快步走开,知道我摸到了他们的隐情。"智襄子不改。赵襄子派张孟谈暗中出城外会见韩康子、魏桓子,说:"我听说唇亡齿寒,如果赵亡,那么韩、魏就紧跟其后了。"于是两人与张孟谈秘密商议,约定起事日期后送他回城。赵襄子在夜里派人杀掉守堤的官吏,决开堤口反灌智襄子的军队。智襄子军队混乱,韩、魏两家两翼出击,赵襄子率领士卒从正面攻击,大败智家民众,于是杀掉智襄子,并灭了他的家族,分掉了他的土地,只有辅果幸免。

赵襄子把智襄子的头骨涂上漆,作为饮具。智襄子的家臣豫让想为主公报仇,就装扮成一个刑犯,身藏匕首,进赵襄子宫中清扫厕所。左右随从要杀掉他,赵襄子说:"智襄子死了没有后人,而这个人要替他报仇,不愧是个义士,我小心避开他就是了。"豫让又用漆涂身使身上生出癞疮,吞吃木炭自残变成哑巴,在街道上行乞,连他的妻子也没有认出来。他的朋友认出他后,流着泪对他说:"凭你的才能,只要为赵家效力,必然受到亲近

幸。子乃为所欲为,顾不易耶?何乃自苦如此?"让曰:"委质为臣而求杀之,是二心也。吾所以为此者,将以愧天下后世之为人臣而怀二心者也。"后又伏于桥下,欲杀襄子,襄子杀之。

襄子以伯鲁之不立也,有子五人,不肯置后,立伯鲁之孙浣,是为献子。献子生籍,是为烈侯。魏斯者,桓子之孙,是为文侯。韩虔者,康子之孙,是为景侯。盖自三家之灭智伯,至是五十一年矣。

魏文侯以卜子夏、田子方为师,每过段干木之庐必式,四方贤士多归之。

文侯与群臣饮酒,乐,而天雨,命驾将适野。左右曰:"今日饮酒乐,天又雨,君将安之?"文侯曰:"吾与虞人期猎,虽乐,岂可无一会期哉!"乃往身自罢之。

韩借师于魏以伐赵,文侯曰:"赵,兄弟也,不敢闻命。"赵借师以伐韩,对亦如之。二国皆怒。已而知文侯以讲于己也,皆朝于魏。魏由是始大于三晋。

文侯使乐羊伐中山,克之,以封其子击。他日,问于群臣:"我何如主?"皆曰:"仁君。"任座曰:"君得中山,不以封君之弟,而以封君之子,何谓仁君!"文侯怒,座趋出。次问翟璜,对曰:"仁君也。"文侯曰:"何以知之?"对曰:"君仁则臣直。向者任座之言直,是以知之。"文侯悦,使璜召座而反之,亲下堂迎之,以为上客。

宠爱。那时你便可以为所欲为，不是很容易吗？何必这样折磨自己？"豫让说："委身为臣子而后再想杀死人家，这是心怀二心。我所以这样做，正是让天下后世做人臣且又心怀二心的人感到羞愧。"后来，豫让又埋伏在桥下，想要击杀赵襄子，赵襄子将他杀死。

赵襄子因为当年自己的哥哥伯鲁没有被立为继承人，自己虽然有五个儿子，也不肯立，而是立伯鲁的孙子赵浣为继承人，这就是赵献子。赵献子生赵籍，就是赵烈侯。魏斯，是魏桓子的孙子，就是魏文侯。韩虔，是韩康子的孙子，就是韩景侯。自从赵、韩、魏三家灭掉智襄子，到现在已有五十一年了。

魏文侯以卜子夏、田子方为国师，每次经过段干木的住宅时，都要手扶车前横木俯首致敬，因此各地杰出人才多来归附。

魏文侯跟群臣一起喝酒，正在兴头上，天下大雨，他下令准备车马前往郊野。左右随从说："今天喝酒挺快乐的，天又下雨，您打算去哪里呢？"魏文侯说："我与掌管山林的官员约好去打猎，现在虽然喝得很开心，难道可以忽视一个约会吗？"于是亲自前往说明停猎之事。

韩国向魏国借兵准备攻打赵国，魏文侯说："赵国是兄弟之国，我不敢从命。"赵国也想借兵以便攻打韩国，魏文侯的回答与上次一样。韩、赵二国听后都很生气。后来知道了魏文侯对自己的和睦态度，又都来朝拜魏国。魏国从此开始成为三国中的强国。

魏文侯派乐羊攻打中山国，攻克其地，来封给自己的儿子魏击。有一天，魏文侯问群臣："我是什么样的国君？"大家都说："您是仁德的国君。"任座说："您得到中山国，不封给您的弟弟，却封给您的儿子，这算什么仁德的国君！"魏文侯大怒，任座快步离开。魏文侯接着又问翟璜，翟璜答道："仁德的国君。"魏文侯说："根据什么知道的？"翟璜答道："国君仁德，那么臣下就正直。刚才任座说话刚直不阿，所以才知道的。"魏文侯喜悦，派翟璜叫任座回来，自己亲自下堂去迎接，把他奉为上宾。

文侯与田子方饮，文侯曰："钟声不比乎？左高。"田子方笑。文侯曰："何笑？"子方曰："臣闻之，君明乐官，不明乐音。今君审于音，臣恐其聋于官也。"文侯曰："善。"

子击出，遭田子方于道，下车伏谒。子方不为礼。击怒，谓子方曰："富贵者骄人乎？贫贱者骄人乎？"子方曰："亦贫贱者骄人耳，富贵者安敢骄人！国君而骄人则失其国，大夫而骄人则失其家。失其国家者，未闻有以国家待之者也。夫士贫贱，言不用，行不合，则纳履而去，安往而不得贫贱哉！"击乃谢之。

文侯谓李克曰："先生有言：'家贫思良妻，国乱思良相。'今所置非成则璜，二子何如？"对曰："卑不谋尊，疏不谋戚。臣在阙门之外，不敢当命。"文侯曰："先生临事勿让。"克曰："居视其所亲，富视其所与，达视其所举，穷视其所不为，贫视其所不取，五者足以定之矣。"文侯曰："先生就舍，吾之相定矣。"李克出，翟璜曰："闻君召先生而卜相，果谁为之？"克曰："魏成。"璜忿然曰："西河守吴起，臣所进也。君内以邺为忧，臣进西门豹；君欲伐中山，臣进乐羊；中山已拔，无使守之，臣进先生；君之子无傅，臣进屈侯鲋。以耳目之所睹记，臣何负于魏成！"克曰："子之言克于君者，岂将比周以求大官哉？君问相于克，克之对如是。所以知君之必相魏成者，成食禄千钟，什九在外，是以

魏文侯与田子方饮酒，魏文侯说："钟声不和谐了吧？左边的偏高。"田子方笑。魏文侯问："笑什么？"田子方说："我听说，国君应通晓乐官的职责，不必通晓乐音。如今您详察于音律，我恐怕您顾不上听察官职政务的情况。"魏文侯说："讲得有理。"

　　公子魏击出门，在路上遇见田子方，便下车伏地拜见。田子方不还礼。魏击大怒，对田子方说："是富贵之人可以傲视别人呢？还是贫贱之人可以傲视别人呢？"田子方说："当然是贫贱之人可以傲视别人，富贵之人岂敢傲视别人！当国君的如果傲视别人就会丧失国家，当大夫的如果傲视别人就会丧失封地。丧失国家、封地的，没有听说人们还会把他们当作国君、大夫对待的。然而对于贫贱的士人来说，言论不被采纳，行为不合心意，就可以穿上鞋就走，到哪里不都是贫贱吗！"魏击于是向田子方道歉。

　　魏文侯对李克说："您说过：'家中贫穷便思念贤惠的妻子，国家动乱便思念贤能的宰相。'现在我所能挑选的不是魏成就是翟璜，这两人怎么样？"李克回答说："卑下的不谋划尊贵的事情，疏远的不谋划亲戚的事情。我在朝廷之外，不敢从命。"魏文侯说："先生处事不必谦让。"李克说道："观察人，平时看他所亲近的，富有时看他所交往的，显贵时看他所举荐的，穷困时看他所不干的，贫乏时看他所不取的，这五个方面完全可以决定一个人的取舍了。"魏文侯说："先生回家吧，我的国相已经有数了。"李克出来，翟璜问道："听说国君请先生去议论选相之事，最后谁来担任？"李克说："魏成。"翟璜忿忿不平地说："西河守吴起是我推荐的。国君担心内地的邺城，我推荐了西门豹；国君想攻打中山国，我推荐了乐羊；中山国被攻克后没有人去镇守，我推荐了您；国君的儿子缺少师傅，我又推荐了屈侯鲋。就凭这些大家所耳闻目睹的，我有哪些不如魏成！"李克说："你把我介绍给国君，难道是为了结伙以谋求高官吗？国君向我询问国相人选的事，我说了刚才那一番话。所以认为国君必然任用魏成为国相，这是因为魏成享有的千钟俸禄，十分之九都用在自家之外，所以从

东得卜子夏、田子方、段干木。此三人君皆师之,子所进五人者,君皆臣之。子恶得与成比也!"璜再拜谢曰:"鄙人失对,愿卒为弟子。"

吴起者,卫人,仕于鲁。齐人伐鲁,鲁人欲以为将,起取齐女,鲁人疑之。起杀妻以求将,大破齐师。或谮之曰:"起始事曾参,母死不奔丧,曾参绝之。又杀妻以求为将,起残忍薄行人也。"起恐得罪,闻魏文侯贤,乃往归之。文侯问诸李克,克曰:"起贪而好色。然用兵,司马穰苴弗能过也。"于是文侯以为将,击秦,拔五城。起为将,卧不设席,行不骑乘,亲裹赢粮,与士卒最下者同衣食,分劳苦。卒有病疽者,起为吮之。卒母闻而哭之。或问之,对曰:"往年吴公吮其父,其父战不还踵,遂死于敌。吴公今又吮其子,妾不知其死所矣。"

赵烈侯好音,谓相国公仲连曰:"寡人有爱,可以贵之乎?"连曰:"富之可,贵之则否。"君曰:"然。郑歌者枪、石二人,吾赐之田,人万亩。"连诺而不与。烈侯屡问,连乃称疾不朝。番吾君谓连曰:"君实好善而未知所持。公仲亦有进士乎?"连曰:"未也。"曰:"牛畜、荀欣、徐越皆可。"连进之。畜侍以仁义,烈侯逌然。明日,欣侍以举贤使能。明日,越侍以节财俭用,察度功德,所与无不允。君说,

东方得到了卜子夏、田子方、段干木。这三个人都被国君奉为老师，而你所推荐的五个人，国君都任用为臣属。你怎能与魏成相比呢！"翟璜拜了再拜，道歉说："我这粗人失言了，愿意终身做您的弟子。"

吴起，卫国人，在鲁国任职。齐国攻打鲁国，鲁国想任用吴起为大将，由于吴起娶的妻子是齐国人，鲁国对此有疑虑。于是，吴起杀死妻子，求得了大将的职位，大败齐国军队。有人诋毁吴起说："吴起当初师事曾参时，因母亲死了也不回家治丧，被曾参拒绝交往。现在又杀妻来谋求将位，吴起是个残忍缺德的人。"吴起担心祸端降临，听说魏文侯贤明，就前去投奔。魏文侯问李克，李克说："吴起贪婪而好色。然而善于用兵打仗，连司马穰苴也不能超过他。"于是魏文侯任吴起为大将，攻击秦国，连续攻下五城。吴起做大将，睡卧不铺席子，行军不骑马，亲自背军粮，与最下层的士卒穿同样的衣服，吃相同的饭，共同分担劳苦。有个士卒得了毒疮，吴起为他吸吮脓汁。这个士卒的母亲听说后就哭了。有人问其中的缘故，她回答说："从前吴公曾经替孩子的父亲吸吮伤口，他的父亲作战时不退却一步，终于死在敌人之手。吴公现在又为我的儿子吸吮毒疮，我不知道他将死在什么地方。"

赵烈侯喜好音乐，对相国公仲连说："我有宠爱的人，可以让他们显贵吗？"公仲连说："让他们富有可以，让他们显贵就不应该了。"赵烈侯说："好吧。郑国歌者枪和石二人，我要赏赐田地，每人一万亩。"公仲连应承下来，却不给落实。赵烈侯多次过问这事，公仲连便声称有病不去上朝。番吾君对公仲连说："你确实愿意推行善政，却不知采用什么办法。你也推荐过人才吗？"公仲连说："没有。"番吾君说："牛畜、荀欣、徐越等人都可以推荐。"公仲连便把他们推荐给赵烈侯。牛畜以仁义规劝赵烈侯，赵烈侯欣然接受。第二天，荀欣以举贤使能提醒赵烈侯。又过一天，徐越以节约财用，俭省用度劝说赵烈侯，并提倡考察衡量臣属的功劳与德行，使赏赐与功劳和德行相符。赵烈侯很高兴，

乃谓连曰："歌者之田且止。"以畜为师,欣为中尉,越为内史,赐连衣二袭。

己卯（前402）　二十四年_{燕僖公元年。}
王崩,子骄立。
是为安王。
盗杀楚君当。

庚辰（前401）　安王元年_{楚悼王类元年。}
秦伐魏。

辛巳（前400）　二年
魏、韩、赵伐楚。　郑围韩阳翟。

壬午（前399）　三年_{秦惠公、赵武侯、韩烈侯取元年。}
虢山崩,壅河。

癸未（前398）　四年
楚围郑。

甲申（前397）　五年
日食。　盗杀韩相侠累。
侠累与濮阳严仲子有恶。仲子闻轵人聂政之勇,以黄金百溢为政母寿,欲因以报仇。政不受,曰："老母在,政身未敢以许人也。"及母卒,仲子乃使政刺侠累。侠累方坐府上,兵卫甚众,聂政直入刺之。因自皮面决眼,自屠出肠。

对公仲连说:"歌者之田的事就算了。"赵烈侯任命牛畜为师,荀欣为中尉,徐越为内史,赏给公仲连衣服两套。

己卯(前402) 周威烈王二十四年_{燕僖公元年。}
周威烈王去世,其子姬骄即位。
这就是周安王。
盗匪杀死楚国国君楚声王当。

周安王

庚辰(前401) 周安王元年_{楚悼王类元年。}
秦国攻打魏国。

辛巳(前400) 周安王二年
魏国、韩国、赵国联合攻打楚国。 郑国围攻韩国阳翟城。

壬午(前399) 周安王三年_{秦惠公、赵武侯、韩烈侯取元年。}
虢山崩塌,壅塞黄河。

癸未(前398) 周安王四年
楚国围攻郑国。

甲申(前397) 周安王五年
出现日食。 盗匪刺杀韩国国相侠累。
侠累与濮阳人严仲子有仇。严仲子听说轵邑聂政勇敢过人,便拿出许多黄金来为聂政的母亲祝寿,想要让聂政为自己报仇。聂政没有接受,说道:"老母亲还健在,我的性命不敢随便许给别人。"等到他的母亲去世,严仲子便派聂政去刺杀侠累。当时侠累正坐在府中,周围的卫兵很多,聂政径直冲进府中,刺死了侠累。然后,聂政自毁脸面,挖掉双眼,自己动手剖肚出肠。

韩人暴其尸于市,购问,莫能识。其姊荌闻而往,哭之曰:
"是轵深井里聂政也。以妾在之故,重自刑以绝从。妾奈
何畏没身之诛,终灭贤弟之名!"遂死政尸之旁。

乙酉(前396) 六年
郑弑其君骀。

丙戌(前395) 七年

丁亥(前394) 八年
齐伐鲁。

戊子(前393) 九年
魏伐郑。

己丑(前392) 十年 晋孝公倾元年。

庚寅(前391) 十一年
秦伐韩宜阳,取六邑。 齐田和迁其君贷于海上,食
一城。
和,田恒之曾孙也。

辛卯(前390) 十二年
秦晋战于武城。 齐伐魏。 鲁败齐师于平陆。

壬辰(前389) 十三年
秦侵晋。 齐田和会魏侯、楚人、卫人于浊泽,求为诸侯。

韩国人把聂政的尸体扔到集市中示众,悬赏访查,但始终没有人能辨识。聂政的姐姐聂嫈闻风前往,哭着说:"这是轵邑深井里的聂政啊!他因为我在,就严重地残害自己,以免连累别人。我怎么能畏惧杀身之祸,最终埋没我弟弟的名声呢!"于是死在聂政的尸体旁边。

乙酉(前396) **周安王六年**
郑国人杀害自己的国君郑繻公骀。

丙戌(前395) **周安王七年**

丁亥(前394) **周安王八年**
齐国攻打鲁国。

戊子(前393) **周安王九年**
魏国攻打郑国。

己丑(前392) **周安王十年** 晋孝公倾元年。

庚寅(前391) **周安王十一年**
秦国攻打韩国宜阳,夺取六邑。 齐国田和把国君齐康公贷迁徙到海边,留给他一城作为食邑。
田和,是田恒的曾孙。

辛卯(前390) **周安王十二年**
秦国与晋国战于武城。 齐国攻打魏国。 鲁国在平陆击败齐国军队。

壬辰(前389) **周安王十三年**
秦国入侵晋国。 齐国田和在浊泽与魏文侯及楚国、卫国贵族会见,谋求成为诸侯。

田和求为诸侯,魏文侯为之请于王及诸侯,王许之。

癸巳(前388) 十四年

甲午(前387) 十五年

秦伐蜀,取南郑。 魏侯斯卒。 魏吴起奔楚,楚以为相。

魏武侯浮西河而下,顾谓吴起曰:"美哉山河之固,此魏国之宝也!"对曰:"在德不在险。昔三苗氏,左洞庭,右彭蠡,德义不修,禹灭之。夏桀之居,左河济,右泰华,伊阙在其南,羊肠在其北,修政不仁,汤放之。商纣之国,左孟门,右太行,常山在其北,大河经其南,修政不德,武王杀之。由此观之,在德不在险。君若不修德,舟中之人皆敌国也。"武侯曰:"善。"

魏相田文,起不悦,谓文曰:"请与子论功可乎?"文曰:"可。"起曰:"将三军,使士卒乐死,敌国不敢谋,子孰与起?"文曰:"不如子。"起曰:"治百官,亲万民,实府库,子孰与起?"文曰:"不如子。"起曰:"守西河,而秦兵不敢东乡,韩、赵宾从,子孰与起?"文曰:"不如子。"起曰:"此三者子皆出吾下,而位加吾上,何也?"文曰:"主少国疑,大臣未附,百姓不信,方是之时,属之子乎? 属之我乎?"起默然良久曰:"属之子矣。"

久之,魏相公叔害起,谮之,武侯疑之。起惧诛,遂奔楚。楚悼王素闻其贤,至则任之为相。起明法审令,捐

田和谋求成为诸侯,魏文侯替他向周安王及各国诸侯请求,周安王允许。

癸巳(前388) **周安王十四年**

甲午(前387) **周安王十五年**

秦国攻打蜀地,夺取南郑。 魏文侯斯去世。 魏国吴起投奔楚国,楚悼王任命他为相。

魏武侯乘船顺西河而下,他回过头对吴起说:"壮美啊,险要坚固的山河,这是魏国的至宝!"吴起说:"至宝在于仁德而不在于险固。从前三苗氏的领地,东有洞庭湖,西有彭蠡湖,由于不修道德仁义,被大禹灭亡。夏桀占据的地方,东有黄河、济水,西有泰华山,伊阙山在南端,羊肠坂在北端,由于不施行仁政,被成汤流放。商纣王的国土,东有孟门,西有太行山,常山在北境,黄河流经南境,由于不施行德政,被周武王杀掉。由此可见,在于仁德的施行,而不在于山川的险要坚固。如果您不推行德政,恐怕这条船上的人都可能成为仇敌。"魏武侯说:"讲得好。"

魏国任命田文为相,吴起不痛快,对田文说:"我想与你比较功劳的大小,可以吗?"田文说:"可以。"吴起说:"率领三军,让士卒乐于战死,使敌国不敢图谋我国,你比得上我吗?"田文说:"不如你。"吴起说:"管理百官,亲善万民,充实仓库,你比得上我吗?"田文说:"不如你。"吴起说:"守卫西河,使秦军不敢东进,韩、赵两国依附听命,你比得上我吗?"田文说:"不如你。"吴起说:"这三方面你都不如我,而职位却在我之上,这是为什么?"田文说:"当今国君年幼,国中疑虑重重,大臣尚未归附,百姓还不信服,在这个时机,是应当托付给你呢? 还是应当托付给我?"吴起沉默许久,说:"应当托付给你。"

过了很久,魏国国相公叔忌恨吴起,便加以谤毁,魏武侯开始怀疑吴起。吴起惧怕降罪,便投奔楚国。楚悼王早就听说吴起有才干,他一到,就任命他为国相。吴起严明法纪号令,裁减

不急之官,废公族疏远者,以养战士,要在强兵,破游说之言从横者。于是南平百越,北却三晋,西伐秦,诸侯皆患楚之强,而楚之贵戚大臣多怨起者。

乙未(前386) 十六年秦出公、魏武侯击、赵敬侯章、韩文侯元年。齐太公和元年。统秦、晋、齐、楚、燕、魏、赵、韩旧国八,田齐新国一,凡九大国。

初命齐田和为诸侯。 魏袭赵邯郸,不克。

丙申(前385) 十七年
秦庶长改弑其君及其君母。
庶长改迎灵公之子于河西而立之,是为献公。遂杀出子及其母,沉之渊旁。
韩伐郑,遂伐宋。

丁酉(前384) 十八年秦献公、齐桓公午元年。

戊戌(前383) 十九年
魏败赵师于兔台。

己亥(前382) 二十年
日食,昼晦。

庚子(前381) 二十一年
楚君类卒。楚人杀吴起。
悼王薨,贵戚大臣作乱,攻吴起,杀之。因射刺起,并中王尸。太子臧即位,讨为乱者,夷七十余家。

多余的闲官,废除王族中疏远亲属的爵禄,拿来供养战士,强调增强军力,瓦解合纵连横的游说。于是,吴起向南平定百越,向北抵御韩、魏、赵三国的进攻,向西进击秦国,诸侯都畏惧楚国的强盛,而楚国的贵戚大臣们却有很多人怨恨吴起。

乙未(前386)　**周安王十六年**秦出公、魏武侯击、赵敬侯章、韩文侯元年。田齐太公和元年。总计有秦、晋、齐、楚、燕、魏、赵、韩八个旧国,田齐一个新国,共九大国。

周王朝始命齐国大夫田和为诸侯。　魏国袭击赵国邯郸,未能攻下。

丙申(前385)　**周安王十七年**
秦国一位名叫改的庶长杀死国君秦出公和他的母亲。
秦国一位名叫改的庶长在河西迎接秦灵公的儿子,立为国君,这就是秦献公。杀死秦出公和他的母亲,沉在水里。
韩国攻打郑国,接着又攻打宋国。

丁酉(前384)　**周安王十八年**秦献公、齐桓公午元年。

戊戌(前383)　**周安王十九年**
魏国在兔台打败赵国军队。

己亥(前382)　**周安王二十年**
出现日食,白昼晦暗。

庚子(前381)　**周安王二十一年**
楚国国君楚悼王类去世。楚人杀死吴起。
楚悼王去世,贵戚大臣作乱,攻打吴起,并杀了他。用箭射杀吴起时,并射中了楚悼王的尸体。太子臧即位,讨伐作乱之人,诛灭了七十多家。

辛丑（前380） 二十二年楚肃王臧元年。
齐伐燕。 魏、韩、赵伐齐。

壬寅（前379） 二十三年是岁齐亡。统秦、晋、楚、燕、魏、
赵、韩、田齐凡八大国。
赵袭卫，不克。 齐侯贷卒，无子，田氏遂并齐。

癸卯（前378） 二十四年齐威王因齐元年。
狄败魏师于浍。 魏、韩、赵伐齐。

甲辰（前377） 二十五年晋靖公俱酒元年。
蜀伐楚。

乙巳（前376） 二十六年韩哀侯元年。是岁晋亡。统秦、
楚、燕、魏、赵、韩、齐凡七大国。
王崩，子喜立。
是为烈王。
三晋共废其君俱酒为家人而分其地。

丙午（前375） 烈王元年
日食。 韩灭郑，自阳翟徙都之。

丁未（前374） 二年赵成侯种元年。

戊申（前373） 三年
燕败齐师于林狐。 鲁、魏伐齐。

辛丑（前380） 周安王二十二年楚肃王臧元年。

齐国攻打燕国。 魏、韩、赵三家攻打齐国。

壬寅（前379） 周安王二十三年这年姜姓齐国灭亡。总计秦、晋、楚、燕、魏、赵、韩、田齐共八个大国。

赵国袭击卫国，未能攻克。 齐康公贷去世，没有子嗣，田氏便兼并了齐王室。

癸卯（前378） 周安王二十四年齐威王因齐元年。

狄人在浍山击败魏军。 魏、韩、赵三家攻打齐国。

甲辰（前377） 周安王二十五年晋靖公俱酒元年。

蜀人攻打楚国。

乙巳（前376） 周安王二十六年韩哀侯元年。这一年晋国灭亡。总计有秦、楚、燕、魏、赵、韩、齐共七大国。

周安王去世，其子姬喜即位。

这就是周烈王。

魏、韩、赵三家共同将晋靖公姬俱酒废黜为平民，瓜分了晋王室的领地。

周烈王

丙午（前375） 周烈王元年

出现日食。 韩国灭掉郑国，从阳翟迁都新郑。

丁未（前374） 周烈王二年赵成侯种元年。

戊申（前373） 周烈王三年

燕国在林狐打败齐军。 鲁国和魏国攻打齐国。

己酉（前372） 四年燕桓公元年。
赵伐卫，取都鄙七十三。　魏败赵师于北蔺。

庚戌（前371） 五年
魏伐楚。　韩严遂弑其君。
哀侯以韩廆为相而爱严遂，二人相害。遂刺廆于朝，而并中哀侯。
魏侯击卒。
武侯不立太子，至是子䓨与公中缓争立，国内乱。

辛亥（前370） 六年魏惠王䓨、韩懿侯元年。
齐侯来朝。
时周室微弱，诸侯莫朝，而齐独朝之，天下以此贤威王。

赵伐齐。　魏败赵师于怀。　齐侯封即墨大夫，烹阿大夫。
齐威王召即墨大夫，语之曰："自子之居即墨也，毁言日至。然吾使人视即墨，田野辟，人民给，官无事，东方以宁。是子不事吾左右以求助也。"封之万家。召阿大夫，语之曰："自子守阿，誉言日至。吾使人视阿，田野不辟，人民贫馁。赵攻鄄，子不救；卫取薛陵，子不知，是子厚币事吾左右以求誉也。"是日，烹阿大夫及左右尝誉者。于是群臣耸惧，莫敢饰诈，务尽其情，齐国大治，强于天下。

己酉（前372）　周烈王四年_{燕桓公元年。}

赵国攻打卫国,夺取七十三个城邑。　魏国在北蔺打败赵军。

庚戌（前371）　周烈王五年
魏国攻打楚国。　韩国严遂杀死国君。

韩哀侯任命韩廆为相而宠爱严遂,两人互相仇恨。于是严遂派人在朝廷上刺杀韩廆,连带杀死了韩哀侯。

魏武侯击去世。

魏武侯没有立太子,于是他的儿子魏䓨与公中缓争立,国内大乱。

辛亥（前370）　周烈王六年_{魏惠王䓨、韩懿侯元年。}
齐威王朝拜周烈王。

当时周王室势力微弱,诸侯都不朝拜,唯独齐威王前去朝拜,天下人因此认为齐威王贤明。

赵国攻打齐国。　魏国在怀地打败赵军。　齐威王封赏即墨大夫而烹死阿大夫。

齐威王召见即墨大夫,对他说:“自从你任职即墨以来,每天都有诋毁你的话传来。不过我派人视察即墨,即墨田地得到垦殖,人民丰足,官府无事,东疆因此获得安宁。这是你不巴结我的左右亲信,以求得他们美言相助的缘故。”便封赏他一万户的封邑。又召见阿大夫,对他说:“自从你治理阿邑以来,我天天听到赞美你的话。我派人视察阿邑,那里却田地荒芜,人民贫苦饥饿。赵国攻打鄄城,你不去援救;卫国夺取薛陵,你却不知。可见你是用重金巴结我的左右亲信,以此求得他们的美言吹捧。”当天,齐威王下令烹死阿大夫以及替他说好话的左右近臣。于是群臣恐惧,不敢巧饰伪诈,切实反映情况,齐国因此得到大治,成为天下强国。

壬子（前369）　七年^{楚宣王良夫元年。}

日食。　王崩，弟扁立。

是为显王。

韩、赵伐魏，围安邑。

韩公孙颀谓懿侯曰："魏乱，可取也。"懿侯乃与赵成侯合兵伐魏，大破其兵，遂围安邑。成侯曰："杀䓨，立公中缓，割地而退，我两国之利也。"懿侯曰："杀魏君，暴也；割地，贪也。不如两分之。魏分为两，不强于宋、卫，则我终无魏患矣。"赵人不听，乃解而去。

癸丑（前368）　显王元年

齐伐魂。　赵侵齐。

甲寅（前367）　二年

乙卯（前366）　三年

秦败魏、韩之师于洛阳。

丙辰（前365）　四年

魏伐宋。

丁巳（前364）　五年

秦败三晋之师于石门。赐以黼黻之服。

斩首六万。

壬子（前369）　**周烈王七年** _{楚宣王良夫元年。}
出现日食。　周烈王去世，其弟姬扁即位。
他就是周显王。
韩国和赵国攻打魏国，围攻安邑。

　　韩国公孙颀对韩懿侯说："魏国动乱，可以乘机夺取。"韩懿侯便与赵成侯联合出兵攻打魏国，大败魏军，包围了安邑。赵成侯说："杀掉魏䓨，立公中缓为魏国国君，分割土地然后退兵，这对两国都有利。"韩懿侯说："杀掉魏国国君，这是强暴；分割魏国土地，这是贪婪。不如将魏国一分为二。魏国分为两半，比宋国、卫国还弱，那么我们永远不必担心魏国的威胁。"赵国人不听，于是两国解围而去。

周显王

癸丑（前368）　**周显王元年**
齐国攻打魏国。　赵国侵犯齐国。

甲寅（前367）　**周显王二年**

乙卯（前366）　**周显王三年**
秦国在洛阳打败魏国和韩国的军队。

丙辰（前365）　**周显王四年**
魏国攻打宋国。

丁巳（前364）　**周显王五年**
秦国在石门打败韩、赵、魏三国军队。周显王赐给秦献公绣有花纹的礼服。
　　斩首六万人。

戊午（前363）　六年

己未（前362）　七年
魏败韩、赵之师于浍。　秦败魏师于少梁。　秦伯卒。

秦献公薨，子孝公立，生二十有一年矣。是时河、山以东强国六，淮、泗之间小国十余，楚、魏与秦接界。魏筑长城，自郑滨洛以北，有上郡。楚自汉中，南有巴、黔中。皆以夷翟遇秦，摈斥之，不得与中国之会盟。于是孝公发愤修政，欲以强秦。

庚申（前361）　八年 秦孝公、燕文公元年。
彗星见西方。　卫公孙鞅入秦。
秦孝公令国中曰："昔我穆公，自岐、雍之间修德行武，东平晋乱，以河为界，西霸戎翟，广地千里。天子致伯，诸侯毕贺，为后世开业甚光美。会往者厉、躁、简公、出子之不宁，国家内忧，未遑外事。三晋攻夺我先君河西地，丑莫大焉。献公即位，镇抚边境，徙治栎阳，且欲东伐复穆公之故地，修穆公之政令。寡人思念先君之意，常痛于心。宾客群臣有能出奇计强秦者，吾且尊官，与之分土。"于是卫公孙鞅闻之，乃西入秦。

鞅，卫之庶孙也，好刑名之学。事魏相公叔痤，痤知其贤，未及进。会病，魏惠王往问之，曰："公叔病如有不可讳，将奈社稷何？"公叔曰："痤之中庶子卫鞅，年虽少，有奇才，愿君举国而听之。"王嘿然。公叔曰："君即不听用鞅，

戊午（前363）　周显王六年

己未（前362）　周显王七年

魏国在浍地打败韩国和赵国的军队。　秦国在少梁打败魏军。　秦献公去世。

秦献公去世，其子秦孝公即位，当时二十一岁。这时黄河与崤山以东有六个强国，淮河与泗水流域有十多个小国，楚国、魏国与秦国接壤。魏国修筑长城，从郑沿着洛水，向北占有上郡。楚国从汉中发展，向南占有巴郡、黔中。各国都把秦国视为夷狄之邦，加以排斥，不准其参与中原诸侯的会盟。于是，秦孝公发愤治国，企图使秦国强盛起来。

庚申（前361）　周显王八年 秦孝公、燕文公元年。

西方天空出现彗星。　卫国公孙鞅来到秦国。

秦孝公在国内发布号令说："当年我国国君秦穆公，在岐山、雍地之间，修明德政，倡行武功，向东平定晋国动乱，以黄河为国界，向西称霸于戎翟，占地千里之广。周天子赐予方伯之任，诸侯都来祝贺，为后代开辟了非常光美的基业。后来赶上厉公、躁公、简公及出子不安宁，国内忧患，顾不上外事。魏、赵、韩三国攻占了先王开创的河西，受到了莫大的耻辱。献公即位，镇守和安抚边境，迁都栎阳，准备东征，力图收复先君穆公的故土，贯彻穆公的政策法令。我怀念先君的遗志，常常痛心疾首。现在不论宾客群臣，凡是能够出奇计使秦国强大的，我就给他高官，分封土地。"卫国的公孙鞅听说后，便西行来到秦国。

公孙鞅，是卫君的旁系族孙，喜好刑名之学。他在魏相公叔痤手下做事，公叔痤了解他的才干，还没有来得及向魏君推荐。当时赶上公叔痤病重，魏惠王前往探问，说道："您的病一旦出现不幸，江山社稷将要如何安置呢？"公叔痤说："我手下任职中庶子的公孙鞅，年纪虽轻，但是却有奇才，希望您把整个国家交给他治理。"魏惠王沉默不语。公叔痤又说："您如果不马上起用他，

必杀之，无令出境。"王许诺而去。公叔召鞅谢曰："吾先君而后臣，故先为君谋，后以告子。子必速行矣！"鞅曰："君不能用子之言任臣，又安能用子之言杀臣乎？"卒不去。王出，谓左右曰："公叔病甚，悲乎。欲令寡人以国听卫鞅也，既又劝寡人杀之，岂不悖哉！"鞅既至秦，因嬖臣景监以求见，说以富国强兵之术，孝公大悦，与议国事。

辛酉（前360）　九年

壬戌（前359）　十年
秦以卫鞅为左庶长，定变法之令。
卫鞅欲变法，秦人不悦。鞅言于孝公曰："夫民不可与虑始，而可与乐成。论至德者不和于俗，成大功者不谋于众。是以圣人苟可以强国，不法其故。"甘龙曰："不然。因民而教者，不劳而成功；缘法而治者，吏习而民安之。"卫鞅曰："常人安于故俗，学者溺于所闻，以此两者居官守法可也，非所与论于法之外也。智者作法，愚者制焉；贤者更礼，不肖者拘焉。"公曰："善。"乃以鞅为左庶长，卒定变法之令。令民为什伍而相收司、连坐，不告奸者要斩，告奸者与斩敌首同赏，匿奸者与降敌同罚。民有二男以上，不分异者倍其赋。有军功者，各以率受爵。为私斗者，各以轻

必须杀掉他，不要让他离开魏国。"魏惠王答应后离去。公叔痤
又召来公孙鞅，道歉说："我只能先为国君着想而后为臣属着想，
所以先为国君谋划，而后才告诉你。你要赶快离开这里！"公
孙鞅说："国君不能听你的话任用我，又怎么能听你的话来杀我
呢？"结果没有逃离。魏惠王从公叔痤家中出来后，对左右近臣
说："公叔痤病入膏肓，真是太可怜了。他想叫我把整个国家交
给公孙鞅治理，后来又劝我杀掉他，这样不是前后矛盾吗？"公
孙鞅到了秦国后，通过宠臣景监求见秦孝公，陈述富国强兵的办
法，秦孝公非常高兴，与他商议国家大事。

辛酉（前360）　周显王九年

壬戌（前359）　周显王十年
秦国任命公孙鞅为左庶长，制定变法的命令。

公孙鞅打算变法，秦国人不高兴。公孙鞅对秦孝公说："与
普通人不可以商讨事业的创始，只能一起分享成功后的快乐。
讲究崇高道德的人不附和俗人的意见，成就伟大功业的人不去
与众人谋划。所以对于圣人而言，只要能够使国家富强，就不死
守故旧。"甘龙说："不对。因循民俗而施行教化，不费力而能取
得成功；依照成法而去治理国家，才能使官吏熟悉规矩而百姓安
定。"公孙鞅说："一般人安于旧的习俗，学者沉溺于所见所闻，
让这两种人做官守法还可以，但不足与他们讨论成法以外的事
情。有智慧的人制定法律，愚昧的人只能受法律的制约；贤能
的人变革礼法，无能的人只能受礼法的拘束。"秦孝公说："讲得
好。"于是任命公孙鞅为左庶长，最终制定了变法的条令。下令
百姓按五家为一伍、十家为一什组织起来，互相监督揭发，一家
犯法，什伍要跟着连坐，不告发奸谋的人处以斩刑，告发奸谋的
人与斩敌首的人同赏，隐藏奸谋的人与投降敌人的人同罚。民
家有两个以上成年男子却不分家的，要加倍征收赋税。立有军
功的人，分别按标准授予爵位。私下斗殴的人，分别按情节轻

重被刑大小。僇力本业，耕织致粟帛多者，复其身。事末利及怠而贫者，举以为收孥。宗室非有军功论，不得为属籍。明尊卑爵秩等级，各以差次名田宅、臣妾、衣服。有功者显荣，无功者虽富无所芬华。

令既具未布，恐民之不信，乃立三丈之木于国都南门，募民能徙者予十金。民怪之，莫敢徙。复曰："能徙者予五十金。"有一人徙之，辄予五十金。乃下令。

令行期年，民之国都言新令之不便者以千数。于是太子犯法，卫鞅曰："法之不行，自上犯之。"太子君嗣，不可施刑，刑其傅公子虔，黥其师公孙贾。明日，秦人皆趋令。行之十年，道不拾遗，山无盗贼，民勇于公战，怯于私斗，乡邑大治。秦民初言令不便者，有来言令便。鞅曰："此乱法之民也。"尽迁之于边。其后民莫敢议令。

癸亥（前358） **十一年**韩昭侯元年。
秦败韩师于西山。

甲子（前357） **十二年**

乙丑（前356） **十三年**

重处以大小不等的刑罚。努力从事正业，在耕田纺织上获得粮食和布帛丰收的，免除本人徭役。从事工商以及因懒惰而贫困的，一经举报，便全家收为奴隶。宗室中没有经过军功论定的人，不能列入宗室谱牒。申明尊卑地位和爵禄等级、分别按等级高低分配田地、住宅、仆妾、衣饰器物。使有功劳的获得显要和荣誉，没有功劳的人虽然富有也不能显耀光彩。

　　法令制定后没有马上公布，公孙鞅担心百姓不能完全信服，于是便在国都南门立下一根三丈高的木杆，招募说能够把木杆移到北门的人，就会奖赏十金。百姓惊怪不信，没有人敢去移木杆。公孙鞅又说："能够移杆的给五十金。"于是有个一人将木杆从南门移到北门，公孙鞅当时便赏给他五十金。接着就公布了制定的法令。

　　法令施行了一年，百姓前往国都申诉新法不便的数以千计。这时太子也触犯了法令，公孙鞅说："法令不能推行，就在于上层人犯法。"太子是国君的继承人，不可以施加刑罚，便处罚太子傅公子虔，在太子师公孙贾脸上刺字。第二天，秦国人都遵从法令了。新法推行十年，秦国出现道不拾遗、山无盗贼的景象，百姓勇于为国作战，不敢私下格斗，城乡秩序井然。当初诉说新法不便的秦国百姓，有的人又来称赞新法的便利。公孙鞅说："这些都是扰乱新法的人。"把他们全部迁移到边疆。此后，百姓不敢再议论新法了。

　　癸亥（前358）　**周显王十一年**韩昭侯元年。
秦国在西山打败韩军。

　　甲子（前357）　**周显王十二年**

　　乙丑（前356）　**周显王十三年**

丙寅（前355） 十四年

齐、魏会田于郊。

魏惠王问齐威王曰："齐亦有宝乎？"威王曰："无有。"惠王曰："寡人国虽小，尚有径寸之珠，照车前后各十二乘者十枚。岂以齐大国而无宝乎？"威王曰："寡人之所以为宝者与王异。吾臣有檀子者，使守南城，则楚人不敢为寇。有盼子者，使守高唐，则赵人不敢东渔于河；有黔夫者，使守徐州，则燕、赵之人徙而从者七千余家；有种首者，使备盗贼，则道不拾遗。此四臣者，将照千里，岂特十二乘哉！"惠王有惭色。

丁卯（前354） 十五年

秦败魏师于元里，取少梁。 魏伐赵，围邯郸。

戊辰（前353） 十六年

齐伐魏以救赵。魏克邯郸，还战败绩。

初，孙膑与庞涓俱学兵法。涓仕魏为将军，自以能不及膑，乃召之。至，则断其足而黥之，欲使终身废弃。齐使者至魏，膑阴见之，使者窃载以归。田忌客之，进之威王。威王问兵法，遂以为师。至是，谋救赵，以膑为将，辞以刑余之人不可。乃使田忌为将，而孙子为师，居辎车中，坐为计谋。忌欲引兵之赵，孙子曰："夫解杂乱纠纷者不控拳，救斗者不搏撠。批亢捣虚，形格势禁，则自为解耳。今梁之

丙寅（前355）　周显王十四年

齐威王和魏惠王一起在郊野打猎。

魏惠王问齐威王说："齐国也有宝物吗？"齐威王说："没有。"
魏惠王说："我的国家虽然小，尚且有十枚直径一寸的可以照亮
前后各十二辆车的宝珠，难道像齐国这样的大国反而没有宝物
吗？"齐威王说："我所认定的珍宝与大王不同。我的臣属中有一
位叫檀子的，派他守卫南城，那么楚人就不敢侵犯；有一位叫盼
子的，派他守卫高唐，那么赵人就不敢到东边的黄河中捕鱼；有
一位叫黔夫的，派他守卫徐州，那么燕人和赵人中因投奔他而迁
移到齐国来的就有七千多家；有一位叫种首的，派他防备盗贼，
那么齐国便出现道不拾遗的景象。这四位臣属将会光照千里，
岂止是照亮十二辆车子啊！"魏惠王面有惭愧之色。

丁卯（前354）　周显王十五年

秦国在元里打败魏军，夺取少梁。　魏国攻打赵国，围攻邯郸。

戊辰（前353）　周显王十六年

齐国为营救赵国而攻打魏国。魏国攻克邯郸后，在回军途
中被齐国打败。

起初，孙膑与庞涓一起学习兵法。后来，庞涓到魏国担任将
军官职，他认为自己的能力不如孙膑，便把孙膑叫到魏国。孙膑
到了之后，庞涓便砍断他的双脚，并在他脸上刺字，想使他终身被
废弃。齐国使者到了魏国，孙膑暗中见到来使，使者便偷偷用车
把他带回齐国。田忌接待了他，并将他推荐给齐威王。齐威王
向孙膑请教兵法，便拜他为师。到了齐国谋划救赵的时候，齐威
王想让孙膑为大将，孙膑以自己是个受过刑的残疾人辞谢。于
是，齐威王任命田忌为主将，孙膑为军师，让孙膑坐在车中出谋
划策。田忌想率军前往赵国，孙膑说："要排解复杂的纠纷，不能
依靠拳头；要解救斗殴的人群，不能参与搏斗。应该因势利导，避
实击虚，使原来的形势受到阻遏，就会自动化解了。现在大梁的

轻兵锐卒竭于外而老弱疲于内,若引兵疾走其都,彼必释赵而自救,是我一举解赵之围而收弊于魏也。"忌从之。十月,邯郸降魏。魏师还,与齐战于桂陵,魏师大败。

韩伐东周,取陵观、廪丘。

己巳(前352) 十七年
秦伐魏。 诸侯围魏襄陵。

庚午(前351) 十八年
秦伐魏。 韩以申不害为相。

申不害者,郑之贱臣也,学黄、老、刑名,以干韩昭侯。昭侯用以为相,内修政教,外应诸侯。十五年,终申子之身,国治兵强。申子尝请仕其从兄,昭侯不许,申子有怨色。昭侯曰:"所为学于子者,欲以治国也。今将听子之谒而废子之术乎?已其行子之术而废子之请乎?子尝教寡人修功劳,视次第,今有所私请,将奚听乎?"申子乃辟舍请罪曰:"君真其人也!"昭侯有弊裤,命藏之。侍者曰:"君亦不仁者矣,不赐左右而藏之。"昭侯曰:"吾闻明主爱一嚬一笑,嚬有为嚬,笑有为笑。今裤岂特嚬笑哉,吾必待有功者!"

辛未(前350) 十九年
秦徙都咸阳,始废井田。

精兵锐卒都已开赴国外战斗,而留在国内的却是老弱病残,如果率军急赴魏都大梁,魏军必然放弃赵国而回兵自救,这样,我们就能一举两得,既解了赵国之围,又打击了魏国。"田忌采纳了孙膑的计策。十月,邯郸城投降魏国。魏军在归国途中,在桂陵与齐军交锋,被齐军打得一败涂地。

韩国攻打东周,夺取陵观、廪丘。

己巳(前352) 周显王十七年
秦国攻打魏国。 各诸侯国出兵围攻魏国襄陵。

庚午(前351) 周显王十八年
秦国攻打魏国。 韩国任命申不害为相。

申不害是郑国的低级官吏,学习过黄老之术和刑名之学,以此游说韩昭侯。韩昭侯任命他为相,对内整饬政治教化,对外交接诸侯。经过十五年的治理,直到申不害去世,韩国政治修明,兵力强大。申不害曾经请求韩昭侯让他的堂兄当个官吏,韩昭侯不同意,申不害面有怨色。韩昭侯说:"我这样做是跟你学的,是想治理好国家。现在我是接受你的请求而抛弃你的法度原则呢?还是推行你的法度原则而拒绝你的请求呢?你曾经教导我要重视功劳的大小,讲究办事的程序,现在你以私事求我,我将要听从哪种意见呢?"申不害于是避舍请罪说:"您真是个英明的君主!"韩昭侯有条旧裤子,让侍从收藏起来。侍从说:"您也太不仁厚了,连一条旧裤子也不赏赐给左右随从,还要收藏起来。"韩昭侯说:"我听说英明的君主珍重自己的每一次皱眉和每一次微笑,皱眉有皱眉的原因,微笑也有微笑的用意。现在这条裤子的安排岂止是一次皱眉或一次微笑,我必须等着赏给有功劳的人!"

辛未(前350) 周显王十九年
秦国迁都咸阳,开始废除井田制。

卫鞅筑冀阙宫庭于咸阳，徙都之。令民父子兄弟同室内息者为禁。并诸小乡聚，集为一县，县置令、丞，凡三十一县。废井田，开阡陌，平斗、桶、权、衡、丈、尺。

壬申（前349） **二十年**赵肃侯元年。

癸酉（前348） **二十一年**
秦更赋税法。

甲戌（前347） **二十二年**

乙亥（前346） **二十三年**
卫贬号曰侯，服属三晋。
初，子思言苟变于卫侯曰："其材可将五百乘。"公曰："吾知其可将，然变尝为吏，赋于民而食人二鸡子，故弗用也。"子思曰："夫圣人之官人，犹匠之用木也，取其所长，弃其所短，故杞梓连抱而有数尺之朽，良工不弃。今君处战国之世，选爪牙之士，而以二卵弃干城之将，此不可使闻于邻国也。"

卫侯言计非是，而群臣和者如出一口。子思曰："以吾观卫，所谓君不君、臣不臣者也。"公丘懿子曰："何乃若是？"子思曰："人主自臧则众谋不进。事是而臧之，犹却众谋，况和非以长恶乎！夫不察事之是非，而悦人赞己，暗莫甚焉。不度理之所在，而阿谀求容，谄莫甚焉。君暗臣谄，

公孙鞅在咸阳建筑宫廷及楼台,将国都迁到那里。下令禁止百姓家庭中不分父子兄弟混居一室。合并若干乡村,集中为一县,设置县令、县丞,一共设置了三十一个县。又废除井田制度,清除了田界,还统一了斗、桶、权、衡、丈、尺等。

壬申(前349) **周显王二十年**赵肃侯元年。

癸酉(前348) **周显王二十一年**
秦国更改赋税法。

甲戌(前347) **周显王二十二年**

乙亥(前346) **周显王二十三年**
卫成公自降封号为侯,依附于韩、赵、魏三国。
起初,子思对卫成公提到苟变时说:"他的才能可以指挥五百辆兵车。"卫成公说:"我知道他可以领兵,不过苟变曾经做过属吏,向百姓征赋时吃过人家的两个鸡蛋,所以我不任用他。"子思说:"圣贤的君主用人,就像工匠使用木材,他将取其所长而弃其所短,所以像连抱粗的杞木、梓木,尽管有几尺长的朽坏,高明的工匠也不会扔掉它。如今正处在各国争战的时代,需要选拔冲锋陷阵的勇士,而您以两个鸡蛋的小事丢掉了一位捍卫国家的将领,这种事情可不能让邻国得知!"
卫成公说的计策不正确,但群臣却随声附和,好像是从一张嘴里说出来的。子思说:"以我看来,卫国正像人们说的,国君不像国君,臣子不像臣子。"公丘懿子说:"为何成为这样?"子思说:"国君自以为是,那么众人的谋略就得不到施展。做事正确而自以为是,尚且影响众人谋略的举荐,更何况臣属附和错误而助长事情越办越坏呢? 不明察事情的是非对错,却喜欢人家称赞自己,没有比这更昏暗的了。不考虑是否有道理,只知道一味讨好,阿谀奉承,没有比这更谄媚的了。国君昏暗,臣属谄媚,

以居百姓之上,民不与也。若此不已,国无类矣。"

子思言于卫侯曰:"君之国事将日非矣。"公曰:"何故?"子思曰:"有由然焉。君出言自以为是,而卿大夫莫敢矫其非;卿大夫出言亦自以为是,而士庶人莫敢矫其非。君臣既自贤矣,而群下同声贤之。贤之则顺而有福,矫之则逆而有祸。如此则善安从生?《诗》曰:'具曰予圣,谁知乌之雌雄?'抑亦似君之君臣乎!"

丙子(前345) 二十四年

丁丑(前344) 二十五年
诸侯会于京师。

戊寅(前343) 二十六年
致伯于秦,诸侯皆贺。秦使公子少官帅师会诸侯来朝。

己卯(前342) 二十七年案《史记》是年齐宣王元年,《通鉴》与《史记》不同,而《考异》不载其说,未详所据。后闵王元年放此。

庚辰(前341) 二十八年
魏伐韩。齐伐魏以救韩,杀其将庞涓,虏太子申。

魏使庞涓伐韩,韩请救于齐。齐威王召大臣而谋之,成侯邹忌曰:"不如勿救。"田忌曰:"不救则韩且折而

却高踞百姓之上，百姓不可能拥戴。如果像这样发展下去，国家也就没救了。"

子思对卫成公说："您的国务大政将要一天不如一天了。"卫成公说："为什么？"子思说："这是有缘由的。您讲话自以为是，那么卿大夫就不敢纠正您的过失；卿大夫讲话也自以为是，那么士人和百姓也不敢纠正他们的过失。国君和臣属都自视贤明，那么下面的群众也就会同声称赞你们贤明。称赞你们贤明，也就顺从了你们的心意，也就获得了好处；纠正你们的过失，也就违背了你们的意志，就会招来灾祸。照此发展，国家还会有什么好事？《诗经》说：'都说我圣明，谁能辨乌鸦雌或雄？'这或许也反映了您的君臣现状吧！"

丙子（前345） **周显王二十四年**

丁丑（前344） **周显王二十五年**
诸侯在京师相会。

戊寅（前343） **周显王二十六年**
周显王封秦孝公为一方诸侯之长，诸侯都来祝贺。秦国派公子少官率领军队与诸侯相会，以朝见周王朝。

己卯（前342） **周显王二十七年** 按《史记》记载，这一年是齐宣王元年，《资治通鉴》与《史记》不同，而《资治通鉴考异》中没有记载这种说法，不清楚其根据。后面齐闵王元年也仿照这样。

庚辰（前341） **周显王二十八年**
魏国攻打韩国。齐国攻打魏国以便营救韩国，杀死魏国将领庞涓，并俘虏了太子申。
魏国派庞涓攻打韩国，韩国向齐国求救。齐威王召大臣商议，成侯邹忌说："不如不救。"田忌说："不救，韩国就会受重创而

入于魏矣,不如早救之。"孙膑曰:"夫韩、魏之兵未弊而救
之,是吾代韩受魏之兵,顾反听命于韩也。且魏有破国之
志,韩见亡,必东面而诉于齐。吾因深结韩之亲而晚承魏
之弊,则可以受重利而得尊名也。"王曰:"善。"乃阴许韩使
而遣之。韩因恃齐,五战不胜,而东委国于齐。

齐因起兵,使田忌将,孙子为师,以救韩,直走魏都。
庞涓闻之,去韩而归。魏人亦大发兵,使太子申将,以御齐
师。孙子曰:"彼三晋之兵,素悍勇而轻齐,齐号为怯。善
战者因其势而利导之。《兵法》:‘百里而趣利者蹶上将,五
十里而趣利者军半至。’"乃使齐军入魏地为十万灶,明日
为五万灶,又明日为二万灶。庞涓行三日,大喜曰:"我固
知齐军怯,入吾地三日,士卒亡者过半矣。"乃弃其步军,率
轻锐倍日并行逐之。孙子度其暮当至,马陵道狭,而旁多
阻隘,可伏兵,乃斫大树,白而书之曰:"庞涓死此树下!"令
万弩夹道而伏,期日暮见火举而俱发。涓果夜至,见白书,
以火烛之。读未毕,万弩俱发,魏师大乱。涓乃自刭曰:
"遂成竖子之名!"齐因乘胜大败魏师,虏太子申。

辛巳(前340) 二十九年

被魏国吞并，不如早去营救。"孙膑说："在韩、魏两国军队还没有伤损的情况下去营救，这就形成了我们代替韩国去承受魏军的攻击，反而是我们听从韩国的指挥了。而且魏国已经有消灭韩国的决心，韩国到了危亡之际，必然向东来向齐国告急。这样，我们就可以加深与韩国的亲密关系，又可以等到魏国疲惫之时出兵，这样既能获得重利，又可以得到美名。"齐威王说："好。"于是暗中答应了韩国使者求救的请求，让他回去了。韩国仗着齐国的许诺，与魏军奋战，结果五战五败，只好把国家命运寄托在东方的齐国身上。

　　这时齐国才出兵，派田忌为将军，孙膑为军师，前往营救韩国，直奔魏国国都。庞涓闻讯，丢掉韩国不管，急忙回国。魏惠王也征调了大量兵马，派太子申统帅，抵御齐军。孙膑说："韩、赵、魏三国的军队向来悍勇善战，看不起齐国人，认为齐国人是有名的懦夫。善于用兵打仗的人就在于能够因势利导。《孙子兵法》说：'从百里外的地方奔袭取利的，将会损失上将军；从五十里外的地方奔袭取利的，只能有一半的军队到达。'"于是就命令齐军开赴魏国境内，第一天安置可供十万人吃饭的灶，第二天减至五万人吃饭的灶，第三天又减至供二万人吃饭的灶。庞涓率军走了三天，见此情况，大喜说："我本来就知道齐军胆小，进入我国领地才三天，逃跑的士卒就超过一半了。"便丢掉步兵，率领轻装的精锐部队，日夜兼程，追击齐军。孙膑估计庞涓当在黄昏时刻赶到马陵，马陵道路狭窄，两旁多是险阻，可以埋伏兵马，于是孙膑下令削去一棵大树的树皮，在白树干上写上："庞涓死此树下！"命令一万名持弩士兵夹道埋伏，约定傍晚见到起火后，一同发射。果然不出所料，庞涓在夜里来到马陵，看见白树干上写着字，便点火照明。他还没有读完，万箭齐发，魏军大乱。庞涓自知败局已定，便拔剑自刎，临死前说道："到底让这小子成名了！"齐军乘胜大败魏军，俘虏了太子申。

　　辛巳（前340）　周显王二十九年

秦卫鞅伐魏，诱执其将公子卬而败之。魏献河西地于秦，徒都大梁。秦封鞅为商君。

卫鞅言于孝公曰："秦之与魏，譬若人有腹心之疾，非魏并秦，即秦并魏。何者？魏居岭厄之西，都安邑，与秦界河，而独擅山东之利，利则西侵秦，病则东收地。今以君之贤圣，国赖以盛，而魏往年大破于齐，诸侯叛之，可因此时伐魏。魏不支秦，必东徙。然后秦据河、山之固，东乡以制诸侯，此帝王之业也。"公从之，使鞅将兵伐魏。魏使公子卬将而御之。军既相距，鞅遗卬书曰："吾始与公子欢，今俱为两国将，不忍相攻，欲与公子面相见盟，乐饮而罢兵，以安秦、魏之民。"卬以为然，乃与会盟而饮。鞅伏甲袭卬，虏之，因大破魏师。魏惠王恐，献河西地于秦以和，因去安邑，徒大梁。乃叹曰："吾恨不用公叔之言！"秦封鞅商、於十五邑，号曰商君。

齐、赵伐魏。

壬午（前339） 三十年楚威王商元年。

癸未（前338） 三十一年

秦伯卒。秦人诛卫鞅，灭其家。

孝公薨，太子立，是为惠文王。公子虔之徒告商君欲反，发吏捕之。商君出亡，欲止客舍，舍人曰："商君之法，舍人无验者坐之。"商君叹曰："为法之弊，一至此哉！"去之

秦国的公孙鞅攻打魏国,诱捕魏国将领公子卬而打败了魏军。魏向秦献出河西地区,把都城迁到大梁。秦封公孙鞅为商君。

　　公孙鞅对秦孝公说:"秦国与魏国,就好比人有心腹之患,不是魏国吞并秦国,就是秦国吞并魏国。为什么这样说呢?魏国占据险厄山岭的西面,建都于安邑,与秦国以黄河为界,独享崤山以东的地利,有利可图时便向西侵犯秦国,困顿乏力时便向东收缩固守领地。如今,国家依赖您的圣明而日益强盛,而去年魏国大败于齐国,诸侯都背弃了他,我们可以趁此时机攻打魏国。魏国抵挡不住秦国的进攻,必定向东迁移。而后,秦国据有黄河、崤山的险要,向东可以控制诸侯,这才能成就帝王的大业。"秦孝公听从了公孙鞅的意见,并派他率军攻打魏国。魏国派公子卬统兵防御。两军对垒,公孙鞅给公子卬送去一封书信,信中写道:"我与公子从前交情很好,现在又都担任两国的将领,我不忍心彼此攻打,想与公子当面订立盟约,痛快地畅饮一番,然后罢兵回国,让秦、魏两国的百姓获得安宁。"公子卬信以为真,便与公孙鞅会见,订立盟约,饮酒祝贺。此时,公孙鞅埋伏下的甲士袭击公子卬,将他俘虏,于是大败魏军。魏惠王恐惧,向秦国献出河西地区以求和,因而离开安邑,迁都大梁。这时他才感叹道:"我真悔恨当初不采用公叔痤的建议!"秦国将商、於等十五座城邑封给公孙鞅,于是公孙鞅号称商君。

　　齐国、赵国攻打魏国。

　　壬午(前339)　**周显王三十年**楚威王商元年。

　　癸未(前338)　**周显王三十一年**
　　秦孝公去世。秦国杀死公孙鞅,诛灭了他的家族。

　　秦孝公去世,太子即位,这就是秦惠文王。公子虔一伙人控告商君谋反,派捕吏抓他。商君逃跑,想在一家客店休息,店主说:"商君的法令规定,店主让没有证件的人住宿,一同治罪。"商君叹道:"我制定的法令的弊端,竟然达到这个地步!"他来到

魏,魏人不受,内之秦,秦人攻杀之,车裂以徇,尽灭其家。

初,商君用法严酷,步过六尺者有罚,弃灰于道者被刑。尝临渭论囚,渭水尽赤。为相十年,人多怨之。尝问赵良曰:"我治秦孰与五羖大夫贤?"赵良曰:"千人之诺诺,不如一士之谔谔。仆请终日正言而无诛,可乎?"商君曰:"诺。"良曰:"五羖大夫,荆之鄙人也,穆公举之牛口之下,而加之百姓之上,秦国莫敢望焉。相秦六七年,而东伐郑,三置晋君,一救荆祸,巴人致贡,犬戎来服。其为相也,劳不坐乘,暑不张盖,行于国中不从车乘,不操干戈。及其死也,男女流涕,童子不歌谣,舂者不相杵。今君之见也,因景监以为主,其从政也,凌轹公族,伤残百姓,公子虔杜门不出已八年矣。《诗》曰:'得人者兴,失人者崩。'此数者非所以得人也。君之出也,后车载甲,多力而骈胁者为骖乘,持矛而操阖戟者旁车而趋。《书》曰:'恃德者昌,恃力者亡。'此数者非恃德也。君之危若朝露,而尚贪商、於之富,宠秦国之政,畜百姓之怨,而无变计。秦王一旦捐宾客而不立朝,秦国之所以收君者,岂其微哉!"商君不听,居五月而难作。

甲申(前337) 三十二年秦惠文王元年。
韩申不害卒。

魏国,魏国人不接纳,把他交给秦国,秦国人攻杀商君,车裂分尸,并把他全家人统统杀掉。

起初,商君所实行的法令非常严酷,规定六尺为一步,在丈量中发现一步超过六尺的就要受罚,把灰土倒在道路上就要受刑。商君曾经在渭水边审理囚犯,渭水竟然被鲜血染红。商君为相十年,许多人都怨恨他。有一次,他问赵良说:"我治理秦国,比起五羖大夫来,谁更贤明?"赵良说:"一千个人唯唯诺诺,不如一个人直言相告。请让我用一整天时间直言己见,你可以不杀我吗?"商君说:"可以。"赵良说:"五羖大夫百里奚是楚国偏僻地方的人,秦穆公把他从一个喂牛的人,提拔到百姓之上,秦国无人敢埋怨不满。他在秦国为相的六七年间,东进讨伐了郑国,三次扶立了晋国国君,一次挽救了楚国的灾祸,致使巴地人进贡,犬戎人臣服。他做国相时,再劳累也不坐车,酷暑也不张开伞盖,国内巡视也从不要车马随从,不要操持干戈的卫队。等他死的时候,秦国的男女无不痛哭流涕,儿童不再说笑歌唱,舂米的人也放下了手中的杵。现在你得以进见国君,是由于景监的介绍,等到你从政时,就欺凌公室贵族,残害百姓,搞得公子虔闭门不出已有八年之久。《诗经》说:'得人心者兴旺,失人心者灭亡。'上述几件事并非得人心之举。你的出行,后面簇拥着大批车辆和甲士,有力威武的大汉在身旁侍卫,持矛操戟的武士在车旁奔走。《尚书》说:'倚仗仁德者昌盛,凭借武力者灭亡。'上述凡事并非是仁德之举。你的处境很危险了,犹如早晨的露水很快就会消失,而你还在贪图商、於封地的财富贪恋秦国的权柄,积蓄百姓的怨恨,且没有改变的打算。一旦秦王离开人世,不再主持朝政,秦国中要捕杀你的人,难道还会少吗!"商君不听劝告,过了五个月大难终于来临。

甲申(前337)　**周显王三十二年**秦惠文王元年。
韩国申不害去世。

乙酉（前336）　三十三年
宋太丘社亡。　孟轲至魏。

孟子，邹人，名轲，受业于孔子之孙子思。是岁，魏惠王卑词厚礼以招贤者，于是孟子至梁，见惠王。王曰："叟不远千里而来，亦有以利吾国乎？"孟子曰："君何必曰利？亦有仁义而已矣。君曰何以利吾国，大夫曰何以利吾家，士庶人曰何以利吾身，上下交征利而国危矣。未有仁而遗其亲者也，未有义而后其君者也。"惠王以为迂远而阔于事情，不能用也。

丙戌（前335）　三十四年
秦伐韩，拔宜阳。

丁亥（前334）　三十五年魏惠王一年。
齐、魏会于徐州以相王。　楚灭越。

越王无彊伐齐，齐说之使伐楚。楚人大败之，尽取吴故地，东至浙江。越以此散，诸公族争立，或为王，或为君，滨于海上，而朝服于楚。

戊子（前333）　三十六年
楚伐齐。　韩侯卒。

韩昭侯作高门，屈宜臼曰："君必不出此门。何也？不时。吾所谓时者非时日也。夫人固有利不利时，往者君尝利矣，不作高门。前年秦拔宜阳，今年旱，君不以此时恤民之急而顾益奢，此所谓'时诎举赢'者也。故曰不时。"至是

乙酉（前336）　周显王三十三年
宋国太丘县的土地神坛倒塌。　孟轲来到魏国。

孟子，邹国人，名轲，曾经跟随孔子的孙子子思学习。这一年，魏惠王用谦卑的言辞和丰厚的礼物招致贤人，于是孟子来到大梁，拜见魏惠王。魏惠王说："老先生不远千里而来，能够给我的国家带来什么利益呢？"孟子说："何必开口讲利？有了仁义就足够了。当君主的只讲如何利国，当大夫的只讲如何利家，当士人百姓的只讲如何对自己有利，上上下下都相互追逐利益，那么国家也就危险了。没有讲仁爱的人会遗弃亲人的，没有讲忠义的人会把国君扔到脑后的。"魏惠王听了认为孟子说的迂阔遥远，对事业无益，无法采纳。

丙戌（前335）　周显王三十四年
秦国攻打韩国，攻克宜阳。

丁亥（前334）　周显王三十五年 魏惠王一年。
齐国与魏国在徐州会面，互相尊称为王。　楚国灭掉越国。

越王无彊攻打齐国，齐国向越王游说，让他攻打楚国。楚国大败越国，全部占领了吴国的旧地，向东一直到浙江。越国从此分裂，各家贵族争相自立，有的称王，有的称君，分散在沿海一带，向楚国臣服。

戊子（前333）　周显王三十六年
楚国攻打齐国。　韩昭侯去世。

韩昭侯修建高大的门楼，屈宜臼说："您一定来不及经过这个门楼了。为什么这样说呢？因为不是时候。我所说的时候不是指的某日某时。对于一个人本来就有利与不利的时机，从前时机曾经对您有利，但您没有修高门。前年秦国攻下了宜阳，今年大旱，这个时候您不抚恤百姓的危难，反而更加奢侈，这就是人们所说的'困窘时强作奢侈之事'了。所以说不是时候。"等到

门成而昭侯薨。

秦大败魏师,获其将龙贾,取雕阴。 燕、赵、韩、魏、齐、楚合从以摈秦,以苏秦为从约长,并相六国。

初,洛阳人苏秦说秦王以兼天下之术,不用。乃去说燕文公曰:"燕之所以不被兵者,以赵之为蔽其南也。且秦攻燕战于千里之外,赵攻燕战于百里之内。夫不忧百里之内而重千里之外,计无过于此者。愿王与赵从亲,天下为一,则燕必无患矣。"

文公从之,资秦车马,以说赵肃侯曰:"当今之时,山东之国莫强于赵,秦之所害亦莫如赵,而秦不敢举兵伐赵者,畏韩、魏之议其后也。秦攻韩、魏,无名山大川之限,稍蚕食之,傅国都而止。韩、魏不能支秦,必入臣于秦,秦无韩、魏之规,则祸必中于赵矣。臣以天下之图,案诸侯之地,五倍于秦,度诸侯之卒,十倍于秦,而衡人日夜务以秦权恐愒诸侯,使之割地以事秦。秦成则其身富荣,国被秦患而不与其忧。故臣窃为大王计,莫如一韩、魏、齐、楚、燕、赵为从亲以摈秦,令其将相会盟洹水之上,约曰:'秦攻一国,则五国各出锐师或挠秦,或救之。有不如约者,五国共伐之。'则秦甲必不敢出于函谷以害山东矣。"肃侯大说,厚赐赍之,以约于诸侯。

秦乃说韩宣惠王曰:"韩地方九百余里,带甲数十万,

这个门楼修成时,韩昭侯已经去世了。

　　秦国大败魏军,活捉魏将龙贾,攻占雕阴。　燕、赵、韩、魏、齐、楚六国合纵抗秦,以苏秦为纵约长,并且兼任六国的国相。

　　起初,洛阳人苏秦用如何兼并天下的战略战术来游说秦惠文王,秦惠文王没有采纳。后来便去游说燕文公,劝说道:"燕国之所以没有遭到战争的破坏,是因为有赵国作为它南方的屏障。再说秦国如果想攻打燕国,就要远涉千里之外去战斗,而赵国如果想进攻燕国,就可以在百里之内用兵打仗。不忧虑百里之内的事变,却重视千里之外的危险,没有比这种计策更失误的了。希望大王与赵国合纵联亲,结为一体,那么燕国肯定没有祸患了。"

　　燕文公听从了苏秦的意见,资助他车马,让他前往赵国,苏秦对赵肃侯说:"当今之时,崤山以东的国家以赵国为最强,秦国最顾忌的国家也是赵国,而秦国不敢出兵攻打赵国,是因为畏惧韩国和魏国在背后算计。秦国攻打韩、魏两国,没有名山大川的阻遏,只要逐渐蚕食它们,就可以一直逼到国都。韩国和魏国抵挡不住秦军,必然向秦国俯首称臣。秦国一旦清除了韩、魏两国的牵制,就会把战祸强加在赵国的头上。我从天下的地图考察到,诸侯的国土是秦国的五倍,诸侯的士卒是秦国的十倍,然而主张连横的人却日日夜夜都在拿秦国的权势恐吓诸侯,让诸侯割让土地,服从秦国。秦国的霸业一旦成功,这些人就会获得荣华富贵,至于国家遭到秦国的祸害,却扔在脑后,不知替国分忧。所以,我私自替大王考虑,不如让韩、魏、齐、楚、燕、赵六国统一起来,实行合纵,亲密无间,共同抗秦,让各国的将相在洹水举行会议,结为同盟,约定:'秦国不论攻打哪一国家,其他五国分别派出精锐部队,共同打击秦国,或者直接营救被攻打的国家。如有不遵守约定的,五国联合讨伐它。'这样一来,秦兵就不敢出函谷关来害崤山以东的国家了。"赵肃侯听后大喜,对苏秦厚加赏赐,让他约会各国。

　　苏秦又去游说韩宣惠王说:"韩国方圆九百多里,甲士几十万,

天下之强弓、劲弩、利剑皆从韩出。以韩卒之勇,被坚甲,跖劲弩,带利剑,一人当百,不足言也。大王事秦,秦必求宜阳、成皋,今兹效之,明年又复求割地。与则无地以给之,不与则弃前功、受后祸。且韩地有尽,而秦求无已,以有尽之地逆无已之求,此所谓市怨结祸者也,不战而地已削矣。鄙谚曰:'宁为鸡口,无为牛后。'夫以大王之贤,挟强韩之兵,而有牛后之名,臣窃为大王羞之。"韩王从其言。

秦说魏惠王曰:"大王之地方千里,地名虽小而人民甚众。武士、苍头、奋击各二十万,厮徒十万,车六百乘,骑五千匹,乃听于群臣之说,而欲臣事秦。臣愿大王熟计之也。"魏王听之。

秦说齐威王曰:"齐四塞之国,地方二千余里,带甲数十万,粟如丘山。即有军役,不待发于远县,而临菑之卒已二十一万矣。夫韩、魏之所以重畏秦者,为与秦接境也。兵出而相当,不十日而存亡之机决矣。幸而胜则兵半折,四境不守;不胜则国已危亡随其后。此韩、魏所以重与秦战而轻为之臣也。秦之攻齐则不然,倍韩、魏,过阳晋,经亢父之险,车不得方轨,骑不得比行,百人守险,千人不敢过也。秦欲深入则狼顾,恐韩、魏之议其后,是故恫疑、虚喝、骄矜而不敢进,则秦之不能害齐亦明矣。不深料此,而欲西面事之,是群臣之计过也。愿大王少留意计之。"齐王许之。

天下的强弓、劲弩、利剑都产于韩国。凭着韩国士卒的勇猛，他们披上坚固的甲胄，脚踏劲弩，手持利剑，以一当百也不在话下。大王如果屈服秦国，秦国必定要宜阳、成皋两城，现在服从它，第二年还会要求割让土地。给它吧，没有那么多的土地给它；不给它吧，那么前功尽弃，后祸降临。再说韩国的土地有数，而秦国的欲求无止，以有数的土地迎合无尽的欲求，这就是购买怨仇、交结祸端的做法，虽然没有战争而国土已经损失了。俗话说得好：'宁为鸡口，无为牛后。'就凭着大王的贤能，拥有强悍的韩军，却落得个牛后的名声，我私下真为大王感到羞愧。"韩宣惠王听从了苏秦的劝说。

苏秦又游说魏惠王说："大王的疆土方圆一千里，地域名义上缩小了些，但人口依旧众多。您拥有的武士、苍头、奋击就各有二十万，仆从十万，兵车六百辆，战马五千四，竟然听从群臣的议论，准备屈从秦国的指挥。我希望大王好好想一想。"魏惠王听从了这一席话。

苏秦又游说齐威王说："齐国是四周地形险要如塞的国家，领地方圆两千多里，甲士几十万，粮食堆积如山。一旦需要调集军队，不必等待远地的兵力，就临菑的士卒来说，已有二十一万了。韩、魏两国所以非常害怕秦国，这是因为它们与秦国接境。只要双方派出相当的兵力，用不了十天就决定了胜负存亡。倘若韩、魏两国幸运打胜了，那么也要损兵折将，四境不宁；倘若打不胜，那么国家就要濒临危亡。这就是韩、魏两国所以慎重对待与秦国交战而容易考虑臣服秦国的原因。秦国若是攻打齐国就不是这种情况了，它需要绕到韩、魏背后，经过卫国阳晋之路，通过亢父的险阻，车辆不能并排走，骑马不能并肩行，一百人守险，一千人也不敢通过。秦军想深入齐国境内，就必然顾忌后方，恐怕韩、魏两国在背后暗算，所以只是空喊恫吓，虚张声势，骄傲矜夸，但不敢进犯，可见秦国不能危害齐国是明显的。对此不深入地分析，只想向西服事秦国，这是群臣计策的失误。希望大王稍微留意地谋划一下。"齐威王答应实行合纵。

乃说楚威王曰："楚,天下之强国也,地方六千余里,带甲百万,车千乘,骑万匹,粟支十年,此霸王之资也。故秦之所害莫如楚,楚之与秦其势不两立。从亲则诸侯割地以事楚,衡合则楚割地以事秦。此两策者相去远矣,大王何居焉?"楚王亦许之。于是苏秦为从约长,并相六国。北报赵,车马辎重拟于王者。

己丑(前332) **三十七年**<small>燕易王、韩宣惠王、齐宣王辟疆元年。</small>
秦以齐、魏之师伐赵。苏秦去赵适燕,从约皆解。

秦使公孙衍欺齐、魏以伐赵。赵肃侯让苏秦,秦恐,请使燕,必报齐。乃去赵,而从约皆解。

魏以阴晋为和于秦。
实华阴。
齐伐燕。

庚寅(前331) **三十八年**

辛卯(前330) **三十九年**
秦伐魏,魏献少梁、河西地于秦。

壬辰(前329) **四十年**
秦伐魏,取汾阴、皮氏,拔焦。 宋公弟偃逐其君剔成,而自立。

癸巳(前328) **四十一年**<small>楚怀王槐元年。</small>

接着，苏秦游说楚威王说："楚国是天下的强国，国土方圆六千多里，拥有甲兵百万，战车一千辆，战马一万匹，粮食可以维持十年，这都是成就霸业的资本。所以秦国最害怕的莫过于楚国，楚国和秦国势不两立。如果选择合纵政策，那么诸侯就会割地，听从楚国的指挥；如果连衡成功，那么楚国就要割地服事秦国。这两种策略所造成的结果相差非常大，大王选择哪一种呢？"楚威王也答应了合纵一事。于是苏秦担任纵约长，同时兼任六国的国相。苏秦北上向赵肃侯复命，车马和携带的物资可以与君王相比拟。

己丑（前332）　周显王三十七年<small>燕易王、韩宣惠王、齐宣王辟彊元年。</small>

秦国迫使齐国和魏国的军队攻打赵国。苏秦离开赵国，前往燕国，合纵的约定全部瓦解。

秦国派公孙衍以欺骗的手段迫使齐国和魏国攻打赵国。赵肃侯责备苏秦，苏秦恐惧不安，请求出使燕国，说是一定报复齐国。于是苏秦离开赵国，合纵的约定全部瓦解。

魏国拿出阴晋向秦国求和。

阴晋就是华阴。

齐国攻打燕国。

庚寅（前331）　周显王三十八年

辛卯（前330）　周显王三十九年

秦国攻打魏国，魏国向秦国献出少梁、河西之地。

壬辰（前329）　周显王四十年

秦国攻打魏国，夺取汾阴、皮氏，攻下焦城。　宋国国君剔成的弟弟偃赶走剔成，自立为国君。

癸巳（前328）　周显王四十一年<small>楚怀王槐元年。</small>

秦客卿张仪伐魏,取蒲阳,既而归之,魏尽入上郡以谢。秦以仪为相。

张仪者魏人,与苏秦俱事鬼谷先生,学纵横之术。游诸侯无所遇。苏秦召而辱之,仪怒入秦,秦王说之,以为客卿。至是将兵伐魏,取蒲阳,言于秦王,请复以与魏,而使公子繇质焉。仪因说魏王曰:"秦之遇魏甚厚,魏不可以无礼于秦。"魏因尽入上郡十五县以谢焉。仪归而相秦。

甲午(前327) 四十二年
秦县义渠。 秦归焦、曲沃于魏。

乙未(前326) 四十三年
赵侯卒。

肃侯尝游大陵,大戊午谏曰:"耕事方急,一日不作,百日不食。"肃侯下车谢。是岁,薨,子武灵王立。置博闻师及左、右司过各三人,先问先君贵臣肥义,加其秩。

丙申(前325) 四十四年 赵武灵王元年。
夏四月,秦初称王。

丁酉(前324) 四十五年
秦张仪伐魏,取陕。 苏秦自燕奔齐。

苏秦通于燕文公之夫人,恐得罪,说易王"臣居燕不能使燕重,而在齐则燕重"。王许之。乃伪得罪于燕而奔齐,齐王以为客卿。秦说齐王高宫室、大苑囿,以明得意,

秦国客卿张仪攻打魏国,夺取蒲阳,随后又把蒲阳还给魏国,魏国把上郡全部土地献给秦国,表示谢意。秦国任命张仪为相。

张仪是魏国人,与苏秦都师事鬼谷先生,学习纵横捭阖之术。他周游诸侯各国,都没有得到重用。苏秦召张仪去后羞辱了一番,张仪一怒之下进入秦国,受到秦惠文王的赏识,被任命为客卿。这时,张仪带兵攻打魏国,攻取蒲阳,又向秦惠文王进言,请求把蒲阳再还给魏国,并派公子繇去当人质。张仪乘机对魏惠王说:"秦国对待魏国太宽厚了,魏国对待秦国可不能失礼。"魏国于是拿出上郡的十五个县来酬谢秦国。张仪回到国内,便担任了秦国国相。

甲午(前327) 周显王四十二年
秦国取义渠为县。 秦国把焦城、曲沃还给魏国。

乙未(前326) 周显王四十三年
赵肃侯去世。

赵肃侯曾经巡游大陵,大戊午谏说道:"农耕正在大忙时候,一天不耕种,百天没有粮食吃。"赵肃侯听说后,下车道谢。这一年,去世,其子赵武灵王即位。赵武灵王增设博闻师职官和左、右司过职官各三人,遇事先要询问先君贵臣肥义,增加了他的俸禄。

丙申(前325) 周显王四十四年 赵武灵王元年。
夏四月,秦国开始称王。

丁酉(前324) 周显王四十五年
秦国的张仪攻打魏国,夺取陕邑。 苏秦从燕国逃到齐国。

苏秦与燕文公的夫人私通,害怕获罪,对燕易王说"我住在燕国不能使燕国变得重要,我在齐国就能提高燕国的地位"。易王同意了。于是苏秦假装在燕获罪逃奔齐国,齐宣王任命他为客卿。苏秦鼓动齐宣王增高宫殿、扩大园林,以显示骄矜得意,

欲以敝齐而为燕。

戊戌（前323） 四十六年案《史记》，是年齐闵王元年。
秦、齐、楚会于啮桑。 秦相张仪免，出相魏。 韩、燕称王。

时诸侯皆称王，赵武灵王独不肯，曰："无其实，敢处其名乎！"令国人谓己曰君。

己亥（前322） 四十七年
秦伐魏，取曲沃、平周。

仪相魏，欲令魏事秦而诸侯效之。魏王不听。秦伐魏，取二邑，而阴厚仪益甚。

庚子（前321） 四十八年
王崩，子定立。
是为慎靓王。
齐号薛公田文为孟尝君。

初，齐王封田婴于薛，号曰靖郭君。婴言于齐王曰："五官之计，不可不日听而数览也。"王从之。已而厌之，悉以委婴，婴由是得专齐权。婴有子四十余人，其贱妾之子曰文，通傥饶智略，说靖郭君以散财养士。靖郭君使文主家待宾客。宾客争誉其美，请以文为嗣。婴卒，文嗣立，号孟尝君，招致诸侯游士及有罪亡人，食客常数千人，名重天下。

孟尝君聘于楚，楚王遗之象床。登徒直送之，不欲行，谓公孙戌曰："足下能使仆无行者，有先人之宝剑，愿献

打算借此耗损齐国财力而使燕国得利。

戊戌（前323） **周显王四十六年**按照《史记》，这一年是齐闵王元年。
秦、齐、楚三国在嚙桑会谈。 **秦国国相张仪被免除职务，离开秦国去担任魏国国相。** **韩国、燕国都自称为王。**

当时诸侯各国都先后称王，只有赵武灵王不肯，他说："没有真正的实力，怎么敢担当这样的名分！"让国中人民称自己为君。

己亥（前322） **周显王四十七年**
秦国攻打魏国，夺取曲沃、平周。

张仪担任魏国国相，打算让魏国臣服秦国，而后让诸侯各国效法。魏惠王不听。于是秦国攻打魏国，夺取曲沃、平周二邑，私下对张仪赏赐更加丰厚。

庚子（前321） **周显王四十八年**
周显王去世，其子姬定即位。
这就是周慎靓王。
齐国称薛公田文为孟尝君。

起初，齐王把薛邑封给田婴，号称靖郭君。田婴对齐王说："五大夫主管的簿册，应该天天听取汇报和多次复审。"齐王依言而行。不久就厌烦了，把这些工作都委托给田婴管理，田婴从此得以独揽齐国大权。田婴有儿子四十多人，其中有一个卑贱的侍妾生的儿子叫田文，他倜傥多有智谋，劝田婴广散钱财，揽才养士。田婴让田文主持家务，接待宾客。这些宾客争相赞誉田文的才能，建议把田文立为后嗣。后来田婴去世，田文继立，号称孟尝君，他招揽诸侯各国的游说之人和有罪之人，门下食客经常有几千人，一时名声传遍天下。

孟尝君访问楚国，楚怀王赠给他一张象牙床。象牙床由登徒直护送回国，登徒直怕象牙床有损，不愿意护送，便对公孙戍说："如果您能够让我不必送床，我有一把祖传的宝剑，愿意献

之。"戌许诺,入见曰:"小国所以皆致相印于君者,悦君之义,慕君之廉也。今始至楚而受象床,则未至之国何以待君哉!"孟尝君曰:"善。"遂不受。戌趋出,未至中闺,孟尝君召而反之,曰:"子何足之高,志之扬也?"戌以实对。孟尝君乃书门版曰:"有能扬文之名,止文之过,私得宝于外者,疾入谏。"

辛丑(前320)　慎靓王元年<small>燕王哙元年。</small>
卫更贬号曰君。

壬寅(前319)　二年
魏君䓨卒。孟轲去魏适齐。
魏惠王薨,子襄王立。孟子入见,出,语人曰:"望之不似人君,就之而不见所畏焉。卒然问曰:'天下恶乎定?'吾对曰:'定于一。''孰能一之?'对曰:'不嗜杀人者能一之。''孰能与之?'对曰:'天下莫不与也。今夫天下之人牧,未有不嗜杀人者也,如有不嗜杀人者,则天下之民皆引领而望之矣。'"

至齐,宣王问齐桓、晋文之事,孟子曰:"仲尼之徒无道桓、文之事者,臣未之闻也。无已,则王乎!"王曰:"德何如则可以王矣?"曰:"保民而王,莫之能御也。"曰:"若寡人者可以保民乎哉?"曰:"可。"曰:"何由知吾可也?"曰:"臣闻之

给您。"公孙戍答应下来,去见孟尝君说:"弱小的国家所以都希望您去执掌相印,这是因为佩服您的仁义,敬仰您的廉洁。现在您刚到楚国便接受象牙床的馈赠,那么还没有去过的国家将如何对待您呢?"孟尝君说:"讲得有理。"于是谢绝了馈赠。公孙戍快步离开,还没有走出小宫门,孟尝君把他叫了回来,问道:"你为何步子迈得这样高,神采这样飞扬呢?"公孙戍便实话回答。孟尝君就在门版上写道:"凡是能够弘扬我的名声,纠正我的过失的,即使私下接受了外人的宝物,也都快来进谏。"

周慎靓王

辛丑(前320)　周慎靓王元年燕王哙元年。
卫国再次自贬封号为君。

壬寅(前319)　周慎靓王二年
魏国国君魏莹去世。孟轲离开魏国,前往齐国。

魏惠王去世,其子魏襄王即位。孟子拜见魏襄王,出来后,对别人说:"看上去不像个君主,接触后也感觉不到令人敬畏的地方。他突然问道:'天下怎样才能安定?'我回答说:'统一才能安定。'又问:'谁能统一?'我说:'不嗜好杀人的人能够统一。'又问:'谁愿意接受他的统一?'我说:'天下的人没有不愿意接受统一的。现在天下的统治者,没有不嗜好杀人的,倘若出现不嗜好杀人的人,那么天下的百姓都会翘首以盼。'"

孟子到了齐国,齐宣王问起齐桓公和晋文公的事,孟子说:"孔子之徒没有讲过齐桓公和晋文公的事,我也没有听说过。如果非要我说,不得已我就说说统一天下的王者之道吧!"齐宣王问道:"要有怎样的道德才可以统一天下呢?"孟子说:"为维护百姓的生活安定而努力,这样去统一天下,谁也不能阻挡。"齐宣王问道:"像我这样的人可以保护百姓的利益吗?"孟子说:"可以。"齐宣王问道:"从哪里看出我可以的呢?"孟子说:"我曾经听

胡龁曰,王坐于堂上,有牵牛而过堂下者,王见之曰:'牛何之?'对曰:'将以衅钟。'王曰:'舍之!吾不忍其觳觫若无罪而就死地。'不识有诸?"曰:"有之。"曰:"是心足以王矣。《诗》云:'刑于寡妻,至于兄弟,以御于家邦。'言举斯心加诸彼而已。故推恩足以保四海,不推恩无以保妻子。古之人所以大过人者,无他焉,善推其所为而已矣。五亩之宅,树之以桑,五十者可以衣帛矣。鸡豚狗彘之畜,无失其时,七十者可以食肉矣。百亩之田,勿夺其时,八口之家可以无饥矣。谨庠序之教,申之以孝悌之义,颁白者不负戴于道路矣。老者衣帛食肉,黎民不饥不寒,然而不王者未之有也。"

癸卯(前318) 三年魏襄王元年。

楚、赵、魏、韩、燕伐秦,攻函谷关。秦出兵逆之,五国皆败走。 宋称王。

甲辰(前317) 四年

秦大败韩师于脩鱼,虏其将鲠、申差。

斩首八万,诸侯震恐。

齐大夫杀苏秦。 魏请成于秦。张仪归,复相秦。

张仪说魏王曰:"梁地方不至千里,卒不过三十万,地

胡龁说过这么一席话,大王坐在殿堂上,有人牵着牛从殿堂下走过,大王看见了,便问道:'牵着牛去什么地方?'那人回答说:'准备将它宰了祭钟。'大王说:'放掉它吧!看它因恐惧而发抖的样子,没有任何罪过,却被送进屠场,我实在不忍心。'不知道有没有这件事。"齐宣王说:"有这件事。"孟子说:"就凭这种仁心就足以统一天下了。《诗经》说:'给妻子做出榜样,再推广到兄弟,最后落实到管理自己的封邑和国家。'这就是说把这种心扩大到其他方面就行了。所以说把恩惠推广出去就足以安定天下,不这样,甚至连自己的妻子儿女也保护不了。古时候所以出现过远远超过一般人的圣贤,没有别的原因,只是他们善于推行自己的优秀品性罢了。譬如大王如果要施行仁政,可以给每家五亩土地的住宅,四周种上桑树,那么五十岁以上的人都可以穿上丝绵衣服了。家家都畜养鸡、狗、猪等家畜,使大家有时间有力量去饲养,那么七十岁以上的人就都可以吃到肉了。给每家一百亩田地,不妨碍他们生产,不误农时,那么对于八口的人家也可以保证温饱了。认真办好各级学校,用孝顺父母、敬爱兄弟的义理教育百姓,那么鬓发花白的老人就不会自己背着重物走路了。让老人个个穿帛吃肉,一般人不饥不寒,能够做到这样,还不能使天下归服的,那是从来没有的情况。"

癸卯(前318)　**周慎靓王三年**魏襄王元年。

楚、赵、魏、韩、燕五国联会攻打秦国,进攻函谷关。秦国出兵迎战,五国军队全部败退。　宋国开始称王。

甲辰(前317)　**周慎靓王四年**

秦国在脩鱼大败韩军,俘虏韩军大将鰒和申差。

斩杀韩军八万人,诸侯各国震惊。

齐国大夫刺杀苏秦。　魏国向秦国求和。张仪回到秦国,再次担任国相。

张仪对魏襄王说:"魏国地方不到千里,士卒不过三十万,地势

四平,无名山大川之限,卒成四境者不下十万,梁之地势固战场也。夫诸侯之约从,盟洹水之上,结为兄弟以相坚也。今亲兄弟同父母尚有争钱财相杀伤,而欲恃反覆苏秦之余谋,其不可成亦明矣。大王不事秦,秦下兵攻河外,据卷、衍、酸枣,劫卫,取阳晋,则赵不南,梁不北,而从道绝矣。大王之国虽欲毋危不可得也。"魏王乃倍从约,而因仪以请成于秦。仪归,复相秦。

乙巳(前316) 五年

秦伐蜀,取之。

巴、蜀相攻,俱告急于秦。秦惠王欲伐蜀,韩又来侵。司马错请伐蜀,张仪曰:"不如伐韩。"王曰:"请闻其说。"仪曰:"亲魏善楚,下兵三川,攻新城、宜阳,以临二周之郊,据九鼎,按图籍,挟天子以令天下,天下莫敢不听,此王业也。臣闻争名者于朝,争利者于市。今三川、周室,天下之朝市也,而王不急焉,顾争于戎翟,去王业远矣。"错曰:"不然。臣闻之,欲富国者务广其地,欲强兵者务富其民,欲王者务博其德,三资者备而王随之矣。今王地小民贫,故臣愿先从事于易。夫蜀,西僻之国而戎翟之长也,有桀、纣之乱,以秦攻之,譬如使豺狼逐群羊。得其地足以广国,取其财足以富民缮兵,不伤众而彼已服焉。拔一国而天下不以为

四面平坦，没有名山大川的险要，光是守卫边境的士卒就不下十万，魏国的地理形势确实适合作为厮杀的战场。诸侯各国约定实行合纵，在洹水上结为同盟，彼此结为兄弟，互相支持和保护。如今同一父母的亲兄弟尚有为了争夺钱财而互相残杀的，何况想依靠反复无常的苏秦的计谋结成联盟，此事不能成功是再明显不过了。大王不服从秦国，秦国就会出兵攻打河外，再占据卷、衍、酸枣等地，袭击卫国，夺取阳晋，这时赵国不能南下，魏国不能北上，联合抗秦的路子就走不通了。大王的国家想避免危险也是不可能的了。"于是，魏王背弃了合纵的约定，派张仪前往秦国求和。张仪回到秦国，再次被任命为相。

乙巳（前316） 周慎靓王五年

秦国攻打蜀国，并夺取其地。

巴国和蜀国相互攻打，都来向秦国告急。秦惠王准备攻打蜀国，这时韩国又来进犯。司马错提议攻打蜀国，张仪说："不如去攻打韩国。"秦惠王说："请谈谈你的看法。"张仪说："与魏国、楚国保持亲善，出兵三川，攻取新城、宜阳，然后到达东西二周的都城，取得象征王权的九鼎，掌握天下版图和户籍，挟持天子以号令诸侯，各诸侯国就不敢不听，这是帝王的大业。我听说，想要博取功名就要控制朝廷，想要获得利益就要占据市场。现在的三川之地和周王室，就是天下的朝廷和市场，如果大王不去争取，反而要去争夺戎狄的地盘，这就离帝王的大业太远了。"司马错说："不对。我听说，想使国家富足就必须拓展土地，想使军队强大就必须使人民富裕，想要成就帝王之业就必须广施恩德。这三个方面都具备了，帝王之业也便随之完成。现在大王地小民贫，所以我希望先从容易的事做起。蜀国是西南边偏僻的小国，又是戎狄各部的首领，如今发生了像夏桀、殷纣时那样的祸乱，以秦军攻打蜀国，就犹如让豺狼追逐羊群。占据它的土地足以扩大秦国的疆域，获取它的资财足以富民强兵，用不着损伤众多的士卒就能使它屈服。秦国吞并蜀国而天下并不认为这是

暴,利尽西海而天下不以为贪,而又有禁暴止乱之名,是我一举而名实附也。今攻韩,劫天子,恶名也。而攻天下之所不欲,又未必利也,不如伐蜀。"惠王从之,起兵伐蜀,十月取之。秦以益强富厚,轻诸侯。

燕君哙以国让其相子之。

燕相子之与苏秦之弟代昏,欲得燕权。苏代使齐而归,燕王问曰:"齐王其霸乎?"对曰:"不能。"王曰:"何故?"对曰:"不信其臣。"于是燕王专任子之。鹿毛寿谓燕王曰:"人谓尧贤者,以其能让天下也。今王以国让子之,是王与尧同名也。"燕王因属国于子之。或曰:"禹荐益而以启人为吏,及老传天下于益,而启与其党攻益夺之。天下谓禹名传天下于益,而实令启自取之。今王言属国于子之,而吏无非太子人者,是名属子之,而实太子用事也。"王因收印绶,自三百石吏以上而效之子之。子之南面行王事,而哙老,不听政,顾为臣。

丙午(前315)　**六年**
王崩,子延立。
是为赧王。

丁未(前314)　**赧王元年**

强暴,获得远到西海的利益而天下并不认为这是贪婪,此外还会获得除暴止乱的美名,这使我们一举两得,名利双收。如果今天攻打韩国,挟持天子,就会背上恶名。再说去攻打天下人不想攻打的国家,又未必能得到什么好处,不如攻打蜀国。"秦惠王依计而行,发兵攻打蜀国,用了十个月的时间就占领了全境。从此,秦国更加富强,而轻视诸侯各国。

燕王哙把国家让给国相子之。

燕相子之与苏秦的弟弟苏代通婚,打算谋取燕国政权。苏代出使齐国回来,燕王哙问道:"齐王能够称霸吗?"苏代回答说:"不能。"燕王哙问他道:"为什么?"苏代回答说:"因为他不相信他的大臣。"于是燕王哙把大权委任子之。鹿毛寿对燕王哙说:"人们所以称赞尧是贤明的君主,是因为他能把天下让给别人。现在大王如果能把国家让给子之,是大王与尧同样贤明。"燕王哙因此将国家交给子之。有人说:"禹推荐益主持国政,却使用王子启的属下为官吏,到老的时候虽然把天下传给了益,但是启与他的党徒又从益的手中夺回了天下。所以天下人认为禹在名义上传位于益,而实际上造成启从益的手中再夺回天下。如今大王说把国家交给子之,而所用的官吏无不是太子的属下,名义上是子之在管理国家,而实际上还是太子控制国家。"燕王哙便下令收回印信和绶带,把三百石俸禄以上的官职都交给子之去任命。从此,子之面南称王,燕王哙因年事已高,不再听理政事,反而成了臣属。

丙午(前315) 周慎靓王六年
周慎靓王去世,其子姬延即位。
这就是周赧王。

周赧王

丁未(前314) 周赧王元年

　　秦侵义渠,得二十五城。　　秦伐魏,取曲沃,又败韩师于岸门,质其太子仓以和。　　齐伐燕取之,醢子之,杀故燕君哙。

　　燕子之为王三年,国内大乱。将军市被与太子平谋攻子之。齐王使人诱之,且许为助。平使市被攻子之,不克,被反攻平。国中连战数月,死者数万人。齐王使章子伐燕,燕士卒不战,城门不闭。齐人取子之,醢之,遂杀王哙。于是齐王问于孟子曰:"或谓寡人勿取,或谓寡人取之,何如?"孟子对曰:"取之而燕民悦则取之,取之而燕民不悦则勿取也。"诸侯将谋救燕,王又问于孟子,孟子对曰:"臣闻七十里为政于天下者,汤是也,未闻以千里畏人者也。天下固畏齐之强也,今又倍地而不行仁政,是动天下之兵也。王速出令,反其旄倪,止其重器,谋于燕众,置君而后去之,则犹可及止也。"王不能用。既而燕人畔。王曰:"吾甚惭于孟子。"陈贾曰:"王无患焉。"乃见孟子,问曰:"周公使管叔监商,管叔以商畔,圣人亦有过乎?"孟子曰:"周公,弟也,管叔,兄也,周公之过,不亦宜乎!且古之君子过也则改之,今之君子过则顺之,又从而为之辞。"

孟轲去齐。

　　是时,天下方务于合从连衡,以攻伐为贤,而处士杨朱、墨翟之言盈天下。孟子乃述唐、虞、三代之德,推明孔子之

秦国入侵义渠,占领二十五座城邑。　秦国攻打魏国,夺取曲沃,又在岸门打败韩国,韩国将太子韩仓送到秦国做人质以求和。　齐国攻打燕国,夺取燕都,将子之剁为肉酱,杀死原国君燕王哙。

　　燕国子之当国王才三年,国内大乱。将军市被与太子姬平合谋攻打子之。齐王派人诱导他们讨伐子之,并且承诺帮助他们。于是燕太子姬平让市被攻打子之,市被打不过子之,反过来攻打姬平。国内混战几个月,死了几万人。齐王派章子攻打燕国,燕国士卒不抵抗,城门不关。齐国攻入燕国,抓住子之,把他剁为肉酱,又把燕王哙杀死。这时,齐王向孟子问道:"有的人叫我不要攻占燕国,有的人建议我攻占燕国,如何是好?"孟子回答说:"占领燕国而使百姓高兴,那么就去占领;占领燕国而使百姓不高兴,那么就不要去占领。"后来诸侯各国准备谋划援救燕国,齐王又向孟子请教,孟子回答说:"我听说过商王汤由于实行仁政,以七十里的领土而号令天下,却没有听说拥有千里之广的国家而畏惧别人的。天下各国原本就害怕齐国的强大,如今齐国又扩展了一倍的土地,又不实行仁政,这将招致天下的讨伐啊。大王应该迅速下令,释放老弱百姓,停止搜刮宝器,与燕国民众谋议,推立新的国君,然后离开燕国,这样做还来得及避免一场动乱。"齐王没有听从孟子的劝告。不久,燕国人反叛齐国。齐王说:"我很惭愧没有听从孟子的话。"陈贾说:"大王不必担心。"于是去见孟子,问道:"周公派管叔监理商朝旧地,管叔却在商地反叛,难道像周公这样的圣人也有过错吗?"孟子说:"周公是弟弟,管叔是哥哥,周公的过失,不是自有相宜的原因吗?况且古代的君子有了过错就加以改正,现在的君子有了过错就顺从下去,更有人为过错寻找托辞。"

　　孟轲离开齐国。

　　当时天下正盛行合纵连横的政治活动,各国均以攻战讨伐为能事,另有未入仕途的处士杨朱、墨翟讲学授徒,言论风行天下。孟子却祖述唐尧、虞舜及夏、商、周三代圣贤的道德,阐明孔子的

道，以正人心、息邪说为己任。是以所如者不合，遂致为臣于齐而归。喟然叹曰："夫天未欲平治天下也。如欲平治天下，当今之世舍我其谁哉！"及卒，门人公孙丑、万章之徒，相与记其所言为书七篇。

戊申（前313） **二年**齐闵王地元年。

秦伐赵。 楚屈匄伐秦。

秦欲伐齐，患其与楚从亲，乃使张仪说楚王曰："大王诚能闭关绝约于齐，臣请献商、於之地六百里，使秦女得为大王箕帚之妾。"楚王说而许之。群臣皆贺，陈轸独吊。王怒曰："何吊也？"对曰："夫秦之所以重楚，以其有齐也。今绝齐则楚孤，秦奚贪夫孤国与之商、於之地六百里哉！仪至秦必负王，是王北绝齐交，而西生患于秦也，两国之兵必俱至矣。"王曰："愿子闭口毋复言，以待寡人得地！"乃厚赐张仪，而闭关绝约于齐，使一将军随张仪至秦。仪佯堕车，不朝三月。楚王闻之曰："仪以寡人绝齐未甚耶？"乃使勇士宋遗借宋之符，北骂齐王。齐王大怒，折节而事秦。齐、秦之交合，仪乃朝，见楚使者曰："子何不受地？自某至某，广袤六里。"使者还报，楚王大怒，欲发兵攻秦。陈轸曰："轸可发口言乎？攻之不如赂以一名都，与之并兵而攻齐，是我亡地于秦而取偿于齐也。今已绝齐，而又责欺于秦，

思想和理论,以纠正人心、除灭邪说作为自己的使命。所以孟子所到之处都与执政者不合,以至于最后在齐国成为臣属后还是辞职离去。孟子叹息着说:"上天不想使天下太平罢了。如果想使天下太平,在当今的时代里,除了我还有谁呢!"孟子去世后,门徒公孙丑和万章一伙人,一起记述孟子的言论,撰成七篇。

戊申(前313) **周赧王二年**齐闵王地元年。
秦国攻打赵国。 楚国屈丐攻打秦国。

秦国打算攻打齐国,但是顾虑齐国与楚国有合纵的约定,便让张仪游说楚怀王说:"大王如果真能做到与齐国断绝往来,废除盟约,我可以请秦王向楚国献出商、於六百里土地,让秦国的美女成为侍奉大王左右的婢妾。"楚怀王高兴地答应下来。群臣都来祝贺,只有陈轸表示哀悼。楚怀王大怒说:"你哀悼什么?"陈轸回答说:"秦国所以重视楚国,是因为有齐国这个盟友。现在楚国一旦与齐国绝交,就会成为一个孤国,秦国凭什么要巴结一个孤国而给它六百里的商、於之地呢!张仪回到秦国之后肯定会背弃对大王的许诺。那时,大王既在北方与齐国断绝了盟友关系,又在西方从秦国招来祸端,秦、齐两国的军队必然会一起侵入我们的国土。"楚怀王说:"希望你闭嘴,不要再多言了,等着我得到土地再说吧!"于是重赏张仪,又与齐国绝交毁约,派一名将军随张仪前往秦国。张仪回去后,假装从车上掉下来,一连三个月不上朝。楚怀王闻讯后说:"是不是张仪嫌我与齐国绝交不够彻底呢?"便派勇士宋遗借了宋国使者的符节,北上大骂齐宣王。齐宣王大怒,便与楚国彻底决裂而事奉秦国。齐国与秦国交好后,张仪才上朝,接见楚国使者说:"你为什么还不快去接受土地? 从某处到某处,方圆六里。"使者返回报告,楚怀王听了大怒,打算发兵攻打秦国。陈轸说:"现在我可以张嘴说句话了吧? 我认为与其攻打秦国,不如贿赂它一座名城,与它合兵一起攻齐国,这样我们从秦国损失的土地,又从齐国那里得到了补偿。如今既然已经与齐国绝交,又要责备秦国的欺诈行为,

是我合齐、秦之交而来天下之兵也,国必大伤矣。"王不听,使屈匄帅师伐秦。秦亦发兵,使庶长章击之。

己酉(前312) 三年

秦大败楚师于丹阳,虏屈匄,遂取汉中。楚复袭秦,又大败于蓝田。韩、魏袭楚,楚割两城以和于秦。

丹阳之战,斩首八万。

燕人立太子平为君。

昭王即位于破燕之后,吊死问孤,与百姓同甘苦,卑身厚币,以招贤者。问郭隗曰:"齐因孤之国乱而袭破燕,孤极知燕小不足以报,然诚得贤士与之共国,以雪先王之耻,孤之愿也。先生视可者得身事之。"隗曰:"古之人君有以千金使涓人求千里马者,马已死,买其骨五百金而返。君怒,涓人曰:'死马且买之,况生者乎! 马今至矣。'不期年而千里马至者三。今王必欲致士,先从隗始,况贤于隗者,岂远千里哉!"于是昭王为隗改筑宫而师事之。于是士争趣燕。乐毅自魏往,王以为亚卿,任以国政。

韩君卒。

韩宣惠王尝欲两用公仲、公叔为政,缪留曰:"不可。晋任六卿而国分,齐简公用陈恒、阚止而见杀,魏用犀首、张仪而西河之外亡。今君两用之,其多力者内树党,其寡力者藉外权,群臣有内树党以骄主,有外为交以削地,君之

势必由我们促使齐国与秦国的交好，而招致天下的兵力来对付我们，我国势必受到极大的伤害。"楚怀王不听，派屈匄率领军队攻打秦国。秦国也派出军队，让庶长魏章进击楚国。

己酉（前312） 周赧王三年

秦国在丹阳大败楚军，俘虏屈匄，于是夺取汉中。楚国再次袭击秦国，又在蓝田打了大败仗。韩国与魏国袭击楚国，楚国只好割让两座城邑与秦国讲和。

秦国在丹阳一战，杀死楚国士兵八万人。

燕国人拥立太子平为国君。

燕昭王是在齐国攻破燕国后即位的，他哀悼死者，抚问孤寡，和百姓同甘共苦，以谦卑的态度和丰厚的待遇来招揽贤能之人。燕昭王问郭隗说："齐国是趁着我国内乱而攻入的，我深知燕国弱小，没有力量报仇，然而若是真的能够得到贤士，与他们共同治理国家，以洗掉先王的耻辱，这是我的心愿。先生认为合适的人，我愿意亲自请教。"郭隗说："古时候有个国君给涓人千金，让他去买千里马。找到时，马已经死了，于是用五百金把马骨买回来了。这个国君听说后大怒，涓人说：'连死马都舍得高价买，何况活马呢！千里马不久就来了。'不到一年就送来了三匹千里马。现在大王一定要招致人才，就先从我开始，何况比我更贤能的，他们都会不远千里而来！"于是燕昭王给郭隗改建住宅，以老师之礼对待他。果然各方人才争先恐后地投奔燕国。乐毅从魏国过来，燕昭王任命他为亚卿，任用他处理国政。

韩国国君去世。

韩宣惠王曾打算同时重用公仲、公叔执掌国政，缪留说："不可。晋国曾经重用六卿而使国家分裂，齐简公重用陈恒、阚止而被杀，魏国重用犀首、张仪而使西河以外的土地丧失。现在您如果同时重用两人，那么势力大的将在朝廷内树立私党，而势力小的将凭借外权扩大实力。群臣之中，在内部结党的可以在君主面前骄横不服，在外部结交别国的可能要挟君主割让土地，您的

国危矣。”

庚戌（前311） 四年燕昭王平、韩襄王仓元年。

蜀相杀蜀侯。 秦使张仪说楚、韩、齐、赵、燕连衡以事秦。 秦君卒，诸侯复合从。

秦惠王使告楚怀王，请以武关之外易黔中地。楚王曰：“不愿得地，愿得张仪而献黔中。”仪请行，秦王曰：“楚将甘心于子奈何？”仪曰：“秦强而楚弱，大王在，楚不宜敢求臣。且臣善其嬖臣靳尚，尚得事幸姬郑袖，袖言王无不听者。”遂往楚。王囚，将杀之。尚谓袖曰：“秦王甚爱张仪，将以六县及美女赎之。王重地尊秦，秦女必贵而夫人斥矣。”于是袖日夜泣于王曰：“臣各为其主耳。今杀张仪，秦必大怒。妾请子母俱迁江南，毋为秦所鱼肉也。”王乃赦仪而厚礼之。仪因说曰：“夫为从者，无异于驱群羊而攻猛虎，不格明矣。今王不事秦，秦劫韩驱梁而攻楚，则楚危矣。又自巴蜀治船积粟，浮岷江而下，一日行三百余里，不十日而距扦关，扦关惊则黔中、巫郡非王之有。又举甲而出武关，则北地绝。夫秦之攻楚，危难在三月之内，而楚待诸侯之救在半岁之外，此臣所为大王患也。大王诚听臣，请令秦、楚长为兄弟之国。”楚王已得仪而重出地，乃许之。

国家就危险了。"

　　庚戌（前311）　**周赧王四年**_{燕昭王平、韩襄王仓元年。}

　　蜀相杀死国君。　　秦国派张仪游说楚、韩、齐、赵、燕五国，实行连横，事奉秦国。　　秦君去世，诸侯各国又重新实行合纵。

　　秦惠王派使者转告楚怀王，要求用武关以外的地方换取黔中之地。楚怀王说："不愿换地，只想得到张仪，然后献出黔中。"张仪听说后，请求前往楚国，秦惠王说："楚国只有杀死你才会甘心，你去了怎么办？"张仪说："秦国强大而楚国弱小，只要大王健在，楚国不敢杀我。而且我与楚王的宠臣靳尚友善，靳尚又正好服事楚王的爱姬郑袖，郑袖的话楚王句句听从。"于是前往楚国。楚怀王把张仪囚禁起来，准备杀死他。靳尚对郑袖说："秦王非常宠爱张仪，准备拿出六个县邑和美女赎回张仪。大王看重土地，又重视秦国，秦国美女必然得到宠幸，而夫人您就会被冷落了。"于是郑袖在楚怀王身边日夜不停地哭诉说："张仪的事不过是各为其主罢了。现在要是杀了张仪，秦国必然大怒，为了避免遭到秦国的伤害，我请求让我们母子两人都迁到江南去住，不被秦国所欺凌。"楚怀王为此赦免张仪，还以隆重的礼节接待他。张仪乘机劝说楚怀王："现在实行的合纵政策，就同赶着羊群去攻击猛虎没有什么两样，羊群打不过猛虎是再明显不过的。现在大王不服事秦国，秦国一旦逼迫韩国、驱赶梁国来攻打楚国，那么楚国就危险了。秦国还可以在巴、蜀两地造船积粮，然后乘船沿岷江而下，一天可行三百多里，不到十天就可以兵临扞关，扞关一旦丢失，那么黔中、巫郡也就不再是大王的了。秦国如果举兵出武关，那么楚国的北部地区就面临困境。秦国攻打楚国，楚国的生死存亡只须在三个月之内便可见分晓，但是，楚国想得到诸侯各国的救援，却需要半年多的时间。这就是我替大王忧虑的原因。大王如果真能听从我的劝告，我愿意促使秦、楚两国成为永久的兄弟之邦。"楚怀王已经得到了张仪，但又舍不得出地，于是同意了张仪的建议。

仪遂说韩王曰:"韩地险恶山居,国无二岁之食,见卒不过二十万,而秦兵百余万。山东之士被甲蒙胄而会战,秦人捐甲徒裼以趋敌,此无异垂千钧于鸟卵之上,必无幸矣。大王不事秦,秦下甲据宜阳,塞成皋,则王之国分矣。为大王计,莫如事秦而攻楚,以转祸而悦秦。"韩王许之。

仪归报秦,封以六邑,号武信君。复使东说齐王曰:"从人说大王者,必曰:'齐蔽于三晋,地广民众,兵强士勇,虽有百秦,将无奈齐何。'大王贤其说而不计其实。今秦、楚嫁娶,韩献宜阳,梁效河外,赵割河间。大王不事秦,秦驱韩、梁攻南地,悉赵兵指博关,临菑、即墨非王有也。"齐王许之。

仪西说赵王曰:"大王收率天下以摈秦,秦兵不敢出函谷关者十五年,唯大王有意督过之也。今以大王之力,举巴、蜀,并汉中,包两周,守白马之津。秦虽僻远,然而心含忿怒之日久矣。今有敝甲凋兵军于渑池,愿渡河逾漳据番吾,会邯郸之下,愿以甲子合战,正殷纣之事。谨使使臣先闻左右。今楚与秦为昆弟,韩、梁称藩臣,齐献鱼盐之地,此断赵之右肩也。夫断右肩而与人斗,失其党而孤居,求欲毋危得乎!今秦发三将军,塞午道,军成皋、渑池,约

张仪便去游说韩襄王，说道："韩国地处险恶的山地，国家所储备的粮食不够吃两年，现有士兵不过二十万人，而秦国却有一百多万大军。山东各国的军队只有在披戴甲胄的情况下才能参加战斗，而秦国士兵却敢于丢掉甲胄、赤足露身去追杀敌人，这与把千钧的力量加在鸟蛋之上没有什么不同，山东各国的军队必定没有好下场。大王不服从秦国，秦国发兵占据宜阳，堵塞通往成皋的道路，那么大王的国家就被分割了。替大王着想，不如亲附秦国而攻打楚国，把战祸转嫁到楚国身上，从而讨得秦国的欢心。"韩襄王答应下来。

　　张仪回国报告情况，秦惠王把六座城邑封给他，号称武信君。秦惠王又派张仪东去游说齐国，张仪对齐湣王说："主张合纵的人劝说大王，一定会说：'齐国有韩、赵、魏三国作为屏障，土地辽阔，人口众多，军力强盛，战士勇猛，即使有一百个秦国，也将对齐国无可奈何。'大王往往会赞许这种言论而忽略实际情况。如今秦、楚两国互通婚姻，韩国献出了宜阳，魏国交出了黄河以南的土地，赵国割让了河间。大王如果不亲附秦国，秦国就会驱使韩、魏两国攻打齐国南部，命令赵国全部兵马指向博关，那时临菑、即墨等重地就不属于大王了。"齐湣王表示赞成。

　　张仪又西去游说赵武灵王说："大王联合各国，带头抵制秦国，秦国军队不敢出函谷关已经有十五年，这是唯恐大王产生兴兵问罪之心。现在我们秦国凭借着大王的神力，拿下巴、蜀，吞并汉中，包围两周，据守白马津。秦国虽然地处偏远，然而对赵国心含愤怒已经很久了。现在秦国有一支盔甲不整的部队驻扎在渑池，希望渡过黄河，越过漳水，进占番吾，在邯郸两军相会，希望依甲子会战的古例，重演武王伐纣之事。为此，秦国特派使臣我通知您。如今楚国与秦国已结为兄弟之邦，韩国和魏国已经成为东方的藩臣，齐国献出了盛产鱼盐的海滨之地，这些犹如砍断了赵国的右肩。没有听说断了右肩仍与人格斗，失掉伙伴而独处，想求得平安无险而能够如愿以偿的！现在秦国一旦派遣三路大军，一路扼守午道，另两路分别驻扎成皋与渑池，然后约定

四国为一以攻赵,赵服必四分其地。臣窃为大王计,莫若与秦约为兄弟之国也。"赵王许之。

仪北说燕王曰:"赵已事秦。大王不事秦,秦下甲云中、九原,驱赵攻燕,则易水、长城非王之有矣。"燕王请献常山之尾五城以和。

仪归报未至,而惠王薨,子武王立。武王自为太子时不说仪,诸侯闻之,皆畔衡,复合从。

辛亥(前310)　**五年**秦武王元年。
秦张仪复出相魏。
张仪诡说秦武王而相魏,一岁卒。仪与苏秦皆以从横之术游诸侯,致位富贵,天下争慕效之。又有魏人公孙衍者,号犀首,及秦弟代、厉,又周最、楼缓之徒,纷纭遍于天下,务以辩诈相高,不可胜载,而仪、秦、衍最著。

秦诛蜀相庄。　　**秦、魏会于临晋。**

壬子(前309)　**六年**
秦初置丞相。

癸丑(前308)　**七年**
秦、魏会于应。　　**秦甘茂伐韩宜阳。**
秦王使甘茂约魏以伐韩。茂至魏,乃使人还,谓王曰:"魏听臣矣,然愿王勿伐。"王迎茂息壤而问其故。对曰:"宜阳大县,其实郡也。今倍数险,行千里,攻之难。鲁

四国一起攻打赵国,赵国被征服后必然四分五裂。我私下为大王着想,不如与秦国结为兄弟之国。"赵武灵王也答应下来。

张仪又北去游说燕昭王说:"赵国已经事奉秦国。大王如果不事奉秦国,秦国派甲兵进入云中、九原,驱使赵国进攻燕国,那么易水、长城就不属于您了。"燕昭王请求献出常山脚下的五座城邑,以求媾和。

张仪返回报告,还没有到,秦惠王便去世了,其子秦武王即位。秦武王从当太子时就不喜欢张仪,诸侯各国听说后,都背弃了连横,重新实行合纵。

辛亥(前310) **周赧王五年**秦武王元年。

秦国的张仪再次出任魏相。

张仪以诡诈之言说服秦武王,自己做了魏国的国相,历时一年而死。张仪与苏秦都是以纵横捭阖之术游说诸侯各国,达到了荣华富贵的地位,使天下的士人争先美慕和效法。还有一个名叫公孙衍的魏国人,号犀首,以及苏秦的弟弟苏代、苏厉,再有周最、楼缓一类,他们众说纷纭,遍于天下,专门以辩才诈术互争高低,其人物事迹多得记不过来,以张仪、苏秦和公孙衍最为著名。

秦武王诛杀蜀相陈庄。　秦武王与魏襄王在临晋相会。

壬子(前309) **周赧王六年**

秦国初次设置丞相。

癸丑(前308) **周赧王七年**

秦国与魏国在应城相会。　秦国派甘茂攻打韩国的宜阳。

秦武王派甘茂去联合魏国,以便共同攻打韩国。甘茂到了魏国,便派人回去,告诉秦武王说:"魏国已经听从了我的话,不过希望大王不要攻打韩国。"秦武王在息壤迎接甘茂,询问其中的缘故。甘茂回答说:"宜阳是个大县,实际上相当于一个郡。现在需要跨过许多险隘,远行千里,要攻下来是很困难的。鲁国

人有与曾参同姓名者杀人,人告其母,母织自若也。及三人告之,则其母投杼下机,逾墙而走。臣之贤不若曾参,王之信臣不如其母,疑臣者非特三人,臣恐大王之投杼也。魏文侯令乐羊攻中山,三年拔之。反而论功,文侯示之谤书一箧。乐羊再拜稽首曰:'此非臣之功,君之力也。'今臣,羁旅之臣也,樗里子、公孙奭挟韩而议之,王必听之,是王欺魏王而臣受公仲侈之怨也,故臣愿王之勿伐也。"王曰:"寡人弗听也,请与子盟!"乃盟于息壤。

甲寅(前307) 八年
秦拔宜阳。

甘茂攻宜阳,五月而不拔。樗里子、公孙奭果争之。秦王欲罢兵,茂曰:"息壤在彼。"王乃悉起兵佐茂,斩首六万,遂拔宜阳。

秦君卒,弟稷立。母芈氏治国事,以舅魏冉为将军。

秦武王好以力戏,力士多至大官,与孟说举鼎,绝脉而薨。无子,诸弟争立。异母弟稷质于燕,其母芈八子之异父弟魏冉,自惠王、武王时任职用事。与国人迎而立之。稷年少,太后治事,以冉为将军,卫咸阳。

赵始胡服,招骑射。

曾经有一个与曾参同名同姓的人杀了人,人们把曾参杀人的消息告诉了他的母亲,曾参的母亲仍旧织布,神态泰然自若。等到先后来了三个人告诉她曾参杀人的消息,这时曾参的母亲便扔掉梭子,离开织布机,越墙而走。我的才德不如曾参,大王对我的信任程度不如曾参的母亲对待儿子,而怀疑我的人更不止三个人,我担心大王也会像曾参的母亲那样扔掉梭子。魏文侯曾经命令乐羊攻打中山,用了三年的时间才攻下来。回国论功行赏时,魏文侯拿出一竹箱的诽谤文书给乐羊看。乐羊拜了再拜,伏地叩头说:'这不是我的功劳,而是大王的力量啊!'如今我是寄居在秦国的臣属,如果樗里子和公孙奭拿攻打韩国一事来与大王商议,大王肯定会听从他们的话,这样就造成大王对魏王失约,我也会受到公孙侈的怨恨,所以我希望大王不要攻打韩国。"秦武王说:"我不听他们的,可以和你起誓!"于是两人在息壤立下了誓约。

甲寅(前307)　周赧王八年
秦国攻占宜阳。

甘茂攻打宜阳,用了五个月时间也没有攻下。樗里子、公孙奭果然指摘甘茂。秦武王打算收兵,甘茂说:"息壤的盟誓尚在。"秦武王于是调动全部兵力协助甘茂,斩杀韩军六万人,终于攻克宜阳。

秦武王去世,其弟嬴稷即位。嬴稷的母亲芈氏处理国家大事,他的舅父魏冉担任将军。

秦武王喜好较力比赛,许多大力士当上了大官,他与孟说举铜鼎时,因脉管破裂而死。秦武王没有儿子,弟弟们争着要继位。异母弟弟嬴稷正在燕国做人质,他的母亲芈八子的异父弟弟叫魏冉,自从秦惠王、秦武王时就担任重要职务。魏冉与国中贵族把嬴稷迎回来即位。嬴稷年纪小,由太后治理国家大事,封魏冉为将军,保卫咸阳。

赵国开始穿胡人的服装,招收善于骑马射箭的士兵。

赵武灵王北略中山之地,至房子,遂之代,北至无穷,西至河,登黄华之上。与肥义谋胡服骑射以教百姓,曰:"愚者所笑,贤者察焉。虽驱世以笑我,胡地、中山,吾必有之!"遂胡服。

国人皆不欲,公子成称疾不朝。王使人请之曰:"家听于亲,国听于君。今寡人作教易服而公叔不服,吾恐天下议之也。制国有常,利民为本;从政有经,令行为上。明德先论于贱,而从政先信于贵,故愿慕公叔之义以成胡服之功也。"公子成再拜稽首曰:"中国者,圣贤之所教,礼乐之所用,远方之所观赴,蛮夷之所则效也。今王舍此而袭远方之服,变古道,逆人心,臣愿王熟图之也。"使者以报,王自往请之,曰:"吾国东有齐、中山,北有燕、东胡,西有楼烦,秦、韩之边,无骑射之备,则何以守之哉!先时中山负齐之强,侵暴吾地,引水围鄗,微社稷之神灵,则鄗几于不守也。先君丑之,故寡人变服骑射,欲以备四境之难,报中山之怨。而叔顺中国之俗,恶变服之名,以忘鄗事之丑,非寡人之所望也。"公子成听命,乃赐胡服以朝,而始出令焉。

乙卯(前306) **九年**秦昭襄王稷元年。
赵君略中山及胡地,遣使约秦、韩、楚、魏、齐,并致胡

赵武灵王向北进攻中山国,大军到达房子城,接着进入代地,继续向北进军无穷,向西到达黄河,登上了黄华山。赵武灵王与肥义谋划让百姓改穿胡人服装,训练骑马射箭的本领,他说:"愚昧的人所嘲笑的,杰出的人却能明察。即使天下的人都嘲笑我,我也要最终占有胡人的土地和中山国!"于是决定改穿胡人服装。

国中士人都不愿换装,公子成借口生病不去上朝。赵武灵王派人说服他,说道:"家事听命于双亲,国事听命于君王。现在我做出让国人改易服装的决定而叔父您不穿,我担心天下人私下议论我徇私情。治理国家有章法,这就是以利民为根本;办理政事有常规,执行命令最关键。宣明恩赏应该先从低贱的人开始,贯彻政令应该首先得到权贵们的信服,所以我希望借助叔父的名义来成全改穿胡服的大事。"公子成再拜,叩头至地说道:"中原国家,是经过圣贤教化的、礼乐普及的国家,应该是偏远国家前来观礼、未开化的蛮夷邦国学习效法的国家。现在大王却丢掉这些,偏要穿远方国家的服装,改变古代的传统,违逆人民心愿,我希望大王慎重考虑。"使者把公子成的话报告给赵武灵王,赵武灵王亲自去解释说:"我国东面有齐国、中山国,北面有燕国、东胡,西面有楼烦,与秦、韩两国交界,倘若没有骑马射箭的训练准备,怎么能够守卫疆土!从前中山国仗着齐国的强大力量,侵犯糟蹋我国土地,引水围困鄗邑,倘若没有社稷神灵的保佑,那么鄗邑就要失守了。先王以此事为赵国的耻辱,所以我要改变服装,训练骑射,想以此防备国土四境可能遭受的侵害,去报中山国之仇。而叔父您只顾随顺中原的旧俗,讨厌改变服装的名声,却把鄗邑的耻辱抛开不顾,这不是我所希望的事情。"公子成欣然从命,赵武灵王便赐给他胡人服装,让他穿着上朝,然后才颁布命令。

乙卯(前306) **周赧王九年**秦昭襄王稷元年。

赵君入侵中山及胡地,派使者出使秦、韩、楚、魏、齐,并召集胡

兵。　楚、齐、韩合从。

　　丙辰（前305）　十年
　　彗星见。　赵伐中山，取数邑。中山复献四邑以和。秦魏冉弑其君之嫡母，出其故君之妃归于魏。

　　秦庶长壮及大臣诸公子作乱，魏冉诛之。及惠文后皆不得良死，而悼武后出归于魏，王兄弟不善者皆灭之，冉遂为政，威震秦国。

　　丁巳（前304）　十一年
　　秦、楚盟于黄棘。秦复与楚上庸。

　　戊午（前303）　十二年
　　彗星见。　秦取魏蒲阪、晋阳、封陵，取韩武遂。　齐、韩、魏伐楚。楚使太子横质于秦，秦救之。

　　初，楚与齐、韩合从，至是齐、韩、魏以楚负约，合兵伐之。楚王使其太子横为质，以请救于秦，秦人救之，三国引去。

　　己未（前302）　十三年
　　秦、魏、韩会于临晋。秦复与魏蒲阪。　楚太子横杀秦大夫亡归。

　　庚申（前301）　十四年
　　日食，昼晦。　秦取韩穰。　蜀守叛秦，秦诛之。　秦、韩、魏、齐伐楚，杀其将唐昧，取重丘。　赵伐中山，中山君

兵。　楚、齐、韩三国实行合纵。

丙辰（前305）　周赧王十年
彗星出现。　赵国进攻中山国,夺取数座城邑。中山国又
献出四座城邑,以求和。　秦国魏冉杀死秦昭襄王的嫡母,把故
君秦武王的妃子驱逐到魏国。
秦国一位名叫壮的庶长及一些大臣、诸公子谋划造反,魏冉
把他们一一诛杀。惠文后因受牵连也被处死,悼武王后被驱逐
流落到魏国,与秦昭襄王不和的兄弟,全部被魏冉杀掉,于是魏
冉执掌国家大权,威震全国。

丁巳（前304）　周赧王十一年
秦国与楚国在黄棘会盟。秦国把上庸归还给楚国。

戊午（前303）　周赧王十二年
彗星出现。　秦国攻取魏国的蒲阪、晋阳、封陵,攻取韩国
的武遂。　齐国、韩国、魏国联合攻打楚国。楚国派太子横去秦
国做人质,秦国出兵救援。
起初,楚国与齐国、韩国实行合纵,这时齐、韩、魏三国因为
楚国背弃盟约,联合出兵讨伐。楚怀王派太子横作为人质,向秦
国求救,秦国派兵救援,三国军队撤退。

己未（前302）　周赧王十三年
秦国、魏国、韩国在临晋举行会盟。秦国把蒲阪归还给魏
国。　楚国太子横杀了秦国的一个大夫后,逃亡回国。

庚申（前301）　周赧王十四年
出现日食,白昼昏暗。　秦国攻取韩国穰县。　蜀地郡守
背叛秦国,秦国派人诛杀。　秦、韩、魏、齐四国联合攻打楚国,
杀死楚国大将唐昧,夺取重丘。　赵国攻打中山国,中山国国君

奔齐。

辛酉（前300） 十五年
秦公子悝质于齐。 秦芈戎大败楚师，杀其将景缺，取襄城。楚使太子横质于齐，以请平。

壬戌（前299） 十六年
赵君废其太子章，而传国于少子何，自号"主父"。

初，武灵王以长子章为太子，后纳吴广之女孟姚，有宠，生子何。爱之，欲及其生而立之，乃废章而传国焉。使肥义为相国傅王，而自号"主父"，将士大夫西北略胡地。将自云中、九原南袭咸阳，于是诈为使者入秦，欲以观秦地形及秦王之为人。秦王不知，已而怪其状甚伟，非人臣之度，使人逐之，主父行已脱关矣。秦人大惊。

齐、魏会于韩。 秦伐楚，取八城，遂诱楚君槐于武关，执之以归。楚人立太子横。

秦伐楚，取八城。秦王乃遗楚王书曰："始寡人与王约为弟兄，盟于黄棘，太子入质，至欢也。太子陵杀寡人之重臣，不谢而亡去，寡人诚不胜怒，使兵侵君王之边。今闻君王乃令太子质于齐以求平。寡人与楚接境，婚姻相亲，而今不欢，则无以令诸侯。寡人愿与君王会武关，面相约，结盟而去，寡人之愿也。"楚王欲往，恐见欺，欲不往，恐秦怒。

逃到齐国。

辛酉（前300）　周赧王十五年
秦国把公子悝送到齐国充当人质。　秦国芈戎大败楚国军队，杀死楚将景缺，夺取了襄城。楚国把太子横送到齐国做人质，请求和解。

壬戌（前299）　周赧王十六年
赵武灵王废黜太子赵章，而把国家传给小儿子赵何，自称"主父"。

起初，赵武灵王立长子赵章为太子，后来娶了吴广的女儿孟姚，孟姚得到宠爱，生了儿子赵何。赵武灵王很喜欢赵何，打算趁自己还活着的时候就立赵何，于是废黜赵章，把国家传给了赵何。赵武灵王让肥义担任相国，并兼任赵何的老师，而自称"主父"，准备率领文臣武将向西北胡地扩大领土。他还准备从云中、九原向南袭击咸阳，于是自己假扮成使者进入秦国，打算亲自观察秦国的地势及秦王的为人。当时秦王没有觉察，事后诧异来人相貌雄伟不凡，不像是臣属的风度，便派人追赶，这时赵主父已经出了关。秦国人听说后大惊失色。

齐国与魏国在韩国相会。　秦国攻打楚国，夺取了八座城邑，于是诱骗楚怀王槐来到武关，把他劫到秦国国都咸阳。楚国士大夫立太子横为楚王。

秦国攻打楚国，夺取八座城邑。秦昭襄王这才给楚怀王写信说："当初我和大王结为兄弟，在黄棘盟誓，派太子来我国做人质，彼此关系非常欢洽。后来太子辱杀我的重臣，不辞而逃亡，我实在不能抑制愤怒，于是派兵攻入你的边境。现在听说你又让太子去齐国充当人质，以便求得和解。我国与楚国邻近接壤，有着婚姻亲家关系，如今两国关系不欢洽，就无法指挥号令其他诸侯。所以我希望与你在武关相会，当面约定，结为盟友，然后各自离开，这就是我的愿望。"楚怀王怕去了受骗，不去秦国发怒。

昭睢、屈平曰："毋行而发兵自守耳。秦,虎狼也,有并诸侯之心,不可信也。"王稚子子兰劝王行,王乃入秦。秦王令一将军诈为王,伏兵武关,劫之,与西至咸阳。朝章台如藩臣礼,要以割巫、黔中郡,楚王怒不许。遂留之。

时楚太子横方质于齐,楚大臣相与谋曰："吾王不得还,而太子在齐,齐、秦合谋则楚无国矣。"欲立王子之在国者。昭睢曰："王与太子俱困于诸侯,今又倍王命而立其庶子,不宜。"乃诈赴于齐。齐人或欲留太子以求楚之淮北,其相曰："不可。郢中立王,是吾抱空质而行不义于天下也。"其人曰："郢中立王,吾因与其新王市曰:'予我下东国,吾为王杀太子。不然,将与三国共立之。'"齐王卒用其相计,归楚太子。楚人立之。

初,屈平为怀王左徒,志洁行廉,明于治体,王甚任之。后以谗见疏,而眷顾不忘,作《离骚》之辞以自怨,尚冀王之一寤,而王终不寤也。其后子兰又谮之于顷襄王,王怒,迁之于江南。原遂怀石自投汨罗以死。

秦以田文为丞相。
秦王闻文贤,使请于齐以为相。

癸亥(前298) **十七年**楚顷襄王横、赵惠文王何元年。
田文自秦逃归。

昭睢、屈原说："不要去，应该调兵遣将，加强自卫。秦国是虎狼一类的国家，早有吞并诸侯各国的野心，他的话不能相信。"楚怀王的幼子子兰却劝他前往，于是楚怀王去了秦国。秦昭襄王让一个将军假扮成自己的样子，并在武关埋伏兵马，劫持楚怀王后，向西行，被带到咸阳。秦昭襄王让楚怀王在章台朝见，行藩臣的礼节，还逼迫他割让巫郡和黔中郡，楚怀王大怒，没有答应。因此被扣留下来。

当时楚国太子横正在齐国充当人质，楚国众大臣相互商议说："我们的君王回不来，而太子又在齐国，倘若齐国和秦国合谋算计我们，那么楚国就完了。"打算立一位在国内的王子。昭睢说："君王和太子都被困在别的国家，现在又违背君王的旨意而立庶子，不妥。"于是诈称楚王去世前往齐国报丧。齐国有人建议扣留太子来要求楚国割让淮河以北，齐相说："不可以。如果楚国另立新王，那么我们空有人质而又在天下做了不仁不义的事情。"那人又说："楚国如果立新王，我们就跟新王做交易说：'给我下东国，我替你杀掉太子。如若不然，我们将联合三个国家共同立太子为楚王。'"齐昭襄王最后采纳了国相的意见，归还了楚太子。楚国便立太子为楚王。

起初，屈原担任楚怀王的左徒，志向高洁，行为清廉，深明治国的纲领，楚怀王非常信任他。后来，屈原因为被谗毁而遭到疏远，但他对楚怀王眷念不忘，写了《离骚》之辞，以此自怨自艾，希望楚怀王会有明白的一天，但是楚怀王始终没有醒悟。后来子兰又在楚顷襄王面前诽谤屈原，楚顷襄王大怒，将屈原流放到江南。最后，屈原怀抱石块投入汨罗江中自杀。

秦国任命田文为丞相。

秦昭襄王听说田文有德有才，便派人到齐国，请求田文到秦国担任丞相。

癸亥（前298） **周赧王十七年**楚顷襄王横、赵惠文王何元年。

田文从秦国逃回。

　　或谓秦王曰："文相秦,必先齐而后秦,秦其危哉!"王囚文,欲杀之。使人求解于王之幸姬,姬欲得其狐白裘,而文先已献于秦王矣。文客有善为狗盗者,盗裘以献。姬言于王而遣之。王后悔,使追之。文至关,关法鸡鸣乃出客,时尚早,追者将至,客有善为鸡鸣者,野鸡皆应之,文乃得脱归。

秦伐楚,取十六城。

　　楚人告于秦曰："赖社稷神灵,国有王矣。"秦王怒,伐之,取十六城。

齐、韩、魏伐秦,败其军于函谷关。河、渭绝一日。秦割河东三城以和,三国乃退。

　　孟尝君怨秦,与韩、魏攻之,入函谷关。秦昭王谓丞相楼缓、公子池曰："三国之兵深矣,寡人欲割河东而讲。"对曰："讲亦悔,不讲亦悔。"王曰："何也?"对曰："王割河东而讲,三国虽去,王必曰:'惜矣! 三国且去,吾特以三城从之。'此讲之悔也。王不讲,三国入函谷,咸阳必危,王又曰:'惜矣! 吾爱三城而不讲。'此不讲之悔也。"王曰："钧吾悔也,宁亡三城而悔,无危咸阳而悔也。"乃使公子池以三城讲于三国。

　　初,孟尝君欲借兵食于西周,苏代为西周谓孟尝君曰:"君攻楚九年,取宛、叶以北,以强韩、魏。今复攻秦以益

有人对秦昭襄王说:"田文担任秦国丞相,必然会先顾齐国利益而后替秦国考虑,秦国难免要有危险了!"秦昭襄王便囚禁田文,打算杀死他。田文派人向秦昭襄王宠爱的姬妾讨教解救的方法,姬妾说想得到田文的白狐裘衣,不过这张白狐裘衣早已献给秦昭襄王了。田文的门客中有一位善于偷东西的人,他把裘衣偷来,献给了那个姬妾。姬妾在秦昭襄王跟前说情,便把田文释放了。事后,秦昭襄王又后悔了,派人追赶田文。田文到达边关,按照边关的规定,鸡叫以后才能放行过客,可当时天色尚早,追赶的人马上就到,这时有位善于学鸡叫的门客便学鸡叫了几声,一时野鸡也应和着叫起来,田文终于过了关,脱逃回国。

秦国攻打楚国,夺取十六座城邑。

楚国告诉秦国说:"托社稷神灵的福佑,我国又有君王了。"秦昭襄王恼羞成怒,派兵攻打楚国,夺取了十六座城邑。

齐、韩、魏三国攻打秦国,在函谷关打败秦军。三国军队渡过黄河、渭水,整整用了一整天时间。秦国割让河东的三座城邑来请求媾和,这时三国才退兵。

孟尝君怨恨秦国,联合韩、魏两国攻打秦国,一直打到函谷关。秦昭襄王对丞相楼缓和公子池说:"三国军队已经深入腹地了,我打算割让河东来讲和。"楼缓、公子池回答说:"讲和您会后悔,不讲和您也会后悔。"秦昭襄王问:"为什么?"二人回答说:"大王割让河东来讲和,三国虽然会退兵,大王必然要说:'可惜啊!三国就要退兵了,我却拿出三座城邑送给他们。'这是讲和的后悔。倘若大王不讲和,三国军队开进函谷关,必然危及咸阳,大王又会说:'可惜啊!我因吝惜三座城邑没有讲和。'这是不讲和的后悔。"秦昭襄王说:"这些都会使我后悔,不过,我宁可为失掉三座城邑而后悔,不要为危及咸阳而后悔。"于是派公子池以割让三座城邑为条件,与三国讲和。

起初,孟尝君打算向西周借军粮,苏代为了西周劝孟尝君说:"您攻打楚国已有九年了,夺取了宛、叶以北的土地,客观上却加强了韩国和魏国的实力。现在您又攻打秦国,更是有益于

之。韩、魏南无楚忧,西无秦患,则齐危矣。君不如令敝邑深合于秦,而君无攻,又无借兵食。君临函谷而无攻,令敝邑以君之情谓秦王曰:'薛公必不破秦以强韩、魏,其攻秦也,欲王之令楚王割东国以与齐,而秦出楚王以为和。'秦得无破而以东国自免也,秦必欲之。楚王得出,必德齐。齐得东国益强,而薛世世无患矣。"孟尝君从其计。会公子池来讲解,遂罢兵,而秦卒不出楚怀王。

赵君封弟胜为平原君。

平原君好士,食客常数千人。有公孙龙者,善为坚白异同之辩,平原君客之。孔子之玄孙穿自鲁适赵,与龙论臧三耳,龙甚辩析,穿弗应。平原君问之,穿曰:"几能令臧三耳矣。然谓三耳甚难而实非也,谓两耳甚易而实是也,不知君将从易而是者乎,其亦从难而非者乎?"平原君谓龙曰:"公无复与孔子高辩事也。其人理胜于辞,公辞胜于理,辞胜于理,终必受诎。"

甲子(前297) **十八年**
楚君槐自秦走赵,不纳。秦追及之以归。

乙丑(前296) **十九年**
楚君槐卒于秦。

韩国和魏国。韩国和魏国南面不用担忧楚国,西面又不用畏惧秦国,这就给齐国带来了危险。您不如叫敝国暗中与秦国交好,您不需要攻打秦国,也就用不着借军粮。您兵临函谷关却不攻打,可让敝国以您的心意对秦昭襄王说:'薛公肯定不会破坏秦国来加强韩国和魏国,他所以要攻打秦国,是想让大王叫楚王割让东地给齐国,而秦国交出楚怀王,两国和好。'秦国用楚国的东地换取自己免于被齐国攻破,秦国肯定愿意。楚怀王能够被释回国,必定感激齐国,把东地割让给齐国。齐国得到楚国的东地后,更加强盛,而您的封地薛邑也就世世代代没有忧患了。"孟尝君听从了苏代的计策。当时正值秦国公子池请求媾和,便停止进军,而秦国终究没有放回楚怀王。

赵惠文王封弟弟赵胜为平原君。

平原君喜好结交士人,门下食客常有几千人。有一位名叫公孙龙的人,善于就"坚白同异"这一命题进行辩论,平原君以宾客之礼对待他。孔子的玄孙孔穿从鲁国来到赵国,与公孙龙谈论"臧三耳"这一命题,公孙龙辨别分析非常圆通,孔穿不能对答。平原君问起辩论情况,孔穿说:"他简直把仆人的耳朵说成了三只。然而说人有三只耳朵是很难的,实际上也是不对的,说人有两只耳朵非常容易,也是正确的。不知道您打算认同论证容易而结论正确的呢,还是认同论证困难而结论错误的呢?"平原君对公孙龙说:"请你不要再与孔穿辩论事情了。他是道理胜过言辞,而你是言辞胜过道理,言辞胜过道理,终究是一定会受挫的。"

甲子(前297) 周赧王十八年
楚怀王槐从秦国逃到了赵国,赵国不敢收留。秦国派人追赶楚怀王,抓回秦国。

乙丑(前296) 周赧王十九年
楚怀王槐死于秦国。

怀王发病,薨于秦,秦人归其丧。楚人怜之,如悲亲戚。诸侯由是不直秦。

丙寅(前295) **二十年**魏昭王、韩僖王咎元年。
赵主父以燕、齐之师灭中山。归,大赦,酺五日。 赵故太子章作乱,公子成、李兑诛之,遂弒主父于沙丘。

赵主父封长子章于代,使田不礼相之。李兑谓肥义曰:"章党众而欲大,不礼忍杀而骄,二人相得,必有阴谋。子任重而势大,乱之所始而祸之所集也。子何不称疾不出,毋为祸梯,不亦可乎?"义曰:"昔主父以王属义也,曰:'毋变而度,毋易而虑,坚守一心,以殁而世。'义再拜受而籍之。今畏不礼之难而忘吾籍,变孰大焉。谚曰:'死者复生,生者不愧。'吾欲全吾言,安得全吾身乎!"李兑涕泣而出。肥义谓信期曰:"公子章、田不礼内得主而外为暴,矫令以擅一旦之命,不难为也。自今有召王者必见吾面,我将以身先之,无故而后王可入也。"

时吴娃死,王爱弛,尝群群臣,主父从旁窥之。见故太子傫然也,反北面诎于其弟,心怜之,欲分赵而王章于代。计未决,主父及王游沙丘,异宫,公子章、田不礼作乱,诈以主父令召王。肥义先入,杀之。公子成、李兑起兵距难,章败走主父,成、兑因围主父宫。杀章及不礼而灭其党。成、

楚怀王发病，死于秦国，秦国人送回他的灵柩。楚国人哀怜楚怀王，像哀悼自己的亲人一样。由此，诸侯各国也对秦国不满。

丙寅（前295） **周赧王二十年** 魏昭王、韩僖王咎元年。

赵主父联合燕国、齐国的军队灭掉了中山国。赵主父回来以后，大赦罪人，设宴五天。 赵国前太子赵章发动变乱，公子成和李兑将他杀死，接着在沙丘又杀死了赵主父。

赵主父把代郡封给长子赵章，让田不礼辅佐他。李兑对肥义说："赵章党羽众多而贪欲很大，田不礼残忍好杀而又骄妄，两人互相投合，必定有阴谋。你职责重大，权势又大，这正是祸乱的由头，灾难也将集中在你的身上。你为什么不称病不出，免得成为灾祸的阶梯，这样不是更好吗？"肥义说："从前赵主父把赵王嘱托给我，说：'不要改变你的宗旨，不要改变你的心思，坚持一心一意，至死效忠。'我拜了再拜接受嘱托并记录在案。现在如果害怕田不礼对我不利而忘掉当年的诺言，便是莫大的背弃。俗话说：'面对复生的死者，活着的人也问心无愧。'我要成全我的诺言，哪能顾得保全生命呢！"李兑流泪离开。肥义对信期说："公子章和田不礼都是在内讨得主子的欢心而在外施行凶暴，他们一旦假借主父的命令行事，这是不难办到的。从今天起，凡是召见赵王，必须先与我见面，我将先亲自前往，如果没有变故，才能让赵王进去。"

当时吴娃死去，赵主父对赵何的爱减弱，开始怜爱原先的太子赵章。有一次，赵主父让赵王朝见群臣，自己从旁边窥视。他看见原先的太子赵章垂头丧气，反而屈从自己的弟弟，北面称臣，心中有些不忍，打算把赵国一分为二，让赵章在代郡称王。心计还没有最后决定，这时赵主父和赵王出游沙丘，住在两个行宫里。公子章和田不礼趁机作乱，诈称赵主父的旨令召见赵王。肥义先进去，被杀死。公子成和李兑调动军队抵制叛乱，公子章失败后逃到赵主父那里，于是公子成和李兑包围赵主父的行宫。公子成和李兑杀死公子章及田不礼，消灭他们的党羽。公子成、

兑相与谋曰:"以章故围主父,即解兵,吾属夷矣。"乃遂围之,令:"宫中人后出者夷!"主父欲出不得,探雀鷇食之,三月余饿死。

秦以魏冉为丞相。

丁卯(前294) 二十一年
秦败魏师于解。

戊辰(前293) 二十二年
魏、韩伐秦,秦左更白起败之,拔五城。

韩、魏伐秦,魏冉荐左更白起将兵,败之于伊阙,杀虏其将,斩首二十四万,拔五城。以起为国尉。

己巳(前292) 二十三年
楚君迎妇于秦。
秦王遗楚王书曰:"楚倍秦,秦且率诸侯伐楚,愿饬士卒,得一乐战!"楚王患之,乃复与秦和亲。

庚午(前291) 二十四年
秦伐韩,拔宛。 秦君封魏冉为穰侯,公子市为宛侯,公子悝为邓侯。

辛未(前290) 二十五年
东周君如秦。 秦魏冉伐魏,魏入河东,韩入武遂于秦。

魏地四百里,韩地二百里。

李兑相互谋划说:"为了追杀公子章的缘故,包围了赵主父的行宫,即使现在解散围兵,我们也要满门抄斩。"于是继续包围行宫,命令:"宫里的人晚出来的都要杀死!"赵主父想出来却得不到允许,只好掏幼鸟来吃,三个月后饿死在沙丘行宫。

秦国改任魏冉为丞相。

丁卯(前294) 周赧王二十一年

秦国在解打败魏国军队。

戊辰(前293) 周赧王二十二年

魏国和韩国攻打秦国,秦国左更白起率军打败韩、魏联军,夺取五座城邑。

韩、魏两国联合攻打秦国,魏冉推荐左更白起统领军队,在伊阙打败韩、魏联军,杀死和俘虏许多韩、魏联军的将领,斩杀士卒二十四万,夺取五座城邑。秦王任命白起为国尉。

己巳(前292) 周赧王二十三年

楚顷襄王从秦国迎娶新娘。

秦昭襄王给楚顷襄王的书信中说:"楚国如果背叛秦国,秦国就将率领诸侯各国攻打楚国,但愿双方整顿士卒,痛痛快快地打一仗!"楚顷襄王害怕战争,就重新与秦国通婚和亲。

庚午(前291) 周赧王二十四年

秦国攻打韩国,夺取宛。 秦国国君封魏冉为穰侯,公子市为宛侯,公子悝为邓侯。

辛未(前290) 周赧王二十五年

东周君主到秦国去。 秦国魏冉攻打魏国,魏国把河东划给秦国,韩国把武遂划给秦国。

魏地方圆四百里,韩地方圆二百里。

壬申（前289） 二十六年

秦大良造白起伐魏，取六十一城。

癸酉（前288） 二十七年

冬十月，秦君称西帝，遣使立齐君为东帝，已而皆去之。

齐王问于苏代："秦使致帝何如？"对曰："愿王受之而勿称，以收天下之望，所谓以卑为尊也。"齐王从之，称帝二日而复归之。秦亦去帝号。

秦攻赵，拔梗阳。

甲戌（前287） 二十八年

秦攻魏，拔新垣、曲阳。

乙亥（前286） 二十九年

秦击魏，魏献安邑以和，秦出其人，募民徙之。　秦败韩师于夏山。　齐灭宋。

宋有雀生鹯，史占之曰："吉，小而生巨，必霸天下。"康王喜，起兵灭滕，败齐、楚、魏，取地数百里，乃愈自信其霸。欲霸之亟成，射天笞地，斩社稷而焚灭之。为长夜之饮于室中，室中人呼万岁，则堂上之人应之，堂下之人应之，门外之人又应之，至于国中，无敢不呼者，天下谓之"桀宋"。齐伐之，民散，城不守。王走，死温。

壬申（前289）　周赧王二十六年

秦国大良造白起攻打魏国，夺取六十一座城邑。

癸酉（前288）　周赧王二十七年

冬十月，秦王自称西帝，派使者立齐王为东帝，不久都放弃了这个称号。

齐湣王问苏代说："秦国派使者让我称帝如何？"苏代回答说："希望大王接受这个尊号，但不称帝，以便收买天下的人心，也就是以卑为尊。"齐湣王采纳了他的建议，仅称帝两天便恢复了王号。秦王也放弃了帝号。

秦国攻打赵国，夺取梗阳。

甲戌（前287）　周赧王二十八年

秦国攻打魏国，夺取新垣、曲阳。

乙亥（前286）　周赧王二十九年

秦国袭击魏国，魏国献出安邑以求讲和。秦国将城内百姓驱逐出去，招募秦国百姓迁到这里。　秦国在夏山打败韩国军队。　齐国灭掉宋国。

宋国有一只雀生了一只类似鹯鹰的飞禽，史官占卜后说："吉利，小而生大，一定称霸天下。"宋康王大喜，发兵灭掉滕国，先后打败齐、楚、魏三国，夺取土地方圆有好几百里，于是更增加了称霸诸侯的信心。宋康王为了尽快地称霸天下，他射天鞭地，把社稷神坛砍倒烧掉，以显示自己威慑鬼神的威力。他在宫室中彻夜饮酒，室中人高呼万岁，大堂中的人就呼应万岁，堂下的人接着响应，门外的人又紧跟着呼应，一直传到全国，没有人胆敢不呼万岁，天下的人都骂他是"桀宋"。齐国讨伐他，人民四散，城池无人把守。宋康王逃走，死于温地。

丙子（前285） 三十年

秦会楚于宛，会赵于中阳。 秦蒙武击齐，拔九城。齐杀狐咺、陈举。燕使亚卿乐毅如赵。

齐湣王灭宋而骄，乃侵楚及三晋，欲并二周为天子。狐咺正议，斫之檀衢。陈举直言，杀之东闾。燕昭王日夜抚循其人，益以富贵，乃谋伐齐。乐毅曰："齐，霸国之余业，地大人众，未易独攻也。王必欲伐之，莫若约赵及楚、魏。"于是使乐毅约赵啗秦，连楚及魏。诸侯害齐王之骄暴，皆许之。

丁丑（前284） 三十一年

燕上将军乐毅以秦、魏、韩、赵之师伐齐，入临菑。齐君地出走，其相淖齿杀之。毅下齐七十余城，燕封毅为昌国君。

燕悉起兵，使乐毅为上将军，并将秦、魏、韩、赵之师以伐齐。战于济西，齐师大败。毅还秦、韩之师，分魏师以略宋地，部赵师以收河间，身率燕师，长驱逐北。剧辛曰："齐大燕小，赖诸侯之助以破其军，宜及时收取其边城以自益，此长久之利也。今过而不攻，以深入为名，无损于齐，无益于我，而结深怨，后必悔之。"毅曰："齐王伐攻矜能，谋不逮下，废黜贤良，信任谄谀，政令戾虐，百姓怨怼。今因其军破而乘之，则其民必叛，而齐可图也。若不遂乘之，待彼悔前之非，改过而抚其民，则难虑矣。"遂进军。齐果大乱，湣王

丙子（前285） 周赧王三十年

秦国在宛会见楚国,在中阳会见赵国。 秦国蒙武袭击齐国,攻下九城。 齐国杀死狐咺、陈举。燕国派亚卿乐毅到赵国。

齐湣王灭掉宋国后开始骄傲起来,接着又侵犯楚国和韩、赵、魏三国,打算吞并东、西二周,自己当天子。狐咺据理正谏,被斩首在檀台的大路上;陈举直言相劝,被杀死在东门。燕昭王日夜安抚人民,让手下的人富贵起来,然后开始谋划攻打齐国。乐毅说:"齐国具有称霸国家的余力,地大人众,不容易独自攻打它。大王一定想要讨伐它,不如联合赵、楚、魏国。"于是,燕昭王派乐毅联系赵国,利诱秦国,连络楚国和魏国。诸侯各国苦于齐国的骄横暴虐,都答应下来。

丁丑（前284） 周赧王三十一年

燕国上将军乐毅率领秦、魏、韩、赵各国军队攻打齐国,攻入临菑。齐湣王田地出逃,被齐相淖齿杀死。乐毅攻下齐国七十多座城邑,燕昭王封乐毅为昌国君。

燕国调集全部兵马,任命乐毅为上将军,并且率领秦、魏、韩、赵各国的军队,前往攻打齐国。双方在济水西岸大战,齐国军队大败。乐毅退还秦国和韩国的军队,分遣魏国军队进攻宋国旧地,部署赵国军队去收复河间,自己亲自率领燕国军队,长驱直入,追逐败兵。剧辛说:"齐国强大,燕国弱小,依赖各国的帮助才打败齐国军队,应该及时占据边境城邑来充实自己的领土,这是长久的利益。现在大军经过城邑却不攻取,以深入为目的,这对齐国没有什么损害,对我们燕国也没有什么利益,而与齐国结下深怨,日后必定要后悔。"乐毅说:"齐王好大喜功,刚愎自用,不与属下商议,他还罢退贤良人士,专门听信谄谀之徒,政令严酷暴虐,百姓怨恨愤怒。现在乘他军队溃败的时机,只要追击不舍,他的百姓必定要反叛,而齐国就可以图取了。倘若不乘胜追击,等他悔悟过去的错误,主动改正过错,安抚人民,那时就很难谋算了。"于是继续进军齐国腹地。齐国果然大乱,齐湣王

出走。毅入临菑，取宝物、祭器，输之于燕。燕王亲至济上，劳军行赏，封毅为昌国君，留徇齐城未下者。

齐王之卫，卫君辟宫舍之，称臣共具。王不逊，卫人侵之，去奔邹、鲁。又有骄色，邹、鲁不纳，遂走莒。楚使淖齿将兵救齐，因为齐相。齿欲与燕分齐地，及执湣王而数之曰："千乘、博昌之间，方数百里，雨血沾衣，王知之乎？"曰："知之。""嬴、博之间，地坼及泉，王知之乎？"曰："知之。""有人当阙而哭者，求之不得，去则闻其声。王知之乎？"曰："知之。"齿曰："雨血者，天以告也；地坼者，地以告也；当阙而哭者，人以告也。而王不戒焉，何得无诛！"遂擢王筋，悬之庙梁，宿昔而死。

乐毅闻画邑人王蠋贤，令军中环画三十里无入。使人请蠋，蠋不往。燕人曰："不来，吾且屠画！"蠋曰："吾闻忠臣不事二君，烈女不更二夫，齐王不用吾谏，吾退耕于野。国破君亡，吾不能存，而又欲劫之以兵，与其不义而生，不若死！"遂自经死。毅整军，禁侵掠，礼逸民，宽赋敛，除暴令，修旧政，齐民喜悦。乃遣左军渡胶东、东莱，前军循太山，东至海，略琅琊；右军循河、济，屯阿、鄄，以连魏师；后军旁北海而抚千乘，以中军据临菑而镇齐都。祀桓公、管仲于郊，表王蠋之墓。六月之间，下齐七十余城，皆为郡县。

出逃。乐毅进入齐都临菑，搜取宝物、祭器，运回燕国。燕昭王亲自到济上慰劳军队，论功行赏，封乐毅为昌国君，让他留在齐国攻下尚未攻克的城邑。

　　齐湣王逃到卫国，卫国国君让出宫室给他住，向他称臣，并供给一切用度。齐湣王傲慢不逊，卫国人攻击他，不得已又跑到邹、鲁。齐湣王到了邹、鲁，又流露出骄气，邹、鲁两地人不收留他，于是又出奔到莒。楚国派淖齿率领军队救援齐国，因此当了齐相。淖齿打算与燕国瓜分齐国，于是抓住齐湣王，并一条条责备他的罪过说："千乘、博昌一带，方圆有几百里，那里天降血雨，沾湿百姓衣裳，大王知道吗？"齐湣王回答说："知道。"又问："嬴邑和博邑之间，土地断裂，露出地底的深泉，大王知道吗？"回答说："知道。"又问："有人在宫门前大哭，寻找哭的人却找不到，离开那里又听到哭声。大王知道吗？"回答说："知道。"淖齿说："天降血雨，是上天对你的警告；大地断裂，是土地对你的警告；人堵在宫门哭是人民对你的警告。但大王不知引以为戒，怎么能够不被诛杀！"于是抽出齐湣王的筋，把他悬在庙梁上，没多久就死了。

　　乐毅听说画邑人王蠋贤能，命令军队将环画邑三十里的地方包围起来，不准进入。乐毅派人请王蠋，王蠋不肯前往。燕人说："你不来，我就要屠杀画邑！"王蠋说："我听说忠臣不侍二君，烈女不嫁二夫，齐王不采纳我的劝告，我隐退到郊野耕田。国破君亡，我无法拯救，如今又用刀枪洗劫百姓，与其不讲大义苟活，不如死去！"于是上吊而死。乐毅整顿军队，禁止抢掠，礼遇民间的贤人，减轻赋税，废除严酷的法令，改善整顿过去的政务，齐国人民非常喜悦。于是派遣左军渡过胶东、东莱，前军沿着泰山，向东到达海边，进攻琅琊；右军沿着黄河、济水，屯扎在东阿、鄄城，与魏军相接应；后军依傍北海、安抚千乘，以中军占据临菑来镇守齐国国都。乐毅还在城郊祭祀齐桓公和管仲，修整王蠋的坟墓。六个月之内，乐毅攻下齐国七十多座城邑，都分别设立郡县来治理。

秦、魏、韩会于京师。

戊寅（前283） 三十二年齐襄王法章元年。
秦、赵会于穰。 秦拔魏安城，兵至大梁而还。 齐人讨杀淖齿，而立其君之子法章，保莒城。

淖齿之乱，湣王子法章变名姓为莒太史敫家佣。敫女奇法章状貌，怜而窃衣食之，因与私通。湣王从者王孙贾，失王处而归。其母曰："汝朝出而晚来，则吾倚门而望；汝暮出而不还，则吾倚闾而望。汝今事王，王走，汝不知其处，汝尚何归焉！"贾乃入市呼曰："淖齿乱齐国，杀湣王，欲与我诛之者袒右！"市人从者四百人，与攻淖齿，杀之。于是齐亡臣相与求湣王子，欲立之。法章疑惧，久之乃敢自言，遂立以为齐王。保莒城以拒燕，布告国中曰："王已立在莒矣。"

赵使蔺相如献璧于秦。
赵得楚和氏璧，秦王请以十五城易之。赵欲勿与，畏秦强；欲与之，恐见欺。蔺相如曰："以城求璧而不与，曲在我矣；与之璧而不与我城，则曲在秦。臣愿奉璧而往，城不入则臣请完璧而归。"王遣之。相如至秦，既献璧，视秦王无意偿城，乃绐取璧，遣从者怀之，间行归赵，而以身待命于秦。秦王贤而归之，赵王以为上大夫。

卫君卒。

秦国、魏国、韩国在周朝京师相会。

戊寅（前283） **周赧王三十二年**齐襄王法章元年。

秦国与赵国在穰地会谈。 **秦国攻取魏国安城，兵马打到大梁才退回。** **齐国人攻杀淖齿，拥立齐湣王的儿子法章为国君，坚守莒城。**

齐国发生淖齿之乱时，齐湣王的儿子法章改名易姓，到莒太史敫家当雇工。太史敫的女儿觉得法章相貌不凡，爱慕他，并偷拿些衣服和食物给他，因此与他私通。齐湣王的侍从王孙贾，找不到齐湣王的下落，回到家里。王孙贾的母亲说："你早出晚回，我倚靠着家门盼望；你晚出不归，我倚靠街门等待。如今你事奉大王，大王走失，你却不知道他去了什么地方，你还有什么脸回来！"王孙贾便走到集市大呼说："淖齿叛乱齐国，杀死齐湣王，想跟我一起诛杀淖齿的人把右臂袒露出来！"当时集市中跟从的有四百人，他们与王孙贾一起攻打淖齿，终于把淖齿杀死。于是，齐国旧臣一起寻找齐湣王的儿子，打算立他为王。法章担心害怕，过了好久才敢于说出自己的身份，于是被拥立为齐王。大家坚守莒城以抵抗燕国，并向国内人民宣布："齐王已经在莒城即位了。"

赵国派蔺相如到秦国进献玉璧。

赵国得到楚国的和氏璧，秦昭襄王请求用十五座城邑来换取。赵惠文王不想给秦国，但畏惧秦国强大；想给秦国，又怕受到欺骗。蔺相如说："秦国拿城来换璧，如果我们不愿意，我们理屈；如果我们给他璧而他不给我们城邑，那么就是秦国理屈。我愿意奉璧前往，如果得不到城邑，那么我就完璧归赵。"赵惠文王便派他前往。蔺相如到了秦国，把璧献出后，见秦昭襄王无意给城，便把璧骗回，派随从的人揣在怀中，从小道返回赵国，而他自己留在秦国听候处治。秦昭襄王欣赏蔺相如的贤能，便把他放了，赵惠文王任命蔺相如为上大夫。

卫国国君去世。

嗣君好察微隐。县令有发褥而席弊者,嗣君闻之,乃赐之席。令大惊,以为神。又使人过关市,赂之以金,既而召关市,问有客过与汝金,汝回遣之,关市大恐。又爱泄姬,重如耳,而恐其因爱重以壅己也,乃贵薄疑以敌如耳,尊魏妃以偶泄姬,曰:"以是相参也。"卫有胥靡亡之魏,嗣君使以五十金买之,不得,乃以左氏易之。左右曰:"以一都买一胥靡可乎?"嗣君曰:"治无小,乱无大,法不立,诛不必,虽有十左氏无益也。法立诛必,虽失十左氏无害也。"

己卯(前282)　三十三年
秦伐赵,拔两城。

庚辰(前281)　三十四年
秦伐赵,拔石城。　　楚谋入寇,王使东周公喻止之。

楚欲图周,王使东周武公谓楚令尹昭子曰:"西周之地不过百里而名为天下共主,裂其地不足以肥国,得其众不足以劲兵,而攻之者名为弑君。然而犹有欲攻之者,见祭器在焉故也。夫虎肉臊而兵利身,人犹攻之,若使泽中之麋蒙虎之皮,人之攻之必万倍矣。裂楚之地,足以肥国;诎楚之名,足以尊主。今子欲诛残天下之共主,居三代之传器,

卫嗣君喜好考察细微隐情。有个县令在掀起褥子时,露出下面的破席。卫嗣君听说后,便赐给他一领新席。县令大惊,认为卫嗣君办事如神。卫嗣君又曾经派人在经过市场关卡时,拿金子贿赂税收人员,事后召来关卡的税收人员,询问过客拿金子贿赂的情况,让他把金子退回,使得关卡收税人员非常惊恐。卫嗣君还宠爱泄姬,器重如耳,但是恐怕他们利用自己的宠爱和器重来蒙蔽自己,就提升薄疑来与如耳匹敌,尊崇魏妃来与泄姬并列,说道:"用这种办法来相互制约。"卫国有一个服役的囚徒逃亡到魏国,卫嗣君让人用五十金买回,没有成交,便要用左氏城来换取。左右随从说:"用一座城邑来买一个役徒合适吗?"卫嗣君说:"治理不在事情大小,乱事不分轻重,法令不能确立,有诛不行,虽然有十座左氏也没有什么益处。如果有法必依,有诛必行,虽然失去十座左氏也没有什么大害。"

己卯(前282) 周赧王三十三年
秦国攻打赵国,夺取两座城邑。

庚辰(前281) 周赧王三十四年
秦国攻打赵国,夺取石城。 楚国图谋入侵周朝,周赧王派遣东周公讲明道理,制止了这一计谋。

楚国打算灭掉周王朝,周赧王派遣东周武公对楚国任令尹职的昭子说:"西周的领土不过方圆百里,但在名分上却是天下的共主。瓜分西周的土地不足以使国家富饶,掠夺西周的人民不足以使军队强劲,而攻打西周的人在名分上就是弑君。然而为什么还有人打算攻打西周呢? 这是因为他们看到祭器还在西周的缘故。虎肉腥臊而又长着锋利的牙齿和指爪,但仍有人为了得到虎皮,而去猎取,如果是给沼泽中的麋鹿披上老虎的皮,想要猎取的人必然会增加一万倍了。分割楚国的土地,足以使国家富饶;斥责楚国犯上的名声,足以尊崇周王室的声名。现在你打算残害天下共同尊奉的宗主,占有夏、商、周三代传承的礼器,

器南则兵至矣。"于是楚计不行。

辛巳（前280） 三十五年
秦白起伐赵，取代光狼城。司马错因蜀伐楚，拔黔中。楚献汉北、上庸于秦。

壬午（前279） 三十六年
秦白起伐楚，取鄢、邓、西陵。　秦、赵会于渑池。

秦王告赵王，愿为好会于河外渑池。廉颇、蔺相如曰："王不行，示赵弱且怯也。"赵王乃行，相如从。颇送至境，与王诀曰："王行，度道里会遇之礼毕，不过三十日，过此不还，则请立太子以绝秦望。"王许之。

乃会饮酒，秦王请赵王鼓瑟，赵王鼓之。相如请秦王击缶，秦王不肯。相如曰："五步之内，臣请得以颈血溅大王矣。"左右欲刃相如，相如张目叱之，左右皆靡。秦王乃一击缶。罢酒，秦终不能有加于赵，赵人亦盛为之备，秦不敢动。

赵王归，以相如为上卿，位在廉颇右。颇曰："我为将，有攻城野战之功。相如素贱，徒以口舌而位加我上，我见必辱之。"相如闻之，不肯与会，每朝常称病，出而望见，辄引车避匿。其舍人皆以为耻。相如曰："子视廉将军孰与秦王?"曰："不若。"相如曰："夫以秦王之威而相如廷叱之，

只怕礼器刚运到南方，讨伐你的兵马就来临了。"于是楚国放弃了原来的计策。

辛巳（前280）　周赧王三十五年

秦国白起攻打赵国，夺取代地光狼城。司马错从蜀地进攻楚国，攻占黔中。楚国被迫向秦国献出汉北和上庸。

壬午（前279）　周赧王三十六年

秦国白起攻打楚国，夺取鄢、邓、西陵等地。　秦国与赵国在渑池相会。

秦昭襄王告诉赵惠文王说，希望在黄河以南的渑池友好相会。廉颇、蔺相如说："大王如果不去，会显得赵国软弱和胆怯。"赵惠文王准备出行，蔺相如随行。廉颇送到边境，与赵惠文王辞别说："大王出行，加上路上所用时间，到会谈仪式全部结束，不会超过三十天，倘若过了这个时限大王不能回来，就请立太子为赵王，以此断绝秦国要挟的念头。"赵惠文王答应了。

等到赵惠文王与秦昭襄王在渑池相会饮酒，秦昭襄王请赵惠文王弹瑟，赵惠文王便弹了一曲。蔺相如请秦昭襄王敲缶，秦昭襄王不肯。蔺相如说："五步之内，我就可以让脖颈里的鲜血溅到大王的身上。"秦昭襄王身边的侍从打算刺杀蔺相如。蔺相如瞪眼呵斥，吓得他们不敢乱动。秦昭襄王只好敲了一下缶。直到酒席结束，秦国始终不能对赵国强加非礼要求，赵国人也早有严密防备，秦国不敢轻举妄动。

赵惠文王回国后，任命蔺相如为上卿，官位在廉颇之上。廉颇说："我作为赵国大将，有攻城野战的功劳。蔺相如原本是普通平民，仅仅靠口舌居于我之上，我见到他时，一定要羞辱他。"蔺相如听说后，不愿意跟他见面，每次上朝常称病不去，外出望见廉颇时，就让车子远远地避开。蔺相如的门客属下都为此感到羞耻。蔺相如说："你们看廉将军比得上秦王吗？"门客们说："比不上。"蔺相如说："尽管秦王那样威风，我都敢在朝廷上呵斥他，

相如虽驽,独畏廉将军哉!顾吾念之,秦所以不敢加兵于赵,徒以吾两人在也。今两虎共斗,其势不俱生。吾所以为此者,先国家之急而后私仇也。"颇闻之,肉袒负荆,至门谢罪,遂为刎颈交。

燕君平卒,乐毅奔赵。齐田单袭破燕军,尽复齐地。齐君入临菑,封单为安平君。赵封乐毅为望诸君。

初,燕人攻安平,临菑市掾田单使其宗人以铁笼传车辖。及城溃,人争门出,皆以轴折被禽,独单宗人得免,遂奔即墨。时齐地皆已属燕,独莒、即墨未下。乐毅并军围之,即墨大夫战死。即墨人曰:"安平之战,田单宗人以铁笼得全,是多智习兵。"立以为将。乐毅围二邑,期年不克,乃令解围,去城九里而为垒。令曰:"城中民出者勿获,困者赈之,使即旧业。"三年而犹未下。或谗之于昭王曰:"乐毅智谋过人,呼吸之间,克七十余城。今不下者两城耳,非其力不能拔,所以三年不攻者,欲久仗兵威以服齐人,遂南面而王耳。"昭王于是置酒大会,引言者让之曰:"先王不贪土地,而举国以礼贤者,遭所传德薄,不能堪命,国人不顺。齐为无道,以害先王。寡人统位,痛之入骨,故延群臣、招宾客,以求报仇。有成功者,尚欲与共燕国,今乐君亲为寡人破齐,夷其宗庙,报塞先仇。齐固乐君之有,非燕所得也。汝何敢言若此!"乃斩之。遣国相立毅为齐王。毅皇恐不

相如虽然无能，难道就单单畏惧廉将军不成！我是考虑到，秦国所以不敢对赵国施加武力，只是因为有我们两人存在。现在如果我们两虎相争，势必都要遭殃。我之所以这样一再避让，是先考虑国家的利害，而把私人的仇怨丢在脑后。"廉颇听说后，便裸露着上身，背着荆条亲自到蔺相如家中承认错误，于是两人结成生死之交。

燕国国君姬平去世，乐毅逃到赵国。齐国田单袭击打败燕国军队，收复了所有的齐国土地。齐国国君进入临菑，封田单为安平君。赵国封乐毅为望诸君。

起初，燕国人攻打安平，临菑管理市场的低级官员田单让他的家族都用铁皮包上车轴头。待到城破，人们争相夺门而出，都因车轴互相碰撞折断而被俘虏，只有田单一族幸免，于是逃到即墨。当时齐国土地都被燕国占领，只有莒城、即墨没有被攻陷。乐毅合并军队围攻即墨，即墨大夫阵亡。即墨人说："安平之战，田单家族因用铁皮包住车轴得以保全，可见田单足智多谋，熟习兵事。"于是拥立田单为将领。乐毅围攻莒城、即墨两座城邑，一年未能攻克，就下令解围，在离城九里的地方扎下营垒。下令说："城中的百姓出来的，不要抓捕他们，有饥困的还要赈济，让他们各操旧业。"过了三年，还是没有攻下。有人在燕昭王面前进谗言说："乐毅智谋超人，从前能够一口气攻下七十多座城邑。现在没有攻下两座城池，不是因为他的兵力不足，之所以过了三年没有攻下来的原因，是打算依仗兵威镇服齐国百姓，以便南面称王。"燕昭王于是摆下酒宴，大会群臣，叫出说此话的人，责备道："先王不贪图土地，所以提倡全国都来尊重贤能人才，是因为遇到继承人德行不足，不能胜任使命，使国内人民不顺。齐国不讲道义，趁机得以残害先王。我即位后，对此痛心疾首，所以才广泛延请各位大臣，招致众多宾客，以求报仇雪恨。有人能够完成此志的，尚且愿意与他共享燕国，何况现在乐君亲自为我打败齐国，夷平齐国宗庙，报了先前的大仇。齐国原本就应该归乐君所有，不是燕国该得到的。你凭什么敢说这样的话冒犯乐君！"于是把他杀了。又派国相立乐毅为齐王。乐毅惶恐不安，不敢

受，拜书以死自誓。由是齐人服其义，诸侯畏其信，莫敢复有谋者。

顷之，昭王薨。惠王自为太子时，不快于乐毅，田单乃纵反间曰："乐毅与燕新王有隙，畏诛，欲连兵王齐，齐人未附，故且缓攻即墨以待其事。齐人所惧，唯恐他将之来，即墨残矣。"惠王闻之，即使骑劫代将。毅遂奔赵。将士由是愤惋不和。

田单乃令城中人食必祭先祖于庭，飞鸟皆翔舞而下。燕人怪之，单因宣言曰："当有神师下教。"俄有一卒曰："臣可以为师乎？"单遂师之。每出约束，必称神师。又宣言曰："吾唯惧燕人劓所得齐卒，置之前行，即墨败矣。"燕人如其言。城中皆怒，坚守，唯恐见得。单又言："吾惧燕人掘吾城外冢墓，可为寒心。"燕军掘烧之，齐人望见皆涕泣，其欲出战，怒自十倍。单知其可用，乃身操版锸，与士卒分功，妻妾编于行伍之间，尽散饮食飨士。令甲卒皆伏，使老弱女子乘城，遣使约降。燕军益懈。单收城中，得牛千余，为绛缯衣，画以五采龙文，束兵刃于其角，灌脂束苇于其尾，凿城数十穴。夜纵牛烧苇端，壮士五千人随之。牛热怒奔燕军，所触尽死伤。燕军大惊，而城中鼓噪从之。燕军败走，齐人杀骑劫，追亡逐北至河上，七十余城皆复为齐。乃迎王自莒入临菑。王以太史敫之女为后，是为君王

接受，并上书表示誓死不肯从命。从此，齐国人佩服乐毅的大义，诸侯各国敬畏乐毅的信用，没有人再敢图谋他。

不久，燕昭王去世。燕惠王自从当太子时就不喜欢乐毅，于是田单便施展反间计，说："乐毅和燕国新王有嫌隙，他害怕被杀，打算拥兵在齐国称王，齐国人还没有归顺他，所以暂时延缓攻打即墨，等待时机来临。齐国人所害怕的，是燕国派别的大将来，那时即墨就残破不堪了。"燕惠王听说后，当即派骑劫代替乐毅为大将。乐毅便逃到赵国。燕军将士因此愤愤不平，内部不和。

田单命令城里人吃饭时，一定要在院里祭祀祖先，使得飞鸟为觅到食物后纷纷盘旋着飞下来。燕国人很惊讶，田单趁机宣扬说："将有天神派军师从天上下来指教我们。"不多时，有一个士卒说："我可以当神师吗？"田单便把他奉为神师。每当发号施令，总是声称出自神师的意旨。田单又扬言说："我就怕燕军把齐国俘虏的鼻子割下，然后把他们安排在队伍的前列，这样即墨就会失败了。"燕军听说后，果然照此办理。城中的军民都非常愤怒，坚决守卫城池，唯恐城破被俘。田单又扬言说："我真怕燕军会挖我们城外的坟墓，让人寒心。"燕军就挖毁坟墓，焚烧死尸，齐军望见都痛哭流涕，想出战，怒气满腔。田单知道士卒可以死战，便亲自拿夹板和铁铲修筑工事，分担士卒的劳苦，将自己的妻妾都编入军队中，把食物都拿出来犒劳战士。然后，田单命令甲士都潜伏起来，让老弱残兵和女子登城守卫，派使者到齐军中约定投降。这时，燕军更加松懈。田单在城中征集了一千头牛，给它们披上赤色绸布，绸布上画着五彩的龙纹，还在牛角上捆上兵刃，在牛尾上绑上灌好油脂的苇草，又在城墙根挖好几十个洞。等到夜里，点燃牛尾上的苇草，把牛放出城外，五千名勇士紧随牛后。牛受热发怒，直奔燕军，被牛撞上的燕军不是死就是伤。正当燕军惊慌失措的时候，城中又传来战鼓呐喊之声。燕军溃退，齐军杀死骑劫，追杀败逃的燕军兵马，一直到黄河边，齐国失去的七十多座城池都得到收复。于是，田单迎接齐襄王从莒城进入临菑。齐襄王立太史敫的女儿为王后，这就是君王

后,生太子建。以单为相,封安平君。太史敫曰:"女不取媒因自嫁,污吾世。"终身不见君王后。君王后亦不以不见故失人子之礼。

田单尝出,见老人涉淄而寒,不能行,解裘衣之。襄王恶之,曰:"单将欲以是取吾国乎?"岩下有贯珠者闻之,言于王曰:"王不如因以为己善。下令曰:'寡人忧民之饥也,单收而食之。寡人忧民之寒也,单收而衣之。寡人忧劳百姓,而单亦忧之,称寡人之意。'单有是善而王嘉之,单之善亦王之善也。"王曰:"善。"乃赐单牛酒。后数日,贯珠者复见王曰:"王朝日宣召田单而揖之于庭,口劳之。乃布令求百姓之饥寒者,收谷之。"乃使人听于闾里,闻丈夫之相与言曰:"田单之爱人,嗟,乃王之教也!"王有所幸臣九人,语王曰:"安平君与王君臣无异,而内抚百姓,外怀戎翟,礼天下之贤士,其志欲有为也。"异日,王曰:"召相单来!"单所任貂勃闻之,稽首于王曰:"周文王得吕尚以为太公,齐桓公得管夷吾以为仲父,今王得安平君而独曰'单',安得此亡国之言乎!夫安平君以惴惴即墨三里之城、五里之郭,而反千里之齐。当是时而自王,天下莫之能止。然计之于道,归之于义,以为不可,故栈道木阁而迎王于城阳。今国已定,民已安矣,王乃曰'单',婴儿之计不为此也。"王乃杀九人,而益封安平君万户。

后，君王后生了太子建。齐襄王任命田单为相，封为安平君。太史敫说："女儿不用媒人就把自己嫁给别人，玷污了我家的门风。"终身不见君王后。君王后却并没有因为父亲不见自己而失去做子女的礼数。

田单曾经外出时，看见一位老人正在渡淄水，因为寒冷走不动了，他便脱下皮袍给老人披上。齐襄王对这件事很反感，说道："莫非田单想通过这种行为来夺取我的国家吗？"殿阶下有个穿珠子的人听见了，对齐襄王说："大王不如把这件事变成自己的善行。下令说：'我担忧百姓挨饿，田单便收容他们，给他们食物。我担忧百姓受冻，田单便收容他们，给他们衣服。我担忧百姓过分操劳，田单也同样担忧，很合我的心意。'田单有这种善行，而大王嘉奖他，那么田单的善行也就是大王的善行了。"齐襄王说："好。"于是赏赐田单牛和酒。过了几天，穿珠子的人又来见齐襄王说："大王应该在上朝的日子召见田单，在朝廷上对他拱手施礼，并亲口慰劳他。然后发布命令寻找百姓中的饥寒交迫的人，予以收养。"齐襄王照做后派人到街巷中探听，听士大夫们互相说道："田单的爱抚百姓，啊，这都是大王的教诲呀！"齐襄王所宠幸的九个大臣一起对齐王说："安平君与大王之间，君臣上下不分，他对内安抚百姓，对外怀柔戎翟，礼遇天下的贤士，恐怕志向不小吧。"过了几天，齐襄王说："召国相田单来！"田单任用的貂勃听到后，向齐襄王叩头说："周文王得到吕尚后拜他为太公，齐桓公得到管仲后尊他为仲父，如今大王得到安平君后却只称他'田单'，大王怎能说出这种亡国的言论呢！安平君凭着垂危忧恐的内城方圆只有三里、外城方圆不过五里的即墨城，一举收复了方圆千里的齐国。如果在当时田单自立为王，天下无法阻止。然而田单考虑到君臣之道，归于大义，认为不能那样做，所以他修筑栈道和木阁，把大王从城阳接回来。现在国家已经稳定，人民已经安宁，大王却直呼'田单'，就是小孩子稍加考虑，也不会这样做。"齐襄王于是杀掉了那九个大臣，加封安平君食邑一万户。

　　田单将攻狄,往见鲁仲连。仲连曰:"将军攻狄不能下也。"单曰:"单以即墨余卒破燕复齐,今攻狄而不下,何也?"弗谢而去。遂攻狄,三月不克。单乃惧,问仲连,仲连曰:"将军在即墨,织蒉仗锸,为士卒倡曰:'无可往矣!宗庙亡矣!今日尚矣!归于何党矣!'当此之时,将军有死之心,士卒无生之气,莫不挥泣奋臂而欲战,此所以破燕也。今将军东有夜邑之奉,西有淄上之娱,黄金横带,骋乎淄、渑之间,有生之乐,无死之心,所以不胜也。"单明日,厉气循城,立于矢石之所,援枹鼓之,狄人乃下。

　　赵王欲与乐毅谋伐燕,毅泣曰:"臣畴昔之事昭王,犹今日之事大王也。若复得罪在他国,终身不敢谋赵之奴隶,况子孙乎!"赵王乃止,而封毅于观津,号望诸君,尊宠之,以警动于燕、齐。燕惠王恐赵用之以乘其敝,乃使人让毅,且谢之曰:"将军捐燕归赵,自为计则可矣,而何以报先王所以遇将军之意乎?"毅报书曰:"免身立功,以明先王之迹,臣之上计也。罹毁辱之谤,堕先王之名,臣之所大恐也。临不测之罪,以幸为利,义之所不敢出也。古之君子交绝不出恶声,忠臣去国不洁其名。臣虽不佞,数奉教于君子矣。"燕乃复以毅子间为昌国君,而毅往来复通燕,竟卒于赵。

　　薛公田文卒。

田单准备攻打狄人，前往会见鲁仲连。鲁仲连说："将军攻打狄人，恐怕打不下来。"田单说："我用即墨的残余士卒击败了燕国，收复了齐国领土，如今却说攻不下狄人，有什么道理？"没有告辞就走了。于是田单开始攻打狄人，三个月没有攻克。田单有些恐慌，询问鲁仲连，鲁仲连说："将军在即墨的时候，可以亲自编草鞋，持铁铲，带领士卒们呼道：'没有出路啊！国家将亡啊！今天是死是活，全看这一仗啊！'当时，将军有战死的决心，士卒没有偷生的念头，全军上下没有不挥泪振臂要决一死战的，这就是打败燕军的原因。如今，将军东面有夜邑丰厚的租税之奉，西面有淄上的游观之乐，腰系黄金带，驰骋于淄水与渑水之间，有生活的乐趣，却没有去死的决心，所以不能取胜。"第二天，田单振奋精神，亲临城下视察，站在箭雨飞石之中，手持鼓槌，击鼓进军，狄人终于被攻下。

赵惠文王打算和乐毅谋划攻打燕国，乐毅哭泣着说："我过去侍奉燕昭王，就像今天侍奉大王一样。如果我又得罪大王而跑到别的国家，就终身不敢图谋赵国的奴隶，更别说大王的子孙后代了！"赵惠文王只好作罢，而把观津封给乐毅，加号为望诸君，对他更加尊宠，以此警告燕国与齐国不得妄动。燕惠王恐怕赵国任用乐毅，趁燕国衰弱困难时行动，于是派人去责备乐毅，并且表示歉意，说道："将军抛弃燕国，归依赵国，作为替自己考虑是可以的，但是又如何报答先王对待将军的一片情意呢？"乐毅回信说："避免杀身大祸，建立功勋，以此显示先王的业绩，这是我的上策。遭受侮辱诋毁的诽谤，败坏先王的名声，这是我最怕看到的。在燕国蒙受的意外大罪，并不想借在赵国受到的宠幸去谋取燕国的私利，因为这在道义上是不应该的。古代的君子与人绝交，不会说别人的坏话；忠臣离开故国，不为自己的名声洗刷。我虽不才，也从古代君子那里受到多次教益。"燕国便重新封乐毅的儿子乐间为昌国君，而乐毅也再次与燕国往来通好，最终死于赵国。

薛公田文去世。

　　初，齐湣王既灭宋，欲去孟尝君。孟尝君奔魏，魏以为相，与诸侯共伐破齐。襄王复国，而孟尝君中立为诸侯，无所属。襄王畏之，与连和。至是卒，诸子争立，齐、魏共灭之。

　　癸未（前278）　三十七年_{燕惠王元年。}
　　秦白起伐楚，拔郢，烧夷陵。楚徙都陈。秦置南郡，封起为武安君。

　　甲申（前277）　三十八年
　　秦置黔中郡。

　　乙酉（前276）　三十九年_{魏安僖王元年。}
　　秦白起伐魏，拔两城。　楚复取江南十五邑。
　　楚王收东地兵，复取秦所拔江南十五邑为郡，以距秦。

　　魏封公子无忌为信陵君。

　　丙戌（前275）　四十年
　　秦魏冉伐魏，韩救之，大败。魏纳八城于秦。秦复伐魏，围大梁，魏又割温以和。

　　秦败韩救兵，斩首四万。

　　丁亥（前274）　四十一年
　　魏复与齐合从。秦魏冉伐魏，拔四城。
　　斩首四万。

　　戊子（前273）　四十二年

起初，齐湣王在灭掉宋国后，打算除去孟尝君。孟尝君逃往魏国，魏国任命他为相，与各国诸侯一起打败了齐国。齐襄王复国后，而孟尝君独立于各国之间，无所依属。齐襄王害怕孟尝君，便与他和解。至此，孟尝君去世，他的几个儿子争夺继承权，齐国和魏国便一起灭掉了薛邑。

癸未（前278）　周赧王三十七年燕惠王元年。

秦国白起攻打楚国，攻占郢都，烧毁夷陵。楚国迁都陈城。秦国在占领的楚地上设置南郡，封白起为武安君。

甲申（前277）　周赧王三十八年

秦国设置黔中郡。

乙酉（前276）　周赧王三十九年魏安釐王元年。

秦国白起伐魏，攻占两城。　楚国收复江南十五座城邑。

楚顷襄王征集东部士兵，收复了被秦国攻占的江南十五座城池，设立郡，以便抵御秦国。

魏国封公子魏无忌为信陵君。

丙戌（前275）　周赧王四十年

秦国魏冉攻打魏国，韩国出兵救援魏国，结果大败。魏国向秦国献出八座城池。秦国再次攻打魏国，围攻大梁，魏国只好又割让温邑来求和。

秦国打败韩国救兵，斩杀四万人。

丁亥（前274）　周赧王四十一年

魏国重新与齐国合纵抗秦。秦国魏冉攻打魏国，攻克四城。斩杀四万人。

戊子（前273）　周赧王四十二年

赵、魏伐韩，秦救之，大破其军，魏割南阳以和。

秦救韩，败赵、魏之师，斩首沉卒十五万。魏段干子请割南阳予秦以和。苏代谓魏王曰："欲玺者，段干子也，欲地者，秦也。今王使欲玺者制地，欲地者制玺，魏地尽矣。夫以地事秦，犹抱薪救火，薪不尽，火不灭。"王曰："是则然也，然事始已行，不可更矣。"对曰："夫博之所以贵枭者，便则食，不便则止。今何王之用智不如用枭也。"王不听，卒以南阳为和。实脩武。

己丑（前272）　**四十三年**韩桓惠王元年。

楚太子完质于秦。

秦王将使武安君与韩、魏伐楚，楚使者黄歇至秦闻之，恐其一举而灭楚也，乃上书曰："臣闻物至则反，冬夏是也；致至则危，累棋是也。今大国之地，遍天下有其二垂，此从生民以来，万乘之地未尝有也。王又兼韩服魏，割濮磨之北，注秦、齐之要，绝楚、赵之脊，天下五合六聚而不敢救，王之威亦单矣。王若能保功守威，绌攻取之心，而肥仁义之地，使无后患，则三王不足四，五伯不足六也。王若负人徒之众，仗兵革之强，而欲以力臣天下之主，臣恐其有后患也。《易》曰：'狐涉水，濡其尾。'此言始之易，终之难也。且楚国援也，邻国敌也。今王妒楚之不毁，而忘毁楚之强

赵国、魏国联合攻打韩国,秦国派兵救援韩国,大败赵国、魏国的军队,魏国割让南阳以求讲和。

秦国援救韩国,打败赵国和魏国的军队,斩杀和淹死联军十五万人。魏国的段干子建议把南阳割让给秦国,以求媾和。苏代对魏王说:"想得到官印的是段干子,想得到土地的是秦国。现在大王让想得到官印的去控制想得到土地的,让想得到土地的去控制想得到官印的,魏国的土地就一点不剩了。用土地来讨好秦国,就好比抱着木柴去救火,柴禾烧不尽,火也不会灭。"魏王说:"是这么个道理,不过事情已经开始进行,不可以改变了。"苏代回答说:"在博戏中,人们所以看重枭这一粒骰子,是因为它方便时可以吃掉对方,不方便时就放过对方。现在大王运用智谋难道还不如运用枭吗?"魏王没有听从,最终拿南阳求和。南阳实际上就是脩武。

己丑(前272) **周赧王四十三年**韩桓惠王元年。
楚太子完在秦国充当人质。

秦昭襄王将要派武安君白起联合韩国和魏国攻打楚国,楚国使者黄歇到达秦国后听说这件事,恐怕秦国一举灭掉楚国,便上书秦王说:"我听说物极必反,冬天与夏天的交替就是这样;物极则危,垒棋子就是如此。现在强大的秦国的地域,遍及天下,控制天下的两端,这是从有人民以来,拥有万辆车马的大国从未达到的。大王又兼并韩国,镇服魏国,占据濮磨以北,使领土连结于齐国和秦国的要害,切断楚国和赵国的中枢,天下各国三番五次地聚合,终究不敢去救,可见大王的威武举世无双。大王如果能够保守功业和威势,收敛继续攻取的雄心,广施仁义,消除后患,那么,大王的业绩能够与三代圣王、五位霸主相比肩。大王如果倚仗士卒众多,凭借军备精良,想用武力使天下各国君主屈膝称臣,我担心将会带来后患。《易经》说:'小狐渡水,沾湿狐尾。'这是说开始容易,结束困难。况且楚国是您的后援,邻国是您的敌人。现在大王忌妒楚国不灭,却忘掉灭楚就会增强

韩、魏也。臣为王虑而不取也。夫韩、魏父子兄弟接踵而死于秦者,将十世矣,故韩、魏之不亡,秦社稷之忧也。今王信韩、魏之善王,而欲资之与攻楚,此正吴之信越也。臣为王虑莫若善楚。秦、楚合而为一,则韩、魏必为关内之侯;注地于齐,则齐右壤可拱手而取也。王之地一经两海,要约天下,是燕、赵无齐、楚,齐、楚无燕、赵也。然后危动燕、赵,直摇齐、楚,此四国者不待痛而服矣。"王从之。使歇归,约亲于楚。楚复使歇侍太子完,为质于秦。

秦置南阳郡。　　秦、魏、楚伐燕。

庚寅(前271)　**四十四年**_{燕武成王元年。}
赵伐齐。

辛卯(前270)　**四十五年**
秦伐赵,围阏与,赵奢击却之。赵封奢为马服君。

初,赵奢为田部吏收租税,平原君家不肯出,奢以法杀其用事者九人。平原君怒,将杀之。奢曰:"君于赵为贵公子,今纵君家而不奉法则法削,法削则国弱,国弱则诸侯加兵,是无赵也,君安得有此富乎!以君之贵,奉公如法则上下平,上下平则国强,国强则赵固,而君为贵戚,岂轻于天下耶!"平原君贤之,言于王,使治国赋,国赋大平,民富而府库实。

韩国、魏国的势力。我为大王考虑，这种做法不可取。再说韩国和魏国的父子兄弟相继死于秦国的刀箭之下，已快有十代了，所以如果韩国和魏国不灭亡，秦国的社稷就有被破坏的忧患。如今大王相信韩国、魏国亲善大王，因而打算资助他们一起进攻楚国，这正像当年吴国相信越国一样。我为大王考虑，不如善待楚国。秦国与楚国合而为一，那么韩国和魏国必定成为大王手下的关内之侯；索要齐国的土地，那么齐国西部领土便举手可得。大王的领土横贯东西两海，扼制天下，那么燕国、赵国与齐国、楚国相隔绝，齐国、楚国与燕国、赵国相离异。然后大王再威逼燕国、赵国，动摇齐国、楚国，这四个国家不等到被痛击，就会臣服秦国了。"秦昭襄王听从了黄歇的建议，派他归国，与楚国缔结亲善的条约。楚国又派黄歇侍奉太子完到秦国做人质。

秦国设置南阳郡。　秦国、魏国、楚国联合攻打燕国。

庚寅（前271）　**周赧王四十四年**燕武成王元年。
赵国攻打齐国。

辛卯（前270）　**周赧王四十五年**
秦国攻打赵国，围攻阏与，赵奢率军击退秦军。赵国封赵奢为马服君。

　　起初，赵奢担任田部官吏时去征收赋税，平原君家不肯交纳，赵奢就依照法规杀死平原君家的主事人一共九人。平原君大怒，准备杀死赵奢。赵奢说："您在赵国是个贵公子，如今您放纵自己的家人不奉公守法就会削弱法规的威严，法规的威严受损就会使国家衰弱，国家衰弱就会造成诸侯出兵入侵，这时赵国就会灭亡，您又如何享受这般富贵呢！以您的高贵的地位，如果奉公守法就会上下协调，上下协调就使国家强大，国家强大就使赵氏天下巩固，而您既然是赵王室的贵戚，岂能轻视赵氏的天下！"平原君认为赵奢很贤能，把这事告诉赵王，让他管理国家赋税，结果国家赋税被管理得非常有条理，百姓富足，国库充实。

及秦围阏与,王召群臣问之,廉颇、乐乘皆曰:"道远险狭难救。"奢曰:"道远险狭,如两鼠斗于穴中,将勇者胜。"王乃令奢将兵救之。去邯郸三十里而止,令军中曰:"有以军事谏者死。"秦师军武安西,鼓噪勒兵,武安屋瓦尽振。有言急救武安者,奢立斩之。坚壁二十八日不行,复益增垒。秦间入赵军,奢善食而遣之。间还报,秦将大喜。奢既遣间,卷甲而趋,一日一夜距阏与五十里而军。军垒成,秦师闻之,悉甲而往。赵军士许历请谏,奢进之。历曰:"秦不意赵至此,其来气盛,将军必厚集其陈以待之。不然必败。"奢曰:"请受教。"历请刑,不许。历复请曰:"先据北山者胜。"奢即发万人趋之。秦师后至,争山不得上,奢纵兵击之,秦师大败,解阏与而还。赵封奢为马服君,以许历为国尉。

秦伐齐,取刚、寿。

穰侯言于秦王,使客卿灶伐齐,取刚、寿,以广其陶邑。

秦灭义渠。

义渠戎王与秦太后乱,有二子。太后诈杀戎王于甘泉,遂起兵灭义渠。

秦以范雎为客卿。

初,魏人范雎从中大夫须贾使于齐。齐王闻其辩口,私赐之金,贾以为雎以国阴事告齐也,归告其相魏齐。齐怒

等到秦国围攻阏与时，赵惠文王召集群臣询问计策，廉颇、乐乘都说："道路遥远，险恶狭窄，难以营救。"赵奢说："道路遥远，险恶狭窄，就如两鼠在洞穴中相斗，将帅勇敢的一方取胜。"赵惠文王便命令赵奢率兵救援阏与。军队刚离开邯郸三十里就停止不前，在军中下令说："凡是进谏军事的一律处死。"秦国军队驻扎在武安西边，擂鼓喧哗，布兵列阵，使武安城里的屋瓦都被震动。有人进言应该急救武安，被赵奢当即斩首。赵奢让士兵修筑坚固的工事，二十八天不前进，还不断地增修营垒。秦国的间谍潜入赵军，赵奢招待他好吃好喝，然后放走他。间谍回到秦军报告情况，秦军大将非常高兴。赵奢放走间谍后，立即卷起盔甲快速前进，一天一夜便到了距离阏与五十里的地方，驻扎下来。营垒刚修成，秦军闻讯后，都身披战甲前来迎敌。赵军中有个叫许历的军士请求提出自己的建议，赵奢便召见了他。许历说："秦军没有意料到赵军会到这里，他们的来势一定很凶猛，将军一定要用雄厚的阵式来对付他们。不然的话，必然失败。"赵奢说："愿意接受你的指教。"许历请求以违军令受刑，赵奢不同意。这时许历才又说道："先占据北山的一方胜利。"赵奢即刻发兵一万人前往北山。秦军后到达北山，争夺北山却无法上去，赵奢指挥士兵出击秦军，秦军大败，撤去对阏与的包围，退兵返回。赵国封赵奢为马服君，任命许历为国尉。

秦国攻打齐国，占据刚、寿。

　　穰侯魏冉向秦王建议，派一位名叫灶的客卿攻打齐国，夺取刚、寿两地，用来扩大自己的陶邑封地。

秦国灭掉义渠。

　　义渠戎王与秦太后私通，生下两个儿子。秦太后在甘泉宫以欺骗手段杀死戎王，因此发兵灭掉了义渠。

秦国任命范雎为客卿。

　　起初，魏国人范雎跟随中大夫须贾出使齐国，齐襄王听说范雎能言善辩，就私下赐给他金子，须贾认为范雎将魏国的机密告诉了齐国，回国后便向魏国宰相魏齐告发。魏齐十分震怒，

笞击睢，折胁摺齿，置厕中。睢佯死得出，魏人郑安平持睢亡匿，更姓名曰张禄。

秦谒者王稽使魏，载与俱归，荐之王，王见之离宫。睢佯为不知永巷而入其中，王来而宦者怒逐之，曰："王至！"睢谬曰："秦安得王，独有太后、穰侯耳！"王微闻其言，乃屏左右，跽而请曰："先生何以幸教寡人？"对曰："唯唯。"如是者三。王曰："先生卒不幸教寡人耶？"睢曰："非敢然也。臣羁旅之臣也，交疏于王，而所愿陈者，皆匡君之事，处人骨肉之间，愿效愚忠而未知王之心也。此所以王三问而不敢对也。臣知今日言之于前，明日伏诛于后，然苟可以少有补于秦而死，臣不敢避也。独恐臣死之后，天下杜口裹足，莫肯乡秦耳。"王跽曰："是何言也！寡人得见先生，是天以寡人溷先生而存先王之宗庙也。事无大小，上及太后，下至大臣，愿先生悉以教寡人，无疑寡人也。"睢见左右多窃听者，未敢言内，先言外事，以观秦王之俯仰。因进曰："穰侯越韩、魏而攻齐刚、寿，非计也。齐湣王攻楚，再辟地千里，而尺寸无得焉者，岂不欲得地哉？形势不能有也。诸侯见其罢敝而伐之，齐几于亡。今王不如远交而近攻，得寸则王之寸也，得尺亦王之尺也。今夫韩、魏，中国之处而天下之枢也。王若欲霸，必亲中国以为天下枢，而威楚、赵，则齐附而韩、魏因可虏矣。"王曰："善。"乃以睢为客卿，

下令鞭打范雎，打断肋骨，打掉牙齿，扔在厕所里。范雎假死得以脱身，魏国人郑安平带着范雎逃走，隐姓埋名，改名换姓叫张禄。

秦国谒者王稽出使魏国，把范雎带回秦国，推荐给秦昭襄王，秦昭襄王在行宫接见他。范雎假装不知道而走入宫中永巷中，秦昭襄王来后，宦官怒声驱赶范雎，说："大王来了！"范雎故意胡说："秦国哪里有什么大王，只有太后和穰侯而已！"秦昭襄王略微听到这些话，便叫左右随从退下，向范雎跪下请求说："先生有什么教导我的话吗？"范雎只是回答说："是的是的。"如此三次。秦昭襄王又说："难道先生到底不愿教导我吗？"范雎说："不敢如此。我是个旅居他乡的人，和大王没有什么交往，而我打算陈述的又都是匡正您的国家大事，关系到您的骨肉亲人，我虽愿意一效愚忠，但不知大王的心思。这就是大王三问而不敢回答的缘故。我知道今天在您面前说过话，明天就会随之受到诛杀，然而只要对秦国有一点的补益，我不敢回避这个结局。只不过担心我死之后，天下贤士都闭口不言，裹足不前，不肯再投奔秦国了。"秦昭襄王直挺挺跪着说："这是什么话！我能够见到先生，这是上天因为我比先生糊涂而把先生赐给我，以便保存先王的社稷宗庙。事无大小，上至太后，下至大臣，希望先王尽情指教我，不要怀疑我的真心。"范雎发现左右有不少窃听的人，没有敢谈宫内的事，而是先谈宫外的事，以此观察秦昭襄王的态度变化。因而范雎进言说："穰侯越过韩、魏两国领土去攻打齐国的刚、寿，这不是正确的计策。当初齐湣王进攻楚国，再一次开辟千里土地，其结果连一尺一寸的领土也没有得到，这难道是齐国不想得到土地吗？是形势使它无法占有。诸侯各国看到齐国征战疲惫不堪，便攻打它，使齐国几乎灭亡。现在大王不如采取远交近攻的策略，那时得到一寸土就是大王手里的一寸土，得到一尺土也是大王手里的一尺土。如今韩国、魏国处于中原之地，是天下的中枢。大王如果打算称霸，必须亲近中原国家，把握天下的枢纽，而威慑楚国、赵国，那么齐国就会归附，而韩国和魏国也因此可以被征服了。"秦昭襄王说："好。"便任命范雎为客卿，

与谋兵事。

壬辰（前269） 四十六年
秦攻赵阏与，不拔。

癸巳（前268） 四十七年
秦伐魏，拔怀。
始用范睢之谋也。

甲午（前267） 四十八年
秦太子质于魏而卒。

乙未（前266） 四十九年
秦拔魏邢丘。 秦君废其母不治事，逐魏冉、芈戎、公
子市、公子悝，以范睢为丞相，封应侯。
范睢日益亲用事，因说秦王曰：“臣居山东时，闻齐之
有孟尝君，不闻有王；闻秦有太后、穰侯，不闻有王。夫擅
国之谓王，能利害之谓王，制杀生之谓王。今太后擅行不
顾，穰侯出使不报，华阳、泾阳击断无讳，高陵进退不请，
四贵备而国不危，未之有也。为此四贵者下，乃所谓无王
也。穰侯使者操王之重，决制于诸侯，剖符于天下，征敌伐
国，莫敢不听。战胜攻取则利归于陶，战败则怨结于百姓，
而祸归于社稷。臣又闻之，木实繁者披其枝，披其枝者伤
其心；大其都者危其国，尊其臣者卑其主。淖齿管齐而弑
湣王，李兑管赵而囚主父，今臣观四贵之用事，此亦齿、兑

和他谋划用兵之计。

壬辰（前269）　周赧王四十六年
秦国攻打赵国阏与，未能攻克。

癸巳（前268）　周赧王四十七年
秦国攻打魏国，攻克怀地。
秦昭襄王开始采用范雎的计谋。

甲午（前267）　周赧王四十八年
秦国太子悼在魏国做人质，死在那里。

乙未（前266）　周赧王四十九年
秦国攻克魏国邢丘。　　秦国国君废黜太后，不再让她管理国事，赶走魏冉、芈戎、公子市、公子悝，任命范雎为丞相，封为应侯。
范雎日益当权用事，于是劝说秦昭襄王说："我在崤山以东时，只听说齐国有孟尝君，没听说还有齐王；只听说秦国有太后和穰侯，没有听说还有大王。能够独揽国家大权的称作王，能够决定利害关系的称作王，能够掌握生杀大权的称作王。当今太后擅自发号施令，穰侯出使外国不报告，华阳君、泾阳君决断刑狱毫无顾忌，高陵君任免官吏从不请示，这四位权贵在秦国一起出现而使国家不面临危亡，是从来没有的事。在这四位权贵的威势之下，可以说秦国没有王。穰侯派使者控制大王的外交大权，决断与各国的关系，出使天下，征伐敌国，没有人敢不听从。如果战胜敌人夺取土地，就把获得的利益归于自己的封地陶邑；如果战败与百姓结怨，祸端就落在国家社稷的头上。我还听说过，果实繁盛就会压折树枝，枝干折断就会损伤树心；同样封地过大就会威胁国家，大臣过分尊显就会使君主卑微。从前淖齿管理齐国因而害死齐湣王，李兑管理赵国因而把赵主父囚在沙丘宫饿死，当今我观察四位权贵的所作所为，也是淖齿、李兑

之类也。且三代之所以亡国者，君专授政于臣，纵酒弋猎；其所授者妒贤疾能，御下蔽上，以成其私，不为主计而主不觉悟，故失其国。今自有秩以上至诸大吏，下及王左右，无非相国之人者。臣见王独立于朝，窃恐万世之后有秦国者，非王子孙也。"王以为然，于是废太后，逐穰侯、华阳君芈戎、高陵君市、泾阳君悝于关外，以雎为丞相，封应侯。魏须贾聘于秦，雎因辱之，使归告魏王曰："速持魏齐头来，不然，且屠大梁！"齐走赵，匿平原君家。

赵以公子胜为相。

丙申（前265）　**五十年**赵孝成王丹元年。

秦君母芈氏以忧卒。　秦伐赵，取三城。齐救却之，遂以赵师伐燕，取中阳，伐韩，取注人。

秦攻赵，赵王新立，太后用事，求救于齐。齐人曰："必以长安君为质。"太后不可，齐师不出。大臣强谏，太后明谓左右曰："有复言者，老妇必唾其面！"左师触龙请见，太后盛气而胥之入。左师公徐趋而坐，谢曰："老臣病足，不得见久矣，而恐太后体之有所苦也，故愿望见太后。"太后曰："老妇恃辇而行。"曰："食得毋衰乎？"曰："恃粥耳。"太后不和之色稍解。左师曰："贱息舒祺最少不肖，而臣衰窃爱之，愿得补黑衣之缺以卫王宫。"太后曰："诺。年几何矣？"对曰："十五岁矣。虽少，愿及臣未填沟壑而托之。"

同一类人。再说夏、商、周三代之所以亡国的原因，都是君主把专权授给大臣，自己纵酒游猎；而被授予专权的大臣又嫉贤妒能，欺下瞒上，以图谋私利，他们不为君主考虑，而君主又不觉察醒悟，所以丢掉了国家。现在秦国自有官秩的人以上到各个大臣，下及大王您的左右随从，没有一个不是相国的人。我看见大王在朝廷上孤零零的，私下恐怕万代之后占有秦国的，不再是大王的子孙。"秦昭襄王认为他说得对，于是废黜太后，把穰侯魏冉、华阳君芈戎、高陵君公子市、泾阳君公子悝驱赶到关外，任命范雎为丞相，封为应侯。魏国的须贾出使秦国，范雎借此侮辱他，叫他回去转告魏王说："速持魏齐的头交上来，否则，我将派兵屠杀大梁！"魏齐听说后，逃到赵国，藏在平原君家里。

赵国任命公子赵胜为相。

丙申（前265）　**周赧王五十年**赵孝成王丹元年。

秦国国君的母亲芈氏因忧伤去世。　　**秦国攻打赵国，夺取三座城池。齐国派兵营救，击退秦军，于是率领赵军攻打燕国，夺取中阳，又攻打韩国，夺取注人。**

秦国攻打赵国时，赵孝成王新即位，太后掌管国家大事，派人向齐国求救。齐人说："必须让长安君来做人质才行。"太后不同意，齐国的救兵便不出发。大臣们竭力劝谏，太后公然对左右侍臣们说："如果有谁再说此事的，老婆子我一定往他脸上吐口水！"左师触龙求见，太后气冲冲地等他进来。左师触龙慢慢地小步跑来坐下，道歉说："老臣我腿脚有病，好久没有来看望太后了，又怕太后身体有什么病苦，所以希望见到太后。"太后说："老妇我靠着车子行动了。"触龙说："吃饭没有减少吧？"太后说："只是喝些粥罢了。"太后脸上不高兴的气色已经稍稍缓解。触龙说："我的儿子舒祺，年岁最小，又不成材，而我日益衰老，私下怜爱他，想让他补个黑衣卫士的缺额，去护卫王宫。"太后说："可以。他年龄多大了？"触龙回答说："十五岁了。虽然小了些，但希望趁我这把老骨头还没有入土之前，给他找个托付的地方。"

太后曰："丈夫亦爱少子乎？"对曰："甚于妇人。"太后笑曰："妇人异甚。"对曰："老臣窃以为媪之爱燕后贤于长安君。"太后曰："君过矣！不如长安君之甚。"左师曰："父母爱其子则为之计深远。媪之送燕后也，持其踵而哭，念其远也，亦哀之矣。已行，非不思也，祭祀则祝之曰：'必勿使反。'岂非为之计长久，为子孙相继为王也哉！"太后曰："然。"左师曰："今三世以前至于赵王之子孙为侯者，其继有在者乎？"曰："无有。"曰："此其近者祸及身，远者及其子孙，岂人主之子侯则不善哉？位尊而无功，奉厚而无劳，而挟重器多也。今媪尊长安君之位，封以膏腴之地，多与之重器，而不及今令有功于赵，一旦山陵崩，长安君何以自托于赵哉？"太后曰："诺，恣君之所使之！"于是为长安君约车百乘质于齐。齐师乃出，秦师退。

齐君法章卒，子建立，国事皆决于其母太史氏。

建年少，国事皆决于君王后。

丁酉（前264） **五十一年** 齐王建元年。
秦白起伐韩，拔九城。
斩首五万。

戊戌（前263年） **五十二年**
秦白起伐韩，取南阳，攻绝太行道。 楚太子完自秦逃归。楚君横卒，完立，以黄歇为相，封春申君。

楚顷襄王疾病。黄歇侍太子于秦，闻之，言于应侯曰：

太后说:"大丈夫也疼爱小儿子吗?"触龙回答说:"比妇人还厉害呢。"太后笑着说:"妇人才更加厉害呢。"触龙说:"我个人觉得您疼爱燕后胜过疼爱儿子长安君。"太后说:"你错了!疼爱燕后远比不上疼爱长安君。"触龙说:"父母疼爱自己的孩子,就是为他们考虑得深远。就像您送别燕后,抱着她的脚跟直哭,想到她嫁到远处去,也是够难过的了。一旦她已经走了,并非不再思念她,但在祭祀时却为她祷告说:'千万别让她回来。'这难道不是为她做长远的打算,为她的子孙后代相继当燕王考虑吗?"太后说:"是的。"触龙说:"从现在上推三代以前,赵王的子孙仍在侯位的,还有继续存在的吗?"太后说:"没有。"触龙说:"这就是从眼前说祸及自身,从长远说殃及子孙后代,难道君主的子孙被封侯就不好吗?原因在于地位尊贵却无功勋,俸禄丰厚却无劳绩,同时却拥有大量的宝器。现在您给长安君很高的地位,分封给他肥沃的土地,给他许多宝器,却想不到让他现在为赵国建立功勋,一旦您不在世上,长安君靠什么自立于赵国呢?"太后说:"好吧,随你安排他吧!"于是为长安君准备好一百辆车子,让他到齐国做人质。齐军这才出兵援救,秦军撤退。

齐国的国君法章去世,他的儿子田建即位,国事都由田建的母亲太史氏决定。

田建年幼,国家大事都由君王后决断。

丁酉(前264) **周赧王五十一年**齐王建元年。
秦国白起攻打韩国,夺取九座城池。

斩杀五万人。

戊戌(前263) **周赧王五十二年**
秦国白起攻打韩国,夺取南阳,攻打太行山道,切断通路。
楚国太子完从秦国逃回。楚顷襄王横去世,太子完即位,任命黄歇为相,封为春申君。

楚顷襄王病重。黄歇在秦国侍奉太子,听说后对应侯范雎说:

"楚王疾,恐不起,秦若归其太子,则是亲与国而得储万乘
也。不归,则咸阳布衣耳。楚更立君,必不事秦。"应侯以
告王,王曰:"令太子傅先往问疾,反而后图之。"歇与太子
谋曰:"王疾病,而阳文君之子二人在中。王若卒大命,阳
文君之子必立为后,太子不得奉宗庙矣。"乃教太子变服为
楚使者御以出关,而自为守舍谢病。度已远,乃自言请死。
王怒,欲听之。应侯曰:"歇出身以徇其主,太子立必用歇,
不如归之以亲楚。"王从之。歇至三月而楚王薨,太子即
位,以歇为相,封之淮北。

己亥(前262) **五十三年**楚考烈王完元年。
楚纳州于秦。 **秦白起伐韩,拔野王。上党降赵。**

秦武安君伐韩,拔野王。上党路绝,上党守冯亭与其
民谋曰:"郑道已绝,不如归赵。赵受我,秦必攻之。赵被
秦兵必亲韩,韩、赵为一则可以当秦矣。"乃告于赵曰:"韩
不能守上党,入之秦,其吏民皆安为赵,不乐为秦。有城市
邑十七,愿再拜献之大王。"赵王以问平阳君豹,对曰:"圣
人甚祸无故之利。"王曰:"人乐吾德,何谓无故?"豹曰:"秦
蚕食韩地,中绝不令相通,固自以为坐而受上党也。韩氏
所以不入之秦者,欲嫁其祸于赵也。秦服其劳而赵受其

"楚王患病,恐怕很难痊愈,秦国如果让楚太子归国,这就是结好楚国,为秦国储存下一个拥有万辆兵车的友邦。如果不放他回去,他只不过是咸阳城里的一个老百姓。如果楚国再立别人为君主,必定不会服事秦国。"范睢把黄歇的话告诉秦昭襄王,秦昭襄王说:"叫太子的老师先去探望楚王的疾病,回来后再考虑。"黄歇与太子商议说:"大王病重,而阳文君的两个儿子都在宫中。大王如果去世,阳文君的儿子必定继承王位,那么太子您就不能奉守祖业了。"于是让太子更换服饰,以楚国使者的车夫身份混出关外,黄歇自己守在馆舍中,借口太子有病谢绝来访。估计太子走得很远了,才去说明情况,请求死罪。秦昭襄王大怒,打算按他的请求处死。范睢说:"黄歇献身以救主,太子即位必定重用黄歇,不如把他放回去,以此结交楚国。"秦昭襄王依计而行。黄歇回国后三个月,楚顷襄王去世,太子完即位,任命黄歇为相,封给他淮北的领地。

己亥(前262)　**周赧王五十三年**楚考烈王完元年。

楚国把州地献给秦国。　秦国白起攻打韩国,夺取野王。上党归附赵国。

秦国武安君白起攻打韩国,夺取野王。上党通往都城的道路断绝,上党郡守冯亭和民间人士商议说:"通往都城新郑的路已经切断,不如归附赵国。赵国接受了我们,秦国必然要攻打赵国。赵国被秦军逼迫必然会亲近韩国,韩国与赵国联合一起就可以对抗秦国了。"于是告诉赵国说:"韩国守不住上党,想把它献给秦国,但是官吏和百姓都心向赵国,不愿做秦国的吏民。现有大邑十七座,愿意恭敬地献给大王。"赵孝成王询问平阳君赵豹对此事的意见,赵豹回答说:"圣人把无缘无故得到的利益视作最大的祸害。"赵孝成王说:"人家仰慕我的仁德,怎么能说没有缘故呢?"赵豹说:"秦国蚕食韩国的领土,切断上党与都城的通路,原本就认为自己垂手可得上党之地。韩国人所以不把它献给秦国,是想把祸端转移到赵国。秦国花费劳力,而赵国却享受

利,虽强大不能得之于弱小,弱小顾能得之于强大乎?岂得谓之非无故哉!不如勿受。"平原君请受之。王乃使平原君往受地,封冯亭为华阳君。亭垂涕不见使者曰:"吾不忍卖主之地而食之也。"

庚子(前261) 五十四年

辛丑(前260) 五十五年

秦王龁攻赵上党,拔之。白起代将,大破赵军,杀其将赵括,坑降卒四十万。

秦王龁攻上党,拔之。上党民走赵,赵廉颇军长平,以按据之。龁遂攻赵,赵军数败。楼昌请发重使为媾。虞卿曰:"今制媾者在秦,秦必欲破王之军矣,虽往请将不听。不如以重宝附楚、魏,则秦疑天下之合从,媾乃可成也。"王不听,使郑朱媾于秦。虞卿曰:"天下之贺战胜者,皆在秦矣,郑朱贵人也,秦必显重之以示天下。天下见王之媾于秦,必不救王;秦知天下之不救王,则媾不可成矣。"既而果然。

廉颇坚壁不出,又失亡多,赵王怒,数让之。应侯又使人行千金为反间,曰:"秦独畏马服君之子括为将耳。廉颇易与,且降矣。"赵王遂以括代颇将。蔺相如曰:"括徒能读其父书传,不知合变也。"王不听。括自少时学兵法,以天下莫能当。与奢言之,奢不能难,然不谓善也。括母问其

利益,即使强大的国家也不能从弱小的国家那里得到这个便宜,何况弱小的国家想从强大的国家那里得到呢?这难道能说不是无缘无故得到的利益吗?不如不接受。"平原君建议接受上党。赵孝成王便派遣平原君前往接受土地,封冯亭为华阳君。冯亭流着泪,不肯去见使者,说道:"我不忍心出卖国君的土地来换取自己的俸禄。"

庚子(前261) **周赧王五十四年**

辛丑(前260) **周赧王五十五年**

秦国王龁进攻并占领赵国上党。白起代替王龁领兵,大破赵军,杀死赵将赵括,活埋赵国降兵四十万人。

秦国王龁进攻上党,将其占领。上党的百姓逃往赵国,赵国廉颇率军驻扎长平,接应安抚上党的百姓。王龁于是进攻赵国,赵军屡次失败。楼昌建议派出地位高的使节与秦国媾和。虞卿说:"如今决定媾和的控制权在秦国,秦国下定决心一定要大破赵军,即使去求和,秦国也不会同意。我们不如拿珍宝来拉拢楚国和魏国,这时秦国就会疑心各国重新合纵对付秦国,那时媾和才能成功。"赵孝成王不同意,派郑朱前往秦国讲和。虞卿说:"天下祝贺战争胜利的人都在秦国,郑朱是赵国的贵人,秦国必然把他放在显要的地位向各国宣扬。各国知道大王与秦媾和,必然不会援救大王;秦国知道天下各国都不援救大王,就不会与赵国达成媾和的协议。"后来事态发展果然如此。

廉颇坚守营垒,拒不出战,又因为伤亡损失较多,赵孝成王愤怒,多次责备廉颇。应侯范睢又派人用千金施行反间计,散布说:"秦国只怕赵奢的儿子赵括为大将。廉颇好对付,而且他也快投降了。"赵孝成王于是便用赵括代替廉颇为大将。蔺相如说:"赵括只会死读他父亲的兵书,不懂随机应变。"赵孝成王不听。赵括从小学习兵法,自以为天下无人能比。他与赵奢谈兵,赵奢不能驳倒他,然而终究不说他精通兵法。赵括的母亲询问什么

故,奢曰:"兵死地也,而括易言之,使赵将之,破赵军者必括也。"及括将行,母上书,言括不可使。王问之,对曰:"括父为将,身所奉饭而进食者以十数,所友者以百数,得赏赐尽以与军吏士大夫,受命之日不问家事。今括一旦为将,东乡而朝,军吏无敢仰视之者。王所赐金帛,归藏于家,而日视利便田宅可买者买之。父子异心,愿王勿遣。"王曰:"母置之,吾已决矣。"母因曰:"即如有不称,妾请无随坐。"王许之。

秦王闻括已将,乃阴使武安君为上将军而龁为裨将,令军中:"敢泄者斩!"括至军,悉更约束,易置军吏,出击秦军。武安君佯败走,张二奇兵以劫之。括乘胜追造秦壁,壁坚拒不得入。而秦奇兵绝其后,军分为二,粮道绝。武安君出轻兵击之,赵战不利,因筑壁坚守,以待救至。秦王闻之,自如河内发民十五以上,悉诣长平,遮绝赵救兵及粮食。

赵请粟于齐,齐王弗许。周子曰:"夫赵之于齐、楚,犹齿之有唇也,唇亡则齿寒。今日亡赵,则明日患及齐、楚矣。救赵之务,宜若奉漏瓮沃焦釜然。且救赵高义也,却秦显名也,不务此而爱粟,为国计者过矣。"弗听。赵军食绝四十六日,人相食。急攻秦垒,欲出不得。括自出搏战,秦射杀之,卒四十万人皆降。武安君曰:"秦已拔上党,其民

缘故,赵奢说:"用兵打仗是件出生入死的事情,但他却轻易谈论它,倘若赵军让他来统率,破败赵军的一定是他。"等到赵括准备出发时,赵括的母亲上书说赵括不适宜担当重任。赵孝成王询问原因,她回答说:"赵括的父亲担任大将时,他亲自捧着饭食去招待吃饭的人就有几十人,结交的朋友有几百人,得到的赏赐全部拿来分给将士和臣僚,自接受命令之日起不再过问家中的事务。如今赵括一旦当上了大将,就东向高坐,接受军官们拜见,没有人敢抬头正脸看他。大王所赏给他的金帛,他都拿回家收藏起来,每天关注有没有便宜可图的田宅能够买下来。可见父子心路不同,希望大王不要任用他。"赵孝成王说:"老母别管了,我已经决定了。"赵括母亲便说:"假如他不称职,我请求不要让我随他连坐。"赵孝成王答应下来。

秦昭襄王听说赵括已经担任主将,便暗中任命武安君白起为上将军,任命王龁为副将,在军中下令:"有泄密者,立即斩首!"赵括来到军中,全部改变原来布置的号令,调换军官,然后出击秦军。白起佯装战败逃走,同时布置了两支奇兵截击赵军。赵括乘胜追赶到秦军营垒前面,秦军营垒防守坚固,攻不进去。此时,秦国的奇兵已经截住赵军的退路,赵军被一分为二,运粮道路也被堵住。白起命令轻装精兵出击,赵军迎战失利,只好修筑营垒固守,等待援军到来。秦昭襄王得知消息,亲自到河内征集十五岁以上的百姓,全部调到长平,阻挡赵国的救兵和粮食。

赵国向齐国请求援助粮食,齐王不答应。周子说:"赵国对于齐国、楚国来说,好比牙齿上面的唇,唇亡则齿寒。今天赵国灭亡,那么明天灾祸就会降临齐国和楚国。援救赵国这件事,应该像是捧着漏水的瓦罐去浇烧焦的铁锅那样刻不容缓。况且救援赵国是高尚的道义之举,抵抗秦国可以扬名天下,不致力于此事而爱惜粮食,从国家大计来看,这是个过失。"齐王仍然不听。赵军断粮四十六天,出现人吃人的局面。赵军猛攻秦军营垒,打算突围,还是不成功。赵括亲自临阵搏斗,被秦军射死,四十万士兵全部投降。白起说:"秦国已经夺取了上党,上党的百姓

不乐为秦而归赵,赵卒反复,恐为乱。"乃挟诈尽坑之,遗其小者二百余人归赵,前后斩首虏凡四十五万人。赵人大震。

壬寅(前259) **五十六年**
秦攻赵,拔武安、皮牢,定太原、上党。韩、赵又割地以和。

武安君分军为三:王龁攻赵,拔武安、皮牢;司马梗北定太原,尽有上党地。韩、魏恐,使苏代说应侯曰:"赵亡则秦王王,而武安君为三公矣。君能为之下乎?不如因而割之,毋以为武安君功也。"应侯言秦兵劳,请许韩、赵割地以和。王听之,割韩垣雍、赵六城而罢兵。武安君由是与应侯有隙。

赵王之约割地也,虞卿曰:"秦之攻王也,倦而归乎?其力尚能进,爱王而弗攻乎?"王曰:"秦不遗余力矣,必以倦而归也。"虞卿曰:"秦以其力攻其所不能取,倦而归。王又以其力之所不能取以送之,是助秦自攻也。来年秦攻王,王无救矣。"楼缓曰:"卿得其一,不得其二。秦、赵构难而天下说,今不割地求和以疑天下,慰秦之心,则天下将因秦之怒,乘赵之弊,而瓜分之矣。"虞卿曰:"危哉楼子之计,是愈疑天下,而何慰秦之心哉!且臣言勿与者,非固勿与而已。秦索六城于王,而王以六城赂齐,则是王失之于齐,

不愿跟随秦国却归附赵国,赵国的士卒反复无常,恐怕早晚要作乱。"便用欺诈手段将他们全部活埋,只剩下二百多个年幼的士兵,放他们回到赵国。秦军前后共斩杀俘虏四十五万人。赵国人大为震惊。

壬寅(前259) **周赧王五十六年**

秦国攻打赵国,夺取武安、皮牢,平定太原、上党。韩国与赵国再次割地求和。

武安君白起把军队分为三支:王龁率军进攻赵国,夺取武安、皮牢;司马梗向北平定太原,全部占有上党土地。韩国、魏国担心,派苏代去劝应侯范雎说:"赵国一旦灭亡,秦王便可以统治天下了,而武安君白起将被列入三公的高位。您能在他的下面吗?还不如就此分割赵国一些领土后罢手,不要让白起独享大功。"范雎便向秦昭襄王说秦军已经疲惫不堪,请求允许韩国和赵国割让土地以求和解。秦昭襄王听从了范雎的意见,准备割让韩国的垣雍、赵国的六座城邑来讲和收兵。白起因此事与范雎产生了矛盾。

赵孝成王准备履约割地,虞卿说:"秦国攻打大王,是因疲惫而返回呢?还是尚有进攻的余力,因为爱惜大王而停止进攻呢?"赵孝成王说:"秦国已经不遗余力了,一定是因疲惫而返回吧。"虞卿说:"秦国不遗余力去攻取它所不能夺取的赵国,结果因疲惫而退回。现在大王又把它不能攻取的地盘送上,是帮助秦国进攻自己。来年秦国再攻打大王,大王就没救了。"楼缓说:"虞卿只知其一,不知其二。秦国与赵国互相征战,天下各国都很高兴,今天如果不割地求得和解,以此迷惑天下的视线,使秦国得到安慰,那么天下各国将会利用秦国对赵国的愤怒,趁着赵国的衰竭,一起瓜分赵国。"虞卿说:"楼缓的计策太危险了。这样只能使天下更猜疑赵国,又哪能满足秦国的贪心呢!再说,我说的不割让土地,并非绝对一律不行。秦国向大王索取六座城邑,而大王可以用这六座城邑贿赂齐国,这就是在齐国损失的,

取偿于秦也。以此发声，臣见秦之重赂至赵，而反媾于王矣。"赵王曰："善。"使卿如齐，未返而秦使者已在赵矣。

魏以孔斌为相，寻以病免。

初，魏王闻子顺贤，聘以为相。子顺谓使者曰："若王能信用吾道，吾道固为治世也，虽蔬食饮水，吾犹为之。若徒欲制服吾身，委以重禄，吾犹一夫耳。魏王奚少于一夫？"使者固请，子顺乃之魏。改嬖宠之官，以事贤才；夺无任之禄，以赐有功。诸丧职秩者咸不悦，陈大计又不用，乃以病致仕。人谓之曰："子其行乎？"答曰："行将安之？山东之国将并于秦，秦为不义，义所不入。"遂寝于家，喟然叹曰："死病无良医，不出二十年，天下其尽为秦乎！"

秦之始伐赵也，魏王问于诸大夫，皆曰："秦若不胜，则可承敝而击之；胜则因而服焉，于我何损？"斌曰："不然。秦贪暴之国也，胜赵必复他求，吾恐于时魏受其师也。先人有言：燕雀处屋，子母相哺，呴呴相乐，自以为安矣。灶突炎上，栋宇将焚，燕雀颜不变，不知祸之将及己也。今子不悟赵破而患将及己。可以人而同于燕雀乎？"斌，穿之子也。

秦诱执赵公子胜，既而归之。

秦王欲为应侯必报其仇，乃请平原君至而执之，使谓赵王曰："不得齐首，吾不出王弟于关。"齐穷，抵虞卿，卿弃

能够从秦国得到补偿。大王如此先发制人,我将预见秦国使者带着丰厚的礼物来到赵国,反而来向您求和。"赵孝成王说:"对。"于是派虞卿到齐国,虞卿还没有回国,而秦国使者已经到了赵国。

魏国任命孔斌为相,不久孔斌因病免职。

起初,魏王听说孔斌贤能,聘请他为相。孔斌对使者说:"如果大王能够信服和运用我的治世之道,我的治世之道原本就可以安邦治国,即使让我吃蔬菜喝凉水,我也努力不懈。倘若只是想让我穿上官服,给以丰厚的俸禄,我不过是个汉子罢了。魏王哪里会缺一个汉子呢?"使者坚决请求他,孔斌才前往魏国。孔斌上任后,撤销了一批受宠幸的官员,换上了贤能人士;剥夺了不任职官员的俸禄,拿来赏赐有功之臣。那些丢官削爵的人都不高兴,奏陈治国大计又不被采纳,孔斌只好借口有病辞职。有人对孔斌说:"你还到别处去吗?"孔斌回答说:"还能到哪里去呢?崤山以东的国家都将被秦国兼并,秦国行为不讲仁义,仁义之人不会到那里去。"于是居家不出,喟然叹道:"死病无良医,不出二十年,天下恐怕尽为秦国所有了!"

秦国开始攻打赵国时,魏王询问各位大夫,大家都说:"秦国如果打不赢,我们就可以趁秦军疲惫不堪时出兵进击;如果秦国取得了胜利,我们就顺势服从秦国,这对我们有什么损失呢?"孔斌说:"不是这个道理。秦国是个贪婪而凶暴的国家,战胜赵国后必定要再图谋别的国家,我担心那个时候魏国就要受到秦军的攻击了。古人说过,燕雀在屋檐下栖息,母子衔食相喂,呴呴鸣叫好快乐,自以为平安无事。不料灶上烟筒起火,将烧毁整栋房屋,燕雀却面不改色,还不知道灾祸就要降临到自己身上。现在你们还不醒悟,一旦赵国失败,灾难将要降到自己身上。作为人,难道见识和燕雀一样吗?"孔斌是孔穿的儿子。

秦国诱骗扣留赵国公子赵胜,不久将他放回。

秦昭襄王打算为应侯范雎报仇,便邀请平原君赵胜来到秦国,把他扣留,并派使者对赵孝成王说:"如果交不出魏齐的人头,我不放大王的弟弟出关。"魏齐走投无路,找到虞卿,虞卿舍弃

相印与偕亡。走魏,信陵君意难见之,齐怒自杀。赵王取其首与秦,秦乃归平原君。睢言王稽,王以为河东守,又任郑安平,王以为将军。睢散家财物,以报所尝困厄者。一饭之德必偿,睚眦之仇必报云。

癸卯(前258) 五十七年
秦伐赵,围邯郸。

秦武安君病,使王陵伐赵,攻邯郸,少利。武安君病愈,王欲使代之。武安君曰:"邯郸实未易攻也,且诸侯之救日至。秦虽胜于长平,然士卒死者过半。国内空,远绝河山而争人国都,赵应其内,诸侯攻其外,破秦军必矣。"王又使应侯请之,终辞不行,乃以王龁代陵。

赵公子胜如楚乞师,楚黄歇帅师救赵。

赵王使平原君求救于楚,约其门下文武备具者二十人与俱。得十九人,余无可取者。毛遂自荐,平原君曰:"夫贤士之处世,如锥处囊中,其末立见。今先生处胜门下三年于此矣,胜未有所闻,是先生无所有也。"遂曰:"臣乃今日请处囊中耳!使臣得早处囊中,乃脱颖而出,非特其末见而已。"平原君乃与之俱至楚。与楚王言合从之利,久而不决,毛遂按剑历阶而上曰:"从之利害,两言而决耳!今日出而言,日中不决,何也?"王怒叱之。遂按剑而前曰:

相印，与魏齐一起逃走。逃到了魏国，信陵君魏无忌左右为难，没有接见他们，魏齐非常悲愤，便自杀了。赵孝成王取了魏齐的人头，交给秦国，秦国才放回了平原君赵胜。范雎在秦王面前说起王稽的好处，秦王便任命他为河东守；又任郑安平，秦王任命他为将军。范雎拿出家中的财物分给别人，以此来报答在困顿时曾经帮助自己的人。这就是俗话说的，一顿饭的恩德必还，极小的仇恨必报。

癸卯（前258）　周赧王五十七年
秦国攻打赵国，围攻邯郸。

秦国武安君白起生病，秦国派王陵攻打赵国，围攻邯郸，得利不多。白起病愈，秦王打算让他代替王陵。白起说："邯郸确实是不易攻取的，而且诸侯各国的救兵天天往这里开赴。秦国虽然在长平打了胜仗，但是士卒战死的超过一半。如今国内空虚，又远离本土，跋山涉水，去争夺人家的国都，只要赵军在里面配合援军，各国的援军从外围进攻秦军，那么打败秦军是肯定的。"秦王又派范雎请白起就任，白起始终推辞不去，于是秦王派王龁去代替王陵。

赵国公子赵胜到楚国去求救兵，楚国黄歇率军援救赵国。

赵孝成王派平原君赵胜到楚国请求援军，赵胜准备约请门下二十名文武齐备的人跟自己一起去。挑选了十九人，剩下的都不可取。毛遂主动向赵胜自荐，赵胜说："贤士处世，好比锥子放在袋里，它的锥尖必然立即显露。如今先生待在我的门下已经三年了，我却从来没有听说你的事，可见先生没有什么才能。"毛遂说："那么我今天就要求进入袋里！如果让我早进入袋中，早就脱颖而出，岂止露出锥尖而已。"于是，赵胜让毛遂一同去楚国。赵胜与楚考烈王说明合纵的好处，久久不能达成协议，毛遂便手按长剑，登到台阶上，说道："合纵抗秦的利害关系，三言两语就能得出结论！如今日出就谈，到了中午还谈不出结果，这是为什么？"楚考烈王愤怒地呵斥毛遂。毛遂按剑走到楚王面前说：

"王之所以叱遂者，以楚国之众也。今十步之内，王不得恃楚国之众也，王之命悬于遂手。吾君在前，叱者何也？且遂闻汤以七十里而王天下，文王以百里而臣诸侯。今楚地方五千里，持戟百万，此霸王之资也。白起小竖子耳，率数万之众，一战而举鄢、郢，再战而烧夷陵，三战而辱王之先人。此百世之怨，赵之所羞，而王不知恶焉。合从者为楚，非为赵也。"王曰："唯唯。"乃与楚王歃血定从而归。平原君曰："胜不敢复相天下士矣。"因以毛遂为上客。而楚使春申君将兵救赵。

魏晋鄙帅师救赵，次于邺。公子无忌袭杀鄙，夺其军以进。

魏王使晋鄙救赵，秦王使谓魏曰："吾攻赵，旦暮且下，诸侯敢救者必移兵先击之。"魏王恐，止晋鄙壁邺。又使新垣衍入邯郸说赵，欲共事秦为帝，以却其兵。鲁仲连闻之，往见衍曰："彼秦者，弃礼义而上首功之国也。彼即肆然而为帝于天下，则连有蹈东海而死耳，不愿为之民也。且梁未睹秦称帝之害故耳。昔者九侯、鄂侯、文王，纣之三公也。纣醢九侯，鄂侯争之强，故脯鄂侯。文王闻之，喟然而叹，故拘之羑里之库，欲令之死。今秦、梁，俱据万乘之国，各有称王之名，奈何睹其一战而胜，欲从而帝之，卒就脯醢之地乎！且秦无已而帝，则行其天子之礼以号令于天下，变易诸侯之大臣，夺其所憎而与其所爱，又使子女谗妾

"大王之所以敢呵斥我，是因为楚国人多。现在我与大王仅隔十步，这十步之内大王不能依仗楚国人多，大王的生命悬在我的手中。我的主君在这里，你凭什么呵斥我？再说，我听说商汤以方圆七十里的地方称王天下，周文王以方圆一百里的领地君临诸侯。现在楚国土地方圆五千里，持戟战士一百万，这是称霸天下的资本。然而白起这小子，率领几万士兵，一战就打下鄢、郢两城，再战就火烧夷陵，三战就凌辱了大王的祖先。这是百世的怨仇，连赵国都感到羞辱，而大王却不以为难堪。合纵是为了楚国，并非为了赵国。"楚考烈王说："是的，是的。"毛遂便与楚考烈王歃血起誓，约定合纵抗秦，然后返回赵国。赵胜说："我不敢再说能够鉴别天下人才了。"于是把毛遂奉为贵宾。而楚国派春申君率领军队援救赵国。

魏国晋鄙率军援救赵国，驻扎在邺城。公子无忌袭击并杀死晋鄙，夺过晋鄙的军队，进兵援救赵国。

魏王派晋鄙援救赵国，秦昭襄王派人对魏王说："我攻打赵国，早晚即将攻克，诸侯各国敢去救助赵国的，我一定调动军队先攻击它。"魏王非常恐惧，不让晋鄙前进，驻军邺城。又派新垣衍进入邯郸，劝说赵孝成王，打算共同尊奉秦王为帝，以使秦国退兵。鲁仲连听说后，前往会见新垣衍说："那秦国，是个不顾礼义而崇尚斩首立功的国家。秦国一旦放肆地在天下称帝，我只有投东海而死了，不愿成为它的百姓。说来魏国还没有看到秦国称帝所带来的害处。从前九侯、鄂侯、文王，是商纣王的三公。但是纣王却把九侯剁成肉酱，鄂侯竭力谏诤，于是又被纣王做成肉干。文王听说这种暴行后，喟然长叹，结果又被纣王囚禁在牖里的仓库，打算让他死掉。如今的秦国和魏国，都是拥有万辆兵车的大国，各有称王的名分，怎么能刚看到秦国打胜一仗，就想尊秦王为帝，使自己终身陷于被做成肉干、剁成肉酱的地步呢！一旦秦国贪心不止而终于称帝，就会实行天子的礼法，向天下发号施令，撤换诸侯各国的大臣，剥夺不喜欢的人的俸禄，而赐予宠爱的人官爵，又将派遣秦国女子及惯进谗言的侍妾

为诸侯妃姬，梁王安得晏然而已乎！而将军又何以得故宠乎！"衍起再拜曰："吾乃今知先生天下士也！吾请出，不敢复言帝秦矣！"

初，魏公子无忌爱人下士，致食客三千人。有隐士侯嬴，家贫，为夷门监者。公子置酒，大会宾客，坐定，从车骑虚左自迎侯生。生直上载不让，公子执辔愈恭。生又谓公子曰："臣有客在市屠中，愿枉车骑过之。"公子引车入市，生下见其客朱亥，睥睨，故久立，与其客语。微察公子，公子色愈和，乃谢客就车，至公子家。公子引侯生坐上座，宾客皆惊。

及秦围赵，赵平原君夫人，无忌姊也，使者冠盖相属于魏，让公子。公子患之，数请魏王敕晋鄙救赵。及宾客辩士游说万端，王终不听。公子乃属宾客，约车骑百余乘，欲赴斗以死于赵。过见侯生，生曰："公子无他端而欲赴秦军，如以肉投馁虎，何功之有？"公子再拜问计。生曰："吾闻晋鄙兵符在王卧内，而如姬最幸，力能窃之。且公子尝为报其父仇，如姬欲为公子死无所辞。诚一开口则得虎符，夺鄙兵，北救赵，西却秦，此五伯之功也。"公子如其言得兵符。侯生曰："将在外，君令有所不受。有如鄙疑而复请之，则事危矣。臣客朱亥力士可与俱，鄙不听使击之。"公子

去做各诸侯国的妃姬，这样魏王还能泰然无事吗！将军又有什么办法保住旧日恩宠呢？"新垣衍起身拜了两拜说："我今天才知道先生真是天下的奇士！我马上离开赵国，不敢再说尊秦为帝的话了！"

起初，魏公子无忌待人仁爱，礼贤下士，招致食客三千人。有一位名叫侯嬴的隐士，家中贫困，是大梁东门的守门人。公子无忌置办酒席，大会宾客，待大家坐好后，空着车上的上首座位，亲自迎接侯嬴。侯嬴直上车座并不谦让，公子无忌执辔驾车，更加恭敬。侯嬴又对公子无忌说："我有个朋友在屠市中，希望麻烦车马过去一趟。"公子无忌驾车进入集市，侯嬴下车会见自己的朋友朱亥。侯嬴眼睛斜视公子无忌，故意久久地站着不动，与朱亥谈着事情。他细致地观察公子无忌的动静，只见公子无忌脸色非常平和，于是才辞别朋友上车，到了公子无忌的家中。公子无忌指引侯嬴坐上座，场上宾客都很惊讶。

到了秦国围攻赵国的时候，赵国平原君赵胜的夫人，正是公子无忌的姐姐，所以赵胜派出到魏国求救的使者的车马一个接着一个，并指责公子无忌不急赵国之难。公子无忌十分焦急，多次劝说魏王下令使晋鄙带兵救赵。又让门下的宾客辩士百般游说，魏王就是不听。公子无忌便吩咐宾客，准备好一百多辆供战斗的车马，打算开赴赵国，与秦军拼个死活。公子无忌路过时看望侯嬴，侯嬴说："公子没有别的计策，就想与秦军对垒，好比拿肉投给饿虎，能有什么收获呢？"公子无忌拜了又拜，询问计策。侯嬴说："我听说晋鄙兵符的另一半在魏王的卧室里，而如姬最受宠幸，她有办法偷出来。何况公子曾经替她报过杀父之仇，她甘愿为公子去死，绝不会推辞。诚如我说的，公子只要一开口就能得到虎符，夺过晋鄙兵权，往北援救赵国，往西击退秦军，这便是五霸那样的功绩了。"公子无忌依照侯嬴的计谋果然拿到兵符。侯嬴说："将在外，君令有所不受。如果晋鄙产生怀疑而再去请示魏王，那么事情就危险了。我的朋友朱亥是个大力士，可以与您一同前往，倘若晋鄙不听，就让他击杀晋鄙。"公子无忌

至邺，晋鄙合符果疑之，举手视公子曰："吾拥十万之众屯于境上，国之重任，今单车来代之，何如哉？"亥袖四十斤铁椎，椎杀鄙。公子勒兵下令曰："父子俱在军中者父归，兄弟俱在军中者兄归，独子无兄弟者归养。"得选兵八万人，将之而进。

甲辰（前257） **五十八年**燕孝王元年。

秦杀白起。

王龁战不利，武安君曰："不听吾计，今何如矣？"王闻之怒，强起之。武安君称病笃，乃免为士伍，迁之阴密。行至杜邮，应侯曰："起之迁意尚怏怏有余言。"王乃使赐之剑，武安君遂自杀，秦人怜之。应侯乃任郑安平，使将击赵。

魏公子无忌大破秦军邯郸下。

信陵军大破秦军于邯郸下，王龁解围走，郑安平以二万人降赵。信陵君不敢归魏，使将将其军以还。赵王欲以五城封公子，公子闻之有自功之色。客有说公子曰："物有不可忘，有不可不忘。人有德于公子，公子不可忘也；公子有德于人，愿公子忘之也。且矫令夺兵以救赵，于赵则有功矣，于魏则未为忠臣也。公子乃自骄而功之，窃为公子不取也。"于是公子立自责，若无所容。赵王自迎，执主人之礼，引公子就西阶。公子侧行辞让，从东阶上，自言罪过以负于魏，无功于赵。赵王与公子饮至暮，以公子退让竟不忍言献五城。平原君欲封鲁仲连，仲连亦不受。乃以千

到达邺城，晋鄙两符相合后，果然产生怀疑，举手看着公子无忌说："我率领十万大军驻扎在边境上，担负着国家重任，今天你孤身单车来代替我，这是怎么回事？"朱亥从袖中掷出四十斤重的铁椎，当即椎杀了晋鄙。公子无忌统领军队，下达命令："父子都在军中的，其父回去；兄弟都在军中的，其兄回去；没有兄弟的独生子，回去赡养父母。"公子无忌选出八万精兵，于是率军出发。

甲辰（前257） 周赧王五十八年_{燕孝王元年。}

秦国杀死白起。

王龁作战失利，武安君白起说："不听我的建议，现在怎么样？"秦昭襄王听后大怒，强行命令白起去统兵。白起声称病重，被免职为士卒，迁往阴密。白起走到杜邮时，应侯范雎说："白起对被迁仍旧心中不服，耿耿于怀。"秦昭襄王便派人赐给白起一把宝剑，于是白起自杀，秦国人很怜悯他。范雎便委任郑安平为主将，让他率军攻打赵国。

魏国公子无忌在邯郸城下大破秦军。

公子无忌在邯郸城下大破秦军，王龁解围逃走，郑安平率领二万人投降赵国。信陵君公子无忌不敢返回魏国，让一位将军带领魏军回国。赵孝成王打算拿出五座城邑封赏公子无忌，公子无忌听说后颇有自居有功的神气。有个门客劝公子无忌说："事物有的不能忘记，有的不能不忘记。人家对公子有恩，公子不能忘记；公子对人家有恩，希望公子忘记。再说你假传大王的命令，夺取军队去援助赵国，这对于赵国是有功劳的，但对于魏国就不算是忠臣。公子因此自居有功而骄傲，我个人认为公子不应这样做。"当时公子无忌马上自我批评，显得无地自容。赵孝成王亲自迎接公子无忌，以主人的礼节对待，带着他从西阶上。公子无忌侧着身子一再辞让，便从东阶上殿，自称对于魏国负心有罪，对于赵国也没有功劳。赵孝成王与公子无忌喝酒喝到晚上，因为公子无忌的谦虚退让，竟然不好意思说出敬献五城的话。平原君赵胜打算封赏鲁仲连，鲁仲连也不肯接受。赵胜便拿出千

金为寿,连笑曰:"所贵于天下之士者,为人排患难、解纷乱而无取也。即有取者是商贾之事,连不忍为也。"遂辞去,终身不复见。

秦太子之子异人自赵逃归。

秦太子妃曰华阳夫人,无子,夏姬生子异人,质于赵。秦数伐赵,赵不礼之,困不得意。

阳翟大贾吕不韦适邯郸,见之曰:"此奇货可居。"乃说之曰:"秦王老矣,太子爱华阳夫人而无子,子之兄弟二十余人,子居中不甚见幸,太子即位,子不得争为嗣矣。"异人曰:"奈何?"不韦曰:"能立適嗣者,独华阳夫人耳。不韦虽贫,请以千金为子西游,立子为嗣。"异人曰:"必如君策,秦国与子共之。"不韦乃以五百金令结宾客。复以五百金买奇物玩好,自奉而西。见夫人姊,而以献于夫人,因誉异人之贤,宾客遍天下,日夜泣思太子及夫人,曰:"异人也以夫人为天。"夫人喜。不韦因使其姊说曰:"夫人爱而无子,不以繁华时蚤自结于诸子中贤孝者,举以为適,即色衰爱弛,虽欲开一言,尚可得乎?今异人贤而自知中子不得为適,诚以此时拔之,是异人无国而有国,夫人无子而有子也,则终身有宠于秦矣。"夫人以为然,承间言之。太子与夫人乃刻玉符,约以为嗣,因请不韦傅之。

不韦娶邯郸姬绝美者与居,知其有娠。异人见而请之。不韦佯怒,既而献之,期年而生子政,异人遂以为夫人。

金为鲁仲连祝寿，鲁仲连笑着说："作为天下名士，最珍贵的品格是为人排难解纷却不图名利。如果有所图取，那是商人做的事，我不肯做这种事情。"于是告别平原君，终身不再来见他。

秦国太子的儿子异人从赵国逃回秦国。

秦国太子的妃子叫华阳夫人，没有生儿子，夏姬生的儿子叫异人，在赵国做人质。秦国屡次攻打赵国，所以赵国并不礼待异人，使他处境困窘，郁郁不得志。

阳翟的大商人吕不韦到邯郸去，见到异人说："这真是个值得囤积的奇货啊！"便劝异人说："秦王老了，太子宠爱华阳夫人，但她没有子嗣，你在二十多个兄弟中排行居中，不受宠，一旦太子即位，你就不能争得继承人了。"异人说："怎么办？"吕不韦道："能够确立嫡子后嗣的，只有华阳夫人了。我虽然穷，请让我拿出千金替你西去秦国游说，设法立你为嗣。"异人说："如果你的计策实现，我一定与你共享秦国。"吕不韦便拿出五百金给异人，让他广交宾客。又拿出五百金购买珍奇玩物，亲自带着西去秦国。吕不韦见到华阳夫人的姐姐，通过她献给华阳夫人，并趁机赞美异人贤明，宾客遍天下，日夜流泪思念太子和华阳夫人，还说："异人把夫人当作上天那样敬奉。"华阳夫人听后大喜。吕不韦又通过华阳夫人的姐姐劝夫人说："夫人受到宠爱却无子嗣，如果不趁风华正茂时，及早在众子中结纳贤惠孝敬的，推举他做嫡子，等到容颜衰老、宠爱减退时，即使想开口提一提，还有可能吗？如今异人贤明，又自知身为中子不可能成为嫡子，如果在这时候提拔他，就会使异人无法拥有国家而终于有了国家，夫人没有嫡子而终于有了嫡子，夫人就能在秦国终身受宠了。"华阳夫人认为此话有道理，便乘机对太子谈起此事。太子与华阳夫人又刻下玉符，约定立异人为嗣，于是请吕不韦辅佐他。

吕不韦娶了一位绝美的邯郸女子，与她同居，知道她已经怀孕。一次，异人见到这个女子后，便请求吕不韦把这个女子送给自己。吕不韦开始假装生气，不久便献给了他。这个女子怀孕一年后生下儿子，名叫嬴政，异人便将女子立为夫人。

邯郸之围，赵人欲杀之，不韦赂守者得脱亡，赴秦军，遂归。异人楚服而见夫人，夫人曰："吾楚人也，当自子之。"更名曰楚。

乙巳（前256）　五十九年
秦伐韩、赵，王命诸侯讨之，秦遂入寇。王入秦，尽献其地。归而卒。

秦伐韩，取阳城、负黍，斩首四万。伐赵，取二十余县，斩首九万。赧王恐，倍秦与诸侯约从，欲伐秦。秦使将军摎攻西周，赧王入秦，顿首受罪，尽献其邑三十六，口三万。秦受其献，而归赧王于周，是岁卒。

秦军围攻邯郸时，赵人打算杀死异人，吕不韦贿赂看守，使异人得以脱身，逃到秦军中，终于回到秦国。异人穿着楚人的服装去见华阳夫人，夫人说："我是楚国人，应当把你当作亲生儿子。"把异人的名字改为楚。

乙巳（前256） 周赧王五十九年

秦国攻打韩国和赵国，周赧王命令诸侯讨伐秦国，秦国于是入侵周朝。周赧王到了秦国，把所有的三十六座城邑全部献出。秦国放周赧王回去后，他就去世了。

秦国攻打韩国，夺取阳城、负黍，斩杀四万人。攻打赵国，夺取二十多县，斩杀九万人。周赧王恐惧，背离秦国而与诸侯各国约定合纵，准备讨伐秦国。秦国派将军摎进攻西周，周赧王进入秦国，叩头领罪，将所有的三十六座城邑、三万人口，献给秦国。秦国接受了周赧王的进献，放他回到西周。这一年，周赧王去世。

资治通鉴纲目卷二

起丙午（前255）秦昭襄王五十二年，尽戊戌（前203）汉王四年。凡五十三年。

丙午（前255） 秦昭襄王稷五十二，楚考烈王八，燕孝王三，魏安僖王二十二，赵孝成王十一，韩桓惠王十八，齐王建十年。凡七国。

秦丞相范睢免。

秦河东守王稽坐与诸侯通，弃市。王临朝而叹，应侯请其故，王曰："武安君死，而郑安平、王稽等皆畔，内无良将，外多敌国，吾是以忧。"应侯惧，不知所出。燕客蔡泽闻之，西入秦，先使人宣言于应侯曰："蔡泽见王必夺君位。"应侯召泽让之，泽曰："吁，君何见之晚也！夫四时之序，成功者去。商君、吴起、大夫种，何足愿与？"应侯谬曰："何为不可！君子有杀身以成名，死无所恨。"泽曰："身名俱全者上也，名可法而身死者次也。三子之可愿，孰与闳夭、周公哉？语曰：'日中则移，月满则亏。'进退赢缩，与时变化。今君怨已仇而德已报，意欲至矣而无变计，窃为君危之。"应侯曰："善。"遂荐泽于王，因谢病免。王悦泽计，以为相。

秦昭襄王

丙午（前255） 秦昭襄王稷五十二年，楚考烈王八年，燕孝王三年，魏安僖王二十二年，赵孝成王十一年，韩桓惠王十八年，齐王建十年。共七国。

秦国丞相范雎免职。

秦国河东郡守王稽因与诸侯串通获罪，在闹市行刑，弃尸示众。昭襄王临朝治事时叹息，应侯范雎询问缘故，昭襄王说："武安君白起死了，郑安平、王稽等人又都背叛，如今内无良将，外多敌国，我因此担忧。"范雎恐惧，不知如何回答。燕国人蔡泽听说后，便西入秦国，先让人对范雎扬言说："蔡泽一旦见到秦王，必定夺走你的职位。"范雎把蔡泽召来，责备他，蔡泽说："唉，你的见识为何这样迟钝呢！春夏秋冬四季接着时序运行，一旦完成各自的任务就得离去。商君、吴起、文种的成就，哪里值得你企慕呢？"范雎故意强词夺理说："有什么不好！君子可以杀身以成名，死了也没有遗憾。"蔡泽说："性命与名声都保全的为上，名声可为后人效法却为此丢掉性命的就差一等了。即使商君、吴起、文种三人值得美慕，哪里比得上闳天和周公呢？俗话说：'日到中午就要西移，月到盈满就要损亏。'万事万物或进或退，或盈或缩，都是随着时间的推移而变化。现在你的仇怨已了，恩德已报，心愿已经实现，却还没有变化的考虑，我为你的处境担忧。"范雎说："讲得有理。"于是把蔡泽推荐给秦昭襄王，乘机借口有病，辞去丞相职务。秦昭襄王喜欢蔡泽的计策，任命他为丞相。

数月免。

楚以荀况为兰陵令。

荀卿,赵人,春申君以为兰陵令。

卿尝与临武君论兵于赵孝成王前。王曰:"请问兵要?"卿对曰:"要在附民。夫仁人之兵,上下一心,三军同力。臣之于君也,下之于上也,若子弟之事父兄,若手臂之捍头目而覆胸腹也。故兵要在乎附民而已。齐人隆技击,得一首者赐赎锱金,无本赏矣。事小敌毳,则偷可用也;事大敌坚,则涣然离耳,是亡国之兵也,其去赁市佣而战之几矣。魏氏之武卒,以度取之。衣三属之甲,操十二石之弩,负矢五十,置戈其上,冠胄带剑,赢三日粮,日中而趋百里。中试则复其户,利其田宅。气力数年而衰,而复利未可夺也,改造则不易周也。故地虽大,其税必寡。是危国之兵也。秦人,其生民也狭隘,其使民也酷烈,怵之以庆赏,䲡之以刑罚,使民所以要利于上者,非斗无由也。使以功赏相长,五甲首而隶五家,是最为众强长久之道。然皆于赏蹈利之兵,未有安制矜节之理也。故齐之技击不可以遇魏之武卒,魏之武卒不可以遇秦之锐士,秦之锐士不可以当桓、文之节制,桓、文之节制不可以敌汤、武之仁义。故

几个月后，即被免职。

楚国任命荀况为兰陵县令。

荀况是赵国人，春申君黄歇任命他为兰陵县令。

荀况曾经与临武君在赵孝成王面前谈论用兵计策。赵孝成王说："请问用兵的纲要？"荀况回答说："纲要在亲附人民。仁人用兵，上下一条心，三军齐用力。臣属对于君主，下级对于上级，好比子弟对于父兄，好比手臂保护头与眼、胸与腹。所以说用兵的纲要在于亲附人民罢了。齐国人重视兵家的技巧技击，凡是能够斩获一颗人头，就由官方赏赐锱金赎回，不管胜败如何，不是有功劳就奖赏。这样的军队遇上弱小的敌人，还勉强发挥作用；若是遇上强大的敌人，就会涣然离散。这是亡国的军队，它与在集市上临时雇佣的人去打仗相差无几。魏国的武士，则是根据一定的标准选拔的。选拔时，让士兵披上全副铠甲，拉十二石重的弓弩，背五十支利箭，肩扛戈，头戴盔，腰佩剑，携带三天的口粮，每天急行军一百里。符合这个标准的就可成为勇武之士，即可免除全家的徭役，得到优越便利的田地和房屋。不过，这些武士过了几年后，气力自然衰退，而配给他们的利益却难以收回，即使进行一些调整，也不容易周全。所以魏国的土地虽然很多，但是征调的税收必定很少。这也是危害国家的军队了。秦国的百姓生活在狭隘多险的环境，生计艰难，官府役使百姓也很严酷，完全由庆赏、刑罚来左右百姓，迫使百姓如果想从国家那里得到一点利益，必须从战斗中获得，没有别的出路。秦国规定，功绩与赏赐同步增长，即斩获五个甲士的人头，就可役使五户人家，这就是秦国在众多国家中所以最强大、最长久不衰的原因。然而这些措施，都是调动士兵追逐赏赐、谋求利益来维持军队的，并没有贯彻让士兵自觉遵守军队纪律、用义约束自己的道理。所以说，讲究技击之术的齐军打不过强调勇武的魏军，强调勇武的魏军无法抵抗精锐上进的秦军，精锐上进的秦军抵挡不住齐桓公、晋文公的有纪律节制的军队，有纪律节制的齐桓公、晋文公的军队又抵挡不住商汤与周武王的仁义军队。所以

招延募选，隆势诈，尚功利，是渐之也，礼义教化是齐之也。故兵大齐则制天下，小齐则制邻敌。若夫招延募选、隆势诈、尚功利之兵，则胜不胜无常，相为雌雄耳。夫是之谓盗兵，君子不由也。”

王曰：“善。请问为将。”卿曰：“号令欲严以威；赏罚欲必以信；处舍欲周以固；举徙进退欲安以重，欲疾以速；窥敌观变欲潜以深，欲伍以参；遇敌决战必行吾所明，无行吾所疑。夫是之谓六术。无欲将而恶废；无怠胜而忘败；无威内而轻外；无见利而不顾其害；凡虑事欲熟而用财欲泰。夫是之谓五权。可杀而不可使处不完；可杀而不可使击不胜；可杀而不可使欺百姓。夫是之谓三至。凡百事之成也必在敬之，其败也必在慢之。故敬胜怠则吉，怠胜敬则灭；计胜欲则从，欲胜计则凶。战如守，行如战，有功如幸。慎行此六术、五权、三至，而处之以恭敬无旷，夫是之谓天下之将。”

临武君曰：“善。请问王者之兵制。”卿曰：“将死鼓，御死辔，百吏死职，士大夫死行列。闻鼓声而进，金声而退，顺命为上，有功次之。不杀老弱，不猎禾稼，服者不禽，格者不赦，奔命者不获。凡诛，非诛百姓也，诛其乱百姓

采用招募兵力，强化权势和欺诈，崇尚功利，这是浸染军队的办法，只有通过礼义教化才能统一军心。所以军心高度统一就能制服天下，军心基本一致就能制服相邻的敌国。如果属于临时招募来的、推行威势和欺诈、崇尚功利的军队，那么或胜或败变化无常，强弱也不确定。这样的军队可以称为强盗的军队，而君子是不会这样用兵的。"

赵孝成王说："好。请问做将领的道理。"荀况说："发号施令应该严明以树立威信；赏功罚过应该公正无私以昭著信用；安营扎寨应该周密防守以求坚固；转移进退应该安稳持重和果断迅速；窥敌观变应该隐蔽深入，混入敌方将士之中；遇敌决战必须按自己明察的计划行事，不做自己没有把握的事情。这就是六种战术原则。不要只想着保持将领之职而担心丢掉；不要因胜利而松懈，忘掉失败的教训；不要对内滥施淫威，对外掉以轻心；不要见到有利的一面而不顾有害的一面；谋划事情应该深思熟虑而动用钱财赏赐应该慷慨大度。这就是五种权衡标准。宁可被杀也不能把军队安置在没有安全保障的地方；宁可被杀也不能让军队参加不可能胜利的战斗；宁可被杀也不能让军队欺压百姓。这就是三项最根本的原则。任何事情的成功，必然由于有恭敬的态度；任何事情的失败，必然由于存在怠慢的行为。所以说，恭敬胜过怠慢就吉利，怠慢胜过恭敬就灭亡；理智胜过欲望就顺利，欲望胜过理智就凶险。攻战应当如同防守一样谨慎，行军应当如同作战一样警觉，有了功劳应当看作是侥幸得来的。谨慎地奉行这六项战术准则、五项权衡标准和三项根本原则，再以始终不懈的恭敬态度对待一切，这样就可以成为天下无敌的将领。"

临武君说："好。请问贤王的兵制该怎样。"荀况说："将领死于战鼓，御夫死于马缰，百官死于职守，士大夫死于战阵行列。听到鼓声就前进，听到钲声就后退，服从命令为第一，建功还在其次。不残杀老弱，不践踏庄稼，不擒拿归顺的人，不赦免格斗的人，不追捕逃命的人。所谓诛杀，并非诛杀百姓，而是祸害百姓

者也。百姓有捍其贼者,是亦贼也。故顺刃者生,傃刃者死,奔命者贡。有诛而无战,不屠城,不潜军,不留众,师不越时。故乱者乐其政,不安其上者欲其至也。”临武君曰:“善。”陈嚣问曰:“先生议兵,常以仁义为本,然则又何以兵为哉?”卿曰:“仁者爱人,故恶人之害之也;义者循理,故恶人之乱之也。故兵者所以禁暴除害也,非争夺也。”

周民东亡。秦取其宝器,迁西周公于𢠸狐之聚。　楚人迁鲁于莒而取其地。

丁未(前254)　秦五十三,楚九,燕王喜元,魏二十三,赵十二,韩十九,齐十一年。

秦伐魏,取吴城。　韩王入朝于秦。　魏举国听令于秦。

戊申(前253)　秦五十四,楚十,燕二,魏二十四,赵十三,韩二十,齐十二年。

秦王郊见上帝于雍。　楚迁于钜阳。

己酉(前252)　秦五十五,楚十一,燕三,魏二十五,赵十四,韩二十一,齐十三年。

魏人杀卫君而立其弟。

弟,魏婿也。

庚戌(前251)　秦五十六,楚十二,燕四,魏二十六,赵十五,韩二十二,齐十四年。

的人。百姓中那些捍卫乱贼的人,也同样当作乱贼看待。所以,不战而退的人生存,迎刃格斗的人死亡,逃命归附的人收留。圣明的君王都是进行诛杀而避免战争,攻占其城而不屠杀人民,不偷袭无防备的敌人,不拘留群众,军队驻扎在外不超过规定的时间。所以动乱国家中的人民喜欢贤明的政治,不安心于自己国内君主的统治,希望这样的军队来到。"临武君说:"讲得好。"陈嚣问道:"先生议论用兵,总是把仁义作为根本,然而又怎么用兵打仗呢?"荀况说:"由于仁者爱人,所以厌恶有害人的人;由于义者遵循道理,所以厌恶反叛、作乱的人。所以用兵的目的,正是为了禁止残暴,铲除祸害,并非为了争夺。"

周王朝的百姓向东逃亡。秦国夺取了周王朝的宝物祭器,把西周公迁到𢠿狐之聚。 楚国人把鲁国迁到莒城,占领了鲁国的土地。

丁未(前254) 秦昭襄王五十三年,楚考烈王九年,燕王喜元年,魏安僖王二十三年,赵孝成王十二年,韩桓惠王十九年,齐王建十一年。

秦国攻打魏国,夺取了吴城。 韩桓惠王前往秦国朝见。魏国举国上下听从秦国的号令。

戊申(前253) 秦昭襄王五十四年,楚考烈王十年,燕王喜二年,魏安僖王二十四年,赵孝成王十三年,韩桓惠王二十年,齐王建十二年。

秦昭襄王在雍城南郊祭祀上帝。 楚国迁都钜阳。

己酉(前252) 秦昭襄王五十五年,楚考烈王十一年,燕王喜三年,魏安僖王二十五年,赵孝成王十四年,韩桓惠王二十一年,齐王建十三年。

魏国人杀死卫怀君,另立其弟为卫国国君。
卫怀君之弟,是魏王的女婿。

庚戌(前251) 秦昭襄王五十六年,楚考烈王十二年,燕王喜四年,魏安僖王二十六年,赵孝成王十五年,韩桓惠王二十二年,齐王建十四年。

秋,秦王稷薨,太子立。韩王衰绖入吊祠。 燕伐赵,赵败之,遂围燕。

　　燕王使栗腹约欢于赵,反而言曰:"赵壮者死长平,其孤未壮,可伐也。"王使腹将而攻鄗。将渠曰:"与人通关约交,使者报而攻之,不祥,师必无功。"王不听,自将偏军随之。将渠引王之绶,王以足蹴之。将渠泣曰:"臣非自为,为王也!"王终不听,遂行。赵使廉颇击之,败其两军,逐北五百里,遂围燕。燕人请和,赵人曰:"必令将渠处和。"燕王以将渠为相而处和,赵师乃解。

　　赵公子胜卒。

　　辛亥(前250) 秦孝文王元,楚十三,燕五,魏二十七,赵十六,韩二十三,齐十五年。
　　冬十月,秦王薨,子楚立。
　　孝文王即位,三日而薨,子楚立,尊华阳夫人为华阳太后,夏姬为夏太后。
　　燕伐齐,拔聊城。齐伐取之。
　　燕将攻齐聊城,拔之。或谮之燕王,燕将保聊城不敢归。齐田单攻之,岁余不下。鲁仲连乃为书,约之矢以射城中,遗燕将曰:"为公计者,不归燕则归齐。今独守孤城,齐兵日益而燕救不至,将何为乎?"燕将见书泣三日,犹豫

秋，秦昭襄王嬴稷去世，太子嬴柱即位。韩桓惠王穿着丧服入殡宫吊唁秦昭襄王。 燕国攻打赵国，赵国击败燕国军队，于是包围燕国国都。

燕王喜派遣栗腹到赵国去缔结友好盟约，栗腹回来后对燕王说："赵国的壮年人都死在长平之战了，他们的孤儿现在还没有长大，可以进攻赵国。"燕王喜便让栗腹担任主将攻打鄗城。将渠说："和人家通关约交，使臣刚回来通报就攻打人家，不是好兆头，燕军必定得不到好处。"燕王喜不听，准备亲自率领后援部队随大军出发。将渠拉着燕王喜腰间的绶带，劝他不要发兵，燕王喜一脚踢开了他。将渠哭着说："我这不是为了自己，而是为了大王啊！"燕王喜不听，于是发兵进军。赵国派廉颇回击燕军，战胜燕王与栗腹带领的两支军队，追杀败军五百里，于是包围了燕都。燕人求和，赵人说："一定派将渠议和才行！"于是燕王喜任命将渠为相，前往赵国议和，赵军才解除对燕都的包围。

赵国公子赵胜去世。

秦孝文王

辛亥（前250） 秦孝文王元年，楚考烈王十三年，燕王喜五年，魏安僖王二十七年，赵孝成王十六年，韩桓惠王二十三年，齐王建十五年。

冬十月，秦孝文王去世，其子嬴楚即位。

秦孝文王即位，三日就去世了，其子嬴楚即位，尊奉华阳夫人为华阳太后，夏姬为夏太后。

燕国攻打齐国，攻占聊城。齐国攻打聊城，终于夺回。

燕将攻打齐国聊城，占领了它。有人在燕王面前诬陷这位燕将，燕将便自保聊城，不敢返回。齐国的田单进攻聊城，历时一年多仍然没有攻克。鲁仲连便写了一封书信，把它捆在箭上，射入城中。给燕将的这封书信说："为你考虑，不是归属燕国，就是归属齐国。现在你独守孤城，齐兵日益增多而燕国援兵却不来，你将怎么办？"燕将见到了这封书信哭了好几天，但仍然犹豫

不能决,遂自杀。聊城乱,田单克之。归言仲连于齐王,欲
爵之。仲连逃之海上,曰:"吾与富贵而诎于人,宁贫贱而
轻世肆志焉!"魏王问天下之高士于子顺,子顺曰:"世无其
人也,抑可以为次,其鲁仲连乎!"

壬子(前249) 秦庄襄王楚元,楚十四,燕六,魏二十八,赵
十七,韩二十四,齐十六年。

**秦以吕不韦为相国,封文信侯。 秦灭东周,迁其君
于阳人聚。**

东周君与诸侯谋伐秦,王使相国帅师灭之,迁东周君
于阳人聚。周遂不祀。周比亡,凡有七邑。

**秦伐韩,取荥阳、成皋,置三川郡。 楚灭鲁,迁其君
于卞,为家人。**

是为顷公。

癸丑(前248) 秦二,楚十五,燕七,魏二十九,赵十八,韩
二十五,齐十七年。

**日食。 秦伐赵,定太原,取三十七城。 楚黄歇徙
封于吴。**

春申君言于楚王曰:"淮北边于齐,其事急,请以为郡而封
于江东。"许之。春申君因城故吴墟而居之,宫室极盛。

甲寅(前247) 秦三,楚十六,燕八,魏三十,赵十九,韩
二十六,齐十八年。

不决,便自杀了。聊城混乱,田单趁机攻下聊城。田单回去在齐王面前说起鲁仲连的功劳,齐王打算授给他爵位。鲁仲连逃到海边,说道:"我与其享受富贵而屈从别人,宁可身居贫贱而随心所欲!"魏王向孔斌询问谁是天下的高士,孔斌说:"现在没有这样的人,如果说可以有次一等的,大概是鲁仲连吧!"

秦庄襄王

壬子(前249)　秦庄襄王楚元年,楚考烈王十四年,燕王喜六年,魏安僖王二十八年,赵孝成王十七年,韩桓惠王二十四年,齐王建十六年。

秦国任命吕不韦为相国,封为文信侯。　秦国灭掉东周,将东周君迁徙到阳人聚。

东周君与诸侯谋划讨伐秦国,秦庄襄王派相国吕不韦率军消灭东周,把东周君迁徙到阳人聚。周王朝的祭祀至此终止。东周灭亡时,共有七座城邑。

秦国攻打韩国,夺取了荥阳、成皋,设置三川郡。　楚国灭掉鲁国,把鲁国国君迁移到卞,贬为平民。

鲁国国君即是鲁顷公。

癸丑(前248)　秦庄襄王二年,楚考烈王十五年,燕王喜七年,魏安僖王二十九年,赵孝成王十八年,韩桓惠王二十五年,齐王建十七年。

出现日食。　秦国攻打赵国,平定太原,夺取了三十七座城邑。　楚国黄歇改封于吴地。

春申君黄歇对楚考烈王说:"淮北地区与齐国接壤,事务紧急,请在那里设郡,并把我封在江东。"楚考烈王答应了他的要求。春申君黄歇便在过去的吴都废墟上筑城居住,营造的宫室极为华丽盛大。

甲寅(前247)　秦庄襄王三年,楚考烈王十六年,燕王喜八年,魏安僖王三十年,赵孝成王十九年,韩桓惠王二十六年,齐王建十八年。

秦悉拔上党诸城,置太原郡。 秦伐魏,魏公子无忌率五国之师败之,追至函谷而还。

蒙骜伐魏,取高都、汲。魏王患之,使人请信陵君。信陵君不肯还,其客毛公、薛公见曰:"公子所以重于诸侯者,徒以魏也。今魏急而公子不恤,一旦秦克大梁,夷先王之宗庙,公子当何面目立天下乎!"语未卒,信陵君色变,趣驾还魏。魏王持信陵君而泣,以为上将军,求援于诸侯,诸侯闻之,皆遣兵救魏。信陵君遂率五国之师,败蒙骜于河外,追至函谷关而还。

安陵人缩高之子仕于秦,守管。信陵君攻之不下,使人召高,将以为五大夫、执节尉而使攻管。高对曰:"父攻子守,人之笑也。见臣而下,是倍主也。父教子倍亦非君之所喜,敢辞。"信陵君怒,使谓安陵君生束缩高而致之,不然无忌将率十万之师以造城下。安陵君曰:"吾先君成侯受诏襄王以守此城也,手受太府之宪,其上篇曰:'子弑父,臣弑君,有常不赦。国虽大赦,降城亡子不得与焉。'今缩高辞大位以全父子之义,而君曰'必生致之',是使我负襄王之诏而废太府之宪也。"缩高闻之曰:"信陵君为人,悍猛而自用,此辞反必为国祸。吾已全己,无违人臣之义矣,岂可使吾君有魏患乎!"乃之使者舍,刎颈而死。信陵君闻之,缟素辟舍,而遣使谢安陵君。

五月,秦王楚薨,子政立。

秦国全部攻克了魏国上党各城,设置了太原郡。 秦国攻打魏国,魏国公子无忌率领五国联军打败秦军,追击到函谷关才返回。

蒙骜攻打魏国,夺取高都、汲城。魏王对此十分忧虑,派人请信陵君。信陵君不肯回国,他的门客毛公和薛公去见他说:"公子之所以受到诸侯的器重,只因为有个魏国。如今魏国危急,公子却不顾惜,一旦秦国攻克大梁,铲平魏国先王的宗庙,公子还有什么脸面活在世上!"话还没有说完,信陵君脸色大变,赶紧催促车马返回魏国。魏王握着信陵君的手,泪流满面,任命他为上将军,他到诸侯各国去请求援助。诸侯各国听说后,都派兵去救援魏国。于是,信陵君率领五国的军队,在黄河南岸打败了蒙骜,一直追到函谷关才返回。

安陵人缩高的儿子在秦国担任管城的守将。信陵君攻不下管城,便派人把缩高召来,打算封他为五大夫、执节尉,让他去攻打管城。缩高回答说:"父亲攻城,儿子守城,让人耻笑。他见我来到而把城丢下,这是背叛君主。做父亲的让儿子背叛君主,这也不是您所喜欢的行为,所以我不能听命。"信陵君大怒,派人叫安陵君生擒缩高送来,否则将亲自率领十万大军兵临城下。安陵君说:"我父亲成侯接受襄王的诏令来守卫这座城邑,襄王亲手授给他太府中的法令,法令的上篇讲道:'儿子杀父亲,臣子杀君王,依常法不能赦免。即使国家实行大赦,献城投降的将领和临阵逃亡的士兵也不在大赦之列。'现在缩高宁可推辞掉高官不做,也要成全父子大义,而您却说'一定要把他活着抓来',这是让我违背襄王的诏令,不遵守太府中法令了。"缩高听说后说道:"信陵君的为人,一向是态度凶狠,刚愎自用,这些话必定要给国家招致灾祸。我已经保全了自己的节操,没有违背作为臣子应尽的道义,又怎能让我的君主遭受魏国带来的灾害呢?"于是就走到使者的住处,拔剑自杀。信陵君听到这个消息后,身穿白色的丧服,住进厢房,表示哀悼,又派出使者向安陵君道歉。

五月,秦庄襄王去世,其子嬴政即位。

政生十三年矣，国事皆委于文信侯，号"仲父"。

乙卯（前246） 秦王政元，楚十七，燕九，魏三十一，赵二十，韩二十七，齐十九年。

秦凿泾水为渠。

韩欲疲秦，使无东伐，乃使水工郑国为间于秦，凿泾水自仲山为渠，并北山，东注洛。中作而觉，欲杀之。国曰："臣为韩延数年之命，然渠成，亦秦万世之利也。"乃使卒为之。注填阏之水溉舄卤之地四万余顷，收皆亩一钟。由是秦益富饶。

丙辰（前245） 秦二，楚十八，燕十，魏三十二，赵二十一，韩二十八，齐二十年。

赵王薨，廉颇奔魏。

赵使廉颇伐魏，取繁阳。孝成王薨，悼襄王立，使乐乘代颇。颇怒攻之，遂出奔魏，魏不能用。赵师数困，王复思之，使视颇尚可用否。颇之仇郭开多与使者金，令毁之。颇见使者，一饭斗米，肉十斤，被甲上马，以示可用。使者还报曰："廉将军老，尚善饭，然与臣坐，顷之三遗矢矣。"王遂不召。楚人迎之，颇一为楚将无功，曰："我思用赵人！"遂卒于楚。

嬴政当时只有十三岁,国家大事全部委托给文信侯吕不韦处理,尊称吕不韦为"仲父"。

秦始皇

乙卯（前246） 秦王政元年,楚考烈王十七年,燕王喜九年,魏安僖王三十一年,赵孝成王二十年,韩桓惠王二十七年,齐王建十九年。

秦国凿通泾水,修筑灌溉渠道。

韩国打算消耗秦国的实力,让它无力发兵东征,便派水利家郑国前往秦国充当间谍,为秦国凿通泾水作为灌渠,从仲山起,沿着北山,向东注入洛河。施工中,秦国觉察到郑国修灌渠的意图,便准备杀死郑国。郑国说:"我是为了延缓韩国几年的寿命,不过灌渠修成,这也会给秦国带来万世的利益啊。"秦国于是让郑国完成了这条灌渠。灌渠中的淤泥之水可浇四万多顷盐碱地,使得每亩地的收成都可以达到六斛四斗。从此,秦国变得更加富饶。

丙辰（前245） 秦王政二年,楚考烈王十八年,燕王喜十年,魏安僖王三十二年,赵孝成王二十一年,韩桓惠王二十八年,齐王建二十年。

赵孝成王去世,廉颇逃往魏国。

赵国派廉颇攻打魏国,夺取繁阳。赵孝成王去世,赵悼襄王即位,让乐乘替代廉颇。廉颇大怒,出兵攻击乐乘,随即出逃到魏国,魏国没有任用他。赵军多次失利,赵悼襄王又想起廉颇,派人去察看廉颇还能否担任要职。廉颇的仇人郭开送给使者许多金子,让使者诋毁廉颇。廉颇见到使者,一顿饭吃了一斗米、十斤肉,又披甲上马,表示自己还可以率兵打仗。使者回去报告说:"廉将军老了,虽然还很能吃,但是在与我坐着谈论时,不长时间就拉了三次屎。"赵悼襄王便没有召见廉颇。楚人把廉颇接去,但是廉颇担任楚将后,却没有立功,他说:"我想率领赵兵打仗啊!"最终死在了楚国。

丁巳（前244） 秦三,楚十九,燕十一,魏三十三,赵悼襄王偃
元,韩二十九,齐二十一年。

大饥。 **秦伐韩,取十二城。** **赵李牧伐燕,取武遂、**
方城。

李牧者,赵北边之良将也,尝居代、雁门备匈奴。以便
宜置吏,市租皆输莫府,为士卒费。日击数牛飨士,习骑
射,谨烽火,多间谍,为约曰:"匈奴入盗则急收保,有敢捕
虏者斩。"如是数岁,无所亡失。匈奴皆以为怯,虽赵边兵
亦以为吾将怯也。赵王使人让之,牧如故。王怒,使人代
之。屡出战不利,边不得田畜。王复请李牧,牧称病不出。
王强起之,牧曰:"必用臣,臣如前乃敢奉令。"王许之。

牧至边如约,匈奴数岁无所得,终以为怯。士日得赏
赐而不用,皆愿一战。乃选车骑习战,大纵畜牧,人民满
野,匈奴小入,佯北以数十人委之。单于闻之,大率众入。
牧乃多为奇陈,张左右翼击之,大破,杀匈奴十余万骑。灭
襜褴,破东胡,降林胡。单于奔走,十余岁不敢近赵边。

先是时,天下冠带之国七,而秦、赵、燕边于夷狄,诸
戎亦各分散,自有君长,莫能相一。其后义渠筑城郭以自
守,而秦灭之,始于陇西、北地、上郡,筑长城以拒胡。赵

丁巳（前244） 秦王政三年，楚考烈王十九年，燕王喜十一年，魏安僖王三十三年，赵悼襄王偃元年，韩桓惠王二十九年，齐王建二十一年。

秦国发生大饥荒。　秦国攻打韩国，夺取十二座城邑。
赵将李牧攻打燕国，夺取武遂、方城。

李牧是赵国守卫北方边疆的一员良将，曾经驻守在代、雁门，以防备匈奴。他根据当地情况，灵活任用官吏，当地赋税全部交到幕府，作为士卒的花费。每天要杀掉好几头牛来犒劳士卒，他训练士卒熟习骑马射箭，谨慎对待烽火，还派出许多间谍打探敌情，并约束士卒说："匈奴一旦入侵，就要急速收拢固守，谁要擅自捉拿敌人，一律斩首！"就这样几年过去了，没有什么伤亡损失。匈奴都认为李牧胆怯，就是赵国的守边士兵也认为自己的统帅胆怯。赵悼襄王派人责备李牧，但李牧依然如故。赵悼襄王大怒，派别人代替李牧。新上任的将领屡屡出击匈奴，屡次失利，百姓无法正常地耕地和放牧。赵悼襄王又请李牧出马，李牧称病不出。赵悼襄王强迫李牧上任，李牧说："如果一定叫我就职，必须依我从前的做法，这样我才敢接受您的命令。"赵悼襄王答应了。

李牧回到边地，一切如同旧约，几年来匈奴一无所得，终究认为李牧是个怯懦的将领。将士们天天得到赏赐，却没有机会被派出作战，都盼着打一仗。李牧于是选择优良的战车战马，组织部队演习作战，然后大力组织放牧，使放牧人都到田野上活动，借以引诱匈奴。匈奴小股部队试探侵入，李牧故意败退，并把几十个士卒丢弃给匈奴人。匈奴的单于听说这个消息后，便统领大军进犯。李牧便多设奇阵，部署左右两翼包抄，大破匈奴人，斩杀匈奴十多万人马。乘胜又灭掉了襜褴，攻破了东胡，征服了林胡。单于逃跑，有十几年不敢靠近赵国边境。

在此之前，天下的文明国家有七个，其中秦、赵、燕三国与夷狄部族接壤。诸戎各自分散居住，都有自己的君长，却没有统一起来。后来，义渠修建城池以求自守，而被秦国灭掉，秦国开始在陇西、北地、上郡修筑长城，以此防御西北胡人的侵扰。赵国

破林胡、楼烦，筑长城，自代并阴由下，至高阙为塞，而置云中、雁门、代郡。燕破东胡，却地千里，亦筑长城，自造阳至襄平，置上谷、渔阳、右北平、辽东郡。及战国之末而匈奴始大。

魏公子无忌卒。

秦既败于河外，使人行万金以间信陵君，求得晋鄙客，令说魏王曰："公子亡在外十年矣，今复为将，诸侯皆属，天下徒闻信陵君，不闻魏王矣。"秦王又数使人贺信陵君，得为魏王未也。魏王信之，使人代将。于是信陵君谢病不朝，日夜以酒色自娱，四岁而卒。韩王往吊，其子荣之以告子顺，子顺曰："礼，邻国君吊，君为之主。今君不命子，则子无所受韩君矣。"其子辞之。

戊午（前243） 秦四，楚二十，燕十二，魏三十四，赵二，韩三十，齐二十二年。

春，秦伐魏，取畼、有诡。 **秋七月，秦蝗、疫，令民纳粟拜爵。**

己未（前242） 秦五，楚二十一，燕十三，魏景闵王增元，赵三，韩三十一，齐二十三年。

秦伐魏，取二十城，置东郡。

庚申（前241） 秦六，楚二十二，燕十四，魏二，赵四，韩三十二，齐二十四年。

楚、赵、魏、韩、卫合从以伐秦，至函谷皆败走。

攻破林胡、楼烦，也自代经阴山到高阙，修筑了长城，作为保卫边地的要塞，并设置了云中、雁门、代郡等郡。燕国打败了东胡，迫使东胡退却了一千里，于是也自造阳到襄平筑起长城，设置了上谷、渔阳、右北平、辽东各郡。直到战国末期，匈奴部族才开始强大起来。

魏国公子无忌去世。

秦国在河外遭受失败后，便派人拿出一万黄金来离间信陵君，终于找到了晋鄙的一个门客，让他对魏王说："公子无忌流亡在外已经十年了。现在又担任将领，诸侯各国都服从他，这就形成了天下只听说有信陵君，没听说还有魏王了。"同时，秦王还多次派人去祝贺信陵君，祝贺他不久就要当上魏王了。魏王听信谣传，便派别人代替信陵君统率军队。于是，信陵君告病不朝，日夜以酒色自娱，过了四年就死了。韩王前往吊唁，信陵君的儿子荣之把这事告诉子顺，子顺说："按礼法，邻国国君来吊唁，君王应该做主。如今君王不安排你去接待，那么你没有接受韩王吊唁的道理。"于是信陵君的儿子拒绝了韩王的吊唁。

戊午（前243） 秦王政四年，楚考烈王二十年，燕王喜十二年，魏安僖王三十四年，赵悼襄王二年，韩桓惠王三十年，齐王建二十二年。

春，秦国攻打魏国，夺取了畼、有诡。 **秋七月，秦国发生蝗灾和瘟疫，允许百姓交纳粮食来换取爵位。**

己未（前242） 秦王政五年，楚考烈王二十一年，燕王喜十三年，魏景闵王增元年，赵悼襄王三年，韩桓惠王三十一年，齐王建二十三年。

秦国攻打魏国，夺取二十座城邑，设置东郡。

庚申（前241） 秦王政六年，楚考烈王二十二年，燕王喜十四年，魏景闵王二年，赵悼襄王四年，韩桓惠王三十二年，齐王建二十四年。

楚、赵、魏、韩、卫各国实行合纵，攻打秦国，兵至函谷关时，各国军队都大败而逃。

　　诸侯患秦攻伐无已时,故五国合从以伐之。楚王为从长,春申君用事。取寿陵,至函谷,秦师出,五国兵皆败走。

楚迁于寿春。

　　朱英谓春申君曰:"先君时,秦善楚二十年不攻者,逾黾厄而攻楚不便,假道两周,背韩、魏而攻楚不可。今则不然,魏旦暮亡,不能爱许、鄢陵,割以与秦,秦兵去陈百六十里,臣见秦、楚之日斗也。"楚于是去陈徙寿春,命曰郢。春申君就封于吴,行相事。

秦拔魏朝歌及卫濮阳。卫徙居野王。

　　辛酉（前240）　秦七,楚二十三,燕十五,魏三,赵五,韩三十三,齐二十五年。
　　秦伐魏,取汲。

　　壬戌（前239）　秦八,楚二十四,燕十六,魏四,赵六,韩三十四,齐二十六年。
　　魏与赵邺。

　　癸亥（前238）　秦九,楚二十五,燕十七,魏五,赵七,韩王安元,齐二十七年。
　　秦伐魏,取垣、蒲。　夏四月,秦大寒,民有冻死者。秦王冠,带剑。　秦伐魏,取衍氏。　秋九月,秦嫪毐作乱,伏诛,夷三族。秦王迁其太后于雍。

　　初,秦王即位年少,太后时时与文信侯私通。王益壮,文信侯恐事觉及祸,乃以舍人缪毐诈为宦者进之,生二子。

诸侯各国担忧秦国无休止的出兵侵犯，所以五国实行合纵，联合攻打秦国。由楚考烈王担任纵约长，春申君执掌军务。大军攻占寿陵，逼近函谷关，这时秦军出动，五国联军纷纷败退逃走。

　　楚国迁都寿春。

　　朱英对春申君说："先王在世时，秦国所以对楚国友善，有二十年不侵犯楚国，这是因为秦国要逾越黾厄要塞进攻楚国很不方便，如果向东、西周借道，背着韩国和魏国去进攻楚国也不可行。现在情况就不同了，魏国危在旦夕，不能保护自己的属地许、鄢陵，一旦割让给秦国，秦国军队离楚都陈就只有一百六十里了。我将看到秦、楚两国日战不息了。"楚国于是将都城由陈迁至寿春，命名为郢。春申君到了自己的封地吴，仍担任国相职务。

　　秦国攻陷魏国的朝歌和卫国的濮阳。卫国国君迁居野王。

　　辛酉（前240）　秦王政七年，楚考烈王二十三年，燕王喜十五年，魏景闵王三年，赵悼襄王五年，韩桓惠王三十三年，齐王建二十五年。

　　秦国攻打魏国，夺取了汲。

　　壬戌（前239）　秦王政八年，楚考烈王二十四年，燕王喜十六年，魏景闵王四年，赵悼襄王六年，韩桓惠王三十四年，齐王建二十六年。

　　魏国把邺割让给赵国。

　　癸亥（前238）　秦王政九年，楚考烈王二十五年，燕王喜十七年，魏景闵王五年，赵悼襄王七年，韩王安元年，齐王建二十七年。

　　秦国攻打魏国，夺取了垣、蒲两城。　夏四月，秦国天气大寒，百姓中有被冻死的。　秦王嬴政行冠礼，佩带宝剑。　秦国攻打魏国，夺取衍氏。　秋九月，秦国嫪毐犯上作乱，被杀，诛灭三族。秦王将太后迁移到雍城。

　　起初，秦王嬴政即位时年岁很小，太后赵姬时常与文信侯吕不韦私通。秦王年岁渐大，文信侯恐怕事情败露，引出灾祸，便把门客嫪毐假称是宦官，进献给太后，他们生下两个儿子。

封毐为长信侯,政事皆决于毐。至是有告毐实非宦者,王下吏治毐。毐惧,矫王御玺,发兵为乱。王使相国昌平君、昌文君攻之。毐战败走,获之,夷三族。迁太后于雍萯阳宫,杀其二子。下令敢谏者死,谏而死者二十七人,断其四支,积之阙下。齐客茅焦请谏,王大怒,按剑而坐,口正沫出,趣召镬欲烹之。焦徐行至前,再拜谒起,称曰:"臣闻有生者不讳死,有国者不讳亡。讳死者不可以得生,讳亡者不可以得存。死生存亡,圣主所欲急闻也,陛下欲闻之乎?"王曰:"何谓也?"焦曰:"陛下有狂悖之行,不自知耶?车裂假父,囊扑二弟,迁母于雍,残戮谏士,桀、纣之行不至于是矣!令天下闻之,尽瓦解无向秦者。臣窃为陛下危之!臣言已矣!"乃解衣伏质。王下殿,手接之,爵以上卿。自驾,虚左方,迎太后归,复为母子如初。

楚王完薨,盗杀黄歇。

楚考烈王无子,春申君求妇人宜子者,进之甚众,卒无子。赵人李园进其妹于春申君,既有娠,园使妹说春申君曰:"楚王无子,即百岁后,将更立兄弟,彼亦各贵其故所亲,君又安得常保此宠乎?且君贵用事久,多失礼于王之兄弟,兄弟立祸且及身矣。今妾有娠而人莫知,诚以君之重,进妾于王,赖天而有男,则是君之子为王也,楚国可尽

太后封嫪毐为长信侯,把国事全交给嫪毐处理。至此,有人告发嫪毐并非是真的宦官,于是秦王命令官吏惩治嫪毐。嫪毐畏惧,便冒用秦王御玺,发兵作乱。秦王派遣相国昌平君、昌文君攻打嫪毐。嫪毐战败逃跑,被捕获,他家三族被诛杀。秦王将太后迁移到雍城的萯阳宫,杀死她的两个儿子。秦王下令凡是进谏的人都要处死,相继处死了谏者二十七人,并把谏者的四肢截下,堆积在宫门外示众。齐国人茅焦请求进谏,秦王大怒,手持宝剑坐着,口中唾沫飞出,急呼叫人取大锅来,想把茅焦煮了。茅焦缓步向前,向秦王再拜后起身,声称说:"我听说,活着的人不忌讳谈死,有国家的君主不忌讳谈亡。忌讳死的人不可能得到生存,忌讳亡的君主不可能保存国家。生死存亡的道理,这是贤明君主所急于知道的,难道陛下不想听听吗?"秦王说:"这话是什么意思?"茅焦说:"陛下的行为狂妄悖理,自己难道不知道吗?车裂假父嫪毐,把两个弟弟装入袋中摔死,把母亲迁移到雍城,残杀进谏人士,连夏桀、殷纣的行为也没有达到这种程度!让天下人知道这种行为,天下人心都会涣散瓦解,再也不会有人向往秦国了。我私下为陛下感到危险!我的话都说完了!"于是解开衣服,伏在铡刀的座上。秦王走下大殿,亲手扶起茅焦,封他上卿的爵位。又亲自驾车,空出车左的位子,迎接太后回宫,恢复了当初的母子关系。

楚考烈王完去世,刺客杀死春申君黄歇。

楚考烈王没有儿子,春申君寻找能生育的女人献给楚考烈王,进献的女人很多,但始终没有生下儿子。赵国人李园把自己的妹妹进献给春申君,当她怀孕后,李园指使妹妹劝春申君说:"楚王没有儿子,到了百岁之后,就会改立兄弟为国君。那时他们也会各自重用自己的亲信,您又怎能永久保住这尊宠的地位呢?况且您身居尊位,当权日久,对楚王的兄弟多有失礼的地方,楚王的兄弟一旦即位,灾祸将会降临到您的身上。现在我已怀孕而无人知晓,如果凭着您的尊贵身份,把我献给楚王,依赖上天生下一个男孩,那么就是您的儿子当楚王了,楚国便能全部

得,孰与身临不恻之祸哉!"春申君乃出之,谨舍而言诸王。王召幸之,遂生男,立为太子,园妹为后。园亦贵用事,恐春申君泄其语,阴养死士,欲杀春申君以灭口,国人颇有知之者。王病,朱英谓春申君曰:"李园,君之仇也,不为兵而养死士之日久矣。王薨必先入据权,杀君以灭口。君若置臣郎中,王薨园入,臣为君杀之。"春申君曰:"园,弱人也,仆又善之,且何至此?"英知言不用,惧而亡去。后十七日,王薨,园果先入,伏死士于棘门之内,刺杀春申君,灭其家。太子立,是为幽王。

甲子(前237) 秦十,楚幽王悍元,燕十八,魏六,赵八,韩二,齐二十八年。

冬十月,秦相国吕不韦以罪免,出就国。

秦王以不韦奉先王功大,不忍诛,免就国。

秦大索逐客。客卿李斯上书,召复故官,遂除其令。

秦宗室大臣议曰:"诸侯人来仕者,皆为其主游间耳,请一切逐之。"于是大索逐客,客卿楚人李斯亦在逐中。行且上书曰:"昔穆公取由余于戎,得百里奚于宛,迎蹇叔于宋,求丕豹、公孙支于晋,并国二十,遂霸西戎。孝公用商鞅,诸侯亲服,至今治强。惠王用张仪,散六国从,使之事秦。

得到,比起将要面临的不测之祸,不是幸运多了吗?"春申君便把她送出去,派人小心谨慎保护她的住处,然后告诉楚考烈王。楚考烈王召她进宫同宿,于是生下一子,立为太子,李园的妹妹也就成了王后。李园也跟着尊贵起来,握有大权。他担心春申君泄露他说过的话,便暗中收养敢死的武士,打算杀掉春申君以灭口,国中有不少人知道这件事。楚考烈王病重,此时朱英对春申君说:"李园是您的仇人,他不管用兵之事,却长期豢养一批敢死之徒。一旦楚王去世,他必定抢先入宫,掌握大权,杀掉您以灭口。您如果把我安置在郎中的职位上,一旦楚王去世,李园抢先入宫,我就替您杀了他。"春申君说:"李园是个软弱的人,况且我又对他友善,哪能到这个地步呢?"朱英明白自己的话不被采纳,畏惧惹祸便逃离他乡。十七天后,楚考烈王去世,李园果然抢先入宫,在棘门里面埋伏下敢死之徒,刺杀春申君,并杀死了他的家人。太子悍即位,是为楚幽王。

甲子(前237)　秦王政十年,楚幽王悍元年,燕王喜十八年,魏景闵王六年,赵悼襄王八年,韩王安二年,齐王建二十八年。

冬十月,秦相国吕不韦因罪免职,离开都城,居住封国。

秦王因为吕不韦事奉先王功劳巨大,不忍将他杀死,免掉职务,让他去封国居住。

秦国实行大搜索,驱逐外来官员。客卿李斯上书陈言,秦王召见李斯,恢复原来的官职,终于撤销了逐客令。

秦国的宗室大臣们建议说:"各诸侯国的人来秦国做官的,全都是为自己的君主游说和挑拨离间,请把他们一律驱逐出境。"于是秦国进行大搜查,驱逐外来的官员,客卿楚国人李斯也在被驱逐之列。李斯临行前上书说:"从前,穆公从戎人那里找来由余,从宛地得到了百里奚,从宋国迎来了蹇叔,从晋国请来丕豹和公孙支,兼并了二十个国家,终于称霸西戎。孝公任用商鞅实行变法,使各诸侯国诚心归附,至今秦国仍然治理有方,国力强盛。惠王使用张仪,瓦解了六国合纵战略,使它们服从秦国。

昭王得范雎，强公室，杜私门。由此观之，客何负于秦哉！今乃不问可否，不论曲直，非秦者去，为客者逐，弃黔首以资敌国，却宾客以业诸侯，此所谓藉寇兵而赍盗粮者也。臣闻太山不让土壤，故能成其大；河海不择细流，故能就其深；王者不却众庶，故能明其德。此五帝、三王之所以无敌也。惟大王图之。"王乃召李斯，复其官，除逐客之令。卒用斯谋，阴遣辩士赍金玉游说诸侯。厚遗结其名士，不可下者刺之，离其君臣之计，然后使良将将兵随其后。数年之中，卒兼天下。

齐、赵入秦置酒。

乙丑（前236） 秦十一，楚二，燕十九，魏七，赵九，韩三，齐二十九年。

赵伐燕，取貍阳。秦伐赵，取九城。　赵王偃薨。

子迁立，其母倡也，嬖于悼襄王，王废嫡子嘉而立之。迁素以无行闻于国。

丙寅（前235） 秦十二，楚三，燕二十，魏八，赵幽穆王迁元，韩四，齐三十年。

秦吕不韦徙蜀，自杀。

不韦就国岁余，诸侯使者请之，相望于道。王恐其为变，

昭王得到范睢,加强了王室的权力,遏制了私门权贵的势力。由此看来,外来官员有什么地方辜负了秦国呢!如今却不问是非,不论曲直,凡不是秦国人就得离去,外籍客人就得被放逐,抛弃百姓来增加敌国的力量,赶走宾客来成就各诸侯国的事业,这就是所谓的借给贼寇兵器而资助强盗粮食的行为。我听说,泰山不舍弃粒粒泥土,所以才能够成就自己的高大;河海不丢掉涓涓细流,所以才能够成就自己的深广;君主不抛弃百姓,所以才能够彰显自己的恩德。这便是五帝、三王所以能够无敌于天下的根本原因。请大王深思熟虑。"秦王于是召回李斯,恢复他的官职,撤销了逐客令。秦王终于采用了李斯的计策,暗中派遣能言善辩之士,携带黄金珠玉去游说诸侯。对于各国名士,采取重金收买,广泛结交,凡是不肯受贿的人,就用利剑刺杀他们。还采取离间各国君臣之间的关系的计谋,紧接着派遣良将率兵攻打。几年之内,秦国终于兼并了天下。

齐、赵两国宾客入秦,秦国设置酒宴。

乙丑(前236)　秦王政十一年,楚幽王二年,燕王喜十九年,魏景闵王七年,赵悼襄王九年,韩王安三年,齐王建二十九年。

赵国攻打燕国,夺取貍阳。秦国攻打赵国,夺取九座城邑。赵悼襄王赵偃去世。

赵悼襄王去世,其子赵迁即位。赵迁的母亲原是妓女,受宠于赵悼襄王,因此赵悼襄王废掉嫡子赵嘉,将赵迁立为太子。赵迁向来以品行不正闻名全国。

丙寅(前235)　秦王政十二年,楚幽王三年,燕王喜二十年,魏景闵王八年,赵幽穆王迁元年,韩王安四年,齐王建三十年。

秦国吕不韦被迁往蜀地,自杀身亡。

吕不韦回到封国一年多来,各国诸侯派出邀请他的使者,车马络绎不绝,在道路上前后相望。秦王恐怕吕不韦发生变故,

赐不韦书曰："君何功于秦,封河南十万户? 何亲于秦,号称仲父? 其徙处蜀。"不韦恐诛,饮鸩死。

自六月不雨至于八月。　秦助魏伐楚。

丁卯（前234）　秦十三,楚四,燕二十一,魏九,赵二,韩五,齐三十一年。

秦伐赵,杀其将扈辄。赵以李牧为大将军,复战宜安,秦师败绩。

戊辰（前233）　秦十四,楚五,燕二十二,魏十,赵三,韩六,齐三十二年。

秦伐赵,取宜安、平阳、武城。　韩遣使称藩于秦。

初,韩诸公子非善刑名法术之学,见韩削弱,数以书干韩王,王不能用。非疾治国不务求人任贤,反用浮淫之蠹加之功实之上。宽则宠名誉之人,急则用介胄之士,所养非所用,所用非所养,作《孤愤》《五蠹》《说难》等篇十余万言。至是,王使纳地效玺于秦,请为藩臣。非因说秦王曰："大王诚听臣说,一举而天下之从不破,赵不举,韩不亡,荆、魏不臣,齐、燕不亲,则斩臣徇国,以戒为王谋不忠者。"王悦之,未用。李斯谮之,下吏自杀。

便写信给吕不韦说："你对秦国有什么功劳，却可以得到河南十万户的封地？你与秦王室有什么亲戚关系，却能得到仲父的称号？你还是迁移到蜀地去住吧！"吕不韦担心被诛杀，便饮毒酒而死。

秦国自六月至八月没有下雨。　秦国援助魏国攻打楚国。

丁卯（前234）　秦王政十三年，楚幽王四年，燕王喜二十一年，魏景闵王九年，赵幽穆王二年，韩王安五年，齐王建三十一年。

秦国攻打赵国，杀死赵将扈辄。赵国任命李牧为大将军，在宜安重新与秦军交战，秦军大败。

戊辰（前233）　秦王政十四年，楚幽王五年，燕王喜二十二年，魏景闵王十年，赵幽穆王三年，韩王安六年，齐王建三十二年。

秦国攻打赵国，夺取宜安、平阳、武城。　韩国派遣使者向秦国称藩属国。

起初，韩国诸公子之一的韩非，他精通刑名法术的学说，看到韩国日益削弱，多次上书韩王，以求进用，但是韩王却没有重用他。韩非痛恨治理国家不致力于访求人才、重用贤能，反而推举俘夸淫乱的蠹虫，把他们安置在与实际功劳和才能不相符的职位上。国家宽松时就宠爱那些徒有虚名的人，国情急迫时就任用那些披甲戴盔的武士，所培养的人并不是急需的人才，所需要的人才又不是所培养的那一类人。为此，韩非撰写了《孤愤》《五蠹》《说难》等十多万字的文章。至此，韩王安派韩非去秦国进献土地和玉玺，请求成为藩属国。韩非便乘机劝秦王说："大王如果真的听从我的主张，一旦实行后，倘若各国的合纵计谋不被击破，赵国没有被攻占，韩国没有灭亡，楚国和魏国没有向秦国称臣，齐国和燕国没有亲附秦国，那么就请砍下我的头在全国示众，以此警告那些为君王出谋划策不尽忠的人！"秦王赏识他的言论，但是没有任用他。李斯诋毁韩非，韩非被交付法官治罪，最后自杀身亡。

己巳（前232）　秦十五，楚六，燕二十三，魏十一，赵四，韩七，齐三十三年。

　　秦伐赵，取狼孟、番吾，遇李牧而还。　燕太子丹自秦亡归。

　　初，丹尝质于赵，与秦王善。及秦王即位，丹质于秦，秦王不礼焉，丹怒亡归。

庚午（前231）　秦十六，楚七，燕二十四，魏十二，赵五，韩八，齐三十四年。

　　秋九月，韩献南阳地于秦。　代地震坼。

　　东西百三十步。

辛未（前230）　秦十七，楚八，燕二十五，魏十三，赵六，韩九，齐三十五年。是岁，韩亡，凡六国。

　　秦内史胜灭韩，虏王安，置颍川郡。　赵大饥。

壬申（前229）　秦十八，楚九，燕二十六，魏十四，赵七，齐三十六年。

　　秦王翦伐赵，下井陉。赵杀其大将军李牧。

　　秦王翦伐赵，赵使李牧御之。秦多与赵嬖臣郭开金，使言牧欲反。赵王使赵葱、颜聚代之，牧不受命，遂杀之。

癸酉（前228）　秦十九，楚十，燕二十七，魏十五，赵八，齐三十七年。是岁，赵亡，凡五国。

　　秦灭赵，虏王迁。秦王如邯郸。

己巳（前232）　秦王政十五年,楚幽王六年,燕王喜二十三年,魏景闵王十一年,赵幽穆王四年,韩王安七年,齐王建三十三年。

秦国攻打赵国,夺取狼孟、番吾,遇到李牧后撤回。　燕国太子姬丹从秦国逃亡回国。

起初,燕国太子丹曾经在赵国做人质,当时与秦王嬴政友善。及至秦王嬴政即位后,太子丹又在秦国充当人质,而秦王嬴政不肯礼待他,一气之下,太子丹便逃回了燕国。

庚午（前231）　秦王政十六年,楚幽王七年,燕王喜二十四年,魏景闵王十二年,赵幽穆王五年,韩王安八年,齐王建三十四年。

秋九月,韩国把南阳献给秦国。　代地发生地震,土地开裂。

土地开裂,东西有一百三十步。

辛未（前230）　秦王政十七年,楚幽王八年,燕王喜二十五年,魏景闵王十三年,赵幽穆王六年,韩王安九年,齐王建三十五年。这一年,韩国灭亡,剩下六国。

秦国内史胜灭掉韩国,俘虏韩王安。秦国在韩国土地上设置颍川郡。　赵国发生大饥荒。

壬申（前229）　秦王政十八年,楚幽王九年,燕王喜二十六年,魏景闵王十四年,赵幽穆王七年,齐王建三十六年。

秦国王翦攻打赵国,攻下井陉。赵国人杀死了自己的大将军李牧。

秦将王翦攻打赵国,赵国派李牧抵御秦军。秦国贿赂赵国的宠臣郭开,给他很多黄金,让他诋毁李牧准备造反。于是赵幽穆王派赵葱、颜聚替代李牧,李牧不肯接受调遣,便被杀害。

癸酉（前228）　秦王政十九年,楚幽王十年,燕王喜二十七年,魏景闵王十五年,赵幽穆王八年,齐王建三十七年。这一年,赵国灭亡,剩下五国。

秦国灭掉赵国,俘虏了国君赵迁。秦王嬴政亲临邯郸。

故与母家有仇者,皆杀之。

秦军屯中山以临燕。 赵公子嘉自立为代王,与燕合兵军上谷。 楚王薨,弟郝立。三月,郝庶兄负刍杀之,自立。

甲戌(前227) 秦二十,楚王负刍元,燕二十八,魏王假元,齐三十八年,代王嘉元年。旧国五、新国一,凡六。

燕太子丹使盗劫秦王,不克。秦遂击破燕、代兵,进围蓟。

初,丹既亡归,怨秦王,欲报之,以问其傅鞠武。武请约三晋,连齐、楚,媾匈奴,以图之。太子曰:"太傅之计,旷日弥久,令人心惛然,恐不能须也。"顷之,秦将军樊於期得罪,亡之燕,太子受而舍之,鞠武谏不听。太子闻卫人荆轲勇,卑辞厚礼而请见之。谓曰:"秦已虏韩临赵,祸且至燕,燕小不足以当秦,诸侯又皆服秦,莫敢合从。丹以为诚得天下之勇士使于秦,劫秦王,使悉反诸侯侵地,若曹沫之与齐桓公盟则善矣。不可,则因而刺杀之。彼大将擅兵于外而内有乱,则君臣相疑。以其间,诸侯得合从,破秦必矣。唯荆卿留意焉!"轲许之。乃舍轲上舍,丹日造门,所以奉养轲无不至。

会秦灭赵,丹惧,欲遣轲。轲曰:"行而无信则秦未可亲也。愿得樊将军首及燕督亢地图,以献秦王,秦王必说见臣,臣乃有以报。"丹曰:"樊将军穷困来归丹,丹不忍

秦王把过去与母亲家有仇的人全部杀死。

秦军在中山驻扎,以图控制燕国。 赵国公子嘉自立为代王,与燕国合兵一处,驻扎在上谷。 楚幽王去世,其弟郝即位。三月,郝的庶兄负刍把他杀死,自立为楚王。

甲戌(前227) 秦王政二十年,楚王负刍元年,燕王喜二十八年,魏王假元年,齐王建三十八年,代王嘉元年。旧国五个、新国一个,共六国。

燕国太子丹指使刺客劫持秦王嬴政,没有成功。秦国于是攻破燕、代两国军队,进军围困蓟城。

起初,太子丹从秦国逃回后,怨恨秦王,打算报仇,便征求太傅鞠武的意见。鞠武建议邀请韩、赵、卫三国,联合齐、楚两国,与匈奴媾和,共同图谋秦国。太子丹说:"太傅的计划执行起来太遥远了,叫人烦闷,恐怕等不及了。"不久,秦国将军樊於期获罪,逃亡到燕国,太子丹接纳了他,并且让他住下来,对鞠武的劝说置之不理。太子丹听说卫国人荆轲有勇力,就以谦卑的言辞和丰厚的礼物请求与他见面。太子丹对荆轲说:"秦国已经掳走了韩王,兵临赵国,战祸将降临到燕国头上。燕国弱小不足以抵挡秦国,各诸侯国又都屈服秦国,不敢合纵抗秦。我认为如果得到一位勇冠天下的壮士,让他出使秦国,劫持秦王,让秦王把侵吞各诸侯国的土地交出来,就像曹沫参与齐桓公主持的盟会那样就好了。如果秦王不答应,就可以趁机刺死他。秦国的大将拥兵在外,一旦国内发生动乱,那么君臣之间就会互相猜疑。利用这个时机,各诸侯国实行合纵,打败秦国是不成问题的。希望你考虑一下这件事!"荆轲答应了这件事。于是太子丹请荆轲住进上等的馆舍,每天都登门看望,凡是能够拿来奉养荆轲的东西,都一概具备。

等到秦国灭掉赵国,太子丹惧怕,打算派荆轲赴秦。荆轲说:"前去却没有取信秦国的资本,很难接近秦王。希望得到樊将军的头颅和燕国督亢的地图,献给秦王,秦王必定高兴见我,我才能报答您。"太子丹说:"樊将军走投无路才来投奔我,我不忍心

也。"轲乃私见於期曰："秦之遇将军可谓深矣,父母宗族皆为戮没！今闻购将军首,金千斤,邑万户,将奈何?"於期太息流涕曰："计将安出?"轲曰："原得将军之首以献秦王,秦王必喜而见臣,臣左手把其袖,右手揕其胸,则将军之仇报而燕见陵之愧除矣!"於期曰："此臣之日夜切齿腐心者也!"遂自刎。丹奔往伏哭,然已无可奈何,乃函盛其首。又尝豫求天下之利匕首,以药淬之,以试人,血濡缕,无不立死者。乃装遣轲至咸阳。

见秦王,奉图以进,图穷而匕首见,把王袖而揕之。未至身,王惊起,轲逐王,环柱而走。秦法,群臣侍殿上者不得操尺寸之兵,左右以手共搏之,且曰："王负剑!"王遂拔以击轲,断其左股。轲引匕首掷王不中,自知事不就,骂曰："事所以不成者,欲生劫之,必得约契以报太子也!"遂体解以徇。王大怒,益发兵就王翦于中山,与燕、代战易水西,大破之,遂围蓟。

乙亥(前226)　秦二十一,楚二,燕二十九,魏二,齐三十九,代二年。

冬十月,秦拔蓟,燕王走辽东,斩其太子丹以献于秦。秦李信伐楚。

秦王问于李信曰："吾欲取荆,度用几何人?"对曰："不过二十万。"问王翦,翦曰："非六十万人不可。"王曰："将军

这样做。"荆轲便私自去见樊於期,说道:"秦王对待将军真够狠的,您的父母和宗族都被杀害了!现在又听说秦王拿黄金千斤、封邑万家来悬赏你的人头,你准备怎么办呢?"樊於期长叹一口气,流着泪说:"能有什么好计策呢?"荆轲说:"我想得到将军的头颅献给秦王,秦王必然高兴而愿意见我,那时我左手抓住他的袖子,右手去刺他的胸膛。这样一来,将军的大仇得报,而燕国遭受欺凌的羞辱也可以洗掉了!"樊於期说:"这正是我日夜切齿痛心所盼望的事情啊!"于是自刎。太子丹前往伏尸大哭,但已无可奈何,便用匣子盛装樊於期的首级。太子丹曾经预先求得天下最锋利的匕首,用毒药淬过火,拿来试人,只要刺破渗出一丝的血,就会立刻死亡。于是准备好行装派遣荆轲前往咸阳。

荆轲见了秦王,手捧地图献给秦王。地图完全展开时,匕首露出,荆轲便抓住秦王的袖子,举起匕首向秦王胸前刺去。匕首还没有近身,秦王吃惊地抽身跑开,荆轲追逐秦王,秦王绕着柱子奔跑。秦国法律规定,在殿上侍从的群臣不得携带任何武器,左右侍从只好徒手与荆轲搏斗,同时喊道:"大王快抽出剑来!"秦王这时才拔出宝剑攻击荆轲,刺断了他的左腿。荆轲把匕首掷向秦王,却没有击中,自己知道行刺不成,就大骂道:"事情所以没有成功,原想活捉劫持你,一定要从你手里得到归还土地的契约来报答太子啊!"后来,荆轲被分尸示众。秦王十分恼怒,向王翦驻扎的中山,派出更多的兵马。秦军在易水西岸与燕、代两国军队交战,大破燕、代联军,于是进军包围了蓟城。

乙亥(前226) 秦王政二十一年,楚王负刍二年,燕王喜二十九年,魏王假二年,齐王建三十九年,代王嘉二年。

冬十月,秦国攻克蓟城,燕王喜逃往辽东,杀死太子丹,把人头献给秦国。 秦国李信攻打楚国。

秦王嬴政询问李信说:"我打算夺取楚国,根据你的推测,需要出动多少人的军队?"李信回答说:"不超过二十万人。"秦王又询问王翦,王翦说:"非要六十万大军不可。"秦王说:"将军

老矣,何怯也!"乃使信及蒙恬将二十万人伐楚。翦谢病,归频阳。

丙子(前225) 秦二十二,楚三,燕三十,魏三,齐四十,代三年。是岁,魏亡,凡五国。

秦王贲伐魏,引河沟以灌其城。魏王假降,杀之,遂灭魏。　楚人大败秦军,李信奔还秦,王翦代之。

李信大败楚军,引兵西与蒙恬会城父。楚人因随之,三日不顿舍,大败之,入两壁,杀七都尉,信奔还。王怒,自至频阳谢王翦,强起之。翦曰:"老臣罢病悖乱,大王必不得已用臣,非六十万人不可。"王许之。于是翦将六十万人伐楚。王自送至霸上,翦请美田宅甚众。王曰:"将军行矣,何忧贫?"翦曰:"为大王将,有功终不得封侯,故及大王之向臣,请田宅为子孙业耳。"王大笑。既行,又数使使者归请之。或曰:"将军之乞贷亦已甚矣!"翦曰:"王怛中而不信人,今空国而委我,不有以自坚,顾令王坐而疑我矣。"

丁丑(前224) 秦二十三,楚四,燕三十一,齐四十一,代四年。

秦王翦大败楚军,杀其将项燕。

王翦取陈以南,至平舆,楚人悉国中兵以御之。翦坚壁不战,日休士洗沐,而善饮食抚循之,亲与士卒同食。久之,问:"军中戏乎?"对曰:"方投石、超距。"王翦曰:"可

老了，怎么这样胆怯啊！"于是派李信、蒙恬率领二十万人进攻楚国。王翦称病辞职，返回频阳。

丙子（前225） 秦王政二十二年，楚王负刍三年，燕王喜三十年，魏王假三年，齐王建四十年，代王嘉三年。这一年，魏国灭亡，剩下五国。

秦国王贲攻打魏国，引汴河之水灌淹都城大梁。魏王假投降，被杀死，于是魏国灭亡。 楚国人大败秦军，李信逃回秦国，王翦代替李信。

李信大败楚军，于是率军西进，准备在城父与蒙恬会合。楚军乘机尾随秦军，三天不曾休息，大败秦军，攻入两座营垒，杀死七个都尉，李信逃奔回到秦国。秦王闻讯大怒，亲自到频阳向王翦道歉，非要他重新任职。王翦说："老臣疲惫多病，糊涂不中用，大王非要用我的话，非有六十万人不行。"秦王答应了。于是王翦率领六十万人攻打楚国。秦王亲自送行到霸上，王翦请求赏给他许多的肥田美宅。秦王说："将军出发吧，哪里用得着担心贫穷？"王翦说："为大王领兵打仗，就是有功也总不会封侯吧，所以趁着大王器重我时，多请求些田宅，好为子孙留下点家业啊。"秦王听了大笑。王翦出发后，又多次派使者回国请求赏赐。有人说："将军如此乞讨赏赐，也太过分了！"王翦说："秦王是个性子粗暴、不肯相信别人的人，如今把全国军队都交给我，我如果不趁机多求赏赐以保护自己，反而会让大王凭空怀疑我了。"

丁丑（前224） 秦王政二十三年，楚王负刍四年，燕王喜三十一年，齐王建四十一年，代王嘉四年。

秦国王翦大败楚军，杀死楚将项燕。

王翦取道陈丘以南地带，进至平舆，楚国人出动国中的全部兵力来抵御秦军。王翦下令坚守营垒，不与楚军交战，天天让士兵休息沐浴，享用好的饮食，尽力抚慰他们，亲自与士兵一同进餐。这样过了很长一段时间，王翦派人打听道："军中将士在玩什么游戏？"回答说："正在玩投石、跳远的游戏。"王翦说："可以作战

矣。"楚既不得战,引而东。翦追击,大破之,至蕲南,杀其将军项燕,楚师遂败走,翦乘胜略定城邑。

戊寅（前223） 秦二十四,楚五,燕三十二,齐四十二,代五年。是岁,楚亡,凡四国。

秦灭楚,虏王负刍,置楚郡。

己卯（前222） 秦二十五,燕三十三,齐四十三,代六年。是岁,燕、代亡,凡二国。

秦王贲灭燕,虏王喜,还灭代,虏王嘉。 **秦王翦遂定江南,降百越,置会稽郡。** **五月,天下大酺。**

庚辰（前221） **秦始皇帝二十六年**

王贲袭齐,王建降,遂灭齐。

初,齐君王后事秦谨,与诸侯信,齐亦东边海上,秦日夜攻五国,五国各自救,以故王建立四十余年不受兵。君王后且死,戒建曰:"群臣之可用者某。"王取笔牍受言,后曰:"已忘之矣。"君王后死,后胜相齐,与宾客多受秦间金,劝王朝秦,不修战备,不助五国攻秦,秦以故得灭五国。齐王将入秦,雍门司马前曰:"所为立王者为社稷耶?"王曰:"为社稷。"司马曰:"为社稷而立王,则王何以去社稷而入秦?"秦王乃还。即墨大夫闻之,见王曰:"齐地方数千里,带甲数百万。今三晋大夫不便秦,而在阿、鄄之间者百数,王

了。"这时,楚军见无仗可打,便率军东去。王翦领兵追击,大破楚军,到达蕲南时,杀死楚国将军项燕,楚军于是败阵逃跑,王翦乘胜攻占城邑。

戊寅(前223) 秦王政二十四年,楚王负刍五年,燕王喜三十二年,齐王建四十二年,代王嘉五年。这一年,楚国灭亡,剩下四国。

秦国灭掉楚国,俘虏楚王负刍,在那里设置楚郡。

己卯(前222) 秦王政二十五年,燕王喜三十三年,齐王建四十三年,代王嘉六年。这一年,燕国、代国灭亡,剩下二国。

秦国王贲灭掉燕国,俘虏燕王喜,又回军灭掉代国,俘虏代王嘉。 **秦国王翦终于平定了长江以南的地区,使百越降服,在那里设置会稽郡。** **五月,各地举行大规模的酒宴。**

庚辰(前221) **秦始皇二十六年**

王贲袭击齐国,齐王建投降,于是齐国灭亡。

起初,齐国的君王后事奉秦国很谨慎,与各国诸侯讲信用,齐国又处在东部海边,秦国日夜不停攻打韩、赵、魏、燕、楚五国,五国都要自救,因此齐王田建即位四十多年没有遭受战火。君王后将死时,告诫田建说:"群臣中可以任用的是某某。"等到田建取来笔和木牍准备记下来,君王后却说:"我已经忘掉了。"君王后死后,后胜出任齐国的相国,他与宾客一样接受了秦国用来挑拨他们君臣之间关系的重金。所以他们都劝说田建朝拜秦国,不去修治作战攻防设施,不帮助五国进攻秦国,秦国因此得以灭掉五国。齐王田建将要前往秦国朝拜,雍门司马迎上前面说:"设立国君是为了社稷吗?"田建说:"为了社稷。"司马说:"既然为了社稷而立国君,那么大王为什么丢掉社稷而到秦国去呢?"于是田建返回王宫。即墨大夫闻讯,去见田建说:"齐国国土方圆有数千里,披甲士兵有数百万。现在韩、赵、魏三国的士大夫都不愿意屈从秦国,逃亡到阿城、鄄城之间的有几百人,如果大王

收而与之数万之众,使收晋故地,即临晋之关可入矣。鄢郢大夫不欲为秦,而在城南下者百数,王收而与之数万之众,使收楚故地,即武关可入矣。如此则齐威可立,秦国可亡,岂特保其国家而已哉!"王不听。至是王贲自燕南攻齐,猝入临菑,民莫敢格者。建遂降,秦迁之共,处之松柏之间,饿而死。齐人怨建听奸人宾客,不早与诸侯合从,以亡其国,歌之曰:"松耶,柏耶,住建共者客耶!"疾建用客之不详也。

王初并天下,更号皇帝。

王初并天下,自以为德兼三皇,功过五帝,乃更号曰皇帝。命为制,令为诏,自称曰朕,追尊庄襄王为太上皇。

除谥法。

制曰:"死而以行为谥,则是子议父,臣议君也,甚无谓。自今以来,除谥法。朕为始皇帝,后世以计数,二世、三世,至于万世,传之无穷。"

定为水德,以十月为岁首。

初,齐人邹衍论著终始五德之运,始皇采用其说,以为周得火德,秦代周,从所不胜,为水德。始改,朝贺皆自十月朔;衣服、旌旄、节旗皆尚黑;数以六为纪。以为水德之始,刚毅戾深,事皆决于法,刻削毋仁恩和义,然后合于五德之数。于是急法,久者不赦。

分天下为三十六郡,销兵器,一法度,徙豪杰于咸阳。

把他们收留组织起来,交给他们几万士兵,让他们收复三国故地,这样秦国的临晋关也可以攻入。又如楚国鄢郢的士大夫不愿意受秦国的驱使,躲在南城之下的就有几百人,如果大王将他们收拢起来,交给他们几万士兵,让他们收复楚国的故地,这样武关也能够进入。如此,齐国的威望可以树立,秦国可以被消灭,岂止是保住国家而已!"田建却听不进去。至此,秦将王贲从燕国南进,攻打齐国,突然攻入临菑,而齐国人却没有敢于反抗格斗的。田建被诱骗投降,秦国把田建迁移到共地,安置在松柏间,最后被饿死。齐国人埋怨田建因听信奸臣和宾客的意见,不早与诸侯合纵而致使国家灭亡,编了歌谣说:"松啊,柏啊,让田建住在共地的,是那些宾客啊!"恨田建任用宾客不详细考察。

秦王嬴政最初统一天下,改称皇帝。

秦王嬴政最初统一天下后,自认为一身兼有三皇的德行,超过五帝的功劳,于是改称为"皇帝"。皇帝出命为"制",下令为"诏",自称为"朕",追尊秦庄襄王为太上皇。

废除谥法。

制书说:"死后根据行为议定谥号,这就是儿子议论父亲,臣属议论君主,很不可取。从今以后,废除谥法。朕是始皇帝,后世按数字排列,如二世、三世,以至万世,永远传承下去。"

秦朝确定属于水德,以十月为一年的开始。

起初,齐国人邹衍著书论述金、木、水、火、土五德循环相生相克的学说,秦始皇采用这个论断,认为周朝是火德,秦朝取代周朝,应当属于火德不能取胜的水德。秦朝开始更改年历,新年朝贺都要从十月一日开始;衣服、旗帜及其饰物、符节都崇尚黑色;数字以六为一个单位。认为水德生发之时,都是刚毅戾深,所以凡事都要遵守法令,讲究刻薄严酷,不讲究仁爱、恩惠、和睦、情义,这样才符合五德之中水德的规律。因此,秦朝法令严迫,长久不赦免罪犯。

把全国分为三十六郡,销毁兵器,统一各项法度,把豪杰迁移到咸阳。

丞相绾等言："燕、齐、荆地远，请立诸子为王以填之。"始皇下其议。廷尉斯曰："周封子弟同姓甚众，然后属疏远，相攻击如仇雠，天子弗能禁。今海内赖陛下神灵一统，皆为郡县，诸子功臣以公税赋重赏赐之，甚足易制，天下无异意，则安宁之术也。置诸侯不便。"始皇曰："天下共苦战斗不休，以有侯王。赖宗庙，天下初定，又复立国，是树兵也，而求其宁息，岂不难哉！廷尉议是。"分天下为三十六郡，郡置守、尉、监。收天下兵，销以为钟镰、金人，置宫廷中。一法度、衡、石、丈尺，徙天下豪杰于咸阳十二万户。

筑宫咸阳北阪上。

初，诸庙及章台、上林皆在渭南。及破诸侯，写放其宫室，作之于咸阳北阪上。南临渭，自雍门以东，殿屋复道，周阁相属，所得诸侯美人、钟鼓以充入之。

辛巳（前220）　二十七年

帝巡陇西、北地，至鸡头山，过回中。　作信宫及甘泉前殿，治驰道于天下。

壬午（前219）　二十八年

帝东巡，上邹峄山，立石颂功业。封太山，立石。下，禅梁父。遂登琅邪，立石。遣徐市入海求神仙。渡淮浮江，至南郡而还。

丞相王绾等人提议："燕、齐、楚各国地处远方,请分封诸位皇子为王,以便镇抚。"秦始皇把这一建议交付大臣们计议。廷尉李斯说："周朝分封诸子、兄弟、同姓为数很多,然而后来支属关系疏远,彼此像仇人一样互相攻击,周天子不能禁止。现在四海之内,仰仗陛下神威得到统一,各地都设置了郡县,对于诸位皇子和功臣已经用国家的赋税加以重赏,这样可以很容易加以控制,使天下人没有异心,这便是安定国家的办法。所以说不宜设置诸侯。"秦始皇说："天下人都受够了争战不休的苦楚,就是因为有诸侯王的存在。依赖祖宗的在天之灵,天下刚刚平定,却又要立封国,这是制造战端,要想让天下安宁无事,岂不是很难! 廷尉说得有理。"秦始皇把全国分为三十六郡,各郡设置郡守、郡尉、监御史。收缴天下的兵器,销毁后熔化成铸成大钟、钟架和铜人,放在宫廷中。统一各项法度和度量衡,把全国各地的富豪十二万户迁徙到咸阳。

在咸阳北阪上修筑宫殿。

起初,秦朝各位先祖的祭庙和章台宫、上林苑都建在渭水南岸。至秦国攻破各诸侯国时,每每摹写诸侯国宫室的样子,在咸阳城北的山坡上,重新仿造。这些建筑南临渭水,自雍门以东,宫殿屋宇、天桥曲阁,鳞次栉比,从诸侯各国获得的美女和钟鼓就安置在里边。

辛巳(前220)　秦始皇二十七年
秦始皇出巡陇西、北地,到达鸡头山,回程经过回中宫。兴建长信宫和甘泉宫前殿,修筑通往全国各地的驰道。

壬午(前219)　秦始皇二十八年
秦始皇东巡,登上邹县的峄山,树立石碑,歌颂自己的功业。在泰山举行祭天典礼,立了石碑。下来后,在梁父举行祭地典礼。随后又登上琅邪山,立了石碑。派遣徐市到海上寻找神仙。最后渡过淮水,在长江上乘船来到南郡,然后返回。

始皇东行郡、县，上邹峄山，立石颂功业。鲁儒生议封禅，或曰："古者封禅为蒲车，恶伤山之土石草木；扫地而祭，席因菹秸。"议各乖异。始皇以其难施用，遂绌儒生，而除车道，上自山阳至颠，立石颂德。从阴道下，禅于梁父，封藏皆秘之，世不得而记也。遂东游海上，祠山川八神。南登琅邪，作台刻石。

初，燕人宋毋忌、羡门子高之徒，称有仙道、形解、销化之术，自齐威、宣、燕昭王皆信之，使人入海求蓬莱、方丈、瀛洲，云此三神山在勃海中，去人不远。患且至，则风引船去。尝有至者，诸仙人不死药皆在焉。至是，方士徐市等上书言之，请得斋戒与童男女求之。于是遣市发童男女数千人求之。船交海中，皆以风为解，曰："未能至，望见之焉。"

始皇还，过彭城，斋戒祷祠，欲出周鼎泗水，使千人没水求之，弗得。乃西南渡淮浮江，至湘山祠，逢大风，几不能渡。上问："湘君何神？"博士对曰："尧女舜妻，葬此。"始皇大怒，伐赭其山。遂自南郡由武关归。

癸未（前218）二十九年
帝东游至阳武，韩人张良狙击，误中副车。令天下大索十日，不得。遂登之罘，刻石而还。

秦始皇东行巡视各郡、县，登上邹县的峄山，树立石碑，为自己歌功颂德。召集鲁国儒生议论祭祀天地事宜，有人说："古代那时祭祀天地，坐的是蒲草裹住车轮的车，恐怕损伤山上的土石和草木；扫地祭祀，所用的席是茅草编成的。"每人的议论很不相同。秦始皇因为难以实行，便辞退这些儒生，派人开通车道。秦始皇从泰山南侧上山，直抵山顶，树立石碑，歌颂自己的功德。然后从泰山北侧下来，在梁父举行祭地典礼。当时如何封土埋藏的，都严守秘密，世人无法获悉并记录下来。秦始皇随即又东游海滨各地，祭祀名山大川及天、地、兵、阴、阳、月、日、四时八神。接着南登琅邪山，建造琅邪台，刻石立碑。

起初，燕国人宋毋忌、羡门子高一类人，自称有成仙之道、尸解升天、销骨变化的法术，从齐威王、齐宣王、燕昭王时起，他们都相信，派人到海上寻找蓬莱、方丈、瀛洲。据说这三座神山在勃海中，离人居住的地方不远。不过凡人很难到达那里，一到那里，风就把船吹到别处去了。曾经有人到过那里，看见各位仙人和长生不死药都在。至此，方士徐市等人上书说起此事，请求允许他斋戒后带领童男童女去求神仙。秦始皇于是派遣徐市征发数千名童男童女入海求仙。徐市的船到了海上，没有到达三神山，都用遇上风来解释，说道："没有能够到达，远远地望见了。"

秦始皇返回途中，经过彭城，他斋戒祈祷祭祀，想从泗水中打捞出沉没的周鼎，派一千人潜入水中寻找，没有找到。于是又向西南行，渡过淮水，再浮舟长江，来到湘山祠，当时适逢大风，几乎不能渡过去。秦始皇询问："湘君是什么神？"博士回答说："她是帝尧的女儿、帝舜的妻子，葬在这里。"秦始皇大怒，令人砍伐湘山，露出赭色的土壤。然后，从南郡经武关返回咸阳。

癸未（前218）　秦始皇二十九年

秦始皇东游到达阳武，韩国人张良伏击秦始皇，误中随行副车。秦始皇命令全国大搜捕十天，没有抓到刺客。于是秦始皇登上之罘山，刻石立碑，然后返回。

初,韩人张良五世相韩,及韩亡,良散千金之产,弟死不葬,欲为韩报仇。始皇东游至阳武博浪沙中,良令力士操铁椎狙击始皇,误中副车。始皇惊,求,弗得,令天下大索十日。或曰:"张良之计不亦疏乎!"

甲申(前217)　三十年

乙酉(前216)　三十一年
使黔首自实田。

丙戌(前215)　三十二年
帝东巡,刻碣石门。坏城郭,决堤防。　巡北边,遣将军蒙恬伐匈奴。
初,始皇之碣石,使卢生求羡门子高。还,奏得《录图书》曰:"亡秦者,胡也。"始皇乃巡北边,遣将军蒙恬发兵三十万人,北伐匈奴。

丁亥(前214)　三十三年
略取南越地,置桂林、南海、象郡;以谪徙民五十万戍之。

发诸尝通亡人及赘婿、贾人为兵,略取南越陆梁地,置三郡,以谪徙民五十万戍五岭。

蒙恬收河南地,筑长城。
蒙恬斥逐匈奴,收河南地为四十四县。筑长城,起临洮,至辽东,延袤万余里。暴师于外十余年,恬常居上郡统治之。
彗星见。

起初，韩国人张良家中五代担任韩国国相，及至韩国灭亡，张良散尽价值千金的产业，连弟弟死了也不安葬，只是一心要为韩国报仇。秦始皇东游来到阳武博浪沙时，张良叫大力士手持铁椎伏击秦始皇，结果误中随行副车。秦始皇大吃一惊，命人搜求，没有捉到，下令全国进行大搜捕十天。有人说："张良的计划不也太疏忽了吗！"

甲申（前217）　**秦始皇三十年**

乙酉（前216）　**秦始皇三十一年**
秦始皇下令百姓向朝廷自报所占土地的数量。

丙戌（前215）　**秦始皇三十二年**
秦始皇出巡东方，在碣石山门题刻。拆毁城郭，决通堤防。
秦始皇巡视北部边境，派遣将军蒙恬攻打匈奴。
起初，秦始皇到达碣石，派卢生寻找羡门子高。回来后，奏称得到《录图书》，书上说："灭亡秦国的，是胡人。"于是秦始皇巡视北部边境，派遣将军蒙恬率领三十万人，北去征伐匈奴。

丁亥（前214）　**秦始皇三十三年**
攻取南越地，设置桂林、南海、象三郡；以因受贬谪迁来的五十万移民守卫边境。
秦朝征发那些曾经逃亡的人以及入赘的男子、商人当兵，攻取南越的陆梁地，设置了三郡，并以因受贬谪迁来的五十万移民守卫五岭。
蒙恬收复了黄河以南的地区，修筑万里长城。
蒙恬驱逐匈奴，收复了黄河以南的地区，设置了四十四县。他又修筑长城，西起临洮，东至辽东，绵延一万多里。军队暴露在外十多年，蒙恬常住在上郡统领军队。
彗星出现。

戊子（前213） 三十四年

烧《诗》《书》、百家语。

始皇置酒咸阳宫，仆射周青臣进颂曰："陛下神圣，平定海内，以诸侯为郡县，无战争之患，上古所不及。"始皇悦。博士淳于越曰："殷、周之王千余岁，封子弟功臣，自为枝辅。今陛下有四海，而子弟为匹夫，卒有田恒、六卿之臣，何以相救？事不师古而能长久，非所闻也。今青臣又面谀，以重陛下之过，非忠臣也。"始皇下其议。丞相李斯言："五帝不相复，三代不相袭，今陛下创大业。建万世之功，固非愚儒所知，且越言乃三代之事，何足法也！异时诸侯并争，厚招游学。今天下已定，法令出一，百姓当家则力农工，士则习法令。今诸生不师今而学古，以非当世，惑乱黔首；人闻令下，则各以其学议之，入则心非，出则巷议，夸主以为名，异趣以为高，率群下以造谤。如此弗禁，则主势降乎上，党与成乎下。禁之便！臣请史官非秦记皆烧之，非博士官所职，天下有藏《诗》《书》、百家语者，皆诣守、尉杂烧之。偶语《诗》《书》者弃市，以古非今者族，吏见知不举与同罪。令下三十日不烧，黥为城旦。所不去者，医药、卜筮、种树之书。欲学法令者，以吏为师。"制曰："可。"

戊子（前213） 秦始皇三十四年

秦始皇焚烧《诗》《书》、百家著述。

秦始皇在咸阳宫设置酒席，仆射周青臣上前歌颂说："陛下神圣，平定海内，以各国诸侯为郡县，再无战争的祸患，上古帝王都比不上。"秦始皇很高兴。博士淳于越说："殷、周两朝统治天下有一千多年，都是分封子弟和有功之臣，作为自己的辅佐。如今陛下拥有四海，而自己的子弟却是普通百姓，一旦出现齐国田恒和晋国六卿那样的臣属，拿什么来互相救援？行事不效法古人而能久远不败的，我还没有听说过。现在周青臣又当面阿谀，加重陛下的过失，不能算是忠臣。"秦始皇把淳于越的意见交给大臣们讨论。丞相李斯说："五帝不相重复，三代不相重袭。现在陛下开创大业，建立万代的功勋，本来不是愚昧的儒生所能知晓的，何况淳于越说的又是夏、商、周三代的事情，有什么值得效法呢！从前诸侯各国都互相争夺，所以用优厚的待遇招揽游说之士。如今天下已经安定，法令出于一人，百姓当家操业就应该努力务农做工，士人就应该学习法令。如今儒生们不肯效法当今经验，而一味学习古人，以此非难当世，迷惑百姓；人们听到法令下达，就各自根据自己的学识加以评议，入朝时口是心非，出朝后又街谈巷议，向君主夸夸其谈以猎取名声，标新立异以标榜自己高明，率领群徒以制造诽言谤语。如此种种，如不禁止，那么君主的威势就会从上面降下来，私党就会在下面形成。可见予以禁止是适宜的！我请求让史官把不属于记载秦国事迹的书全部烧毁，除了博士官所掌管的书籍外，凡是全国私人收藏的《诗》《书》及百家著述的，都请郡守、郡尉收集到一起，加以烧毁。相互谈论《诗》《书》的人，在闹市中斩首示众；以古非今的人，灭掉家族；官吏知情不报的，与犯人同罪。命令下达三十天后仍旧不烧毁的，脸上刺字，罚为城旦。所不焚毁的，是那些医药、卜筮、种树一类的书。如果有人想学习法令，可以向官吏们学习。"秦始皇命令说："可以施行。"

己丑(前212) 三十五年

除直道。

使蒙恬除直道,通九原,抵云阳,堑山堙谷千八百里,数年不就。

营朝宫,作前殿阿房。

始皇以咸阳人多,先王宫廷小,乃营朝宫渭南上林苑中。先作前殿阿房,东西五百步,南北五十丈,上可以坐万人,下可以建五丈旗,周驰为阁道,自殿下直抵南山,表山颠以为阙。为复道渡渭,属之咸阳。隐宫、徒刑者七十余万人,分作阿房、骊山。关中计宫三百,关外四百余。因徙三万家骊邑,五万家云阳。卢生说始皇为微行,以辟恶鬼,所居宫毋令人知,然后不死之药殆可得也。始皇乃令咸阳旁二百里内宫观复道相连,帷帐、钟鼓、美人充之,各按署不移徙。所行幸,有言其处者死。尝从梁山宫望见丞相车骑众,弗善也。或告丞相,丞相损之。始皇怒曰:"此中人泄吾语!"捕时在旁者,尽杀之。是后莫知行之所在,群臣受决事者,悉于咸阳宫。

坑诸生四百六十余人,使长子扶苏监蒙恬军。

侯生、卢生相与讥议始皇,因亡去。始皇闻之,大怒曰:"诸生或为妖言以乱黔首。"使御史案问之。诸生传相告引,乃自除犯禁者四百六十余人,皆坑之咸阳。长子扶苏谏曰:"诸生皆诵法孔子,今以重法绳之,臣恐天下不安。"始皇怒,使北监蒙恬军于上郡。

己丑（前212） 秦始皇三十五年

开通大道。

秦始皇派遣蒙恬开通大道，从九原修起，直抵云阳，开辟大山，填塞峡谷，长达一千八百里，几年没有完工。

营建朝宫，建成前殿阿房。

秦始皇认为咸阳人多，先王的宫廷太小，便在渭水南岸的上林苑中营造朝宫。先在阿房修筑前殿，东西有五百步，南北有五十丈，上面可以坐下一万人，下面可以竖起五丈高的旗帜，周围有阁道可以驰行，从前殿下面直达终南山，在山顶上修建宫阙。又修建复道，横跨渭水，直通咸阳。集结受过宫刑和徒刑的七十多万人，分别在阿房和骊山修筑宫室。关中建成宫殿一共三百座，关外建成宫殿一共四百多座。于是迁徙三万家百姓到骊山，迁徙五万家到云阳。卢生劝说秦始皇要秘密出行，这样可以躲避恶鬼，所居住的宫殿不要让人知道，这样做才能得到长生不死的仙药。于是，秦始皇下令使咸阳两旁三百里之内的宫观全部用复道连通，宫观里面安置帷帐、钟鼓、美女，各按规定部署，不许移动。秦始皇所去过的地方，如果有人泄露就杀死。秦始皇曾经在梁山宫里望见丞相李斯的随从车马很多，认为不好。有人告诉丞相李斯，李斯就减少了随从车马的数量。秦始皇发怒说："这一定是身边的侍从泄露了我的话！"于是把当时在身旁的人都抓来杀了。此后，没有人知道秦始皇的行踪，群臣听取秦始皇裁决事情，都是在咸阳宫。

活埋儒生四百六十多人，让长子扶苏去监督蒙恬军队。

侯生和卢生在一起非议秦始皇，因惧罪逃走。秦始皇听说后，大怒说："有的儒生用妖言迷惑百姓。"让御史审问他们。儒生们互相告发，秦始皇亲自判定四百六十多人违反禁令，全部在咸阳活埋。长子扶苏劝谏道："儒生们都是诵读并效法孔子言论的人，现在使用酷刑惩治他们，我恐怕天下人心不安。"秦始皇发怒，让他北往上郡，去监督蒙恬的军队。

庚寅（前211）　**三十六年**

陨石东郡。

有陨石于东郡，或刻之曰："始皇死而地分。"使御史逐问，莫服，尽诛石旁居人，燔其石。

辛卯（前210）　**三十七年**

冬十月，帝东巡，至云梦，祀虞舜。上会稽，祭大禹，立石颂德。秋七月，至沙丘，崩。丞相李斯、宦者赵高矫遗诏立少子胡亥为太子，杀扶苏、蒙恬。还至咸阳，胡亥袭位。九月，葬骊山。

十月，始皇东巡，少子胡亥、丞相李斯从。至云梦，望祀虞舜于九疑山。浮江下，渡海渚，过丹阳，至钱塘，渡浙江。上会稽，祭大禹，望于南海，立石颂德。北至琅邪、之罘，西至平原津而病。始皇恶言死，群臣莫敢言死事，病益甚，乃令中车府令、行符玺事赵高为书赐扶苏曰："与丧，会咸阳而葬。"未付使者。七月，始皇崩于沙丘，秘不发丧，棺载辒凉车中，所至，上食、奏事如故，独胡亥、赵高与幸宦者五六人知之。

初，始皇尊宠蒙氏，恬任外将，毅常居中参谋议，名为忠信。赵高者生而隐宫，始皇闻其强力通狱法，以为中车府令，使教胡亥决狱。尝有罪，使毅治之，当死，始皇赦之。高既雅得幸于胡亥，又怨蒙氏，乃与胡亥谋，诈以始皇命诛扶苏，而立胡亥为太子，胡亥然之。高曰："不与丞相谋，恐事不成。"乃见李斯曰："上赐长子书及符玺，皆在胡亥

庚寅（前211） **秦始皇三十六年**
陨石落在东郡。

有一块陨石落在东郡,有人在石上刻道:"始皇死而地分。"
秦始皇让御史逐一查问,却没有人招认,于是将在陨石附近住的
人全杀了,并焚烧陨石。

辛卯（前210） **秦始皇三十七年**
冬十月,秦始皇东巡,来到云梦泽,祭祀虞舜。又登上会稽
山,祭祀大禹,树立石碑,歌功颂德。秋七月,秦始皇到达沙丘,
去世。丞相李斯和宦官赵高篡改遗诏,立子胡亥为太子,杀扶
苏、蒙恬。回到咸阳,胡亥继位。九月,秦始皇安葬在骊山。

十月,秦始皇东巡,少子胡亥、丞相李斯随从出行。秦始皇
抵达云梦泽,向着九疑山遥祭虞舜。然后乘船沿长江而下,渡过
海渚,经过丹阳,抵达钱塘,渡过浙江。他登上会稽山,祭祀大
禹,遥望南海,树立石碑,歌功颂德。秦始皇又北上到达琅邪、之
罘,西行到平原津后便病倒了。秦始皇厌恶谈论死,群臣无人敢
谈有关死的事情,秦始皇病情日益严重,于是下令中车府令、行
符玺事赵高写诏书给扶苏说:"你来办理丧事,灵柩到咸阳后会
同举行葬礼。"但是赵高没有把诏书交给使者。七月,秦始皇在
沙丘去世,死讯秘不发布,棺材装在辒凉车中,所到之处,上呈用
餐、百官奏事,一切如故,只有胡亥、赵高与五六个受宠的宦官知
道内情。

起初,秦始皇尊宠蒙氏,蒙恬在朝外担任将领,蒙毅常在朝
中参与谋议国家大事,颇有忠信的名声。赵高生下来就被阉割,
秦始皇听说他强干有力,又通晓刑法,让他担任中车府令,并让
他教胡亥审判案子。他曾经犯罪,秦始皇让蒙毅审理,认为应
当死罪,秦始皇却赦免了他。赵高既深得胡亥的宠爱,又怨恨蒙
氏,便与胡亥谋划,打算假称秦始皇的命令诛杀扶苏,而立胡亥
为太子,胡亥赞成。赵高说:"这事如果不跟丞相商量,恐怕不好
办。"于是去见李斯说:"皇上赐给长子的诏书和符玺,都在胡亥

所。定太子,在君侯与高之口耳。事将何如?"斯曰:"安得亡国之言! 此非人臣所当议也!"高曰:"君侯材能、谋虑、功高、无怨,长子信之,孰与蒙恬?"斯曰:"不及也。"高曰:"长子即位,必用恬为丞相,君侯终不怀通侯之印归乡里明矣。胡亥慈仁笃厚,可以为嗣。愿君审计而定之。"斯以为然,乃相与矫诏,立胡亥为太子;更为书赐扶苏,数以不能立功,数上书诽谤怨望,而恬不矫正,皆赐死。扶苏发书泣,欲自杀。恬曰:"陛下使臣将三十万众守边,公子为监,此天下重任也。今一使者来,安知其非诈! 复请而死未暮也!"扶苏曰:"父赐子死,尚安复请!"即自杀。恬不肯死,系诸阳周;更置李斯舍人为护军,还报。胡亥欲释恬,会毅出祷山川还,高曰:"先帝欲立太子久矣,而毅以为不可。"乃系诸代。遂从井陉、九原直道至咸阳,发丧。胡亥袭位,是为二世皇帝。

九月,葬始皇帝于骊山,下锢三泉,奇器珍怪,徙藏满之。令匠作机弩,有穿近者辄射之。上具天文,下具地理。后宫无子者,皆令从死。工匠为机者皆闭之墓中。二世欲遂杀蒙恬兄弟,兄子子婴谏曰:"蒙氏,秦之大臣、谋士也,一旦弃之而立无节行之人,是使群臣不相信而斗士之意离也!"弗听。恬曰:"吾积功信于秦三世矣,今将兵三十余万,其势足以倍畔。然自知必死而守义者,不敢辱先人之教,以不忘先帝也。"乃吞药自杀。

那里。确定太子是谁，就在您和我的一句话了。你看这事如何处理？"李斯说："为什么说这些亡国的言论！这不是做臣属的所应该议论的！"赵高说："您的才干、谋划、功绩、人缘以及扶苏对你的信任程度，比得上蒙恬吗？"李斯说："比不上。"赵高说："那么长子即位肯定任用蒙恬为丞相，您到头来终究不能身怀列侯之印而荣归故乡是很明显的了。胡亥仁慈厚道，可以立他为后嗣。希望您深思熟虑后决定。"李斯认为赵高的话有理，便一起篡改遗诏，立胡亥为太子；又伪造遗书赐给扶苏，指责他屡屡不能立功，多次上书诽谤朝廷，心怀怨恨，又责备蒙恬不能加以纠正，一律赐死。扶苏打开诏书，哭泣着打算自尽。蒙恬说："陛下派我率领三十万人守卫边境，公子担任监军，这是天下的重任啊。今天一个使者来，怎么知道这不是欺诈！等我们奏请核实后再死不迟。"扶苏说："父亲叫儿去死，还有什么可请示的呢！"随即自杀。蒙恬不愿死，被囚禁在阳周；改派李斯的舍人担任护军，然后回报。胡亥想释放蒙恬，恰逢蒙毅代替秦始皇外出祭祷山川返回，赵高便对胡亥说："先帝打算立你为太子已经很久了，可是蒙毅认为不可以。"于是把蒙毅囚禁在代郡。于是从井陉、九原的直道抵达咸阳，然后发布治丧公告。胡亥继承皇位，就是秦二世皇帝。

九月，将秦始皇葬在骊山，把熔化的铜水灌入地下，堵住深层的泉水，又把各种珍奇异宝运来，藏满墓穴。命令工匠制作带机关的弓弩，如遇盗墓闯进的人就能够自动射杀。墓穴上面雕有天文图像，下面绘有地理图形。后宫嫔妃凡是未生育的全部陪葬。制作弓弩机关的工匠全部封闭在墓中。秦二世打算杀死蒙恬兄弟，他哥哥的儿子子婴劝告说："蒙氏兄弟是秦国的重臣和谋士，一旦抛弃他们而任用没有节操的人，就会造成群臣不信任朝廷，将士心寒意冷。"秦二世不听劝告。蒙恬说："我们蒙家对秦国忠心耿耿，建功立业已经三代了，如今率领三十万士兵，势力足以背叛朝廷。但是，我自己知道必定要死也恪守大义，因为我不敢辱没祖先的教诲，以此不忘先帝的知遇之恩。"于是吞服毒药自杀。

壬辰（前209） **二世皇帝元年**楚隐王陈胜元，赵王武臣元，齐王田儋元，燕王韩广元，魏王咎元年。是岁建国凡五。

冬十月，大赦。 **春，帝东行，到碣石，并海南至会稽而还。** **夏四月，杀诸公子、公主。**

二世谓赵高曰："吾已临天下矣，欲悉耳目之所好，穷心志之所乐，以终吾年寿，可乎？"高曰："此贤主之所能行，而昏乱主之所禁也。然沙丘之谋，诸公子及大臣皆疑焉。今陛下初立，此其属意怏怏皆不服，恐为变，陛下安得为此乐乎！"二世曰："为之奈何？"高曰："严法刻刑，诛灭大臣宗室，收举遗民，贫者富之，贱者贵之，尽除故臣，更置所亲信，陛下则高枕肆志宠乐矣。"二世乃更为法律，益务刻深，大臣诸公子有罪，辄下高鞠治之。公子十二人僇死咸阳市，十公主矺死于杜。囚公子将闾于内宫，将杀之，将闾仰而呼天，拔剑自杀，宗室振恐。公子高欲奔不敢，乃上书请从死先帝，得葬骊山之足。二世大说，以示赵高，高曰："人臣当忧死而不暇，何变之得谋！"二世可之，赐钱以葬。

复作阿房宫。

复作阿房宫，征材士五万人为卫。狗马禽兽当食者多，调郡县转输菽粟刍稿，皆令自赍粮食，咸阳三百里内不得食其谷。

秋七月，楚人陈胜、吴广起兵于蕲。胜自立为楚王，以广为假王，击荥阳。

秦二世

壬辰（前209）　秦二世元年楚隐王陈胜元年，赵王武臣元年，齐王田儋元年，燕王韩广元年，魏王咎元年。这一年共建立五个国家。

冬十月，实行大赦。　**春**，秦二世东巡，到达碣石，又沿海南下到达会稽，然后返回。　**夏四月**，诛杀诸位公子和公主。

秦二世对赵高说："我已经拥有天下了，打算尽量满足声色的欲望，享尽内心所追求的一切快乐，以此度过一生，可以做到吗？"赵高说："这是贤明的君主所能办到的事情，而昏乱的君主却应该加以禁止。然而沙丘的谋划，诸位公子和大臣都有疑心。现在陛下刚刚即位，这些人都怏怏不乐，心中不服，恐怕要发生变乱，陛下怎能享受这种快乐呢！"秦二世说："那该怎么办？"赵高说："应该采取严厉的法令、苛刻的刑罚，诛杀大臣和皇族，收罗提拔遗民，使贫穷的富裕起来，卑贱的高贵起来，全部清除先帝使用过的臣僚，换上自己的亲信，这样，陛下就可以高枕无忧，纵情享乐了。"秦二世便更改法律，使法律更加严酷，大臣及皇族诸公子犯了罪，就交给赵高审讯处治。有十二位公子被杀死在咸阳闹市，十位公主被肢解在杜县。把公子将闾囚禁在内宫，准备杀死。将闾仰天喊冤，拔剑自杀，皇室人人震惊恐惧。公子高打算逃亡，又顾虑家族被诛灭，不敢行动，于是上书请求随先帝去死，希望埋葬在骊山脚下。秦二世非常高兴，拿奏书给赵高看，赵高说："作为臣属担心死亡还来不及呢，哪里还有功夫谋划造反！"秦二世批准公子高的请求，赐钱安葬他。

重新修建阿房宫。

秦二世重新修建阿房宫，征调勇武之人五万名，前去守卫。这里豢养的猎狗、骏马和珍禽异兽需要大量的粮食，于是又专门从郡县调集豆类、谷物、饲草、禾秆，转运到都城，下令运输人员都要自备口粮，咸阳城三百里之内不准食用这批谷物。

秋七月，楚国人陈胜、吴广在蕲县起兵。陈胜自立为楚王，任命吴广为假王，进击荥阳。

是时，发闾左戍渔阳者九百人，屯大泽乡。阳城人陈胜、阳夏人吴广为屯长。会天大雨，道不通，度已失期，法皆斩。胜、广因天下之愁怨，乃杀将尉，令徒属曰："公等皆失期当斩，假令毋斩，而戍死者固什六七。且壮士不死则已，死则举大名耳！王侯将相宁有种乎！"众皆从之。乃诈称公子扶苏、项燕，为坛而盟，称大楚。攻大泽乡，拔之；攻蕲，蕲下。徇蕲以东，行收兵，比至陈，卒数万人，入据之。大梁张耳、陈余诣门上谒，胜素闻其贤，大喜。豪桀父老请立胜为楚王，胜以问耳、余。耳、余对曰："秦为无道，灭人社稷，暴虐百姓，将军出万死之计，为天下除残也。今始至陈而王之，示天下私。愿将军毋王，急引兵而西；遣人立六国后，自为树党，为秦益敌；敌多则力分，与众则兵强。如此，野无交兵，县无守城，诛暴秦，据咸阳，以令诸侯，则帝业成矣。"不听，遂自立为王，号张楚。

郡县苦秦法，争杀长吏以应之。使从东方来，以反者闻。二世怒，下之吏。后至者曰："群盗鼠窃狗偷，郡守、尉方逐捕，今尽得，不足忧也。"乃悦。胜以广为假王，监诸将击荥阳。

楚遣诸将徇赵、魏，以周文为将军，将兵伐秦。至戏，秦遣少府章邯拒之，楚军败走。

张耳、陈余复请奇兵略赵地。胜以所善陈人武臣为将军，耳、余为校尉，予卒三千人徇赵。又令魏人周市徇魏。

当时，秦二世征发闾左贫苦百姓九百人去戍守渔阳，正驻扎在大泽乡。阳城人陈胜和阳夏人吴广担任屯长。适逢天下大雨，道路不通，估计已经误期，按法令大家都要被斩。陈胜和吴广借着天下人心愁苦怨恨，就杀死将尉，号令戍卒们说："你们都已误期，按律令当斩，即使不杀死你们，在戍边中本来也要死去十分之六七。何况壮士不死就罢了，要死就图大事！王侯将相难道就是天生的吗？"大家都随从他们起事。于是陈胜、吴广诈称自己是公子扶苏和项燕，筑坛盟誓，号称大楚。他们攻打大泽乡，当即攻陷；进攻蕲县，也将其占领。接着攻掠蕲县以东的地方，沿路招收人马，等到达陈县时，士卒已有数万人，于是攻入城中，占据了陈县。大梁人张耳、陈余登门拜见，陈胜一向听说他们贤能，非常高兴。当时豪杰父老请立陈胜为楚王，陈胜询问张耳、陈余的意见。张耳、陈余回答说："秦朝无道，灭人国家，残害百姓，将军冒死起兵，这是为天下铲除残暴。现在刚打到陈县就要称王，这是向天下显示自己的私心。希望将军不要称王，急速领兵西进；派人扶立六国国君的后裔，为自己树立党羽，为秦国增加敌人；秦朝的敌人多就使它的力量分散，将军的党羽多就使自己的势力强盛。这样一来，就会造成秦朝野外无兵作战，各县无人守城，将军消灭残暴的秦朝，占据咸阳，号令诸侯，那么帝业就完成了。"陈胜不听，便自立为王，号称张楚。

秦朝各郡县苦于秦法的残酷苛刻，纷纷杀死郡县长官，响应义军。使者从东方来，把反叛的事件奏上。秦二世大怒，把使者交给法官治罪。以后回朝的使者说："那伙盗贼不过鼠窃狗偷之辈，郡守、郡尉正在追捕，现在都已抓获，不值得担忧。"秦二世这才高兴。陈胜任命吴广为假王，让他监督诸将领进击荥阳。

楚王派遣诸将攻占赵、魏两国故地，任命周文为将军，率兵攻打秦朝。周文抵达戏水，秦朝派遣少府章邯抵御周文，楚军败逃。

张耳、陈余又请求派奇兵攻取赵国故地。陈胜任命与自己交好的陈县人武臣为将军，张耳、陈余为校尉，拨给他们三千士卒去攻取赵国故地。又命令魏国人周市前往攻取魏国故地。

闻周文,陈之贤人,习兵,使西击秦。武臣等从白马渡河,收兵得数万人,号武信君。下赵十余城,余皆城守,乃引兵击范阳。范阳蒯彻说曰:"范阳令徐公畏死,欲降,君毋以为秦所置吏诛杀,而以侯印授之,则燕、赵诸城可毋战而降矣。"从之,不战而下者三十余城。胜既遣周文,有轻秦之意,不复设备。博士孔鲋曰:"臣闻兵法,不恃敌之不我攻,恃吾之不可攻。今王恃敌而不自恃,若跌而不振,悔无及也。"不听。文行收兵车千乘,卒数十万,至戏军焉。二世乃大惊,少府章邯请赦骊山徒,悉发以击楚军,大败之,文走。鲋,子顺之子也。

八月,楚将武臣至赵,自立为赵王。

张耳、陈余闻诸将为陈王徇地者,多以谗毁诛,乃说武信君自立为赵王。胜大怒,欲族其家。柱国房君谏曰:"秦未亡而诛武信君等家,此生一秦也。不如因而贺之,使急引兵西击秦。"胜从其计。耳、余曰:"楚特以计贺王,已灭秦必加兵于赵,愿王毋西兵,而北徇燕、代,南收河内以自广。楚虽胜秦,必不敢制赵,不胜秦必重赵。赵乘秦、楚之弊,可以得志于天下。"赵王从之,因不西兵,而使韩广略燕,李良略常山,张黡略上党。

九月,楚人刘邦起兵于沛,自立为沛公。

陈胜听说周文是陈县的贤人，熟悉兵法，便派他西进攻打秦朝。武臣等人从白马津渡过黄河，一路收罗兵马，获得数万士卒，号称武信君。武臣的军队接连攻下赵国故地十多座城邑，其他的城市都固守不降，于是率军去攻击范阳。范阳人蒯彻劝说道："范阳令徐公怕死，打算投降，您如果不把他们当作秦朝派出的官吏而杀死他们，而是授给他们侯印，那么燕、赵两国故地的城邑都可能不用战斗而投降。"武臣听从了蒯彻的建议，不战而取下三十多座城市。陈胜派遣周文攻打秦朝后，产生轻视秦朝的思想，不再积极筹备设防。博士孔鲋说："我听兵法上讲，不靠敌人不来攻打我，而是靠我自己不可攻破。如今大王依靠敌人而不是依靠自己，倘若跌倒而一蹶不振，那时后悔莫及了。"陈胜不听。周文沿路收取兵车有一千辆，士卒数十万，到达戏水后驻扎下来。这时秦二世才大惊失色，少府章邯请求赦免骊山的刑徒，把他们全部调去攻击楚军，结果大败周文的军队，周文逃走。孔鲋，是子顺的儿子。

八月，楚将武臣来到赵国故地，自立为赵王。

张耳、陈余听说为陈王攻取土地的诸将多因谗言诋毁被诛杀，于是便劝说武信君自立为赵王。陈胜听说武臣自立为赵王后，大怒，打算灭掉武臣等人的家族。柱国房君劝谏说："秦朝还没有灭亡就诛灭武信君等人的家族，这等于又产生一个秦国。不如乘机祝贺他为王，派他迅速带兵西进攻打秦朝。"陈胜听从了他的计策。张耳、陈余说："楚王是以权宜之计祝贺大王的，一旦灭掉秦朝，必然会发兵攻打赵国，希望大王不要向西出兵，而是应当向北攻取燕、代旧地，向南收取河内，以此扩大自己的地盘。楚国就是胜了秦朝，必定不敢控制赵国，如果战胜不了秦朝必然重视赵国。这样，赵国可以乘秦、楚两家的疲惫衰败之机，在天下实现自己的大志。"赵王听从了张耳、陈余的意见，因此不向西出兵，而是派韩广领兵夺取燕国故地，派李良攻占常山，派张黡占领上党。

九月，楚人刘邦在沛县起兵，自立为沛公。

沛人刘邦,字季,隆准龙颜,爱人喜施,意豁如也。有大度,不事家人生产作业。初为泗上亭长,单父人吕公奇其状貌,以女妻之。为县送徒骊山,徒多道亡,自度比至皆亡之,到丰西,止饮,夜乃解纵所送徒曰:“公等皆去,吾亦从此逝矣。”徒中壮士愿从者十余人。季被酒夜径泽中,有大蛇当径,季拔剑斩之。有老妪哭曰:“吾子白帝子也,今为赤帝子所杀。”因忽不见。季亡匿芒、砀山中。沛令欲应陈涉,主吏萧何、曹参曰:“君为秦吏,今背之,恐子弟不听,愿召诸亡在外者以劫众。”乃召刘季。季之众已数十百人矣。令悔,闭城。季乃书帛射城上,遗沛父老,为陈利害。父老乃率子弟杀令迎季,立以为沛公。萧、曹为收子弟,得二三千人,以应诸侯。旗帜皆赤。

楚人项梁起兵于吴。

项梁者,下相人,楚将项燕子也。尝杀人,与兄子籍避仇吴中。吴中贤士大夫皆出其下。籍,字羽,少时学书不成,去;学剑又不成。梁怒,籍曰:“书,足以记名姓而已;剑,一人敌,不足学,学万人敌。”于是,梁乃教籍兵法。籍大喜,略知其意,又不肯竟学。长八尺余,力能扛鼎,才器过人。会稽守殷通欲应陈涉,使梁将。梁使籍斩通。乃召故所知豪吏,喻以所为起大事,举吴中兵,收下县,得精兵八千人。梁自为会稽守,以籍为裨将。籍时年二十四。

沛县人刘邦，字季，高鼻梁，额头突起如龙，爱护人，喜欢施舍，心胸开阔。有远大志向，不从事普通人家的生产劳动。起初，刘邦担任泗上亭亭长，单父人吕公见他相貌奇特，便把女儿嫁给他。刘邦为本县押送役夫前往骊山，半路上役夫逃亡的很多，自己估计等到达目的地时恐怕都要跑光了，于是走到丰西后，让大家休息饮酒，到了夜里，给役夫们解开绳索，释放他们，说道："你们都走吧，从此以后，我也要隐遁了。"役夫中有十多个壮士愿意追随刘邦。刘邦因为醉酒，夜里从小道走进草泽，有条大蛇挡住去路，刘邦拔剑杀了这条蛇。这时有个老妇哭着说："我的儿子白帝，如今被赤帝的儿子杀死了。"说罢忽然不见了。后来，刘邦藏在芒、砀的山泽中。沛县县令打算响应陈胜，主吏萧何和曹参说："您为秦朝官吏，今天背叛朝廷，恐怕子弟们不一定服从。希望把流亡在外的人都召回来，借此挟持众人。"于是便召回刘邦。这时刘邦的部下已有数十上百人了。沛县县令后悔了，又闭上了城门。刘邦便在绢上为沛县父老乡亲写了一封信，用箭射入城中，向他们陈述利害。沛县父老于是率领子弟们杀死县令，迎进刘邦，拥立他为沛公。萧何、曹参为刘邦召集了二三千子弟，以响应诸侯抗秦。刘邦所用旗帜都是红色的。

楚国人项梁在吴县起兵。

项梁是下相人，楚将项燕的儿子。他曾经杀过人，与哥哥的儿子项籍在吴县躲避仇人。吴县有才干的士大夫都依附项梁。项籍，字羽，少年时学习识字，没有学成就抛开了；学习剑术，又没有学成。项梁很恼怒，项羽却说："识字，足以认得姓名就可以了；学剑，只能抵挡一人，不值得学，要学就学抵挡万人之术。"于是，项梁就教项羽兵法。项羽很高兴，刚略知一二，又不肯学到家。项羽身高八尺多，力大能扛鼎，才干器度超过常人。会稽郡守殷通打算响应陈胜，让项梁领军。项梁让项羽斩杀殷通。项梁便召集过去有交情的强干官吏，说明所以要起事反秦的道理，调集吴县的军队，又在攻下的县里收罗士兵，得精兵八千人。项梁自任会稽郡守，任命项羽为副将。当时项羽年方二十四岁。

齐人田儋自立为齐王。

儋，故齐王族也，与从弟荣、横皆豪健，宗强，能得人。周市徇地至狄，狄城守。儋详缚奴从少年至廷，欲谒杀之，因杀狄令，而召豪吏子弟曰："诸侯皆反秦自立。齐，古之建国也，儋，田氏，当王！"遂自立。击市，走之。东略定齐地。

赵将韩广略燕地，自立为燕王。

韩广至燕，燕豪桀欲立以为王。广曰："广母在赵，不可。"燕人曰："赵方西忧秦，南忧楚，其力不能禁我。且以楚之强，不敢害赵王将相之家，赵又安敢害将军家乎！"广乃自立。居数月，赵奉其母归之。

燕军获赵王，既而归之。

赵王与张耳、陈余略地，王间出，为燕军所得，囚之以求割地。使者往请，燕辄杀之。有厮养卒往见燕将曰："君知张耳、陈余何如人也？"曰："贤人也。"曰："知其志何欲？"曰："欲得其王耳。"养卒笑曰："君未知此两人所欲也。夫武臣、张耳、陈余杖马棰，下赵数十城，此亦各欲南面而王。顾其势初定，且以少长先立武臣。今赵地已服，此两人亦欲分赵而王。今君乃囚赵王，此两人名为求之，实欲燕杀之，而分赵自立。夫以一赵尚易燕，况以两贤王左提右挈而责杀王之罪，灭燕易矣。"燕将乃归赵王，养卒为御而归。

齐国人田儋自立为齐王。

田儋是已故齐王的同族,他与堂弟田荣、田横都是英迈有势力的人物,宗族强盛,颇得人心。楚将周市攻掠土地来到了狄县,狄县闭城固守。田儋假装将自己的奴仆绑起来,让一伙年轻人跟着来到县衙大堂,装出要进见县令,报请杀奴的姿态,乘机杀死了狄县县令。随后,田儋召集有权势的官吏子弟说:"诸侯都反秦自立了。齐国是古代就建立的国家,我田儋又是齐王田氏的族人,应当称王!"于是自立为齐王。田儋发兵攻打周市,周市败退。又率军东进,攻占了齐国的故地。

赵国将领韩广攻占了燕国故地,自立为燕王。

韩广率军到达燕国故地,当地的豪强打算立韩广为王。韩广说:"我的母亲还在赵国,不能这样做。"燕地的人说:"赵国正西边担忧秦朝的威胁,南边担忧楚国威胁,它的力量控制不了我们。再说,以楚国的强大,尚且不敢加害于赵王将相的家人,赵国又岂敢加害将军家人呢!"韩广便自立为燕王。几个月后,赵国便将韩广的母亲送回了燕国。

燕军抓获赵王武臣,不久又放回。

赵王与张耳、陈余率军攻掠土地,赵王私自外出,被燕军抓获,囚禁起来以求赵国割地换人。赵国派使者请求放人,燕军就杀死使者。这时有一个仆役进见燕将说:"您知道张耳、陈余是什么人吗?"燕将说:"是贤人。"又问:"知道他们的心思吗?"回答说:"想得到他的赵王罢了。"仆役笑着说:"您不知这两人的心思啊。武臣、张耳、陈余他们马鞭一挥,就攻下赵国故地几十座城邑,这三个人都是想南面称王。只不过考虑当时局势初定,姑且按年纪大小,先应该立武臣。现在赵国故地已经归服,张耳、陈余这两个人也想瓜分赵地为王。现在您囚禁赵王,这两个人名义上是来要赵王,实际上希望燕国杀了他,然后他们分赵自立。仅有一个赵国尚且轻视燕国,何况有两个贤能之王互相携手,前来责问燕国的杀王之罪,那时灭掉燕国就轻而易举了。"燕国将领便将赵王释放,仆役驾着车送赵王回国。

楚将周市立魏公子咎为魏王,而相之。

周市定魏地,诸侯欲立之。市曰:"天下昏乱,忠臣乃见,必立魏王后乃可。"诸侯固请,市终辞。乃迎魏公子宁陵君咎于陈,五反而后楚王遣之,乃立以为王而相之。

秦废卫君角为庶人。

初,秦并天下而卫独存,至是二世废之,卫遂绝祀。

癸巳(前208) **二年**楚怀王心元,赵王歇元,齐王田市元,燕王韩广二,魏王豹元,韩王成元年。是岁,楚王胜、赵王武臣、齐王儋、魏王咎皆亡。旧国一,新国五,凡六。

冬十月,秦兵围沛公于丰。沛公出战,破之。

沛公既破秦军,令雍齿守丰而之薛。齿降魏。

十一月,章邯追败楚军于渑池,周文走死。 楚田臧杀其假王吴广,进与秦战,败死。

吴广围荥阳,三川守李由拒之,广不能下。裨将田臧等矫王令诛之,献其首于王,王以臧为上将。西迎秦军,战死。

赵将李良杀其君武臣。

李良已定常山,还报,复使略太原。良还请益兵,道逢赵王姊,良以为王,伏谒道旁。王姊醉,不知其将,使骑谢之。良惭怒,杀王姊,遂袭邯郸,杀赵王。赵人多为张耳、陈余耳目者,故二人独得脱。

楚将周市立原魏国公子咎为魏王,自己担任国相。

周市平定魏地,诸侯打算立周市为王。周市说:"天下昏乱,忠臣便出现,必须立魏王后裔才行。"诸侯坚持请求立周市,周市最终还是推辞不就。于是,派人前往陈县迎接魏国公子宁陵君魏咎,往返五次,楚王陈胜才将魏咎放回,便立魏咎为魏王,周市担任魏相。

秦朝把卫国国君角废为庶人。

起初,秦国统一天下,只有卫国独存,秦二世废黜卫国国君角,至此卫国灭亡。

癸巳(前208) **秦二世二年**楚怀王心元年,赵王歇元年,齐王田市元年,燕王韩广二年,魏王豹元年,韩王成元年。这一年,楚王胜、赵王武臣、齐王儋、魏王咎都死了。旧国一个,新国五个,共六国。

冬十月,秦朝军队在丰邑包围沛公刘邦。刘邦出兵应战,打败了秦军。

沛公刘邦打败秦军后,命令雍齿守卫丰邑,自己前往薛县。后来,雍齿投降魏国。

十一月,秦将章邯追击楚军,在渑池打败了楚军,周文败逃自杀。 楚将田臧杀死楚假王吴广,西进与秦军交战,战败而死。

楚假王吴广率军围困荥阳,三川郡守李由拒守,吴广久攻不下。副将田臧等人假传楚王陈胜的命令杀死吴广,并把吴广的头颅献给陈胜,陈胜任命田臧为上将军。田臧于是向西迎击秦军,战败而死。

赵将李良杀死国君武臣。

李良已经平定常山,回报赵王武臣,武臣又派他去攻取太原。李良遇阻后返回申请增兵,路上适逢赵王武臣的姐姐,李良误认为是赵王,便伏地拜谒。赵王的姐姐吃醉酒,不知道他是赵国的将军,便派一位骑兵随从去请他起来。李良自觉羞惭,大怒,杀死赵王的姐姐,随即袭击邯郸,杀死赵王。赵国人中有很多是张耳、陈余的耳目,所以只有他们二人逃脱。

秦嘉起兵于郯。　秦益遣兵击楚。腊月,楚庄贾弑其君胜,以降于秦。吕臣讨贾,杀之,复以陈为楚。

二世益遣长史司马欣、董翳佐章邯击楚柱国房君,杀之。又进击张贺,贺死。腊月,楚王至下城父,其御庄贾杀之以降。胜故涓人吕臣为苍头军起攻陈,杀贾,复以陈为楚。葬胜于砀,谥曰"隐王"。

初,胜既称王,故人皆往依之,妻之父亦往焉。胜以众宾待之,长揖不拜,妻之父怒而去。客出入愈益发舒,言胜故情。或曰:"客愚无知,颛妄言,轻威。"胜斩之。诸故人皆引去。胜以朱防为中正,胡武为司过,主司群臣。以苛察为忠,诸将不亲附,以及于败。

春正月,赵将张耳、陈余立赵歇为王。
张耳、陈余收散兵,得数万人,击李良,良败走。客有说之者,曰:"两君羁旅,难可独立。立赵后,辅以谊,可就功。"乃求得歇,立之,居信都。

秦嘉立景驹为楚王。　秦攻陈,下之。吕臣走,得英布军,还,复取陈。
布,六人也,尝坐法黥,论输骊山。骊山之徒数十万人,布皆与其徒长豪桀交通,乃亡之江中为群盗。番阳令吴芮甚得江湖间心,号曰"番君"。布往见之。其众已数千人,番君以女妻之,使将其兵击秦。

沛公得张良以为厩将。

秦嘉在郯县起兵。　　秦朝增派军队攻打楚国。腊月,楚国的庄贾杀害了国君陈胜,向秦朝投降。吕臣讨伐庄贾,并把他杀死,又将陈县作为楚都。

　　秦二世派遣长史司马欣、董翳辅助章邯进击楚国柱国房君,杀了他。又进击张贺,张贺战死。腊月,楚王陈胜到达下城父,他的车夫庄贾杀了他,投降了秦军。陈胜的故旧涓人吕臣带领苍头军攻打陈县,杀死了庄贾,又把陈县作为楚都。把陈胜埋葬在砀山,谥号为"隐王"。

　　起初,陈胜既然已经称王,故旧都去依附他,他妻子的父亲也来了。陈胜对待岳父就像对待一般宾客一样,见面只是拱手不拜,他的岳父一气之下就离开了。陈胜的客人进进出出更加随便,随意谈论陈胜过去的情景。有人劝陈胜说:"客人愚昧无知,专门胡说八道,有损您的威严。"陈胜却把他杀了。从此,陈胜的故旧朋友都离开了他。陈胜任命朱防为中正,胡武为司过,主管督察群臣。他以苛察为忠诚,使得众将领不再亲附,终于造成他彻底失败。

　　春正月,赵将张耳、陈余立赵歇为赵王。

　　张耳、陈余收罗散兵,获得数万人,于是攻打李良,李良败逃。宾客中有人劝张耳、陈余说:"两位客居异乡的人,难以在本地独成大业。如果拥立赵国国君的后裔,并以仁义辅佐他,可以成功。"于是,张耳、陈余找到赵歇,立他为王,让他居住在信都。

　　秦嘉拥立景驹为楚王。　　秦朝军队攻打并占领了陈县。吕臣败逃,遇上英布的军队,于是返回,重新夺取了陈县。

　　英布是六县人,曾经犯法被判为黥刑,按罪被押往骊山服役。骊山的役夫多达数十万人,英布与那些役夫的头领和豪杰壮士都有来往,因此逃亡到长江一带当强盗。番阳令吴芮很受江湖中人爱戴,号称为"番君"。英布便前往去见吴芮。当时吴芮的部下已有数千人,他便把女儿嫁给英布,派遣英布率领军队攻打秦朝。

　　沛公刘邦得到张良,任命他为厩将。

楚王景驹在留，沛公往从之。张良亦聚少年百余人欲从驹，道遇沛公，遂属焉，公以良为厩将。良数以《太公兵法》说沛公，公善之，常用其策。良为他人言辄不省，良曰："沛公殆天授！"遂从不去，驹使沛公与秦兵战，不利。攻砀，拔之，得其兵六千人。与故合九千人，击丰，不下。

项梁击楚王驹，杀之。夏六月，立楚怀王孙心为楚怀王，韩公子成为韩王。

广陵人召平为楚徇广陵未下，闻陈王败，乃渡江，矫王令拜项梁为上柱国，曰："江东已定，急引兵西击秦。"梁乃以八千人渡江而西。东阳少年杀令，相聚得二万人，以故令史陈婴素谨信长者，欲立以为王。婴母曰："暴得大名不祥，不如有所属。事成犹得封侯，事败易以亡，非世所指名也。"婴乃谓军吏曰："项氏世世将家，有名于楚。今欲举大事，将非其人不可。我倚名族亡秦必矣！"众从之。

于是婴及英布、蒲将军皆以兵属梁，众遂六七万。梁曰："陈王首事，战不利，未闻所在。今秦嘉立景驹，大逆无道。"乃进击杀嘉，驹走死。至薛，沛公往见之，梁予兵。还，拔丰。使项羽攻襄城，不下。已拔，皆坑之。

居鄛人范增，年七十，好奇计。往说梁曰："陈胜败，固当。夫秦灭六国，楚最无罪，自怀王入秦不反，楚人怜之至今。

楚王景驹住在留县,沛公刘邦前往投奔。张良也聚集了一百多个少年打算投奔景驹,在路上遇见刘邦,于是就归属刘邦了,刘邦任命张良为厩将。张良多次用《太公兵法》为刘邦出谋划策,刘邦觉得很好,常常采用他的计策。张良和别人谈起兵法的事,别人往往听不懂,于是张良说:"沛公的智慧大概是上天给的吧!"便跟从刘邦,不再离去。景驹让刘邦与秦军交战,出战失利。后来攻打砀山,攻陷其地,收编士兵六千人。与原来的人马汇合一起共有九千人,攻打丰邑,没有攻下。

项梁进击楚王景驹,将他杀死。夏六月,项梁拥立楚怀王的孙子心为楚怀王,拥立韩国公子韩成为韩王。

广陵人召平为楚国攻取广陵,没有攻下,听说陈胜兵败逃亡,便渡过长江,假传陈胜的命令,任命项梁为楚国上柱国,说:"长江以东已经平定,应急速率军西进攻打秦朝。"项梁便率领八千人渡过长江,向西挺进。东阳的年轻人杀死县令,聚集了两万人,因本县令史陈婴一向谨慎讲信用,是个长者,所以打算拥立他为王。陈婴的母亲说:"突然获得大名,不是好事,不如有所依附。事情成功尚且可以得到封侯,事情失败也容易逃脱,因为你不是世上所指名道姓捉拿的人。"陈婴便对军吏们说:"项家世世代代为将,在楚国很有名望。现在想要成就大事业,非由项家人不可。我们依靠名门大族一定能够灭掉秦朝!"众人依从。

于是陈婴、英布和蒲将军都率领军队归属项梁,项梁的部众便增到六七万人。项梁说:"陈胜首先起事,作战不利,不知在什么地方。如今秦嘉拥立景驹,实属大逆不道。"于是进军杀死秦嘉,景驹在逃亡中死去。项梁率军进入薛县,沛公刘邦前往拜见项梁,项梁给刘邦拨了兵马。刘邦回去后,攻陷了丰邑。项梁让项羽攻打襄城,一时攻不下来。待到攻陷后,项羽将守城军民全部活埋。

居鄛人范增,年纪七十岁了,好出奇计。他前往劝说项梁道:"陈胜的失败本来就是应当的。秦国灭掉六国,其中楚国最为无辜,自从楚怀王进入秦国,有去无回,楚人至今仍在怀念他。

故楚南公曰:'楚虽三户,亡秦必楚。'今胜首事,不立楚后而自立,其势不长。今君起江东,楚蜂起之将,皆争附君者,以君世世楚将,为能复立楚之后也。"梁然其言,乃求得怀王孙心于民间,为人牧羊。六月,立以为楚怀王,从民望也。都盱眙,以陈婴为上柱国,梁自号武信君。张良说梁曰:"君已立楚后,韩诸公子横阳君成最贤,可立为王,益树党。"梁从之,立为韩王。以良为司徒,西略韩地,往来为游兵颍川。

章邯击魏,齐、楚救之。齐王儋、魏相市败死,魏王咎自杀。

章邯击魏王于临济,魏使周市求救于齐、楚。齐王及楚将项它皆将兵随市救魏。章邯夜衔枚击,大破之,杀齐王及周市。魏王为其民约降,约定,自烧杀。其弟豹亡走楚,楚予兵,复徇魏地。

齐人立田假为王。

假,王建弟也,齐人立以为王,而以田角、田间为将相。

秋七月,大霖雨。 **齐王儋弟荣逐王假,立儋子市为王而相之。** **秦下右丞相冯去疾、左丞相李斯吏。去疾自杀。腰斩斯,夷三族,以赵高为中丞相。**

二世数诮让左丞相李斯:"居三公位,如何令盗如此!"斯恐惧,重爵禄,乃阿二世意,以书对曰:"夫贤主者,必能

所以楚国的南公说:‘楚国即便是剩下三户人家,灭掉秦国的必定还是楚人。’现在,陈胜首先起事,但他不拥立楚国国君的后裔,而是自立为王,这就使他的声势不会长久。如今您从长江以东起事,楚地蜂拥而起的将领都争相依附于您,这是因为您家世世代代都是楚将,能够重新拥立楚王的后裔为王的人。”项梁同意范增的看法,于是在民间找到楚怀王的孙子心,这时芈心正在给人家放羊。六月,项梁拥立芈心为楚怀王,以此顺从百姓的愿望。都城设在盱眙,任命陈婴为上柱国,项梁自称武信君。张良劝项梁说:“您已经拥立楚王的后裔了,韩国的各位公子以横阳君韩成最为贤良,可以立他为王,以便增加我们的党羽。”项梁听从了张良的建议,拥立横阳君为韩王,任命张良为司徒,向西攻取韩国故地,在颍川一带活动。

章邯攻打魏国,齐、楚两国出兵援救。齐王田儋、魏相周市战败而死,魏王咎自杀。

章邯攻打魏国的临济,魏国派周市向齐、楚两国求救兵。齐王田儋和楚将项它都领兵随着周市去援救魏国。章邯下令士兵口中衔枚,进行突然袭击,大败齐、楚两国援军,杀死了齐王田儋和魏相周市。魏王咎为自己的百姓订约投降,降约确定后,自焚而死。魏王咎的弟弟魏豹逃亡到楚国,楚国给了他几千士兵,重新夺取魏国的地盘。

齐人拥立田假为王。

田假是齐王田建的弟弟,齐国人拥立他为齐王,以田角为相,田间为将军。

秋七月,大雨连绵不止。 齐王田儋的弟弟田荣赶走齐王田假,拥立田儋的儿子田市为王,由自己担任国相。 秦二世把右丞相冯去疾、左丞相李斯交付法官治罪。冯去疾自杀。秦二世腰斩李斯,诛灭李斯三族,任命赵高为中丞相。

秦二世多次讽刺和责问左丞相李斯说:“你位居三公,怎么能让盗贼如此横行!”李斯非常恐惧,唯恐丢了爵禄,便顺着秦二世的心思加以奉承,上书回答说:“贤明的君主,都一定能够

行督责之术者也。故申子曰：'有天下而不恣睢，命之曰以天下为桎梏。'夫不能行督责之术，专以天下自适，而徒务苦形劳神，以身徇百姓，若尧、禹然，则是黔首之役，非畜天下者也，故谓之桎梏也。唯明主能行督责，以独断于上，则权不在臣下，然后能灭仁义之涂，绝谏说之辩，荦然行恣睢之心，而莫之敢逆。如此，群臣、百姓救过不给，何变之敢图？"二世说。于是行督责益严，税民深者为明吏，杀人众者为忠臣，刑者相半于道，而死人日成积于市，秦民益骇惧思乱。

郎中令赵高恃恩专恣，多以私怨杀人，恐大臣言之，乃说二世曰："天子所以贵者，但以闻声，群臣莫得见其面也。今坐朝廷，谴举有不当则见短于大臣，非所以示神明于天下也。不如深拱禁中，与臣及侍中习法者待事，事来有以揆之，则大臣不敢奏疑事，天下称圣主矣。"二世乃不坐朝廷，事皆决于高。李斯以为言，高乃见斯曰："关东群盗多而上益发繇，治阿房宫。臣欲谏，为位贱，此真君侯之事，君何不谏？"斯曰："上居深宫，欲见无间。"高曰："请候上间语君。"于是待二世方燕乐，妇女居前，使人告斯可奏事矣。斯至上谒，如此者三。二世怒，高因曰："沙丘之谋，丞相与焉，今陛下为帝而丞相贵不益，其意亦望裂地而王矣。且其长男由守三川，楚盗皆其傍县子，以故公行过三川。闻

实行督责臣属的方法。所以申不害说：'拥有天下却不能逍遥放纵，这可以称为把天下当成了镣铐。'如果不能实行督责臣属的方法，原本是一心拿天下来自适的，却徒然落个劳神费力，把身心全放在百姓的事务上，如同唐尧、虞舜那样，这就成了百姓的仆役，而不是畜养天下的君主，所以称之为镣铐。只有贤明的君主能够督责臣属，在上专断独行，那么大权就不会掌握在臣属手里，然后才能清除仁义的说教，杜绝劝谏的言论，痛快地任意而为，满足内心的欲望，而没有人敢于反对。这样一来，群臣、百姓改正过错还来不及，怎么再敢图谋变乱？"秦二世很高兴，于是更加严厉地实行督责，加在百姓头上苛捐杂税多的成为明官，无辜杀人的算作忠臣，道路上行走的一半人是刑犯，死人的尸体天天成堆地积陈在街市中，秦朝的百姓日益恐慌，无不希望天下大乱。

　　郎中令赵高凭恃秦二世对他的恩宠，更加专横恣行，经常凭个人私怨杀人，他害怕大臣进言，便劝秦二世说："天子所以尊贵无比，是因为群臣只能听到他的声音，却看不到他的容颜。当今陛下坐在朝廷之上，一旦赏罚、褒贬有所不当，就会让大臣们抓住把柄，并非是为了向天下显示陛下的神明。陛下不如拱手深宫中，让我和熟悉法令的内廷随侍人员等候奏事，事情奏上来还有研究的余地，那么大臣就不敢奏报有疑惑的事情，那时普天之下都会称颂陛下为圣主了。"秦二世便不再坐朝接见大臣，诸事都由赵高决断。李斯对此有意见，赵高便去见李斯说："关东盗贼群起，皇上却增加征发徭役，去修阿房宫。我想劝谏，但地位卑贱，这才是您的职责，您为何不劝谏呢？"李斯说："皇上住在深宫里，想进谏也没有时机。"赵高说："等皇上闲暇时，我告诉您。"于是，赵高见秦二世正在簇拥着妇女、饮酒作乐时，便派人告诉李斯可以奏事了。李斯便前往求见，一连三次都是这样。秦二世大怒，赵高乘机说："沙丘的计谋，丞相也参与了，现在陛下当了皇帝，但丞相的地位没有变得更为尊贵，他的心意大概是希望分地称王吧。况且他的长子李由担任三川郡守，楚国的盗贼都是他邻县的人，所以这些盗贼敢于公开经过三川。我还听说

其文书相往来，未得其审，故未敢以闻。且丞相居外，权重于陛下。"二世乃使人案验三川守与盗通状。斯闻之，乃上书言高罪。二世曰："赵君为人精廉强力，下知人情，上能适朕，朕实贤之，而君疑之何也？且朕非属赵君，当谁任哉！"斯又与右丞相冯去疾、将军冯劫进谏曰："群盗并起，皆以戍、漕、转、作事苦，赋税大也。请且止阿房宫作者，减四边戍、转。"二世曰："君不能禁盗，又欲罢先帝所为，是上无以报先帝，次不为朕尽忠力，何以在位！"下吏案罪。去疾、劫自杀。斯自负其辩、有功、无反心，乃就狱。

二世属高治之，责与由反状，收捕宗族、宾客。榜掠千余，斯自诬服。而从狱中上书自陈前功，幸二世寤而赦之。高使弃去不奏。又使其客十余辈，诈为御史、谒者、侍中，更往来覆讯斯，斯更以实对，辄复榜之。后二世使人验斯，斯以为如前，终不敢更言。所使案三川守由者至，则楚兵已击杀之矣。高皆妄为反辞以相传，遂具斯五刑论，腰斩咸阳市。斯顾谓其中子曰："吾欲与若复牵黄犬，俱出上蔡东门逐狡兔，岂可得乎！"遂父子相哭，而夷三族。二世乃以高为中丞相，事皆决焉。

章邯击破楚军于定陶，项梁死。

项梁再破秦军，益轻秦，有骄色。宋义谏曰："战胜而将骄卒惰者，败。今卒少惰矣，秦兵日益，臣为君畏之。"弗

他们互有文书往来，只是还不了解详情，没敢报告陛下。再说丞相在外，比陛下的权力还要大。"秦二世便派人审查三川郡守李由勾结盗贼的罪状。李斯听说后，便上书指责赵高的罪过。秦二世说："赵君为人精明廉洁，强干有力，对下了解人情世故，对上能够满足朕的要求，朕实在喜欢他，而你为何要怀疑他呢？再说朕不依靠赵君，应当依靠谁呢？"李斯又与右丞相冯去疾、将军冯劫进谏说："群盗并起，都是因为戍边、漕运、运输、工程等事情劳苦，赋税繁重。请陛下暂时停止修建阿房宫，减少边境戍守和物资转运的服役。"秦二世说："你们不能禁止盗贼，又打算停止先帝要做的事，这是对上不能报答先帝，其次不能对朕尽忠效力，凭什么占据官位！"于是，秦二世把他们交付法官治罪。冯去疾、冯劫自杀。李斯自恃能言善辩、对秦朝有功劳和没有反叛之心，便接受审讯。

秦二世让赵高审理，追究李斯与其子李由的反叛罪行，一律逮捕他们的宗族和宾客。赵高审讯，笞打李斯一千多下，李斯被迫含冤认罪。李斯又在狱中上书，陈述以前的功劳，希望秦二世醒悟过来而赦免他。赵高把李斯的奏书扔在一边，没有上奏。赵高又唆使十多个宾客，假扮作御史、谒者、侍中，轮番审讯李斯，如果李斯改口以实情对答，就又派人拷打他。后来，秦二世派人核实李斯口供，李斯以为还是从前的一伙人，终究不敢改口实说。等到秦二世派出调查李由反叛案件的使者到达三川后，李由已经被楚军杀死了。赵高一律都捏造成谋反的供词，于是判决李斯犯有五刑罪，在咸阳闹市处以腰斩。当时，李斯回头望着次子说："我再想与你牵着黄狗，一起到上蔡东门外去追逐狡兔，还能做到吗！"于是父子相对哭泣，然后三族都被诛灭。秦二世便任命赵高为中丞相，国家大事都由赵高决定。

章邯在定陶击败楚军，项梁战死。

项梁再次打败秦军，更加轻视秦军，颇有骄傲的神色。宋义劝谏说："打了胜仗后，将领骄傲、士卒懒惰的，就会失败。现在您的士卒稍有怠惰，而秦兵却日益增多，我真为您担心。"项梁不

听。二世悉起兵益章邯击楚军,大破之定陶,梁死。怀王徙都彭城,并项羽、吕臣军自将之,号羽为鲁公。

楚立魏豹为魏王。 **章邯击赵,围赵王于钜鹿,楚以宋义为上将军救之。**

章邯以楚地兵不足忧,乃北击赵,破邯郸。张耳与赵王走钜鹿,王离围之。陈余北收兵得数万人,军其北;章邯军其南。赵数请救于楚。楚王闻宋义先策武信君必败,召与计事,大说之,因以为上将军,项羽为次将,范增为末将,以救赵。义号"卿子冠军",诸别将皆属焉。

楚遣沛公伐秦。

初,楚怀王与诸将约:"先入定关中者王之。"是时秦兵尚强,诸将莫利先入关,独项羽怨秦,奋势愿与沛公西。诸老将曰:"羽慓悍猾贼,尝攻襄城,襄城无遗类,所过无不残灭。且楚数进取皆败,不如更遣长者,扶义而西,告喻秦父兄。秦父兄苦其主久矣,今诚得长者往,无侵暴,宜可下。羽不可遣,独沛公素宽大长者,可遣。"王乃遣沛公收陈王、项梁散卒以伐秦。

甲午(前207) **三年**楚二,赵二,齐二,燕三,魏二,韩二年。

冬十一月,楚次将项籍矫杀宋义而代之,大破秦军,虏其将王离。

听。秦二世调动全部军队增援章邯来攻打楚军,在定陶大败楚军,项梁战死。楚怀王迁都彭城,合并项羽和吕臣的军队,由自己率领,给项羽进号为鲁公。

楚怀王立魏豹为魏王。 章邯进击赵国,在钜鹿包围赵王赵歇。楚怀王任命宋义为上将军,前去救援赵国。

章邯认为楚地的兵事不值得担忧,便北去攻打赵国,占领了邯郸。张耳与赵王赵歇逃到钜鹿,秦将王离率军将钜鹿团团围住。陈余向北收集士兵,获得几万人,驻扎在钜鹿的北面;章邯驻扎在钜鹿的南面。赵歇多次向楚国请求救援。楚怀王听说宋义预先推论武信君项梁的军队必然战败,便召他前来商议事情,对他非常赏识,因此任命他为上将军,项羽为次将,范增为末将,领兵前往援救赵国。宋义号称"卿子冠军",各路部队的将领都归他指挥。

楚怀王派遣沛公刘邦攻打秦国。

起初,楚怀王与诸将约定:"先进入平定关中的人为王。"当时秦朝军队还比较强大,诸将认为入关不利,只有项羽怨恨秦朝,振奋精神,愿意与沛公刘邦西进。各位老将说:"项羽这人勇猛残暴,曾经攻打襄城,将襄城军民全部活埋,一个不剩。他的军队所经过的地方无不遭到残害。况且楚军多次进击秦朝,都遭到了失败,不如派遣一位宽厚长者,仗义西进,向秦地的父老兄弟说明道理。秦地的父老兄弟苦于他们君主的暴政已经很久了,现在如果真能有位宽厚长者前往,不施侵夺暴虐,攻下关中是不难的。项羽这人不可以派遣,只有一向宽厚的长者沛公可以派遣。"楚怀王便派遣沛公刘邦收容陈胜、项梁的散兵,前往攻打秦朝。

甲午(前207) **秦二世三年** 楚怀王心二年,赵王歇二年,齐王田市二年,燕王韩广三年,魏王豹二年,韩王成二年。

冬十一月,楚国次将项羽假托楚怀王的名义杀死宋义,取代上将军职位,大破秦军,俘虏秦将王离。

宋义至安阳,留四十六日不进。项羽曰:"秦围赵急,宜疾引兵渡河。楚击其外,赵应其内,破秦军必矣!"宋义曰:"今秦攻赵,战胜则兵罢,我承其敝;不胜,则我鼓行而西,必举秦矣。"因下令曰:"有猛如虎、狠如羊、贪如狼、强不可使者,皆斩之!"遣其子襄相齐,送之无盐,饮酒高会。天寒大雨,士卒冻饥。项羽曰:"今岁饥民贫,卒食半菽,而饮酒高会。不引兵渡河,因赵食,并力攻秦,乃曰'承其敝'。夫以秦之强,攻新造之赵,其势必举,何敝之承!且国兵新破,王坐不安席,扫境内而属将军,国家安危,在此一举。今不恤士卒而徇其私,非社稷之臣也。"

十一月,羽晨朝义,即其帐中斩之。出令军中曰:"宋义与齐谋反,王阴令籍诛之。"诸将莫敢枝梧,共立羽为假上将军,遣使报命于王。王因以羽为上将军。钜鹿兵少食尽,张耳数召陈余,余不敢前。耳又使张黡、陈泽让之,要与俱死。余使二人将五千人先尝秦军,皆没。齐师、燕师及耳子敖来救,亦未敢击秦。羽乃使蒲将军将二万人,渡河绝秦饷道。余复请兵,羽乃悉引兵渡河。已渡皆沉船破甑,烧庐舍,持三日粮,以示士卒必死无还心。与秦军遇,九战皆破之。章邯引却,遂虏王离。时诸侯军救钜鹿者十

宋义来到安阳，逗留四十六天没有进军。项羽说："秦军围困赵军，情况紧急，应该带兵渡过漳河。那时，楚军袭击秦军外围，赵军在城内接应，准能打败秦军！"宋义说："现在秦军攻打赵军，如果战胜了，它的士兵会疲惫不堪，我们就可以乘秦军疲惫之机发动进攻；如果它不能取得胜利，那么我们就擂鼓西进，一定能够推翻秦朝。"于是下令说："有谁猛如虎、狠如羊、贪如狼、蛮横不听指挥的，一律斩首！"宋义随即派他的儿子宋襄去辅佐齐国，送行到无盐，摆下酒宴，大会宾客。当时，天气寒冷，大雨不停，士兵们又冷又饿。项羽说："今年收成不好，百姓饥贫，士兵们只能吃到半是粮食半是野菜的饭食，而宋义却大摆酒席，盛会宾客。他不率领军队渡过漳河，取用赵国的粮食吃，与赵国齐心合力攻打秦军，却说什么'乘秦军疲惫之机'。其实，秦国凭着自己的强大，攻打刚刚建立的赵国，势必取胜，哪有疲惫之机可乘！何况我国军队新近失败，楚王坐立不安，调集境内所有的军队归宋将军指挥，国家安危，在此一举。现在他不体恤士兵，却为自己谋私利，不能算是国家的大臣。"

　　十一月，项羽在一天的早晨去进见宋义，就在营帐中杀死了宋义。项羽从营帐出来后，下令全军说："宋义与齐国合谋反楚，楚王秘密命令我诛杀他。"各位将领不敢有异议，共同推举项羽为假上将军，派使者向楚怀王汇报情况。楚怀王因此让项羽担任上将军。钜鹿城内兵少粮尽，张耳多次派人去叫陈余前来营救，陈余不敢前往。张耳又派张黡、陈泽去责备陈余，要求他同生共死。陈余便让张黡、陈泽二人率领五千士兵先去试探秦军，结果到了那里就全军覆没了。齐军、燕军以及张耳的儿子张敖都来营救，但是都不敢去攻击秦军。项羽于是派蒲将军率领二万人，渡过漳河，去阻绝秦军的粮道。陈余又请求增援兵力，于是，项羽率领全部人马渡过漳河。楚军过河后，一律把船沉没，砸破锅甑，烧掉营舍，只携带三天的口粮，以此表示全军决死一战，决不退却的决心。楚军与秦军相遇，九战九胜。章邯带兵退却，于是俘虏了王离。当时诸侯各国派来救援钜鹿的军队，有十

余壁,莫敢纵兵。及楚击秦,皆从壁上观。楚战士无不一当十,呼声动天地,观者人人惴恐。既破秦军,诸侯将入辕门,膝行而前莫敢仰视。羽由是始为诸侯上将军,诸侯兵皆属焉。赵王既得出,张耳责让陈余,问赜、泽所在,疑余杀之。余怒,解印绶予耳,耳不受,余起如厕。客有说耳者曰:"天予不取,反受其咎。君急取之!"耳乃佩其印绶,收其麾下。余遂与数百人去之河上泽中渔猎。

春二月,沛公击昌邑,彭越以兵从。

越,昌邑人,常渔钜野泽中,为群盗。楚兵起,泽间少年相聚百余人,请越为长。越谢曰:"臣不愿也。"强请,乃许之。与期旦日日出会,后期者斩。至期多后,或至日中。于是越谢曰:"臣老,诸君强以为长。今期多后,不可尽诛,诛最后者一人。"皆笑曰:"何至是!请后不敢。"越竟斩之。徒属皆惊,莫敢仰视。乃略地,收散卒,得千余人。至是以其兵归沛公。

沛公使郦食其说陈留,下之。

沛公过高阳。高阳人郦食其家贫落魄,为里监门。其里人有为沛公骑士者,食其谓曰:"诸侯将过此者吾问之,皆握龊自用,不能听大度之言。今闻沛公慢而易人,多大略,此真吾所愿从游。若见沛公,谓曰:'臣里中有郦生,年六十余,长八尺,人皆谓之狂生。生自谓非狂。'"骑士曰:

多座营垒，没有一支军队敢于挥兵进击。等到楚军攻击秦军时，各路军队都在营垒上观看。只见楚军战士无不以一当十，呐喊声动天震地，观看的人无不惊恐不安。项羽打败秦军后，诸侯各国的将领进入辕门时，个个跪着前行，谁也不敢抬头仰视。由此，项羽开始成为诸侯各国的上将军，诸侯的军队都归他指挥。赵王等人脱险后从钜鹿城出来，张耳责备陈余，多次打听张黡、陈泽的去向，怀疑陈余杀了他们。陈余大怒，解开印绶，交给张耳，张耳不接受，陈余起身去厕所。这时，有个宾客劝张耳说："上天的赐予如果不接受，反会招来灾祸。您快取过来吧！"于是，张耳取过印绶，佩带在身上，又接收了陈余的部下。陈余就与手下亲信几百人到漳河之上水泽之中捕鱼猎兽去了。

春二月，沛公刘邦攻打昌邑，彭越带兵投奔刘邦。

彭越是昌邑人，经常到钜野泽中打鱼，结伙为强盗。楚国兵起时，泽中一百多个年轻人聚在一起，推举彭越为首领。彭越推辞说："我不愿意。"大家竭力请求，便答应了。彭越与大家约定明天日出时聚会，后到的斩首。等到了规定的时间，许多人都迟到了，甚至有人日中时才到。于是彭越抱歉地说："我老了，各位非要我当首领。今天约定的时间很多人都晚了，不可能都杀了，就杀最后一个来的吧。"大家都笑着说："何必这样认真！以后我们不敢了。"彭越还是杀了那个人。大家都非常吃惊，不敢仰视。于是彭越率领众徒攻取土地，收集散兵游勇，获得一千多人。至此，彭越率领部下士兵归附沛公刘邦。

沛公刘邦派郦食其到陈留去游说，陈留归附。

沛公刘邦经过高阳。高阳人郦食其家境贫困，落魄不得志，为里中守门人。其里中有人当了沛公刘邦的骑兵，郦食其对这个同里骑士说："诸侯将领经过此地的我都问过，都器量狭小，自以为是，不能听取宏伟大度的言论。现在听说沛公态度傲慢，看不起人，富有远见卓识，这真是我所愿意结交的人。你如果见到沛公，就对他说：'我里中有一个叫郦生的人，年有六十多，身长八尺，人皆称他是狂生。可郦生自称自己并不狂。'"骑兵说：

"公不好儒,客冠儒冠来者,辄解而溺其中,与人言,常大骂,未可以儒生说也。"郦生曰:"第言之。"骑士从容言之。沛公至传舍则使人召郦生。生至入谒,沛公方踞床,使两女子洗足而见生。生长揖不拜,曰:"足下欲助秦攻诸侯乎?且欲率诸侯破秦也?"沛公骂曰:"竖儒!天下同苦秦久矣,故诸侯相率而攻秦,何谓助秦攻诸侯乎?"生曰:"必聚徒合义兵,诛无道秦,不宜踞见长者。"公乃辍洗而起,延生上坐,问计。生曰:"足下兵不满万,欲以径入强秦,此所谓探虎口者也。夫陈留天下之冲,又多积粟,臣善其令,请得使之令下。"于是遣生行,而引兵随之,遂下陈留。号生为广野君,为说客使诸侯。其弟商亦聚众四千人,来属沛公。

夏四月,沛公攻颍川,略南阳。秋七月,南阳守齮降。

四月,沛公攻颍川,因张良略韩地。闻赵将司马卬欲渡河入关,公乃攻平阴,绝河津,南出轘辕。六月,略南阳,郡守齮战败,走保宛,沛公引兵过之。张良曰:"今不下宛,宛从后击,强秦在前,此危道也。"公乃夜从他道还围宛。七月,齮降,封殷侯。引兵而西,无不下者。所过亡得卤掠,秦民皆喜。

章邯以军降楚。

"沛公不喜欢儒生,有的宾客戴着儒冠来,沛公就解下儒冠,在里面撒尿,和人谈话,常常破口大骂,不可以说你是儒生。"郦食其说:"但说无妨。"骑兵便在空闲时向沛公刘邦说起郦食其。沛公刘邦到了高阳驿馆就派人召见郦食其。郦食其到了驿馆,进屋去拜见沛公刘邦。这时,刘邦正伸着两腿坐在床上,让两个女子给他洗脚,就这样接见郦食其。郦食其只行了一个弯腰到地的拱手礼,却没有跪拜,说道:"足下是想帮助秦朝攻打诸侯呢?还是想率领诸侯攻打秦朝呢?"沛公刘邦骂道:"无知的儒生!天下人共同遭受秦朝暴政的苦楚很久了,所以诸侯各国相继起兵攻打秦朝,怎么说帮助秦朝攻打诸侯呢?"郦食其说:"如果确实是聚集徒众,联合义军,诛灭无道的秦朝,不应该蹲坐着接见长者。"沛公刘邦于是停止洗脚,站起身来,请郦食其入上座,询问有什么高见。郦食其说:"足下的兵力不足一万人,要想直接打入强大的秦朝境内,这就是所谓的虎口拔牙的做法。陈留是天下交通的要冲,又储存着许多粮食。我与陈留县令友善,请让我出使陈留,劝他归顺。"于是,沛公刘邦派遣郦食其前往陈留,而自己率领军队跟在后面,终于拿下陈留。沛公刘邦号封郦食其为广野君,让他充当说客,出使诸侯各国。郦食其的弟弟郦商也聚众四千人,前来投靠沛公刘邦。

夏四月,沛公刘邦攻打颍川,进击南阳。秋七月,南阳郡守吕齮投降。

四月,沛公刘邦攻打颍川,通过张良去夺取韩国故地。听说赵将司马卬打算渡过黄河进入函谷关,刘邦便攻打平阴,切断黄河渡口,后又向南撤出辕辕。六月,刘邦攻夺南阳,南阳郡郡守吕齮战败,逃到宛城固守,刘邦领兵绕过宛城西进。张良说:"现在如果不拿下宛城,宛城守敌从后面攻击,强大的秦军在前面,这是很危险的路线。"于是,刘邦便从别的道路绕回来包围宛城。七月,吕齮投降,刘邦封他为殷侯。接着,刘邦领兵西进,沿途无不归降。刘邦所经过的地方禁止掳掠,秦地百姓都很欢喜。

章邯率领军队投降楚国。

章邯军棘原，项羽军漳南，相持未战。秦军数却，二世使人让邯。邯恐，使长史欣请事，留司马门三日，赵高不见。欣恐，走还报曰："赵高用事于中，下无可为者。今战胜，高疾吾功；不胜，不免于死。愿执计之。"陈余亦遗邯书曰："将军居外久，多内郤，有功亦诛，无功亦诛。且天之亡秦，无愚智皆知之，将军何不与诸侯为从约，分王其地？孰与身伏鈇质，妻子为戮乎？"邯狐疑，阴使羽，约未成。羽引兵连战大破之，邯复请降。乃与盟洹水上，立以为雍王，置楚军中，而使欣将其军为前行。

八月，沛公入武关。赵高弑帝于望夷宫，立子婴为王。九月，子婴讨杀高，夷三族。

初，中丞相赵高欲专秦权，群臣不听，乃持鹿献于二世曰："马也。"二世笑曰："丞相误耶，谓鹿为马。"问左右，或默，或言鹿。高因阴中诸言鹿者以法，后群臣皆畏之，莫敢言其过。

八月，沛公攻屠武关。高前数言关东盗无能为，至是二世使责让高。高惧，乃与其婿咸阳令阎乐谋，诈为有大贼，召吏发卒，使乐将之。至望夷宫殿门，缚卫令仆射，曰："贼入此，何不止？"遂斩之，射郎、宦者。或走或格，格者辄死。入，射上幄坐帷。二世怒，召左右，皆惶扰不斗。旁

章邯的军队驻扎在棘原,项羽的军队驻扎在漳南,相持未战。秦军多次失利退却,秦二世派人责备章邯。章邯恐惧,派长史司马欣回朝请示事务,在皇宫的外门司马门逗留了三天,赵高也没有接见。司马欣恐惧,奔回军中,报告说:"赵高在朝中专权,下面的人没有能有所建树的。现在作战如果能够胜利,赵高必定嫉妒我们的功劳;如果战败,我们终究不免被杀。希望您好好考虑这件事。"陈余也写信给章邯说:"将军在外面带兵很久了,朝廷内多有仇怨,有功劳也要被杀,没有功劳也要被杀。况且上天将要灭亡秦朝,这是无论愚蠢还是聪慧都明白的,将军为什么不与诸侯约定联合反秦,瓜分秦朝的土地而称王?这不比自己身伏斧砧、妻子儿女被杀戮要好吗?"章邯狐疑不定,暗中派使者到项羽军中谈判,没有达成协议。而后项羽领兵连续与章邯军作战,大破章邯军,章邯再次请求归降。于是,项羽与章邯在洹水岸边举行盟会,项羽立章邯为雍王,将他安置在楚军中,而让司马欣率领原来的秦军,充当前行部队。

　　八月,沛公刘邦进入武关。赵高在望夷宫将秦二世杀死,立子婴为王。九月,子婴攻杀赵高,诛灭他的三族。

　　起初,中丞相赵高打算独揽秦朝大权,唯恐群臣不肯听命,就牵来一只鹿献给秦二世,说:"这是一只马。"秦二世笑着说:"丞相错了,指鹿为马。"秦二世问左右随从,有人沉默不语,有人说是鹿。赵高便借机将说是鹿的人暗中绳之以法,从此群臣都畏惧赵高,不敢谈论他的过错。

　　八月,沛公刘邦攻进武关,屠杀全城。赵高以前多次说关东的盗贼成不了大事,至此,秦二世派人责备赵高。赵高畏惧,便与他的女婿咸阳令阎乐私下谋划,欺骗说发现大盗,于是召集捕吏,调动士卒,由阎乐率领行事。阎乐率军进入望夷宫的殿门,将卫令仆射绑起来,说:"大盗跑进这里来,为何不阻止?"便杀死了他,并射杀郎官和宦官,有的逃走,有的抵抗,反抗的人即被杀死。阎乐等人进入秦二世的住处,箭射秦二世的帷幄。秦二世大怒,召左右侍从,侍从都惶恐不安,不上前搏斗。二世旁边

有宦者一人侍，不去。二世谓曰："公何不早告我，乃至于此！"对曰："使臣早言，皆已诛，安得至今！"乐前数二世曰："足下骄恣，诛杀无道，天下皆畔，其自为计！"二世曰："吾愿得一郡为王。"弗许。"愿为万户侯。"又弗许。"愿与妻子为黔首。"乐曰："臣受命丞相，为天下诛足下！足下虽多言，臣不敢报。"麾其兵进，二世自杀。赵高曰："秦故王国，始皇君天下故称帝。今六国复立，宜为王如故，便。"乃立子婴为秦王，以黔首葬二世苑中。九月，高令子婴庙见受玺，子婴称疾不行。高自往请，子婴遂刺杀高，三族其家以徇。

沛公击峣关，破之。

秦遣兵拒峣关，沛公欲击之。张良曰："未可。愿益张旗帜为疑兵，而使郦生、陆贾往说秦将，啖以利。"秦将果欲连和，沛公欲许之。良又曰："不如因其怠而击之。"沛公遂引兵击秦军，大破之。

乙未（前206） 楚义帝心元，西楚霸王项籍元，汉王刘邦元，韩三年。雍王章邯、塞王司马欣、翟王董翳、西魏王豹、河南王申阳、殷王司马卬、代王赵歇、常山王张耳、九江王英布、衡山王吴芮、临江王共敖、辽东王韩广、燕王臧荼、胶东王田市、齐王田都、济北王田安元年。是岁，秦亡。新、旧大国三，小国十七，为二十国。而韩、塞、翟、辽东、胶东、齐、济北七国皆亡。又韩王郑昌、齐王田荣元年，定十五国。

冬十月，沛公至霸上，秦王子婴奉玺、符、节以降。

有一个宦官服侍着，没有离开。秦二世对他说："你为什么不早些告诉我，竟到了这个地步！"那个宦官回答说："若我早说了，跟着被诛杀，哪能活到现在！"阎乐走到秦二世面前，数落他说："足下骄横放纵，滥杀无辜，天下都已背叛，您自作打算吧！"秦二世说："我打算得到一郡为王。"阎乐不答应。秦二世又说："愿意为万户侯。"阎乐又不答应。秦二世于是说道："愿意与妻子儿女当个普通百姓。"阎乐说："我奉丞相之命，为天下诛杀足下！足下不管说什么，我也不能同意。"随即指挥士兵上前，秦二世自杀。赵高说："秦从前本是王国，始皇帝统一天下所以才称帝。如今六国又重新独立，应该像从前一样称王才合适。"于是立子婴为秦王，并以平民的身份，把秦二世埋葬在杜县宜春苑中。九月，赵高让子婴到宗庙拜见祖先，接受玺印，子婴托称有病，没有前往。赵高亲自去请，子婴便趁机刺杀赵高，并诛灭他家三族之人以示众。

沛公刘邦攻打峣关，随即攻克。

秦朝增派军队把守峣关，沛公刘邦打算攻打峣山。张良说："不可轻出。希望在山上虚设旗帜作为疑兵，然后再派郦食其、陆贾前往游说秦将，加以利诱。"秦将果然打算与刘邦联合，刘邦准备答应他们。张良又说："不如趁秦军懈怠而出兵攻击他们。"刘邦于是领兵进击秦军，大败秦军。

汉高帝

乙未（前206） 楚义帝心元年，西楚霸王项籍元年，汉王刘邦元年，韩王成三年。雍王章邯、塞王司马欣、翟王董翳、西魏王豹、河南王申阳、殷王司马卬、代王赵歇、常山王张耳、九江王英布、衡山王吴芮、临江王共敖、辽东王韩广、燕王臧荼、胶东王田市、齐王田都、济北王田安元年。这一年，秦朝灭亡。新、旧大国三个，小国十七个，有二十国。而韩、塞、翟、辽东、胶东、齐、济北七国都灭亡了。又韩王郑昌、齐王田荣元年，定十五国。

冬十月，沛公刘邦到达霸上，秦王子婴捧着玺、符、节来投降。

　　沛公至霸上，秦王子婴素车白马，系颈以组，封皇帝玺、符、节，降轵道旁。诸将请诛之，沛公曰："始，怀王遣我固以能宽容，且人已降，杀之不祥。"乃以属吏。

沛公入咸阳，还军霸上。除秦苛法。

　　沛公西入咸阳，诸将皆争取金帛财物，萧何独先入收丞相府图籍藏之，以此得具知天下厄塞，户口多少、强弱之处。沛公见秦宫室、帷帐、宝货、妇女，欲留居之。樊哙谏曰："凡此奢丽之物，皆秦所以亡也，公何用焉！愿急还霸上，无留宫中！"不听。张良曰："秦为无道，故公得至此。夫为天下除残贼，宜因缟素为资。今始入秦，即安其乐，此所谓助桀为虐。且忠言逆耳利于行，毒药苦口利于病，愿听哙言！"公乃还军霸上。悉召父老、豪桀，谓曰："父老苦秦苛法久，诸侯约先入关者王之，吾当王关中。与父老约法三章耳：杀人者死，伤人及盗抵罪，余悉除去。凡吾所以来，为父老除害，非有所侵暴，毋恐。"乃使人与秦吏行县乡邑，告喻之。秦民大喜，争持牛羊、酒食，献飨军士。公让不受曰："仓粟多，不欲费民。"民又益喜，唯恐沛公不为秦王。

项籍诈坑秦降卒二十余万于新安。

　　项羽率诸侯兵欲西入关。先是，诸侯吏卒、繇戍过秦

沛公刘邦到达霸上，秦王子婴坐着白马拉的素车，脖子上挂着印绶，捧着皇帝用的玺、符、节，在轵道道旁，伏地投降。诸将请求刘邦杀死秦王，沛公刘邦说："起初，怀王所以派我西入关中，本来是看我宽容，况且人家已经投降，杀掉他是不吉祥的。"便把秦王交付有关官员处置。

沛公进入咸阳，又回师驻扎在霸上。废除秦朝的苛刻法令。

沛公刘邦向西进入咸阳，各位将领都争着夺取秦朝府库里的金帛财物，只有萧何首先进入丞相府，收取府中所藏地图、书籍，加以保管，因此，刘邦才得知天下的险要关塞及各地户口的多少、兵力的强弱。刘邦看到秦朝的宫室、帷帐、财宝、妇女的豪华众多，打算留在宫中居住。樊哙劝谏说："所有的这些奢侈华丽的东西，都是造成秦朝灭亡的原因，您为何还要使用呢！希望急速返回霸上，不要留在宫中！"刘邦不听。张良又劝说："正因为秦朝无道，所以您才来到这个地方。要为天下清除残暴的坏人，应当以俭朴为本。现在刚刚进入秦国，就打算安享秦宫的逸乐，这就是所谓的助桀为虐了。况且忠言逆耳利于行，良药苦口利于病，希望您听取樊哙的意见。"刘邦于是回师在霸上驻扎。刘邦把所有的父老和豪杰都召来，对他们说："父老们受秦朝苛法的苦太久了！我与诸侯有约定，先入关的人称王，我应当在关中称王。我与父老们约定，法令只有三条：杀人者偿命，伤害人和偷盗的按情节轻重抵罪，其他的法令都全部废除。我们所以来到这里，是为父老们除害，不是来侵害残暴大家，请大家不要害怕。"便派人与秦朝的官吏到各县、乡、镇去巡视，向人民说明楚军来的目的。秦朝的百姓非常欢喜，争着拿出牛羊、酒食来款待楚军将士。刘邦推辞不受，说："仓库中的粮食还有很多，不想让百姓们破费。"百姓们更加欢喜，唯恐沛公刘邦不在秦地称王。

项籍以欺骗手段，在新安活埋从秦朝投降过来的士兵二十多万人。

项羽率领诸侯各国的军队打算向西进入关中。在此之前，诸侯各国军队中的官吏、士卒有的曾因服徭役或戍守边疆经过秦

中,秦人遇之多无状。及秦军降楚,诸侯吏卒乘胜折辱,奴
虏使之,秦吏卒多怨,窃言。羽计众心不服,至关必危,于
是夜击坑二十余万人新安城南,而独与章邯及长史欣、都
尉翳入秦。

**沛公遣兵守函谷关。项籍攻破之,遂屠咸阳,杀子婴,
掘始皇帝冢,大掠而东。**

或说沛公急遣兵守函谷关,无内诸侯军。沛公从之。
项羽至,大怒,攻破之。进至戏,飨士卒,欲击沛公。时羽
兵四十万在鸿门,沛公兵十万在霸上。范增曰:"沛公居山
东时,贪财好色。今入关,财物无所取,妇女无所幸,此其
志不在小,急击勿失!"羽季父项伯素善张良,夜驰告之,欲
与俱去。良曰:"良为韩王送沛公,今有急亡去,不义。"因
固要伯入见沛公。公奉卮酒为寿,约为婚姻,曰:"吾入关,
秋毫不敢有所近,籍吏民,封府库而待将军。所以守关者,
备他盗耳。日夜望将军到,岂敢反乎!愿伯具言臣之不
敢倍德。"项伯许诺,曰:"旦日不可不蚤自来谢。"去,具以
告羽,且曰:"人有大功而击之,不义。不如因善遇之。"羽
曰:"诺。"

沛公旦日从百余骑来见羽,谢。羽因留饮。范增数目
羽,举所佩玉玦示之者三。羽不应。增出,使项庄入前为
寿,请以剑舞,因击沛公杀之。庄入为寿毕,拔剑起舞。项

地,秦国人对待他们大多是无礼。等到秦军投降楚国后,诸侯各国的官吏、士卒又乘战胜之机来羞辱他们,把他们当作奴仆使唤。因此,原先的秦国官吏、士卒多有怨言,常常窃窃私语。项羽估计这些秦人众心不服,到达关中必然出事,于是夜间袭击他们,把二十多万人活埋在新安城南面,只有章邯及长史司马欣、都尉董翳跟着进入秦国。

沛公刘邦派遣军队守卫函谷关。项籍攻破了函谷关,随后进入咸阳,实行大屠杀,杀死子婴,掘秦始皇墓冢,掠夺后东去。

有人劝说沛公刘邦,应该急速派兵把守函谷关,不要让诸侯军进来。沛公刘邦听取了这个意见。项羽到达后,大为恼怒,率军攻破了函谷关。项羽军队抵达戏水,犒劳士卒,打算攻击沛公刘邦。当时,项羽有四十万士兵驻扎在鸿门,刘邦军有十万人驻扎在霸上。范增说:"沛公在山东时,贪财好色,如今入关后,却没有夺取任何财物,也没有宠幸美女,由此可以看出他的志向不小。应当尽快袭击他,勿失良机!"项羽的叔父项伯平素和张良关系很好,于是连夜驰马去告诉张良,打算和张良一起离开。张良说:"我奉韩王之命送沛公入关,一旦情况紧急就逃走,这是不义的行为。"因此非要坚持让项伯去见刘邦。刘邦手捧酒杯为项伯祝寿,并为双方儿女订立婚约,还说:"我入关后,秋毫不敢侵犯,只是登记吏民的户籍,封存府衙的仓库,以待项将军来临。我所以派人守关,这完全是防备别的盗贼侵入。我日夜都盼望项将军到来,哪敢背叛呢!希望您转告项将军,说我不敢背弃恩德。"项伯答应下来,并说:"明天早晨你自己一定早些来致谢。"项伯离开刘邦后,把刘邦的话全都告诉了项羽,并且说:"人家有大功而去攻击他,这是不义的行为。不如因此好好对待他。"项羽说:"好吧。"

刘邦第二天一早就带着一百多个骑兵来见项羽,向他致谢。项羽于是留他喝酒。酒宴之间,范增多次目视项羽,又举起所佩玉块暗示项羽三次。项羽却没有反应,范增只好走出,指使项庄入席为刘邦祝寿,并请求舞剑助兴,然后找机会袭击刘邦,把他杀死。于是,项庄入席为刘邦祝寿,祝寿结束便拔剑起舞。项

伯亦拔剑起舞,常以身翼蔽沛公,庄不得击。于是张良出见樊哙,告以事急。哙带剑拥盾直入,瞋目视羽,头发上指,目眦尽裂。羽曰:"壮士!"赐斗卮酒,一生彘肩。哙立饮啖之。羽曰:"能复饮乎?"哙曰:"臣死且不避,卮酒安足辞!夫秦有虎狼之心,天下皆叛,怀王与诸将约曰:'先入咸阳者王之。'今沛公先破秦入咸阳,劳苦功高,未有封爵之赏,而将军听细人之说,欲诛有功之人,此亡秦之续耳!窃为将军不取也。"羽无以应,命之坐。沛公遂起如厕,脱身独骑,哙等步从趣霸上,留张良使谢羽。羽问:"沛公安在?"良曰:"闻将军有意督过之,脱身独去,已至军矣。"因以白璧一双献羽,玉斗一双与增。羽受璧,增拔剑撞破玉斗,曰:"唉,竖子不足与谋!夺将军天下者必沛公也。吾属今为之虏矣。"

居数日,羽引兵西屠咸阳,杀秦降王子婴,烧宫室,火三月不灭;掘始皇帝冢,收货宝、妇女而东。秦民大失望。韩生说羽曰:"关中阻山带河,四塞之地肥饶,可都以霸。"羽见秦残破,又思东归,曰:"富贵不归故乡,如衣绣夜行耳。"韩生退曰:"人言楚人沐猴而冠,果然。"羽闻之,烹韩生。

春正月,项籍尊楚怀王为义帝。

项羽既入关,使人致命怀王,怀王曰:"如约。"羽怒曰:"怀王者吾家所立耳!非有功伐,何以得专主约!天下初

伯也拔剑起舞，时常以自己的身体侧着掩护刘邦，项庄没有机会袭击刘邦。这时，张良走出营帐去见樊哙，告诉他目前情况紧急。于是，樊哙带着剑，拥着盾，直入营帐，只见他瞪着眼睛怒视项羽，头发都竖起来，眼角都要裂开了。项羽说："原来是个壮士！"赐给他一斗酒，一条生猪肩。樊哙当即站在那里吃喝起来。项羽说："壮士还能喝酒吗？"樊哙说："我死都不怕，一杯酒哪里值得推辞！秦国早有虎狼之心，因此天下都反叛。怀王与诸位将领们约定说：'先进入咸阳的人为王。'如今沛公首先攻破秦军，进入咸阳，劳苦功高，不但没有封爵的赏赐，而且将军听信小人的说辞，打算诛杀有功之人，这不是步亡秦的后尘吗？我个人认为将军不应当这样做。"项羽无话可说，便让樊哙入座。刘邦便起身上厕所，趁机脱身，他一个人骑马，樊哙等人步行跟随着，赶回霸上，留下张良向项羽致谢。项羽问道："沛公在哪里？"张良说："听说将军有意要责备他的过错，一个人脱身跑了，估计已经回到军营。"于是，拿出一双白璧献给项羽，一双玉斗献给范增。项羽接受了玉璧，范增却拔剑撞破玉斗，说道："唉，这小子不足和他谋划大事！夺取将军天下的，肯定是沛公了。我们今后将成为他的俘虏。"

过了几天，项羽领兵西进咸阳，屠杀军民，杀死已经投降的秦王子婴，焚烧宫殿，大火延烧三个月不灭；又挖掘秦始皇墓，掠夺财物宝器和妇女，然后向东撤去。秦国百姓大失所望。韩生劝项羽说："关中地区依山傍水，四周都有险阻屏障，土地又肥沃，可以在此建都称霸。"项羽见秦地残破，又思东归，说道："富贵之后不回故乡，就好像穿着绣花锦衣在夜间走路啊。"韩生出来说："人说楚人像是猕猴戴帽子，果然如此。"项羽听说后，便把韩生活活煮死。

春正月，项籍尊楚怀王为义帝。

项羽入关以后，派人去回报请示楚怀王，楚怀王说："按先前约定的办。"项羽大怒说："怀王这个人是我们家扶立的，并非因为他建有什么功绩，怎么能够一个人做主定约呢！天下刚开始

发难时,假立诸侯后以伐秦,然被坚执锐,暴露三年,灭秦定天下者,皆将相诸君与籍力也。怀王虽无功,固当分地而王之。"乃阳尊怀王为义帝。又曰:"古之帝者,地方千里,必居上游。"乃徙义帝于江南,都郴。

二月,项籍自立为西楚霸王。

王梁、楚地九郡,都彭城。

立沛公为汉王。

项羽与范增疑沛公,而业已讲解,又恶负约。以巴、蜀道险,秦之迁人居之,乃曰:"巴、蜀亦关中也。"立沛公为汉王,王巴、蜀、汉中,都南郑。而三分关中,王秦降将,以距塞汉路。

章邯为雍王。

王咸阳以西,都废丘。

司马欣为塞王。

王咸阳以东,都栎阳。以故尝有德于项梁也。

董翳为翟王。

王上郡,都高奴。以劝章邯降楚也。

徙魏王豹为西魏王。

王河东,都平阳。项籍自欲取梁地也。

立申阳为河南王。

都洛阳。以先下河南迎楚也。

司马卬为殷王。

王河内,都朝歌。以定河内有功也。

起兵发难时,暂时拥立诸侯国君的后裔为王,是为了方便攻打秦朝,然而身披坚固的铠甲,手持锐利的兵器,风餐露宿三个年头,消灭秦朝,安定天下的,都是各位将相与我的力量。怀王虽然没有功劳,原本也应该分地称王。"于是表面尊奉怀主为义帝。又说:"古代称帝的,土地方圆有一千里的,必须要住在江河的上游。"于是把义帝迁移到长江以南,定都在郴县。

二月,项籍自立为西楚霸王。

管辖梁、楚故地九郡,建都彭城。

立沛公刘邦为汉王。

项羽与范增都怀疑刘邦,但已经和解,又不好负约。他们认为巴、蜀道路艰险,秦朝曾流放人到这里居住,于是说:"巴、蜀也算是关中之地。"立沛公刘邦为汉王,管辖巴、蜀、汉中,建都南郑。又三分关中,封秦朝投降的将领为王,以此阻塞汉军的通路。

章邯为雍王。

管辖咸阳以西地区,建都废丘。

司马欣为塞王。

管辖咸阳以东地区,建都栎阳。所以封王,是因为司马欣曾经对项梁有恩德。

董翳为翟王。

管辖上郡,建都高奴。所以封王,是因为董翳曾经劝章邯投降楚国。

改封魏王魏豹为西魏王。

管辖河东,建都平阳。所以改封,是因为项羽自己打算夺取魏地。

立申阳为河南王。

建都洛阳。所以封王,是因为申阳曾经率先攻下河南郡,迎接楚军。

司马卬为殷王。

管辖河内,建都朝歌。所以封王,是因为司马卬平定河内郡有功劳。

徙赵王歇为代王。

居代。

立张耳为常山王。

王赵地，治襄国。以从入关也。

英布为九江王。

都六。以为楚将常冠军也。

吴芮为衡山王。

都邾。以率百粤从入关也。

共敖为临江王。

都江陵。以击南郡功多也。

徙燕王广为辽东王。

都无终。

燕将臧荼为燕王。

都蓟。以从楚救赵入关也。

徙齐王市为胶东王。

都即墨。

齐将田都为齐王。

都临菑。以从楚救赵入关也。

田安为济北王。

都博阳。以下济北，引兵降楚也。

夏四月，诸侯罢兵就国。　　汉以萧何为丞相，遣张良归韩。

初，汉王以项羽负约，怒，欲攻之。萧何曰："虽王汉中之恶，不犹愈于死乎！"王曰："何也？"何曰："今众不如，百战百败，不死何为！夫能诎于一人之下，而信于万乘之上者，汤、武是也。臣愿大王王汉中，养其民以致贤人，收用

改封赵王赵歇为代王。

居住代地。

立张耳为常山王。

管辖赵地,建都襄国。所以封王,是因为张耳跟随楚军入关。

英布为九江王。

建都六地。所以封王,是因为英布为楚将,经常是勇冠三军。

吴芮为衡山王。

建都邾县。所以封王,是因为吴芮率领百粤部族之兵随从诸侯军入关。

共敖为临江王。

建都江陵。所以封王,是因为共敖攻打南郡功劳卓著。

改封燕王韩广为辽东王。

建都无终。

燕将臧荼为燕王。

建都蓟地。所以封王,是因为臧荼随从楚军营救赵国,并跟随诸侯军入关。

改封齐王田市为胶东王。

建都即墨。

齐将田都为齐王。

建都临菑。所以封王,是因为田都随从楚军救赵,并跟随入关。

田安为济北王。

建都博阳。所以封王,是因为田安攻下济北数城,率领军队投降楚军。

夏四月,各诸侯停止用兵,回到各自的封国。 汉王任命萧何为丞相,遣张良回到韩国。

起初,汉王刘邦因为项羽负约非常生气,打算攻打他。萧何说:"虽然在汉中称王不好,总比死亡要好吧!"汉王说:"什么意思?"萧何说:"现在兵众不如人家,百战百败,不死又怎么样? 能够屈从于一人之下,而伸大志于万乘大国之上的,是商汤和周武王。我希望大王在汉中称王,休养百姓以便招致贤才,充分利用

巴、蜀,还定三秦,天下可图也。"王曰:"善。"乃就国,以何为丞相。项王使卒三万人从汉王之国。楚与诸侯之慕从者数万人。张良送至褒中,王遣良归韩。良因说王烧绝所过栈道,以备盗兵,且示羽无东意。

五月,齐田荣击走齐王都,遂弑胶东王市,自立为齐王。秋七月,使彭越击杀济北王安,又击破西楚军。

田荣闻项羽徙田市而立田都为齐王,大怒,距击都走之。因留市不令之胶东。市畏羽,窃亡之国。荣怒,追击杀之。是时,彭越在钜野,有众万余人,无所属。荣与越将军印,使击田安,杀之。遂并王三齐。又使越击楚,大破其军。

西楚杀韩王成,张良复归汉。

项王以张良从汉王,废韩王成而杀之。良遂间行归汉。良多病,未尝特将。尝为燕策臣,时时从汉王。

汉王以韩信为大将,留萧何给军食。八月,还定三秦,雍王邯迎战,败走废丘。塞王欣、翟王翳降。

初,淮阴人韩信家贫无行,不得推择为吏,又不能治生产业,钓于城下。有漂母见其饥而饭之。信喜曰:"吾必有以重报母。"母怒曰:"大丈夫不能自食,吾哀王孙而进食,岂望报乎!"淮阴少年或众辱之曰:"若虽长大,好带刀剑,

巴、蜀的有利条件，然后回军平定三秦之地，这样就可以图谋整个天下了。"汉王说："很好。"便前往封国，任命萧何为丞相。项羽派了三万士卒跟随汉王到了封国。楚国与各诸侯国当中因仰慕汉王而追随的士卒有几万人。张良将汉王送到褒中，汉王让张良返回韩国。这时张良劝说汉王要烧毁所经过的栈道，以防备袭击他的军队，并且向项羽表示没有东进的意图。

五月，齐国的田荣攻击赶走齐王田都，后又杀死了胶东王田市，自立为齐王。秋七月，派遣彭越攻击杀死了济北王田安，又打败了西楚的军队。

田荣听说项羽改封田市而立田都为齐王，非常恼怒，抵制和攻击田都，迫使田都逃跑了。于是就留下田市，不让他去胶东。田市惧怕项羽，就偷偷地逃往他的封国。田荣得知后大怒，追击杀死了他。那时，彭越在钜野，部众有一万多人，没有归属。田荣便给彭越将军官印，让他攻打济北王田安，不久杀死了田安。于是，田荣兼并了齐、济北、胶东三齐的土地。田荣又派彭越攻打楚国，大败楚军。

西楚项王杀死韩王韩成，张良又归属汉王。

项羽因为张良追随过汉王刘邦，所以废掉了韩王韩成，并把他杀死。张良就秘密地出发，归附汉王。张良身体多病，未曾独自领兵打仗，经常为汉王出谋划策，时时跟在汉王的身边。

汉王任命韩信为大将，留下萧何负责军粮供给。八月，汉王还军平定三秦，雍王章邯迎战，战败后逃到废丘。塞王司马欣、翟王董翳投降汉王。

起初，淮阳人韩信家境贫穷，又没有什么突出的品行，不能够被地方推荐择用为吏，再加上本人不会经商做买卖谋生，只好在城下钓鱼。有一个在水边漂洗丝绵的老太太，看见韩信饥饿的样子，便拿饭给他吃。韩信很高兴，对老太太说："我以后一定重重报答老人家。"老太太生气地说："大丈夫不能自食其力，我是可怜公子才给饭吃的，难道是希望有什么报答吗！"淮阳地方的年轻人有时聚众侮辱他说："你虽然个子高大，喜欢佩带刀剑，

中情怯耳。能死，刺我；不能死，出我袴下。”于是信熟视之，俯出袴下，一市皆笑。

及项梁渡淮，信杖剑从之。后又数以策于羽，不用。亡归汉，未知名。坐法当斩，其辈皆已斩，次至信，信仰视，适见滕公，曰：“上不欲就天下乎？何为斩壮士！”滕公奇其言、壮其貌，释不斩。与语说之，言于王，王亦未之奇也。信数与萧何语，何奇之。王至南郑，将士皆歌讴思归，多道亡者。信度何等已数言，王不我用，即亡去。何不及以闻，自追之。人言于王曰：“丞相何亡。”王怒，如失左右手。

居三日，何来谒，王骂曰：“若亡何也？”曰：“臣不敢亡，追亡者耳。”王曰：“所追者谁？”曰：“韩信也。”王复骂曰：“诸将亡者以十数，公无所追，追信诈也。”何曰：“诸将易得，如信国士无双。王必欲长王汉中，无所事信；必欲争天下，非信无足与计事者。顾王策安决耳。”王曰：“吾亦欲东耳，安能郁郁久居此乎！”何曰：“计必东，能用信，信即留。不然，信终亡耳。”王曰：“吾为公以为将。”何曰：“信不留也。”王曰：“以为大将。”何曰：“幸甚！”于是王欲召信拜之。何曰：“王素慢无礼，今拜大将如呼小儿，此信之所以

但是内心却是胆怯的。如果你不怕死，就来刺我；如果你怕死，就从我的胯下爬过去。"于是韩信看了他半天，低下身子从他的胯下爬了过去。满街的人都嘲笑韩信。

等到项梁渡过淮河以后，韩信曾经持剑跟随过他。后来又曾多次给项羽出谋划策，项羽没有采用。后来他逃离楚军，归顺汉王，仍然不被人器重。韩信犯了法，理当斩首，他的同伙都已经被斩首，该轮到他了，他抬头仰视，刚好看见了滕公夏侯婴，便说道："汉王不打算取天下吗？为何斩杀壮士！"滕公感到他说话惊人，相貌雄伟，便释放了他，没有处决。滕公与韩信叙谈，很欣赏他，便告诉了汉王，汉王却没有看出韩信有什么特别的地方。韩信曾经多次与萧何聊天，萧何觉得他不同于常人。汉王到了南郑，将士们都唱起思念家乡的歌，想回去，在路上就有不少的人逃走了。韩信估计萧何等人已经多次向汉王推荐过自己，既然汉王不打算重用自己，便也逃走了。萧何得知后，来不及向汉王禀报，就亲自去追韩信。有人告诉汉王说："丞相萧何逃跑了。"汉王大怒，好像失掉了左右手一样。

过了三天，萧何来拜见汉王，汉王骂道："你为什么逃跑？"萧何说："我不敢逃跑，我是去追赶逃跑的人啊。"汉王说："你追的是谁？"萧何说："是韩信。"汉王又骂道："逃跑的将领已经有几十人了，你都不追赶，如今说追赶韩信，纯粹是撒谎！"萧何说："那些将领很容易得到，像韩信这样的人才，却是天下无双的杰出人才。大王打算永久统辖汉中，那就不必使用韩信；如果一定要争夺天下，那就非要韩信来共同商讨大事才行。这就看大王是如何决策了。"汉王说："我也是打算向东发展啊，怎么能郁闷不乐地总是待在这里呢！"萧何说："如果决定向东发展，能够重用韩信，韩信就能留下。否则，他终究还会跑掉的。"汉王说："那么我就看在你的面子上，任命他为将军吧。"萧何说："他不会留下来的。"汉王说："任命他为大将。"萧何说："太好了。"于是，汉王打算召韩信前来，拜他为大将。萧何说："大王素来傲慢无礼，如今拜大将犹如呼喊小孩子一样，这正是韩信所以

去也。必欲拜之，择日斋戒，设坛具礼，乃可耳。"王许之。

诸将皆喜，人人自以为得大将，至拜，乃韩信也，一军皆惊。礼毕，上坐。王曰："丞相数言将军，将军何以教寡人乎？"信辞谢，因曰："大王自料，勇悍仁强孰与项王？"王默然良久曰："不如也。"信再拜贺曰："惟信亦以为大王不如也。然臣尝事项王，请言项王之为人也：项王喑噁叱咤，千人皆废，然不能任属贤将，此匹夫之勇耳。见人慈爱，言语呕呕，至人有功当封爵者，印刓敝，忍不能予，此妇人之仁也。虽霸天下，不居关中而都彭城；背约而以亲爱王，诸侯不平；逐义帝，置江南；所过残灭，民不亲附；名虽为霸，实失天下心，故其强易弱。今大王诚能反其道，任天下武勇，何所不诛！以天下城邑封功臣，何所不服！以义兵从思东归之士，何所不散！且三秦王将秦子弟数岁，所杀亡不可胜计；又欺其众，降诸侯，及项王坑秦卒，唯此三人得脱。秦父兄怨之，痛入骨髓，而楚强以威王之。大王入关，秋毫无所害，除秦苛法；于诸侯之约，又当王关中，而失职入汉中，秦民无不恨者。今举而东，三秦可传檄而定也。"王大喜，自以为得信晚。遂部署诸将，留萧何收巴、蜀租，给军粮食。

离去的原因。如果决心打算拜他为大将,就要选择好日子,进行沐浴斋戒,设置拜将坛,准备好一切礼仪,这才可以。"汉王应许了。

诸将听说后人人欢喜,都以为自己能当上大将。到了拜大将的时辰,大家才知道所拜的人是韩信,全军为之震惊。礼仪完毕,韩信入座。汉王说:"丞相多次提起将军,将军有什么高见来教导寡人吗?"韩信谦让一番,便对汉王说:"大王自己估计,就勇敢、剽悍、仁爱、刚强等方面来看,比起项王怎么样?"汉王沉默许久,说道:"我不如他。"韩信拜了再拜,赞许说:"我也认为大王在这些方面不如项王。不过,我曾经事奉过项王,请让我谈谈他的为人:项王一旦厉声怒喝,千百人都会吓得失魂落魄,然而不能任用贤良的将领,这不过是匹夫之勇。项王对人慈爱,言语温和,但是当将领有功应该封爵时,他却把封爵的印信拿在手里,印被磨损了也不舍得授给人家,这不过是妇人之仁。项王虽然称霸天下,却不据守关中而建都彭城;背弃约定而把自己的亲信分封为王,诸侯愤愤不平;把义帝赶走,安置到江南;凡是项王军队所经过的地方,无不惨遭杀戮破坏,百姓不愿意亲附他;名为霸王,实际上已经丧失天下民心,所以他的强大很容易转化为衰弱。现在大王如果确实能够反其道而行之,任用天下勇敢善战的人,有什么敌人不能消灭呢!拿出天下的城邑封赏给有功之臣,有什么人不心悦归服呢!率领正义之师,顺从思念东归的将士,有什么要塞险阻攻不破呢!再说分封在秦地的三个秦王,他们率领秦国子弟作战有好几年了,其中被杀死和逃亡的不计其数;他们又欺骗众人,投降诸侯军,结果被项王全部坑杀,只有这三个人得以脱险。秦国的父老兄弟怨恨这三个人,恨之入骨,而项王倚仗自己的威势,强行把这三个人封为秦王。大王入关,却秋毫无犯,还废除了秦朝苛刻的法令;按照各诸侯的约定,大王本应在关中为王,然而大王失去了关中的封爵而去了汉中,秦地的百姓没有不怨恨的。现在大王举兵东进,三秦之地只要发出一道檄文就可以平定。"汉王大喜,自己认为得到韩信太迟了。于是部署诸将,留下萧何收取巴、蜀地区的赋税,以便供给军饷。

八月，从故道出，章邯迎战，败走废丘。王至咸阳，欣、翳皆降。张良遗项王书曰："汉王失职，欲得关中，如约即止，不敢东。"又以齐、梁反书遗之，羽以故无西意，而北击齐。

西楚立郑昌为韩王。　燕王荼弑辽东王广。　王陵以兵属汉。

陵，沛人，聚党居南阳。至是，始以兵属汉。楚执其母，欲以招之。其母因使者语陵曰："汉王长者，终得天下，无以我故持二心。"遂伏剑而死。

丙申（前205）　西楚二年，汉二年。是岁，楚、常山、河南、韩、殷、雍、魏七国皆亡。凡二大国，及代、九江、衡山、临江、燕、齐六小国，为八国。又赵王歇后元、代王陈余、韩王信皆元年，而齐王假王，广代立，定十二国。

冬十月，西楚霸王项籍弑义帝于江中。

项籍使人趣义帝行，其大臣稍稍叛之，籍乃密使吴芮、黥布、共敖击杀之江中。

陈余以齐兵袭常山，常山王耳走汉，代王歇复为赵王，立余为代王。

初，田荣数负项梁，又不从楚击秦，以故不封。陈余不从入关，亦不封。客或说羽曰："张耳、陈余一体，今耳王，余不可不封。"羽不得已，封之三县。余怒，使人说齐王荣曰："项羽为天下宰不平，尽王诸将善地，徙故王于丑地，愿大王资余兵击常山，复赵王。"齐王许之，共袭常山。耳亡走汉，余迎代王歇复王赵，歇立余为代王。余留傅赵王，

八月，汉王率军从故道出兵，章邯迎战，失败后逃到废丘。汉王到达咸阳，司马欣、董翳都投降了。张良给项王写了一封信，信中说："汉王失去了应该封他的爵位，打算再得到关中，如果能够按照原来的约定成为关中王，就马上停止用兵，不再向东进军。"他又把齐、梁两地的反楚的信件送给项羽，项羽因此也就打消了向西进攻的念头，改为向北攻击齐地。

西楚项王立郑昌为韩王。　燕王臧荼杀死辽东王韩广。王陵领兵归附汉王。

王陵是沛县人，他曾经聚集党徒驻扎在南阳。至此时，他才带兵归附汉王。楚王抓住王陵的母亲，打算以此召回王陵。他的母亲让使者转告王陵说："汉王是位长者，最终会得到天下，不要因为我的缘故有二心。"说完就伏剑自杀了。

丙申（前205）　西楚霸王二年，汉王二年。这一年，楚、常山、河南、韩、殷、雍、魏七国都灭亡了。两个大国，和代、九江、衡山、临江、燕、齐六小国，共八国。又有赵王歇后元、代王陈余、韩王信都是元年，而齐王田假被封王，田广代其位而为齐王，这是十二国。

冬十月，西楚霸王项籍派人在长江中杀害了义帝。

项羽派人催促义帝前往江南，义帝的左右大臣也渐渐背叛了他，项羽便秘密派遣吴芮、英布，共教在长江中杀害了义帝。

陈余以齐军袭击常山，常山王张耳兵败逃到汉王那里，代王赵歇又重新恢复为赵王，赵歇立陈余为代王。

起初，田荣多次有负于项梁，又不随从楚军攻打秦军，所以没有受封。陈余不随从入关，也没有受封。宾客劝项羽说："张耳、陈余是一起的，现在张耳为王，陈余不能不封。"项羽不得已，封给陈余三县。陈余生气，派人劝齐王田荣说："项羽作为天下的主事人太不公平，把好地方全给了各位将领，却改封故王到坏地方去。希望大王资助我兵力攻打常山，恢复赵王的封地。"齐王田荣答应了他，共同攻打常山。张耳兵败逃到汉王那里，陈余迎接代王赵歇回到赵地，赵歇立陈余为代王。陈余留下来辅佐赵王，

而使夏说守代。

汉王如陕，镇抚关外父老。　河南王阳、韩王昌降汉。

十一月，汉立韩王孙信为韩王。　汉王还都栎阳。　春正月，楚击齐，王荣败走死。楚复立田假为齐王。

项羽所过烧夷城郭、室屋，坑其降卒，系虏老弱、妇女，多所残灭，齐民相聚叛之。

三月，汉王渡河，魏王豹降，虏殷王卬。以陈平为护军中尉。

阳武人陈平，家贫，好读书。里中社，平为宰，分肉食甚均。父老曰："善，陈孺子之为宰。"平曰："嗟乎，使平得宰天下，亦如是肉矣。"事魏王咎，为太仆。不用，去，事项羽。殷王反，羽使平击降之；还，拜都尉，赐金二十镒。及汉下殷，羽怒，将诛定殷将吏。平惧，乃封其金与印，使使归羽，乃挺身杖剑，间行归汉。因魏无知求见，王与语说之，问："居楚何官？"曰："为都尉。"即拜都尉，使参乘，典护军，诸将尽欢。王闻之，益厚平。周勃等言于王曰："陈平虽美如冠玉，其中未必有也。居家时，尝盗其嫂，今为护军，多受诸将金。平，反覆乱臣也，愿王察之。"王召让魏无知，无知曰："臣所言者能也，王所问者行也。今有尾生、孝己之行，而无益胜负之数，王何暇用之乎！"王召让平曰：

而派遣夏说去守代。

汉王到了陕县,安抚关外的父老。 河南王申阳、韩王郑昌投降了汉王。 十一月,汉王立原韩襄王的孙子韩信为韩王。

汉王回到栎阳,并建立都城。 春正月,楚国攻打齐国,齐王田荣兵败,在逃亡中被杀。楚王又重新立田假为齐王。

项羽所过之处,肆意焚烧、摧毁城郭和房屋,坑杀齐军的降兵,掳掠齐国的老弱、妇女,残杀无辜,齐国的百姓便聚集起来反叛项羽。

三月,汉王渡过了黄河,魏王魏豹投降,汉军俘虏了殷王司马印。汉王任命陈平为护军中尉。

阳武人陈平,他的家境贫穷,却很喜欢读书。乡里遇上社日时,由陈平主管社事,他分肉食分得非常均匀。乡里父老们说:"陈孺子管分肉的事管得好啊!"陈平说:"唉,倘若有机会叫我管理天下,我也会像分肉一样。"陈平曾经事奉魏王咎,做过他的太仆。后来魏王又不用他了,于是陈平离开魏王,去事奉项羽。殷王司马印反楚,项羽派遣陈平去攻打殷王,迫使殷王投降。陈平返回后,项羽任命他为都尉,赏赐他二十镒黄金。等到汉王打败殷王司马印时,项羽很恼怒,准备诛杀平定殷国的将吏。陈平害怕,便把项羽封给他的官印和赏赐的黄金包起来,派使者归还项羽,然后挺身佩剑,偷偷跑到汉王那里,打算归附汉王。陈平通过魏无知求见汉王,汉王与他谈了话,很高兴,问道:"你在楚国做什么官?"陈平说:"做都尉。"于是拜他为都尉,让他陪乘,又让他主管护军。诸位将领听说后,都喧哗起来。汉王知道后,更加厚待陈平。周勃等人对汉王说:"陈平虽然长得美如冠玉,但是骨子里未必有什么真货色。他在家里时,曾经偷过自己的嫂子,现在当护军,又多次接受诸将的贿赂。陈平是个反覆的乱臣,希望大王详察。"于是汉王把魏无知召来,责备了他,魏无知说:"我所讲的是他的才能,大王所责问我的是他的品行。假设现在有像尾生、孝己这样品行的人,但却对战争的胜负毫无裨益,大王哪有闲暇使用他们呢?"汉王又把陈平召来,责问他说:

"先生事魏不中,事楚而去,今又从吾游,信者固多心乎!"平曰:"魏主不能用臣故去,项王不能信人,所任爱,非诸项即妻之兄弟,臣闻汉王能用人,故来归。然裸身来,不受金无以为资。诚臣计画,有所采者,愿大王用之;使无可用者,金具在,请封输官,得乞骸骨。"王乃谢平,厚赐之,拜护军中尉,尽护诸将,诸将乃不敢复言。

汉王至洛阳,为义帝发丧,告诸侯讨项籍。

汉王至洛阳新城,三老董公遮说曰:"顺德者昌,逆德者亡。兵出无名,事故不成。故曰:'明其为贼,敌乃可服。'项羽无道,放杀其主,天下之贼也。夫仁不以勇,义不以力,大王宜率三军为之素服,以告诸侯而伐之,则四海之内莫不仰德,此三王之举也!"于是汉王发丧,哀临三日,告诸侯曰:"天下共立义帝,北面事之。今项羽弑之,大逆无道!寡人悉发关中兵,收三河士,愿从诸侯王击楚之杀义帝者。"

夏四月,齐王荣弟横立荣子广为王,击王假走之。汉王率五诸侯兵伐楚,入彭城。项籍还破汉军,以汉太公、吕后归。

项羽虽闻汉东,欲遂破齐而后击汉,以故汉王得率五诸侯兵,凡五十六万人伐楚。彭越收魏地得十余城,至是将其兵三万人归汉,请立魏后。汉王曰:"西魏王豹,真魏后。"乃以彭越为魏相国,将其兵略梁地。遂入彭城,收其

"先生事奉魏王不中意，事奉楚王不久又离去，如今又投奔我，讲信用的人难道这样多心吗！"陈平说："魏王不能用我，我所以离去；项王不能信任人，所重用宠爱的，不是项家人便是妻子的兄弟，我听说汉王能够用人，所以投奔归附。然而我空身而来，不接受馈金无法生活。如果我的策划确实有值得采取的，希望大王可以任用我；如果我的策划无所可取，这些馈金都在，请求把馈金封存没收入官，允许我辞职还乡。"汉王便向陈平道歉，给他丰厚的赏赐，拜他为护军中尉，统管所有将领，诸将于是不敢再议论纷纷。

汉王到达洛阳，为义帝发丧，通告诸侯讨伐项籍。

汉王到了洛阳的新城，三老董公在路上拦着他说道："顺德者昌，逆德者亡。兵出无名，事故不成。所以说：'让天下都清楚谁是盗贼，这个盗贼才可以被制服。'项羽是无道之人，驱逐并杀死了他的君主义帝，他就是天下的盗贼。仁德不靠勇武，信义不靠强力，大王应当率领三军为义帝服丧，并通告各诸侯来讨伐他，那么四海之内都会敬仰您的大德，这是效仿夏、殷、周三王的行为啊！"于是汉王为义帝发丧，举哀守丧三天，然后通知各诸侯说："天下共立义帝，对他北面称臣。如今项羽杀害义帝，实属大逆不道！寡人要尽发关中军队，征收河内、河南、河东三郡将士，愿意与各诸侯王一起共同攻打楚国中杀害义帝的人。"

夏四月，齐王田荣的弟弟田横拥立田荣的儿子田广为齐王，攻击齐王田假，并把他赶跑。 汉王率领五个诸侯的军队讨伐楚王，进入彭城。项羽返回来击败了汉军，并押着汉王的父亲和吕后回去。

项羽虽然听说汉王率军东进，但是打算攻破齐国后再攻打汉王，所以让汉王有机会率领五个诸侯国的军队，总计五十六万人来讨伐楚国。彭越夺取了魏地十多座城邑，此时，他率领军队三万人来归属汉王，并请求汉王封魏国国君的后裔为王。汉王说："如今西魏王魏豹便是真正的魏国后裔。"便任命彭越为魏国国相，派他率兵攻取魏地。于是汉王进入彭城，收取了那里的

货宝、美人,日置酒高会。羽闻之,自以精兵三万还击,破汉军。汉军入谷、泗及睢水,死者二十余万人,水为不流。围汉王三匝。会大风昼晦,王乃得与数十骑遁去。欲过沛收家室,道逢子盈及女载以行,而太公、吕后为楚军所获。诸侯复背汉与楚。王间往从吕后兄周吕侯于下邑,收其兵。

汉王遣随何使九江。

初,项羽击齐,征兵九江,黥布称疾,遣将将数千人往。及汉入彭城,布又不佐楚。羽由是怨之。至是汉王西过梁地,问群臣曰:"吾欲捐关以东,等弃之,谁可与共功者?"张良曰:"九江与楚有隙,彭越与齐反梁地,此两人可急使。而汉将独韩信可属大事,当一面。捐之此三人,则楚可破也。"王谓左右曰:"孰能为我使九江,令倍楚?留项王数月,我取天下可以百全。"谒者随何请使,王遣之。

五月,汉王至荥阳。

王至荥阳,诸败军皆会,萧何发关中老弱未傅者,悉诣荥阳,汉军复大振。楚以故不能过荥阳而西。汉遂筑甬道属之河,以取敖仓粟。

魏王豹叛汉。 **汉王还栎阳,立子盈为太子。** **汉兵围废丘,雍王邯自杀,尽定雍地。** **关中饥,人相食。** **秋八月,汉王如荥阳,命萧何守关中,立宗庙、社稷。**

财物珍宝和美女，天天设宴聚饮。项羽听说后，亲自率领精锐部队三万人返回，攻击并打败了汉王的军队。汉军败逃落入地谷水、泗水和睢水，被斩杀、溺死二十多万人，尸体塞住河道，水为之不流。项羽军队包围了汉王，里外足有三层。适逢刮起大风，天地昏暗，汉王才与数十个骑兵得以脱围逃去。汉王打算经过沛县，接取家室一起走，在半路上遇到长子刘盈和女儿，便让他们乘车同行。汉王的父亲和吕后被楚军抓获。于是，诸侯又背弃汉王，归附楚王。汉王从小路投奔到吕后的哥哥周吕侯驻扎的下邑，收集部下溃散的士兵。

汉王派遣随何出使九江。

起初，项羽攻打齐国，向九江王征调军队，九江王英布声称生病，只派了一位将军带了几千人前往。及至汉王进入彭城，英布又不帮助楚王。因此，项羽怨恨英布。此时，汉王西过梁地，问群臣们说："我打算把函谷关以东地区送给别人，不要了，你们看给谁可以与我共同建功立业呢？"张良说："九江王英布与楚王有矛盾，彭越与齐王田荣联合正在梁地反楚，这两个人可以马上任用。而汉王的将领，只有韩信可以委任大事，能够独当一面。如果把关东地区送给这三个人，那么楚军可以被打败。"汉王又对左右的臣僚们说："谁能为我出使九江，让九江王背弃楚国？拖住项王几个月，我们夺取天下就有百分之百的把握了。"谒者随何请求担任出使任务，汉王便派他前往。

五月，汉王到达荥阳。

汉王到达荥阳后，各路败军都前来会合，萧何又将关中没有登记入徭役册的老弱之人征调为兵，全部派往荥阳，于是汉军的声势又重新大振。楚军因此不能越过荥阳而向西进军。汉军就在这里修建甬道，直抵黄河边上，以便从敖仓运输粮食。

魏王魏豹背叛汉王。 汉王回到栎阳，立儿子刘盈为太子。汉军围攻废丘，雍王章邯自杀，全部平定了雍地。 关中闹饥荒，出现人吃人的现象。 秋八月，汉王前往荥阳，命令萧何守卫关中，并修建宗庙、社稷。

王如荥阳，命萧何侍太子守关中，为法令约束，立宗庙、社稷，事有不及奏决者，辄以便宜施行，上来以闻。计关中户口，转漕，调兵以给军，未尝乏绝。

汉韩信击魏，虏王豹，遂北击赵、代。

汉使郦生说魏王豹，且召之。豹不听，曰："汉王慢而侮人，骂诸侯、群臣如骂奴耳，吾不忍复见也。"于是汉王以韩信为左丞相，与灌婴、曹参俱击魏。王问食其："魏大将谁也？"对曰："柏直。"王曰："是口尚乳臭，安能当韩信！""骑将谁也？"曰："冯敬。"曰："虽贤不能当灌婴。""步卒将谁也？"曰："项它。"曰："不能当曹参。吾无患矣。"信亦问："魏得无用周叔为大将乎？"曰："柏直也。"信曰："竖子耳。"遂击虏豹，定魏地。信请兵三万人，愿以北举燕、赵，东击齐，南绝楚粮道。王遣张耳与俱。九月，破代兵，禽夏说。

丁酉（前204）　西楚三年，汉三年。是岁，赵、代、九江三国亡。二大国并衡山、临江、燕、齐、韩五小国，凡七国。

冬十月，韩信大破赵军，禽王歇，斩代王余，遣使下燕。

韩信、张耳击赵，赵聚兵井陉口，号二十万。广武君李左车谓陈余曰："信、耳乘胜远斗，其锋不可当。今井陉之道，车不得方轨，骑不得成列，其势粮食必在后。愿假臣奇兵三万，从间道绝其辎重，足下深沟高垒，勿与战。彼前不得

汉王前往荥阳，命令萧何侍奉太子守卫关中，制定各种规章、法令，修建宗庙、社稷，遇有来不及上奏裁决的事情就灵活处理，待汉王回来后再报告。萧何在关中清查户口，转运军粮，调配兵力以补充军队，从来没有困乏间断过。

汉将韩信攻打魏国，俘虏了魏王魏豹，于是向北进攻赵地、代地。

汉王派郦食其劝说魏王魏豹，并且召他来荥阳。魏豹不从，说："汉王傲慢，又好侮辱人，骂诸侯、群臣如同骂奴才一样，我不愿意再见到他。"于是，汉王任命韩信为左丞相，与灌婴、曹参一同攻打魏国。汉王问郦食其："魏国的大将是谁?"郦食其回答说："柏直。"汉王说："是个乳臭未干的人，怎能抵挡韩信!"汉王又问："骑兵将领是谁?"郦食其回答说："冯敬。"汉王说："虽然是个贤将，但比不上灌婴。"汉王又问："步兵将领是谁?"郦食其回答说："项它。"汉王说："比不上曹参。这我就放心了。"韩信也问："魏国没有能够用周叔为大将吧?"郦食其说："用的是柏直。"韩信说："不过是个无知的小子而已。"于是出兵进击，俘虏了魏豹，平定了魏地。韩信请求率领三万士兵，愿意向北夺取燕、赵，向东袭击齐地，向南切断楚军的粮道。于是汉王派遣张耳与韩信一起出兵。九月，韩信攻破代军，擒获夏说。

丁酉（前204） 西楚霸王三年，汉王三年。这一年，赵、代、九江三国灭亡。二大国加上衡山、临江、燕、齐、韩五小国，共七国。

冬十月，韩信大破赵军，擒获赵王赵歇，斩杀了代王陈余，派遣使者使燕国归降了汉王。

韩信、张耳攻打赵国，赵国把军队集结在井陉口，号称二十万人。广武君李左车对陈余说："韩信、张耳乘胜远来战斗，其锋锐不可当。现如今这条井陉之道，车辆不能并行，骑兵不能成列，由于这种情况，随军的粮草必然落在后面。希望暂时拨给我奇兵三万人，从小道去切断他们的输送粮草物资的车辆，而足下据守在深沟高垒之中，不要与他们作战。这样，他们向前不能

斗,退不得还,野无所掠,不十日而两将之头可致麾下。否则,必为二子所禽矣。"余尝自称,义兵不用诈谋奇计,不用左车策。信间视知之大喜,乃敢遂下。未至井陉口,止舍。夜半传发,选轻骑二千人,人持一赤帜,从间道萆山而望赵军,戒曰:"赵空壁逐我,即疾入赵壁,拔其帜而易之。"令裨将传餐,曰:"今日破赵会食!"乃使万人先行,出,背水阵,赵军望见皆大笑。

平旦,信建大将旗鼓,鼓行出井陉口,赵开壁击之,大战良久。于是信、耳佯弃鼓旗,走水上军,赵果空壁逐之。信所遣骑驰入赵壁,拔赵帜,立汉帜。水上军皆殊死战。赵军已失信等,欲归壁,见帜大惊,遂乱遁走。汉兵夹击,大破之,斩陈余,禽赵王歇。

诸将毕贺,因问曰:"兵法:'右倍山陵,前左水泽。'今背水而胜,何也?"信曰:"兵法不曰'陷之死地而后生,置之亡地而后存'乎?且信非得素拊循士大夫也,所谓'驱市人而战之',非置死地使人自为战,彼将皆走,尚可得而用之乎!"诸将皆服。信以千金募生得李左车者,解其缚,东乡坐,师事之。问曰:"仆欲北攻燕,东伐齐,何若而有功?"左

战斗退却又无路可回,野外没有什么东西可以抢掠,不出十日,韩信、张耳两个人的头颅就可以献到您的帐下。否则,必定被这两个人生擒。"陈余曾经自称,作为义兵不用诈谋奇计,因此没有采纳李左车的计策。韩信通过间谍得知这一情况后,非常欢喜,这才敢率军直下。在距离井陉口还有一段路的地方,停下来休息。夜半时,传令出发,挑选二千名轻骑,每人手持一面赤色旗子,从小路上山,隐蔽在山后,观察赵军的动静,并告诫他们说:"赵军一旦倾巢而出来追杀我军,你们就迅速冲进赵军的营垒,拔掉赵军的旗帜而换上汉军的旗帜。"又命令副将传送给战士们一些食物,并说道:"今天打败赵军后再会餐!"韩信随即派出一万人首先进军,从营寨出来后,背靠河水摆开战阵,赵军望见后都大笑起来。

天刚亮,韩信树立大将的旗帜,敲起战鼓,冲出井陉口,赵军于是打开营寨,出击汉军,双方激战不已。这时,韩信、张耳假装丢掉战鼓和旗帜,败逃到河边的阵地,于是赵军倾巢而出,追击汉军。韩信早已派遣的二千骑兵飞快地冲进赵军营寨,拔掉原来的旗帜,竖起汉军的旗帜。韩信这边在河边的将士拼死战斗。赵军见不可能擒获韩信等人,便打算返回营寨,但是当他们发现旗帜已经换了样后,大吃一惊,顿时混乱起来,纷纷逃走。汉军两头夹击,大败赵军,斩杀陈余,擒获了赵王赵歇。

各位将领都来向韩信祝贺,趁机问道:"兵法上说:'列阵布兵要右边靠着山陵,前面对着川泽。'如今背水列阵却打了胜仗,这是什么原因?"韩信说:"兵法上不是又说'陷之死地而后生,置之亡地而后存'吗?再说我的部下并非是训练有素的将士,而是人们所说的'驱赶着街上的老百姓去打仗',如果不把他们置之死地使他们为自己的生存而战,一旦他们见到危险都逃跑,怎么还能用他们去作战呢?"诸将听了都很佩服。韩信拿出千金悬赏能够活捉李左车的人,不久便将其抓获,韩信亲自解开捆绑李左车的绳子,请他面向东坐下,把他当作老师对待。韩信问道:"我打算向北攻打燕国,向东讨伐齐国,怎样做才能成功呢?"左

车谢曰："臣败亡之虏，何足以权大事？"信曰："诚令成安君听足下计，信亦已禽矣。今愿委心归计，足下勿辞！"左车曰："将军虏魏王，禽夏说，不终朝而破赵二十万众，威震天下，此将军之所长也。然众劳卒罢，其实难用，燕若不服，齐必自强，此将军之所短也。善用兵者，不以短击长而以长击短。为将军计，莫若按甲休兵，北首燕路，而遣辩士奉书于燕，暴其所长，燕必不敢不听从。燕已从而东临齐，虽有智者，不知为齐谋矣。兵固有先声而后实者，此之谓也。"信从其策，燕从风而靡。遣使报汉，请以张耳王赵，汉王许之。

是月晦，日食。 **十一月晦，日食。** **十二月，随何以九江王布归汉。**

随何至九江，说黥布曰："汉王使臣敬进书大王御者，窃怪大王与楚何亲也？"布曰："寡人北乡而臣事之。"何曰："大王与楚俱为诸侯，而北乡臣事之者，必以楚为强可托国也。项王伐齐，身负版筑，为士卒先。大王宜悉众自将，为楚前锋，乃发四千人以助楚。汉入彭城，项王未出齐也。大王宜悉兵渡淮，日夜会战彭城下，乃无一人渡淮者，垂拱而观其孰胜。夫托国于人者固若是乎？大王提空名以乡楚而欲厚自托，臣窃为大王不取也。然大王不倍楚者，以汉为弱也。夫楚虽强，天下负之以不义之名，以其背盟约而杀义帝也。今汉王收诸侯，守荥阳，下蜀、汉之粟，坚守

车谦让地说:"我是个逃亡的俘虏,哪有资格评论军机大事?"韩信说:"如果确实能够让成安君听取足下的计策,我也就早被擒获了。现在我愿意倾心听取足下的计策,足下千万不要推辞!"李左车说:"将军俘虏了魏王,活捉了夏说,不到一个上午就击败了赵国二十万军队,威震天下,这是将军的长处。然而众人辛劳,士卒疲惫,实在是难以继续作战,倘若燕国不屈服,齐国必定备战自强,这是将军的短处。善于用兵打仗的人,不会拿自己的短处去攻击敌人的长处,而是拿自己的长处去攻击敌人的短处。为将军考虑,不如按兵不动,休养士卒,把军队部署在通往燕国的要冲,而后派遣辩士送信给燕国,显示自己的长处,燕国势必不敢不服从。一旦燕国屈服,再调动军队,向东兵临齐国,就是齐国有大智之人,也无法替齐国出谋划策了。用兵之计,本来就有先声而后实的,我讲的就是这个道理。"韩信听从了李左车的计策,燕国闻风而降。韩信派使者向汉王报告,请求任命张耳为赵王,汉王同意。

十月最后一天,出现日食。　十一月最后一天,出现日食。十二月,随何带着九江王英布归附了汉王。

随何到了九江,劝英布说:"汉王派我把书信敬呈到大王面前,我暗中奇怪大王与项王为何这样亲近?"英布说:"我是以臣子的身份面北事奉他的。"随何说:"大王与项王同为诸侯,却面北臣事他,必定是认为楚国强大,可以依托了。项王攻打齐国时,他亲自背负修筑营墙的工具,身先士卒地冲杀。按说大王也应该率领自己的全部兵马为楚国打前锋,而大王才发兵四千人来帮助楚国。汉军攻入彭城时,项王还没有离开齐国。按说大王也应该率领自己的全部兵马渡过淮河,日日夜夜参与彭城的战斗,而大王却没有派出一人渡过淮河,袖手旁观,坐看谁胜谁负。难道把自己的国家托付给人就是这样的吗?大王徒有臣服楚国的虚名而却想把自己完全托付给楚国,我个人认为这样做不足取。所以大王不背弃楚国的原因,不过是认为汉王比较软弱。楚王虽然强大,但是天下人都认为他不仁不义,因为他违背盟约而又斩杀义帝。如今汉王联合诸侯,守卫荥阳,从蜀、汉运来粮食,坚守

而不动。楚人深入敌国，老弱转粮，进不得攻，退不能解。楚不如汉，其势亦易见矣。大王不与万全之汉而自托于危亡之楚，臣窃为大王不取也。"布阴许之，未敢泄。

楚使者在传舍，方急责布发兵。何直入曰："九江王已归汉，楚何以得发兵？"因说布杀楚使而攻楚。楚击破之，布乃间行与何归汉。十二月至汉，汉王方踞床洗足，召布入见。布悔怒欲自杀。及出就舍，帐御、食饮、从官皆如汉王居，布又大喜过望。汉益其兵，与俱屯成皋。

汉遣郦食其立六国后，未行而罢。

楚数侵夺汉甬道，汉军乏食。郦食其曰："昔汤放桀，武王伐纣，皆封其后。秦伐诸侯，灭其社稷。今诚能立六国后，其君臣百姓必皆戴德慕义，愿为臣妾。大王南乡称霸，楚必敛衽而朝。"王曰："善！趣刻印，先生因行佩之矣。"未行，张良来谒，王方食，具以告良。良曰："臣请借前箸为大王筹之：昔汤、武封桀、纣之后者，度能制其死生之命也，今大王能制项籍之死命乎？武王入殷，发粟散钱，偃革为轩，休马放牛，示不复用，今大王能之乎？且天下游士，离亲戚，弃坟墓，从大王游者，徒欲望咫尺之地。今复

而不出战。楚军深入敌国，老弱残兵从远地转运粮食，进不能攻，退不能守。所以楚不如汉，这种形势是显而易见的。大王不结好于万无一失的汉王，却把自己托付给行将灭亡的楚王，我认为大王的做法不足取。"英布私下答应，没有敢公开宣布。

此时，楚国的使者住在驿馆里，正在急着督责英布发兵。随何径直进入驿馆，对楚国使者说："九江王已经归属汉王了，楚国凭什么让他发兵？"因此劝说英布杀掉楚国使者，起兵攻打楚国。楚军打败了英布，英布就从小道偷偷前行，与随何一起归附汉王。十二月，英布到达汉王那里。当时汉王正坐在床边洗脚，召见英布。英布进去后，看到这种情形又后悔又生气，打算自杀。等英布走出来到了自己的住所时，一看这里的帷帐、饮食、侍从官员，都与汉王的住所相同，不禁又大喜过望。汉王给英布增派士卒，和他一起驻扎在成皋。

汉王派遣郦食其去分封六国国君的后裔，还没有出发就停止了。

楚军多次袭击截夺汉军运粮的通道，汉军因此缺乏粮食。郦食其说："从前商汤放逐夏桀，周武王讨伐商纣，但却都封了他们的后裔。秦朝讨伐诸侯，把他们的国家都消灭了。现在如果真的分封六国的后裔，各诸侯国的君臣和百姓必然都对大王感恩戴德，仰慕大王的仁义，甘愿做大王的臣属。大王一旦面南称帝，称霸天下，那么楚国必然会整理衣襟，恭敬地前来朝拜。"汉王说："好！快去刻制印信，先生就可以带上出使了。"还没有出发，张良前来进见汉王，汉王正在吃饭，便把郦食其的话全告诉张良了。张良说："让我借助面前的筷子为大王筹划一下：从前商汤和周武王所以能够分封夏桀、商纣的后代，是因为考虑到能够控制他们生死的命运，如今大王能够控制项羽的生死存亡吗？周武王进入殷都后，发放粮食，散发金钱，废掉兵车，改为乘车，把战马和运输军备物资的牛放牧起来，以表示不再用兵打仗，如今大王能够做到吗？况且天下游说之士，远离亲戚，放弃祖坟，跟从大王南征北战，只是盼望着得到一小块封地。倘若现在重新

立六国后，游士各归事其主，大王谁与取天下乎？且夫楚唯无强，六国复挠而从之，大王焉得而臣之？诚用客谋，大事去矣！"汉王辍食吐哺，骂曰："竖儒几败而公事！"令趣销印。

夏四月，楚围汉王于荥阳。亚父范增死。

汉王谓陈平曰："天下纷纷，何时定乎？"平曰："项王骨鲠之臣，亚父、钟离昧之属，不过数人耳。项王为人，意忌信谗，诚能捐金行间以疑其心，破楚必矣。"王乃与平黄金四万斤，不问其出入。平多纵反间，言："昧等功多不得裂地，欲与汉灭楚而分其地。"羽果疑昧等。及楚围荥阳急，汉王请和。羽使至汉，陈平为太牢具，举进而佯惊曰："吾以为亚父使也！"乃持去，而更以恶草具进。使归以报，羽大疑亚父。亚父欲急攻下荥阳，羽不听。亚父怒曰："天下事大定矣，君王自为之，愿请骸骨归。"未至彭城，疽发背死。

五月，汉王走入关。彭越击楚，楚还兵击之，汉王复军成皋。

楚围荥阳益急，汉将军纪信曰："事急矣，臣请诳楚。"乃乘王车，出东门曰："食尽，汉王降楚。"皆之城东观。王乃令周苛守荥阳，而与数十骑出西门去。羽烧杀信。王入

分封六国的后裔,使游说之士各自回去事奉自己的君主,那么大王还能依靠谁去夺取天下呢?再说除非楚国不会强大,一旦强大了,新分封的六国的后裔再重新屈从楚国,那么大王又如何让他们臣服于汉呢?如果真要采纳了郦食其的谋划,大王统一天下的大事就全完了!"汉王听了这番话后饭也不吃了,把嘴里的东西吐出来,大骂道:"这个臭儒生,险些坏了你老子的大事!"当即下令赶紧销毁那些印信。

夏四月,楚军在荥阳包围了汉王。亚父范增去世。

汉王对陈平说:"如今天下纷乱,何时才能平定呢?"陈平说:"项王的刚正不阿的大臣,像亚父范增、钟离昧之类,不过几个人。项王的人品,好猜忌别人,容易听信谗言,如果能够拿出钱来施行反间之计,以此造成项王的疑心,打败楚军是不成问题的。"汉王就拨给陈平四万斤黄金,不过问他使用情况。于是陈平派出许多间谍,散布说:"钟离昧等人觉得自己功劳大却得不到封地,打算与汉王一起消灭楚国,平分楚国的土地。"项羽果然开始怀疑钟离昧等人。及至楚军围困荥阳,情况紧急,汉王请求讲和。项羽便派使者到汉王那里,陈平故意派人准备了丰富盛大的宴席,命人端去款待楚国的使者,一见到使者,便假装吃惊地说:"我还以为是亚父的使者呢?"于是端着饭菜又退了回去,换了一些粗劣的饭菜送上来。使者回去后报告了项羽,项羽对亚父范增产生了很大的疑心。亚父范增打算迅速攻下荥阳,项羽不同意。亚父范增生气地说:"天下大局已定,君主自己干吧,希望允许我告老还家。"范增还没有到达彭城,由于背上的毒疮发作就死去了。

五月,汉王逃进关中。彭越进攻楚军,楚军又返回来攻打彭越,汉王于是又占领了成皋。

楚军围困荥阳日益紧急,汉将军纪信说:"事情急迫,我请求去诳骗楚军。"于是乘汉王的车,出东门说:"粮食吃完了,汉王准备投降楚国。"楚军都到城东门去观看。汉王趁机命令周苛守卫荥阳,自己和几十个骑兵出西门而去。项羽烧死了纪信。汉王入

关,收兵欲复东。辕生曰:"愿君王出武关,羽必南走,王深壁勿战,令荥阳、成皋间且得休息,而韩信等亦得安辑赵地,连燕、齐,王乃复还荥阳,则楚备多而力分,复与之战,破之必矣。"王从之。羽果南,王不与战。会彭越破楚军,杀薛公,羽东击越,汉王复军成皋。

六月,楚破彭越,还拔荥阳及成皋。汉王走渡河,夺韩信军,遣信击齐。

项羽既破彭越,还拔荥阳,烹周苛,遂围成皋。汉王逃去,北渡河,宿小脩武。晨,自称汉使,驰入赵壁。张耳、韩信未起,即卧内夺其印符,以麾召诸将,易置之。令耳守赵,信收赵兵未发者击齐。楚遂拔成皋,欲西。王欲捐成皋以东,而屯巩、洛以距楚。郦生曰:"王者以民为天,而民以食为天。夫敖仓,天下转输久矣,闻其下藏粟甚多。楚拔荥阳,不坚守敖仓,乃引而东,此天所以资汉也。愿急进兵,收取荥阳,据敖仓之粟,塞成皋之险,杜太行之道,距蜚狐之口,守白马之津,以示诸侯形制之势,则天下知所归矣。"王乃复谋取敖仓。

秋七月,有星孛于大角。　八月,汉王军小脩武,遣人烧楚积聚。

汉王得韩信军,复大振。引兵临河,南乡,欲复与战,郑忠说止。王乃使刘贾、卢绾渡白马津,入楚地,佐彭越,烧楚积聚,以破其业。

彭越下梁十七城,楚复击取之。

关后，聚集人马打算重新东进。辕生说："希望大王出武关，项羽必定南下，这时大王修筑深沟高垒，坚守不战，使荥阳、成皋一带的汉军得到休息，而韩信等人也可以安抚赵地，联合燕国、齐国，然后大王再返回荥阳，那么楚军防备的地方多，力量分散，再与楚军作战，打败楚军就有把握了。"汉王依计而行。项羽果然南下，汉王不与楚军交锋。当彭越打败楚军，杀死薛公，迫使项羽向东攻打彭越之时，汉王又占领了成皋。

六月，楚军打败彭越，返回时又攻下荥阳和成皋。汉王逃走，渡过黄河，夺取了韩信的军队，派遣韩信攻打齐国。

项羽打败彭越之后，还军攻下荥阳，烹杀了周苛，于是又包围了成皋。汉王逃走，向北渡过黄河，夜宿小脩武驿馆。凌晨时，汉王自称是汉军的使者，飞骑闯入赵军营地。此时张耳、韩信还没有起床，汉王就在卧房内夺取了他们的印信和符节，用以召集诸将，调换了他们的职位。汉王命令张耳坚守赵地，让韩信集结还未出发的赵军去攻打齐国。楚军攻下了成皋，打算向西进军。汉王打算舍弃成皋以东的地区，准备在巩县、洛阳驻军，以便阻挡楚军。郦食其说："王者以民为天，而民以食为天。敖仓这个地方，各地从这里转运粮食已经很久了，听说那里储藏的粮食非常多。楚军攻下荥阳后，不坚守敖仓，却引兵东去，这是上天拿来帮助汉王啊。希望大王急速进兵，夺取荥阳，占据敖仓的粮食，堵塞成皋的险要，断绝太行的通道，扼守蜚狐口，把守白马津，以此向诸侯显示汉军的攻守形势，这样天下的人就知道自己应该归向谁了。"汉王便又重新考虑夺取敖仓。

秋七月，在大角星附近出现彗星。　八月，汉王驻扎在小脩武，派人去烧楚军积聚的物资。

汉王夺取了韩信的军队后，声势又重新大振。汉王带领军队到达黄河边，面向南方，打算再与楚军交战，郑忠劝说汉王，这才止兵。汉王于是派刘贾、卢绾渡过白马津，深入楚地，协助彭越，焚烧了楚军积蓄的物资，以此破坏楚军的军备基础。

彭越攻下梁地十七座城邑，后来楚军又夺了回去。

　　彭越下梁地十七城,项羽闻之,使曹咎守成皋,戒曰:"即汉欲战,慎勿与战。"而自引兵东击越所下城,围外黄数日乃降。羽欲尽坑之,外黄令舍人儿,年十三,说羽曰:"彭越强劫外黄,外黄恐,故且降以待大王。今又坑之,百姓安所归心哉!且如此,则从此以东十余城。皆莫可下矣。"羽从之。梁复为楚。

汉王遣郦食其说齐,下之。

　　郦食其说汉王曰:"今燕、赵已定,唯齐未下。诸田宗强,近楚多诈,虽遣数万之师,未可以岁月破也。臣请得奉明诏说齐王,使为东藩。"王曰:"善。"郦生乃说齐王曰:"王知天下之所归乎?"王曰:"不知也。请问之。"生曰:"归汉。"王曰:"何也?"生曰:"汉王先入咸阳,收天下兵以责义帝之处,立诸侯之后,与天下同其利,天下贤才乐为之用。项王有倍约之名,有杀义帝之负,记人之罪,忘人之功,贤才怨之,莫为之用。故天下之事归于汉王,可坐而策也。今又已据敖仓,塞成皋,守白马,距蜚狐,天下后服者先亡矣。"齐王纳之,遂与汉平而罢守备,日与生纵酒为乐。韩信欲东兵,闻之而止。蒯彻说曰:"将军受命击齐,而汉独发间使下之,宁有诏止将军乎?且郦生一士,伏轼掉三寸舌,下齐七十余城;将军以数万众,岁余乃下赵五十城耳,

彭越攻下梁地十七座城邑，项羽听说后，派曹咎守卫成皋，告诫他说："即使汉军想打仗，你也要谨慎，不能和汉军交战。"项羽自己带领军队东进，去攻打彭越所夺取的城邑。项羽军队包围了外黄，几日后才投降。项羽打算把城中军民全部活埋，这时外黄令的一个侍从的儿子，年仅十三岁，劝项羽说："彭越以武力威胁外黄，外黄人害怕，所以暂时投降了他，等待大王解救。如今大王来了又要坑杀我们，百姓怎能安心归顺大王呢！况且这样做了以后，从这里以东的十多座城邑就都不可能攻下了。"项羽依从了这个孩子的话。梁地又重新归属楚国。

汉王派遣郦食其劝说齐王，齐王于是归附汉王。

郦食其劝汉王说："如今燕国、赵国已经平定，只剩下齐国没有拿下。各支田氏宗族力量强大，又靠近楚国，人多狡诈，即使派出几万军队去攻打，就是花掉年把光景也难以攻破。我请求奉您的诏令去劝说齐王，让他成为东方的藩属。"汉王说："好。"郦食其便劝说齐王道："大王您可知道天下将属于谁吗？"齐王说："不知道。天下都归向哪里？"郦食其说："归向汉王。"齐王说："为什么这样说呢？"郦食其说："汉王是率先进入咸阳的，集结天下的军队，向项王责问义帝的下落，分封各诸侯国的后代，与天下人共享利益，因此天下的贤良人才都愿意为汉王效力。项王有背约的名声，有杀死义帝的罪行，他记恨别人的罪过，却忘掉别人的功劳，贤良人才都怨恨他，没有人愿意为他效力。所以说，天下的统一大事由汉王来完成，是很容易预测的。现在汉王又占据了敖仓的粮食，封堵了成皋，固守白马津，设防蜚狐口，天下诸侯各国后来归服的将会首先被消灭。"齐王采纳了郦食其的建议，于是与汉王讲和，解除了守备，天天与郦食其饮酒作乐。韩信打算向东进兵，听说齐王归服了便停止用兵。蒯彻劝韩信说："将军受诏攻打齐国，而汉王只是派了一个进行游说的密使去说服齐王归附，难道有诏令禁止将军进攻吗？况且郦食其一介儒生，俯身在车前横木上，鼓弄他的三寸不烂舌，就拿下齐国七十多座城邑；而将军率领着几万的人马，一年多才拿下赵国五十座城邑，

为将数岁,反不如一竖儒之功乎!"信遂渡河。

戊戌(前203) 西楚四年,汉四年。

冬十月,汉韩信袭破齐,齐王烹郦食其,走高密。 汉王复取成皋,与楚皆军广武。

汉数挑楚战,曹咎不出,使人辱之。咎怒,渡兵汜水,半渡,汉击破之,咎自刭。汉王乃引兵渡河,复取成皋,军广武,就敖仓食。羽闻之,亦还军广武相守。楚食少,乃为高俎,置太公其上,告汉王曰:"今不急下,吾烹太公!"王曰:"吾与若俱北面受命怀王,约为兄弟,吾翁即若翁,必欲烹而翁,幸分我一杯羹。"羽怒,欲杀之。项伯曰:"为天下者不顾家,杀之无益,只益祸耳。"羽谓汉王曰:"天下匈匈数岁,徒以吾两人。愿与王挑战,决雌雄,毋徒苦天下父子为也!"王笑谢曰:"吾宁斗智,不能斗力。"因数之曰:"羽负约王我于汉,罪一;矫杀卿子冠军,罪二;救赵不报而擅劫诸侯入关,罪三;烧秦宫室,掘始皇帝冢,私其财,罪四;杀秦降王子婴,罪五;诈坑秦子弟新安二十万,罪六;王诸将善地而徙逐故主,罪七;出逐义帝,自都彭城,夺韩、梁地,罪八;使人阴杀义帝江南,罪九;为政不平,主约不信,天下所不容,大逆无道,罪十也。吾以义兵从诸侯诛残贼,使刑余

作为统兵几年的将军,难道反而不如一个儒生的功劳大吗?"韩信听后便渡过了黄河。

戊戌(前203)　西楚霸王四年,汉王四年。

冬十月,汉将韩信袭击并攻陷了齐国,齐王烹杀郦食其,逃到高密。　汉王重新收复成皋,与楚军都驻扎在广武。

汉王多次挑逗楚军出战,曹咎固守不出,于是汉王派人侮辱他。曹咎生气打算率军渡过汜水,刚刚渡过一半人马,汉军发起攻击,打败楚军,曹咎自杀。汉王于是带兵渡过黄河,重新夺取成皋,驻军广武,就近取用敖仓的粮食。项羽听说后,也返回来在广武驻扎,与汉军对峙。楚军粮食缺乏,项羽便把砧板高高架起,把汉王的父亲放在上面,告诉汉王说:"现在你不赶紧投降,我就烹杀太公!"汉王说:"我与你一起面北受命于怀王,约为兄弟,我的父亲也就是你的父亲,你非要烹杀你的父亲的话,望你也分给我一杯肉羹。"项羽恼怒,打算杀死太公。项伯说:"夺天下的人不顾家庭,杀了没有好处,只能增加祸害。"项羽便对汉王说:"天下汹汹大乱已经几年了,只是因为我们两人相争。我愿意与大王挑战,决一雌雄,不要让天下的老百姓白白受苦了!"汉王笑着谢绝说:"我宁可斗智,不愿与你斗力。"趁机责备项羽说:"你负约不让我在汉中称王,这是第一条罪状;假传命令杀死卿子冠军,这是第二条罪状;援救赵国后不禀报怀王,而擅自胁迫诸侯进入函谷关,这是第三条罪状;焚烧秦朝宫室,盗挖始皇帝坟墓,私吞秦朝的财产,这是第四条罪状;杀死已经投降的秦王子婴,这是第五条罪状;以欺骗的手段在新安坑杀了秦国子弟二十万人,这是第六条罪状;把自己的将领安排在好地方称王,却迁徙或驱逐原来的诸侯王,这是第七条罪状;把义帝逐出彭城,自己却在那里建都,又夺取了韩王、梁王的土地,这是第八条罪状;派人在江南暗杀了义帝,这是第九条罪状;执政不公平,立约而不守信,为天下人所不容,大逆无道,这是第十条罪状。我以正义之军会同各诸侯国诛灭残暴的奸贼,只需让那些受过刑罚的

罪人击公,何苦乃与公挑战!"羽大怒,伏弩射汉王,伤胸,王乃扪足曰:"虏中吾指!"因病创卧,张良强请起行劳军,以安士卒,王从之。疾甚,因驰入成皋。

　　楚救齐。十一月,汉韩信击破之,杀其将龙且,虏齐王广。田横自立为齐王,战败走,信遂定齐地。

　　楚使龙且将兵二十万救齐。或曰:"汉兵远斗穷战,其锋不可当。齐、楚自居其地,兵易败散。不如深壁,令齐王使其信臣招所亡城,亡城闻王在,楚来救,必反汉。汉兵客居,其势无所得食,可不战而降也。"且曰:"吾知韩信为人易与耳。寄食于漂母,无资身之策;受辱于袴下,无兼人之勇,不足畏也。且救齐不战而降之,吾何功!今战而胜,齐半可得也。"进与汉军夹潍水而陈。信夜令人囊沙壅水上流,且渡击且,佯败,还走。且喜曰:"吾固知信怯也。"遂追之。信使决壅囊,水大至,且军大半不得渡。信急击杀且,追至城阳,虏齐王广。田横遂自立为齐王,灌婴击走之,尽定齐地。

　　汉立张耳为赵王。　汉王还栎阳,留四日,复如广武。春二月,汉立韩信为齐王,征其兵击楚。
　　韩信使人言于汉王曰:"齐伪诈多变,反覆之国也。请为假王以镇之。"汉王大怒,骂曰:"吾困于此,旦暮望若来,乃自立耶!"张良、陈平蹑王足,附耳语曰:"汉方不利,宁能

罪犯来打你就行了,我又何苦直接与你挑战呢!"项羽大怒,用埋伏的弩箭射中了汉王。汉王胸部受伤,却摸着脚说:"这贼子射中了我的脚趾!"汉王因箭伤卧病休息,张良坚持请他起身到军中抚慰将士,以安定军心,汉王依从了张良的话。但由于伤势加重,急赴成皋养伤。

楚国援救齐国。十一月,汉将韩信击败了楚军,杀死了楚将龙且,俘虏了齐王田广。田横自立为齐王,被汉军击败逃走,韩信于是平定了齐地。

楚王派龙且率领军队二十万人前去援救齐国。有人说:"汉军远征奋战,其锋不可挡。齐军与楚军在自己的领地上作战,士兵容易失败后逃散。不如深沟高垒,叫齐王派遣自己的亲信臣子去招抚已经亡城,亡城听说大王健在,楚军来救,必然反抗汉军。汉军客居异地,势必无处得到粮草,这样不战就可以让汉军投降了。"龙且说:"我知道韩信的为人,很容易对付。他曾经寄食于漂母,没有养活自己的良策;受辱于胯下,没有胜过他人的勇气,这样的人不值得害怕。况且,援救齐国用不着打仗就能取胜,我的功劳何在!现在我要战而胜之,那么半个齐国就可以归我了。"于是进军,与汉军隔着潍水摆下战阵。韩信在夜里派人用口袋装满沙子,堵塞潍水的上游,然后渡过潍水去攻击龙且,假装失败逃回。龙且高兴地说:"我本来就知道韩信胆小。"便率军渡水追杀汉军。韩信派人把堵塞水道的沙袋移开,顿时大水流下,因此龙且的军队有一大半渡不过去。这时,韩信发起急速攻击,杀死了龙且。汉军追杀到城阳,又俘虏了齐王田广。田横于是自立为齐王,灌婴打跑了田横,全部平定了齐地。

汉王立张耳为赵王。 汉王回到栎阳,逗留了四天,又前往广武。 春二月,汉王立韩信为齐王,征调他的军队攻打楚国。

韩信派人对汉王说:"齐国是个虚伪欺诈、反复多变的国家。请求任命我为假王来镇服它。"汉王大怒,大声骂道:"我困在这里,早晚都盼望你来,你却要自立为王吗!"张良、陈平暗处踩了一下汉王的脚,附耳低声说:"汉军目前正处在不利的形势,怎么能够

禁信之自王乎？不如因而立之，使自为守，不然变生。"王悟，复骂曰："大丈夫定诸侯即为真王，何以假为？"二月，遣良操印立信为齐王，征其兵击楚。

项羽闻龙且死，大惧，使武涉说信，欲与连和叁分天下。信谢之曰："臣事项王，官不过郎中，位不过执戟。言不听，画不用，故倍楚而归汉。汉王授我上将军印，予我数万众，解衣衣我，推食食我，言听计用，故吾得至于此。夫人深亲信我，我倍之不祥，虽死不易。幸为信谢项王。"

武涉已去，蒯彻知天下权在信，乃说之曰："天下初发难也，忧在亡秦而已。今楚、汉分争，使天下之人肝胆涂地，暴骸中野，不可胜数。楚人乘利席卷，威震天下，然迫西山而不得进者三年矣。汉王距巩、洛，阻山河，一日数战，无尺寸之功。此所谓智勇俱困者也。今两主之命，悬于足下，计莫若两利而俱存之，叁分天下，鼎足而居，其势莫敢先动。足下据强齐，从燕、赵，因民之欲，西向为百姓请命，则天下风走而响应矣。盖闻'天与不取，反受其咎；时至不行，反受其殃'，愿足下孰虑之。"信曰："汉王遇我甚厚，吾岂可以乡利而倍义乎！"彻曰："始张耳、陈余相与为刎颈之交，及争张黡、陈泽之事，耳遂杀余泜水之南，头足异处。今足下交于汉王，必不能固于二君之相与也，而事

禁止韩信自立为王呢？不如顺着他立他为王，让他自守一方，否则会引起变故。"汉王醒悟过来，又骂道："大丈夫平定了诸侯，就应该当个真王，何必称假王呢？"二月，派遣张良携带印绶去立韩信为齐王，并征调他的军队攻打楚国。

项羽听说龙且死后，非常担心，派遣武涉去劝说韩信，打算与韩信联合，三分天下。韩信谢绝说："我事奉项王，做官不过是个郎中，职位不过是个持戟的卫士。我的进言他不听，我的策划他不采纳，所以背弃楚王而归附汉王。汉王授给我上将军的大印，拨给我几万士卒，他还脱下衣服给我穿，拿他的食物给我吃，我的话他能够言听计从，因此我才有今天的地位。人家对我深深地亲近和信任，我背叛人家是不吉利的，就是死也不能改变初衷。请替我韩信辞谢项王。"

武涉已去，蒯彻明白影响天下大势的关键在于韩信，便劝韩信说："天下开始兴兵抗秦时，担忧的只是灭秦的事情罢了。如今楚、汉纷争，造成天下百姓肝胆涂地，尸骸遍野，惨遭屠戮，不计其数。楚国人乘胜席卷各地，威震天下，然而现在被阻挡在成皋西面的山地中无法前进，已经有三年了。汉王在巩县、洛阳一带防御楚军，凭借山河的险阻攻击楚军，一日数战，然而却难以取得一点功绩。这就是人们所说的，智者与勇者双方都陷进了困境。现在汉王与项王两个主公的命运，就掌握在您的手里，考虑不如让楚、汉双方都有利，并存下去，您作为一方与他们三分天下，鼎足而立，势必谁也不敢先动兵。足下占据强大的齐国，联合燕、赵两国，顺应百姓的意愿，向西去制止楚、汉的争斗，为百姓请求保全性命，那么天下之人都会闻风响应。我听说'上天赐予而不接受，反而遭受祸咎；时机来临而不行动，反而遭受灾殃'。希望足下深思熟虑。"韩信说："汉王对我非常厚爱，我怎能可以见利忘义呢！"蒯彻说："当初张耳和陈余相互约为刎颈之交，等到双方为张黶、陈泽之事争执构怨以后，张耳终于在泜水之南杀死了陈余，陈余落了个头脚分家的下场。如今足下与汉王结交，必定比不上张耳与陈余交情的深厚，而他们之间所涉及的事情

多大于张黡、陈泽者,故臣窃以为足下必汉王之不危己,亦误矣。野兽已尽而猎狗烹,愿足下深虑之。且勇略震主者身危,功盖天下者不赏。今足下戴震主之威,挟不赏之功,欲持是安归乎!"信谢曰:"先生休矣,吾方念之。"

数日,彻复说曰:"夫听者,事之候也;计者,事之机也。听过计失而能久安者鲜矣。故智者,决之断也;疑者,事之害也。审毫厘之小计,遗天下之大数,智诚知之,决弗敢行者,百事之祸也。夫功者,难成而易败;时者,难得而易失。时乎时乎,不再来!"信犹豫不忍倍汉,又自以功多,汉终不夺我齐,遂谢彻。彻因去,佯狂为巫。

秋七月,汉立黥布为淮南王。　八月,汉初为算赋。
民年十五以上至五十六出赋钱,人百二十为一算,治库兵车马。
北貉、燕人致枭骑助汉。　汉王令:军士死者,吏为棺敛,送其家。　汉以周昌为御史大夫。　楚与汉约中分天下。九月,归太公、吕后于汉,解而东归。

项羽自知少助食尽,韩信又进兵击之,汉遣侯公说羽请太公,羽乃与汉约中分天下,鸿沟以西为汉,以东为楚。九月,归太公、吕后,解而东归。汉王欲西归,张良、陈平曰:"汉有天下大半,楚兵饥疲,今释弗击,此养虎自遗患也。"王从之。

也肯定比有关张黡与陈泽的事情严重，所以我认为足下坚信汉王一定不会危害自己，也是错误的。俗话说野兽尽而猎狗烹，希望足下再三斟酌。况且勇敢与谋略震动君主的人自身危险，功盖天下的人无法进行封赏，如今足下拥有震主的威势，持有无法封赏的功绩，那么携带着这样的威势和功绩，想到哪里去安身呢？"韩信推辞说："先生别说了，我将考虑一下这件事。"

过了几天后，蒯彻又劝韩信说："善于听察，能够预见事物发展的征兆；善于算计，能够发现事物变化的关键。倘若听察与算计失误，那么能够长治久安的人太少了。所以说，明智的人，能够当机立断；疑惑不决的人，将会招来危害。能够审察毫厘般的小事，却遗忘天下生死存亡的大数，智慧足以了解事物的端倪，但做出决断后又不敢实行，就会为一切事情埋下祸根。功业，难以成就而易于失败；时机，难易把握而易于贻误。时机啊时机，失去了就不会再来！"韩信犹豫不决，不忍背叛汉王，又自认为功高，汉王不会夺取自己的齐国，于是就谢绝了蒯彻。蒯彻因此离去，假装是个疯子，做了巫师。

秋七月，汉王立黥布为淮南王。 八月，汉王开始征收算赋。

百姓年龄在十五岁以上至五十六岁的，要交纳赋钱，每年每人交一百二十钱，为一算，用来供给兵甲、车马之用。

北貉人与燕人派来枭勇的骑兵，协助汉军。 汉王下令：凡是军士阵亡的，官吏予以棺木敛尸，转送回家。 汉王任命周昌为御史大夫。 楚王与汉王约定中分天下。九月，项羽把太公、吕后送还汉王，然后撤军东归。

项羽自知楚军缺少援助，军粮全部吃光，韩信又进军攻打楚军，所以当汉王派侯公劝说项羽放回太公时，项羽便与汉王约定中分天下，鸿沟以西属于汉，以东属于楚。九月，项羽把太公、吕后送还汉王，随后撤军东归。汉王打算西归关中，张良、陈平说："汉王已经占有大半个天下，楚军兵疲粮尽，如果放走他们，不去追击，这是养虎为自己留下后患呀！"汉王听从了他们的建议。

资治通鉴纲目卷三

起己亥(前202)汉高祖五年,尽甲申(前157)汉文帝后七年。凡四十六年。

己亥(前202)　汉太祖高皇帝五年

冬十月,王追项籍至固陵。齐王信、魏相国越及刘贾诱楚周殷,迎黥布,皆会。十二月,围籍垓下,籍走自杀,楚地悉定。

十月,汉王追项羽至固陵。齐王信、魏相国越期会不至。楚击汉军,大破之。汉王复坚壁自守,谓张良曰:"诸侯不从,奈何?"对曰:"楚兵且破,二人未有分地,其不至固宜。君王能与共天下,可立致也。信之立非君王意,不自坚,且其家在楚,欲得故邑;越本定梁地,亦望王,而君王不早定。今能出捐此地,以许两人,使各自为战,则楚易破也。"王从之,于是信、越皆引兵来。

十一月,刘贾围寿春,诱楚大司马周殷。殷畔楚,举九江兵迎黥布,皆会。

十二月,羽至垓下,兵少食尽,信等以大军乘之,羽败入壁,汉及诸侯兵围之数重。羽夜闻汉军四面皆楚歌,乃大

己亥(前202)　汉高帝五年

冬十月,汉王刘邦追击项籍到达固陵。齐王韩信、魏国的相国彭越领兵前来,还有刘贾诱降了楚国的周殷,周殷迎接黥布,他们也都到汉王处会师。十二月,汉军和诸侯的军队围困项籍于垓下,项籍败逃自杀,楚地全部平定。

十月,汉王刘邦追击项羽到达固陵。齐王韩信、魏国的相国彭越本来约好日期前来与汉王会合,却没有来。楚军攻打汉军,大败了汉军。汉王只好重又坚固营垒自我防守,对张良说:"诸侯不顺从我们前来会合,怎么办?"张良答道:"楚军即将被打败,而韩信、彭越二人还没有分到领地,他们不来会合是必然的。君王您如果能与他们共分天下,那么就可以立即把他们招来。齐王韩信的封立,并不是君王您的本意,他心中也不踏实,而且他的家乡在楚地,希望得到故乡的旧城邑;彭越本来平定了梁地,也希望称王,而您却不早做决定。现在您要是能让出这两处地方,应许给予韩、彭二人,使他们各自为自己的利益而战斗,那么楚国就容易打败了。"汉王听从了张良的建议,于是韩信、彭越都领兵前来。

十一月,汉王的堂兄刘贾包围了寿春,劝诱楚国的大司马周殷投降。周殷背叛楚国,率领九江的军队迎接黥布,跟随刘贾都到汉王处会合。

十二月,项羽到了垓下,兵少粮尽,韩信等率领大军乘胜前来追杀他,项羽兵败退入营垒,汉军及诸侯的军队将楚军重重包围。项羽夜里听到汉军四面八方都在唱楚国的歌曲,就大

惊曰:"汉皆已得楚乎?是何楚人之多也?"起,饮帐中,悲歌慷慨,泣数行下。左右皆泣,莫能仰视。于是羽乃乘其骏马,从八百余骑,直夜溃围南出,驰走渡淮。至阴陵,迷失道,问一田父,田父绐曰"左",左,乃陷大泽中,汉骑将灌婴追及之。

至东城,乃有二十八骑,汉追者数千人。羽谓其骑曰:"吾起兵八岁,七十余战,未尝败北,遂霸天下。今卒困此,此天亡我,非战之罪也。今日固决死,愿为诸君快战,必溃围斩将,令诸君知之。"乃分其骑为四队,四乡。汉军围之数重。羽令四面骑驰下,期山东为三处。于是大呼驰下,斩汉一将,与其骑会为三处。汉军不知羽所在,乃分军为三,复围之。羽复驰,斩汉一都尉,杀数十百人,复聚其骑,亡其两骑耳。谓其骑曰:"何如?"皆曰:"如大王言!"

于是羽欲东渡乌江。亭长权船待曰:"江东虽小,地方千里,众数十万,亦足王也。今独臣有船,愿大王急渡!"羽笑曰:"籍与江东子弟八千人渡江而西,今无一人还,纵江东父兄怜而王我,我独不愧于心乎?"乃刎而死。

楚地悉定,独鲁不下,王欲屠之。至城下,犹闻弦诵之声,为其守礼义之国,为主死节,乃持羽头示之,乃降。以鲁公礼葬羽于穀城,亲为发哀,哭之而去。诸项氏枝属皆

惊道:"汉军已经全部得到楚国了吗? 为什么四周的楚人这样多啊?"他深夜起身,在军帐中喝酒,慷慨悲歌,泪下数行。身边的左右将领也都涕泣,谁都不忍心仰视。于是项羽就骑上他的骏马,有八百多名骑士跟随着他,当夜突围,朝南出逃,奔跑着渡过淮河。到了阴陵,迷了路,向一个农夫问路,农夫骗他们说"往左",项羽等人往左走,竟陷入大沼泽中,汉军骑兵将领灌婴追上了他们。

到了东城,项羽只剩下二十八员骑兵了,而追击他们的汉军有好几千人。项羽对他的骑士说:"我起兵已有八年,身经七十多次战斗,从来没有失败过,这才称霸天下。今天竟被困在这里,这是上天要亡我,而不是我用兵打仗有什么过错。今天必然要决一死战,我愿为你们痛快地打一仗,一定突破重围,斩杀敌将,让你们知道这一点。"于是将他的骑兵分为四队,朝向四个方向。汉军将他们重重包围。项羽令向四方骑驰往下冲杀,约定在山的东边分三处会合。于是项羽大喊着冲杀下去,斩杀一员汉将,和他的骑兵分三处集合。汉军不知道项羽究竟在哪一处,也将军队分为三处,又将楚军包围起来。项羽又策马奔驰,斩杀汉军一名都尉,杀死敌军百十来人,重新会聚他的骑士,只不过损失两名。项羽就对他的骑士说:"你们看怎么样?"骑兵们都答道:"确实像大王您所说的那样!"

这时项羽准备东渡乌江。乌江亭长将船停靠在岸边等着他,说:"江东虽然狭小,但土地方圆千里,民众几十万人,却也足以凭依为王了。现在只有我有船,希望大王赶快渡江!"项羽笑道:"我与江东子弟八千人渡江西征,如今没有一人归还,纵然江东父兄爱怜我,仍以我为王,我难道不感到心中有愧吗?"就自刎而死。

楚地全部被平定,唯独鲁县不肯投降,汉王打算去屠城。大军抵达城下,仍然听到城内有弦歌诵读的声音,意识到这是信守礼义的国家,能为自己的君主效死守节,便拿着项羽的头颅出示给鲁县百姓看,鲁县这才投降。汉王用安葬鲁公的礼仪把项羽埋葬在穀城,亲自为项羽发丧举哀,哭吊之后才离开。对项羽的家族都

不诛。封项伯等四人为列侯,赐姓刘氏,诸民略在楚者皆归之。

王还,至定陶,驰入齐王信壁,夺其军。　遣刘贾击临江王共尉,虏之。　春正月,更立齐王信为楚王,魏相国越为梁王。

韩信至楚,召漂母,赐千金;召辱己少年,以为中尉,曰:"此壮士也。"

赦。

令曰:"兵不得休八年,万民与苦甚。今天下事毕,其赦天下殊死已下。"

二月,王即皇帝位。

诸侯王皆请尊汉王为皇帝。二月甲午,即位于汜水之阳。

更王后曰皇后,王太子曰皇太子,追尊先媪曰昭灵夫人。　立故衡山王芮为长沙王,故粤王无诸为闽粤王。帝西都洛阳。　夏五月,兵罢归家。

诏:"民前或相聚保山泽,不书名数者,令各归其县,复故爵、田宅,吏以文法教训辨告,勿笞辱。军吏卒爵及七大夫以上,皆令食邑,已下皆复其身及户,勿事。"

置酒南宫。

置酒洛阳南宫,上曰:"彻侯、诸将毋敢隐朕,皆言其情:吾所以有天下者何? 项氏之所以失天下者何?"高起、

不予杀戮。又把项伯等四人封为列侯,赐他们姓刘,那些被掳掠到楚国来的百姓依然都归他们所有。

汉王回军,来到定陶县,驰入齐王韩信的营垒,接管了他的军队。 派刘贾去攻打不肯投降的临江王共尉,并将他俘虏。春正月,改封齐王韩信为楚王,封魏国的相国彭越为梁王。

韩信回到楚地,召见当年漂洗棉絮的老妇人,感谢她在自己饥饿时给饭吃,赏赐她黄金千斤;又召见那个使自己受胯下之辱的少年,任命他为中尉,说:"这是壮士啊。"

汉王下令大赦天下。

汉王下令说:"军队已经八年得不到休整,万民深受战乱之苦。如今夺取天下的大事已经完成,赦免天下判处斩刑以下的所有罪犯。"

二月,汉王登上皇帝之位。

诸侯王都请求尊奉汉王当皇帝。二月甲午日,汉王在汜水北边登上皇帝之位。

改称王后为皇后,王太子为皇太子,追尊汉王去世的母亲为昭灵夫人。 封立被项羽夺去王位的原衡山王吴芮为长沙王,原粤王无诸为闽粤王。 汉高帝刘邦往西建都洛阳。 夏五月,士兵们都复员还家。

高帝颁布诏书说:"百姓中过去有一些相互结伙,安守在山林川泽之中以逃避战乱,没有登入户籍的,如今天下平定,令他们各自返回原先居住的县里,恢复过去的爵位和田地、住宅,官吏要依据法律法令来教诲百姓,分别义理使他们晓谕,不得鞭笞、侮辱。军中官兵爵位至七大夫以上的,都让他们享用封地民户的赋税收入,爵位在七大夫以下的,都免除其本人及一户之内的赋税徭役,不得役使他们。"

高帝在南宫举行酒宴。

高帝在洛阳南宫举行酒宴宴请群臣,对群臣说:"各位彻侯、将军不许对朕隐瞒,都来说说这个情况:我之所以能取得天下的原因是什么? 项羽之所以失掉天下的原因又是什么?"高起、

王陵对曰："陛下使人攻城略地,因以与之,与天下同其利。项羽不然,有功者害之,贤者疑之,战胜而不予人功,得地而不予人利,此其所以失天下也。"上曰："公知其一,未知其二。夫运筹帷幄之中,决胜千里之外,吾不如子房;填国家,抚百姓,给馈饷,不绝粮道,吾不如萧何;连百万之众,战必胜,攻必取,吾不如韩信。三者皆人杰,吾能用之,此吾所以取天下者也。项羽有一范增而不能用,此所以为我禽也。"群臣说服。

召故齐王横,未至,自杀。

田横与其徒属五百余人入海,居岛中。帝恐其为乱,赦横罪,召之曰："横来,大者王,小者乃侯耳;不来,且举兵加诛焉。"横乃与其客二人乘传诣洛阳,至尸乡厩置,谓其客曰："横始与汉王俱南面称孤,今汉王为天子,而横乃为亡虏,北面事之,其耻固已甚矣。且吾烹人之兄,与其弟并肩而事主,纵彼不动,我独不愧于心乎?"遂自刭,令客奉其头,从使者驰奏之。帝为流涕,以王礼葬之。二客自刭,余五百人在岛中者闻之,亦皆自杀。

以季布为郎中,斩丁公以徇。

初,楚人季布为项籍将,数窘辱帝。籍灭,帝购求布千金,敢有舍匿,罪三族。布乃髡钳为奴,自卖于鲁朱家。朱家心知其季布也,买置田舍,身之洛阳,见滕公曰："季布何罪?

王陵回答道:"陛下派人攻城略地,随后就把夺取的土地分封给他,与大家同享利益。项羽却不是这样,对有功的人妒忌,对贤能的人猜疑,打了胜仗却不给人计功,夺了土地却不给人利益,这就是他失去天下的原因。"高帝说:"你们只知其一,不知其二。说到策划军略于军帐之中,稳操胜券于千里之外,我不如张良;而安定国家,抚慰百姓,供给军粮和救济粮,保证运粮道路畅通无阻,我不如萧何;统率百万大军,战必胜,攻必克,我不如韩信。这三位都是人中英杰,我却能任用他们,这就是我所以能取得天下的原因。项羽有一个范增,却不能信任重用,这就是他终究被我擒拿的原因。"群臣都心悦诚服。

高帝派人去宣召以前的齐王田横,田横没有到达洛阳,于来京途中自杀。

田横与他的部下五百多人入海,居住在岛上。高帝担心他作乱,下令赦免田横的罪过,召他前来,说:"田横如果前来,大者封王,小者也能封侯呀;不来,就要发兵诛灭他。"田横就和他的两个门客乘坐驿站的传车去洛阳,行至尸乡驿站时,对他的门客说:"我田横起初与汉王都面朝南称王,如今汉王当天子,而我却成了逃命的虏寇,要面朝北去事奉他,这个耻辱本来就够大的了。何况我还烹煮了郦商的兄长郦食其,如今要与郦商并肩事奉主子,即使他不对我动手,我难道心中不感到惭愧吗?"就自刎而死,让门客捧着他的头颅,随同使者奔驰到洛阳上奏天子。高帝为田横流下了眼泪,以安葬侯王的礼仪埋葬了田横。两个门客也自刎而死,在岛上的其他五百人听说此事后,也都自杀了。

高帝任命项羽的部将季布为郎中,将季布的舅父丁公斩首并示众。

当初,楚人季布为项籍的部将,屡次为难、羞辱汉王。项籍灭亡之后,高帝拿出千金悬赏大家捉拿季布,谁敢收留、窝藏,罪连三族。季布于是剃去头发、用铁圈束颈为奴,把自己卖给鲁地的朱家。朱家心里知道他就是季布,就将他买下来,安置在田庄里,亲自前往洛阳,谒见滕公夏侯婴,对他说道:"季布有什么罪过呢?

臣各为其主用,职耳。项氏臣岂可尽诛邪?今上始得天下,而以私怨求一人,何示不广也!且以布之贤,汉求之急,此不北走胡、南走越耳!夫忌壮士以资敌国,此伍子胥所以鞭荆平之墓也。"滕公言于上,上乃赦布,召拜郎中。朱家遂不复见之。

布母弟丁公,亦为项羽将,逐窘帝彭城西。短兵接,帝急顾曰:"两贤岂相厄哉?"丁公乃还。至是,来谒。帝以徇军中,曰:"丁公为臣不忠,使项王失天下者也。"遂斩之,曰:"使后为人臣无效丁公也!"

帝西都关中。以娄敬为郎中,赐姓刘氏。

齐人娄敬戍陇西,过洛阳,求见上,曰:"陛下都洛阳,岂欲与周室比隆哉?"上曰:"然。"敬曰:"陛下取天下与周异。周自后稷积德累善十有余世,至于文、武,而诸侯自归之,遂灭殷为天子。及成王即位,周公相焉,乃营洛邑,以为此天下之中也,诸侯四方纳贡职,道里均矣。有德则易以王,无德则易以亡。故周之盛时,诸侯、四夷莫不宾服;及其衰也,天下莫朝,周不能制。非唯德薄,形势弱也。今陛下起丰、沛,卷蜀、汉,定三秦,与项羽战荥阳、成皋之间,大战七十,小战四十,使天下之民肝脑涂地,哭声未绝,伤者未起,而欲比隆于成、康之时,臣窃以为不侔也。

臣僚各为其主效命,是应尽的职责。项羽的臣僚怎么可以全部杀死呢? 如今皇上刚刚取得天下,就因为私人怨恨去捉拿一个人,为什么要这样显示自己心胸狭小呢! 再说凭着季布的贤良,皇上这么急迫地捉拿他,这不会逼他往北投靠胡人、往南出奔百越吗! 至于忌恨壮士而以此来资助敌国,这就是伍子胥所以要掘墓鞭打楚平王尸体的缘故。"滕公向高帝讲述这个道理,高帝就赦免了季布,召他前来任命为郎中。朱家从此也不再见季布。

季布的舅父丁公,也是项羽的部将,当年在彭城西边追逐高帝,使高帝陷于极为困窘的境地。短兵相接时,高帝在危急当中回过头来对他说:"两个好汉难道要相互为难迫害吗?"丁公于是不战而回。如今汉王当上皇帝,丁公前来谒见。高帝把他拉到军营中示众,说:"丁公身为臣子却不忠诚,他是使项王失去天下的人。"于是把他杀了,说:"要叫后世为人臣子的不要效法丁公!"

高帝西迁定都关中。任命娄敬为郎中,赐他刘姓。

齐人娄敬去戍守陇西,经过洛阳,求见高帝,说道:"陛下建都洛阳,莫非想与周室比下隆盛之势吗?"高帝道:"是的。"娄敬道:"陛下取得天下的途径与周朝不同。周的祖先自后稷开始,十几代人积累德政善行,到了文王、武王时期,天下诸侯自行归附周朝,终于灭掉殷商做了天子。到成王即位后,周公辅佐成王,于是营建洛邑,认为这里是天下的中心,各地诸侯前来进贡纳税,所走的道路里程相等。君主有德行就容易靠此统治天下,无德行也容易由此而亡国。所以周王朝强盛时,各地诸侯、四方外族没有不臣服的;待到周王朝衰落后,天下没有谁再来朝贡了,周天子再也不能控制天下。这不仅因为周天子德行微薄,也是形势衰弱的缘故。如今陛下从丰、沛地区起兵抗秦,席卷蜀郡、汉中郡,平定秦地雍、塞、翟三国,与项羽在荥阳、成皋之间作战,累计大战七十次,小战四十场,战争使天下百姓肝脑涂地,惨遭杀戮,如今哭泣之声尚未断绝,伤残之人还难行动,就想和周成王、周康王时代的隆盛之势作类比,我私下认为这是不相称的。

夫秦地被山带河，四塞以为固，卒然有急，百万之众可立具也。夫与人斗，不扼其亢，拊其背，未能全其胜也。今陛下案秦之故地，此亦扼天下之亢而拊其背也。"帝问群臣。群臣皆山东人，争言："周王数百年，秦二世即亡。洛阳东有成皋，西有崤、渑，倍河乡洛，其固亦足恃也。"上问张良，良曰："洛阳虽有此固，其中小不过数百里，田地薄，四面受敌，非用武之国也。关中左崤、函，右陇、蜀，沃野千里，南有巴、蜀之饶，北有胡苑之利。阻三面而守，独以一面东制诸侯。诸侯安定，河、渭漕挽天下，西给京师；诸侯有变，顺流而下，足以委输。此所谓金城千里，天府之国。敬说是也。"上即日西都关中，拜敬郎中，号奉春君，赐姓刘氏。

张良谢病，辟谷。

良素多病，入关即杜门，道引，不食谷，曰："家世相韩。及韩灭，不爱万金之资，为韩报仇强秦，天下振动。今以三寸舌，为帝者师，封万户侯，此布衣之极，于良足矣。愿弃人间事，欲从赤松子游耳。"

六月，赦。　秋七月，燕王臧荼反，帝自将击虏之。立卢绾为燕王。

绾家与上同里闬，绾生又与上同日，故特王之。

赵王张耳卒。

子敖嗣。敖尚帝长女鲁元公主为后。

至于秦地依傍华山，连着黄河，四面都有险要关隘做屏障，倘若突然发生紧急情况，百万大军可以立即调齐。如果与别人搏斗，不卡住对方的咽喉，而去拍击他的后背，那是不能获取全胜的。现今陛下如果能占据秦朝的故地，这也就是卡住天下的咽喉而又拍击它的后背了。"高帝询问群臣。群臣都是崤山以东的人，争着说："周朝统治天下几百年，而秦朝经历两代就灭亡了。洛阳东有成皋，西有崤山、渑池，背靠黄河，面向洛河，它的坚固也是足可依赖的了。"高帝又问张良，张良答道："洛阳虽然有如此坚固的地势，但是它的中心地区狭小，方圆不过几百里，土地贫瘠，四面受敌，不是用武之地。而关中东边有崤山、函谷关，西边有陇山、蜀地的岷山，沃野千里，南有巴、蜀的富饶，北有胡地牧场的利益。倚仗三面的险要形势做防守，只用东方一面来控制诸侯。倘若诸侯安定，黄河、渭河可以转运天下的粮食，向西运输供给京城；一旦诸侯发生变故，只需顺流而下，就足以转运粮饷物资。这就是所谓的坚固的城墙千里之长，土地肥美、物产丰富的地方。娄敬的建议是对的。"高帝当天就西进迁都关中，任命娄敬为郎中，称为奉春君，赐他刘姓。

张良以多病为由，闭门不出，服药养生，不食五谷。

张良一向多病，进入关中以后就闭门不出，静居行气，服药养生，不吃粮食，说道："我家先人，辅佐了好几代韩王。在韩国灭亡以后，我不吝惜万金资财，为韩国向强大的秦王朝报仇，天下大为震动。如今我凭借三寸不烂之舌，成为皇上的军师，被封为万户侯，这是一个平民所能享受的最高待遇了，对我来说足够了。我希望抛开人间俗事，想追随赤松子去云游了。"

六月，高帝下令大赦天下。　秋七月，燕王臧荼反叛，高帝亲自率军攻击，俘虏了臧荼。高帝封卢绾为燕王。

卢绾老家与高帝同乡里，卢绾又与高帝同一天出生，所以特立卢绾为王。

赵王张耳去世。

张耳的儿子张敖继位。娶高帝的大女儿鲁元公主为王后。

故楚将利幾反,帝自将击破之。　　后九月,治长乐宫。

庚子(前201)　六年
冬十二月,帝会诸侯于陈,执楚王信以归,至洛阳,赦为淮阴侯。

楚王信初之国,行县邑,陈兵出入。人有上书告信反者,帝以问诸将,皆曰:"亟发兵,坑竖子耳。"帝默然。又问陈平,平曰:"人言信反,信知之乎?"上曰:"不知。"平曰:"陛下兵精孰与楚?"上曰:"不能过。"平曰:"诸将用兵,有能过信者乎?"上曰:"莫及也。"平曰:"如此而举兵攻之,是趣之战也。窃为陛下危之。"上曰:"为之奈何?"平曰:"古者天子有巡狩会诸侯。陛下第出,伪游云梦,会诸侯于陈。陈,楚之西界。信闻天子以会出游,其势必无事,而郊迎谒,谒而因禽之,此特一力士之事耳。"帝以为然,乃告诸侯会陈,"吾将南游云梦",因随以行。

信闻之疑惧。时项王故将钟离昧亡归信,汉诏信捕之。或说信斩昧以献。及上至陈,信持昧首谒上,上令武士缚信,载后车。信曰:"果若人言:'狡兔死,走狗烹;高鸟尽,良弓藏;敌国破,谋臣亡。'天下已定,我固当烹!"遂械系以归,因赦天下。

曾为项羽部将的利幾反叛汉朝,高帝亲自率领军队打败了他。　闰九月,高帝修治长乐宫。

庚子(前201)　汉高帝六年

冬十二月,高帝在陈地会见诸侯,逮捕了楚王韩信并将他带回,到了洛阳,又赦免了他,封他为淮阴侯。

楚王韩信刚到他的封国时,巡视所辖县邑,进进出出都要排列军队张显威势。有人上书告发韩信谋反,高帝便征求将领们的意见,将领们都说:"赶快发兵,把这小子活埋算了。"高帝默然不语。接着又询问陈平,陈平道:"有人说韩信谋反,韩信知道这消息吗?"高帝道:"不知道。"陈平问道:"陛下的军队与韩信的相比,谁的精锐?"高帝道:"我的超不过他的。"陈平又问道:"陛下的将领们的用兵之才,有能超过韩信的吗?"高帝道:"没有比得上他的。"陈平道:"既是这样,发兵攻打他,是催促他起兵反抗了。我私下为陛下感到危险。"高帝问道:"那该怎么办呢?"陈平道:"古时候有天子外出视察、会见诸侯的。陛下只管外出,假说要巡游云梦,在陈地会见诸侯。陈地在楚国的西部边界。韩信听说天子将会见诸侯而出游,就会判断天下局势一定太平无事,而到郊外迎接、谒见陛下,等他谒见时陛下趁机捉住他,这不过是一个力士就能做的事而已。"高帝认为这个计策很好,就遍告诸侯到陈地聚会,说"我将南游云梦",并随即起程南下。

韩信听到这个消息,又疑心又害怕。当时项羽原来的部将钟离昧战败后逃亡,投靠了韩信,汉廷诏令韩信逮捕他。有人劝说韩信将钟离昧斩首并献给汉廷。等到高帝刘邦到了陈地,韩信提着钟离昧的头颅来谒见高帝,高帝令武士把韩信捆绑起来,装载在后边随皇帝车驾出行的副车上。韩信道:"果然像人们所说的:'狡猾的兔子死了,奔跑效力的猎狗就要被烹煮;高飞的鸟儿没有了,优良的弓箭就将收藏不用;敌对的国家被攻破,谋臣就要灭亡。'如今天下已经平定,我就该被煮杀!"高帝于是叫人给韩信上了镣铐而将他带回,接着大赦天下。

田肯贺曰："陛下得韩信，又治秦中。秦，形胜之国也。带河阻山，地势便利，其以下兵于诸侯，譬犹居高屋之上建瓴水也。夫齐，东有琅邪、即墨之饶，南有泰山之固，西有浊河之限，北有勃海之利；地方二千里，持戟百万，此东西秦也，非亲子弟，莫可使王齐者。"上曰："善！"

至洛阳，赦信，封淮阴侯。信知帝畏恶其能，多称病，不朝从，居常鞅鞅，羞与绛、灌等列。

上尝从容与信言诸将能将兵多少。上问曰："如我能将几何？"信曰："陛下不过能将十万。"上曰："于君何如？"曰："臣多多而益善耳。"上笑曰："多多益善，何为为我禽？"信曰："陛下不能将兵，而善将将，此乃信之所以为陛下禽也。且陛下乃所谓天授，非人力也。"

始剖符封功臣为彻侯。

始封功臣，鄭侯萧何食邑独多。功臣皆曰："臣等身被坚执锐，多者百余战，少者数十合。今萧何未尝有汗马之劳，徒持文墨议论，顾反居臣等上，何也？"帝曰："诸君知猎乎？追杀兽兔者，狗也；发纵指示者，人也。今诸君徒能得走兽耳，功狗也；至如萧何，发纵指示，功人也。"群臣皆莫敢言。张良亦无战斗功，帝使自择齐三万户。良曰："臣始

田肯祝贺道:"陛下捉住了韩信,又治理秦国的故土关中。秦地是形势险要、能够克敌制胜的地方。这里以大河为襟带,以高山为屏障,地理形势便利,从这里自高处往低处向诸侯用兵,就譬如在高屋脊上倾倒瓶中的水那样,居高临下而势不可当。若说那齐地,东有琅邪、即墨的富饶物产,南有泰山的坚固防线,西有浊河的天然阻隔,北有渤海的丰富资源;土地方圆两千里,拿武器的战士有百万,这是东方的秦国啊,若不是陛下的嫡亲子弟,是没有谁可以派去统治齐国的。"高帝说:"对!"

到洛阳以后,就赦免了韩信,封他为淮阴侯。韩信知道高帝惧怕并厌恶他的才能,多次推说自己有病,不去朝见天子,不随驾出行,平日家居总是闷闷不乐,为与绛侯周勃、将军灌婴这些人处在同等地位而感到羞耻。

高帝曾经与韩信闲聊,谈论各将领能统率多少士兵。高帝问道:"像我这样能统率多少士兵?"韩信道:"陛下不过能统率十万。"高帝问道:"那你怎样呢?"韩信答道:"我是越多越好啊。"高帝笑道:"越多越好,为什么会被我捉住?"韩信道:"陛下不能指挥士兵,却善于驾驭将领,这就是我所以被陛下擒住的原因了。而且陛下正如人们所说,是上天授予的才能,不是人力所能达到的。"

高帝开始把符信剖分为两半,朝廷和功臣各执一半,作为凭证,封赏功臣为最高等级的爵位彻侯。

开始分封功臣,酂侯萧何受封最优厚,赏给他收取赋税的户数最多。功臣们都说:"我们身披坚硬的铠甲,手拿锐利的武器,多的身经百战,少的也打过几十回合。如今萧何未曾有过汗马功劳,只是舞文弄墨发发议论,封赏却反在我们之上,这是为什么呢?"高帝道:"你们懂得打猎吧? 追杀野兽、兔子的是猎狗;而放开拴狗绳子,并向猎狗指示猎取目标的是猎人。如今你们只不过能够捕获奔跑的野兽罢了,这个功劳就像猎狗一样;至于像萧何那样,却是放开猎狗指示追杀目标的人,他的功劳是猎人的功劳啊。"大臣们于是都不敢再说话。张良也没有什么战功,高帝让他在齐地自选三万户作为封地,收取赋税。张良对高帝说:"我当初

起下邳，与上会留，此天以臣授陛下。陛下用臣计，幸而时中。臣愿封留足矣，不敢当三万户。"乃封良为留侯。封陈平为户牖侯，平辞曰："此非臣之功也。"上曰："吾用先生谋，战胜克敌，非功而何？"平曰："非魏无知，臣安得进！"上曰："子可谓不背本矣！"乃赏无知。

春正月，立从兄贾为荆王，弟交为楚王，兄喜为代王，子肥为齐王。

帝惩秦孤立而亡，欲大封同姓，以填抚天下。分楚地为二国，以淮东五十三县立从兄将军贾为荆王，以薛郡、东海、彭城三十六县立弟文信君交为楚王，以云中、雁门、代郡五十三县立兄宜信侯喜为代王，以胶东、胶西、临菑、济北、博阳、城阳郡七十三县立微时外妇之子肥为齐王。

以曹参为齐相国。

参之至齐，尽召诸先生，问所以安集百姓，而齐故诸儒以百数，言人人殊。参闻胶西有盖公，善治黄老言，使人请之。盖公为言："治道贵清静而民自定。"参乃避正堂以舍之，用其言，齐国安集，称贤相焉。

更以太原郡为韩国，徙韩王信王之。

上以信材武，所王皆天下劲兵处，乃以太原郡三十一县为韩国，徙信王之，以备胡，都晋阳。信以国被边，晋阳去塞远，请治马邑，许之。

在下邳起兵,与陛下在留地相会,这是上天把我交给陛下。陛下采纳我的计策,幸好常常获得成功。我希望封在留地就足够了,不敢承当三万户的封地。"于是封张良为留侯。封陈平为户牖侯,陈平推辞说:"这并不是我的功劳啊。"高帝说:"我采用您的计谋,克敌制胜,这不是您的功劳又是谁的呢?"陈平说:"如果没有魏无知举荐,我哪能进见陛下!"高帝道:"您真可称得上是不忘本了!"于是赏赐魏无知。

春正月,高帝封立堂兄刘贾为荆王,弟弟刘交为楚王,哥哥刘喜为代王,儿子刘肥为齐王。

高帝以秦王朝孤立无助而导致灭亡的教训为鉴戒,想要大肆分封刘氏家族,以便镇抚天下。于是把楚地分为两个王国,将淮河以东的五十三个县分给堂兄将军刘贾做荆王,将薛郡、东海、彭城等地的三十六个县分给弟弟文信君刘交做楚王,将云中、雁门、代郡等地的五十三个县分给哥哥宜信侯刘喜做代王,将胶东、胶西、临淄、济北、博阳、城阳郡等地的七十三个县分给从前贫贱时与私通之妇所生的儿子刘肥为齐王。

高帝任命曹参为齐国的相国。

曹参到了齐国以后,普遍召见那些文人学者,向他们请教使百姓安定和睦的办法,而齐国原来的儒生们就数以百计,他们各有各的见解,每人所说的各不相同。曹参听说胶西有个盖公,精于黄帝、老子的学说,就派人去把他请来。盖公对曹参说:"治国之道,贵在清静无为,如果能这样做,百姓自然就会安定了。"曹参于是让出正堂给盖公居住,采纳他的主张,结果齐国安定和睦,大家都称颂曹参是贤能的相国。

高帝又把太原郡改为韩国,迁徙韩王信到那里为王。

高帝因韩王信有雄才武略,所统治的地区都是天下可以驻扎重兵之处,令人难以放心,因此就把太原郡的三十一个县改为韩国,迁徙韩王信去管辖那里,以防御胡人侵犯,建都晋阳。韩王信因为新的封国靠近北部边界,晋阳离边塞遥远,请求以马邑为韩国国都,高帝允准了。

封雍齿为什方侯。

上已封大功臣二十余人，其余争功不决，未得行封。上从复道望见诸将，往往相与坐沙中语，曰："此何语？"留侯曰："陛下不知乎？谋反耳！"上曰："何故？"留侯曰："陛下起布衣，以此属取天下，今所封皆故人所亲爱，所诛皆平生所仇怨。此属畏陛下不能尽封，又恐见疑平生过失及诛，故相聚谋反耳。"上乃忧曰："为之奈何？"留侯曰："陛下平生所憎，群臣所共知，谁最甚者？"上曰："雍齿与我有故怨，数尝窘辱我。"留侯曰："今急先封雍齿，则群臣人人自坚矣。"于是乃封雍齿为什方侯，而急趣丞相、御史定功行封。群臣皆喜曰："雍齿尚为侯，我属无患矣。"

诏定元功位次。赐丞相何剑履上殿，入朝不趋。

诏定元功十八人位次。皆曰："曹参功最多，宜第一。"鄂千秋进曰："参虽有野战略地之功，此特一时之事耳。上与楚相距五岁，失军亡众，跳身遁者数矣。萧何常从关中遣军补其处。又军无见粮，何转漕关中，给食不乏。陛下虽数亡山东，何常全关中以待陛下。此万世之功也。今奈何以一旦之功而加万世之功哉？何第一，参次之。"上曰："善！"于是乃赐何带剑履上殿，入朝不趋。上曰："吾闻'进

高帝封雍齿为什方侯。

高帝已经封赏了大功臣二十多人，由于其余的人争功，一时难以决断，因此没能继续进行封赏。高帝从复道上望见那些将领，常常一伙一伙地坐在沙地上谈论着什么，便问："这是在说什么呀？"留侯张良道："陛下不知道吗？这是图谋造反呢！"高帝问道："因为什么缘故？"留侯道："陛下自平民百姓起家，依靠这些人夺取了天下，如今所封赏的都是旧时的朋友，自己亲近、喜欢的人，所杀戮的都是平生仇视、怨恨的人。这班将领害怕陛下不能封赏所有的功臣，又担心往常有过失而被猜疑以至于被诛杀，所以相聚在一起谋图造反。"高帝于是忧愁地说："这该怎么办呢？"留侯说："陛下以往所憎恨，群臣又全都知道的人，谁最突出呢？"高帝说："雍齿与我有旧怨，曾经多次羞辱我。"留侯说："现在赶紧先封赏雍齿，那么群臣就会人人感到心中踏实有信心了。"于是高帝就封雍齿为什方侯，又赶紧催促丞相、御史给群臣评定功劳进行封赏。群臣都欢喜地说："雍齿尚且能封为侯，我们没有什么可担忧的了。"

高帝下诏令排定第一等功臣的位次。特许丞相萧何可以带剑、穿鞋上殿，入殿朝见皇帝时，不必按小步快走表示恭敬的常礼行走。

高帝下诏令排定第一等功臣十八人的位次。大家都说："曹参的功劳最多，应排在第一位。"鄂千秋进言说："曹参虽然有野战夺地的功劳，但这只不过是一时间的功劳罢了。皇上与楚军相持五年，军队丧失，部众逃亡，自己只身轻装逃遁就有好几次。萧何经常从关中调遣军队补充汉军的缺额。再有，军中没有现粮，萧何从关中水陆转运，供给军粮，使汉军不缺吃的。陛下虽然几次丢掉崤山以东的地盘，萧何却总能保全关中地区以等待陛下归来。这是万世不朽的功劳啊。现在怎么能将一时的功劳遮盖在万世的功劳上呢？萧何应该排在第一位，曹参排在第二位。"高帝道："说得好！"于是就特许萧何带剑、穿鞋上殿，觐见皇帝时不必行小步快走表示恭敬的常礼。高帝说："我听说'进举

贤受上赏’。”封千秋为安平侯。

帝归栎阳。　夏五月,尊太公为太上皇。

上五日一朝太公,太公家令说曰:"皇帝虽子,人主也;太公虽父,人臣也。奈何令人主拜人臣,而使威重不行乎?"后上朝,太公拥篲迎门却行。上大惊,下扶太公。太公曰:"帝人主,奈何以我乱天下法?"上乃诏尊太公为太上皇,赐家令金五百斤。

秋,匈奴寇边,围马邑,韩王信叛,与连兵。

初,匈奴畏秦北徙。及秦灭,复稍南渡河。单于头曼有太子,曰冒顿。后有少子,欲杀冒顿而立之。冒顿遂杀头曼自立。

东胡使谓冒顿,欲得头曼时千里马。群臣皆曰:"勿与。"冒顿曰:"奈何与人邻国而爱一马乎?"遂与之。东胡又欲得单于一阏氏,左右皆怒,请击之。冒顿曰:"奈何与人邻国爱一女子乎?"又与之。东胡王愈益骄。两国中间有弃地莫居千余里,东胡欲有之。群臣或曰:"此弃地,与之亦可,勿与亦可。"冒顿大怒曰:"地者,国之本也,奈何与人!"言与者皆斩之。即上马,令:"国中后出者,斩!"遂袭灭东胡。

贤能的人要受到上等的封赏'。"因此封鄂千秋为安平侯。

高帝回到栎阳。 **夏五月,** 高帝尊奉他的父亲刘太公为太上皇。

高帝每隔五天朝见一次他的父亲太公,太公的家令劝说太公道:"皇帝虽然是太公您的儿子,但他是君主;太公您虽然是皇帝的父亲,但您是臣下。怎么能让君主来朝拜臣下,而使君主的威严庄重不能行于天下呢?"以后高帝来朝见太公,太公就抱着扫帚在门口迎接,低头弯腰退着走。高帝大吃一惊,赶紧下车扶起太公。太公说道:"皇帝是万民之主,怎么能因为我而破坏了天下的法规呢?"高帝于是就下诏令尊奉太公为太上皇,赏赐太公的家令黄金五百斤。

秋季,匈奴侵犯汉朝边境地区,围困了马邑,韩王信背叛了朝廷,联合匈奴骑兵,反抗朝廷。

当初,匈奴畏惧秦王朝,向北迁徙。等到秦王朝灭亡以后,匈奴又逐渐南侵,渡过了黄河。匈奴当时的单于头曼已有太子,叫冒顿。后来,头曼单于又有了小儿子,就想杀掉冒顿立小儿子为太子。冒顿于是杀死头曼,自立为单于。

东胡派使者去告诉冒顿单于,想要得到头曼单于在位时的那匹千里马。群臣都说:"不能给他。"冒顿单于说道:"怎么能与人家为邻国,却吝惜一匹马呢?"就把这匹马送给了东胡。东胡又想得到冒顿单于的一个阏氏,冒顿单于身边的侍臣都很愤怒,请求冒顿单于出兵攻打东胡。冒顿单于说道:"怎么能与人家为邻国,却舍不得一个女子呢?"又把自己的一个阏氏送给了东胡。东胡王于是越发骄横了。东胡和匈奴之间有一大片弃置的荒地,无人居住,方圆达一千多里,东胡打算占有这片土地。匈奴的群臣中有人说:"这是片废弃的土地,给他也可以,不给他也可以。"冒顿单于听后大怒道:"土地是国家的根本,怎么能随便给人呢!"凡是说可以给东胡的臣子都被杀了。冒顿单于随即上马出征东胡,下令说:"国中有晚出发的人,都要斩首!"于是袭击并灭掉了东胡。

又走月氏，并楼烦、白羊河南王，遂侵燕、代，悉复蒙恬所夺故地，控弦之士三十余万。至是，围韩王信于马邑。信使使求和解。汉疑信有二心，使人让之。信恐诛，遂以马邑降之。匈奴遂攻太原，至晋阳。

令博士叔孙通起朝仪。

帝悉去秦苛仪法，为简易。群臣饮酒争功，醉或妄呼，拔剑击柱，帝益猒之。叔孙通说上曰："夫儒者难与进取，可与守成。臣愿征鲁诸生，共起朝仪。"帝曰："得无难乎？"通曰："五帝异乐，三王不同礼。礼者，因时世、人情为之节文者也。臣愿颇采古礼与秦仪，杂就之。"上曰："可试为之，令易知，度吾所能行者为之。"

于是通使征鲁诸生。有两生不肯行，曰："公所事者且十主，皆面谀以得亲贵。今死者未葬，伤者未起，又欲起礼乐。礼乐所由起，积德百年而后可兴也。吾不忍为公所为。公去矣，无污我！"通笑曰："若真鄙儒，不知时变！"遂与所征及上左右，与其弟子百余人为绵蕝，野外习之。月余，言于上曰："可试观矣！"上使行礼，曰："吾能为此。"乃令群臣习肄。

接着又赶跑了月氏,并吞了黄河以南的楼烦、白羊二王,随即侵入汉朝的燕、代地区,收复了当年被蒙恬所夺取的全部的匈奴旧地,拥有操弓射箭的兵士三十多万。这时就发兵把韩王信围困在马邑。韩王信派使者出使匈奴,谋求和解。汉室却猜疑韩王信对朝廷不忠,心怀二志,派人去谴责他。韩王信害怕被诛杀,于是就献出马邑城投降了匈奴。匈奴随即进攻太原,抵达晋阳。

高帝命令博士叔孙通制定臣子朝见君主的礼仪法规。

　　高帝全部废除了秦朝苛刻烦琐的礼仪规则,力求简单易行。这时候群臣饮酒争功,有的喝醉了就狂呼乱叫,拔出剑来乱砍柱子,高帝逐渐厌恶这种状况了。叔孙通于是劝说高帝道:"那班儒生,很难与他们共同进攻、夺取天下,却能和他们一起守业坐享天下。我愿意去征召鲁地的儒生们,和他们一起来制定臣子朝见君主的礼仪法规。"高帝问道:"会不会很难呢?"叔孙通道:"五帝有各自的乐制,三王有不同的礼制。所谓礼,就是根据时世、人情的变化面对人们的言行做出的节制规范。我愿意稍稍吸收古代的礼制和秦朝的仪法,把它们掺杂在一起,制定出当今适用的礼仪。"高帝道:"可以试着去做,但一定要使人容易了解,估计我能施行的礼仪,才能去制定。"

　　于是叔孙通就奉命出使,去征召鲁地的儒生。有两个儒生不肯随叔孙通前往京城,说:"你所事奉的,将近有十个主子了,都是靠着当面阿谀奉承而得到亲近、尊贵。如今死去的人还没有安葬,伤残的人还不能行动,你又想制定礼乐规则。那礼乐的产生,是积累德政百年之后才能兴起的。我们不忍心去做你要做的事。你赶快离开这里吧,不要玷污了我们!"叔孙通笑道:"你们真是浅陋迂腐的儒生,不懂得时势的发展变化!"于是就与征召来的儒生,以及皇帝身边的侍从和他自己的弟子一百多人,在野外用绳索拦出演习场所,捆束茅草立在地上标志尊卑位次,演习朝会时的礼仪规则。演习了一个多月,叔孙通对高帝说:"可以去检验一下了。"高帝于是让他们举行礼仪表演,看后说:"这个礼仪,我能实行。"就命令群臣练习这套礼仪规则。

辛丑（前200） 七年

冬十月，长乐宫成，朝贺，置酒。

长乐宫成，诸侯、群臣皆朝贺。先平明，谒者治礼，以次引入殿门，陈东、西乡。卫官侠陛，及罗立廷中，皆执兵，张旗帜。于是皇帝传警出房，引诸侯王以下，至吏六百石，以次奉贺，莫不振恐肃敬。礼毕，置法酒。诸侍坐者皆伏，抑首，以次起上寿。觞九行，谒者言"罢酒"。御史执法举不如仪者，辄引去。竟朝罢酒，无敢谨哗失礼者。于是上曰："吾乃今日知为皇帝之贵也！"拜通太常。

初，秦悉内六国礼仪，择其尊君抑臣者存之。及通制礼，颇有所增损，大抵皆袭秦故。其书后与律、令同录，藏于理官，法家又复不传，民臣莫有言者焉。

帝自将讨韩王信，信及匈奴皆败走。帝追击之，被围平城，七日乃解。

上自将击韩王信，破其军，信亡走匈奴。白土人曼丘臣、王黄等立赵利，收信兵，谋攻汉。匈奴使左、右贤王将万骑，与王黄等南至晋阳。汉击之，辄败走，已复屯聚。汉兵乘胜追之，会天大寒，雨雪，士卒堕指者什二三。

上闻冒顿居代谷，使人觇之。冒顿匿其壮士、肥牛马，但见老弱羸畜。使者十辈来，皆言匈奴可击。上复使刘敬

辛丑（前200） 汉高帝七年

冬十月,长乐宫落成,举行典礼,群臣朝贺,设置酒宴。

长乐宫落成,诸侯、群臣都来朝贺。天未亮的时候,为皇帝传达宾赞事宜的谒者主持典礼仪式,按次序将所有人员引入大殿门内,排列在东、西两边。侍卫官员在殿下台阶两旁站立的,以及在廷中排列的,都持握兵器,陈设旗帜。这时候高帝乘坐辇车出房来,侍卫官员传呼警戒,引导诸侯王以下,至俸禄为六百石级别的官员,依次序朝拜皇帝,无不震恐肃敬。朝拜仪式完毕,举行庆典酒宴。那些陪着皇帝坐着的官员都俯伏着身子,低着头,按品位高低依次起身给高帝敬酒。斟酒连敬九遍,谒者宣布"停止宴饮"。御史执法查出不按礼仪规则行动的人,就把他带出去。因此从朝贺典礼开始直到酒宴结束,没有出现敢大声喧哗、放肆失礼的人。这时高帝说道:"我到今天才知道当皇帝的尊贵啊!"任命叔孙通为太常。

当初,秦王朝收罗了六国的全部礼仪,选择其中尊崇君主、卑抑臣下的规则而保留下来。到叔孙通制定礼仪法则时,稍稍做了些增减,大体上都是沿袭秦王朝的旧制。叔孙通的礼书后来与汉代的律、令收录在一起,入藏于司法部门,由于法家对此书不再传授,因此百姓、臣僚也就没有谈论它的了。

高帝亲自率领军队征讨韩王信,韩王信和匈奴都战败逃跑。高帝追击敌军,却被匈奴围困在平城,经过七日才得以解围。

高帝亲自率军队攻打韩王信,大败了韩王信的军队,韩王信逃奔匈奴。白土县人曼丘臣、王黄等拥立赵王的后代赵利为王,收罗韩王信的散兵败卒,谋划攻打汉军。匈奴派左、右贤王率领万名骑兵,联合王黄等往南侵犯,直到晋阳。汉军攻打他们,他们就败逃,不久又屯聚起来。汉军乘胜追击,碰上天气酷寒,下大雪,汉军士兵冻掉手指的达到十之二三。

高帝听说冒顿单于驻扎在代谷,就派人去侦察。冒顿单于把他的精壮士兵、肥壮牛马藏匿起来,只让人看见老弱残兵和瘦弱的牲畜。汉营派出十批使者返还,都说匈奴可攻打。高帝又派刘敬

往使，未还，悉兵三十二万北逐之。敬还报曰："两国相击，此宜矜夸见所长。今臣往，徒见羸瘠老弱，此必欲见短，伏奇兵以争利。愚以为匈奴不可击也。"时兵已业行，上怒骂曰："齐虏以口舌得官，今乃妄言沮吾军！"械系敬广武。

遂先至平城，兵未尽到，冒顿纵精兵四十万骑，围帝于白登七日，汉兵中外不得相救饷。帝用陈平秘计，使使间厚遗阏氏，冒顿乃解围去。汉亦罢兵归，斩前使十辈，赦刘敬，曰："吾不用公言，以困平城。"封为建信侯。更封陈平为曲逆侯。平从帝征伐，凡六出奇计，辄益封邑焉。

十二月，还，至赵。

上还，过赵。赵王敖执子婿礼甚卑。上箕倨慢骂之。赵相贯高、赵午等皆怒曰："吾王，孱王也！"乃说王请杀之。敖啮其指出血，曰："君何言之误！先人亡国，赖帝得复，德流子孙，秋豪皆帝力也。愿君无复出口。"高等相谓曰："吾王长者，不倍德。且吾等义不辱，何污王为？事成归王，事败独身坐耳。"

匈奴寇代。代王喜弃国自归。立子如意为代王。 春，令：郎中有罪耐以上，请之；民产子，复勿事二岁。 二月，

出使匈奴，尚未返还，高帝就全部出动三十二万军队向北追击匈奴。刘敬回来报告说："两国交战，就理当炫耀实力，显示自己的优势。但现在我到匈奴那儿去，只是见到瘦弱的牲畜和老弱的士兵，这必定是想暴露自己的劣势，埋伏奇兵以夺取胜利。我以为匈奴不能攻打。"当时汉军业已出发，高帝怒骂刘敬说："你这个齐国的混蛋，靠着耍嘴皮子得到了官位，现在竟敢胡说八道，阻挠我的军队前进！"就把刘敬上了刑具，囚禁在广武。

高帝就启程先期到达平城，这时汉军还没有全部到达，冒顿单于指挥精锐部队四十万骑兵，把高帝围困在白登山整整七天，汉军里外不能互相援助粮饷。高帝采用了陈平的秘计，派出使者暗中送厚礼贿赂冒顿单于的阏氏，冒顿单于才解围离去。高帝也收兵返回，斩杀先前派出的十批使者，释放了刘敬，对刘敬说："我不采用您的意见，以至于被包围在平城。"封刘敬为建信侯。改封陈平为曲逆侯。陈平跟随高帝征战天下，共有六次进献奇计，于是就给陈平增加了封邑。

十二月，高帝返归，中途来到赵国。

高帝返归京城，途经赵国。赵王张敖向高帝行女婿拜见岳父的礼节，十分谦卑。高帝却两脚岔开坐着，十分轻慢，还随便责骂张敖。赵国的相国贯高、赵午等人都很愤怒，说道："我们的大王，真是个懦弱的大王啊！"就劝说赵王张敖允许他们把高帝杀了。张敖咬破了自己的手指，流出血来，说："你们怎么说这样错误的话啊！先父亡国后，靠着皇上才得以复国，德泽流传给子孙，这一丝一毫都是皇帝的力量啊。希望你们不要再说这种话了。"贯高等人互相说道："我们的大王是个忠厚长者，不肯背弃恩德。况且我们的原则是不受侮辱，所以才想杀掉皇帝，又何必为此而玷污了大王呢？我们自己去干吧，事成归功于大王，事败就独自承担罪责算了。"

匈奴侵犯代国。代王刘喜弃国独自逃回洛阳。高帝封皇子刘如意为代王。 春季，高帝下令：郎中有罪，要处以耏以上刑罚的，应事先请示；百姓家中生子，免除两年赋役。 二月，

帝至长安,始定徙都。

萧何治未央宫,上见其壮丽甚,怒曰:"天下匈匈数岁,成败未可知,是何治宫室过度也!"何曰:"天下方未定,故可因以就宫室。且天子以四海为家,非壮丽无以重威,且无令后世有以加也。"上说,遂自栎阳徙都之。

置宗正官。　夏四月,帝如洛阳。

壬寅(前199)　八年
冬,击韩王信余寇于东垣。

上东击韩王信余寇,过柏人,贯高等壁人于厕中。上欲宿,心动而去。

十二月,还宫。　春三月,令贾人毋得衣锦、绣、绮、縠、絺、纻、罽,操兵乘马。

癸卯(前198)　九年
冬,遣刘敬使匈奴,结和亲。

匈奴数苦北边,上患之。刘敬曰:"天下初定,士卒罢于兵,未可以武服也。冒顿杀父妻母,以力为威,未可以仁义说也。独可以计久远,子孙为臣耳。陛下诚以适长公主妻之,彼必慕,以为阏氏,生子必为太子。岁时问遗,谕以礼节。冒顿在,固为子婿,死,则外孙为单于,可无战

高帝到达长安,这时才正式确定将国都迁徙到长安。

萧何主持营造未央宫,高帝见宫殿营造得非常壮丽,愤怒地说:"天下纷乱,战争延续得好几年,如今成败尚未可知,为什么要把宫室修建得过分豪华呢!"萧何回答道:"正是因为现在天下尚未安定,所以才可以趁势营造宫室。再说天子以四海为家,宫殿不壮丽就不能显示庄重威严,而且这样做也是为了让后代的宫室规模不能超过它。"高帝这才高兴起来,就把都城从栎阳迁到了长安。

设置管理皇族宗室事务的宗正官。 夏四月,高帝到洛阳去。

壬寅(前199) **汉高帝八年**

冬季,高帝在东垣攻打韩王信的残余部众。

高帝东征,攻打韩王信的残余部众,经过赵国的柏人县,赵国相国贯高等派人藏在厕所的夹墙中,准备行刺高帝。高帝本打算留宿柏人城中,忽然感到心动不安,于是未住宿就离去了。

十二月,高帝返回长安宫中。 春三月,高帝下令商人不准穿锦、绣、细绫、绉纱、细葛布、纻布和毛织的衣服,不准操持兵器,不准骑马。

癸卯(前198) **汉高帝九年**

冬季,派刘敬出使匈奴,与匈奴缔结和亲盟约。

匈奴屡次侵扰汉朝的北部边境,高帝为此而感到忧虑。刘敬对高帝说道:"天下刚刚安定,士兵们疲于战争,在这种情况下是不能用武力来征服匈奴的。冒顿杀死了父亲,把父亲的妃子占为自己的妻子,用暴力建立威势,这种人是不能用仁义之道去说服他的。唯独可以用计谋图长治久安,使他的子孙做汉朝的臣子。陛下如果能把嫡女大公主嫁给冒顿,他必定会仰慕汉朝,把公主立为王后,公主生了儿子一定会当太子。逢年过节,派人去慰问,赠送礼品,使他们知道礼节。冒顿在世时,他本是陛下的女婿,他死了以后,就是您的外孙当单于,就可以不经战争

以渐臣也。"帝曰:"善!"欲遣长公主,吕后不可,乃取家人子名为长公主,以妻单于。使刘敬往结和亲约。

十一月,徙齐、楚大族、豪桀于关中。

刘敬言:"匈奴河南地,去长安近者七百里,轻骑一日一夜可以至秦中。且诸侯初起时,非齐诸田,楚昭、屈、景,莫能兴。今关中少民,北近匈奴,东有强族,一日有变,陛下未得高枕而卧也。愿徙六国后及豪桀、名家居关中,无事可以备胡,有变率以东伐。此强本弱末之术也。"于是徙昭、屈、景、怀、田氏及豪桀于关中,与利田宅,凡十余万口。

春正月,赵王敖废,徙代王如意为赵王。

贯高怨家知其谋,上变告之,于是逮捕赵王敖及诸反者,诏敢从者族。赵午等皆自刭,高独怒骂曰:"公等皆死,谁白王不反者?"乃槛车胶致,诣长安。郎中田叔、孟舒亦自髡钳,为王家奴以从。高对狱曰:"独吾属为之,王实不知。"搒笞刺剟,身无可击者,终不复言。

廷尉以闻,上曰:"壮士! 谁知者?"泄公曰:"臣素知之。此固赵国立义不侵、为然诺者也。"上使泄公持节往问之,曰:"赵王果有谋不?"高曰:"吾三族皆以论死,岂爱

而使匈奴逐渐成为汉室的臣子了。"高帝道："好！"便想让大公主嫁给冒顿单于，但吕后不同意，于是就从平民家找来一个女子，称她为大公主，把她嫁给冒顿单于。派刘敬前往匈奴，缔结和亲盟约。

十一月，把齐、楚地区的大族和豪强迁徙到关中。

刘敬对高帝说："匈奴在黄河以南的地区，距离长安城近的地方只有七百里，轻骑兵一天一夜就可以到达秦中。况且诸侯最初起事时，没有齐国的那些田氏，楚国的王族昭、屈、景氏，就不能兴起。如今关中缺少百姓，北方靠近匈奴，东方有原六国的强族，一旦有什么变故，陛下就不能高枕而卧了。希望陛下把原六国诸侯的后人和地方豪强、名门大族迁徙到关中定居，国家无事时可以防备匈奴入侵，一旦诸侯发生变故，也可以率领他们向东征伐。这是强本弱末的办法。"于是高帝下令把昭氏、屈氏、景氏、怀氏、田氏以及地方豪强，迁徙到关中地区来，给他们提供便利的田宅安顿，共迁来十几万人。

春正月，赵王张敖被废去王位，改封代王刘如意为赵王。

赵国相国贯高的仇家探知了贯高的预谋，就向高帝举报了这桩不寻常的事，高帝于是逮捕了赵王张敖以及那些参与谋反的人，下令有敢追随张敖的就诛灭三族。赵午等人都自刎死了，独有贯高怒骂道："你们都死尽了，还有谁来辨白大王不曾谋反呢？"于是贯高被关进了密闭胶封的囚车，押往长安。郎中田叔、孟舒等都自行剃去头发，用铁圈束颈，作为赵王家奴而随从进京。贯高对审讯官说："事情只是我们这些人去做的，赵王确实不知道。"贯高被严刑逼供，拷打，鞭笞，刀刺，体无完肤，始终不再开口。

廷尉把审讯情况报告了高帝，高帝道："真是个壮士！有谁了解他，可以去打听真相？"泄公答道："我向来了解他。他在赵国，原本就是以义自立、不肯受侵辱、重于信守诺言的人。"高帝便派泄公手持符节到狱中去探问贯高，泄公问道："赵王果真有谋反行动吗？"贯高回答说："我的三族都被定成死罪，难道我爱

王过于吾亲哉？顾为王实不反。"具道所以，王不知状。泄公以报，乃赦敖，废为宣平侯，而徙如意王赵。

上贤高，赦之。高曰："所以不死者，白王不反也。今王已出，吾责已塞，死不恨矣。且人臣有篡弑之名，何面目复事上哉！"乃仰绝亢，遂死。上召叔等与语，汉廷臣无能出其右者，尽拜守相。

夏六月晦，日食。　以萧何为相国。

甲辰（前 197）　十年
夏五月，太上皇崩。秋七月，葬万年，令诸侯王国皆立庙。　以周昌为赵相，赵尧为御史大夫。

定陶戚姬有宠，生赵王如意。吕后年长，益疏。上以太子仁弱，谓如意类己，常留之长安，欲废太子而立之。大臣争之，皆莫能得。御史大夫周昌廷争之强，上问其说。昌为人吃，又盛怒，曰："臣口不能言，然臣期期知其不可。陛下欲废太子，臣期期不奉诏！"上欣然而笑。吕后闻之，跪谢昌，曰："微君，太子几废。"

时赵王年十岁，上忧万岁之后不全也，符玺御史赵尧请为赵王置贵强相，及吕后、太子、群臣素所敬惮者。上问其人，尧以昌对，上乃以昌相赵，而以尧代为御史大夫。

赵王胜过爱我的亲族吗？只是因为赵王实在没有谋反。"便详细叙说事情的起由、赵王不了解谋反计划的原因和具体情况。泄公把情况报告给高帝，高帝于是赦免了张敖，废除了他的王位，降为宣平侯，而改封代王刘如意去赵国为王。

高帝认为贯高很贤良，赦免了他。贯高说："我之所以没有去死，是为了辨白赵王不曾谋反。如今赵王已经释放，我可以抵塞罪责，死而无憾了。况且作为臣子有行逆杀君的罪名，还有什么脸面再去侍奉皇上呢！"于是就仰首割断喉咙，自杀了。高帝召见田叔等人，与他们谈话，认为汉朝朝廷中的臣子没有能超过他们的，就把他们都任命为郡守、诸侯国相国。

夏六月的最后一天，出现日食。　任命萧何为相国。

甲辰（前197）　汉高帝十年

夏五月，太上皇去世。秋七月，将太上皇安葬在万年陵，下令各诸侯王都要在国都建立太上皇庙。　授任周昌为赵国相国，赵尧为御史大夫。

定陶女子戚姬受高帝宠爱，生下赵王刘如意。当时吕后年老，越发被高帝疏远。高帝认为太子仁慈懦弱，说刘如意很像自己，就把刘如意长年留在长安，不派往封国，想要废掉太子而改立刘如意。大臣们直言谏诤，都不能说服高帝。御史大夫周昌在朝廷上强硬地谏诤，高帝问他理由何在。周昌说话口吃，又在盛怒之下，只是说："我嘴笨说不出什么，但是我期期知道不能这样做。陛下想要废掉太子，我期期不奉命！"高帝欣然而笑。吕后听见了争执声，事后向周昌下跪致谢，说："要是没有您，太子差点就废掉了。"

当时赵王年仅十岁，高帝担忧自己死后赵王不能保全性命，官为符玺御史的赵尧，建议高帝为赵王配置一个地位尊贵而又强有力的相国，同时又是吕后、太子和大臣们一向敬重又忌惮的人。高帝问此人是谁，赵尧回答"周昌"，高帝于是派周昌为赵王相国，而令赵尧代替周昌为御史大夫。

上犹欲易太子,于是吕后使建成侯吕释之强要留侯画计。留侯曰:"此难以口舌争也。顾上有所不能致者四人,曰东园公、绮里季、夏黄公、甪里先生。皆以上嫚侮士,故逃匿山中,义不为汉臣。然上高此四人。今令太子为书,卑词安车,固请其来,来以为客,时从入朝,令上见之,则一助也。"于是吕后使人奉太子书招之。四人至,客建成侯家。

九月,代相国陈豨反,帝自将击之。

初,上以阳夏侯陈豨为代相国,监赵、代边兵。豨常慕魏无忌之养士,及告归,过赵,宾客随之者千余乘。周昌求见上,言豨宾客甚盛,擅兵数岁,恐有变。上令人覆案豨客诸不法事,多连引豨。豨恐,遂反。

上自击之,至邯郸,喜曰:"豨不南据邯郸而阻漳水,吾知其无能为矣。"昌奏:"常山亡二十城,请诛守、尉。"上曰:"守、尉反乎?"对曰:"不。"上曰:"是力不足,亡罪。"令昌选赵壮士可将者,白见四人。封各千户,以为将。左右谏曰:"封此何功?"上曰:"非汝所知。赵、代地皆豨有,吾征天下兵未至,今独邯郸中兵耳,吾何爱四千户,不以慰赵子弟!"又闻豨将皆故贾人,上曰:"吾知所以与之矣。"乃多以金购之,豨将多降。

高帝还是想换掉太子，于是吕后就让建成侯吕释之去拦住留侯张良，强求留侯为他们出谋划策。留侯说道："这件事难以靠嘴巴说理来争取。回想从前陛下曾有未能征召来的四个人，叫东园公、绮里季、夏黄公、甪里先生。他们四人都因为陛下侮辱、怠慢读书人，所以逃往山中隐居，下决心不当汉朝的臣子。但是陛下却是很看重这四个人。现在让太子写封信，用谦恭的言辞、可以安坐的小车，坚持请他们一定来，来了就作为贵客接待，经常随从太子入朝，让陛下见到他们，那么就是一大帮助了。"于是吕后就派人手捧太子的亲笔信去请四位先生。四位先生来后，客住在建成侯家里。

　　九月，代国相国陈豨谋反，高帝亲自率领军队去攻打他。

　　起先，高帝任命阳夏侯陈豨为代国相国，监管赵国、代国边境上的军队。陈豨常常羡慕当年信陵君魏无忌家中养了一大批士的行为，等到他告假回来，途经赵国时，跟随他的宾客乘坐的车子竟有一千多辆。赵国相国周昌见到这种情况请求进见高帝，说陈豨门下宾客盛多，又专擅兵权好几年，恐怕会有不寻常的事变。高帝派人去审查陈豨门客的种种不法之事，发现很多事情都牵连到陈豨本人。陈豨得知后，十分恐慌，就反叛了。

　　高帝亲自率领军队去攻打陈豨，来到邯郸后，高兴地说："陈豨不在南边据守邯郸，而去扼守漳水，我知道他干不成什么事了。"周昌禀奏说："常山郡被陈豨攻占了二十座城池，请处死郡守、都尉。"高帝问道："郡守、都尉反叛了吗？"周昌答道："没有。"高帝说道："这是他们力量不足，没有罪。"高帝命令周昌在赵国壮士中挑选可以充当将领的人，周昌禀报说有四个人。高帝让他们来进见，赏赐每人一千户封地，任命他们为将领。左右随从劝阻说："封赏他们，凭什么功劳？"高帝说："这就不是你们所能知道的了。目前赵国、代国一带都被陈豨占据，我征调天下军队，至今还没有到来，现在能调遣的，只有邯郸城里的这些士兵了，我为什么要吝惜四千户封地，而不用来抚慰赵国子弟呢！"高帝又听说陈豨的很多部将过去都是商人，就说："我知道如何对付他们了。"便下令多用黄金去收买他们，陈豨的部将大部分都投降了。

乙巳（前196） 十一年

冬，破豨军。春正月，皇后杀淮阴侯韩信，夷三族。

冬，太尉周勃道太原，入代地，陈豨军败。淮阴侯信舍人弟上变，告：“陈豨前适赵、代，过辞信。信辟左右曰：‘公之所居，天下精兵处也，而公，陛下之信幸臣也。人言公畔，陛下必不信，再至乃疑矣，三至必怒而自将。吾为公从中起，天下可图也。’豨曰：‘谨奉教！’今信阴与豨通谋，欲与家臣夜诈赦诸官徒、奴，发以袭吕后、太子，部署已定，待报未发。”吕后与萧何谋，诈言豨已得，死，绐信入贺，使武士缚信，斩之。信曰：“吾悔不用蒯彻之计，乃为儿女子所诈。”遂夷三族。

韩王信伏诛。 帝还，至洛阳。

上还，闻韩信言恨不用蒯彻计，乃诏捕彻。至，上曰：“若教淮阴侯反乎？”对曰：“然。竖子不用臣计耳，如用臣计，陛下安得而夷之乎？”上怒曰：“烹之！”彻曰：“秦失其鹿，天下共逐之，高材疾足者先得。且当是时，臣独知信，非知陛下也！且天下欲为陛下所为者甚众，顾力不能耳，又可尽烹邪！”上曰：“置之！”

立子恒为代王。 赦。 二月，立王侯朝献、郡国口赋法。

诏曰：“欲省赋甚。今献未有程，吏或多赋以为献，民

乙巳（前196）　汉高帝十一年

冬季，汉朝军队打败了陈豨的军队。春正月，吕后杀掉了淮阴侯韩信，诛灭了韩信的三族。

冬季，太尉周勃取道太原，攻入代国领地，陈豨军队溃败。淮阴侯韩信有个门下舍人被韩信囚禁，舍人的弟弟告发韩信有谋反活动，说："陈豨先前经过赵国、代国时，曾拜访韩信并向他辞行。韩信屏退左右，对陈豨说：'你所处的位置，是天下精兵集中的地方，而你，又是陛下宠信的大臣。如果有人说你反叛，陛下必定不相信，然而再有人这么说的话，陛下就会怀疑你了，第三次有人说，陛下必定会发怒，从而亲率大军来攻打你。我为你做个内应，那么天下就可以谋取了。'陈豨说：'我遵从您的指教！'现在韩信暗中与陈豨勾结谋划，想与家臣伪造诏令在夜间赦免官府的服役犯人及奴隶，发动他们去袭击吕后、太子，已经部署完毕，只等陈豨那边的消息，所以还没有行动。"吕后便与萧何密谋，谎称陈豨已经被捕，处死，把韩信骗到朝中来祝贺，命令武士将韩信捆绑，斩杀。韩信临死前说："我真后悔没用蒯彻的计谋，竟然被小儿、妇人所欺骗。"随后吕后又下令诛灭韩信的三族。

韩王信被处死。　高帝回到洛阳。

高帝回到洛阳，听到韩信说后悔没用蒯彻的计谋这句话，便下令逮捕蒯彻。蒯彻被押来后，高帝问："你教淮阴侯造反了吗？"蒯彻回答道："是的。那小子不用我的计策啊，如果用我的计策，陛下怎么能逮捕他，又把他灭三族呢？"高帝大怒，下令说："烹煮他！"蒯彻说："秦朝失去帝位，天下英雄群起而争夺，才高脚快的人能先得到。而且在那个时候，我只知道有韩信，不知道有陛下呀！况且世上想做陛下所干大业的人很多，只是力量不足就是了，又能把他们都烹煮吗？"高帝听后，下令说："放了他！"

封皇子刘恒为代王。　大赦天下。　二月，制定诸侯王、列侯朝贡及郡国按人口征收赋税的法规。

高帝下诏令说："朝廷非常想向大家少征收赋税。现在向朝廷进贡还未有法式，有的官吏则以进贡的名义多征收赋税，百姓们

疾之。令诸侯王常以十月朝献。及郡各以其口数,率人岁六十三钱,以给献费。"

诏郡国求遗贤。

诏曰:"盖闻王者莫高于周文,伯者莫高于齐桓,皆待贤人而成名。今天下贤者智能岂特古之人乎?患在人主不交故也,士奚由进!今吾以天之灵,贤士大夫定有天下,以为一家,欲其长久,世世奉宗庙亡绝也。贤人已与我共平之矣,而不与我共安利之,可乎?贤士大夫有肯从我游者,诸侯王、郡守必身劝,为之驾,遣诣相国府。有而弗言,觉免。年老癃病,勿遣。"

梁王越废,徙蜀。三月,杀之,夷三族。

上之击陈豨也,征兵于梁。梁王称病,使将将兵诣邯郸。上怒让之。梁王恐,欲自往谢。其将扈辄曰:"往则为禽,不如遂反。"王不听。梁太仆得罪,亡走汉,告之。上使使掩梁王,囚之洛阳。有司治:"反形已具,请论如法。"赦为庶人,传处蜀。至郑,逢吕后从长安来。王为吕后泣涕,自言无罪。后与俱,至洛阳,白上曰:"彭王壮士,今徙之蜀,此自遗患,不如遂诛之。妾谨与俱来。"乃令人告越复谋反。夷三族,枭首洛阳,下诏:"收视者,捕之。"

梁大夫栾布使于齐,还,奏事头下,祠而哭之。吏捕以闻,上欲烹之。布曰:"方上之困彭城、败荥阳也,王与楚

深以为苦。今命令诸侯王通常在每年十月朝贡。至于郡内，各以百姓的人口计数，一率每人每年交六十三钱，以供进贡的费用。"

高帝命令郡国广求散逸在民间的贤才。

高帝下诏令说："听说做君王的没有超过周文王的，做霸主的没有超过齐桓公的，他们都是倚仗了贤士而后才成名的。如今天下的贤士，其智力才能难道与古人有差异吗？问题出在君主不与他们交往，贤士靠什么提拔任用呢？如今我靠着上天的威灵，贤士大夫帮助平定了天下，四海成为一家，我希望汉朝江山能够长久，世世代代供奉宗庙，不使香火断绝。贤能的人已经和我共同平定了天下，却不与我共享安乐、共分利益，能行吗？贤士大夫有肯随我而行的，诸侯王、郡守一定要亲自劝勉，为他们驾好车子，遣送到相国府中。如果有贤士而不去举荐，一旦发现，就要免去官位。年老衰弱疲病的，就不要遣送。"

梁王彭越被废除王位，流放到蜀地去。三月，在洛阳被杀，诛灭三族。

高帝攻打陈豨时，向梁国征兵。梁王彭越声称有病，只派部将领兵奔赴邯郸。高帝大怒，斥责了他。梁王很恐惧，想亲自前去谢罪。他的将领扈辄说："你若前往就会被擒，不如现在就造反。"梁王不听。他的太仆犯了罪，逃往汉朝京城，告发了这件事。于是高帝派人偷袭梁王，抓住了他，囚禁到洛阳。有关部门审判说："已有谋反迹象，应依法判处死刑。"高帝把他赦免为平民，流放到蜀地去。走到郑地，遇上吕后从长安来。梁王向吕后哭泣，说自己无罪。吕后就让他随同自己东去，到了洛阳，吕后对高帝说："彭王是个壮士，如今把他流放到蜀郡，这是自留后患，不如就此杀了他。我让他跟我一起来了。"就指使人控告彭越再度谋反。于是把彭越的三族都斩首，还割下他的首级在洛阳示众，下令说："有来为彭越收尸的，一律逮捕。"

梁国大夫栾布出使齐国，返回，在彭越的头颅下奏报，祭祀并痛哭一场。官吏将他逮捕，上报朝廷，高帝打算烹煮他。栾布说道："当年皇上受困于彭城、兵败于荥阳的时候，彭王与楚军联合

则汉破,与汉则楚破。且垓下之会,微彭王,项氏不亡。天下已定,而陛下以苛小案诛灭之,臣恐功臣人人自危也。今彭王已死,臣生不如死,请就烹!"于是上乃释布,拜为都尉。

立子恢为梁王,友为淮阳王。 夏四月,还宫。 五月,立故秦南海尉赵佗为南越王。

初,秦南海尉任嚣病且死,召龙川令赵佗,语曰:"秦为无道,天下苦之。闻陈胜等作乱,天下未知所安。番禺负山险,阻南海,东西数千里,颇有中国人相辅,此亦一州之主也,可以立国。"即被佗书,行南海尉事。嚣死,佗即移檄绝道,聚兵,诛秦吏,击并桂林、象郡,自立为南越武王。

至是,诏立以为南越王,使陆贾即授玺绶,与剖符通使,使和集百越,无为南边患害。贾至,佗魋结箕倨见之。贾曰:"足下中国人,亲戚、坟墓皆在真定。今反天性,弃冠带,欲以区区之越,与天子抗衡,为敌国,祸且及身矣!秦失其政,豪桀并起,唯汉王先入关。项羽倍约,王诛灭之。五年之间,海内平定。此非人力,天所建也。王不助天下诛暴逆,将相欲移兵而诛王。天子怜百姓新劳苦,故且休之,遣使授王印绶,剖符通使。王宜郊迎,北面称臣,乃欲

则汉军失败，与汉联合则楚军失败。再说垓下会战，如果没有彭王，项羽就不会灭亡。如今天下已经平定，而陛下就以苛细小事诛灭了他，我担心功臣会人人自危。现在彭王已经死了，我活着还不如死去，请烹煮我吧！"于是高帝就释放了栾布，封他为都尉。

　　高帝立他的儿子刘恢为梁王，刘友为淮阳王。　夏四月，高帝从洛阳回到长安宫中。　五月，封原秦朝南海尉赵佗为南越王。

　　当初，秦朝南海尉任嚣病重将死的时候，招来龙川县令赵佗，对他说："秦朝的政治暴虐无道，天下百姓深受其苦。听说陈胜等人起来造反，天下还不知道怎样才能安定。我们的番禺城背靠大山，形势险要，前边有南海，形成天然的阻隔，东西长几千里，有很多中国人在这里辅佐治理，在这里做官，也是一州之主，可以建立个国家。"任嚣说完，当即给赵佗立下委任书，请他代理南海尉的职务。任嚣死后，赵佗立即发出檄文，通知各地断绝通道，聚兵自守，诛杀秦朝的官吏，攻打、吞并桂林、象郡，自立为南越武王。

　　直到汉高帝十一年五月，高帝才正式下诏书立赵佗为南越王，派陆贾前往授予印信绶带，颁发符节，互通使者，让他团结、安抚百越各部落，不要成为南方边境的祸害。陆贾来到南越，赵佗头上盘着椎形的发髻，岔开两脚坐着接见他，态度傲慢。陆贾对他说："您是中原人士，亲戚、祖先的坟墓都在真定。现在您违反天性，抛弃了华夏冠带，想以区区南越之地，与汉朝天子相抗衡，成为敌国，大祸将要降临了！秦朝丧失德政，天下豪杰纷纷起义，只有汉王先进入关中。项羽背弃誓约，汉王诛灭了他。五年之间，海内获得安定。这并非人力所为，而是上天的建树。您不去帮助天下人诛杀暴逆，将相们都想派兵来剿灭您。只是天子哀怜百姓刚刚遭受战争的苦难，所以暂且停战，派遣使者前来，授予您君王的印信绶带，颁发符节，互通使者。您应该亲自到郊外去迎接使臣，面朝北向汉朝廷称臣才对，可您却企图

以新造未集之越，屈强于此。汉诚闻之，掘烧王先人冢，夷灭宗族，使一偏将将十万众临越，则越杀王降汉如反覆手耳。"于是佗乃蹶然起坐，谢曰："居蛮夷中久，殊失礼义。"留贾与饮。数月，曰："越中无足与语，至生来，令我日闻所不闻。"赐橐中装直千金。贾卒拜佗，令称臣，奉汉约。归报，帝大悦，拜贾为太中大夫。

贾时时前说称《诗》《书》，帝骂之曰："乃公居马上而得之，安事《诗》《书》！"贾曰："居马上得之，宁可以马上治之乎？且汤、武逆取而以顺守之。文武并用，长久之术也。乡使秦已并天下，行仁义，法先圣，陛下安得而有之！"帝有惭色，曰："试为我著秦所以失天下，吾所以得之者，及古成败之国。"贾乃粗述存亡之征，凡著十二篇。每奏一篇，帝未尝不称善。号其书曰《新语》。

帝有疾。

帝有疾，恶见人，诏户者无得入群臣。十余日，舞阳侯樊哙排闼直入，大臣随之。上独枕一宦者卧。哙等流涕曰："始，陛下与臣等起丰、沛，定天下，何其壮也！今天下已定，又何惫也！且陛下病甚，大臣震恐。不见臣等计事，顾独与一宦者枕，独不见赵高之事乎？"帝笑而起。

凭借刚刚建立、尚未安定的越国,在这里向大汉逞强,执拗不从。汉朝要是知道了,挖掘烧毁您祖先的坟墓,杀光您的宗族,派一员偏将率领十万大军来到南越,那么南越人杀了您投降汉朝是如反掌一样容易!"这时赵佗才突然站起,向陆贾谢罪说:"我在蛮夷中居住久了,太失礼义了。"随后留下陆贾与他畅饮。过了几个月,赵佗对陆贾说:"我在南越,没有可交谈的人,直到你来了,才让我每天都听到从未听说过的事。"又赏赐陆贾一袋价值千金的珠宝。陆贾最后便拜赵佗为南越王,要他向汉朝称臣,遵守汉朝的约法。陆贾回朝报告,高帝大为高兴,授命陆贾为太中大夫。

陆贾时时在高帝面前称道《诗经》《尚书》,高帝斥骂他说:"你老子是在马上打下天下的,哪里用什么《诗经》《尚书》!"陆贾反驳道:"在马上得天下,难道可以在马上治理天下吗?况且商朝的汤王、周朝的武王都是逆上造反,依凭武力来夺取天下,而又顺应民心,怀柔百姓以守住天下。文治武功并用,才是长治久安的方法。假如过去秦国在吞并天下之后,推行仁义之道,效法古代的圣贤,陛下今天怎么能拥有天下!"高帝露出惭愧神色,说:"你试一试,为我写出秦朝所以失去天下,我所以得到天下,以及古代国家成败的道理。"陆贾于是大略阐述了国家存亡的征兆,共写成十二篇。每奏上一篇,高帝没有不叫好的。这本书被称为《新语》。

高帝生了病。

高帝生了病,讨厌见人,命令守宫门的侍者不准放群臣入宫。过了十几天,舞阳侯樊哙推开宫门直闯而入,大臣们也随后跟进。高帝正以一个宦官做枕头,独自躺着。樊哙等人流着眼泪对高帝说:"想当初,陛下与我们一起在丰、沛起义,平定天下,是多么雄壮啊!现在天下已经平定,又是多么疲惫啊!而且陛下病重,大臣们都感到震惊恐惧。陛下不接见我们商议政事,反而独自枕着一个宦官躺着,难道没看到赵高篡权,引起秦廷内乱的故事吗?"高帝听后便笑着起身。

秋七月，淮南王布反。帝自将击之。立子长为淮南王。布击杀荆王贾，又败楚军，遂引兵西。

初，淮阴侯死，布已心恐。及彭越诛，醢其肉以赐诸侯。布见醢，大恐，阴令人部聚兵，候伺旁郡警急。中大夫贲赫得罪于布，乘传诣长安上变，言布谋反有端。上系赫，使人验之。布遂族赫家，发兵反。

上召故楚令尹薛公问之，令尹曰："往年杀彭越，前年杀韩信。此三人者，同功一体之人也。自疑祸及身，故反耳。使布出于上计，山东非汉之有也；出于中计，胜败之数未可知也；出于下计，陛下高枕而卧，汉无事矣。"上曰："何谓也？"对曰："东取吴，西取楚，并齐取鲁，传檄燕、赵，固守其所，此上计也；东取吴，西取楚，并韩取魏，据敖仓之粟，塞成皋之口，此中计也；东取吴，西取下蔡，归重于越，身归长沙，此下计也。"上曰："是计将安出？"对曰："布以丽山之徒自致万乘，此皆为身，不顾后虑者也，必出下计。"

时上有疾，欲使太子击布。留侯所召四人者说吕释之曰："太子将兵，有功则位不益，无功则从此受祸矣。君何不急请吕后，乘间为上泣言：黥布，猛将，善用兵。诸将皆陛下故等夷，乃令太子将此属，无异使羊将狼。且使布

秋七月，淮南王黥布反叛。高帝亲率军队去攻打他。立皇子刘长为淮南王。黥布攻打并杀死荆王刘贾，又打败了楚王刘交的军队，随即引兵西进。

当初，淮阴侯韩信被杀的时候，黥布已经心生恐慌。等到彭越被杀，朝廷又把他的肉剁成肉酱分赐给各诸侯。黥布见到肉酱，大为惊恐，便暗中派人部署，聚集军队，窥伺邻郡有无示警告急的动向。黥布的中大夫贲赫得罪了黥布，乘驿站的传车前往长安告发黥布，说黥布谋反，已有迹象。高帝拘禁了贲赫，派人去查验实情。黥布便杀死了贲赫的全家，发兵造反。

高帝召见原楚国令尹薛公，向他征求意见，令尹薛公说："去年杀死了彭越，前年杀死了韩信。彭越、韩信和黥布这三人，是功劳相同、三位一体的人。黥布自己疑心大祸就要降临其身，所以就造反了。假如黥布采用上策，那么崤山以东的地区就不再是汉朝所有了；假如他采用中策，那么双方谁胜谁负还难以预料；假如他采用下策，那么陛下您就可以高枕无忧，汉朝便太平无事了。"高帝问道："这话怎么理解呢？"薛公回答说："向东攻取吴地，向西攻取楚地，吞并齐地，夺取鲁地，发出檄文给燕、赵两地，让他们固守本土，这是上策；向东攻取吴地，向西攻取楚地，吞并韩地，夺取魏地，占有敖仓的储粮，阻塞成皋的关口，这是中策；向东攻取吴地，向西攻取下蔡，把辎重送回越地，自己回到长沙，这是下策。"高帝又问道："他将会采用哪种计策呢？"薛公回答说："黥布以骊山刑徒的身份，自己爬上了王位，这种人都是只顾自己的眼前利益，却不顾及长远打算的，他必定会采用下策。"

这时高帝正在生病，打算派太子去攻打黥布。留侯张良定计请来的四个老人却劝告吕释之说："太子率军出征，如果有了功劳，地位已不能再增高；如果没有功劳，那么从此便要遭祸了。您何不赶快去请求吕后，让她寻找机会向皇上哭求说：黥布是个猛将，善于用兵。而汉朝将领都是陛下过去的同辈旧人，要是让太子去指挥这班人，无异于让羊去指挥狼。而且要是让黥布

闻之,则鼓行而西耳。"后如其言,于是上自将而东。

留侯病,自强起,见上曰:"臣宜从,病甚。楚人剽疾,愿无与争锋。"因说上令太子为将军,监关中兵。上曰:"子房虽病,强卧而傅之。"时叔孙通已为太傅,留侯行少傅事。发关中车骑、巴蜀材官及中尉卒三万人,为皇太子卫,军霸上。

布之初反,谓其将曰:"上老,厌兵,必不能来。诸将独患淮阴、彭越,今皆已死,余不足畏也。"东击荆,荆王贾走死。击楚,楚与战徐、僮间,为三军,欲以相救为奇。或曰:"布善用兵,民素畏之。且兵法'诸侯自战其地为散地',今别为三,彼败吾一军,余皆走,安能相救?"不听,果败。布遂引兵西。

丙午(前195) 十二年
冬十月,帝破布军于蕲西。布亡走,长沙王臣诱而诛之。

上与布兵遇于蕲西,布兵精甚。上望其置陈如项籍军,恶之,遥谓布曰:"何苦而反?"布曰:"欲为帝耳!"上怒,骂之,遂大战。布军败,走江南,长沙王臣使人诱与走越,杀之。

帝还,过沛,复其民,世世无有所与。

听说了,他就会击鼓而行,向西进攻了。"吕后按照四个老人的话去做了,于是高帝自己统率军队向东进发。

留侯张良正生病,勉强支撑着身子,来见高帝,说:"我本应随皇上出征的,无奈病得太厉害了。楚人剽悍凶猛,望皇上避其锋芒。"又建议高帝让太子当将军,监领关中的军队。高帝说:"子房你虽然病重,还请你勉强躺着辅佐太子。"当时叔孙通已是太子的太傅,就让张良代理少傅之事。又征发关中的战车、骑兵,巴、蜀两地的勇武之卒组成的材官,以及京师中尉的军队共三万人,作为皇太子的警卫部队,驻扎在霸上。

黥布造反之初,对部将说:"皇上老了,厌倦兵事,肯定不能前来。诸将中,我只怕淮阴侯韩信和彭越,现在他们都死了,其余的人就不值得我们畏惧了。"他向东攻击荆王,荆王刘贾败逃而死。他又攻打楚王,楚王刘交发兵在徐、僮一带迎战,并把军队分为三支,想以三支军队互相救援的方法来出奇制胜。有人劝告刘交说:"黥布善于用兵,人们向来惧怕他。况且兵法上说'诸侯在自己的领地上作战为散地',士卒在危急时容易逃散,现在楚军分为三支,敌军只要打败我方一支军队,其余两支就会逃跑,哪能互相援救呢?"刘交不听,果然被打败了。黥布便引兵西进。

丙午(前195) 汉高帝十二年

冬十月,高帝在蕲西打败了黥布的军队。黥布逃跑,长沙王吴臣诱骗他,并把他杀死。

高帝与黥布的军队在蕲西相遇,黥布的军队十分精锐。高帝远远望去,见黥布军队的布阵如同当年项籍的军队,心中非常厌恶,便远远地质问黥布:"你何苦要造反?"黥布回答说:"想当皇帝啊!"高帝大怒,痛骂他,于是双方大战。黥布军队战败,逃到长江南岸,长沙王吴臣派人去诱骗黥布,谎称想和他一起逃到南越去,黥布中计,在南下途中被杀。

高帝得胜回朝,路经沛县,宣布免除沛县百姓的赋役,世世代代永不缴税服役。

上还，过沛，留，置酒沛宫，悉召故人、父老、诸母、子弟佐酒，道旧故为笑乐。酒酣，上击筑自歌曰："大风起兮云飞扬，威加海内兮归故乡，安得猛士兮守四方！"于是起舞，慷慨伤怀，泣数行下，谓沛父兄曰："游子悲故乡。吾虽都关中，千秋万岁后，吾魂魄犹思沛。且朕自沛公以诛暴逆，遂有天下。其以沛为朕汤沐邑，复其民，世世无有所与。"

太尉周勃诛陈豨，定代地。　立兄子濞为吴王。

更以荆为吴国。濞，喜之子也。
十一月，过鲁，以太牢祠孔子。　遂还宫。

上还长安，疾益甚，愈欲易太子。张良谏不听，因辞疾不视事。叔孙通谏曰："晋献公以骊姬故，废太子，国乱数十年。秦以不蚤定扶苏，自使灭祀。此陛下所亲见。今必欲废适而立少，臣愿先伏诛，以颈血污地！"帝曰："公罢矣，吾直戏耳！"通曰："太子，天下本。本一摇，天下振动。奈何以天下为戏乎？"上阳许，而犹欲易之。

后置酒，太子侍，留侯所招四人者从，年皆八十余，须眉皓白，衣冠甚伟。上怪问之。四人前对，各言姓名。上乃大惊曰："吾求公数岁，公避逃我，今何自从吾儿游乎？"四人曰："陛下轻士，善骂，臣等义不辱，故恐而亡匿。今闻太子

高帝回京,路过沛县,停留下来,在沛宫安排酒宴,把旧友、父老、女长辈、子弟招来,陪同饮酒,共叙旧情,欢笑作乐。酒喝到畅快,高帝自己击筑作歌唱道:"大风起兮云飞扬,威加海内兮归故乡,安得猛士兮守四方!"于是起身跳舞,歌舞中,高帝慷慨伤怀,流下了几行热泪,他对沛县父老兄弟说:"游子悲故乡。我虽说在关中建都,但是千秋万代之后,我的魂魄还是思念着沛县。而且我是以沛公的身份起义,诛灭了暴逆的秦朝,才夺取了天下。现在宣布,把沛县当做我的汤沐邑,免除全县百姓的赋役,世世代代都不要缴税服役。"

　　太尉周勃杀死了陈豨,平定了代地。　　**高帝立兄长的儿子刘濞为吴王。**

　　把荆王刘贾的封国改名为吴国。刘濞是刘喜的儿子。

　　十一月,高帝经过鲁地,以牛、羊、猪三牲并用的太牢祭祀孔子。　　**随后就回到长安宫中。**

　　高帝回到长安,病情更严重,愈发想换掉太子。张良规劝,没有被接受,就推说有病,不再过问朝政。叔孙通又劝谏道:"从前晋献公因为宠爱骊姬,废掉了太子申生,结果晋国内乱,延续几十年才安宁。秦始皇因为不早定扶苏为太子,自己使宗庙灭绝了。这是陛下亲眼看到的。现在如果一定要废掉嫡长子而立小儿子,我愿先受诛杀,让颈血涂地!"高帝说道:"您别说啦,我不过开个玩笑而已!"叔孙通说道:"太子是国家的根本。根本一动摇,天下就会震动。怎么能用国家根本来开玩笑呢?"高帝假装同意了,而内心还是想换掉太子。

　　后来高帝设置酒宴,太子陪席侍候,留侯设计招来的四位老人跟随太子赴宴,他们年龄都有八十多岁,胡须眉毛皓白,衣帽也很伟美。高帝感到惊异,就问他们是什么人。四位老人走上前去回答,各报自己的姓名。高帝于是大吃一惊,说:"我寻求你们好几年了,你们却躲避我不见,现在怎么愿意来与我的儿子交往呢?"四个老人说:"陛下您轻视文士,动不动就骂人,我们的原则是不受您的侮辱,所以感到害怕,就逃走躲起来了。现在听说太子

为人仁孝,恭敬爱士,天下莫不延颈愿为太子死者,故臣等来耳。"上曰:"烦公幸卒调护太子。"四人者出,上召戚夫人,指视之曰:"我欲易之,彼四人者辅之。羽翼已成,难动矣。"戚夫人泣,上起,罢酒,遂不易太子。留侯本招此四人之力也。

下相国何廷尉狱,数日,赦出之。

萧何以长安地狭,上林中多空地,弃,请令民得入田,毋收藁,为禽兽食。上大怒,下何廷尉,械系之。数日,王卫尉侍,前问曰:"相国何大罪,陛下系之暴也?"上曰:"吾闻李斯相秦,有善归主,有恶自与。今相国多受贾竖金,而为之请吾苑,以自媚于民,故系治之。"王卫尉曰:"夫职事苟有便于民而请之,真宰相事。陛下奈何反疑相国受贾人钱乎?且陛下距楚数岁,相国一摇足,则关以西非陛下有也。相国不以此时为利,今乃利贾人之金乎?且秦以不闻其过亡天下,李斯之分过,又何足法哉?陛下何疑宰相之浅也!"帝不怿,即赦出之。何年老,素恭谨,入,徒跣谢。帝曰:"相国休矣!相国为民请苑,吾不许,我不过为桀、纣主,而相国为贤相。吾故系相国,欲令百姓闻吾过也。"

燕王绾谋反。春二月,遣樊哙以相国将兵讨之。立子建为燕王。

陈豨之反,燕王绾发兵击其东北。以豨求救于匈奴,

为人仁孝,恭敬而尊重读书人,普天下的人,都伸着脖子愿意为太子而死,所以我们就来了。"高帝说:"有劳你们,希望能一直调护太子。"四人出去后,高帝招来戚夫人,指给她看,说:"我想换掉太子,可他们四人要辅佐太子。如今太子羽翼已成,难以变动了。"戚夫人就哭了起来,高帝站起,停止宴饮,从此就决定不换太子了。这是留侯张良原本提出招来这四个老人的功劳。

高帝把相国萧何交付廷尉,下狱,几天之后,才赦免出狱。

萧何因为长安地方狭窄,而皇家的上林苑中有很多空地荒弃着,就提议让百姓入内耕种,收获时,须留下禾秆抵税,作为苑中鸟兽的饲料。高帝大怒,把萧何送交到掌管刑狱的廷尉那里,戴上镣铐,拘禁起来。过了几天,一个姓王的卫尉事奉高帝,上前探问道:"相国犯了什么大罪,陛下突然把他拘禁起来?"高帝说:"我听说李斯当秦始皇的丞相时,有善行就归之于君主,有过错就自己承当。现在相国接受了商人小子的大量金钱,就为他们求占我的上林苑,自己去讨好百姓,所以把他拘禁起来治罪。"王卫尉说道:"自己职权范围内的事情,如果有利于百姓,就向皇上建议,这是真正的宰相行为。陛下怎么反而怀疑相国接受了商人的金钱呢? 况且陛下和项羽交战好几年,只要相国稍一动摇,那么函谷关以西就不是陛下所有了。相国不在那时候为自己谋利,现在倒反而贪图商人的金钱了? 再说秦朝因为听不到自己有什么罪过而丧失了天下,李斯为君主分担过错的行为,又哪里值得效法呢! 陛下为什么如此轻易地怀疑相国呢!"高帝很不高兴,就赦免了萧何,放他出狱。萧何年纪已老,向来对高帝恭敬而谨慎,入宫来,赤脚步行,向高帝谢恩。高帝道:"相国别这样啊! 相国为百姓请求入苑耕种,我不准许,我不过是夏桀、商纣那样的昏君,而相国是贤相。我所以拘囚相国,就是想让百姓知道我的过失啊。"

燕王卢绾谋反。春二月,派樊哙以相国的名义率领军队讨伐卢绾。另立皇子刘建为燕王。

陈豨造反,燕王卢绾发兵攻打他的东北部。因陈豨向匈奴求救,

亦使其臣张胜于匈奴,言豨军破。故燕王臧荼子衍在胡,谓胜曰:"燕所以久存,以诸侯数反,兵连不决也。今公欲急灭豨,豨亡,次亦至燕矣。"胜以为然,还以告绾。绾乃阴使胜为间于匈奴,而使范齐通计谋于豨,欲令久亡,连兵勿决。

至是,豨裨将降,言之。帝召绾,绾恐,谓其幸臣曰:"非刘氏而王,独我与长沙耳。往年春族淮阴,夏诛彭越,皆吕氏计。今上病,吕后专欲以事诛异姓王者及大功臣。"遂称病不行。语颇泄。又得匈奴降者,言张胜为燕使胡状,于是上怒曰:"绾果反矣!"使樊哙将兵击之。

立南武侯织为南海王。 诏陈平斩樊哙,以周勃代将其军。平传哙诣长安。

帝病甚,人或言:"樊哙党于吕氏,即一日上晏驾,欲以兵诛赵王如意之属。"帝大怒,用陈平谋,召绛侯周勃受诏床下,曰:"陈平驰传载勃,代哙将。至军中,即斩哙头。"二人行,计之曰:"哙,帝之故人也,功多,又吕后弟婴之夫,有亲且贵,今帝特以忿怒故欲斩之,恐后悔。宁囚而致上,上自诛之。"未至军,为坛,以节召哙,反接,载槛车,传诣长安。令勃代将,定燕反县。

夏四月,帝崩。

卢绾也派他的臣子张胜去匈奴那里，说陈豨的军队已被打败。遇上从前的燕王臧茶的儿子臧衍也在那里，臧衍对张胜说："燕国之所以能长久存在，就是因为各地的诸侯屡屡反叛，朝廷兵事不断，无法与燕国较量。现在您想赶快灭掉陈豨，而陈豨一灭亡，下一个灭亡的也就轮到燕国了。"张胜认为他的话很对，就返回燕国，把这些话告诉了卢绾。卢绾于是暗中派张胜当间谍，去匈奴那里，又派范齐去陈豨那里，互通计谋，想让陈豨长期逃亡在外，与朝廷对抗，使战争久而不决。

这个时候，陈豨的副将投降了汉廷，说出了这些情况。高帝于是召卢绾回朝，卢绾恐慌，对他宠爱的臣子说："不是刘氏家族而称王的，只有我和长沙王了。去年春季诛灭了淮阴侯全族，夏季又杀了彭越，这都是吕后的计谋。如今皇上病重，吕后一心要借故杀掉异姓王和大功臣。"于是就称病不动身。他的话稍稍泄露出去。汉廷又得到匈奴中来投降的人，说出了张胜为燕国出使匈奴的情况，于是高帝非常愤怒，说道："卢绾果真反叛了！"派樊哙领兵攻打卢绾。

高帝立南武侯织为南海王。 **诏令陈平斩杀樊哙，派周勃代管樊哙的军队。陈平将樊哙递送到长安。**

高帝病重，有人进谗言说："樊哙和吕氏家族结党，倘若有一天皇上去世，就要兴兵诛灭赵王刘如意之属。"高帝大怒，采纳了陈平的计谋，招来绛侯周勃在床前接受诏令，说："陈平用驿车送周勃驰往军营，取代樊哙率领军队。一到军中，就砍下樊哙的头。"二人出行，在路上商量道："樊哙是皇上的旧友，功劳大，又是吕后妹妹吕媭的丈夫，有皇亲关系，又是尊贵的人，如今皇上只因为一时动怒的缘故而想杀他，恐怕以后会懊悔。我们不如把他囚禁起来送交到皇上那里，让皇上自己去杀他。"他们还没到军中，就筑了坛，用符节招来樊哙，将他反绑起来，装进木栏囚车，押送到长安去。又让周勃代替樊哙为将军，去平定燕国反叛的县区。

夏四月，高帝刘邦去世。

上击黥布时,为流矢所中,行道,疾甚。吕后迎良医入见,曰:"疾可治。"上嫚骂之曰:"吾以布衣提三尺取天下,此非天命乎? 命乃在天,虽扁鹊何益!"罢之。后问:"陛下百岁后,萧相国死,谁令代之?"曰:"曹参。"其次,曰:"王陵。然少戆,陈平可以助之。平知有余,然难独任。周勃重厚少文,然安刘氏者必勃也。"复问其次,上曰:"此后亦非乃所知也。"遂崩于长乐宫。

吕后与审食其谋尽族诸将,以故不发丧。郦商谓食其曰:"诚如此,天下危矣。今陈平、灌婴守荥阳,樊哙、周勃定燕、代,闻此必连兵还乡。大臣内畔,诸将外反,亡可跷足待也。"乃发丧。

卢绾亡入匈奴。　五月,葬长陵。

初,高祖不修文学,而性明达,好谋,能听,自监门、戍卒,见之如旧。初顺民心,作三章之约。天下既定,命萧何次律、令,韩信申军法,张苍定章程,叔孙通制礼仪。又与功臣剖符作誓,丹书铁契,金匮石室,藏之宗庙。虽日不暇给,规摹弘远矣。

太子盈即位,尊皇后曰皇太后。　赦樊哙,复爵邑。令郡国立高庙。

高帝攻打黥布时,被流箭射中,行军路上,病势严重。吕后请来良医入内为他诊视,医生说:"病可以治疗。"高帝却辱骂道:"我以一个平民的身份,手提三尺剑,夺取了天下,这不是天命吗? 生死由天决定,即使良医扁鹊复生,又有什么用!"于是停止治疗。吕后问高帝:"陛下百年之后,如果萧相国死了,让谁代替他?"高帝道:"曹参。"吕后又问曹参之后,高帝道:"王陵。但是王陵有点愚直,陈平可以帮助他。陈平智谋有余,然而难以独自承担重任。周勃持重而敦厚,不善言辞,但是将来安定刘氏天下的必定是周勃。"吕后再问以后的人选,高帝道:"这以后的情况就不是你所能知道的了。"不久之后,高帝就病逝于长乐宫。

吕后与审食其密谋,要把那些大将全部杀光,由于这个缘故没有发布丧事消息。郦商对审食其说:"如果真要这样做,那么天下就危险了。现在陈平、灌婴驻守在荥阳,樊哙、周勃在平定燕国、代国的叛乱,听到这个消息,他们必定会联兵杀回。朝内大臣背叛,朝外诸将造反,灭亡可是跷起脚跟就能等到的。"这才发布丧事消息。

卢绾逃入匈奴。   五月,将高帝安葬在长陵。

当初,高帝刘邦不修习学术,而秉性聪明通达,喜爱谋略,能听取旁人意见,纵是守门官、驻防兵卒,一见面就如同老熟人一样。当年他顺应民心,制定约法三章。天下平定以后,就命令萧何整理法律、法令,韩信申明兵法,张苍制订历法及度量衡法式,叔孙通规定礼仪。又与功臣剖分符节,立下誓言,用朱砂书写在铁制的契据上,放进金匮石室中,藏在宗庙里。虽然众事繁多,日不暇给,但是他创立制度,规模宏远。

太子刘盈登上皇位,尊皇后吕氏为皇太后。   朝廷赦免了樊哙,恢复他原来的爵位和封邑。   下令各郡及诸侯王国都要立高祖庙。

丁未（前194） 孝惠皇帝元年

冬十二月，太后杀赵王如意。

太后令永巷囚戚夫人，髡钳，衣赭衣，令春。召赵王如意，三反。相周昌曰："高帝属臣赵王，闻太后欲诛之，臣不敢遣。王亦病，不能奉诏。"太后怒，召昌，至，复召赵王。来，帝自迎入宫，挟与起居饮食，太后欲杀之，不得间。帝晨出射，赵王少，不能蚤起，太后使人持鸩饮之。遂断戚夫人手足，去眼，煇耳，饮喑药，使居厕中，命曰"人彘"。召帝观。帝惊，大哭，因病，岁余不能起。使人请太后曰："此非人所为。臣为太后子，终不能治天下。"遂日饮为淫乐，不听政。

徙淮阳王友为赵王。 春正月，始城长安西北方。

戊申（前193） 二年

冬十月，齐王肥来朝。

齐悼惠王来朝，饮太后前。帝以王兄也，置之上坐。太后怒，酌鸩酒赐之。帝取欲饮，太后恐，自起泛之。齐王大恐，出献城阳郡为鲁元公主汤沐邑，乃得归。

春正月，两龙见兰陵井中。 陇西地震。 夏，旱。秋七月，相国、酂侯萧何卒，以曹参为相国。

汉惠帝

丁未（前194） **汉惠帝元年**

冬十二月,吕太后杀死赵王刘如意。

太后下令把戚夫人囚禁在宫中永巷里,剃去她的头发,用铁圈束住她的颈,让她穿上赭红色的囚服,叫她舂米。又派人召唤赵王刘如意回京,使者往返了三次。赵国的相国周昌对使者说:"高帝把赵王托付给我,我听说太后想杀死他,我不敢让赵王回去。而且赵王也病了,不能奉命前往。"太后非常愤怒,就召唤周昌回京,等周昌到了长安,又派人再去召唤赵王。赵王前来,惠帝亲自迎接他进宫,带着他一起起居,一起饮食,太后想杀掉赵王,却找不到机会。一天,惠帝凌晨出去打猎,赵王年纪小,不能早起同去,太后便派人拿毒酒让赵王喝下。赵王死后,太后又砍断了戚夫人的手脚,挖去眼珠,熏坏耳朵,喝下哑药,让她待在厕所里,称她为"人彘"。并召唤惠帝前来观看。惠帝非常震惊,大哭起来,从此病倒,一年多卧床不起。他派人去告诉太后说:"这种事不是人干的。我作为太后您的儿子,终究难以治理天下。"惠帝因此每日饮酒淫乐,不理政事。

朝廷改封淮阳王刘友为赵王。 春正月,开始修筑长安西北面的城墙。

戊申（前193） **汉惠帝二年**

冬十月,齐王刘肥来朝见惠帝。

齐悼惠王刘肥来朝见惠帝,在太后跟前举行酒宴。惠帝认为齐王是兄长,安排他坐上座。太后很生气,倒了杯毒酒赏赐给齐王。惠帝想拿过来自己喝,太后慌了,亲自起来打翻了毒酒。齐王大为惊恐,献出了齐国的城阳郡,作为太后亲生女儿鲁元公主收取赋税的汤沐邑,这才被放归。

春正月,兰陵的一口井中出现了两条龙。 陇西地震。夏季,大旱。 秋七月,相国、酂侯萧何去世,朝廷任命曹参为相国。

相国何病,上问曰:"君即百岁后,谁可代君?"对曰:"知臣莫如主。"帝曰:"曹参何如?"何顿首曰:"帝得之矣,臣死不恨!"七月薨,谥曰文终。

何置田宅,必居穷僻处,为家,不治垣屋。曰:"后世贤,师吾俭;不贤,毋为势家所夺。"

参闻何薨,告舍人"趣治行"。居无何,使者果召参。参去,属其后相曰:"以齐狱市为寄,慎勿扰也。"后相曰:"治无大于此者乎?"参曰:"狱市,所以并容也。今扰之,奸人何所容乎?"

始,参微时,与何善,及为将相,有隙,至何且死,所推贤唯参。参代何为相,举事无所变更,一遵何约束。择吏木讷重厚长者,召为丞相史,言文刻深、欲务声名者,辄斥去之,日夜饮醇酒。宾客见参不事事,皆欲有言,参辄饮以醇酒,莫得开说。见人有细过,专掩匿覆盖之,府中无事。

参子窋为中大夫,帝怪参不治事,使窋私问之。参怒,笞窋,曰:"趣入侍!天下事非若所当言也!"至朝时,帝让参曰:"乃者我使谏君也。"参免冠谢,曰:"陛下自察圣武孰与高帝?"上曰:"朕乃安敢望先帝!""臣孰与萧何贤?"

相国萧何病重，惠帝问他："假若您百年之后，谁可以接替您？"萧何回答说："最了解大臣的莫过于皇上了。"惠帝问："曹参怎么样？"萧何于是叩头说："皇上已得到人选了，我死去也没有什么遗憾了！"七月间，萧何去世，朝廷赐予他的谥号为文终。

萧何生前购置田地房产必定选择位于穷乡僻壤的地方，他主持家政，从不起造高垣大屋。他说："子孙后代如果贤良，就学我的俭朴；如果不贤良，这些劣等的田地房产也不会被权势之家抢夺过去。"

曹参听说萧何去世了，就告诉门下舍人"赶快给我准备行装"。过了没多久，使者果然受命前来宣召曹参入朝。曹参离去时，嘱咐接替他的齐相说："我把齐国的狱讼和集市贸易两处付托给你，那种地方，千万小心，不要去惊扰。"接任的齐相问："治理国家没有比这更重要的了吗？"曹参说："狱讼和集市贸易之处，是善恶并容的。如果治理过严，惊扰了坏人，那坏人到哪里去安身呢？必然会出乱子的。"

当初，曹参为平民时，与萧何关系很好，等到做了将相，两人之间有了隔阂，到萧何临死时，他认为贤能而推举接任相国的独有曹参。曹参接替萧何为相国，凡事都不做更改，一律遵照萧何当年的规定。他从地方官吏中选择那些不善言辞、持重敦厚的长者，把他们招来，任命为丞相的属官，对那些言谈、行文苛刻，只想追逐声名的官员，就予以斥退，而他自己则日夜都喝味道醇厚的美酒。宾客见曹参不理政事，都想有所劝说，而曹参却一味让他们饮美酒，使他们无法开口劝说。曹参看到别人犯有小错误，也专门掩饰包庇，相国府中终日无事。

曹参的儿子曹窋任中大夫的官职，惠帝埋怨曹参不理政事，让曹窋私下里去探问他。曹参却发怒了，用鞭子抽打曹窋，训斥他道："快进宫去侍候皇上！天下大事不是你应该说的！"到上朝时，惠帝责备曹参说："那天是我让曹窋劝说您的。"曹参摘下帽子，向惠帝谢罪，说："陛下自己体察与高帝比，谁更圣明威武？"惠帝道："我哪里敢比先帝！"曹参又说："我与萧何比，谁更贤能呢？"

上曰:"君似不及也。"参曰:"陛下言是也。高帝与萧何定天下,法令既明。今陛下垂拱,参等守职,遵而勿失,不亦可乎?"帝曰:"善!"

参为相三年,百姓歌之曰:"萧何为法,较若画一;曹参代之,守而勿失。载其清净,民以宁壹。"

己酉(前192) 三年
春,城长安。 与匈奴和亲。

匈奴冒顿方强,为书遗高后,辞极褒嫚。后怒,议斩其使,发兵击之。樊哙曰:"臣愿得十万众,横行匈奴中!"季布曰:"哙可斩也! 前匈奴围高帝于平城,汉兵三十二万,哙为上将军,不能解围。今歌吟未绝,伤夷甫起,而欲摇动天下,妄言以十万众横行,是面谩也。且夷狄譬如禽兽,得其善言不足喜,恶言不足怒也。"后曰:"善!"令报书逊谢,遗以车马。冒顿复使来谢曰:"未尝闻中国礼义,陛下幸而赦之。"因献马,遂和亲。

夏五月,立闽越君摇为东海王。
都东瓯。

庚戌(前191) 四年
冬十月,立皇后张氏。
后,帝姊鲁元公主女也。太后欲为重亲,故以配帝。

春正月,举民孝弟、力田者,复其身。 三月,帝冠。

惠帝道:"您似乎不如萧何。"曹参便说:"陛下说得太对了。先帝与萧何平定天下,法令已经明确。现在陛下垂衣拱手,无为而治,我们臣下谨守职务,凡事都遵循法令去办,不要违法,不也就可以了吗?"惠帝说:"对!"

曹参当相国三年,百姓歌颂道:"萧何制法,整齐划一;曹参继任,守而不失。无为清净,百姓安宁。"

己酉(前192) 汉惠帝三年
春季,修筑长安城。 **与匈奴联姻,实行和亲政策。**

当时,匈奴冒顿单于的势力正强大,他写信派人送给吕太后,措辞极为秽亵傲慢。太后非常气愤,商议要杀掉冒顿单于的使臣,发兵攻打匈奴。樊哙说:"我愿意率领十万大军,去横扫匈奴!"季布却说:"樊哙真该杀呀!从前匈奴把高帝围困在平城,当时汉朝士兵有三十二万,樊哙身为上将军,却不能解围。如今百姓哀歌呻吟之声尚未断绝,受伤的兵士刚能起身,就想搅得天下不安,妄称用十万军队去横扫匈奴,这是当面欺蒙皇上。况且匈奴好比禽兽,听了他的好话不值得高兴,听了他的辱骂也用不着动怒。"太后道:"说得对!"下令给匈奴回信,谦逊地向冒顿单于致歉意,还送给他车辆、马匹。冒顿单于接信后,又派使者前来道歉,说:"我们从不知道中国的礼义,感谢陛下宽恕,没有怪罪。"就献上了马匹,与汉朝和亲。

夏五月,朝廷立闽越君主摇为东海王。

东海王摇建都东瓯。

庚戌(前191) 汉惠帝四年
冬十月,册立张氏为皇后。

皇后张氏是惠帝姐姐鲁元公主的女儿。太后想亲上加亲,所以将她许配给惠帝。

春正月,朝廷下令推荐民间孝顺父母、敬爱兄长、努力耕作的人,免除他们的赋役。 **三月,惠帝满二十岁,举行成年加冠礼。**

赦。　省法令妨民者。　除挟书律。　立原庙。

帝以朝长乐宫，数跸烦民，乃筑复道武库南。叔孙通谏曰："此高帝月出游衣冠之道也，子孙奈何乘宗庙道上行哉?"帝惧曰："急坏之!"通曰："人主无过举。今已作，百姓皆知之矣。愿陛下为原庙于渭北，衣冠月出游之，益广宗庙，大孝之本。"乃诏有司立原庙。

宜阳雨血。

辛亥（前190）　**五年**
冬，雷，桃李华，枣实。　春正月，城长安。　夏，大旱。

江河水少，溪谷水绝。
秋八月，相国、平阳侯曹参卒。
谥曰懿。
九月，长安城成。

壬子（前189）　**六年**
冬十月，以王陵为右丞相，陈平为左丞相。　夏，留侯张良卒。
谥曰文成。
以周勃为太尉。

癸丑（前188）　**七年**
春正月朔，日食。　夏五月，日食既。　秋八月，帝崩。　太后使吕台、吕产将南、北军。
帝崩，太后哭泣不止。张良孙辟彊谓陈平曰："帝

大赦天下。　检查法令中对官民有妨害的条目。　废除秦朝法律中禁止携带、收藏书籍的"挟书律"。　修建原庙。

惠帝因为去长乐宫朝见太后,屡次清道警戒,很烦扰百姓,就在武库的南面修筑了一条空中通道。叔孙通劝阻说:"那是每月举行高皇帝衣冠出巡仪式的道路,子孙后代怎么可以在祖宗的道路上头行走呢?"惠帝惊惧地说:"赶快把它拆掉!"叔孙通说:"天子没有错误的举动。现在空中通道已经修筑,老百姓也都知道了。希望陛下在渭河北面再建个原庙,每月在那里举行高帝衣冠出巡仪式,这样也扩大了宗庙,这是大孝的根本。"惠帝于是便下令有关部门修建原庙。

宜阳天降血雨。

辛亥(前190)　汉惠帝五年

冬季,天空响起雷声,桃树、李树开花,枣树结果。　春正月,修筑长安城。　夏季,大旱。

长江、黄河水少,溪谷干涸。

秋八月,相国、平阳侯曹参去世。

朝廷赐予曹参谥号为"懿"。

九月,长安城修成。

壬子(前189)　汉惠帝六年

冬十月,任命王陵为右丞相,陈平为左丞相。　夏季,留侯张良去世。

朝廷赐予张良谥号为"文成"。

任命周勃为太尉。

癸丑(前188)　汉惠帝七年

春正月初一,出现日食。　夏五月,出现日全食。　秋八月,惠帝去世。　太后任命吕台、吕产为南军、北军的将军。

惠帝去世,太后哭泣不止。张良的孙子张辟彊对陈平说:"惠帝

无壮子,太后畏君等。今请拜吕台、吕产为将,居南、北军,诸吕皆居中用事。如此太后心安,君等脱祸矣。"从之。诸吕权由此起。

九月,葬安陵。太子即位,太后临朝称制。

初,太后命张皇后取他人子养之,而杀其母,以为太子。至是,即位。

甲寅(前187)　**高皇后吕氏元年**

冬十一月,太后以王陵为帝太傅,陈平为右丞相,审食其为左丞相,任敖为御史大夫。

太后议欲立诸吕为王。王陵曰:"高帝刑白马盟曰:'非刘氏而王,天下共击之。'"陈平、周勃曰:"高帝定天下,王子弟;今太后称制,王诸吕,无所不可。"及退,陵让平、勃曰:"始与高帝歃血盟,诸君不在邪?今欲阿意背约,何面目见高帝地下乎?"平、勃曰:"面折廷争,臣不如君;全社稷,定刘氏之后,君亦不如臣。"于是太后以陵为帝太傅,实夺之相权,陵遂病免归。乃以平为右丞相;审食其为左丞相,不治事,令监宫中。食其故得幸于太后,公卿皆因而决事。太后怨赵尧,乃抵尧罪。任敖尝为沛狱吏,有德于太后,故以为御史大夫。

没有成年的皇子,太后很怕你们。现在你们去请求吕后任命吕台、吕产为将军,执掌南军、北军,吕家的人都在朝中任职。这样太后放心,你们也免祸了。"陈平听从了张辟疆的建议。诸吕专权的局面从此开始。

九月,把惠帝埋葬在安陵。太子登上皇位,吕太后在朝廷上代行皇帝的职权。

当初,吕太后让张皇后找个别人的儿子来抚养,而杀死了他的母亲,以他为太子。惠帝安葬后,这个孩子登上了皇位。

汉高后

甲寅(前187) 汉高后元年

冬十一月,太后任王陵为皇帝的太傅,陈平为右丞相,审食其为左丞相,任敖为御史大夫。

太后提议想封立几个吕氏的人为王。王陵反对说:"当年高皇帝与群臣杀死白马饮血盟誓说:'今后如有不是刘姓而称王的,天下臣民共同消灭他。'"陈平、周勃却说:"高皇帝平定天下,分封刘氏子弟为王;现在太后临朝管理国家,分封几位吕氏为王,没有什么不可以的。"等退朝以后,王陵责备陈平、周勃说:"当初与高帝饮血盟誓时,你们难道不在场啊?现在却要阿谀逢迎太后而背弃盟约,有什么脸面去见高帝于地下呢?"陈平、周勃回答说:"在朝廷上当面谏诤,劝阻太后,我们不如您;可安定国家,确保刘氏子孙的统治地位,您也不如我们。"于是,太后升任王陵为皇帝的太傅,实质上剥夺了他原任右丞相的大权,王陵于是称病,被免职归家。太后就升任陈平为右丞相;任命审食其为左丞相,不执掌左丞相的职权,而让他管理宫中事务。审食其早就受太后宠幸,公卿大臣都要通过审食其才能裁决政事。太后怨恨赵尧当年献计保全赵王刘如意,就罗织罪名,罢免了他御史大夫的职务。任敖曾当过沛县的狱吏,对太后有恩德,所以就提拔任敖为御史大夫。

追尊父吕公为宣王,兄泽为悼武王。

欲以王诸吕为渐也。

春正月,除三族罪、妖言令。 二月,置孝弟、力田二千石者一人。 夏四月,立张偃为鲁王。

张敖子也。

封山、朝、武为列侯,立彊为淮阳王,不疑为恒山王。

皆太后所名孝惠子也。

立吕台为吕王。

太后使大谒者张释风大臣,大臣乃请割齐之济南郡为吕国,立台为王。

秋,桃李华。

乙卯(前186) 二年

冬十一月,吕王台卒。 春正月,地震,武都山崩。夏五月,太后封齐王子章为朱虚侯,令入宿卫。 六月晦,日食。 秋七月,恒山王不疑卒。 行八铢钱。 太后立山为恒山王,更名义。

丙辰(前185) 三年

夏,江汉水溢。 秋,星昼见。 伊、洛、汝水溢。

丁巳(前184) 四年

夏四月,太后封女弟媭为临光侯。 废少帝,幽杀之。五月,立恒山王义为帝,更名弘。以朝为恒山王。

太后追尊去世的父亲吕公为宣王,去世的哥哥吕泽为悼武王。

打算以此作为封立吕氏外戚为王的开端。

春正月,朝廷废除一人犯重罪就诛灭三族、有错误言论就是妖言惑众的法令。 二月,嘉奖孝顺父母、敬爱兄长、努力耕作的人,授予一名孝悌、力田官俸禄二千石。 夏四月,封立张偃为鲁王。

张偃是张敖的儿子。

封刘山、刘朝、刘武为列侯,立刘彊为淮阳王,刘不疑为恒山王。

他们都是太后所谓的孝惠帝的儿子。

立吕台为吕王。

太后指使大谒者张释去劝告大臣,暗示太后想分封吕氏外戚为王,于是大臣们就奏请太后把属于齐国的济南郡分割出来,建为吕国,立吕泽的儿子吕台为王。

秋季,桃树、李树开花。

乙卯(前186) 汉高后二年

冬十一月,吕王吕台去世。 春正月,发生地震,武都县山体崩裂。 夏五月,太后封齐王的儿子刘章为朱虚侯,令他入宫值宿警卫。 六月的最后一天,出现日食。 秋七月,恒山王刘不疑去世。 朝廷发行八铢钱。 太后立刘山为恒山王,给他改名叫刘义。

丙辰(前185) 汉高后三年

夏季,长江、汉水泛滥成灾。 秋季,星星在白天出现。伊水、洛水、汝水泛滥成灾。

丁巳(前184) 汉高后四年

夏四月,太后封她的妹妹吕媭为临光侯。 吕后废掉少帝,把他幽禁并杀死。五月,立恒山王刘义为皇帝,改名为刘弘。另立刘朝为恒山王。

少帝浸长，自知非皇后子，乃出言曰："后杀吾母，我壮即为变！"太后幽之永巷中，谓群臣曰："帝病久，失惑昏乱，不能治天下，其代之。"群臣顿首奉诏。遂废，杀之，立义为帝。不称元年，以太后制天下事故也。

以曹窋为御史大夫。

戊午（前183）　**五年**
春，南越王佗反。
有司请禁南越关市铁器。南越王曰："此必长沙王计，欲倚中国击灭南越，而并王之，自为功也。"遂自称南越武帝，攻长沙，败数县而去。

秋八月，淮阳王彊卒，太后立武为淮阳王。　初令戍卒岁更。

己未（前182）　**六年**
冬十月，太后废吕王嘉，立台弟产为吕王。　春，星昼见。　匈奴寇狄道。　行五分钱。

庚申（前181）　**七年**
冬十二月，匈奴寇狄道。　春正月，太后幽杀赵王友。

友以诸吕女为后，弗爱。女怒去，谗之太后曰："王言：'吕氏安得王！太后百岁后，吾必击之。'"太后召至邸，饿死，以民礼葬之民冢次。是为幽王。

少帝渐渐长大,自知并不是张皇后的儿子,就出口说:"皇后杀死了我的母亲,我长大以后就要报仇!"于是太后就把他幽禁在宫内的永巷中,并告诉大臣们说:"皇帝长期患病,精神迷乱失常,不能治理国家,还是另立一个皇帝吧。"大臣们都叩头,声称尊奉太后的诏令。于是太后就废掉少帝,把他杀死,另立刘义为皇帝。新皇登基不称元年,因为当时是太后临朝行使皇帝权力。

朝廷任命曹窋为御史大夫。

戊午(前183)　汉高后五年

春季,南越王赵佗反叛。

有关部门奏请朝廷,禁止在关市贸易中向南越输出铁器。南越王赵佗说:"这必定是长沙王的计谋,他打算倚仗朝廷来攻灭南越,然后就统治长沙和南越两国之地,自己立功。"于是自称南越武帝,发兵攻打长沙,击败了几个县的守军之后才离去。

秋八月,淮阳王刘彊去世,太后立刘武为淮阳王。　朝廷首次下令实行戍卒每年一轮换的制度。

己未(前182)　汉高后六年

冬十月,太后废掉吕王吕嘉,而立吕台的弟弟吕产为吕王。春季,星星白昼出现在天空中。　匈奴侵犯狄道县。　朝廷下令发行五分钱。

庚申(前181)　汉高后七年

冬十二月,匈奴又侵犯狄道县。　春正月,太后幽禁并杀死赵王刘友。

刘友娶外戚吕氏之女为王后,但不爱她。吕氏王后愤怒离去,到太后跟前进谗言说:"赵王说:'吕氏怎么能称王!等太后百年之后,我一定攻灭吕氏。'"太后就把赵王招来,安置在官邸中,把他活活饿死,又按老百姓的礼仪把他埋葬在平民墓地。这就是赵幽王。

日食,昼晦。

太后见日食,恶之,曰:"此为我也。"

二月,太后徙梁王恢为赵王,吕王产为梁王。 秋七月,立太为济川王。

太后所名孝惠子也。

封营陵侯泽为琅邪王。

将军刘泽,高祖从祖昆弟,其妻吕媭女也。田生为之说大谒者张卿曰:"诸吕之王也,大臣未服。今营陵侯泽,诸刘最长,王之,吕氏王益固矣。"张卿言之,乃割齐之琅邪郡,封泽为王。

赵王恢自杀,太后立吕禄为赵王。

赵王恢以吕产女为后,王有爱姬,后鸩杀之,王悲愤自杀。太后以为用妇人弃宗庙礼,废其嗣。使使告代王恒,欲徙王赵,代王谢,愿守代边。太后乃立兄子禄为赵王。

是时诸吕擅权用事,朱虚侯章年二十,有气力,忿刘氏不得职。尝入侍燕饮,太后令为酒吏。章自请曰:"臣,将种也,请得以军法行酒。"太后许之。酒酣,章为《耕田歌》曰:"深耕穊种,立苗欲疏。非其种者,锄而去之。"太后默然。顷之,诸吕有一人醉,亡酒,章追斩之,还报。左右皆大惊。业已许其军法,无以罪也。自是诸吕惮之。

陈平尝燕居深念,陆贾往,直入坐,而平不见。陆生曰:"何念之深也!"平曰:"生揣我何念?"生曰:"足下极富贵,

出现日食，大白天一片晦暗。

太后看到日食，非常厌恶，说："这是因为我而发生的。"

二月，太后改封梁王刘恢为赵王，吕王吕产为梁王。 秋七月，立刘太为济川王。

刘太是太后所称孝惠帝的儿子。

封营陵侯刘泽为琅邪王。

将军刘泽是高帝刘邦的远房堂兄弟，他的妻子是吕媭的女儿。田生为他而去劝说官为大谒者的张卿，说："太后封吕氏外戚为王，大臣们并不心服。如今营陵侯刘泽在刘氏宗族中年事最高，如果封他为王，那么吕氏外戚的王位就更加巩固了。"张卿向太后报告，太后于是就把齐国的琅邪郡分割出来，封刘泽为琅邪王。

赵王刘恢自杀，太后立吕禄为赵王。

赵王刘恢娶吕产女为后，他有个爱妾，被王后吕氏毒死，赵王悲愤难忍，就自杀了。太后认为赵王为了一个女人而丢弃侍奉宗庙的大礼，太不应该，就废除了他子孙的王位继承权。太后又派使者去告诉代王刘恒，要改封他为赵王，代王谢绝了，自称愿守代地边境。太后于是封立她兄长的儿子吕禄为赵王。

当时，外戚吕氏把持朝政，朱虚侯刘章年方二十，身强力壮，对刘氏宗室不能执掌朝政愤愤不平。刘章曾经入宫事奉太后宴饮，太后让他当监酒官。刘章自己请求说："我是将门之子，希望允许我按军法监酒。"太后同意了。酒喝得欢畅时，刘章唱了首《耕田歌》："深耕密种，间苗要疏。不是同种，挥锄去之。"太后明白刘章的用意，顿时默然不语。一会儿，吕姓中有个人喝醉了，为躲酒而逃走，刘章追上去，把那人斩杀了，回来报告太后。左右陪酒的人都大吃一惊。但是已经同意他按军法监酒了，所以也不能将他治罪。从此以后，那些吕姓的人都很惧怕刘章。

陈平一次在家中静居深思，恰好陆贾前来拜访，未经通报就直入室内坐下，而陈平竟未发现他来。陆贾问："丞相思虑何事，竟会这样专心！"陈平说："你猜我想什么？"陆贾道："您富贵之极，

无欲矣。不过患诸吕、少主耳。"平曰:"然。奈何?"生曰:
"天下安,注意相;天下危,注意将。将相和调,则士豫附,
天下虽有变,权不分。为社稷计,在两君掌握耳。君何不
交欢太尉?"因为平画吕氏数事。平用其计,两人深相结,
吕氏谋益衰。

　　九月,燕王建卒,太后杀其子,国除。　遣将军周灶将
兵击南越。

　　辛酉(前180)　八年
　　冬十月,太后立吕通为燕王。　夏,江、汉水溢。　秋七
月,太后崩。遗诏产为相国,禄女为帝后,审食其为帝太傅。

　　初,太后祓还,过轵道,见物如苍犬,来撠掖。卜之,
云:"赵王如意为祟。"遂病掖伤。病甚,乃令禄为上将军,
居北军,产居南军,诫曰:"我崩,大臣恐为变,必据兵卫宫,
慎毋送丧,为人所制!"至是,崩。

　　齐王襄发兵讨诸吕,相国产使大将军灌婴击之。婴留
屯荥阳,与齐连和。九月,太尉勃、丞相平、朱虚侯章诛产、
禄及诸吕,齐王、灌婴兵皆罢。

　　诸吕欲为乱,未敢发。朱虚侯以吕禄女为妇,知其谋,
阴告其兄齐王襄,令发兵西,己为内应,以诛诸吕,立齐王
为帝。于是齐王发兵击济南,遗诸侯王书,陈诸吕罪。

没有什么欲望了。您深思的,不过是担忧吕氏和小皇上罢了。"陈平道:"你猜得对。这事该怎么办呢?"陆贾道:"天下安定,注意丞相;天下危难,注意武将。将相和谐,则士民乐意归附,天下即使有重大变故,大权也不会被瓜分。安定国家的根本大计,就在丞相和大将的掌握之中。您何不与太尉周勃交好?"接着陆贾就为陈平谋划对付吕氏的几个重要问题。陈平采纳了陆贾的计谋,与周勃紧密团结,吕氏篡国的阴谋越来越难实现。

九月,燕王刘建去世,太后杀死了他的儿子,废除了他的封国。 朝廷派将军周灶领兵攻打南越。

辛酉(前180) 汉高后八年

冬十月,太后立吕通为燕王。 夏季,长江、汉水泛滥成灾。秋七月,吕太后去世。留下遗诏:任命吕产为相国,册立吕禄的女儿为皇后,任命审食其为皇帝的太傅。

起先,太后参加了除灾去邪的祭礼"袚"以后还宫,路过轵道时,见到一个类似灰狗的怪物,扑抓她的腋窝。太后令人占卜此事,回答说:"赵王刘如意在闹鬼。"从此,太后腋下伤痛不止。病势沉重,就下令任命吕禄为上将军,统领北军,吕产统领南军,告诫他们说:"我去世以后,大臣们恐怕会发生政变,你们一定要率领军队,守卫宫廷,千万不要为送丧而离开宫中,为人所制!"说完就死了。

齐王刘襄发兵讨伐吕氏外戚,相国吕产派遣大将军灌婴前去攻打他。灌婴却把军队驻扎在荥阳,与齐国联合。九月,太尉周勃、丞相陈平、朱虚侯刘章等诛灭吕产、吕禄及全部吕氏外戚,齐王、灌婴的军队也结束战争状态,各自返归。

外戚吕氏想发起变乱,还没敢行动。朱虚侯刘章娶吕禄的女儿为妻,知道了他们的阴谋,就暗中告诉了他的哥哥齐王刘襄,要齐王发兵西征,而他自己在京城中做内应,图谋诛灭吕氏,立齐王为皇帝。于是齐王发兵攻打济南,还送信给各地的诸侯王,历数吕氏的罪状。

产等遣灌婴将兵击之。婴至荥阳，谋曰："诸吕欲危刘氏。今我破齐，是益其资也。"乃谕齐王，与连和，以待吕氏变，共诛之。齐王乃还兵西界待约。

时太尉勃不得主兵，郦商老病，其子寄与禄善。平、勃使人劫商，令寄绐说禄曰："高帝与吕后共定天下，刘氏所立九王，吕氏所立三王，皆大臣之议，诸侯亦以为宜。今太后崩，帝少，而足下不急之国，乃将兵留此，为大臣、诸侯所疑。何不归将印，以兵属太尉，请梁王归相印，与大臣盟而之国。齐兵必罢，足下高枕而王千里，此万世之利也。"禄然其计，诸吕老人或以为不便，犹豫未决。

九月，平阳侯窋见产，会郎中令贾寿使从齐来，具以灌婴与齐、楚合从告产，且趣产急入宫。窋闻其语，驰告平、勃。

勃欲入北军，不得，乃令襄平侯纪通持节矫内勃北军。复令寄说禄解印，以兵授勃。勃入军门，令曰："为吕氏右袒，为刘氏左袒！"军中皆左袒。然尚有南军。平乃召朱虚侯章佐勃。勃令章监军门，令窋告卫尉："毋入产殿门！"

产欲入宫为乱，至殿门，弗得入，徘徊往来。勃尚恐不胜，未敢公言诛之，乃谓章曰："急入宫卫帝！"予卒千余人。

吕产等就派灌婴统兵征伐。灌婴行至荥阳,与部下计议说:
"吕氏图谋篡夺刘氏天下。现在我们如果打败齐军,就会增添吕
氏的资本。"于是派人告知齐王,与齐王联合,各自按兵不动,静
待吕氏发起变乱,一起诛灭吕氏。齐王得知此意,就率军退回到
齐国的西部边界,待机行动。

　　当时太尉周勃不能执掌军权,郦商年老有病,他的儿子郦寄
与吕禄交好。陈平、周勃派人劫持了郦商,让他儿子郦寄去骗吕
禄说:"高皇帝与吕后共同平定天下,立刘氏九人为诸侯王,立吕
氏三人为诸侯王,这都是由朝臣们议定的,天下诸侯也认为理当
如此。现在太后去世,皇上年幼,而您不赶快去封国赵国镇守,
却率领军队留在京城,被大臣、诸侯所猜疑。您何不交出上将军
大印,把军权交付给太尉,请梁王把相国大印交还给朝廷,您二
人与大臣们立下盟誓,而后返归封国。这样,齐兵必定撤还,您
高枕无忧,在方圆千里的国土上称王,这是造福于子孙万代的好
事啊。"吕禄认为郦寄的计谋很好,而有的吕氏长辈却认为不宜
照办,因此犹豫未决。

　　九月,平阳侯曹窋来见吕产,恰巧郎中令贾寿出使齐国返
归,把灌婴与齐国、楚国联合,以图诛灭吕氏的情况详细告诉了
吕产,并且催促吕产赶快入据皇宫。曹窋听到了贾寿的话,快马
赶去告知陈平、周勃。

　　周勃想进入北军营垒,却没能进去,就命令典掌皇帝符节的
襄平侯纪通手持符节,伪称奉皇帝之命允许周勃进入北军营垒。
又令郦寄劝说吕禄交出将印,把北军交给周勃指挥。周勃进入
北军军门,下令说:"拥护吕氏的袒露右臂膀,拥护刘氏的袒露左
臂膀!"军中将士全都袒露左臂膀。但是还有南军未被控制。陈
平就招来朱虚侯刘章辅助周勃。周勃命令刘章监守军门,令曹
窋告诉统率宫门禁卫军的卫尉:"不许放吕产入殿门!"

　　吕产想入宫作乱,来到殿门前,却无法入内,就在宫门外徘
徊往来。周勃仍然担心不能战胜吕氏,没敢公开声明诛灭他们,
就对刘章说:"你赶快入宫去保卫皇帝!"拨给他一千多名士兵。

入宫门,击产,杀之。帝遣谒者持节劳章。章欲夺其节,不得,则从与载,因节信驰斩长乐卫尉吕更始。还,报勃。勃起拜贺。遂遣人分部悉捕诸吕男女,无少长皆斩之,而废鲁王张偃,遣章告齐王罢兵,灌婴兵亦罢归。

诸大臣迎立代王恒。后九月至,即位。诛吕后所名孝惠子弘等。赦。

诸大臣谋曰:"少帝及诸王,皆非真孝惠子也。吕后诈名他人子而立之,以强吕氏。即长,用事,吾属无类矣。"或言:"齐王,高帝长孙,可立。"大臣皆曰:"吕氏几危宗庙。今齐王舅驷钧,虎而冠,即立齐王,复为吕氏矣。代王,高帝子,最长,仁孝宽厚,太后家薄氏谨良。"乃召代王。

代郎中令张武等曰:"汉大臣习兵,多诈,愿称疾毋往,以观其变。"中尉宋昌曰:"秦失其政,豪桀并起,卒践天子之位者,刘氏也,天下绝望,一矣。高帝封王子弟,地犬牙相制,此所谓磐石之宗也,天下服其强,二矣。除秦苛政,约法令,施德惠,人人自安,难动摇,三矣。夫以吕太后之严,立三王,擅权制,然而太尉以一节入北军,一呼,士皆左袒。此乃天授,非人力也。今大臣虽欲为变,百姓弗为使,故因天下之心而欲迎立大王,大王勿疑也。"

刘章进入宫门,向吕产进攻,并把他杀死。皇上派谒者手持符节前来慰劳刘章。刘章想夺取符节,谒者不给,刘章就和谒者同乘一辆车子,凭着符节,驱车急驰,斩杀长乐宫卫尉吕更始。事成返回北军,报告周勃。周勃起立,向刘章拜贺,随后就派人分头逮捕外戚吕氏所有男女人口,不分老少全部斩除,并废掉鲁王张偃,派刘章告知齐王停战撤兵,灌婴的军队也停战返归。

各大臣迎接代王刘恒进京当皇帝。代王闰九月到京,登上皇位。诛灭吕后所称孝惠帝的儿子刘弘等人。大赦天下。

各大臣商议说:"少帝和诸王,都不是孝惠帝的亲生儿子。当年吕后取他人之子,假称是惠帝的儿子,立他们为皇帝、诸侯王,用来加强吕氏的力量。等他们长大后,掌握了实权,我们就会被灭族了。"有人建议:"齐王是高帝的长孙,可立为帝。"大臣们都说:"吕氏外戚几乎危及皇帝宗庙。现在齐王的舅舅驷钧,为人暴戾,好像戴着帽子的恶虎,如果立齐王为帝,驷钧就会成为又一个吕氏外戚了。代王是高帝的儿子,在世兄弟中年龄最大,为人仁孝宽厚,母亲薄太后一家谨慎温良。"于是派使者召代王进京。

代国郎中令张武等人说:"汉廷大臣精通兵法,富于诈谋奇计,希望大王称病不去,静观朝政变化。"中尉宋昌却说:"当年秦朝丧失了政权,各地豪杰并起争夺,最终登上天子之位的是刘氏,天下豪杰从此断了称帝的念头,这是第一条。高帝分封刘氏子弟为王,封地犬牙交错,可以控制天下,这就是所谓的坚如磐石的宗族,天下人信服它的强大,这是第二条。汉朝废除了秦朝的苛政,简省法令,施行德政,百姓安居乐业,难以动摇,这是第三条。以吕太后的威严,立吕氏三人为王,擅权专制,然而太尉周勃只凭一个符节,就进入北军,振臂一呼,士兵们就都袒露左臂,拥护刘氏皇朝。这说明刘氏的帝位是天授的,不是靠人力能争夺来的。如今即使有些大臣想变乱,百姓也不肯受他们驱使,所以大臣们就顺应天下人心,要迎立大王做皇帝,请大王不必猜疑了。"

　　于是王遣太后弟昭往见勃。勃等具为昭言所以迎立王意。昭还报，王乃命昌参乘，武等六人乘传，从诣长安。至渭桥，群臣拜谒称臣。王下车答拜。太尉勃进曰："愿请间。"昌曰："所言公，公言之；所言私，王者无私。"勃乃跪上天子玺符。王谢曰："至邸而议之。"

　　后九月晦，至邸，丞相平等皆再拜，言曰："子弘等皆非孝惠帝子，不当奉宗庙。大王，高帝长子，宜为嗣。愿大王即天子位。"王西乡让者三，南乡让者再，遂即位。

　　章弟东牟侯兴居请除宫，乃与太仆滕公入宫，载少帝出，奉法驾迎帝，即夕入未央宫。夜，拜宋昌为卫将军，镇抚南、北军，以张武为郎中令，行殿中。有司分部诛少帝及诸王于邸。帝还坐前殿，夜下诏书，赦天下。

壬戌（前179）　太宗孝文皇帝元年

　　冬十月，徙琅邪王泽为燕王，封赵幽王子遂为赵王。以陈平为左丞相，周勃为右丞相，灌婴为太尉。论功益户有差。

　　陈平谢病，曰："高祖时，勃功不如臣。及诛诸吕，臣功亦不如勃。愿以右丞相让勃。"从之。

于是代王派遣太后之弟薄昭前去拜会周勃。周勃等人向薄昭详细说明迎立代王为帝的本意。薄昭回去报告代王,代王就命令宋昌当自己的陪乘,同车而行,张武等六人乘坐驿车,跟随代王前往长安。代王到了渭桥,群臣前来迎接,跪拜进见,俯首称臣。代王下车还礼。太尉周勃上前说:"希望与大王单独谈话。"宋昌回答道:"您要说的,如果是公事,请您公开说;如果是私事,那为王的人是没有私情的。"周勃于是跪下,献上天子专用的玺和符。代王辞谢说:"请到官邸后再商议此事。"

闰九月的最后一天,代王来到官邸,丞相陈平等人都再次跪拜,启奏说:"刘弘等人都不是孝惠帝的儿子,不应事奉宗庙当皇帝。大王是高皇帝最大的儿子,应继承皇统。希望大王登上皇位。"代王朝西辞让了三次,朝南辞让了两次,才登皇帝位。

刘章的弟弟东牟侯刘兴居请求前去清理皇宫,他和官为太仆的滕公夏侯婴一起进入皇宫,用车子将少帝送出宫去,排列天子法驾迎接皇帝刘恒入宫,文帝当晚进入未央宫。夜里,文帝任命宋昌为卫将军,镇抚南军和北军,任命张武为郎中令,管理殿中事务。有关部门分别行动,将少帝和几个所谓的惠帝之子杀死在官邸中。文帝返回未央宫,在前殿就座,当夜颁布诏书,大赦天下。

汉文帝

壬戌(前179) 汉文帝前元元年

冬十月,文帝改封琅邪王刘泽为燕王,封赵幽王之子刘遂为赵王。 任命陈平为左丞相,周勃为右丞相,灌婴为太尉。对大臣论功行赏,增加封户,数量各有差别。

陈平声称有病,请求辞去右丞相职务,他说:"高祖开国时,周勃的功劳不如我大。而在诛灭吕氏外戚的过程中,我的功劳也不如周勃。我请求皇上把右丞相的职务让给周勃。"文帝刘恒接受了他的请求。

勃朝罢,趋出,意得甚。上礼之恭,常目送之。郎中袁盎进曰:"丞相何如人也?"上曰:"社稷臣。"盎曰:"丞相功臣,非社稷臣。夫社稷臣,主在与在,主亡与亡。方吕后时,刘氏不绝如带,时丞相本兵柄不能正。吕后崩,大臣共诛诸吕,丞相适会其成功。今丞相如有骄主色,而陛下谦让,臣主失礼,窃为陛下弗取也。"后朝,上益庄,丞相益畏。

十二月,除收帑相坐律令。

诏曰:"法者,治之正也。今犯法已论,而使无罪之父母、妻、子、同产坐之,及为收帑,朕甚不取。其除收帑诸相坐律令!"

春正月,立子启为皇太子。

有司请蚤建太子。上曰:"朕既不德,纵不能博求天下贤圣有德之人,而禅天下焉,而曰'豫建太子',是重吾不德也。其安之!"有司曰:"豫建太子,所以重宗庙、社稷,不忘天下也。"上曰:"楚王,季父也,春秋高,阅天下之义理多矣,明于治国家之体;吴王,兄也;淮南王,弟也。皆秉德以陪朕,岂不豫哉?今不选举焉,而曰必子,人其以朕为忘贤有德者而专于子,非所以忧天下也。"有司固请曰:"古者殷、周有国,治安皆千余岁,用此道也。立嗣必子,

周勃当了右丞相,散朝时,小步急行退出,甚为得意。文帝对他以礼相待,很是恭敬,常常以目相送。郎中袁盎向文帝进言说:"陛下认为右丞相周勃是什么样的人?"文帝说:"是社稷重臣。"袁盎说道:"周丞相是有功之臣,而不是社稷重臣。那社稷重臣,在君主活着时,与君主共治天下,在君主故去后,也遵循故主的法度办事。当吕后擅权的时候,刘氏政权就好像一条快要坠断的细带子,当时周丞相掌握兵权,却不能整肃朝纲。吕后去世以后,大臣们齐心合力诛灭吕氏,周丞相赶上机遇,凑巧建立了这番功业。现在丞相好像对主上有骄矜的神色,而陛下却对他如此谦让,臣子和主上都有失礼仪,我私下认为陛下不该这样。"以后朝会时,文帝越来越庄重威严,丞相周勃也越来越敬畏。

十二月,文帝下令废除收捕罪犯家属为官奴婢以及一人犯罪、连累其他无辜的人受刑罚的连坐律令。

文帝下诏令说:"法律,是治理天下的凭据。现在的法律,对犯法的人定罪以后,还要使他那没有犯罪的父母、妻子、儿女、兄弟姐妹受株连,以至于把他们收捕为官奴婢,朕认为这十分不可取!今特废除收捕罪犯家属为官奴婢以及各种互相连坐的律令!"

春正月,立皇子刘启为皇太子。

有关官员请文帝早立太子。文帝说:"我已是无德了,不能广求天下贤圣有德的人,将皇位禅让给他,而又说'事先立太子',这是增加我的无德行为了。还是放下此事,别议了!"有关官员说:"预先确立太子,是为了宗庙、国家的稳固,牢记天下的安危。"文帝道:"楚王是我的叔父,年事高,阅历天下的义理多,知道治理国家的根本;吴王,是我的兄长;淮南王,是我的弟弟。他们都秉持德行来辅佐我,难道他们不是早就存在的继承人吗?如果我现在不选择贤能的人来继承皇位,而说必须传位给儿子,人们就会认为我是忘了贤圣有德的人,而一味偏私于自己的儿子,这不是忧虑天下的做法。"有关官员坚持请求说:"古代殷、周建国以后,天下治平安宁的局面都维持了一千多年,他们都采用确立太子、继承王位的制度。天子必须选儿子为继承人,

所从来远矣。高帝平天下,为太祖,子孙继嗣,世世不绝。今释宜建,而更选于诸侯及宗室,非高帝之志也。更议不宜。子启最长,纯厚慈仁,请建以为太子。"上乃许之。

三月,立窦氏为皇后。

后,太子母也,故立之。后弟广国,与兄长君,厚赐田宅,家于长安。周勃、灌婴等曰:"吾属不死,命且县此两人。两人所出微,不可不为择师傅、宾客。又复效吕氏,大事也!"于是乃选士之有节行者与居,两人由此为退让君子,不敢以尊贵骄人。

诏定振穷养老之令。

诏曰:"方春和时,草木群生,皆有以自乐,而吾百姓鳏、寡、孤、独,或阽于危亡,而莫之省忧。为民父母,将何如? 其议所以振贷之。"又曰:"老者非帛不暖,非肉不饱。今岁首,不时使人存问长老。又:无布、帛、酒、肉之赐,将何以佐天下子孙孝养其亲哉? 具为令。"有司请八十已上,月赐米、肉、酒;九十已上,加帛、絮。长吏阅视,丞若尉致。二千石遣都吏循行,不称者督之。刑者及有罪耏以上,不用此令。

这是由来已久的。高皇帝平定天下，为汉朝太祖，子孙理应继承皇位，世世代代永不断绝。如果现在舍弃理应继位的皇子，而另从诸侯王及宗室中选择继承人，这不是高皇帝的愿望。在皇子以外另议继承人是不应该的。陛下的皇子中，刘启年龄最大，秉性纯厚仁慈，请求陛下立刘启为太子。"文帝这才同意大臣的奏请。

三月，文帝立窦氏为皇后。

窦氏是太子刘启的生母，所以立为皇后。朝廷赏赐她的弟弟窦广国和兄长窦长君大量的田宅，让他们在长安城里安居。周勃、灌婴等大臣议论说："我们活着，命运将取决于这两个人了。他们二人出身微贱，不可不为他们选择师傅和宾客。否则，他们又有可能效法吕氏，以外戚专权，这可是大事啊！"于是大臣们就挑选有气节、有德行的士人与他们同住，兄弟二人从此成为谦让君子，不敢因地位尊贵而对人骄横。

文帝下诏，令大臣们议定救济贫穷、赡养老人的法令。

文帝下诏说："正当春季和暖的时候，草木欣欣向荣，万物都有以自乐，而我的百姓中，那些鳏夫、寡妇、孤儿、老年无子的人，有的已临近危亡，却没人去看望他们，为他们解忧排难。作为百姓的父母官，该怎么做？命令有关官员议定赈济穷人、赡养孤老的办法。"又说："老年人没有帛就不暖和，没有肉就吃不饱。如今是一年的开端，要经常派人去省视辈分高、年岁大的人。还有：如果没有布、帛、酒、肉的赏赐，那怎能帮助天下的儿孙孝养他们的老人呢？命令有关官员讨论这些问题，制成法令条文。"有关官员请示，百姓中年龄在八十岁以上的，每月赐给米、肉、酒；年龄在九十岁以上的，另外再赐给帛和絮。各县的县令要亲自检查赐物条令的执行情况，县丞或县尉要送物上门。食禄二千石的郡国长官要派出负责监察的都吏，巡行监察所属各县，发现不按诏书办理的要责罚督促。凡是受过刑事制裁以及犯了罪，将被判处剃除鬓须的耏刑以上刑罚的老年人，不在赐物条令范围之内。

楚王交卒。

谥曰元。

夏四月，齐、楚地震，山崩，大水溃出。　令四方毋来献。

时有献千里马者。帝曰："鸾旗在前，属车在后。吉行日五十里，师行三十里。朕乘千里马，独先，安之？"于是还其马，与道里费，而下诏曰："朕不受献也。其令四方毋求来献。"

封宋昌为壮武侯。

帝既施惠天下，诸侯、四夷远近欢洽，乃修代来功，封宋昌为壮武侯。

秋八月，右丞相勃免。

帝益明习国家事。朝而问右丞相勃曰："天下一岁决狱几何？"勃谢不知。又问："一岁钱谷入几何？"勃又谢不知，惶愧，汗出沾背。上问左丞相平，平曰："有主者。"上曰："谓谁？"平曰："陛下即问决狱，责廷尉；问钱谷，责治粟内史。"上曰："然则君所主者，何事也？"平谢曰："陛下不知其驽下，使待罪宰相。宰相者，上佐天子，理阴阳，顺四时；下遂万物之宜；外镇抚四夷、诸侯；内亲附百姓，使卿大夫各得任其职焉。"帝乃称善。勃大惭，出，让平曰："君独不素教我对！"平笑曰："君居其位，不知其任邪？且陛下即问长安中盗贼数，君欲强对邪？"于是勃自知其能不如平远矣。

楚王刘交去世。

朝廷赐予他谥号叫元。

夏四月，齐地、楚地发生地震，群山崩裂，大水溃涌成灾。文帝命令全国各地不要前来进献物品。

当时，有人向文帝进献千里马。文帝说："每当皇帝出行，鸾旗在前面做先导，属车在后面做护卫。平时出行，每日行程五十里，率军出行，每日行程三十里。我骑着千里马，独自在前奔驰，将到哪里去呢？"于是把宝马还给进献者，并给了他旅途费用，随即下诏说："朕不接受贡献之物。现令各地不必要求前来贡献物品。"

封宋昌为壮武侯。

文帝对天下臣民普施恩惠后，各地诸侯、四方边远部族，远远近近，都很欢愉融洽，然后文帝就表彰和赏赐跟随他从代国来京的旧部功臣，封宋昌为壮武侯。

秋八月，右丞相周勃被免职。

文帝越来越明习国家政事。朝会时，文帝问右丞相周勃说："全国一年内判决多少罪案？"周勃谢罪说不知道。文帝又问："一年内钱粮收入各有多少？"周勃又谢罪说不知道，大为紧张、惭愧，汗水沾湿了后背。文帝转而问左丞相陈平，陈平答道："有专门主管这些事务的官员。"文帝问："由谁主管？"陈平说："陛下如果要了解诉讼刑案，就问廷尉；如果要了解钱粮收支，就问治粟内史。"文帝问道："既然各事都有主管官吏，那么您所主管的是什么事情？"陈平谢罪说："陛下不知道我平庸低能，使我待罪待在宰相的职位上。宰相的职责，对上辅佐天子，理通阴阳关系，顺应四季变化；对下使万物各得其所；对外安抚四方边远部族和各地诸侯；对内使百姓归附，使卿大夫各自得到能发挥其才能的职务。"文帝于是叫好。周勃极为惭愧，退朝以后，责备陈平说："您平常竟不教我如何回答！"陈平笑着说："您身居相位，竟不知道宰相的职责呀？况且陛下要是问长安城中有多少盗贼，您也想勉强回答呀？"从此周勃自知他的能力远不如陈平。

人或说勃曰："君既诛诸吕,立代王,威震天下,而久处尊位,祸及身矣!"勃亦自危,乃谢病,免。平专为丞相。

遣太中大夫陆贾使南越。南越王佗称臣奉贡。

初,隆虑侯灶击南越,会暑湿,大疫,不能隃岭。赵佗因此以兵威财物赂遗闽越、西瓯、骆,役属焉。东西万余里,乘黄屋左纛,称制,与中国侔。

帝乃为佗亲冢在真定者置守邑,岁时奉祀,召其昆弟,厚赐之。复使陆贾使南越,赐佗书曰:"朕,高皇帝侧室之子也,弃外,奉北藩于代。道里辽远,壅蔽朴愚,未尝致书。高皇帝弃群臣,孝惠皇帝即世,高后自临事,不幸有疾,诸吕为变。赖功臣之力,诛之已毕,朕以王、侯、吏不释之故,不得不立。乃者闻王遗将军隆虑侯书,求亲昆弟,请罢长沙两将军。朕以王书罢将军博阳侯;亲昆弟在真定者,已遣人存问,修治先人冢。前日闻王发兵于边,为寇不止,长沙苦之,南郡尤甚。虽王之国,庸独利乎?必多杀士卒,伤良将吏,寡人之妻,孤人之子,独人父母。得一亡十,朕不忍为也。得王之地,不足以为大;得王之财,不足以为富。服岭以南,王自治之。虽然,王之号为帝,两帝并立,亡一

有人劝告周勃说："您诛灭吕氏，迎立代王，威名震动天下，却长久处在尊崇的职位上，怕要大祸临头啊！"周勃也为自己担忧，就自称有病，请求辞职，文帝接受了他的请求，免去了他的右丞相职务。陈平独自一人担任丞相。

朝廷派遣太中大夫陆贾出使南越。南越王赵佗对汉朝皇帝称臣纳贡。

当初，隆虑侯周灶领兵攻打南越，正赶上暑季湿热，军队暴发急性传染病，无法越过岭去。赵佗趁机用武力威胁和用财物引诱的手段，使闽越、西瓯、骆隶属于南越。南越国土东西长达万余里，赵佗乘坐着供天子专用的黄屋车，车衡上扬着只有皇帝乘舆上才有的装饰物左纛，自称皇帝，礼制与汉朝皇帝相同。

文帝于是下令，为赵佗在真定的先人坟墓设置守墓民户，每年定时祭祀，招来赵佗的兄弟，给予丰厚的赏赐。又派陆贾出使南越，带去给赵佗的书信，信中说："我是高皇帝侧室生的儿子，被安置在外地，在北方的代地做藩王。路途遥远，遮隔闭塞，生性朴实愚鲁，没有给您送信致意。高皇帝撇下群臣而去，孝惠皇帝也去世了，吕皇后亲自临朝处事，不幸有病，几个吕氏外戚趁机谋反。依赖功臣们的力量，诛灭了吕氏，朕因王、侯、百官不肯放过的缘故，不得不登基当皇帝。前不久，听说大王曾送信给将军隆虑侯周灶，请求寻找您的亲兄弟，要求罢免长沙国的两个将军。朕因大王的来信，已罢免了将军博阳侯；您在真定的亲兄弟，已派人前去慰问，并修整了您先人的坟墓。前几天，听说大王发兵到边境地区，不断侵犯掳掠，长沙国深受其害，南郡尤为严重。其实不只是长沙地区受害，即便是大王管辖下的南越国，难道在战争中就能只获利而不受害吗？必定会使许多士兵丧命，优秀将官伤亡，造成许多寡妇、孤儿、晚年无靠的老人。这种获一利而受十害的事情，朕不忍心去做。况且汉朝即使夺取了大王的南越国，并不见得增加多少领土；夺得了大王的财产，也不见得显示多少富有。五岭以南的土地，大王尽可自行治理。不过，大王已有皇帝的称号，如果两位皇帝同时并立，没有一个

乘之使以通其道，是争也。争而不让，仁者不为也。愿与王分弃前恶，终今以来，通使如故。"

贾至南越，佗恐，顿首谢罪，愿奉明诏，长为藩臣，奉贡职。下令国中曰："两雄不俱立，两贤不并世。汉皇帝，贤天子。今去帝制、黄屋、左纛。"因为书，称："蛮夷大长、老夫臣佗昧死再拜上书皇帝陛下：老夫，故越吏也，高皇帝幸赐臣佗玺，以为南越王。孝惠皇帝义不忍绝，所赐老夫者厚甚。高后用事，别异蛮夷，出令曰：'毋与蛮夷越金、铁、田器、马、牛、羊；即予，予牡，毋予牝。'老夫处僻，马、牛、羊齿已长。自以祭祀不修，有死罪，使内史藩、中尉高、御史平凡三辈，上书谢过，皆不反。又风闻父母坟墓已坏削，兄弟宗族已诛论。吏相与议曰：'今内不得振于汉，外亡以自高异。'故更号为帝，自帝其国，非敢有害于天下。高皇后闻之，大怒，削去南越之籍，使使不通。老夫窃疑长沙王谗臣，故发兵以伐其边。老夫处越四十九年，于今抱孙焉。然夙兴夜寐，寝不安席，食不甘味，目不视靡曼之色，耳不听钟鼓之音者，以不得事汉也。今陛下幸怜，复故号，通使汉如故。老夫死，骨不腐。改号，不敢为帝矣！"

召河南守吴公为廷尉，以贾谊为太中大夫。
上闻河南守吴公治平为天下第一，召以为廷尉。吴公荐洛阳人贾谊，帝召以为博士。时年二十余，一岁中超迁

使者互相沟通，就会以力相争。只讲力争而不讲谦让，这是仁人君子不屑于做的。我愿与大王共弃前嫌，自今以后，互派使者往来，恢复原有的良好关系。"

陆贾到了南越，赵佗惶恐，叩头谢罪，表示愿尊奉文帝的明诏，永为藩国属臣，奉行贡纳职责。赵佗下令于国中说："两雄不能同时共立，两贤不能同时并存。汉朝皇帝是贤明天子。从今以后，我废除帝制，不再乘黄屋车，竖左纛。"又写了封信给文帝，说："蛮夷大长、老夫臣赵佗昧死再拜上书皇帝陛下：老夫是前越地的官吏，幸蒙高皇帝宠信，赐我玺印，封为南越王。孝惠皇帝根据道义，不忍心断绝与南越的关系，赏赐老夫的物品十分丰厚。吕皇后当政，歧视边远部族，认南越为蛮夷，下令说：'不得给蛮夷南越金、铁、农具、马、牛、羊；如果给他牲畜，就给他雄性的，不得给雌性的。'老夫处在偏僻之地，马、牛、羊已经老了。自以为不能行祭祀之礼，犯下死罪，所以派遣内史藩、中尉高、御史平等三批官员，上朝廷致书谢罪，但他们都没有返回。又传闻老夫父母的坟墓已被平毁，兄弟、宗族亲人已被定罪处死。官员们一同商议说：'现在从内部看已经受到汉朝的贬削，从外部看也没有自显尊贵的地方。'所以去掉王号，改称皇帝，只是在南越国内称帝，并不敢有害于天下。吕皇后得知我称帝，勃然大怒，削去了南越国的封号，断绝使臣往来。老夫私下怀疑是长沙王进谗言陷害我，所以发兵攻打长沙国边境。老夫已在南越生活了四十九年，如今已抱孙子了。但我夙兴夜寐，睡觉难安枕席，吃饭品尝不出滋味，眼不视美女之色，耳不听音乐之声，所以会这样，就是因为我不能侍奉汉朝天子。现在有幸得到陛下的怜爱，恢复了我原来的封号，准许我像过去一样派人出使汉廷。老夫就是死了，尸骨也不腐朽了。从此改号为王，不敢再称皇帝了！"

文帝宣召河南郡守吴公进京任廷尉，任命贾谊为太中大夫。

文帝听说河南郡守吴公治理地方的政绩为天下第一，就宣召吴公入朝当廷尉。吴公推荐洛阳人贾谊，文帝就召贾谊进京当博士。当时贾谊才二十多岁，文帝很赏识他，一年中破格提升，

至太中大夫。请改正朔,易服色,定官名,兴礼乐,以立汉制,更秦法。帝谦让未遑也。

癸亥（前178） **二年**
冬十月,丞相、曲逆侯陈平卒。
谥曰献。
诏列侯之国。
上曰:"古者诸侯各守其地,民不劳苦;今列侯居长安,吏卒给输费苦,而列侯亦无由教训其民。其各之国。"

十一月,以周勃为丞相。 **是月晦,日食。诏举贤良方正、能直言极谏者。**

诏曰:"人主不德,天示之灾,以戒不治。朕下不能治育群生,上以累三光之明,不德大矣! 令至,其悉思朕之过失,及知见之所不及,匄以启告朕。及举贤良方正、能直言极谏者,以匡朕之不逮,因各敕以职任。务省繇费以便民;罢卫将军;太仆见马遗财足,余皆以给传置。"

颍阴侯骑贾山上书曰:"臣闻雷霆之所击,无不摧折者;万钧之所压,无不糜灭者。今人主之威非特雷霆也,势重非特万钧也。开道而求谏,和颜色而受之,用其言而显其身,士犹恐惧而不敢自尽,又况于纵欲恣暴,恶闻其过乎?

"昔者周盖千八百国,以九州之民,养千八百国之君,君有余财,民有余力,而颂声作。秦皇帝以千八百国之民自养,

官至太中大夫。贾谊请文帝改历法,变换朝服颜色,审定官名,确定汉朝的礼仪和音乐,以建立汉朝的制度,替换秦朝的法制。文帝以谦让治国,自认为不必改制,就推说无暇顾及这些事情。

癸亥（前178） 汉文帝前元二年

冬十月,丞相、曲逆侯陈平去世。

朝廷赐予陈平谥号"献"。

文帝下诏,令列侯离京,到各自的封地去。

文帝下诏令说:"古代诸侯各自驻守分封的领地,百姓免受劳苦;如今列侯身居长安,吏卒为运送列侯的必需品烦费辛苦,而列侯也无法教导自己的百姓。现今列侯各自到封地去居住。"

十一月,任命周勃为丞相。 这月的最后一天,出现日食。文帝颁布诏书,请大家荐举贤良方正之士,以及能够直言进谏、尽力规劝君主的人。

诏书说:"人主无德,上天降示灾异,警告治理不善。朕对下不能治理、养育众生,以至于上累苍天,使日、月、星三光晦暗,真是无德之极! 诏书下达后,请大家都思考朕的过失,还有朕未知、未见的问题,务请明白告诉朕。还请大家荐举贤良方正、能够直言进谏规劝君主的人,来匡正、补救朕的不足,并委派他们分别任职。务必减轻徭役赋税以便利百姓;废除卫将军的建制;太仆将现有马匹仅留够供朝廷使用的,其余全部拨给驿站使用。"

颍阴侯的骑从贾山上书文帝,说道:"我听说在雷霆的打击下,无论什么都会被摧毁;在万钧之力的重压下,无论什么都会被压碎。如今人主的威严远远超过了雷霆,人主的权势远远重于万钧。君主即便是广开言路,征求谏劝意见,和颜悦色地接受,采纳批评者的意见并使他们显贵,士人们还会惧怕,不敢畅所欲言,更何况君主纵欲残暴,又讨厌听到别人谈论他的过失呢?

"从前周朝大约有一千八百个封国,凭九州的百姓,奉养一千八百国的君主,君主有多余的财物,百姓有富余的力量,到处都是歌功颂德的声音。而秦始皇用一千八百国的百姓奉养自己,

力罢不能胜其役,财尽不能胜其求。身死才数月耳,天下四面而攻之,宗庙灭绝矣。秦皇帝居灭绝之中,而不自知者,何也?亡养老之义,亡辅弼之臣,退诽谤之人,杀直谏之士,是以道谀、偷合苟容,比其德则贤于尧、舜,课其功则贤于汤、武。天下已溃,而莫之告也。

"今陛下使天下举贤良方正之士,天下之士,莫不精白以承休德。乃直与之驰驱射猎,一日再三出。臣恐朝廷之解弛,百官之堕于事也。陛下节用爱民,平狱缓刑,天下莫不说喜。臣闻山东吏布诏令,民虽老羸癃疾,扶杖而往听之,愿少须臾毋死,思见德化之成也。今功业方就,名闻方昭,四方乡风,而从豪俊之臣,方正之士,直与之日日猎射,击兔伐狐,以伤大业,绝天下之望,臣窃悼之!古者大臣不得与宴游,使皆务其方,以高其节,则群臣莫敢不正身修行,尽心以称大礼。夫士修之于家,而坏之于天子之廷,臣窃愍之。陛下与众臣宴游,与大臣、方正朝廷论议,游不失乐,朝不失礼,议不失计,轨事之大者也。"上嘉纳其言。

上每朝,郎、从官上书疏,未尝不止辇受其言。言不可用,置之;言可用,采之,未尝不称善。

帝从霸陵上,欲西驰下峻阪。中郎将袁盎骑,并车擥辔。上曰:"将军怯邪?"盎曰:"臣闻:'千金之子,坐不

百姓力量耗竭,负担不起他的徭役,家产穷尽,不够交纳他的赋税。秦始皇死亡才不过几个月,天下人四面进攻,秦的宗庙就毁灭了。秦始皇处于被灭绝的危机之中,却没有察觉,原因何在?秦王朝没有奉养老人的道义,没有能够辅佐他的大臣,罢斥批评朝政的官员,杀害敢于谏诤的士人,所以那些阿谀奉承、苟且偷生、只求保全自身利益的人,就吹捧秦始皇的德政高于尧、舜,功业超过商汤、周武。天下其实已经崩溃了,却没有人告诉他。

"现在陛下命令天下人荐举贤良方正之士,天下的士人,莫不励精而求自身洁白,希望被皇帝选用。现在他们被选入朝廷了,而陛下却只是与他们共同驰驱射猎,一天之内两三次出宫。我担忧朝政由此懈弛,百官因此而怠惰于政事。陛下节省开支,爱护百姓,断案公平,刑罚宽松,天下人莫不欢喜。我听说崤山以东官吏公布诏令时,百姓即使是老弱病残的人,也都挂着拐杖前去聆听,希望暂时不死,想看到仁德教化的成功。现在功业刚刚建立,声名刚刚传播,天下之人闻风而仰慕,而在这样重要的时候,陛下却带领豪俊之臣、方正之士,只与他们天天射猎,击兔射狐,以致伤害国家大业,断绝天下人的期望,我私下为陛下哀伤!古代规定大臣不得参与闲逸的游乐,为的是使他们都能努力保持端方的品格和高尚的节操,这样群臣就没人敢不修身养性,尽心侍奉君主,按君臣大礼办事了。士的品行,养成于自己家庭中,却在天子的朝廷上被破坏,我私下为之惋惜。陛下与群臣消闲游乐,与大臣、方正在朝廷上议论政事,游娱不失欢乐,朝会不失礼仪,议政不失大计,这是事关国家法度的重大问题。"文帝赞许并采纳了他的意见。

文帝每次上朝,郎官和侍从官吏进呈奏疏,他没有一次不停下辇车来接受的。奏疏的内容如不可采用,就放置一旁;如可用就采用,未尝不加以赞扬的。

文帝从霸陵上山,想往西纵马奔驰下峻坡,中郎将袁盎骑马上前,与文帝车驾并行,伸手揽住马缰绳。文帝问:"将军胆怯了吗?"袁盎回答说:"我听说:'家有千金资财的人都很自爱,坐不会坐在

垂堂。'圣主不乘危,不徼幸。今陛下骋六,飞驰下峻山,有如马惊车败,陛下纵自轻,奈高庙、太后何!"上乃止。

上所幸慎夫人,在禁中常与皇后同席坐。及幸上林,布席,盎引却慎夫人坐。夫人怒,上亦怒。盎因前说曰:"臣闻:'尊卑有序,则上下和。'今已立后,夫人乃妾,妾主岂可与同坐哉?且陛下独不见'人彘'乎?"上说,语夫人,赐盎金五十斤。

春正月,亲耕籍田。

贾谊说上曰:"'一夫不耕,或受之饥;一女不织,或受之寒。'生之有时,而用之亡度,则物力必屈。古之治天下,至纤,至悉,故其畜积足恃。今背本而趋末者甚众,淫侈之俗,日日以长,生之者甚少,而靡之者甚多,天下财产何得不蹶!即不幸有方二三千里之旱,国胡以相恤?卒然边境有急,数十百万之众,国胡以馈之?兵旱相乘,天下大屈,有勇力者聚徒而衡击,远方之能僭拟者,并举而争起矣。乃骇而图之,岂将有及乎?夫积贮者,天下之大命也,苟粟多而财有余,何为而不成!以攻则取,以守则固,以战则胜,怀敌附远,何招而不至!今驱民而归之农,皆著于本,使天下各食其力,末技游食之民,转而缘南亩,则畜积足而人

堂屋的边缘，唯恐坠堕。'圣贤君主不能冒险，不求侥幸。现在陛下要放纵驾车的六匹骏马，飞驰下险峻的高山，如果马匹受惊，车辆毁坏，陛下纵然很看轻自身安危，怎么对得起高祖和太后呢！"文帝这才停止冒险。

文帝所宠爱的慎夫人，在宫中常常与皇后同席而坐。等到去上林苑，安排席位时，袁盎把慎夫人的坐席排在下位。慎夫人恼怒，文帝也大怒。袁盎借机上前规劝文帝说："我听说：'尊卑次序严明，就能上下和睦。'现在陛下已经册立皇后，慎夫人只是妾，妾怎么能与主人同席而坐呢？况且陛下难道没见'人彘'事件吗？"文帝于是高兴了，把袁盎的话告诉了慎夫人，赐给袁盎黄金五十斤，以示感谢。

春正月，文帝亲自耕作，举行"籍田"仪式。

贾谊劝说文帝说："'一个农夫不从事耕作，就有人要挨饿；一个女子不从事织布，就有人要挨冻。'物品的生产都需要一定的时间，如果使用起来毫无限度，那么物资就必然会缺乏。古人治理天下，考虑问题非常细微，非常周到，所以国家的积蓄足以依恃。现在脱离农桑本业而从事工商末业的人太多，追求奢侈的风气日日增长，天下财富，生产的人很少，可是挥霍的人很多，怎么能不枯竭！如果不幸出现了方圆二三千里的大面积旱灾，国家用什么去救济百姓呢？如果突然间边境发生紧急情况，征调了几十万、上百万军队，国家用什么去供应军饷呢？如果战争和旱灾相继发生，天下财力极端缺乏，有勇力的人啸聚部众而横行劫掠，远方那些有称帝野心的人，就会接连起事要夺取天下了。如果发展到这个地步才大吃一惊而图谋制止，难道还来得及吗？积贮是国家的命脉，如果国家积贮了大量粮食且钱财有余，还有什么办不成的事情！进攻则能夺取，防守则很坚固，作战则能获胜，如果要感化、安抚敌对者，吸引远方部族归附朝廷，怎么会招而不来！如果现在驱使老百姓回归农田，全都落脚于本业，使天下人都从事生产，自食其力，让从事工商末业、游荡无业的人转而从事农业，那么天下就会有充足的积贮，百姓就会

乐其所矣。"上感谊言,诏曰:"夫农者,天下之本也。其开籍田,朕亲率耕,以给宗庙粢盛。"

三月,立赵幽王子辟彊为河间王,朱虚侯章为城阳王,东牟侯兴居为济北王,子武为代王,参为太原王,揖为梁王。

有司请立皇子为诸侯王,诏先立河间、城阳、济北王,然后立皇子。

夏五月,除"诽谤""妖言"法。

诏曰:"古之治天下,朝有进善之旌,诽谤之木,所以通治道而来谏者也。今法有'诽谤''妖言'之罪,是使众臣不敢尽情,而上无由闻过失也,将何以来远方之贤良!其除之!"

秋九月,赐天下今年田租之半。

诏曰:"农,天下之大本也,民所恃以生也。而民或不务本而事末,故生不遂。朕今亲率群臣农以劝之,其赐天下民今年田租之半。"

甲子(前177)　三年

冬十月晦,日食。十一月晦,又食。　丞相、绛侯勃免,就国。

诏曰:"前遣列侯之国,或辞未行。丞相,朕之所重,其为朕率列侯之国!"

以灌婴为丞相,罢太尉官。　淮南王长来朝,杀辟阳侯审食其。

初,赵王敖献美人于高祖,得幸,有娠。及贯高事发,美人亦坐系。美人弟因审食其言吕后,吕后妒,弗肯白。美人

安居乐业了。"文帝被贾谊的话所打动,于是发布诏令说:"农业是国家的根本。令举行'籍田'仪式,朕要亲自耕作,为天下臣民做出表率,种出供给宗庙祭祀用的粮食。"

三月,文帝立赵幽王的儿子刘辟彊为河间王,立朱虚侯刘章为城阳王,立东牟侯刘兴居为济北王,立皇子刘武为代王,刘参为太原王,刘揖为梁王。

有关官员请求文帝立皇子为诸侯王。文帝下诏,先立河间王、城阳王、济北王,然后才立皇子为王。

夏五月,废除"诽谤法""妖言法"。

文帝下诏说:"古代圣贤治理天下,朝廷设有鼓励献计献策的旌旗和用来书写批评意见的木柱,这样做的目的,是为了保证朝政的清明,鼓励臣民前来进谏。现在的法律中,有'诽谤罪'和'妖言罪',这就使群臣不敢畅所欲言地批评朝政,皇帝无从得知自己的过失,这怎么能招徕远方的贤良之士呢!特废除这些法令!"

秋九月,文帝诏令今年只向天下百姓征收田租的一半。

文帝下诏说:"农业是天下的根本,百姓依靠它而生存。有的百姓不从事农耕本业,而去从事工商末业,所以百姓生活艰难。朕现在亲自率领群臣从事农耕,以鼓励百姓从事农业,今恩赐百姓,今年只向天下百姓征收田租的一半。"

甲子(前177)　汉文帝前元三年

冬十月的最后一天,出现日食。十二月的最后一天,又出现日食。　丞相、绛侯周勃被免职,前往自己的封地。

文帝下诏说:"先前诏令列侯去各自的封地,有的人辞而未行。丞相是朕所倚重的人,请为朕率领列侯,到自己的封地去!"

文帝任命灌婴为丞相,罢废太尉这一官职。　淮南王刘长进京朝见文帝,杀死了辟阳侯审食其。

当初,赵王张敖进献给高帝一位美人,这位美人受到宠幸而怀了身孕。到贯高谋反事发时,美人也受株连,被囚禁起来。美人的弟弟请审食其向吕后求情,吕后嫉妒美人,不肯为她说话。美人

已生子,恚,即自杀。吏奉其子诣上,上悔之,封以为淮南王。

王蚤失母,附吕后,故吕后时得无患,而常怨食其,以为不强争之,使其母恨而死也。及上即位,骄蹇,不奉法,上常宽假之。是岁入朝,往见食其,自袖铁椎椎杀之,驰走阙下,肉袒谢罪。帝伤其志为亲,故赦弗治。以此,归国益骄恣,警跸,称制拟于天子。袁盎谏曰:"诸侯太骄,必生患。"上不听。

夏五月,匈奴入寇。帝如甘泉,遣丞相婴将兵击走之。遂如太原。济北王兴居反,遣大将军柴武击之。秋七月,还宫。八月,兴居兵败,自杀。

初,诛诸吕,朱虚侯功尤大,大臣许以赵王章,以梁王兴居。帝闻其初欲立齐王,故绌其功,割齐二郡以王之。兴居自以失职夺功,颇怏怏,闻帝幸太原,以为天子且自击胡,遂发兵反。帝遣柴武击之,兵败自杀。

以张释之为廷尉。

释之初为骑郎,十年不得调,袁盎荐之为谒者。朝毕,因前言事。上曰:"卑之,毋甚高论,令今可行也。"释之乃言秦汉间得失,上说,拜谒者仆射。

从行,登虎圈。上问上林尉诸禽兽簿,尉不能对。虎

已经生子,感到愤恨,就自杀了。官吏将其子送给高帝,高帝感到后悔,封这个儿子为淮南王。

淮南王名叫刘长,自幼丧母,依附于吕后,所以吕后掌权时能平安无事,但他心中常常怨恨审食其,认为审食其没有向吕后力争,才让他的生母含恨而死。等到文帝即位,淮南王骄横傲慢,不守法纪,文帝总是宽容他,不予追究。这一年,淮南王入朝后,去见审食其,用袖中所藏铁椎将审食其打死,然后疾驰到宫门前,袒露上身,表示请罪。文帝感念他一心想为母复仇,所以赦免了他,没有治罪。因此,淮南王归国后,更加骄横恣肆,出入清道,行使权力上比于天子。袁盎向文帝进谏说:"诸侯过于骄傲,必定会生祸患。"文帝不听。

夏五月,匈奴入侵。文帝亲临甘泉宫,派丞相灌婴率领军队攻打匈奴,并把匈奴打跑。文帝于是驾临太原。济北王刘兴居反叛,文帝派大将军柴武去攻打。秋七月,文帝返回长安宫中。八月,刘兴居兵败,自杀。

当初,朝中大臣诛灭吕氏外戚时,朱虚侯刘章的功劳尤为突出,大臣们曾许诺把赵地封给刘章为王,把梁地封给他的弟弟刘兴居为王。文帝得知刘章当初打算拥立齐王为帝,所以有意贬抑他二人的功劳,从齐地划出两个郡,分别立他二人为王。刘兴居自认为失掉了应得的地位,功劳被夺,颇为不满,听说文帝亲临太原,以为皇帝将亲自带兵攻打匈奴,就发兵造反。文帝派柴武领兵攻打刘兴居,刘兴居兵败自杀。

文帝任命张释之为廷尉。

张释之起先当骑郎,历时十年未能升迁,袁盎荐举他当上了谒者。朝会结束后,张释之上前向文帝谈论政事。文帝道:"说话浅近一点,不要光发高论,要谈现在可行的事情。"张释之于是就说秦、汉之间的往事,分析秦朝失去天下、汉朝夺得天下的原因,文帝很高兴,升任张释之为谒者仆射。

张释之跟随文帝,登上禁苑中养虎的虎圈。文帝向上林尉询问禁苑中所饲养的各种禽兽的登记数目,上林尉答不上来。虎

圈啬夫从旁代尉对,甚悉。欲以观其能,口对响应,无穷者。帝曰:"吏不当若是邪?"诏释之拜啬夫为上林令。释之久之,前曰:"陛下以周勃、张相如何如人也?"上曰:"长者。"释之曰:"此两人言事,曾不能出口,岂效此啬夫喋喋利口捷给哉!且秦以任刀笔之吏,争以亟疾苛察相高,其敝徒文具而无实,不闻其过,陵迟至于土崩。今陛下以啬夫口辩而超迁之,臣恐天下随风而靡,争为口辩而无其实。夫下之化上,疾于景响,举错不可不审也。"帝曰:"善!"就车,召使参乘,徐行,问秦之敝,拜公车令。

顷之,太子与梁王共车入朝,不下司马门。释之追止之,劾"不敬"。薄太后闻之,帝免冠谢"教儿子不谨"。后乃使使承诏赦太子、梁王,然后得入。帝由是奇释之,拜为中大夫。

从至霸陵。上谓群臣曰:"以北山石为椁,用纻絮斫陈漆其间,岂可动哉!"左右皆曰"善",释之曰:"使其中有可欲者,虽锢南山犹有隙;使其中无可欲者,虽无石椁,又何戚焉?"帝称善。

是岁,为廷尉。上行出中渭桥,有一人从桥下走,乘舆马

圈啬夫站在一旁代上林尉回答了文帝的提问,十分详尽。文帝想考察虎圈啬夫的才能,虎圈啬夫随问随答,没有一个问题被难倒。文帝说:"官吏难道不应像这样吗?"于是诏令张释之去任命虎圈啬夫为上林令。张释之停了很久,到文帝跟前说:"陛下认为周勃、张相如是什么样的人呢?"文帝回答说:"是长者。"张释之说:"他们二人论事时,竟然会有话表达不出来,哪能效法这个啬夫的伶牙俐齿、能言善辩呢!况且秦王朝重用刀笔之吏,官吏们争着用敏捷苛察比较高低,它的害处在于空有外表而无实际内容,致使皇帝不闻其过,国家衰败以至于土崩瓦解。现在陛下因啬夫善于辞令而破格提升他,我担心天下人竞相仿效,争着练口辩之术而无真实才能。在下位的仿效在上位的,速度之快甚至超过身动影移、声出响应,君主的举动不可不审慎啊!"文帝说:"你说得好!"文帝上车,召张释之为陪乘,一路上缓缓行驶,文帝向张释之询问秦朝政治的弊端,随后任命张释之为公车令。

时隔不久,太子与梁王共乘一车入朝,经过皇宫的外门司马门时,按规定必须下车步行,但太子与梁王却没有下车示敬。张释之追上去,禁止他们二人进入殿门,并弹劾他们犯了"不敬"之罪。薄太后听说后,过问这件事,文帝摘下帽子,向太后谢罪,说自己"教管儿子不严格"。太后于是派使者奉着诏书去赦免太子和梁王,二人这才得以进入殿门。文帝通过这件事,对张释之大为惊异和赏识,升任他为中大夫。

张释之随从文帝去巡视文帝的陵墓霸陵。文帝对群臣说:"我的陵墓用北山岩石做外椁,把苎麻絮切碎填充在间隙中,再用漆将它们粘合为一体,如此坚固,难道还有人能打得开吗!"左右事奉的人都说"对",独有张释之说:"假如里面有能勾起坏人贪欲的珍宝,即使熔化金属把整个南山密封起来,也会有间隙;假如里面没有令坏人垂涎的东西,即使没有石椁,又有什么可忧虑的呢?"文帝称赞他说得好。

这一年,张释之被任命为廷尉。文帝出行经过中渭桥,有一个人为躲避文帝的车驾从桥下跑过去,使为文帝驾车的马匹

惊,捕属廷尉。释之奏:"犯跸,当罚金。"上怒,释之曰:"法者,天子所与天下公共也。今法如是。更重之,是法不信于民也。且方其时,上使使诛之则已。今已下廷尉,廷尉,天下之平也,壹倾,天下用法皆为之轻重,民安所错其手足?唯陛下察之!"上良久曰:"廷尉当是也。"

其后人有盗高庙坐前玉环,得,下廷尉治。释之奏当弃市。上大怒曰:"人无道,乃盗先帝器!吾欲致之族,而君以法奏之,非吾所以共承宗庙意也。"释之免冠顿首谢曰:"法如是,足也。今盗宗庙器而族之,有如万分一,假令愚民取长陵一抔土,陛下且何以加其法乎?"帝乃白太后,许之。

乙丑(前176) 四年
冬十二月,丞相婴卒。以张苍为丞相。
苍好书,博闻,尤邃律历。
召河东守季布。至,罢归郡。

上召河东守季布,欲以为御史大夫。有言其使酒、难近者。至,留邸一月,见罢。布因进曰:"臣无功窃宠,待罪河东。陛下无故召臣,此人必有以臣欺陛下者。今臣至,无所受事,罢去,此人必有毁臣者。夫以一人之誉而

受了惊，卫兵逮捕了这个人，并将他送交廷尉治罪。张释之审理此案后奏报："此人违犯了清道戒严的规定，应当罚款。"文帝发怒，认为判得太轻，张释之解释说："法，是天子与天下人公共的，法律无私。这一案件依据现在的法律就是这样定罪。如果加重判罪，法律就不能取信于民众。而且当他违犯禁令的时候，皇上如果派人将他杀死，也就算了。现在已经把他交给廷尉，廷尉掌天下的公平，一有倾斜，天下用法就会可轻可重，没有标准了，百姓还怎样安放自己的手脚呢？请陛下深思！"文帝思虑很久，终于说："廷尉的判决是对的。"

之后，有人偷盗高祖庙神位前的玉环，被捕获，交付廷尉判罪。张释之审判后上奏文帝，说案犯应在街市公开斩首。文帝大怒，说："此人大逆不道，竟敢盗窃先帝的器物！我想杀他全族，而您却奏报依法判他一人死刑，这是违背我恭奉宗庙的本意的。"张释之摘下帽子，叩头谢罪，说："法律就是这样规定的，依法这样判决，足够了。现在如果这人因盗窃宗庙器物就被灭族，那么万一有愚昧无知之徒，从高祖的长陵上取走一捧土，陛下将怎样给他加以更重的惩处呢？"文帝就把这些道理讲给太后听，批准了张释之的判决意见。

乙丑（前176）　汉文帝前元四年

冬十二月，丞相灌婴去世。任命张苍为丞相。

张苍喜欢读书，博闻多识，尤其精深于律历之学。

文帝召河东郡守季布进京。季布来了以后，又被舍弃，返回郡里当郡守。

文帝召河东郡郡守季布进京，打算任用他为御史大夫。有人说季布酗酒惹事，不宜靠近皇上。季布到京后，在官邸滞留了一个月，就被遣回，仍为郡守。季布因此对文帝说："我原本无功，有幸得到陛下的宠信，担任河东郡守。陛下无故召我进京，这一定是有人妄谈贤能而推荐我。现在我来了，没有接受什么使命，就被舍弃回郡，这一定是有人诋毁我。陛下因一个人的赞誉而

召臣,以一人之毁而去臣,臣恐天下有识闻之,有以窥陛下之浅深也!"上默然,惭,良久曰:"河东,吾股肱郡,故特召君耳。"

以贾谊为长沙王太傅。

上议以贾谊任公卿之位。大臣多短之曰:"年少初学,专欲擅权,纷乱诸事。"上于是疏之,不用其议,以为长沙王太傅。

下绛侯周勃廷尉狱,既而赦之。

周勃既就国,每河东守、尉行县至绛,勃恐诛,常被甲,令家人持兵以见之。人有告勃欲反,下廷尉,逮治。勃恐,不知置辞。吏稍侵辱之。勃以千金与吏,吏乃书牍背示之曰"以公主为证"。公主者,帝女也,勃太子胜之尚之。薄太后亦谓帝曰:"绛侯始诛诸吕,绾皇帝玺,居北军,不以此时反,今居一小县,顾欲反耶?"帝亦见勃狱辞,乃使使持节赦之,复爵邑。勃既出,曰:"吾尝将百万军,然安知狱吏之贵乎?"

作顾成庙。

丙寅(前175) 五年
春二月,地震。 夏四月,更造四铢钱;除盗铸令。

召我来，又因一个人的诋毁而令我回去，我担心天下有识之士得知后，会以此来窥测陛下的深浅得失啊！"文帝默然，面露惭色，过了好久才说："河东郡对我来说，是如同股肱一样重要的地方，所以特意召你前来面谈。"

任命贾谊为长沙王太傅。

文帝提议让贾谊担任公卿的职位。许多大臣贬损贾谊说："贾谊太年轻，学问造诣尚浅，只考虑掌握大权，扰乱朝廷大事。"于是，文帝开始疏远贾谊，不采纳他的意见，把他外放为长沙王的太傅。

文帝将绛侯周勃交付廷尉处置，关押在狱中，不久，又赦免了他。

周勃已经前往封地，每当河东郡的郡守、郡尉巡行属县来到绛地，他生怕自己会被他们诛杀，经常身穿铠甲，令家中人手执兵器，然后与郡守、郡尉相见。有人上告周勃想要谋反，文帝就把周勃一案交给廷尉处置，廷尉将周勃逮捕下狱。周勃极为恐惧，不知怎样措辞才好。狱吏渐渐对周勃有所凌辱。周勃送给狱吏千金，贿赂狱吏，狱吏暗示周勃让公主出面作证，就在公文木牍的背面写上"以公主为证"几字，给周勃看。公主指文帝的女儿，周勃长子周胜之娶了她做妻子。薄太后也对文帝说："绛侯周勃当初诛灭吕氏的时候，身系皇帝玉玺，统领北军将士，他不利用这个时机谋反，现在住在一个小县里，反倒要谋反吗？"文帝这时也见到了周勃在狱中所写的辩白之词，于是就派使者持着皇帝之节去赦免周勃，恢复了他原有的爵位和封地。周勃已然出狱，感叹地说道："我曾经统率过百万大军，但哪知狱吏的尊贵呢？"

兴建顾成庙。

丙寅（前175）　汉文帝前元五年

春二月，发生地震。　夏四月，文帝下诏：另行铸造四铢钱；废除私人不得铸钱的禁令。

初,秦用半两钱,高祖嫌其重,更铸荚钱。于是物价腾踊,米石万钱。至是,更造四铢钱,除盗铸钱令。

贾谊谏曰:"法使天下公得铸钱,敢杂以铅、铁者,其罪黥。然铸钱非殽杂为巧,则不可得赢,而殽之甚微,为利甚厚。夫事有召祸,而法有起奸。今令细民人操造币之势,各隐屏而铸作,因欲禁其厚利微奸,虽黥罪日报,其势不止。夫县法以诱民,使入陷阱,孰多于此!又民用钱,郡县不同。吏急而壹之乎,则大为烦苛,而力不能胜;纵而弗呵乎,则市肆异用,钱文大乱。苟非其术,何乡而可哉!今农事弃捐而采铜者日蕃,奸钱日多,善人怵而为奸邪,愿民陷而之刑戮。国知患此,吏议必曰'禁之'。禁之则钱必重,重则其利深,盗铸如云而起。弃市之罪,又不足以禁矣。奸数不胜,而法禁数溃,铜使之然也。不如收之。"贾山亦谏,以为:"钱者,亡用器也,而可以易富贵。富贵者,人主之操柄也。令民为之,是与人主共操柄,不可长也。"皆不听。

时太中大夫邓通方宠幸,上欲其富,赐之蜀严道铜山,使铸钱。吴王濞有豫章铜山,招致天下亡命者以铸钱,

当初，秦朝使用半两钱，汉高祖嫌半两钱太重，另行铸造荚钱。到文帝时，物价飞涨，一石米价为一万钱。在这种情况下，文帝下诏：另行铸造四铢钱，废除私人不得铸钱的禁令。

贾谊进谏说："现行法令允许天下人都能公开铸钱，胆敢掺杂铅、铁铸钱的人，就处以脸上刺字的黥刑。但是铸钱的人如果不掺杂铅、铁取巧，就不可能获利，而只要掺杂极少量的铅、铁，就会获利丰厚。有的事情能招致祸患，有的法令能引起作恶犯罪。现在让平民百姓操持铸造钱币的大权，他们各自隐蔽地铸造，要想禁止他们在铸钱时为获取厚利而掺假要奸，即使每天都有人被判处黥刑，其势也难以禁止。颁布法令去引诱百姓犯罪受刑的，还有什么能比这种铸钱令更为严重的呢！另外，民间使用的钱币，各个地方都不相同。如果官吏采用强硬手段来统一钱币的话，那么事情一定会很繁杂、苛细，而且力不胜任；如果官吏放纵而不加呵禁的话，那么市场上将流行各种钱币，币制就会大乱。可见，如果关于铸钱的策略不当，哪个方向的路可行呢！现在舍弃农业而开采铜矿的人日益增多，掺假的钱日益增多，善良的人抵不住诱惑而做出了邪恶犯罪的事情，谨慎老实的人也陷入了罪恶的泥坑而受到刑罚以至于被杀戮。朝廷一旦认清了它的祸患，大臣们讨论时一定会提出'禁止私人铸钱'。禁止私人铸钱，那么钱币必定要加重，钱币加重，那么铸钱盈利就更大，私人违法铸钱的行为就会风起云涌。就是施行斩首示众的重刑，也不足以禁止违法铸钱了。作奸犯科的行为数不胜数，而法律禁令屡遭破坏，这都是铸钱的铜造成的恶果。所以不如收回这条铸钱令。"贾山也进谏文帝，他认为："钱币本是无用之物，却可以用它换取富贵。使人富贵，是君主操纵的权柄。让百姓铸钱，是让百姓和君主共同操纵致富致贵的权柄，这种现象不能助长。"他们的意见都没有被文帝采纳。

当时，太中大夫邓通正受到文帝的宠幸，文帝想让他大富起来，就把蜀郡严道县的铜山赏赐给他，让他采铜铸钱。吴王刘濞拥有豫章郡内的铜山，他从全国各地招来许多游民采铜铸钱，

东煮海水为盐。以故无赋而国用饶足。于是吴、邓钱布天下。

徙代王武为淮阳王。

丁卯（前174） 六年
冬十月,桃李华。 淮南王长谋反,废,徙蜀,道死。

淮南王长自作法令,行于其国,逐汉所置吏,请自置相。帝曲意从之。又擅刑杀不辜,及爵人至关内侯,数上书不逊顺。帝重自切责之,乃令薄昭与书,引管、蔡、兴居以为儆戒。

王不说,谋反。事觉,召至长安。丞相、御史、宗正、廷尉奏:"长罪当弃市。"赦,徙处蜀。载以辎车,县次传之。

袁盎谏曰:"上素骄淮南王,弗为置严傅相,以故至此。今暴摧折之,臣恐卒逢雾露病死,陛下有杀弟之名,奈何?"上曰:"吾特苦之耳,今复之。"

王果愤恚,不食死。雍令发封,以死闻。上哭甚悲,逮考诸县传送不发封馈侍者,皆弃市。谥曰厉王,以列侯葬雍,置守冢三十户。

匈奴冒顿死,子老上单于立,复请和亲。

他又在吴国东部用海水煮盐。所以他就是没有赋税收入，王府费用也已十分富足了。就这样，吴国和邓通所铸造的钱币遍布于全国各地。

文帝把代王刘武改封为淮阳王。

丁卯（前174）　汉文帝前元六年

冬十月，桃树、李树不合时令地开了花。　淮南王刘长谋反，被废去王号，遣送蜀地，死于途中。

淮南王刘长自立法令，实施于封国境内，他驱逐朝廷设置的官吏，请求自己任命相国。文帝委曲求全，同意了他的要求。他又擅自残杀无罪的人，擅自给人封爵，最高封到关内侯，他屡次给朝廷上书，都有不恭顺的话语。文帝难以亲自严厉地责备他，就让薄昭致书淮南王，征引周初管叔、蔡叔以及本朝刘兴居等人骄横不法、最终受惩处的故事，请淮南王引以为戒。

淮南王看到薄昭的书信后很不高兴，计划谋反。事情败露，被召到长安。丞相、御史、宗正、廷尉等上奏：“刘长罪该斩首示众。”文帝赦免刘长的死罪，把他遣送到蜀郡去安置。淮南王被安置在有帷幕遮蔽的车子里，由沿途所过各县依次传送。

袁盎进谏说：“皇上向来娇宠淮南王，不为他设置严厉的太傅和相国，所以才发展到这个地步。现在猛然摧残折磨他，我担心他最后遭受风霜雨露而病死，那么陛下就背上了杀害兄弟的恶名，这可怎么办？”文帝说：“我只是想让他暂时受点困苦，希望他能够自悔，现在就派人召他回来。”

淮南王果然愤怒怨恨，绝食而死。传送到雍县时，雍县县令打开了密封的囚车，把死讯上报给朝廷。文帝哭得很悲伤，下令逮捕并拷问传送淮南王时，不开启囚车进送食物的沿途各县官员，把他们全都斩首示众。赐予淮南王谥号叫厉王，用列侯的礼仪把他安葬在雍县，并配置了三十户百姓给他守墓。

匈奴冒顿单于去世，他的儿子老上单于继位，又向汉朝请求和亲。

初,冒顿遗汉书曰:"前时,皇帝言和亲事,称书意,合欢。汉边吏侵侮右贤王,王与相距,绝二主之约,离兄弟之亲,故罚使西击月氏。以天之福,尽夷灭,降下之,及其旁二十六国,皆已为匈奴,诸引弓之民,并为一家,北州以定。愿休兵养马,除前事,复故约,以安边民。"帝报书曰:"单于欲复故约,朕甚嘉之。此古圣王之志也。汉与匈奴约为兄弟,所以遗单于甚厚,倍约、离兄弟之亲者,常在匈奴。然右贤王事已在赦前,单于勿深诛。单于若称书意,明告诸吏,使无负约,有信,敬如单于书。"

至是,冒顿死,子老上单于立。帝复遣宗室女翁主为单于阏氏,使宦者中行说傅翁主。说不欲行,强使之。说至,降,单于甚亲幸。说曰:"匈奴人众不能当汉之一郡,然所以强者,以衣食异,无仰于汉也。今变俗,好汉物。汉物不过什二,则匈奴尽归于汉矣。其得缯絮,以驰草棘中,皆裂敝,以示不如旃裘之完善也;得汉食物,皆去之,以示不如湩酪之便美也。"教单于左右疏计,以计课其人、畜。遗汉书牍及印封,皆令长大,倨傲其辞,自称"天地所生、日月所置匈奴大单于"。

起先，匈奴冒顿单于给汉廷送来书信说："前些时候，皇帝谈到和亲的事，与书信之意相符，双方都很欢喜。汉朝边境官吏侵犯、侮辱我匈奴右贤王，右贤王与汉朝官吏对抗，断绝了两国君主的友好盟约，离间了兄弟之邦的情谊，为此，我罚他出征，往西攻打月氏国。赖上天赐福保佑，月氏国已被匈奴攻灭，它的民众已归顺匈奴，还有它附近的二十六个国家，都已成为匈奴领地，所有操弓骑射的部族，都合并为一家，北方由此而安定。我希望停止战争，休养士兵，喂好马匹，消除往日的隔阂，恢复原先的盟约，以安定边境一带的民众。"汉文帝给冒顿单于回信说："单于打算恢复原先的友好盟约，朕对此深表赞赏。这是古代圣明君主的志向啊。汉与匈奴结为兄弟，用来赠送单于的礼物非常丰厚，而违背盟约、离间兄弟情谊的事情，常出在匈奴一方。但是右贤王那件事情发生在大赦之前，单于就不要过分责备他了。单于如果能按照来信之意去做，明确告知众位官吏，使他们不违盟约，讲信用，就谨遵单于书信之意行事。"

　　直到这时，冒顿单于死了，他的儿子老上单于继位。文帝又派遣一位皇族的女儿翁主去嫁给老上单于做阏氏，并派宦官中行说去辅助翁主。中行说不愿去，汉廷强迫他前往。中行说去以后，就归降了匈奴，单于非常宠信他。中行说对单于说："匈奴人口还不如汉朝一个郡的人多，然而匈奴所以会如此强大，就是因为匈奴的衣食与汉不同，不需要仰仗于汉朝。现在匈奴却改变习俗，喜欢汉人的东西了。汉廷只要拿出不到十分之二的东西，那么匈奴就会全部归汉所有。最好的办法是：得到汉朝缯、絮等丝绸衣裳，穿在身上奔驰在草丛荆棘中，那么丝绸制品就会撕裂扯烂，由此可证明丝绸不如兽毛制成的旃裘完美实用；得到汉朝食物，就把它们全部扔掉，由此可显示汉人的食物不如乳酪方便又味美。"中行说还教单于身边的人认字，学习分条登记的知识，用来统计匈奴的人口和牲畜数量。凡是匈奴送给汉廷的书信板片以及印封，中行说都让人增长加宽，行文时故意使用傲慢不恭的言辞，自称为"天地所生、日月所置的匈奴大单于"。

以贾谊为梁王太傅。

谊上疏曰："臣窃惟今之事势,可为痛哭者一,可为流涕者二,可为长太息者六。若其他背理而伤道者,难遍以疏举。进言者皆曰:'天下已安已治矣。'臣独以为未也。曰安且治者,非愚则谀,皆非事实知治乱之体者也。夫抱火厝之积薪之下,而寝其上,火未及然,因谓之安。方今之势,何以异此!夫树国固必相疑之势,下数被其殃,上数爽其忧,甚非所以安上而全下也。

"臣窃迹前事,大抵强者先反。长沙乃二万五千户耳,功少而最完,势疏而最忠。非独性异人也,亦形势然也。曩令樊、郦、绛、灌据数十城而王,今虽以残亡可也;令信、越之伦列为彻侯而居,虽至今存可也。然则天下之大计可知已。欲诸王之皆忠附,则莫若令如长沙王;欲臣子勿菹醢,则莫若令如樊、郦等;欲天下之治安,莫若众建诸侯而少其力。力少则易使以义,国小则亡邪心。令海内之势,如身之使臂,臂之使指,莫不制从,诸侯之君不敢有异心,辐凑并进而归命天子。割地定制,令齐、赵、楚各为若干国,

文帝任命贾谊为梁王的太傅。

贾谊上疏说："我私下认为当今的局势,应该为之痛哭的有一件事情,应该为之流泪的有两件事情,应该为之深深叹息的有六件事情。至于其他违背情理而伤害原则的事情,就难以在一篇奏疏中全部列举出来了。那些向皇上进言的人都说:'现在天下已经安定了,已经大治了。'唯独我却认为还没有达到这种程度。那些大谈天下已经安定、已经大治的人,不是愚昧无知,就是阿谀奉承,都不是真正懂得治乱大体的人。有人抱来火种,放在堆积的木柴之下,而睡在木柴之上,当木柴还没有燃烧起来的时候,他就说这是很安宁的。当今天下的局势,与此有什么不同! 现在封立的诸侯国太大了,这必然会造成天子与诸侯互相猜疑的局面,诸侯王多次遭受祸殃,皇上经常为此劳神担忧,这实在不是安定君主、保全臣下的办法。

"我私下里寻找前事的踪迹,大体上是势力强大的诸侯王最先造反。长沙国只有两万五千户百姓,长沙王功劳最小,却最能保全他的封国,他与朝廷的关系很疏远,但对朝廷最忠心。这不仅因为他的品性与别的诸侯王不同,也是国家弱小这种客观形势使他这样的。假如当初让樊哙、郦商、绛侯周勃、灌婴他们都占据几十个城市而称王,那么到今天他们很可能已经毁灭了;假如当初让韩信、彭越之类封为彻侯而安居,那么他们保全至今也是可能的。从这些情况就可以知道治理天下的根本大计了。要想使各个诸侯王都忠顺于朝廷,那么最好的办法是莫不如让他们都像长沙王那样;要想使臣子不被剁成肉酱,那么最好的办法是莫不如让他们都像樊哙、郦商等人那样;要想使天下长治久安,那么最好的办法是莫不如分封众多的诸侯王国而削弱每个诸侯王国的实力。力量削弱就容易使他们遵守礼义,封地狭小就不会让他们有野心。假如这样做了,就能使全国的形势,如同身躯指挥胳膊,胳膊指挥手指,没有不服从命令的,诸侯国的国君不敢生异心,就会像车辐凑集于毂上一样,从四面八方接受天子的指挥。分割诸侯王的土地,定立制度,让齐、赵、楚各分为若干个小国,

使其子孙以次受之。分地众而子孙少者，建以为国，空而置之，须其子孙生者，举使君之。一寸之地，一人之众，天子亡所利焉，诚以定治而已。

　　"天下之势，方病大瘇。一胫之大几如要，一指之大几如股，平居不可屈伸。失今不治，必为痼疾。可痛哭者，此病是也。

　　"天下之势，方倒县。凡天子者，天下之首也，蛮夷者，天下之足也。今匈奴嫚侮侵掠，而汉岁致金、絮、采缯以奉之。夷狄征令，主上其贡。足反居上，首顾居下，倒县如此，莫之能解，犹为国有人乎？可为流涕者，此也。

　　"今不猎猛敌而猎田彘，不搏反寇而搏畜菟，玩细娱而不图大患，德可远施，威可远加，而直数百里外威令不伸。可为流涕者，此也。

　　"今帝之身自衣皂绨，而富民墙屋被文绣；天子之后以缘其领者，庶人孽妾以缘其履。此臣所谓舛也。夫百人作之，不能衣一人，欲天下亡寒，胡可得也？一人耕之，十人聚而食之，欲天下亡饥，不可得也；饥寒切于民之肌肤，欲其亡为奸邪，不可得也。可为长太息者，此也。

使诸侯王的子孙人人都能依次得到一块封地。如果诸侯王的封地已经划分成好多块,而诸侯王的子孙却少,就可以在分割的土地上先建立小国,暂时空缺封君之位,待其子孙出世以后,再立为小国的封君。原属诸侯王国的每一寸土地,每一个百姓,天子都不去占有,所以要这样做,只是为了安定国家、治理天下而已。

"当今天下的局势,正好像一个人得了严重的脚肿病。一条小腿几乎像腰那么粗,一个脚趾几乎像大腿那么粗,平常起居时,腿脚难以自由伸屈。错过了目前时机不予医治,必定会成为无法医治的顽症。我认为应该为之痛哭的,就是这个疾病。

"当今天下的局势,正好像一个人脚朝上、头朝下地倒挂着。凡称为天子的,是天下的首脑,而称为蛮夷的四方部族,是天下的双脚。现在匈奴傲慢不恭,侮辱我朝廷,侵占我土地,掠夺我边民,而汉朝廷却每年要奉送黄金、丝绵和彩色的丝织品给匈奴。夷狄发令征敛,主子向它上贡。脚反而在上面,头反而在下面,倒挂到这种地步,却没人能解救,这还能说国家有能人吗?我认为应该为之流泪的,就是这种状况。

"现在陛下不去攻打强敌而去猎取野猪,不去击搏反叛的盗贼而去捕捉豢养的兔子,贪恋微不足道的娱乐而不考虑如何消除大患,朝廷的德本可以施加到很远的地方,威也可以施加到很远的地方,而现在只是几百里外朝廷的威令就伸展不开了。我认为应该为之流泪的,就是这种状况。

"如今皇帝自己身上穿着黑色的粗丝衣服,而那些富民却连墙屋也装饰着华美的绣品;天子的皇后用来镶在衣领边缘的饰物,平民的小妾却用来镶嵌她的鞋边。这就是我所说的错乱。如果一百个人生产丝绸,不能满足一个富人的穿用,那么要想使天下没有挨冻的人,怎么能办到呢?如果一个农夫耕作,十个闲人聚在那里吃饭,那么要想使天下没有挨饿的人,那是不可能的;饥寒交迫的景况降落在百姓身上,要想使他们不做奸邪的事,那是不可能的。我认为应该为之深深叹息的,就是这种状况。

"商君遗礼义,弃仁恩,并心于进取。行之二岁,秦俗日败。故家富子壮则出分,家贫子壮则出赘;借父耰锄,虑有德色;母取箕帚,立而谇语;抱哺其子,与公并倨;妇姑不相说,则反唇而相稽。其慈子耆利,不同禽兽者亡几耳。今其遗风余俗犹尚未改,弃礼谊,捐廉耻,日甚,月异,而岁不同矣。今其甚者杀父兄矣。而大臣特以簿书不报、期会之间,以为大故,至于俗流失,世坏败,因恬而不知怪,以为是适然耳。夫移风易俗,使天下回心而乡道,类非俗吏之所能为也。俗吏之所务在于刀笔筐箧,而不知大体。陛下又不自忧,窃为陛下惜之。《管子》曰:'礼义廉耻,是谓四维。四维不张,国乃灭亡。'是岂可不为寒心哉!岂如今定经制,令君君臣臣,上下有差,父子六亲,各得其宜!此业壹定,世世常安,而后有所持循矣。若夫经制不定,是犹渡江河亡维楫,中流而遇风波,船必覆矣。可为长太息者,此也。

"夏、殷、周为天子皆数十世,秦为天子,二世而亡。人性不甚相远也,何三代之君有道之长,而秦亡道之暴也?古之王者,太子乃生,固举以礼,有司齐肃端冕,见之南郊,过阙则下,过庙则趋,故自为赤子,而教固已行矣。孩提

"商鞅抛弃礼义,抛弃仁爱恩惠,把心思全用在进取上。他的新法推行两年,秦国的风俗就日益败坏。世家大族的富有子弟,长大成人后就与父母分家另过,家境贫穷的男子,长大成人后就出去给人家当地位卑贱的倒插门女婿;儿子把农具借给父亲,脸上就露出施予恩德的表情;母亲来拿簸箕、扫帚,立刻遭到责骂;儿媳抱着怀中吃奶的孩子,就与她的公爹并坐在一起;媳妇与婆母关系不好,一不高兴就公开吵架。当时秦人只知慈养儿子,贪求财富,这与禽兽已经没有多少区别了。如今秦人遗留下来的这种风气还没有衰败,抛弃礼义,不顾廉耻的恶俗,一天比一天严重,月月都在发展,年年都有所不同。现在甚至已有子弟杀害父兄的了。而公卿大臣只把地方官员不在规定期限内向朝廷上交统计文书作为重大问题,对于风俗的恶化,世风的败坏,竟安然处之而不知惊骇,认为这是理所当然的。移风易俗,使天下人都回心转意,归向道义,这不是庸俗的官吏所能做到的。庸俗的官吏能做的只是一些处理文书档案的工作,却不知道治国的大体。陛下自己又不忧虑这些问题,我私下为陛下感到惋惜。《管子》书中说:'礼义廉耻,是四项必须遵循的准则。这四项准则如不伸张,国家就要灭亡。'对于管子的话,难道能不感到寒心吗!怎么不现在就确立根本制度,使君主像君主,臣子像臣子,上上下下,各有等级,父子六亲,各自得到他们应有的地位呢!这种制度一确立,世世代代就可以长安,而后世子孙也有了可以掌握、遵循的准则了。如果根本制度不确定,那就像横渡江河而无缆绳和船桨一样,当船行进到江河中心而遇到风波时,船必定会颠覆。我认为应该为之深深叹息的,就是这种状况。

　　"夏、商、周三代,天子之位都传了几十代,秦为天子,却只传二世就灭亡了。人性相差并不很远,为什么三代的君主有道而维持了长久的统治,而秦无道那么短就灭亡呢?古代的圣明君王,太子刚诞生,就按礼义来对待他,有关官员衣冠整齐,庄重严肃,在南郊举行祭礼,经过宫门就下车示敬,经过宗庙就恭敬地小步快走,所以太子还是婴儿时,教育就已经进行了。到太子儿童时,

有识,三公、三少明孝、仁、礼、义以道习之,逐去邪人,不使见恶行,选天下之端士有道术者,使与居处。故太子乃生而见正事,闻正言,行正道,左右前后皆正人也。夫习与正人居之,不能毋正,犹生长于齐,不能不齐言也;习与不正人居之,不能毋不正,犹生长于楚,不能不楚言也。孔子曰:'少成若天性,习贯如自然。'习与智长,故切而不愧;化与心成,故中道若性。夫三代之所以长久者,以其辅翼太子有此具也。秦使赵高傅胡亥而教之狱,所习者非斩、劓人,则夷人之三族也。故今日即位,而明日射人,忠谏者谓之诽谤,深计者谓之妖言,其视杀人若艾草菅然。岂惟胡亥之性恶哉?彼其所以道之者非其理故也。鄙谚曰:'前车覆,后车诫。'天下之命,县于太子。太子之善,在于蚤谕教与选左右。夫心未滥而先谕教,则化易成也;教得而左右正,则太子正而天下定矣。

"凡人之智,能见已然,不能见将然。夫礼者禁于将然之前,而法者禁于已然之后。是故法之所为用易见,而礼之所为生难知也。若夫庆赏以劝善,刑罚以惩恶,先王执此之政,坚如金石,行此之令,信如四时,据此之公,无私如天地,

稍懂人事了,三公、三少等官员就用孝、仁、礼、义之道去教育他,驱逐奸邪小人,不让他见到罪恶的行为,从全国范围内审慎地选择为人正直、通晓治国之道的人,让他们与太子相处,一起活动。所以太子一诞生就见到正派的行为,听到正派的言谈,走上正派的道路,因为前后左右都是正人君子啊。一直与正人君子相处,他的思想行为就不可能不端正,这就好像生长在齐国,就不可能不说齐国话一样;惯于同不正派的人相处,他就不可能正派,这就好像生长在楚国,就不可能不说楚国话一样。孔子说:'从小养成就如同天赋本性,习惯形成就如同自然生成。'学习礼义与学习知识一起进行,使二者能同时发展,所以每被切磋,都无大过,能够问心无愧;教育感化与心性修养的目标一起达到,所以孝、仁、礼、义观念就如同天生本性一样。夏、商、周三代所以能长久统治天下,就是因为有辅佐太子的这项教育制度。秦始皇派赵高当胡亥的师傅,教他如何断案判罪,他所学习的不是斩人首级、割人鼻子,就是灭人三族。所以他头天登基当皇帝,第二天就用箭矢射人,把忠心谏劝的人说成是诽谤朝政,把为国家深谋远虑的人说成是妖言惑众,他把杀人看成割草一样随便。难道只是因为胡亥的本性凶恶吗?这是因为赵高教导他学习的内容不是正道的缘故啊。民间俗话说:'前车覆,后车诫。'国家的命运,掌握在太子手中。要使太子成为好的继承人,在于及早进行教育和选择贤人做太子的左右侍从。在童心未失时就先进行教育,那教化容易见到成效;如果教育得当而左右随从又都是正直的人,那么太子就端正了,天下也就可以安定了。

"人的智力,能够认识已经发生的事情,不能认识将要发生的事情。礼的作用,就是要把邪恶行为制止在未发生之前,而法的作用是对已发生的罪恶行为予以惩罚。所以法的作用易见,而礼的作用难知。至于用奖赏来鼓励善行,用刑罚来惩治罪恶,先王推行这样的政治,坚定如金石,施行这样的法令,准确无误如同四时,掌握这一公正原则,就如同天覆地载一样无偏无私,

岂顾不用哉？然而曰礼云礼云者，贵绝恶于未萌而起教于微眇，使民日迁善远罪而不自知也。盖世主欲民之善同，而所以使民善者异。或道之以德教，或驱之以法令。道之以德教者，德教洽而民气乐；驱之以法令者，法令极而民风哀。哀乐之感，祸福之应也。夫人之置器，置诸安处则安，置诸危处则危。天下，大器也，在天子之所置之。汤、武置天下于仁、义、礼、乐，累子孙数十世，此天下所共闻也；秦王置天下于法令、刑罚，祸几及身，子孙诛绝，此天下之所共见也。是非其明效大验邪？人之言曰：'听言之道，必以其事观之，则言者莫敢妄言。'今或言礼谊之不如法令，教化之不如刑罚，人主胡不引殷、周、秦事以观之也？

"人主之尊譬如堂，群臣如陛，众庶如地。故陛九级上，廉远地，则堂高；陛无级，廉近地，则堂卑。高者难攀，卑者易陵，理势然也。故古者圣王制为等列，内有公、卿、大夫、士，外有公、侯、伯、子、男，然后有官师、小吏，延及庶人，等级分明，而天子加焉，故其尊不可及也。

"谚曰：'欲投鼠而忌器。'此善谕也。鼠近于器，尚惮不投，恐伤其器，况于贵臣之近主乎？廉耻节礼以治君子，故有赐死而亡戮辱。是以黥、劓之罪不及大夫。礼不敢

怎能认为先王不用奖罚这一原则呢？然而人们一再赞美礼，是因为礼的可贵之处，正在于把罪恶杜绝在未萌生的时候，从细微之处推行教化，使百姓在不知不觉中日益趋向善良，远离罪恶。凡是国君，希望百姓善良的心愿是相同的，而用来使百姓善良的办法却不同。有的用道德的教育来诱导，有的用法令来驱使。用道德教育来诱导的，礼义观念浸润人心，百姓的精神欢洽；用法令来驱使的，法令用尽，而民风颓丧。百姓颓丧还是欢乐，是国家祸福的反应。人安置器物，把它放在安全的地方就安全，把它放在危险的地方就危险。国家政权，是一个大器物，关键在于天子把它放置在什么地方。商汤、周武王把天下放置在仁、义、礼、乐之上，子孙相传好几十代，这是天下人所共知的；秦始皇把天下放置在法令、刑罚之上，几乎祸及自身，而子孙被灭绝，这是天下人所共见的。这不是充分证明采用什么方法来治理国家，就会产生什么后果了吗？有人这样说：'要判断某种言论正确与否，必须考察事实，这样，说话的人就不敢胡言乱语了。'现在有人说，治理国家，靠礼义不如靠法令，靠教化不如靠刑罚，君主为什么不用殷朝、周朝、秦朝的历史事实来考察呢？

"君主的尊贵如同大堂，群臣如同堂下的台阶，百姓如同平地。所以如果台阶有九层上，堂屋的侧边远离地面，那么堂屋就很高大；如果没有台阶，堂屋的侧边接近地面，那么堂屋就很低矮。高大的难以攀登，低矮的容易遭受践踏，情势就是这样。所以古代的圣明君主制定了等级位次，朝内有公、卿、大夫、士等官员，朝外有公、侯、伯、子、男等封爵，下面还有官师、小吏，一直到平民百姓，上下等级分明，而天子凌驾在这个等级位次的顶端，所以天子的尊贵是至高无上的。

"俗语说：'欲投鼠，要忌器。'这是一个很好的比喻。老鼠靠近器物，人们尚且怕砸坏器物而不敢扔东西打它，更何况是靠近天子的尊贵大臣呢？天子用礼义廉耻来约束君子，所以可以恩赐大臣自尽而不对他杀戮和凌辱。正因为这样，在脸上刺字的黥刑、割去鼻子的劓刑都不能加在大夫身上。按照礼的规定，人们不敢

齿君之路马,蹴其刍者有罚,所以为主上豫远不敬也。今自王、侯、三公之贵,皆天子之所改容而礼之者也,古之所谓伯父、伯舅也,而令与众庶同黥、劓、髡、刖、弃市之法,然则堂不无陛乎? 被戮辱者不泰迫乎? 廉耻不行大臣,无乃握重权、大官而有徒隶无耻之心乎? 夫望夷之事,二世见当以重法者,投鼠而不忌器之习也。

"臣闻之,履虽鲜不加于枕,冠虽敝不以苴履。夫已尝在贵宠之位,天子改容而体貌之矣,吏民尝俯伏以敬畏之矣,今而有过,帝令废之可也,退之可也,赐之死可也,灭之可也。若夫束缚之,系绁之,输之司寇,编之徒官,小吏詈骂而榜笞之,殆非所以令众庶见也。夫卑贱者习知尊贵者之,一旦吾亦乃可以加此也,非所以尊尊贵贵之化也。

"古者大臣有坐不廉而废者,曰'簠簋不饰';坐污秽淫乱者,曰'帷薄不修';坐罢软不胜任者,曰'下官不职'。故贵大臣定有罪矣,犹未斥然正以呼之也,尚迁就而为之讳也。其在大谴大何之域者,则白冠氂缨,盘水加剑,造请室而请罪耳,不执缚系引而行也;其有中罪者,闻命而自弛,上不使人颈盭而加也;其有大罪者,北面再拜,跪而自裁,上

察看为君主驾车的马的牙齿以判断马的年龄，踢踏为君主驾车的马的草料要受到惩罚，这样做是为了及早让君主远离不敬的行为。现在诸侯王、列侯、三公这些贵人，都是天子要整肃仪容以礼相待的人物，相当于古代天子所称的伯父、伯舅，假如让他们与平民百姓一样受到刺面、割鼻、剃须发、断脚、斩首示众等刑罚，那么不就是堂屋没有台阶了吗？被杀戮、受凌辱的人不是太迫近皇帝了吗？不对大臣实施廉耻之道，那么那些掌握重权的大官，不是也要像刑徒罪隶那样毫无羞耻之心了吗？望夷宫事件中，秦二世被判了重罪，赵高杀了秦二世，这是秦国投鼠而不忌器的陋习造成的恶果。

"我听说，鞋，即使很新很亮也不能放在枕头上，帽子，即使很破很旧也不能用来当鞋垫。如果一个官员，曾受天子宠信而身居高位，天子见他而正容改色，对他尊重而有礼貌，官吏、百姓曾对他很敬畏，向他俯伏致敬，如今他有了过错，皇上免去他的官职也可以，斥退他也可以，赐他自杀也可以，诛灭他也可以。但是，如果把他捆绑起来，用长绳子系着，押送到主管刑罚的官府，把他编列在官府的刑徒中，连管理刑徒的小吏也可以对他责骂笞打，这种情况恐怕不是应该让百姓见到的。如果地位卑贱的人见惯了这种情况，知道总有一天我也可以对达官贵人加以凌辱，那就不是应提倡的尊奉高官、崇尚显贵的社会风气了。

"古代大臣有犯了不廉洁的罪过而被废黜的，不说他不廉洁，而说他'簠簋不饰'；有犯了行为污秽，乱搞男女关系罪行的，不说他淫秽，而说他'帷薄不修'；有因为软弱无能，不能胜任职务的，不说他软弱无能，而说'下官不职'。所以显贵大臣就是确实犯了罪，也没有直接指出他的罪名的，仍然迁就他，为他避讳。而那些犯了重罪在严厉谴责、严加呵斥范围内的大臣，就自己戴着用兽尾作缨的白帽，托着盛水的盘子和佩剑，来到专供官员请罪用的请室，接受处罚，君主并不派人去把他捆绑牵引来；那些犯了中等罪行的，听到判决后就自杀，君主不派人割他的脖子；那些犯了大罪的，就面朝北方叩拜两次，跪着自杀，君主

不使人捽抑而刑之也,曰:'子大夫自有过耳! 吾遇子有礼矣。'遇之有礼,故群臣自憙;婴以廉耻,故人矜节行。化成俗定,则为人臣者,皆顾行而忘利,守节而伏义,故可以托不御之权,可以寄六尺之孤。此厉廉耻、行礼谊之所致也,主上何丧焉! 此之不为,而顾彼之久行,故曰可为长太息者,此也。"上深纳其言,养臣下有节。是后大臣有罪,皆自杀,不受刑。

戊辰(前173) 七年
夏四月,赦。 六月,未央宫东阙罘罳灾。

己巳(前172) 八年
夏,封淮南厉王子四人为列侯。
民有歌淮南王者曰:"一尺布,尚可缝;一斗粟,尚可舂。兄弟二人不相容。"帝闻而病之,封王子安等四人为列侯。贾谊知上必将复王之也,上疏谏曰:"淮南王悖逆无道,天下孰不知其罪! 今奉尊罪人之子,适足以负谤于天下耳。此人少壮,岂能忘其父哉! 淮南虽小,黥布尝用之矣,汉存特幸耳。夫擅仇人足以危汉之资,于策不便。予之众,积之财,所谓假贼兵,为虎翼者也。"上弗听。

长星出东方。

不派人揪他头发、按他脑袋而杀他,只对他说:'您自己犯有罪过啊!我对您是以礼相待的。'以礼相待,所以群臣知道自爱;用廉耻观念约束臣子,臣子就会看重节操品行。这种习俗如果蔚然成风,那么身为臣子的,就都只重视操行而不顾私利,能坚守气节而主持正义了,这样就可以把治国大权托付给大臣,而不需要加以制约,可以把未成年的孤儿托付给大臣,让他辅佐孤儿继位。这是激励大臣树立廉耻观念、提倡礼义道德所带来的结果,君主有什么损失呢!这样有益的事情不做,却长期地去凌辱大臣,所以我说,这是应该深深叹息的。"文帝认真地听取了他的意见,注意用礼节来对待臣下。从此以后,大臣犯了罪,都让他们自杀,不受刑戮。

戊辰(前173) **汉文帝前元七年**

夏四月,大赦天下。 六月,未央宫门前东阙的楼阁罘罳发生火灾。

己巳(前172) **汉文帝前元八年**

夏季,文帝封淮南厉王刘长的四个儿子为列侯。

民间传唱着有关淮南王的歌谣:"一尺布,尚可缝;一斗粟,尚可舂。兄弟二人不相容。"文帝听闻后感到不安,就封淮南王的儿子刘安等四个人为列侯。贾谊知道文帝必将重封淮南王的国号,就上疏劝谏文帝说:"淮南王刘长悖逆无道,天下人谁不知道他的罪行!现在把罪人的儿子捧举到高位,恰恰足以在天下人面前遭受毁谤。刘安等人渐渐长大,怎能忘掉他们的父亲呢!淮南地方虽小,但黥布曾倚仗着它与汉廷争夺天下,汉朝能战胜他而保全国家,也只是天幸。使仇人据有足以危害汉廷的资本,这个决策是不妥当的。送给他民众,让他积蓄资财,这就是人们所说的给盗贼送上兵器,给猛虎添上翅膀。"文帝没有听从他的劝告。

长星出现在天空的东方。

庚午（前171）　**九年**

春，大旱。

辛未（前170）　**十年**

冬，将军薄昭有罪，自杀。

薄昭杀汉使者，帝不忍加诛，使公卿从之饮酒，欲令自引分，昭不肯。使群臣丧服往哭之，乃自杀。

壬申（前169）　**十一年**

夏，梁王揖卒。徙淮阳王武为梁王。

梁怀王揖，无子。贾谊上疏曰："陛下不定制，如今之势，不过一传、再传，汉法不得行矣。陛下所以为蕃扦，唯淮阳、代二国耳。代，北边匈奴，能自完则足矣；而淮阳之比大诸侯，廑如黑子之著面，不足以有所禁御。臣愿举淮南地以益淮阳，而为梁王立后，割东郡以益梁。梁起于新郪以北著之河，淮阳包陈以南揵之江，则大诸侯之有异心者，破胆而不敢谋。梁足以扦齐、赵，淮阳足以禁吴、楚，陛下高枕，终无山东之忧矣。此二世之利也。当今恬然，适遇诸侯之皆少，数岁之后，陛下且见之矣。夫秦日夜苦心劳力以除六国之祸，今陛下力制天下，颐指如意，高拱以成六国之祸，难以言智。苟身无事，畜乱宿祸，万年之后，传之老母、弱子，将使不宁，不可谓仁。"于是徙淮阳王武为梁王，

庚午(前171) 汉文帝前元九年

春季,发生大旱灾。

辛未(前170) 汉文帝前元十年

冬季,将军薄昭犯了罪,自杀而死。

薄昭杀死了朝廷的使者,文帝不忍心按国法处死他,就派公卿去与他喝酒,想让他自杀,薄昭却不肯。文帝又派群臣穿着丧服到他家中大哭,薄昭这才自杀。

壬申(前169) 汉文帝前元十一年

夏季,梁王刘揖去世。改封淮阳王刘武为梁王。

梁怀王刘揖去世,没有儿子。贾谊上疏说:"陛下如果不确立制度,那么从当今的形势看,诸侯国不过传一代或两代,朝廷的法度就无法维持了。陛下能当做屏障、护卫的,只有淮阳和代两个封国。代国,北面接壤匈奴,能自我保全就不错了;而淮阳国与那些强大的诸侯国相比,仅仅像一颗黑痣长在脸上,力量不足以对大国有所制约。我建议皇上把原来淮南国的封地划归淮阳国,扩大淮阳国的领地,并为梁王立继承人,把淮阳国的东郡划归梁国,扩大梁国的领地。梁国的封地起于新郪而北靠黄河,淮阳国的封地囊括了陈地全境而南临长江,那么有异心的大诸侯国,就吓破了胆而不敢图谋造反了。梁国足以抵御齐、赵的军队,淮阳国足以制止吴、楚的行动,陛下可以高枕而卧,再也没有对崤山以东的忧虑了。这可使陛下与太子两代君主受益获得安宁。现在天下太平无事,是因为恰巧遇上诸侯王都还年幼,几年之后,陛下就会看到诸侯国造成的危害了。过去秦国日夜苦心操劳,以铲除六国之祸,如今陛下牢牢控制着天下,稍稍示意就能自如地指挥大家,却高枕无忧,造成新的六国之祸,这就难以说是明智了。就算陛下一生都能太平无事,却留下了祸乱根子,待陛下万年之后,危机传给了老母、弱子,将使他们不得安宁,这就不能说是仁了。"文帝于是把淮阳王刘武改封为梁王,

北界泰山，西至高阳，得大县四十余城。后岁余，贾谊亦死，死时年三十三矣。

匈奴寇狄道。

时匈奴数为边患。太子家令晁错言曰："《兵法》曰：'有必胜之将，无必胜之民。'繇此观之，安边境，立功名，在于良将，不可不择也。臣又闻：用兵之急者三。一曰得地形，二曰卒服习，三曰器用利。步兵、车骑、弓弩、长戟、矛铤、剑楯之地，各有所宜，不得其宜者，或十不当一；士不选练，卒不服习，百不当一；兵不完利，甲不坚密，弩不及远，射不能中，中不能入，五不当一。故曰：'器械不利，以其卒予敌也；卒不可用，以其将予敌也；将不知兵，以其主予敌也；君不择将，以其国予敌也。'四者，兵之至要也。

"臣又闻：小大异形，强弱异势，险易异备。夫卑身以事强，小国之形也；合小以攻大，敌国之形也；以蛮夷攻蛮夷，中国之形也。今匈奴地形、技艺与中国异。上下山阪，出入溪涧，险道倾仄，且驰且射，风雨罢劳，饥渴不困，此匈奴之长技也。若夫平原易地，轻车突骑，劲弩长戟，射疏及远，下马地斗，剑戟相接，此中国之长技也。

梁国的封地的北面以泰山为界，向西延伸到高阳，境内拥有四十多个大县城。又过了一年多，贾谊也死去了，死时年仅三十三岁。

匈奴侵犯狄道。

当时匈奴屡次挑起边境战争。官为太子家令的晁错向文帝上书说："《兵法》上说：'有一定能打胜仗的将军，没有一定能打胜仗的民众。'由此看来，安定边境，建立功名，关键在于有没有良将，所以不可不重视选择良将。我又听说：打仗时最急迫的事情有三件。一是占据有利的地形，二是士兵习熟武艺，三是武器精良。步兵、车骑兵、弓弩、长戟、矛铤、剑盾等等，不同的兵种，不同的武器，各有所长，分别适用于各种不同的地形，如果不能发挥各自的长处，那或许会十个顶不上一个；兵士不精选，不训练，小卒不习熟武艺，那一百个也顶不上一个；武器不齐备，不锋利，铠甲不坚固，不严密，弩箭射不到远处，射出去了却不能射中目标，射中了目标却不能穿透，那五个顶不上一个。所以说：'器械不锋利，就是把操纵武器的士卒奉送给敌人；士卒不能打仗，无法使用，就是把统兵将领奉送给敌人；将领不懂兵法，就是把他的君主奉送给敌人；君主不挑选良将，就是把他的国家奉送给敌人。'这四条，是用兵最关键的问题。

"我又听说：国家大小不同，国势强弱不同，守备之处的地形或险要或平坦，情况也不相同，应根据不同的情况，采取不同的策略。低身下气地去事奉大国，这是弱小国家所采取的方法；敌我势均力敌，就应联合其他小国共同战胜敌人；利用一部分边远部族去攻打另一部分边远部族，这是中原国家应采取的策略。现在匈奴的地形、作战技术与汉朝很不相同。上山下坡，出入溪流山涧，在危险的道路上倾斜着身子，一边奔驰一边射箭，不怕风雨疲劳，不怕饥渴难耐，这是匈奴的特长。至于平原地带，地势平缓，使用轻便战车和骁勇的骑兵冲击敌群，用强弓射击远处的目标，用长戟刺杀较远的敌人，跳下马背，在平地上搏斗，以剑戟交锋，这是中原军队的特长。

"然兵凶器,战危事,以大为小,以强为弱,在俯仰之间耳。跌而不振,则悔无及也。帝王之道,出于万全。今降胡、义渠来归谊者,饮食、长技与匈奴同,可赐之坚甲、絮衣、劲弓、利矢,益以边郡之良骑,令明将能知其习俗,和辑其心者将之。即有险阻,以此当之;平地通道,则以轻车、材官制之。两军相为表里,而各用其长技,此万全之术也。"帝嘉之,赐书宠答焉。错为人峭直刻深,以其辩得幸太子,号曰"智囊"。

募民徙塞下。

晁错又言曰:"兵起而不知其势,战则为人禽,屯则卒积死。胡人衣食之业,不著于地,其势易以扰乱边境,往来转徙,时至时去,此胡人之生业,而中国之所以离南亩也。今胡人数转牧、行猎于塞下,以候备塞之卒,卒少则入。不救,则边民绝望而降敌;救之,才至则胡又已去。聚而不罢,为费甚大,罢之,则胡复入。如此连年,则中国贫苦而民不安矣。陛下幸忧边境,发卒治塞,甚大惠也。然令远方之卒守塞,一岁而更,不知胡人之能。不如选常居者家室田作,且以备之。以便为之高城深堑,要害之处调立城邑,毋下千家。先为室屋,具田器,乃募民免罪拜爵,复其

"然而，武器是不祥之物，战争是险恶之事，稍不留神，瞬息之间就可能由大变小，瞬息之间就可能由强变弱。一旦跌倒，就难以重振威风，那后悔也来不及了。圣明君主用兵之道，应基于万无一失。现在，来投奔正义、归顺汉朝的胡人、义渠人，他们的饮食习惯、武艺特长都与匈奴相同，可赐给他们坚固的铠甲、丝绵衣服、强劲的弓、锋利的箭，再加上边境各郡的精锐骑兵，委派通晓兵法、了解他们风俗习惯，又能安定、笼络其心的将领来统率他们。作战时，如果遇上险恶地势，就让他们去冲杀；如果是平坦之处，道路畅通，就用轻便战车、勇武步兵去制服敌人。两支军队互为表里，各自发挥自己的优势，这是万无一失的战术。"文帝很赞赏晁错的见解，赐给他一封回信，予以宠答。晁错为人刚直，严峻苛刻，因有雄辩之才而受到太子的宠幸，被称为"智囊"。

朝廷招募百姓迁往北部边塞定居。

晁错又上书说："如果战争已经爆发，却还不了解敌人的情况，那么进攻敌人就会被俘虏，屯兵防守就将被困死。匈奴人穿衣吃饭，不依靠土地，他们势必会轻易地扰乱边境，劫掠边民，他们往来迁徙，有时入侵，有时撤走，这是匈奴人的谋生之业，却使许多中原汉人离开了农田家园。现在匈奴人经常在边塞地带游牧、打猎，以窥伺我守塞士兵的动向，发现汉军人少，就会侵入边塞。如果朝廷不发兵援救，那么边境百姓就感到毫无希望，只好投降敌人；如果朝廷发兵援救，那么救兵刚到而匈奴军队又已撤走。如果把军队屯扎在边境不撤走，那军费开支太大，如果撤走军队，那匈奴人又乘虚而入。这种状况若连年持续下去，那中原地区就会贫苦不堪，百姓将无法安居。幸得陛下忧虑边境安危，发兵加强边防，治理边塞，真是对边境百姓的莫大恩惠。但是派远方的士兵去戍守边塞，一年后轮换一批，这些士兵不可能了解匈奴人的性能。不如选定居的人在边境地区安家，从事农田耕作，并且让他们防御匈奴的入侵。利用有利地势修筑高墙深沟，在要害之处，规划建立城镇，总计城中人口不能少于千户。官府先在城中建筑房屋，准备农具，再招募百姓前往边城定居，有罪的赦免其罪行，无罪的授予他爵位，免除应募者

家，予冬夏衣稟食，能自给而止。胡人入驱，而能止其所驱者，以其半予之，县官为赎。其民如是，则邑里相救助，赴胡不避死。其与东方之戍卒、不习地势而心畏胡者，功相万也，且使远方无屯戍之事，塞下之民，父子相保，无系虏之患，岂不美哉！”上从其言。

错复言：“陛下幸募民以实塞下，使屯戍益省，输将益寡，甚大惠也。下吏诚能称厚惠，奉明法，存恤老弱，善遇其壮士，和辑其心而勿侵刻，使先至者安乐而不思故乡，则贫民相慕而劝往矣。臣闻古之徙民者，相其阴阳之和，尝其水泉之味，然后营邑立城，制里割宅，置器物焉，使民至有所居，作有所用，此民所以轻去故乡而劝之新邑也。为置医巫，以救疾病，修祭祀，男女有昏，生死相恤，坟墓相从，种树畜长，此所以使民乐其处而有长居之心也。古之制边县以备敌也，使五家为伍，十伍一里，四里一连，十连一邑。皆择其贤材有护、习地形、知民心者为之长，居则习民于射法，出则教民于应敌。服习以成，勿令迁徙，幼则同游，长则共事。夜战声相知，则足以相救；昼战目相见，则足以相识。欢爱之心，足以相死。如此而劝以厚赏，

全家的赋税劳役,供给他们冬衣、夏衣和粮食,直到他们能生产自给时为止。匈奴入侵,有能阻挡敌人并夺回被劫掠的财物的,就令物主把其中的一半赏给他,由朝廷出钱为他赎买。边境百姓受到这样的待遇,就会街坊邻里互相援救帮助,冒死与匈奴拼搏。他们与那些从东方各郡来的、不了解边境地形并且对匈奴心怀畏惧的戍卒相比,防御匈奴的功效要高出万倍,而且还使远方百姓免去了驻守边疆的差使,而边塞地区的居民,父子互相保护,也免去了被匈奴俘虏的灾难,难道不好吗!"文帝采纳了他的建议。

晁错又上书说:"幸得陛下招募百姓去充实边塞,使驻防徭役逐渐简省,运输费用逐渐减少,这是对百姓的很大恩惠。下级官吏如果能在行动上与陛下对百姓的厚惠相配,尊奉朝廷严明的法令,对定居边塞的百姓,抚恤其中的老弱,优待其中的壮士,安定其心而不去欺凌他们,使先来的人安居乐业而不思恋故乡,那么贫苦百姓就会羡慕他们,互相劝勉前往边塞了。我听说古代君主迁徙百姓时,先察看当地是否阴阳调和,品尝那里的水泉是否甘美,然后再营建城镇,修筑城池,规划居民聚居的地方,划分土地修建住宅,购置器物,使百姓来到这里以后就有可居住的房屋,有可使用的器物,这正是百姓肯轻易离开故乡而互相劝勉迁往新邑的原因。官府在新区给他们配置医生、巫师,为他们治病救命,举行祭祀礼仪,使男女得以婚配,生老病死能互相救助,坟墓相连相靠,还要栽种树木,饲养牲畜,这样做正是要使百姓爱上新区而生出在此长期落户之心。古人设置边境县区以防御敌人入侵时,有如下建制:每五家为一伍,每十伍为一里,每四里为一连,每十连为一邑。每一级编制中,都要挑选贤良而有保护能力、熟悉地形、懂得民心的人当首领,平日家居时就教民众练习射箭,有事外出时就教民众如何应对敌人。百姓训练有素,不许他们随便迁移,幼年同玩耍,长大共处事。夜里作战凭声音就能知情,足以互相救援;白天作战凭眼睛就能看清,足以互相识别。友爱之心,足以使他们生死与共。在此基础上,再以厚赏来鼓励,

威以重罚,则前死而不还踵矣。所徙之民,非壮有材者,但费衣粮,不可用也;虽有材力,不得良吏,犹亡功也。

"陛下绝匈奴不与和亲,臣窃意其冬来南也。壹大治则终身创矣。欲立威者,始于折胶。来而不能困,使得气去,后未易服也。"

癸酉(前168) **十二年**

冬十二月,河决酸枣,东溃金堤,兴卒塞之。 春三月,除关,无用传。 诏:民入粟边,得拜爵,免罪;赐农民今年半租。

晁错言曰:"圣王在上则民不冻饥者,非能耕而食之、织而衣之也,为开其资财之道也。今海内为一,无有水旱之灾,而畜积未及者,何也? 地有遗利,民有余力,生谷之土未尽垦,山泽之利未尽出,游食之民未尽归农也。

"夫腹饥不得食,肤寒不得衣,虽慈父不能保其子,君安能以有其民哉! 明主知其然也,故务民于农桑,薄赋敛,广畜积,以实仓廪,备水旱,故民可得而有也。夫珠、玉、金、银,饥不可食,寒不可衣,然而众贵之者,以上用之故也。其为物轻微易藏,在于把握,可以周海内而无饥寒之患。此令臣轻背其主,而民易去其乡,盗贼有所劝,亡逃

以重罚来威逼,他们就能勇往直前,死不退缩了。所迁徙的人,如果不是强壮有力的,只能耗费衣服粮食,不能加强边防;然而虽然强壮有力,如果没有好官去管理,也不会有功效的。

"陛下拒绝与匈奴和亲,我私下估计他们冬季就会南侵了。边境一旦大治,就可以给匈奴致命打击,使他们终身恢复不了元气。如果想树立我汉朝的威势,就应在秋季胶可折、弓弩可用,匈奴刚刚入侵时就给以迎头痛击。假如匈奴来犯却不能困死他们,反让他们趾高气扬地回去,那么以后就难以降服他们了。"

癸酉(前168)　汉文帝前元十二年

冬十二月,黄河在酸枣县决口,向东冲溃了金堤,朝廷征发士兵堵塞决口。　春三月,朝廷废除关口检查制度,行人不验符传就能过关。　文帝下诏:百姓输送粮食到边塞,就能授予爵位,免除罪名;今年国家只向农民征收一半的田租。

晁错上奏说:"圣明的君主统治天下,百姓不会受冻挨饿,这并不是因为君主自己能耕种出粮食来给百姓吃、能织出布来给百姓做衣服穿,而是因为他能给百姓开辟生财之路。现在全国大一统,没有水涝、旱灾,而蓄积却不如古圣贤的时代多,这是为什么呢?是因为土地还有潜力没有利用,民众还有余力没有发挥,能种粮食的土地还没有完全开垦,山林川泽的资源还没有全部开发,游荡无业的贫民还没有全部回归农业生产。

"如果腹中饥饿却没饭吃,肌肤寒冷却没衣穿,即使是慈父却不能养育他的子女,那么君主怎么能得到民心、拥有他的百姓呢!英明君主懂得这个道理,所以引导百姓从事农耕蚕桑之业,减轻赋税,广开贮积之路,以便充实粮仓,防备水旱灾害,因而能赢得百姓的拥护。珠、玉、金、银这些东西,饿的时候不能吃,冷的时候不能穿,然而人们却把它们视为珍宝,就是因为君主使用它们。这些物品又轻又小,容易收藏,拿在手掌里,就可以走遍天下而没有挨冻受饿的忧虑。这些物品能使臣子轻易地背弃主子,百姓轻易地离开故乡,能使盗贼的贪欲得到引诱而扩展,逃亡

者得轻资。粟米布帛生于地,长于时,聚于力,非可一日成也。数石之重,中人弗胜,不为奸邪所利,一日弗得而饥寒至。是故明君贵五谷而贱金玉。

"今农夫五口之家,其服役者不下二人,其耕不过百亩,收不过百石。春耕夏耘,秋获冬藏,伐薪樵,治官府,给繇役,四时之间,亡日休息。又私自送往迎来,吊死问疾,养孤长幼,在其中。勤苦如此,复被水旱之灾,急政暴赋,朝令夕改。有者半贾而卖,无者取倍称之息,于是有卖田宅,鬻子孙,以偿责者矣。而商贾大者积贮倍息,小者坐列贩卖,操其奇赢,日游都市,乘上之急,所卖必倍。男不耕耘,女不蚕织,衣必文采,食必粱肉,交通王侯,力过吏势,乘坚策肥,履丝曳缟。此商人所以兼并,而农人所以流亡者也。

"方今之务,莫若使民务农而已矣。欲民务农,在于贵粟。今募天下入粟县官,得以拜爵除罪,则富人有爵,农民有钱,粟有所渫,而贫民之赋可损,所谓'损有余,补不足',令出而民利者也。神农之教曰:'有石城十仞,汤池百步,

的人获得轻便资财。粟米和布帛的原料麻、桑等物,产于土地,生长要有一定的时间,要费很多劳力,不能一天就可以生产出来的。而几石重的粮食、布匹,一个中等体力的人是拿不动的,运输很不方便,盗贼也不贪图这些物资,但是人们如果一天没有这些物资,就会饥寒交加。所以圣明的君主看重粮食而轻视金玉。

　　"现在五口之家的农户,为官府服徭役的不少于两个人,可耕种的土地不超过一百亩,收获的粮食不超过一百石。农民春天耕种,夏天锄草,秋天收获,冬天贮藏,还要砍柴,修理官府的房屋,服徭役,一年四季,没有休息的日子。还有民间私人方面要迎送亲友,吊唁死者,探望病人,抚育孤儿,养大幼童,上述种种费用,都要从农户有限的收获物中支出。农民如此勤劳困苦,还要遭水旱灾害,以及官府紧急的征收、迅猛的敛取,有时早晨发布政令,傍晚又有了变化,赋税随时可能加重或提前。农民家中有粮的,以半价折卖,无粮的只好向人借贷,任人索取加倍的利息,于是就有人卖掉田地房产,卖掉子孙以偿还债务。而那些商人,资本大的就囤积货物,牟取成倍的利润,资本小的就坐在店铺里做买卖,有了余财就囤积奇异之物,他们每天游荡在都市之中,趁着朝廷迫切需要某种物品,就把价格提高到两倍以上。那些商人,男的不耕地锄草,女的不养蚕织布,而穿的必定是华丽的衣服,吃的必定是好米好肉,他们交结王侯显贵,势力超过了普通官吏,他们乘坐坚固的车子,鞭策着肥马,脚上穿着丝鞋,身上披着精致洁白的丝织长衣。这就是商人兼并农民,农民流亡失所的缘故。

　　"当前的任务,无非是鼓励百姓从事农业生产罢了。要想使百姓务农,关键在于要重视粟米,把粮食看成珍宝。现在招募天下百姓向国家缴纳粮食,可以授予爵位,免除罪名,这样,富人可以得到爵位,农民可以得到钱,粮食能从富人、商人手中分散出来,不再被囤积,而贫苦百姓的赋税可以减轻,这就是人们所说的'损有余,补不足',政令一公布就能给人们带来好处。神农氏的兵法上说:'有十仞高的石砌城墙,有百步宽的沸腾的护城河,

带甲百万,而无粟,弗能守也。'爵者,上之所擅,出于口而无穷;粟者,民之所种,生于地而不乏。使人入粟于边,以受爵免罪,不过三岁,塞下之粟必多矣。"帝从之。

错复言:"边食足以支五岁,可令入粟郡县;郡县足支一岁,可时赦,勿收农民租。如此德泽加于万民,民愈劝农,大富乐矣。"诏曰:"道民之路,在于务本。朕亲率天下农,而野不加辟,岁一不登,民有饥色。是吏奉吾诏不勤,而劝民不明也。且吾农民甚苦,而吏莫之省,将何以劝焉!其赐农民今年租税之半。"

甲戌(前167) 十三年
春二月,诏具亲耕、桑礼仪。

诏曰:"朕亲耕以供粢盛,皇后亲桑以奉祭服。其具礼仪!"
夏,除秘祝。
初,秦时祝官有秘祝,即有灾祥,辄移过于下。至是,诏曰:"祸自怨起,福繇德兴。百官之非,宜由朕躬。今秘祝之官移过于下,朕甚弗取。其除之!"

五月,除肉刑。

有百万身穿甲衣的士兵,但是没有粮食,那也不能守住城市。'封授爵位的权力,是皇上专有的,只要开开口,就可以无穷无尽地封授;粮食是农民所种的,生长于土地而不会缺乏。让百姓输送粮食到边境地区,而得到爵位,免除罪行,那么过不了三年,边塞地区的粮食必定会很多了。"文帝采纳了晁错的建议。

晁错又上奏说:"如果边塞地区的贮粮足够食用五年,就可以让百姓向内地各郡县输送粮食;如果各郡县的粮食足够食用一年,就可以随时下诏书,不收农民的田租。这样,陛下的恩泽普降于天下万民,百姓更加勉力于农业生产,就会十分富庶安乐了。"文帝于是下诏说:"引导百姓的正确道路,在于让他们从事农业生产。朕亲自率领天下百姓从事农耕,而垦荒面积还是没有增加,一年收成不好,百姓就有饥色。这说明官吏没有勤奋地执行我的诏令,没有清楚、明确地劝勉百姓。况且我的农民生活很苦,而官吏没有去问候他们,那怎么能勉励他们搞好农业生产呢!今年把原定土地租税的一半赐给农民。"

甲戌(前167) 汉文帝前元十三年

春二月,文帝下诏,命令有关部门制定皇帝亲自耕种、皇后亲自采桑养蚕的礼仪。

诏令说:"朕亲自耕种,以供应宗庙祭祀用粮,皇后亲自采桑养蚕,以供应祭祀穿的礼服。制定有关亲耕、亲桑的礼仪!"

夏季,废除秘祝这一官职。

从前,秦朝祭神的祝官中有个官职叫秘祝,那时人们把灾异的出现归结为朝政有过失,一旦出现灾异,秘祝就把过错的责任从皇帝身上转移到臣子身上。到这一年的夏天,文帝下诏说:"灾祸因积怨而起,福泽由施德而兴。百官的过错,应该由我来承担责任。现在秘祝把造成过错的责任推卸给臣下,这种做法朕实在不能采用。特废除秘祝这一官职!"

五月,废除残害肌体的肉刑。

齐太仓令淳于意有罪当刑,其小女缇萦上书曰:"妾父为吏,齐中皆称其廉平,今坐法当刑。妾伤夫死者不可复生,刑者不可复属。虽欲改过自新,其道无繇。愿没入为官婢,以赎父刑罪。"

天子怜悲其意,诏曰:"今人有过,教未施而刑已加,欲改行而无繇至。朕甚怜之。夫刑至断支体,刻肌肤,终身不息,何其痛而不德也!岂为民父母之意哉?其除肉刑,有以易之。具为令!"

丞相、御史请定律曰:"诸当髡者为城旦、舂;当黥髡者钳为城旦、舂;当劓者,笞三百;当斩左止者,笞五百;斩右止,及杀人先自告,及吏坐受赇、枉法、守县官财物而即盗之,已论而复有笞罪者,皆弃市。为城旦、舂者,各有岁数以免。"制曰:"可。"

上既躬修玄默,而将相皆旧功臣,少文多质,惩恶亡秦之政,论议务在宽厚,耻言人之过失。化行天下,告讦之俗易。吏安其官,民乐其业,畜积岁增,户口浸息。风流笃厚,禁罔疏阔,罪疑者予民,是以刑罚大省,至于断狱四百,有刑错之风焉。

六月,除田之租税。

齐国太仓令淳于意犯了罪,要处以肉刑,他的小女儿缇萦向皇帝上书说:"我的父亲做官,齐国人都称赞他廉洁公平,现在他犯了法按法律要判处肉刑。我痛惜那些死去的人不能复生,受了肉刑的人残肢不能再接上。即使他们想改过自新,也没有办法了。我情愿没入官府当奴婢,以抵销我父亲应受的刑罚。"

　　文帝很怜悯缇萦的一番心意,下诏说:"现在人们有了过错,还没有进行教育就施加刑罚,想改过也无路可走了。朕很怜悯这些人。肉刑残害人的身体,以至于砍断人的肢体,刺刻人的皮肉,终生不能再长,这是多么惨痛而不仁德啊! 难道符合为民父母的本意吗? 废除肉刑,用别的惩罚方式去代替它。制定出有关法令!"

　　丞相、御史奏请制定这样的法律条文:"凡应判处髡刑、剃去须发的,改为罚作城旦、舂,承当守城、修城墙、舂米这些苦役;应判处黥髡刑,刺刻脸面并剃去须发的,改作钳为城旦、舂,用铁圈束颈,罚作守城、修城墙、舂米这些苦役;应判处劓刑,割去鼻子的,改为笞打三百下;应判处斩左脚的,改为笞打五百下;应判处斩右脚和杀人之后先去官府自首,以及官吏犯下受贿、枉法、看守国家财物却自己去盗窃等罪行,已被定罪,但以后又犯下应判处笞刑罪行的,全都改为在街市上斩首示众的弃市之刑。已判处为城旦、舂的,服刑各有一定年限,刑满就释放。"文帝下达批准文书说:"同意。"

　　文帝亲自实行清静无为之治后,而将相大臣又都是老功臣,轻视文采而崇山质朴,君臣们以导致秦朝灭亡的弊政为警戒,讨论政事务必以宽厚为本,耻于谈论他人的过失。这种风气影响到全国,互相检举、攻讦的习俗有了改变。官吏安于自己的官职,百姓乐于谋生之业,积贮年年增加,人口逐渐增多。社会风气趋于笃实厚道,禁网宽松,对于有犯罪嫌疑而又难以定案的,就从轻发落,所以刑罚大大减少,以至于一年中全国只审判重罪犯四百个,出现了因无人犯法而使刑法搁置不用的景象。

　　六月,文帝下令免除农田的租税。

诏曰:"农,天下之本,务莫大焉。今勤身从事,而有租税之赋,是为本末者无以异也。其除之!"

乙亥(前166) 十四年

冬,匈奴入寇。遣兵击之,出塞而还。

匈奴十四万骑入朝那、萧关,杀北地都尉卬,虏人畜甚多;使奇兵入烧回中宫;候骑至雍甘泉。诏发车千乘,骑卒十万。上亲勒兵,欲自征匈奴。群臣谏不听,皇太后固要,上乃止。以张相如、栾布为将军,击逐出塞而还。

赦作徒魏尚,复为云中守。

上辇过郎署,问郎署长冯唐曰:"父家安在?"对曰:"赵人。"上曰:"吾居代时,尚食监高祛数为我言赵将李齐之贤,战于钜鹿下。今吾每饭,意未尝不在钜鹿也。父知之乎?"对曰:"尚不如廉颇、李牧之为将也。"上搏髀曰:"嗟乎!吾独不得颇、牧为将!吾岂忧匈奴哉!"唐曰:"陛下虽得之,弗能用也。"上曰:"公何以知之?"对曰:"上古王者之遣将也,跪而推毂曰:'阃以内者,寡人制之;阃以外者,将军制之。'军功爵赏皆决于外,归而奏之。此非虚言也。

文帝颁布诏书说:"农业是国家的根本,没有什么事情比农业更为重要的了。现在农民勤劳从事农耕,却要缴纳租税,这种做法是使从事农耕本业和从事工商末业的人没有什么区别了。特下令免除农田的租税!"

乙亥(前166) 汉文帝前元十四年

冬季,匈奴入侵。文帝调派军队迎击匈奴,把匈奴赶出边塞,而后撤兵而返。

匈奴十四万骑兵侵入朝那县、萧关,杀害了北地都尉孙卬,掳掠了许多百姓和牲畜;还派一支骑兵深入腹地焚烧回中宫;搞侦察活动的骑兵竟一直到达雍地的甘泉宫。文帝下诏,征发战车一千辆,骑兵十万人。文帝亲自操练军队,打算自己统率大军去征伐匈奴。群臣劝阻他亲征,可他不听,皇太后坚决阻拦,文帝才打消了亲征的念头。于是文帝任命张相如、栾布为将军,迎击匈奴,把匈奴驱逐出边塞,然后就撤兵返回。

赦免了被判处徒刑的犯人魏尚,恢复他原来的云中郡守的职务。

文帝乘辇车经过担负宿卫任务的官府郎署,问郎署长冯唐道:"您老人家原籍在哪里?"冯唐回答说:"我是赵国人。"文帝说:"我在代国的时候,为我掌管膳食的尚食监高祛几次对我说起当年赵国将军李齐的贤能,讲述他与秦兵大战于钜鹿城下的故事。现在我每次吃饭,没有不去想李齐在钜鹿之中的威风的。您老人家知道他吗?"冯唐回答说:"李齐还抵不上廉颇、李牧为将。"文帝拍着大腿说:"唉!我偏偏得不到廉颇、李牧那样的人当将军!要有这样的人,我难道还忧虑匈奴的侵略吗!"冯唐说:"陛下即使得到了廉颇、李牧,也不能任用他们。"文帝问:"您怎么知道?"冯唐回答说:"上古时候君王派遣将军出征,跪着推将军的兵车轮子前行,并且对将军说:'国门以内的事情,由我来决定;国门以外的事情,请将军裁决。'有关军功、封爵、奖赏之事,都由将军在外面决定,回朝后再奏报君王。这可不是虚假的传说。

李牧为赵将,军市租皆自用飨士,赏赐不从中覆,委任而责成功,故牧得尽其智能,而赵几霸。今臣窃闻魏尚为云中守,其军市租尽以飨士卒,私养钱自飨宾客、军吏、舍人,是以匈奴远避,不近云中之塞。虏曾一入,尚击之,所杀甚众。夫士卒起田中从军,安知‘尺籍’‘伍符’!终日力战,斩首捕虏,上功幕府,一言不相应,文吏以法绳之,其赏不行,而法必用。且尚坐上功首虏差六级,陛下下之吏,削其爵,罚作之。由此言之,陛下虽得颇、牧,弗能用也。”上说。是日,令唐持节赦魏尚,复以为云中守,而拜唐为车骑都尉。

春,增诸祀坛场、珪币。

诏广增诸祀坛场、珪币,且曰:“先王远施不求其报,望祀不祈其福,右贤左戚,先民后己,至明之极也。今吾闻祠官祝釐,皆归福于朕躬,不为百姓。朕甚愧之。其令祠官致敬,无有所祈!”

丙子(前165) 十五年

春,黄龙见成纪。

初,张苍以汉得水德。鲁人公孙臣以为当土德,其应

李牧为赵国将军，把从军中集市上征收的租税都自行用于犒劳将士，对部下的赏赐都由李牧决定，不必向朝廷请示批准，朝廷对他委以重任而责令成功，所以李牧才能充分发挥他的聪明才干，而赵国也强大起来，几乎成为诸侯国的霸主。现在我私下听说魏尚当云中郡守时，把从军中集市上征来的租税全部用来犒赏士兵，还用自己的官俸钱款待宾客、军吏和幕僚吃喝，所以匈奴远远躲避，不敢靠近云中关塞。匈奴曾有一次侵入云中郡，魏尚率领军士反击，被杀的匈奴人很多。我们的士兵从田间出来从军作战，哪里知道军中还有书写军令的‘尺籍’和军士伍伍相保的‘伍符’！他们整天拼命作战，斩敌首级，捕获俘虏，在向幕府呈报军功时，只要一个字有差错，那些舞文弄墨的官员就用军法来制裁他们，他们应得的奖赏被取消，而法令却必须执行。况且魏尚只是因为上报斩杀敌军首级的数量少了六个，陛下就把他交给官吏治罪，削去他的爵位，罚他服一年劳役。由此说来，陛下即使得到廉颇、李牧，也不能任用啊。”文帝很高兴，接受了冯唐的批评。当天，就派冯唐拿着皇帝的符节去赦免魏尚，重新任命魏尚为云中郡守，并任命冯唐为车骑都尉。

春季，扩建举行各祭祀典礼的坛场，增加祭祀所用的珪币。

文帝下诏，扩建举行各种祭祀大典的坛场，增加祭祀用的玉珪和币帛，并且下令说：“古代的帝王远施恩惠却不求回报，遥望祝祭却不为自己求福，祈祷祝福时，以贤者为上，以亲戚为下，以万民为先，以自己为后，真可谓英明之极。现在我听说掌管祭祀典礼的祠官在祭祀求福的时候，都把福佑归于朕个人，而没有为百姓祈福。朕为此感到很惭愧。特令祠官在祭祀祷告时，不要再为朕个人祝福！”

丙子(前165)　汉文帝前元十五年
春季，成纪县出现了黄龙。

起先，张苍认为汉朝能兴起是因为得到了“五行”中的水德。鲁国人公孙臣却认为汉朝得到的应是土德，与土德相应，应该

黄龙见。苍以为非是,罢之。至是,帝召臣为博士,与诸生申明土德,草改历、服色事。苍由此自绌。

夏四月,帝如雍,始郊见五帝。　赦。　秋九月,亲策贤良、能直言极谏者,以晁错为中大夫。

错以对策高第,擢为中大夫。又言宜削诸侯及法令可更定者。书凡三十篇。上虽不尽听,然奇其材。

作渭阳五帝庙。

赵人新垣平言长安东北有神,气成五采。于是作渭阳五帝庙。

丁丑(前164)　十六年
夏四月,亲祠之,以新垣平为上大夫。

上郊祀渭阳五帝庙,贵平至上大夫,而使博士、诸生刺"六经"中作《王制》,议巡狩、封禅事。

分齐地,立悼惠王子六人为王。

齐王则薨,无子,国除。上乃分齐地,立悼惠王肥子将闾为齐王,志为济北王,贤为菑川王,雄渠为胶东王,卬为胶西王,辟光为济南王。

分淮南地,立厉王子三人为王。

安为淮南王,勃为衡山王,赐为庐江王。

诏更以明年为元年。治汾阴庙。

新垣平言"阙下有宝玉气",而使人持玉杯诣阙献之,刻曰"人主延寿"。又言:"候日再中。"居顷之,日却,

出现黄龙。张苍认为公孙臣说得不对,不采纳他的观点。到如今黄龙真出现了,文帝于是召见公孙臣,任命他为博士,与众儒生一起论述汉得土德的观点,草创改定历法和改变服色的方案。张苍从此自动黜退。

夏四月,文帝第一次前往雍地,首次举行郊祭五帝庙的典礼。 大赦天下。 秋九月,文帝亲自策问考核那些被誉为贤良和能够直言、竭诚谏劝主上的人,任命晁错为中大夫。

文帝亲自策问时,晁错因对策中了高等,被提升为中大夫。晁错又上书说,应该削弱诸侯王的实力,还指出应该改订的法令。他上书共计三十篇。文帝虽然没有完全采纳他的意见,但对他的才能感到惊异。

在渭阳修建五帝庙。

赵国人新垣平说长安东北有神,结成五彩之气。于是文帝下令在渭阳修建五帝庙。

丁丑(前164) 汉文帝前元十六年

夏四月,文帝亲临渭阳五帝庙郊祭五帝,封新垣平为上大夫。

文帝在渭阳五帝庙郊祭五帝,提拔新垣平到上大夫的高位,并且让博士、儒生采辑“六经”中的记载,汇集成《王制》一篇,还计议天子出巡、去泰山封禅等事项。

分割齐国土地,分立齐悼惠王刘肥的六个儿子为王。

齐王刘则去世,没有儿子,封国被除。文帝就把齐国土地分成六国,立齐悼惠王刘肥的儿子刘将闾为齐王,刘志为济北王,刘贤为淄川王,刘雄渠为胶东王,刘卬为胶西王,刘辟光为济南王。

分割淮南国土地,立淮南厉王刘长的三个儿子为王。

文帝封立刘安为淮南王,刘勃为衡山王,刘赐为庐江王。

文帝颁布诏书,把下一年改称为元年。派人在汾阴县修庙。

新垣平说“宫阙之下有股宝玉之气”,又暗中指使人拿着玉杯到皇宫门前去进献,玉杯上刻着“人主延寿”四个字。新垣平又说:“我占候今天太阳将再次出现在中天。”过了一会儿,太阳倒退,

复中。于是始更以十七年为元年，令天下大酺。平言："周鼎在泗水中。今河决，通于泗，而汾阴有金宝气，意鼎出乎？"于是治庙汾阴，欲祠出鼎。

戊寅（前163）　**后元年**
冬十月，新垣平伏诛。

人有上书告平"所言皆诈也"，下吏治，诛夷平。是后，上亦怠于改正、服、鬼神之事，渭阳五帝使祠官领，以时致礼，不往焉。

诏议可以佐百姓者。

诏御史曰："间者数年不登，又有水旱、疾疫之灾，朕甚忧之。意朕之政有所失，而行有过与？何以致此？夫度田非益寡，计民未加益，而食之甚不足者，无乃百姓之从事于末以害农者蕃，为酒醪以靡谷者多，六畜之食焉者众与？其与丞相、列侯、吏二千石、博士议之，有可以佐百姓者，率意远思，无有所隐。"

己卯（前162）　**二年**
夏，复与匈奴和亲。

匈奴连岁入边，杀略甚多，云中、辽东、郡万余人。上患之，乃遗匈奴书，单于亦使当户报谢，复和亲。

再次到达中天。于是文帝就决定把在位的第十七年改称为元年，特许天下人聚会饮酒，以示吉庆。新垣平还说："周代的宝鼎落在泗水中。现在黄河决口，与泗水相连通，而汾阴呈现金宝之气，莫非周鼎要现世了吗？"于是文帝派人在汾阴县修庙，想要通过祭祀求得周鼎出世。

戊寅（前163） 汉文帝后元元年

冬十月，新垣平伏法被杀。

有人向文帝上书，检举新垣平"所说的全是诈骗之言"，文帝下令把新垣平交给司法官员审查治罪，处死了新垣平，诛灭了他的家属和宗族。从此以后，文帝对于改变历法、服色及祭祀鬼神这些事情也显得懒怠了，渭阳五帝庙交给祠官管理，按照一定时令祭祀，文帝自己就不再去了。

文帝下诏，让群臣共同议论帮助百姓摆脱贫困的办法。

文帝下诏给御史，说："近来连续几年农业歉收，又有水涝干旱、疾病瘟疫这些灾害，朕十分担忧。或许朕治国有失误，而行为有过错吗？为什么会这样呢？测量耕地没有比过去减少，统计人口没有比过去增加，而食粮却严重不足，恐怕是百姓中因从事工商末业而损害了农耕本业的人太多，为酿酒而耗费了大量粮食，马、牛、羊、狗、猪、鸡这些牲畜吃得太多了？可以和丞相、列侯、俸禄二千石的官员、博士等共同讨论这个问题，提出可以帮助百姓摆脱困境的办法，希望大家都竭尽心意去做深远的探讨，不要有所隐瞒。"

己卯（前162） 汉文帝后元二年

夏季，汉朝又与匈奴恢复了和亲关系。

匈奴连年入寇边境，杀害、掳掠了许多百姓及其牲畜财产，云中和辽东两郡，每郡受害人数达到上万人。文帝很忧虑，就派使臣给匈奴送去书信，匈奴单于也派一位当户官来汉廷答谢，汉朝与匈奴恢复了和亲关系。

秋八月,丞相苍免,以申屠嘉为丞相。

张苍免。帝以后弟广国贤,有行,欲相之,曰:"恐天下以吾私广国。"久念不可,而申屠嘉故以材官蹶张从高帝,为人廉直,门不受私谒,遂以为丞相。是时太中大夫邓通方爱幸,嘉尝入朝,通居上旁,怠慢。嘉奏事毕,因言曰:"陛下爱幸群臣,即富贵之,至如朝廷之礼,不可以不肃。"上曰:"君勿言,吾私之。"罢朝,嘉坐府中,为檄召通。不来,且斩。通恐,言上。上曰:"汝第往。"通诣丞相,免冠,徒跣,顿首谢。嘉坐自如,责曰:"朝廷者,高帝之朝廷也。通小臣,戏殿上,大不敬,当斩。吏! 今行斩之!"通顿首出血,不解。上度丞相已困通,使使持节召通,而谢丞相:"此吾弄臣,君释之!"通至,为上泣曰:"丞相几杀臣!"

庚辰(前161) 三年
春,匈奴老上单于死,子军臣单于立。

辛巳(前160) 四年
夏四月晦,日食。 五月,赦。

壬午(前159) 五年

癸未(前158) 六年

秋八月,丞相张苍被罢免,文帝任命申屠嘉为丞相。

张苍被罢免。文帝认为皇后的弟弟窦广国很贤能,品行好,想任命窦广国为丞相,但又有顾虑,说:"恐怕天下人会认为我偏爱广国。"考虑了很久,觉得不能让他当丞相,而申屠嘉当年以勇武步兵、强弩射手的身份跟随高帝征战,为人廉洁正直,在家门中不接待因私事来拜谒的人,于是文帝就任命申屠嘉为丞相。当时太中大夫邓通正受到文帝宠幸,申屠嘉曾有一次入朝进见文帝,邓通待在文帝身边,礼节很怠慢。申屠嘉奏报政事完毕,就说道:"陛下宠爱臣子们,可以让他们富贵,至于朝廷上的礼节,却不可以不整肃。"文帝说:"您不必说了,我私下会告诫他。"朝会结束后,申屠嘉坐在丞相府里,发檄文召邓通来丞相府。邓通不来,申屠嘉就要把邓通斩首。邓通恐慌了,就去报告文帝。文帝说:"你只管前去就是了。"邓通来见丞相,摘下帽子,赤着双脚,叩头谢罪。申屠嘉安然自若地坐着,责怪道:"朝廷,那是高皇帝的朝廷。邓通你只不过是一个小臣,竟在殿上戏闹,这是大不敬的罪行,应开刀问斩。来人!立即把邓通斩首!"邓通叩头不止,一直叩得头上出血,申屠嘉仍没放过他。文帝估计丞相已让邓通感到窘迫了,就派使者拿着皇帝的符节来传召邓通,并且向丞相道歉说:"这个人常在我身边,是我的弄臣,您就放了他吧!"邓通回到宫中,哭着对文帝说:"丞相差点儿杀了我!"

庚辰(前161) 汉文帝后元三年
春季,匈奴老上单于去世,他的儿子军臣单于继位。

辛巳(前160) 汉文帝后元四年
夏四月的最后一天,出现日食。 五月,大赦天下。

壬午(前159) 汉文帝后元五年

癸未(前158) 汉文帝后元六年

冬，匈奴寇上郡、云中，诏将军周亚夫等屯兵，以备之。

匈奴入上郡、云中，杀略甚众，烽火通于甘泉、长安。遣将军令免屯飞狐，苏意屯句注，张武屯北地，周亚夫次细柳，刘礼次霸上，徐厉次棘门，以备胡。上自劳军，至霸上及棘门军，直驰入，将以下骑迎送。已而之细柳军。军士吏被甲，锐兵刃，彀弓弩，持满。先驱至，不得入，曰："天子且至。"军门都尉曰："将军令曰：'军中闻将军之令，不闻天子之诏。'"上至，又不得入。于是上乃使使持节诏将军："吾欲劳军。"亚夫乃传言"开壁门"。门士请车骑曰："将军约：军中不得驱驰。"于是天子乃按辔徐行。至营，亚夫持兵揖曰："介胄之士不拜，请以军礼见。"天子为动，改容，式车，使人称谢："皇帝敬劳将军。"成礼而去。群臣皆惊。上曰："嗟乎！此真将军矣！曩者霸上、棘门军，若儿戏耳，其将固可袭而虏也。至于亚夫，可得而犯邪？"称善者久之。月余，匈奴远塞，兵罢。拜亚夫为中尉。

夏，大旱，蝗。诏：弛利，省费，以振民。

令：诸侯无入贡；弛山泽；减诸服御；损郎吏员；发仓庾以振民；民得卖爵。

冬季,匈奴入寇上郡和云中郡,文帝诏令周亚夫等屯驻军队,以防御匈奴入侵。

匈奴入寇上郡和云中郡,残杀和掳掠了许多军民,报警的烽火一直传到甘泉和长安。朝廷派将军令免率军屯守飞狐,苏意率军屯守句注,张武率军屯守北地,周亚夫驻军细柳,刘礼驻军霸上,徐厉驻军棘门,以防御匈奴入侵。文帝亲自去慰劳军队,到达驻扎在霸上和棘门的军营时,文帝一行通行无阻,车马直接驰入军门,驻军的将军和他的部下都骑着马迎送文帝出入。接着文帝前往细柳的军营。军中将士都身披铠甲,手执锋利的武器,张满弓弩,拉满弓弦。文帝的先导人员来到驻地,不能进入军门,就说:"天子马上就要来了。"把守军门的都尉说:"将军命令说:'军中只听将军的号令,不听天子的诏令。'"文帝到达后,也不能进入军营。于是文帝就派使者手持符节诏告将军周亚夫:"我想慰劳军队。"周亚夫这才传令"打开军营大门"。把守军门的军士向文帝身边骑马驱车的随从人员说:"将军有规定:在军营内不许策马奔驰。"于是文帝一行人就拉着马缰绳慢慢地行走。到了营中,周亚夫手执兵器对文帝拱手作揖说:"身穿盔甲的武士不能弯腰下拜,请允许我以军礼参见陛下。"文帝被打动了,面容变得庄重肃穆,手扶车前的横木,向军营将士表示敬意,并派人向周亚夫道谢,说:"皇帝恭敬地慰劳将军。"完成了劳军仪式之后,文帝离开军营。群臣都很震惊。文帝说:"唉!这才是真正的将军啊!前面所见到的霸上和棘门的军队,如同儿戏啊,其将领必然可被人袭击而俘虏的。至于周亚夫,哪能冒犯他呢?"文帝对周亚夫称赞了好久。一个多月后,匈奴远远地离开了汉朝边境,汉军也撤回了。文帝就任命周亚夫为中尉。

夏季,严重干旱,蝗虫成灾。文帝下令:允许百姓进入山林川泽获利,节省宫内开支,以救济百姓。

文帝下令:诸侯国停止向朝廷进贡;取消禁止百姓进入山林川泽的法令;减少御用服饰、车马、器具等项开支;裁减皇帝的郎官和下属人员;打开官府粮仓赈济百姓;允许百姓出卖爵位。

甲申（前157） 七年

夏六月，帝崩，遗诏短丧。

遗诏曰："万物之生，靡有不死。死者，天地之理，物之自然，奚可甚哀！当今之世，咸嘉生而恶死，厚葬以破业，重服以伤生，吾甚不取。且朕既不德，无以佐百姓，今崩，又使重服久临，哀人父子，损其饮食，绝鬼神之祭祀，以重吾不德，谓天下何！朕获以眇眇之身，托于天下君王之上，二十有余年矣。赖天之灵，社稷之福，方内安宁，靡有兵革。朕既不敏，常畏过行以羞先帝之遗德，惟年之久长，惧于不终。今乃幸以天年，得复供养于高庙，其奚哀念之有！其令天下吏民：令到，出临三日，皆释服；毋禁嫁取、祠祀、饮酒、食肉；自当给丧事服临者，皆无跣；绖带无过三寸；毋布车及兵器；毋发民哭临宫殿中；殿中当临者，皆以旦夕各十五举音，礼毕罢；已下棺，服大功十五日，小功十四日，纤七日，释服。他不在令中者，皆以此令比类从事。霸陵山川因其故，毋有所改。归夫人以下至少使。"

葬霸陵。

帝即位二十三年，宫室、苑囿、车骑、服御，无所增益；有不便，辄弛以利民。尝欲作露台，召匠计之，直百金，

甲申(前157) 汉文帝后元七年

夏六月,文帝去世,留下遗诏:给他办丧事要简洁。

遗诏说:"万物生于世上,没有不死的。死是天地的常理,万物的自然规律,有什么值得特别悲哀的呢!现在这个世上,人们都乐于生而厌恶死,讲究厚葬,以至于破产,强调服丧过分,以至于损害了身体健康,这种做法,我实在难以接受。况且朕本人已是无德了,不能对百姓有所帮助,现在死了,如果还要让臣民们服丧过度,长期为朕哭悼,使臣民父子悲哀,饮食减少,停止了对鬼神的祭祀,这就加重了我的无德行为,怎么对得起天下人呢!朕以渺小之身,获得了保护宗庙的权力,托身于天下君王之上,已经有二十多年了。依赖上天之灵,社稷之福,才使境内安宁,没有战争。朕已是不聪明了,时常害怕行为有过失,而使先帝遗留下来的美德蒙受羞辱,惧怕年深月久,自己有可能因失德而不能善终。现在才庆幸自己得以享尽天年,又可以在高庙里奉养高帝了,还有什么值得悲哀思念的呢!诏告天下官吏百姓:令到以后,哭吊三天,就都脱下丧服;不要禁止嫁女娶妻、祭祀、饮酒、吃肉;宗室、亲戚中应当参加丧事穿丧服哭吊的,都不要赤脚;孝带不要超过三寸宽;不要在车辆和兵器上蒙盖丧布;不要征发百姓到宫中来哭吊;殿中应当哭祭的人,都只能在每日早晚各哀哭十五次,礼仪完毕就停止哭声;棺椁入土后,服丧的宗族、亲戚,凡属'大功'的,穿丧服十五天,凡属'小功'的,穿丧服十四天,凡属'纤服'的,穿丧服七天,过后就脱下丧服。其他未在诏令中规定的问题,都要比照诏令的精神去办理。霸陵山水都要保持原貌,不得有所改动。后宫中的妃嫔,从夫人以下到少使,全都送归娘家。"

文帝被安葬在霸陵。

文帝即皇帝位二十三年以来,宫室、园林、车骑仪仗、服饰器用等,都没有增加;有不利于百姓的法令,就予以废除,以利于民众。文帝曾经想建造个露台,招来工匠计算,需花费一百斤黄金,

上曰："百金,中人十家之产也。吾奉先帝宫室,常恐羞之,何以台为!"身衣弋绨;所幸慎夫人,衣不曳地;帷帐无文绣。以示敦朴,为天下先。治霸陵,皆瓦器,不得以金、银、铜、锡为饰;因其山,不起坟。吴王诈病不朝,赐以几杖。群臣袁盎等谏说虽切,常假借纳用焉。张武等受赂金钱,觉,更加赏赐以愧其心。专务以德化民,是以海内安宁,家给人足,后世鲜能及之。

太子启即位。尊皇太后曰太皇太后,皇后曰皇太后。九月,有星孛于西方。 长沙王著卒,无子,国除。

初,高祖贤文王芮,制诏御史:"长沙王忠,其定著令。"传国数世,至是,乃绝。

文帝说:"一百斤黄金,相当于生活中等的民户十家财产的总和。我敬受先帝的宫室而居住,经常惧怕使它蒙受羞辱,还建造露台干什么!"文帝自身穿着黑色的粗丝衣服;他宠爱的慎夫人,所穿的衣服不拖到地面;他所用的帷幕帐帘都不刺绣花纹。以此显示敦厚淳朴,为天下人做出榜样。修建霸陵,陵墓内都使用陶器,不准用金、银、铜、锡等宝物为器饰;利用山陵形势修墓,不另兴建高大的坟堆。吴王刘濞谎称有病,不来朝见天子,文帝却赐给他几案手杖。群臣之中,袁盎等人的谏诤,尽管言辞尖锐激烈,文帝常常予以宽容,并采纳他们的意见。张武等人接受金钱贿赂,被发觉以后,文帝反而赏赐他们钱财,使他们内心愧悔。他尽全力以德政去教化百姓,所以境内安宁,家给人足,后世很少能赶上他的。

　　太子刘启即皇帝位。尊称皇太后为太皇太后,皇后为皇太后。九月,在西方天空中出现了一颗彗星。　长沙王吴著去世,他没有儿子,封国被废除。

　　从前,高祖认为长沙文王吴芮很贤德,就下了道诏令给御史:"长沙国王吴芮很忠诚,特封他为王,你们要写出特封吴芮为长沙王的文书,永作凭信。"长沙国王传了几代,到吴著去世后,封国就被废除了。

资治通鉴纲目卷四

起乙酉（前156）汉景帝元年，尽庚午（前111）汉武帝元鼎六年。凡四十六年。

乙酉（前156）　孝景皇帝元年

冬十月，尊高皇帝为太祖，孝文皇帝为太宗，令郡、国立太宗庙。

丞相嘉等奏："功莫大于高皇帝，德莫盛于孝文皇帝。高皇帝宜为太祖之庙，孝文皇帝宜为太宗之庙，天子世世献，郡国宜各立太宗庙。"制曰："可。"

春正月，诏："听民徙宽大地。"

诏曰："郡、国或硗狭，无所农桑；或饶广，水泉利。其议民欲徙宽大地者，听之。"

夏，赦。　复收民田半租，三十而税一。　减笞法。

初，文帝除肉刑，外有轻刑之名，内实杀人，笞五百者率多死。是岁，诏曰："加笞重罪无异，幸而不死，不可为人。其定律，笞五百曰三百，三百曰二百。"

以张欧为廷尉。

汉景帝

乙酉(前156)　汉景帝前元元年

冬十月,尊奉高皇帝为太祖,孝文皇帝为太宗,令各郡、各诸侯国修建太宗庙。

丞相申屠嘉等大臣上奏:"功绩没有比高皇帝更大的,圣德没有比孝文皇帝更盛的。应该把高皇帝的庙定为太祖庙,把孝文皇帝的庙定为太宗庙,让后世的天子世世代代供奉,各郡和各诸侯国应该在当地修建太宗庙。"景帝批示道:"可以。"

春正月,景帝下诏:"听任百姓迁徙到宽阔的土地。"

景帝下诏说:"各郡和各国,有的地方瘠薄狭小,不能从事农桑生产;有的地方富饶广阔,水利资源便利。如果百姓中有想迁徙到宽阔的土地去的,任由他们迁徙。"

夏季,大赦天下。　朝廷减少向百姓征收田税的一半,税率为三十分之一。　景帝减轻笞法。

起初,文帝废除肉刑,表面上看是要减轻刑罚,实际上却多杀了人,被笞打五百下的人大多被打死了。这一年,景帝下诏说:"增加笞打的次数和判处死刑没有什么两样,即使侥幸活了下来,也被打成了残废,难以正常生活。应该颁定法律,原先应该笞打五百下的改为笞打三百下,原先应该笞打三百下的改为笞打二百下。"

景帝任命张欧为廷尉。

欧事帝于太子宫。虽治刑名家,为人长者,未尝言按人。专以诚长者处官,官属亦不敢大欺。

丙戌(前155) **二年**
冬十二月,有星孛于西南。　令男子二十始傅。　春三月,立子德为河间王,阏为临江王,余为淮阳王,非为汝南王,彭祖为广川王,发为长沙王。　夏四月,太皇太后崩。六月,丞相嘉卒。

时内史晁错数请间言事,辄听,宠幸倾九卿,法令多所更定。丞相嘉自绌,疾错。内史门东出不便,更穿一门南出。南出者,太上皇庙堧垣也。嘉闻,为奏请诛错。客有语错,错恐,夜入宫自归。至朝,嘉请,上曰:"错所穿乃外堧垣,故冗官居其中;且我使为之,错无罪。"嘉罢朝,曰:"吾悔不先斩错,乃为所卖。"欧血而死。

以陶青为丞相,晁错为御史大夫。　彗星出东北。秋,衡山雨雹。
大者五寸,深者二尺。
荧惑逆行守北辰,月出北辰间,岁星逆行天廷中。

丁亥(前154) **三年**
冬十月,梁王武来朝。
梁孝王以窦太后少子,故有宠。居天下膏腴之地,赏赐

张欧曾经在太子宫中事奉过景帝。他虽然研究刑名法律，却为人宽厚，未曾说过要审查别人。专门任用忠厚长者为官，他的下属官吏也都不敢太欺骗他。

丙戌（前155）　汉景帝前元二年

冬十二月，在西南天空有彗星出现。　景帝下令男子从二十岁开始登记名籍，承担国家的兵役和徭役。　春三月，景帝封皇子刘德为河间王，刘阏为临江王，刘余为淮阳王，刘非为汝南王，刘彭祖为广川王，刘发为长沙王。　夏四月，太皇太后去世。　六月，丞相申屠嘉去世。

当时，内史晁错数次请求私下里和景帝谈论国事，景帝每每听取他的意见，对他的宠幸超过了九卿，法令经过晁错的建议多有更定。丞相申屠嘉自行黜退，非常嫉恨晁错。内史府的门东出不方便，就又开了一个门南出。而这个南门开在太上皇庙外空地的围墙上。申屠嘉听说这件事以后，上奏景帝，请求诛杀晁错。有人告诉了晁错，晁错很惊恐，连夜进宫自首，请求景帝保护。到上朝时，申屠嘉奏请诛杀晁错，景帝说："晁错打穿的只是宗庙外边的围墙，一些原来的散官也住在里边；而且是我让他这么做的，晁错没有罪过。"申屠嘉退朝以后，说："我后悔没有先斩杀了晁错，现在反而被晁错出卖了。"于是吐血而死。

景帝任命陶青为丞相，晁错为御史大夫。　东北天空出现彗星。　秋季，衡山下了一场冰雹。

冰雹大的直径有五寸，积深有二尺高。

火星逆行接近了北极星，月亮竟出现在北极星的区域，木星在太微星座间逆行。

丁亥（前154）　汉景帝前元三年

冬十月，梁王刘武来朝见景帝。

梁孝王刘武因为是窦太后的小儿子，所以很受窦太后的宠爱。居住在天底下最富饶肥沃的土地之上，他所得到的赏赐

不可胜道。府库金钱，珠玉宝器，多于京师。筑东苑方三百余里，广睢阳城七十里。大治宫室，为复道三十余里。招延四方豪俊之士。每朝，入则侍上同辇，出则同车射猎；留或半岁。梁侍中、郎、谒者著籍，引出入天子殿门，与汉宦官无异。

上尝与宴饮，从容言曰："千秋万岁后传于王。"王辞谢，虽知非至意，然心内喜。詹事窦婴引卮酒进上曰："天下者，高祖之天下，父子相传，汉之约也，何以得传梁王？"太后由此憎婴，婴因病免，太后除婴门籍。梁王以此益骄。

春正月，赦。 长星出西方。 洛阳东宫灾。 吴王濞、胶西王卬、胶东王雄渠、菑川王贤、济南王辟光、楚王戊、赵王遂反。以周亚夫为太尉，将兵讨之。杀御史大夫晁错。二月，亚夫大破吴、楚军，濞亡走越，戊自杀。

初，孝文时，吴太子入见，得侍皇太子饮博。争道不恭，皇太子引博局提杀之。吴王称疾不朝。京师系治、验问吴使者，吴王恐，始有反谋。后使人为秋请，文帝复问之，对曰："'察见渊中鱼不祥'，唯上弃前过，与之更始。"于是，文帝乃赦吴使者归之，而赐吴王几杖，老，不朝。

多得数不过来。府库里的金钱、珠玉宝器比京城里的还要多。梁孝王修建了东苑,方圆达三百多里,扩建了他的都城睢阳城,周长达到七十里。大规模兴建宫室,修建了架在空中的通道,达到了三十多里。梁孝王还招揽延纳天下的豪杰志士。每次朝见,梁孝王入宫就陪侍景帝同乘一辆辇车,外出就和景帝同乘一辆御车去打猎;留在长安住了将近半年。梁孝王的侍中、郎官、谒者在名册上登记,可以出入天子的殿门,与汉朝廷的宦官没有什么区别。

　　景帝曾经和梁孝王一起宴饮,和缓地对梁孝王说:"等我百年以后,就把皇位传给你。"梁孝王口上辞谢,尽管知道这不是很认真的话,但内心还是很高兴。詹事窦婴捧着一杯酒向景帝进言说:"天下是高祖的天下,皇位由父亲传给儿子,这是汉朝的规定,怎么能传给梁王呢?"窦太后因此憎恨窦婴,窦婴于是称病辞职,窦太后将窦婴的名字从可以进出天子殿门的名册上除去。梁孝王从此更加骄横。

　　春正月,大赦天下。　彗星在西方的天空上出现。　洛阳的东宫发生火灾。　吴王刘濞、胶西王刘卬、胶东王刘雄渠、淄川王刘贤、济南王刘辟光、楚王刘戊、赵王刘遂造反。景帝任命周亚夫为太尉,率领兵马讨伐叛乱的七国军队。景帝杀死御史大夫晁错。二月,周亚夫大破吴、楚叛军,刘濞逃到越国,刘戊自杀。

　　当初,孝文帝在位时,吴国的太子入京朝见,得以陪侍皇太子饮酒、下棋。吴太子下棋时与皇太子争棋路,不恭敬,皇太子拿起棋盘将吴太子砸死了。吴王假称身体有病,不来朝见皇帝。京城的官员拘押、审问了吴王派来的使者,吴王很惊恐,这才产生了谋反的念头。吴王后来派人代替他去长安行秋季的朝见之礼,文帝又盘问吴王为什么不来朝见,使者说:"俗话说'察见深渊里的鱼,不吉利',请求皇上不再追究吴王从前的过失,给他改过自新的机会。"于是,文帝释放了吴国的使者,让他们回去;而且还赏赐给吴王几案、手杖,表示照顾他年岁大,不必来京朝见。

吴谋益解。然以铜盐故，百姓无赋，卒践更，辄与平贾；岁时存问茂材，赏赐闾里；他郡国吏欲来捕亡人者，公共禁弗予。如此者四十余年。

晁错数言吴过可削，文帝不忍。及帝即位，错曰："高帝封三庶孽，分天下半。今吴王不朝，于古法当诛，文帝弗忍，德至厚；王当改过自新，反益骄溢，诱天下亡人谋作乱。今削之亦反，不削亦反。削之，其反亟祸小；不削，反迟祸大。"上令公卿、列侯、宗室杂议，莫敢难，独窦婴争之。错又言："楚、赵有罪，皆削一郡；胶西有奸，削其六县。"

方议削吴，吴王恐，因发谋举事。闻胶西王勇好兵，使人说之，又身至胶西面约。遂发使约齐、菑川、胶东、济南皆许诺。

初，楚元王好书，与鲁申公、穆生、白生俱受《诗》于浮丘伯。及王楚，以三人为中大夫。穆生不耆酒，元王每为设醴。及孙戊即位，常设，后忘设焉。穆生退曰："可以逝矣。醴酒不设，王之意怠，不去楚，人将钳我于市。"遂称疾卧。申公、白生强起之，曰："独不念先王之德与？今王

吴王的谋反之心也就渐渐消除了。但是,因为吴国境内铜和盐都很丰富,百姓可以不交纳赋税;到百姓应该为官府服役时,都由吴王发放代役金,另外雇人服役;每逢过年过节,都要慰问有贤才的人士,赏赐百姓;其他郡国的官吏要到吴国来捕捉逃亡的人犯,吴国都加以禁止,拒不交出人犯。这样,前前后后持续了四十多年。

晁错多次上书言说吴王的罪过,认为应该削减他的封地,文帝不忍心惩罚吴王。等到景帝即位,晁错进言道:"当初高帝分给三个不是嫡亲的诸侯王的封地,就占了全国的一半。如今吴王不来朝见,按照古代的法律应该处死,文帝不忍心这样对待他,对他的恩德太深厚了;吴王应该改过自新,反而更加骄横,招诱天下逃亡的人,图谋作乱。如今削减他的封地,他也要谋反;不削减他的封地,他还是会谋反。如果削减他的封地,他反得快,但为害小;不削减他的封地,他反得慢,但为害更大。"景帝下令让公卿、列侯、宗室一起讨论晁错的建议,没有人敢提出非意,唯有窦婴一个人与晁错发生争执。晁错又进言道:"楚、赵两国有罪,都应削减一个郡的封地;胶西王刘卬有不法行为,应削去六个县的封地。"

正在议论要削去吴王的封地,吴王听说后很恐慌,于是打算兴兵作乱。听说胶西王刘卬勇武好战,便派人去劝说他,又亲自到胶西国和刘卬当面约定叛乱。于是派使者与齐王、淄川王、胶东王、济南王约定举事,这几个诸侯王都表示同意。

当初,楚元王刘交喜好书籍,与鲁地的申公、穆生、白生都从师于浮丘伯,学习《诗经》。等到刘交当上楚王以后,任命他们三人为中大夫。穆生不喜欢喝酒,每次宴饮时,楚元王都替他准备甜酒。等到楚元王的孙子刘戊即位后,开始还常常准备甜酒,后来就渐渐地忘了。穆生退席后说:"可以离开了。不设置甜酒,表明楚王已经怠慢我了,不离开的话,楚国人会给我套上刑具游街示众。"于是穆生托辞生病,卧床不起。申公、白生极力劝他仍然为楚王效命,说:"难道你不记得先王的恩德了?现在楚王

一旦失小礼,何足至此?"穆生曰:"君子见几而作,不俟终日。先王之所以礼吾三人者,为道存也;今而忽之,是忘道也。忘道之人,胡可与久处,岂为区区之礼哉?"遂谢病去。戊稍淫暴,太傅韦孟作诗讽谏,不听,亦去。戊坐削地事,遂与吴通谋。申公、白生谏戊,戊胥靡之,衣之赭衣,使雅舂于市。

及削吴会稽、豫章郡书至,吴王遂起兵杀汉吏。胶西、胶东、菑川、济南、楚、赵亦皆反。楚相张尚、太傅赵夷吾,赵相建德、内史悍皆谏被杀。齐王后悔,背约城守;济北王城坏未完,其郎中令劫守,王不得发兵。胶西、胶东、菑川、济南共攻齐,围临菑,赵王遂发兵住其西界,北使匈奴与连兵。

吴王悉其士卒二十余万,闽、东越亦发兵从。起广陵,西陟淮,并楚兵,遗诸侯书,罪状晁错,欲合兵诛之。破梁棘壁,乘胜锐甚。梁遣将军击之,皆败还走。

初,文帝且崩,戒太子曰:"即有缓急,周亚夫真可任将兵。"至是,上乃拜亚夫为太尉,将三十六将军,往击吴、楚;遣郦寄击赵,栾布击齐,窦婴屯荥阳,监齐、赵兵。

初,错更令三十章,诸侯谨哗。错父闻之,从颍川来,谓错曰:"上初即位,公为政用事,侵削诸侯,疏人骨肉,口语多怨,公何为也?"错曰:"不如此,天子不尊,宗庙不安。"父曰:"刘氏安矣,而晁氏危。"遂饮药死,曰:"吾不忍见祸

一时疏忽,礼貌不周,你何至于这样呢?"穆生说:"君子见机行事,而不是整日等候。先王礼待我们,是因为他心中有道义;现在楚王忽视我们,是因为他忘记了道义。忘记道义的人,怎么能和他长久共处下去,我这么做难道只是为了一点小小的礼节吗?"于是穆生称病,离开了楚国。刘戊渐渐地荒淫残暴起来,太傅韦孟作诗,对他进行委婉的批评,刘戊不听,韦孟也离开了楚国。刘戊因为犯罪被削夺了封地,就和吴王通谋叛乱。申公、白生劝谏刘戊,刘戊罚他们做劳役,穿上赭色的囚衣,在街市舂米。

等到朝廷削夺吴国会稽郡、豫章郡的文书传到,吴王就起兵叛乱,杀死了汉朝廷的官员。胶西王、胶东王、淄川王、济南王、楚王、赵王也一起叛乱。楚相张尚、太傅赵夷吾,赵相建德、内史王悍,都因劝谏被杀。齐王后悔参加叛乱,违背了盟约,依据城池抵御乱军;济北王的城池坏了还没有修好,郎中令劫持了他,使他不能发兵叛乱。胶西王、胶东王、淄川王、济南王联合攻打齐国,包围了临淄城,赵王刘遂将他的部队调到赵国的西部,又派使者与北方的匈奴联络起兵。

吴王征发了所有的兵马二十多万,闽、东越也发兵响应。吴王在广陵起兵,向西渡过淮河,与楚国的兵马会合,向诸侯发布文书,声讨晁错的罪状,准备联合进兵诛杀晁错。叛军攻破了梁国的棘壁,乘胜进军,势不可当。梁王派将军抵抗,都被打败逃回。

当初,文帝临死前,告诫太子说:"如果有紧急情况,周亚夫足以统兵作战。"至此,景帝任命周亚夫为太尉,率领三十六员大将前往攻打吴、楚叛军;派郦寄攻打赵国,派栾布攻打齐国,窦婴驻扎在荥阳,监视齐、赵两国兵马。

当初,晁错修改的法令有三十章,诸侯纷纷表示反对。晁错的父亲听说这件事以后,从颍川赶来京城,对晁错说:"皇上刚刚即位,你负责处理政事,侵夺削弱诸侯,离间皇室的骨肉亲情,社会舆论都有怨言,你为什么这么做呢?"晁错说:"不这么做的话,天子无法尊贵,宗庙不得安宁。"晁错的父亲说:"刘氏是安宁了,但晁氏就危险了。"于是服毒而死,临死前说:"我不忍心见到大祸

逮身。"后十余日,七国反,以诛错为名。

上与错议出军事,错欲令上自将兵,而身居守。徐、僮之旁吴所未下者,可以予吴。错素与吴相袁盎不善,未尝同堂语。至是,谓丞史曰:"袁盎多受吴王金钱,专为蔽匿,言不反,今果反,欲请治盎,宜知其计谋。"人有告盎,盎恐,夜见窦婴,为言吴所以反,愿至前口对状。婴入言,上乃召盎。盎入,上方与错调兵食。问之,盎对曰:"不足忧也。"上曰:"吴王即山铸钱,煮海为盐,诱天下豪桀,白头举事,何以言其无能为也?"对曰:"吴铜盐之利则有之,安得豪桀而诱之?诚令吴得豪桀,亦且辅而为谊,不反矣。"上曰:"计安出?"盎对曰:"愿屏左右。"上屏人,独错在。盎曰:"臣所言,人臣不得知。"乃屏错。盎曰:"吴、楚相遗书,言贼臣晁错擅适诸侯、削夺之地,以故反。欲西共诛错,复故地而罢。今独有斩错,发使赦之,复其故地,则兵可毋血刃而俱罢。"上默然良久,曰:"顾诚何如?吾不爱一人以谢天下。"乃拜盎为太常,密装治行;令丞相、廷尉劾奏错"不称主上德信,欲疏群臣、百姓,又欲以城邑予吴,无臣子礼,大逆无道。错当要斩,父母、妻子、同产无少长皆弃市"。制曰:"可。"错殊不知。上使中尉召错,绐载行市,错衣朝衣斩东市。乃使盎使吴。

降在我身上。"此后过了十几天，吴、楚等七国以诛杀晁错为名举兵叛乱。

景帝与晁错讨论出兵平叛的事，晁错想让景帝亲自率兵征讨，而他自己留守长安。徐县、僮县附近、吴国还没能攻占的地方，可以送给吴国。晁错向来与吴相袁盎关系不好，从未在一个房间里说过话。至此，晁错对御史丞、侍御史说："袁盎接受了吴王的很多金钱，专门替吴王掩饰，说他不会谋反，如今吴王果然叛乱了，我想奏请惩治袁盎，他应该知道吴王的计谋。"有人告诉了袁盎，袁盎惊恐，连夜拜见窦婴，对他说明了吴王谋反的原因，希望能到景帝面前亲口说明原因。窦婴入宫报告了景帝，景帝于是召见袁盎。袁盎入宫时，景帝正在与晁错调度军粮。景帝询问袁盎，袁盎说："吴、楚叛乱不足担忧。"景帝说："吴王依山铸钱，熬海水制盐，招诱天下豪杰，到他年老时才兴兵作乱，怎么能说他不会有所作为呢？"袁盎回答说："吴国有采铜、制盐方面的便利是事实，不过哪有什么豪杰被他招诱了呢？假设吴国真的能招纳到英雄豪杰，也会辅助吴王行仁义之事，是不会反叛的。"景帝问："有什么计策吗？"袁盎回答说："请皇上让左右回避。"景帝让人退出，只留下晁错一个人。袁盎说："我要说的，人臣不应该知道。"于是景帝让晁错退出。袁盎说："吴、楚互相通信，说贼臣晁错擅自贬谪诸侯、削夺封地，因此他们才叛乱。意欲向西进发，共同诛杀晁错，恢复原有的封地才肯罢休。如今之计，只有杀了晁错，派人赦免吴、楚等国，恢复他们原有的封地，就可以兵不血刃，让他们一起撤兵。"景帝沉默了很久，说："我能怎么办？我不能为了顾惜一个人而谢罪天下。"于是封袁盎为太常，让他秘密收拾行装准备出使吴王；又命令丞相、廷尉弹劾晁错"辜负皇上的恩宠和信任，想让皇上和诸侯、百姓疏远；又想把城邑送给吴国，全无臣下的礼节，大逆不道。晁错该当腰斩，他的父母、妻儿、兄弟，不管老少一律公开处死"。景帝批示说："可以。"晁错还不知道。景帝派中尉召晁错，骗他说乘车巡行市中，晁错穿着朝服在东市被斩。景帝于是派袁盎出使吴国。

谒者仆射邓公为校尉，以言军事见上。上曰："道军所来，闻晁错死，吴、楚罢不？"邓公曰："吴为反数十岁矣，以诛错为名，其意不在错也。夫晁错患诸侯强大不可制，故请削之，以尊京师，万世之利也。计画始行，卒受大戮，内杜忠臣之口，外为诸侯报仇，臣窃为陛下不取也。"帝喟然曰："公言善，吾亦恨之！"

盎至吴，吴欲劫使将，盎得间脱亡，归报。

周亚夫言于上曰："楚兵剽轻，难与争锋，愿以梁委之，绝其食道，乃可制也。"上许之。亚夫乘六乘传，将会兵荥阳。发至霸上，赵涉遮说亚夫曰："吴王素富，怀辑死士久矣。知将军且行，必置间人于殽、渑厄狭之间。且兵事上神密，将军何不从此右去，走蓝田，出武关，抵洛阳，间不过差一二日，直入武库，击鸣鼓，诸侯闻之，以为将军从天而下也。"亚夫如其计，至洛阳，喜曰："吾乘传至此，不自意全。今吾据荥阳，荥阳以东无足忧者。"使吏搜殽、渑间，果得吴伏兵。乃请涉为护军，而东北走昌邑。

吴攻梁急，梁数使使求救，亚夫不许。又诉于上，上使告亚夫救梁，亚夫不奉诏，而使轻骑出淮泗口，绝吴、楚兵后，塞其饷道。梁使韩安国、张羽为将军，羽力战，安国持重，乃得颇败吴兵。吴兵欲西，梁城守，不敢西，即走汉军。

谒者仆射邓公为校尉，向景帝汇报战事进展情况。景帝问：
"你从军中来，听到晁错被杀，吴、楚退军了没有？"邓公说："吴王
为了叛乱准备了几十年，假托要杀晁错，但他的用意并不在杀晁
错。晁错担心诸侯国的势力太强大，朝廷不能控制，所以才请求
削减封地，来遵从京师，这可是利于万世之业的好事。但计划刚
刚实行，他就突然被杀，对内是堵住了忠臣的口，对外是替诸侯
们报了仇，我私下里认为陛下不该这么做。"景帝感叹道："您说
得对啊，我也很悔恨杀了晁错！"

袁盎到了吴国，吴王想劫下袁盎，让他担任吴军的将领，袁
盎找机会逃回向景帝奏报了情况。

周亚夫对景帝说："楚军剽悍轻捷，很难与他们正面交锋，我
建议把梁国放弃给他们，断绝叛军的粮道，这样就可以制服他们
了。"景帝同意了他的建议。周亚夫乘坐六辆驿车，准备前往荥
阳会合大军。走到霸上时，赵涉拦住周亚夫，劝说道："吴王一向
很富裕，早就集聚了一批死心塌地的杀手。知道将军您要去前
线，肯定会在崤山、渑池之间的险要地段安排传递消息的人。况
且军事行动贵在神秘，将军何不从此地向右走，过蓝田，出武关，
抵达洛阳，这样绕着走，不过只差一两天，却能直抵武库，敲响战
鼓，诸侯叛军听到后，还以为将军是从天而降呢。"周亚夫听从了
他的计策，到达了洛阳，高兴地说："我乘坐驿车就到了这里，没
想到这么安全。现在我占据荥阳，荥阳以东没有什么可担心的
了。"周亚夫派官吏搜索崤山、渑池之间，果然抓到了吴王的伏
兵。于是，周亚夫向景帝请求让赵涉担任护军，率兵向东北抵达
昌邑。

吴军猛攻梁国，梁王多次派使臣向周亚夫求救，周亚夫不
答应。梁王又向景帝告状，景帝派使臣令周亚夫救援梁国，周亚
夫拒不奉诏，而是派轻骑出淮泗口，切断吴、楚兵马的后路，堵塞
他们的运粮通道。梁王派韩安国、张羽为统兵将军，张羽作战英
勇，韩安国老成持重，所以颇能够打败吴军。吴军准备向西进
攻，但由于梁军据城死守，不敢向西，于是向汉朝军队发起进攻。

亚夫坚壁不战，军中夜惊，内相攻击，扰乱至帐下，亚夫坚卧不起，顷之，复定。吴奔壁东南陬，亚夫使备西北。已而，其精兵果奔西北，不得入。吴、楚士卒多饥死叛散，乃引而去。二月，亚夫出精兵追击，大破之。吴王濞弃军，夜亡走；楚王戊自杀。

吴王之初发也，其臣田禄伯曰："兵屯聚而西，无他奇道，难以立功。臣愿得五万人，别循江淮而上，收淮南、长沙，入武关，与大王会，此亦一奇也。"王太子谏曰："王以反为名，此兵难以属人，人亦且反王，奈何？"王即不许禄伯。

桓将军曰："吴多步兵，步兵利险；汉多车骑，车骑利平地，愿大王所过城不下，直去，疾西，据洛阳武库，食敖仓粟，阻山河之险，以令诸侯，虽无入关，天下固已定矣。大王徐行，留下城邑，汉军车骑至，驰入梁、楚之郊，事败矣。"王亦不用。

是月晦，日食。 越人诛濞，齐王将闾及卬、遂皆自杀，雄渠、贤、辟光皆伏诛；徙济北王志为菑川王。

吴王度淮，走丹徒，保东越，越人杀之。三王之围临菑也，齐王使路中大夫告于天子。天子复令还报，告齐王坚守，"汉兵今破吴、楚矣"。路中大夫至，三国兵围临菑数重。三国将与盟曰："若反，言：'汉已破矣，齐趣下三国。

周亚夫坚壁不战,夜间,军营中发生骚乱,内部互相攻击,扰乱到周亚夫的大帐附近,周亚夫仍然睡着不起床,不一会儿,就恢复了宁静。吴军向汉军营寨的东南角发动进攻,周亚夫却命令加强西北角的守备。不久,吴军的精兵果然扑向西北,但没能得逞。吴、楚士兵多被饿死,有的背叛逃跑,吴王只好领兵撤退。二月,周亚夫派出精锐部队追击,大败叛军。吴王刘濞丢下军队,连夜逃走;楚王刘戊自杀身亡。

吴王刘濞刚起兵叛乱时,他的臣下田禄伯说:"人马集结起来向西进攻,没有可出奇兵之道,难以立功。我请求拨给我五万人,另外沿江、淮而上,攻占淮南、长沙,进入武关,与大王的人马会合,这也是一条奇策。"吴王的太子劝谏道:"大王以造反为名,这样的部队不能交给别人,假如别人也背叛了您,怎么办呢?"吴王就没同意田禄伯的计策。

桓将军劝吴王说:"吴国多是步兵,步兵的优势是能在险要的地方作战;汉军大多是车骑兵,车骑兵的优势在于平地作战,希望大王不要攻占经过的城池,直接迅速地向西进军,占领洛阳武库,夺取敖仓的粮食,依靠山河的险要地势,来号令诸侯,即便还没进入函谷关,天下就已经平定了。大王如果进军缓慢,滞留下来攻取城池,等汉军的战车、骑兵部队杀到,冲入梁国、楚国的郊野,大事就会失败了。"吴王也不用这个计策。

本月的最后一天,出现日食。 越国人诛杀刘濞,齐王刘将闾和刘印、刘遂都自杀身亡,刘雄渠、刘贤、刘辟光都被处死;景帝将济北王刘志改封为淄川王。

吴王刘濞渡过淮河,逃到丹徒县,依附东越以求自保,东越人杀死了刘濞。胶西、胶东、淄川三王包围临淄时,齐王派遣路中大夫向景帝求救。景帝又命令路中大夫回去复命,报告齐王要坚守城池,并且告诉他"朝廷的军队现在已经打败吴、楚叛军了"。路中大夫赶回去时,三国的兵马已经将临淄城重重包围起来。三国的将领要挟路中大夫与他们结盟,说:"你把话反过来说:'朝廷的军队已经被打败了,齐国赶快向三个诸侯国投降吧。

不,且见屠。'"路中大夫既许,至城下,望见齐王曰:"汉已
发兵百万,击破吴、楚,方引兵救齐,齐必坚守无下!"齐初
围急,阴与三国通谋,会路中大夫从汉来,其大臣乃复劝王
无下。而栾布等兵至,击破三国兵。后闻齐初有谋,欲伐
之。孝王惧,饮药自杀。胶西王卬亦自杀,胶东、菑川、济
南王皆伏诛。郦寄攻赵,七月不下。栾布还,并兵引水灌
之,王遂自杀。帝以齐迫劫有谋,非其罪也,召立其太子
寿。济北王亦欲自杀,齐人公孙玃为说梁王曰:"夫济北之
地,东接强齐,南牵吴、越,北胁燕、赵,此四分五裂之国,权
不足以自守,劲不足以捍寇,又非有奇怪以待难也。虽坠
言于吴,非其正计也。乡使济北见情实,示不从之端,则吴
必先历齐,毕济北,招燕、赵而总之。如此,则山东之从结
而无隙矣。令吴王连兵,西与天子争衡,济北独底节不下,
使吴失与而无助,破败而不救者,未必非济北之力也。功
义如此,尚见疑于上,臣恐藩臣守职者疑之。臣窃料之,
能历西山,径长乐,抵未央,攘袂而正议者,独大王耳。上
全亡国,下安百姓,德沦骨髓,恩加无穷,愿大王留意详惟
之。"孝王以闻,济北王得不坐,徙封菑川。

徙淮阳王余为鲁王,汝南王非为江都王;立楚元王

不这么做的话，就要遭到屠城之灾。'"路中大夫答应后，来到临淄城下，远远地看见齐王，说："朝廷已经发兵百万，打败了吴、楚叛军，正带兵赶来援救齐国，齐国一定要坚守不降啊！"齐国当初被围困得危急时，曾经暗中与三国联络想叛乱，正好路中大夫从朝廷赶来，齐王的大臣们才再次劝他不要投降。栾布等人率兵杀到，打败了三国的军队。后来听说当初齐王与三国有阴谋，打算讨伐齐国。齐孝王内心恐惧，服毒药自杀。胶西王刘卬也自杀而死，胶东王、淄川王、济南王都被处死。郦寄率军攻打赵国，打了七个月也没能攻破。栾布率军从齐国返回，与郦寄合兵，引河水灌进邯郸城，赵王刘遂自杀。景帝因为齐国是迫于危急形势才参与反叛阴谋，不是齐王的罪过，于是下诏封齐孝王的太子刘寿为齐王。济北王也准备自杀，齐国人公孙獝为他去游说梁王刘武："济北国的封地，东边连接强大的齐国，南边与吴、越两国为邻，北边受到燕、赵两国的威胁，这是一个四面受敌、随时可能被人瓜分的王国，从权谋上说，不足以自守；从实力上看，不足以抵御强敌，又没有什么奇策可以抵抗灾难。虽然失言答应了吴国的叛乱计划，但并不是出于真心。假如济北王当初表露出对朝廷的忠诚，显出不遵从吴王的迹象，那么吴王肯定会先放过齐国，而占领济北国，再招诱燕、赵两国来统领他们。这样的话，崤山以东的诸侯就会形成联盟，不留一点缝隙了。如今，吴王聚集了各国的军队，向西进攻与天子争胜，唯有济北国坚守臣节不投降吴王，使得吴王失去了盟友而得不到援助，最后被打败，其中未必没有济北国所尽的一份微薄之力。像济北王有这样的功德道义，还被皇上猜疑，我恐怕其他诸侯们会由此而产生疑虑。我私下里考虑，能够经过西山，直入长乐宫，抵达未央宫，敢在皇上面前据理力争的，只有大王您一个人。上能保全济北国，下能安定黎民百姓，您的功德深入骨髓，恩惠以至无穷，希望大王能认真地考虑这件事。"梁王把这个情况通报到朝廷，济北王得以不坐罪，改封为淄川王。

景帝改封淮阳王刘余为鲁王，汝南王刘非为江都王；立楚元王

子礼为楚王。

初欲续吴、楚，太后曰："吴王首为纷乱，奈何续其后？"许立楚后，乃立礼。

子端为胶西王，胜为中山王。

戊子（前153） 四年
春，复置关，用传出入。 夏四月，立子荣为皇太子，彻为胶东王。 赦。 冬十月晦，日食。 徙衡山王勃为济北王，庐江王赐为衡山王。

初七国反，吴使者至衡山，衡山王坚守无二心。上以为贞信，徙王于济北以褒之。庐江王以边越，数通使，徙王衡山。

己丑（前152） 五年
春正月，作阳陵邑，募民徙居之。 遣公主嫁匈奴单于。 徙广川王彭祖为赵王。

庚寅（前151） 六年
冬十二月，雷，大霖雨。 秋九月，废皇后薄氏。

辛卯（前150） 七年
冬十一月，废太子荣为临江王。
初，燕王臧荼孙女臧儿，嫁王仲，生男信与两女。仲死，更嫁田氏，生蚡。文帝时，臧儿长女为金王孙妇，生女俗。卜筮之，曰："两女皆当贵。"臧儿乃夺金氏妇，内之太子宫，生男彻。及帝即位，长公主嫖欲以女嫁太子荣，其母栗姬

的儿子刘礼为楚王。

当初,景帝打算让吴王、楚王的后代继续当吴王、楚王,窦太后说:"吴王首先制造叛乱,还能再让他续后吗?"只允许立楚王的后代,于是立刘礼为楚王。

皇子刘端为胶西王,刘胜为中山王。

戊子(前153) **汉景帝前元四年**

春季,恢复设置关卡,凭传符进出。 夏四月,景帝立皇子刘荣为皇太子,刘彻为胶东王。 大赦天下。 冬十月的最后一天,出现日食。 景帝改封衡山王刘勃为济北王,庐江王刘赐为衡山王。

当初,七国反叛,吴国的使者到了衡山,衡山王坚守臣节无二心。景帝认为他正直诚实,改封他为济北王以示褒奖。庐江王因为与南越国接壤,多次与南越国通使,景帝将他改封为衡山王。

己丑(前152) **汉景帝前元五年**

春正月,兴建阳陵邑,招募百姓迁徙到阳陵居住。 景帝将公主嫁给匈奴单于。 景帝改封广川王刘彭祖为赵王。

庚寅(前151) **汉景帝前元六年**

冬十二月,空中响雷,多日下雨。 秋九月,景帝废皇后薄氏。

辛卯(前150) **汉景帝前元七年**

冬十一月,景帝废掉太子刘荣,改封为临江王。

当初,燕王臧荼的孙女臧儿,嫁给王仲为妻,生了儿子王信和两个女儿。王仲死后,臧儿改嫁田氏,生下儿子田蚡。文帝时,臧儿的长女嫁给金王孙为妻,生下女儿金俗。臧儿请人算命,卜人说:"两个儿女都应该是富贵的命。"臧儿于是从金王孙家夺回女儿,把她送到太子宫中,生下儿子刘彻。到景帝即位时,景帝的姐姐长公主刘嫖想把女儿嫁给太子刘荣,刘荣的母亲栗姬

以后宫诸美人,皆因公主见帝,怒不许。公主欲予彻,王夫人许之。由是公主日馋栗姬,而誉彻之美,帝亦自贤之。王夫人知帝嗛栗姬,因怒未解,阴使人趣大行,请立栗姬为皇后,帝怒曰:"是而所宜言邪!"遂按诛大行,而废太子。太傅窦婴力争,不能得,乃谢病免。栗姬恚恨而死。

　　是月晦,日食。　春,丞相青免,以周亚夫为丞相,罢太尉官。　夏四月,立夫人王氏为皇后,胶东王彻为皇太子。　以郅都为中尉。

　　始,都为中郎将,敢直谏。尝从入上林,贾姬如厕,野彘卒来入厕。上目都,都不行;欲自救姬,都伏上前曰:"亡一姬,复一姬进,天下所少,宁贾姬等乎?陛下纵自轻,奈宗庙、太后何?"上乃还。都为人勇悍公廉,不发私书,问遗无所受,请谒无所听。及为中尉,先严酷,行法不避贵戚,列侯、宗室见都,侧目而视,号曰"苍鹰"。

　　壬辰(前149)　中元元年
夏四月,赦。　地震。　衡山原都雨雹。
大者尺八寸。

　　癸巳(前148)　二年
春三月,征临江王荣下吏,荣自杀。
临江王荣坐侵太宗庙壖垣为宫,征诣中尉府对簿。王欲得刀笔为书谢上,而郅都禁吏不予。窦婴使人间与之。

因为后宫的美人都是由长公主推荐给景帝的,所以对长公主很生气而不予同意。长公主又想把女儿嫁给刘彻,刘彻的母亲王夫人答应了。从此,长公主每天都在景帝面前说栗姬的坏话,而称赞刘彻的美德;景帝自己也觉得他很贤良。王夫人知道景帝恨栗姬,趁景帝怒气未消,暗中指使人催促大行,请求景帝立栗姬为皇后,景帝生气地说:"这是你该说的话吗!"于是,按罪把大行杀了,废掉太子。太傅窦婴极力谏诤,没能改变景帝的决定,于是称病请求免职。栗姬愤恨而死。

本月的最后一天,出现日食。 春季,丞相陶青被免职,景帝任命周亚夫为丞相,并下诏取消太尉这个官职。 夏四月,景帝立王夫人为皇后,立胶东王刘彻为皇太子。 景帝任命郅都为中尉。

起初,郅都为中郎将,敢于直言进谏。曾经跟随景帝进入上林苑,贾姬上厕所时,一只野猪突然闯进厕所。景帝用眼睛暗示郅都去救贾姬,郅都不动;景帝想自己去救贾姬,郅都上前跪在景帝面前说:"失去一个姬妾,又会有一个姬妾进宫,天下所缺少的,难道是贾姬这样的人吗?陛下纵然可以不爱惜自己,但如何对待宗庙和太后呢?"景帝于是返了回来。郅都为人勇猛强悍,公正廉洁,从不拆看私人寄来的书信,不接受问候赠送的礼物,不搭理别人的请求。等到做了中尉,更加严厉酷苛,执行法律时不躲避皇亲国戚,列侯和宗室见到郅都都侧目而视,称他为"苍鹰"。

壬辰(前149) **汉景帝中元元年**
夏四月,大赦天下。 发生地震。 衡山国的原都下冰雹。冰雹大的直径达一尺八寸。

癸巳(前148) **汉景帝中元二年**
春三月,景帝征召临江王刘荣接受审问,刘荣自杀。

临江王刘荣因占用太宗庙前空地上的围墙修建宫室而犯罪,被征召到中尉府接受讯问。临江王想得到刀笔,写信向景帝谢罪,但郅都禁止官吏给他刀笔。窦婴派人暗中把刀笔送给临江王。

王既为书,因自杀。太后闻之,怒,后竟以危法中都,杀之。

夏四月,有星孛于西北。　立子越为广川王,寄为胶东王。　秋九月晦,日食。　梁王武使人杀袁盎。

初,梁孝王以至亲有功,得赐天子旌旗,出跸入警。王宠信羊胜、公孙诡。胜、诡使王求为汉嗣。栗太子废,太后欲以梁王为嗣,尝因置酒,谓帝曰:“安车晏驾,用梁王为寄。”帝跪曰:“诺。”袁盎等曰:“昔宋宣公不立子而立弟,以生祸乱,五世不绝。小不忍,害大义,故《春秋》大居正。”由是太后议格。

梁王由此怨盎,乃与胜、诡谋,阴使人刺杀盎及他议臣十余人,于是天子意梁。逐贼,果梁所为。遣田叔往按,捕诡、胜,诡、胜匿王后宫。内史韩安国见王泣曰:“主辱臣死。大王无良臣,故纷纷至此。今胜、诡不得,请辞,赐死!”王曰:“何至此?”安国泣数行下,曰:“大王诛邪臣浮说,犯上禁,桡明法。天子以太后故,不忍致法,太后日夜涕泣,幸大王自改,大王终不觉寤。有如太后宫车即晏驾,大王尚谁攀乎?”语未卒,王泣数行下,令诡、胜自杀,出之。

使邹阳见皇后兄王信,曰:“长君弟得幸于上,而长君行迹多不循道理者。今梁王即伏诛,太后无所发怒,切齿侧目于贵臣,窃为足下忧之。长君诚为上言‘毋竟梁事’,太后德长君入骨髓,而长君之弟幸于两宫,金城之固也。

临江王写完信后，就自杀了。窦太后听说了，很生气，后来竟然将重罪加给郅都，把他杀了。

夏四月，在西北天空出现彗星。 立皇子刘越为广川王，刘寄为胶东王。 秋九月的最后一天，出现日食。 梁王刘武派人杀死袁盎。

当初，梁王因为和景帝是至亲，又有大功，被赐予天子使用的旌旗，出称"跸"，入称"警"。梁孝王宠信羊胜、公孙诡，羊胜、公孙诡劝说梁孝王请求成为帝位继承人。栗太子被废后，窦太后想让梁孝王成为景帝的继承人，曾经利用宴饮的机会，对景帝说："等我百年之后，把梁王托付给你。"景帝跪着说："好。"袁盎等人说："过去宋宣公不立太子而立弟弟，以致酿成祸乱，持续了五代。小处不注意，就会伤害大义，所以《春秋》赞同大义为主宰。"因此窦太后的建议被阻止了。

梁王因此怨恨袁盎，就和羊胜、公孙诡谋划，暗中派人刺杀了袁盎以及其他参加议论的大臣十几人，当时景帝猜测是梁王干的。追审刺客，果然是梁王派来的。景帝派田叔前往梁国查案，逮捕公孙诡、羊胜，公孙诡、羊胜躲到梁王的后宫。梁国内史韩安国进见梁王，哭泣着说："君主遭受耻辱，大臣应该为他而死。大王没有良臣，才弄到这种地步。如今要是抓不到羊胜、公孙诡，我请求与您诀别，赐我一死！"梁王问："何至于此呢？"韩安国泪流满面，说："大王受奸臣的引诱，违反了皇上的禁令，冒犯了尊严的法律。皇上因为太后的缘故，不忍心对您动用法律，太后日夜哭泣，希望大王能改过自新，大王却始终不能觉悟。假若太后去世，大王还能依靠谁呢？"话还没说完，梁王已经泪流满面，下令让公孙诡、羊胜自杀，交出他们的尸体。

梁王派邹阳去见皇后的哥哥王信，说："您的妹妹为皇上宠幸，但您的行为多有不遵循道理的地方。现在梁王如果被依法处死，太后没有地方发泄怒火，就会对贵臣咬牙切齿，侧目痛恨，我私下里为您担忧。您如果能真挚地劝说皇上，使他能'不追究梁王的事'，太后就会深入骨髓地感激您的大德，而您的妹妹就可以受到皇上和太后的宠幸，这可以使您家像金城一般坚固。

昔者象日以杀舜为事,及舜立为天子,封之于有卑,是以后世称之。以是说天子,徼幸梁事不奏。"长君乘间言之,帝怒稍解。

时太后忧梁事不食,日夜泣不止,帝亦患之。田叔等还至霸昌厩,悉烧梁狱辞,空手来见。帝曰:"梁有之乎?"对曰:"死罪有之。"上曰:"其事安在?"田叔曰:"上毋以梁事为问也。今梁王不伏诛,是汉法不行也;伏法而太后食不甘味,卧不安席,此忧在陛下也。"上大然之。使叔等谒太后曰:"梁王不知也,为之者,幸臣羊胜、公孙诡之属耳,谨已伏诛,梁王无恙也。"太后立起坐餐,气平复。

梁王因上书请朝,至关,乘布车,从两骑,伏斧质于阙下谢罪。太后、帝大喜,相泣复如故。然帝益疏王,不与同车辇矣。以田叔为贤,擢为鲁相。

甲午(前147) 三年

冬十一月,罢诸侯御史大夫官。 夏四月,地震。 旱,禁酤酒。 立子乘为清河王。 秋九月,蝗。 有星孛于西北。 是月晦,日食。 丞相亚夫免。

初,上废栗太子,周亚夫固争之,不得,而梁王每与太后言亚夫短。太后欲侯王信,帝与亚夫议之。亚夫曰:"高帝约'非有功不侯'。信虽后兄,无功,侯之非约也。"帝默然

当初，舜的弟弟象每天都想杀死舜，等到舜成了天子，却把象封到有卑，因此后世都称赞舜。您要是用这个道理去劝说皇上，也许梁王的事就可以侥幸不处理了。"王信找机会对景帝说了这番话，景帝的怒气有所消除。

当时，太后担心梁王的事，不吃不喝，日夜哭泣不止，景帝也很担心。田叔等人返回到霸昌厩，将从梁国取得的证词全部烧毁，空手来见景帝。景帝问："梁王有罪吗？"田叔回答说："有死罪。"景帝问："他的罪证在哪里？"田叔说："陛下不要再过问此事了。如果梁王不依法处死，是汉朝的法律不能执行；如果处死的话，太后就会食不甘味，睡不好觉，这就会让陛下忧愁。"景帝很赞同他的意见。派田叔等人去谒见太后，说："梁王不知道实情，做这件事的只是他的宠臣羊胜、公孙诡之流，他们已经依法处斩了，梁王没有什么事。"太后听完，就起身吃饭了，情绪恢复了平静。

梁王于是上书请求朝见景帝，人已抵达函谷关，乘坐着普通的布车，只带了两名骑兵随从，跪伏在皇宫门前的刑具上，向景帝请罪。太后、景帝大喜过望，相对哭泣，又恢复了原来的骨肉亲情。但景帝却越来越疏远梁王，不再带他同乘一辆车了。景帝认为田叔很贤能，提升他为鲁国的相。

甲午（前147）　汉景帝中元三年

冬十一月，罢除诸侯国的御史大夫官职。　夏四月，发生地震。　发生旱灾，朝廷禁止卖酒。　景帝立皇子刘乘为清河王。　秋九月，发生蝗灾。　西北天空出现了彗星。　本月的最后一天，出现日食。　丞相周亚夫被免职。

当初，景帝废掉栗太子，周亚夫坚决反对，但没有起作用，而梁王每次与太后见面时都要说周亚夫的短处。太后想给王信封侯，景帝和周亚夫商议。周亚夫说："高皇帝有约：'不是立下战功的人不能封侯。'现在王信虽然是皇后的哥哥，但没有立下什么功劳，如果给他封侯就违背高皇帝的约定。"景帝沉默没说话，

而止。后匈奴王徐卢等六人降，帝欲侯之以劝后，亚夫曰："彼背其主而降，侯之则何以责人臣不守节者乎?"帝曰："丞相议不可用。"乃悉侯之，亚夫因谢病，免。

以刘舍为丞相。

乙未（前146）　**四年**
夏，蝗。　冬十月，日食。

丙申（前145）　**五年**
夏，立子舜为常山王。　六月，赦。　大水。　秋八月，未央宫东阙灾。　九月，诏狱疑者，谳之。
诏曰："狱者，人之大命，死者不可复生，朕甚怜之。诸狱疑，若虽文致于法，而于人心不厌者，辄谳之。"

地震。

丁酉（前144）　**六年**
冬十月，梁王武来朝。
王上疏欲留，上不许。王归国，意忽忽不乐。

改诸官名。
奉常，曰太常；廷尉，曰大理；典客，曰大行令。
春二月，郊五畤。　三月，雨雪。　夏四月，梁王武卒。分梁地，王其子五人。
梁孝王薨，太后哭，不食，曰："帝果杀吾子。"帝哀惧，不知所为，乃分梁为五国，尽立孝王男五人为王：买为梁王，明为济川王，彭离为济东王，定为山阳王，不识为济阴王；

不再提及此事。后来,匈奴王徐卢等六人来降,景帝打算封他们为侯,以鼓励后来的人归降,周亚夫说:"他们背叛自己的君主前来投降,给他们封侯,还怎么责备不守节义的人臣呢?"景帝说:"丞相的意见不能采用。"于是把他们都封为侯。周亚夫于是称病,被免职。

景帝任命刘舍为丞相。

乙未(前146)   汉景帝中元四年
夏季,发生蝗灾。   冬十月,出现日食。

丙申(前145)   汉景帝中元五年
夏季,景帝立皇子刘舜为常山王。   六月,大赦天下。   发生水灾。   秋八月,未央宫东门发生火灾。景帝下诏平议疑难案件。

诏书说:"案件关系到人的身家性命,人死不能复生,我很怜悯那些犯人。各项疑难案件,虽然根据法律可以定罪的,但不能使人心服的,一律予以平议。"

发生地震。

丁酉(前144)   汉景帝中元六年
冬十月,梁王刘武来京朝见。

梁王上书想留在长安居住,景帝不允许。梁王返回封国,心中闷闷不乐。

景帝更改诸职官名。

奉常改为"太常",廷尉改为"大理",典客改为"大行令"。   春二月,景帝在五畤祭天。   三月,下雪。   夏四月,梁王刘武去世。景帝将梁国的土地分给梁王的五个儿子。

梁孝王去世,窦太后哭得很悲哀,不进饮食,说:"皇帝果然杀掉了我的儿子。"景帝悲哀恐惧,不知怎么办是好,于是将梁国的土地分成五国,将梁孝王的五个儿子全封为王:刘买为梁王,刘明为济川王,刘彭离为济东王,刘定为山阳王,刘不识为济阴王;

女五人,皆食汤沐邑。太后乃悦,为帝加一餐。

更减笞法,定箠令。

既减笞法,笞者犹不全,乃更减笞三百曰二百,笞二百曰一百。又定箠令:箠长五尺,其本大一寸,竹也;末薄半寸,皆平其节。当笞者笞臀,毕一罪,乃更人。自是,笞者得全。然死刑既重,而生刑又轻,民易犯之。

六月,匈奴寇雁门、上郡。

匈奴入雁门、上郡。李广为上郡守,尝从百骑出,卒遇匈奴数千骑。广骑欲驰还,广曰:“吾去大军数千里,今走,匈奴追射我立尽。今我留,匈奴必以我为大军之诱,不敢击。”令诸骑曰:“前!”未到匈奴陈二里所,令皆下马解鞍,以示不走。匈奴有白马将出,护其兵,广上马与十余骑奔射杀之而还,解鞍,令士皆纵马卧。会暮,胡兵终怪之,不敢击,夜引而去。

秋七月晦,日食。   以宁成为中尉。

自郅都死,长安宗室多暴犯法,上乃召宁成为中尉。其治效郅都,其廉弗如,然宗室、豪桀人人惴恐。

戊戌(前143)   后元元年
春正月,诏治狱者务先宽。

诏曰:“狱,重事也。人有智愚,官有上下。狱疑者,谳有司;

五个女儿都封给汤沐邑。太后听说后才高兴,为表示对景帝的嘉赏,就吃了一顿饭。

景帝再次减轻笞刑,制定了实施笞刑的法令。

景帝已经减少了笞打次数,但受笞刑的人仍然难保性命,就再次减刑:该笞打三百下的,减为二百;该笞打二百下的,减为一百。又制定了实施笞刑的法令:打人的笞杖长为五尺,握手的地方用直径一寸的竹管,末梢为半寸薄的竹片,竹节都要磨平。该受笞刑的人要打他的臀部;打完一个犯人,再更换行刑的人。从此,受笞刑的人就得以保全了。但是死刑很重,而非死刑的刑罚又很轻,百姓反而容易犯罪。

六月,匈奴侵犯雁门郡、上郡。

匈奴攻入雁门郡、上郡。李广担任上郡太守,曾经带领一百名骑兵出行,突然遇到几千名匈奴骑兵。李广的骑兵想逃回去,李广说:"我们离大军有几千里远,现在逃跑,匈奴兵追杀射击,我们马上就会完;如果我们留在这儿,匈奴兵一定以为我们是大军的诱敌队伍,不敢追击。"李广命令骑兵:"前进!"离敌阵还有不到二里的地方,李广命令部下都下马解鞍,表示不逃跑。匈奴阵中有一个白马将军出阵,监护他的军队,李广上马,带着十几个骑兵冲上前,将白马将军射死,然后返回阵中,解开马鞍,命令士兵放开战马,就地休息。直至黄昏时分,匈奴兵始终觉得李广部队很奇怪,不敢进攻。到了夜里,匈奴军队撤走了。

秋七月的最后一天,出现日食。 景帝任命宁成为中尉。

自从郅都死后,长安的宗室多有凶暴犯法,景帝于是征召宁成担任中尉。宁成仿效郅都治理政务,虽然不如郅都清廉,但是宗室、豪强人人心里都惶恐不安。

戊戌(前143) 汉景帝后元元年

春正月,景帝下诏审理案件的官员务必要从宽断案。

诏书说:"审理案件,是重大的政事。人的智愚有不同,官的级别有上下的区别。有疑惑的案件要上呈给有关部门再审;

有司所不能决,移廷尉。谳而后不当,谳者不为失,欲令治狱者务先宽。"

三月,赦。 夏,大酺五日,民得酤酒。 地震。

震凡二十二日,坏上庸城垣。
丞相舍免。 秋七月晦,日食。 八月,以卫绾为丞相,直不疑为御史大夫。

初,绾以中郎将事文帝,醇谨无他。上为太子时,召文帝左右饮,而绾称病不行。文帝且崩,属上曰:"绾长者,善遇之。"故上亦宠任焉。

不疑为郎,同舍有告归,误持其同舍郎金去,同舍郎意不疑,不疑买金偿。后告归者至而归金,亡金郎大惭。以此称为长者。人或毁不疑,以为盗嫂,不疑曰:"我乃无兄。"然终不自明也。

下条侯周亚夫狱。亚夫不食死。

帝召周亚夫赐食,独置大胾,无切肉,又不置箸。亚夫心不平,顾谓尚席取箸。上视而笑曰:"此非不足君所乎?"亚夫免冠谢上,上曰:"起。"亚夫因趋出,上目送之曰:"此鞅鞅,非少主臣也。"居无何,亚夫子为父买工官尚方甲楯可葬者,为人所告,事连污亚夫。召诣廷尉,不食五日,欧血而死。

己亥(前142) 二年

有关部门还不能断案的，要移交廷尉审理。如果上级审查有误，送交疑案的官员不算失职，只是希望审理案件的官员务必要从宽断案。"

三月，大赦天下。　夏季，让天下相聚饮酒五天，允许百姓卖酒。　发生地震。

地震持续了二十二天，毁坏了上庸的城墙。

丞相刘舍被免职。　秋七月的最后一天，出现日食。　八月，景帝任命卫绾为丞相，直不疑为御史大夫。

当初，卫绾担任中郎将事奉文帝，纯朴谨严，没有二心。景帝为太子时，召集文帝身边的人宴饮，卫绾称病不参加。文帝临终前嘱咐景帝说："卫绾是长者，你要好好地对待他。"所以景帝也很宠信卫绾。

直不疑担任郎官时，同居一处的某人请假回家，误拿了另一位郎官的黄金，那位郎官以为是直不疑拿走的，直不疑就买来黄金还给他。后来，请假回家的人回来，交还了误拿的黄金，丢失黄金的郎官大为惭愧。因此直不疑被人称为长者。有人诋毁直不疑与嫂私通，直不疑说："我并没有兄长。"却终究不做自我辩白。

景帝将条侯周亚夫投进监狱受审。周亚夫不吃东西，绝食身亡。

景帝召见周亚夫，赏赐食物，只给了一大块肉，没有切开，又不准备筷子。周亚夫心里不高兴，回头吩咐主管宴席的官员拿筷子来。景帝看着周亚夫，笑着问："这难道不能满足您的心吗？"周亚夫脱下帽子向景帝请罪，景帝说："起来。"周亚夫于是快步退了出去，景帝目送着他出去，说："这样愤愤不平的人，可不能做年幼君主的臣子。"过了不久，周亚夫的儿子为父亲从工官那里买了专供皇室用于殉葬的铠甲盾牌，被人告发，事情牵涉到周亚夫。景帝下诏让周亚夫去廷尉那里接受审问，周亚夫绝食五天，吐血而死。

己亥（前142）　汉景帝后元二年

春正月,地一日三动。 禁内郡食马粟,没入之。

以岁不登故也。

夏四月,诏:戒二千石修职事。

诏曰:"雕文刻镂,伤农事者也;锦绣纂组,害女工者
也。农事伤则饥之本,女工害则寒之原也。夫饥寒并至,
而能亡为非者,寡矣。朕亲耕,后亲桑,以奉宗庙粢盛、祭
服,为天下先;不受献,减太官,省繇赋,欲天下务农蚕,素
有畜积,以备灾害。强毋攘弱,众毋暴寡,老耆以寿终,幼
孤得遂长。今岁或不登,民食颇寡,其咎安在?或诈伪为
吏,以货赂为市,渔夺百姓,侵牟万民。县丞,长吏也,奸法
与盗盗,甚无谓也!其令二千石各修其职;不事官职、耗乱
者,丞相以闻,请其罪。"

诏訾算四得官。

诏曰:"今訾算十以上乃得官。廉士訾不必众,朕甚愍
之。訾算四得官,亡令廉士久失职,贪夫长利。"

秋,大旱。

庚子(前141) 三年

冬十月,日月皆赤。

凡五日。

十二月,雷,日如紫;五星逆行,守太微;月贯天廷中。

春正月,诏劝农桑,禁采黄金、珠玉。

春正月,一天里发生三次地震。　景帝下诏禁止内地各郡用粮食喂马,有违禁的,没收他的马匹入官府。

　　这是因为连年歉收的原因。

　　夏四月,景帝下诏:告诫二千石的官员严格遵守职责。

　　景帝下诏说:"追求器物的精雕细刻,就会损害农业;追求丝织品的华丽多彩,就会损害纺织业。农业受到损害,是造成天下饥荒的根本原因;纺织业受到损害,是导致百姓受寒冻的根本原因。饥寒交迫的情况下,还能够不违法犯罪的,实在很少。朕亲自参加耕种,皇后亲自种桑养蚕,以其收获作为供奉宗庙的粮食和祭服,开天下之先导;不接受进贡,减少太官的供应,节省徭役和赋税,希望天下的百姓都来从事农业和纺织业,平时能有积蓄以防备灾害。强的不抢夺弱的,多的不欺负少的,老年人能安度晚年,年幼的孤儿能平安地成长。但是现在,有的年份农业歉收,百姓的食物很匮乏,是什么原因造成这种局面的呢?也许是在于奸诈伪劣的人做了官吏,公然行贿受贿,强取豪夺,侵夺百姓。县丞是重要的官吏,却作奸犯法,与贼盗共盗,太不成样子!命令二千石的官员,各自严格遵守职责;不履行职责,为政不佳的,丞相要向我汇报,商定处置的罪名。"

　　景帝下诏规定,家中资产达到四万钱的可以做官。

　　诏书说:"如今家中资产达到十万以上的才可以做官,而廉洁之士肯定没有这么多资产,我很哀怜他们。现在规定:家中资产达到四万以上的就可以做官,这样就不会使廉洁的人很久得不到官职,使贪婪的人长久占着便利。"

　　秋季,发生大旱。

　　庚子(前141)　汉景帝后元三年

　　冬十月,太阳和月亮都呈现出红色。

　　一共持续了五天。

　　十二月,打雷,太阳呈现出紫色;五大行星逆行,停在太微星座;月亮从天廷中部穿过。　春正月,景帝下诏劝百姓从事农业,禁止开采黄金、珠玉。

诏曰："农,天下之本也,黄金珠玉,饥不可食,寒不可衣,间岁或不登,意为末者众,农民寡也。其令郡国,务劝农桑、益种树,可得衣食物。吏发民若取庸,采黄金、珠玉者,坐赃为盗。二千石听者,与同罪。

帝崩,太子彻即位。
年十六。
尊皇太后为太皇太后,皇后为皇太后。二月,葬阳陵。

辛丑(前140)　世宗孝武皇帝建元元年
冬十月,举贤良方正直言极谏之士。以董仲舒为江都相。治申、韩、苏、张之言者,皆罢之。

举贤良方正直言极谏之士,上亲策问之。广川董仲舒对曰:"臣谨按《春秋》之中,视前世已行之事,以观天人相与之际,甚可畏也。国家将有失道之败,而天乃先出灾害以谴告之;不知自省,又出怪异以警惧之;尚不知变,而伤败乃至,以此见天心之仁爱人君,而欲止其乱也。自非大亡道之世者,天尽欲扶持而全安之,事在强勉而已矣。强勉学问,则闻见博而知益明;强勉行道,则德日起而大有功。此皆可使还至而立有效者也。

"道者,所繇适于治之路也,仁、义、礼、乐皆其具也。

景帝下诏:"农业是天下的根本,黄金、珠玉,饥饿时不能当饭吃,寒冷时不能当衣服穿。最近有时年成不好,估计是从事末业的人多了,从事农业的人少了。命令各郡、国的官员要劝百姓从事农桑、多种树,这样才可以得到衣服和食物。官吏如果征发百姓服役,让他们去开采黄金、珠玉,就判处偷盗罪,将所得作为赃物来定罪。二千石官员如果听任他们,放纵不管,也按同样的罪名论处。

景帝去世,太子刘彻继承皇位。

年仅十六岁。

尊奉皇太后为太皇太后,皇后为皇太后。二月,将景帝安葬在阳陵。

汉武帝

辛丑(前140)　汉武帝建元元年

冬十月,武帝下诏令举荐贤良方正直言极谏的人,任命董仲舒为江都相。研究申不害、韩非、苏秦、张仪等学说的贤良,都被遣返。

举荐贤良方正直言极谏的人才,武帝亲自出题考核他们。广川人董仲舒回答说:"臣谨从《春秋》的研究中,通过比较前代已经发生的事件,来观察天人相互之间的关系,发现很可怕。国家将要有丧失道义的败迹时,天就会显出灾害来谴责、警告国君;如果不知道自我反省,天又会显出怪异的现象来戒惧国君;如果还不知道改变,那么国家就会伤乱、破败,从此可以看出天心对人君的仁爱,而希望能制止伤乱。只要不是太没有道义的时代,天都会尽力加以扶持而保全国家,事情成功与否在于人的努力。努力研究学问,就会闻见更加广博,而知识更加精明;努力地去行道,那么德行就会渐渐兴起,而大建功业。这些都是可以迅速达到而卓有成效的。

"所谓道,是由此实现至治之路,仁、义、礼、乐都是具体方法。

故圣王已没,子孙长久,安宁数百岁,此皆礼乐教化之功也。夫人君莫不欲安存而恶危亡,然而政乱国危者甚众。所任者非其人,而所繇者非其道,是以政日以仆灭也。夫周道衰于幽、厉,非道亡也,幽、厉不繇也。至于宣王,思昔先王之德,兴滞补敝,明文、武之功业,周道粲然复兴,上天祐之。为生贤佐,后世称诵,至今不绝,此夙夜不懈行善之所致也。故治乱废兴在于己,非天降命,不可反也。

"臣闻:命者,天之令也;性者,生之质也;情者,人之欲也。尧、舜行德则民仁寿,桀、纣行暴则民鄙夭,有治乱之所生,故不齐也。王者欲有所为,宜求其端于天。天道之大者在阴阳,阳为德,阴为刑;刑主杀,而德主生。是故阳常居大夏,而以生育养长为事;阴常居大冬,而积于空虚不用之处,以此见天之任德不任刑也。王者承天意以从事,故任德教而不任刑也。今废先王德教之官,独任执法之吏,而欲德教之被四海,难矣!

"为人君者,正心以正朝廷,正朝廷以正百官,正百官以正万民,正万民以正四方,四方正,远近莫敢不壹于正,而亡有邪气奸其间者,是以阴阳调而风雨时,群生和而万物殖,诸福之物,可致之祥,莫不毕至,而王道终矣。

"今陛下贵为天子,富有四海,行高而恩厚,知明而意美,爱民而好士,可谓谊主矣。然而天地未应,而美祥莫至者,

所以古代圣明的君主去世以后，而他的子孙后代仍可以长期稳定地治理国家达到几百年之久，这都是礼乐教化的功劳。凡是君主，没有不希望国家安宁永存而害怕危急将亡的，但是政治昏乱、国家危亡的却很多。用人不当，治国不由正道，因而国家一天天走向灭亡。周王朝从幽王、厉王时开始衰败，并不是道不存在，而是幽王、厉王不行正确的治国之道。到宣王即位时，他追思昔日先王的德政，兴复被久滞的善政，弥补残缺不足，发扬文王、武王的功业，周朝的王道从此得以焕然复兴，上天加以佑护。涌现出贤良的左膀右臂，后世交口称赞，至今不绝于耳，这就是日夜不懈地推行善政而取得的成果。所以国家的治乱兴亡在于君主本身，不是天意要改朝换代，就不会亡国。

"我听说：命是天的旨意，性是人生的本质，情是人的欲望。尧、舜推行德政，百姓就仁爱长寿；桀、纣推行暴政，百姓就困苦早夭，有治乱兴亡的君主存在，所以就会产生不齐。君主要想有所作为，就应该向天寻求正道。天道最大的在于阴阳，阳是德，阴是刑；刑主杀，而德主生。所以阳气常存在于盛夏，以生养繁殖为己任；阴气常存在于隆冬，堆积于空旷虚无、没有用的地方，由此可见，天是任用阳气而不是任用阴气的。君主禀承天的旨意来治理国家，所以应该推行德政而不是滥用刑罚。如今废除了先王推行德教的官员，唯独任用执行刑法的官吏，要想把德教推行到四海之内，可就难了！

"做君主的人，首先要端正自己的思想，整顿朝廷，整顿了朝廷才能整顿百官，整顿了百官才能整顿百姓，整顿了百姓才能整顿四方的蛮夷戎狄，四方的蛮夷戎狄都整顿完了，远近就没有人敢不归于正道了，也就不会有奸邪之气弥漫天地之间，因此阴阳调和，风雨适时，众生祥和共处，万物繁衍生息，所有象征幸福的东西和可以招致的祥兆，全都出现，这就是王道的最高境界了。

"如今，陛下贵为天子，拥有四海之地，品德高尚而恩泽深厚，头脑精明而心地善良，爱护百姓而尊重贤人，可以称得上是仁义之君了。但是天地还没有相应的表示，而祥瑞也没有出现，

凡以教化不立而万民不正也。夫万民之从利,如水之走下,不以教化堤防之,不能止也。古之王者,莫不以教化为大务,立太学以教于国,设庠序以化于邑,渐民以仁,摩民以谊,节民以礼,故其刑罚甚轻而禁不犯者,教化行而习俗美也。

"圣主之继乱世也,扫除其迹而悉去之,复修教化而崇起之,教化已明,习俗已成,子孙循之,行五六百岁尚未败也。至秦灭先圣之道,而颛为自恣苟简之治,故立为天子十有四年而亡。然其遗毒余烈至今未灭,使习俗薄恶,人民嚣顽,虽欲善治之,亡可奈何! 法出而奸生,令下而诈起。譬之琴瑟不调,甚者,必解而更张之,乃可鼓也;为政而不行,甚者,必变而更化之,乃可理也。汉得天下以来,常欲治,而至今不可善治者,失之于当更化而不更化也。"

上复策之,仲舒对曰:"臣闻圣主之治天下也,少则习之学,长则材诸位,爵禄以养其德,刑罚以威其恶,故民晓于礼谊而耻犯其上。武王行大谊,平残贼,周公作礼乐以文之;至于成、康,囹圄空虚四十余年,此教化之渐而仁谊之流也。至秦则不然,师申、韩之说,憎帝王之道,以贪狼为俗,诛名而不察实,为善者不必免,而犯恶者未必刑也,是以百官皆饰虚辞而不顾实,外有事君之礼,内有背上之心,造伪饰诈,趋利无耻,是以刑者甚众,死者相望而奸不息,

这是因为没有推行教化，百姓没能走上正道。百姓追逐财利，就像水往低处流一样，不用教化筑成大堤来防备，就不能阻止。古代的明君，没有不把教化作为重要事情来抓的，兴建太学，在国都推行教化；创办学校，使教化推行到各个城邑，用仁来感化百姓，用义来激励百姓，用礼来节制百姓，因此尽管当时的刑罚很轻也没有人违犯法令，这是因为推行了教化，社会风气很好。

"圣明之君继承乱世，要将遗留下来的不好的东西全部扫除，还要推行教化，尊崇教化；教化取得显著成效，好的社会风气已经形成，子孙后世遵循不变，实行五六百年也不会衰败。到秦朝时，废弃了前代圣明君主的治国之道，而实行不顾长远，只图眼前利益的治国方法，所以秦朝只有十四年就灭亡了。但秦朝遗留下来的恶劣影响至今还没能予以消除，使得社会风气浅薄恶劣，百姓冥顽放肆，即使想好好地治理，也无可奈何！推出法律，就会有奸邪产生；下达命令，就会有狡诈出现。譬如琴瑟音调不和谐，严重的时候必须解下旧弦，换上新弦，才可以弹奏；实行统治碰到障碍，严重的时候，必须改变才可以治理好国家。汉朝得到天下以来，常常想治理好国家，但至今还没能治理好，究其原因就在于应该实行改革的时候而没有实行改革。"

武帝又考问他，董仲舒回答道："我听说圣明的君主治理天下，百姓幼年时就参加学习，长大后给以官职培养他的才能，赐给爵位俸禄以修炼他的品德，实施刑罚以震慑他的犯罪想法，所以百姓才能明晓礼义，而以冒犯君主为耻。周武王奉行大义，推翻残暴的贼君，周公制作礼乐来修饰政治；到成王、康王时代，监狱空虚四十多年，这是教化的浸润和仁义的流布的功效。到秦就不一样了，秦尊奉申不害、韩非的学说，憎恨帝王的至治之道，提倡贪婪求财的社会风气，只看重虚名而不注重实效，做好事的人不一定能幸免于难，而做坏事的人也不一定受到惩罚，所以百官都粉饰虚名而不讲求实际，表面上有事奉君主的礼节，而内心却有背叛君主的念头，制造虚伪，粉饰奸诈，追逐财利，毫无廉耻，所以遭受刑罚的人很多，死者一个接一个，犯罪行为却没能制止，

俗化使然也。

"今陛下并有天下，莫不率服，而功不加于百姓者，殆王心未加焉。曾子曰：'尊其所闻，则高明矣；行其所知，则光大矣。高明光大不在于他，在乎加之意而已。'愿陛下因用所闻，设诚于内而致行之，则三王何异哉？

"陛下夙寤晨兴，务以求贤，亦尧、舜之用心也，而未云获者，士不素厉也。夫不素养士而欲求贤，譬犹不琢玉而求文采也。故养士莫大乎太学；太学者，贤士之所关也，教化之本原也。愿兴太学，置明师，以养天下之士，数考问以尽其材，则英俊宜可得矣。郡守、县令，民之师帅，所使承流而宣化也。师帅不贤，则主德不宣，恩泽不流。今吏既亡教训于下，或不承用主上之法，暴虐百姓，与奸为市，贫穷孤弱，冤苦失职，甚不称陛下之意，是以阴阳错缪，氛气充塞，群生寡遂，黎民未济也。

"夫长吏多出于郎中、中郎、吏二千石子弟，选郎吏又以富訾，未必贤也。且古所谓'功'者，以任官称职为差，非谓积日累久也，故小材虽累日，不离于小官；贤材虽未久，不害为辅佐，是以有司竭力尽知，务治其业而以赴功。今则不然，累日以取贵，积久以致官，是以廉耻贸乱，贤不肖浑殽，未得其真也。臣愚以为使诸列侯、郡守各择其吏民之贤者，岁贡各二人以给宿卫，且以观大臣之能。所贡贤者，

这是社会风气造成了这样的局面。

　　"如今陛下统治天下，天下没有不服从的，但是还没能给百姓带来功德，大概您还没考虑到这里吧。曾子说：'能尊重听到的道理，就是高明；能实践学到的知识，就是光大。高明光大不在别的，就在于留心而已。'希望陛下利用所听到的道理，真诚地相信它，并推广它，那么和圣明的三王就没有什么不同呢？

　　"陛下夜以继日，希望求得贤人，这也是尧、舜的用心，但没有能获得贤士，是因为平时贤士并不显明。平时不招徕士人，而又想求得贤能之臣，就好像不雕琢璞玉却想得华美的玉器一样。所以招徕士人的最好办法，莫过于兴建太学；太学是贤士的来源，是推行教化的发祥地。希望陛下能兴建太学，设置博学的老师，以培养天下的士人，经常考试，使学生能够表现自己的才能，那么出类拔萃的贤人就可以得到了。郡守、县令是百姓的模范，他们的职责就是上承君主的仁道，向百姓传播教化。如果他们没有贤才，那么君主的仁德就得不到传播，恩泽得不到流布。如今的官吏都不能教化百姓，有的甚至不遵从朝廷的法律，残暴地虐待百姓，与坏人相勾结，而百姓只能贫穷孤弱，冤屈苦痛，无法为生，很不称陛下的心愿，因而阴阳失调，怨气充满天地之间，士人不顺心，百姓不安居。

　　"官吏大都是来自郎中、中郎、二千石官员的子弟，选择郎官又是以家庭的财富为条件，所以选择的人并不一定是贤能的人。而且，古代所谓的'功'，是以任官称职与否来区分等级的，并不根据任职的时间多少，所以才能少的人尽管做了很长时间的官，也只能仍做小官；贤能的人才，尽管当官的时间不长，并不妨碍他做大官，因此官吏们尽心竭力做好本职工作，而建功立业。现在却不是这样，积累时日就可以获取富贵，任职时间长久就可以升官，因此廉洁与耻辱相互杂乱，贤人与不肖之徒相互混淆，不能判定真伪。我认为应该让各位列侯、郡守各自从所管理的官吏、百姓中选择贤能的人，每年向朝廷推举两位，在宫中供职，而且还能从中来观察分辨大臣的才能高低。如果选送的人是贤能的人，

有赏;所贡不肖者,有罚。夫如是,诸吏二千石皆尽心于求贤,天下之士可得而官使也。毋以日月为功,实试贤能为上,量材而授官,录德而定位,则廉耻殊路,贤不肖异处矣。"

上三策之,仲舒复对曰:"臣闻天者,群物之祖,故遍覆包函而无所殊;圣人法天而立道,亦溥爱而亡私。春者,天之所以生也,仁者,君之所以爱也;夏者,天之所以长也,德者,君之所以养也;霜者,天之所以杀也,刑者,君之所以罚也。孔子作《春秋》,上揆之天道,下质诸人情,参之于古,考之于今,故《春秋》之所讥,灾害之所加也;《春秋》之所恶,怪异之所施也。书邦家之过,兼灾异之变,以此见人之所为,其美恶之极,乃与天地流通,而往来相应,此亦言天之一端也。天令之谓命,命非圣人不行;质朴之谓性,性非教化不成;人欲之谓情,情非度制不节。是故王者上谨于承天意,以顺命也;下务明教化民,以成性也;正法度之宜,别上下之序,以防欲也。修此三者,而大本举矣。人受命于天,固超然异于群生,人有父子兄弟之亲,出有君臣上下之谊,会遇相聚有耆老、长幼之施;粲然有文以相接,欢然有恩以相爱。故孔子曰:'天地之性,人为贵。'明于天性,知自贵于物,然后知仁谊;知仁谊,然后重礼节;重礼节,然后安处善;安处善,然后乐循理;乐循理,然后谓之君子。

"臣又闻之:'众少成多,积小致巨。'故圣人,莫不以暗致明,以微致显,是以尧发于诸侯,舜兴乎深山,非一日而

就给予赏赐；如果选送的是不肖之徒，就加以惩罚。这样的话，诸侯、二千石官员都会尽心竭力地寻求贤能的人，天下的贤能之士就可以成为官员为国效力了。不要根据任职时间的长短来评定功劳，而以实际考察出来的贤能之士为上，根据才能的大小授给官职，考查品德的高低而确定地位，就能使廉洁和耻辱、贤与不肖区别清楚了。"

　　武帝第三次考问他，董仲舒又回答说："我听说，天是自然万物之祖，所以它广覆包涵而无所遗漏；圣人取法于天而立道，也是博爱而没有私心。春季，是天用来生育的，仁爱君主以此来体现爱心；夏季，是天用来生长的，仁德的君主以此来修养心性；霜雪，是天用来表现杀气的，执刑的人以此来体现刑罚。孔子写作《春秋》，上考察天道，下体恤民情，参酌古代历史，考查当今世情，所以《春秋》讥讽的，是产生的灾害；《春秋》厌恶的，是出现的怪异。书写国家的过失，又涉及灾异的变化，从此展现人的行为，而美好与丑恶的极点，和天地相通，往来有相应的表示，这也是天的一端。天的旨意叫做命，命不经过圣人不能执行；质朴叫做性，性不经过教化不能形成；人的欲望叫做情，情没有制度就不能节制。所以君主对上谨慎地禀承天意，顺从天命；对下一定要推行教化而养成民性；修正法度使它适宜，区别上下的等级，来防止欲望。能修成这三条，国家的根本就建立起来了。人受命于天，当然要比自然界其他万物超拔，在内有父子兄弟之间的亲情，在外有君臣上下的名义，人们相聚在一起，有老年、成人、幼儿之间的恩施；有礼节加以连接，显出鲜明的色彩；有恩德互相仁爱，显出欢乐的样子。所以孔子说：'天地之性，以人为贵。'明白了天性，就知道自己比万物要尊贵，然后就会知道仁义；知道仁义，然后就会尊重礼节；尊重礼节，然后就会安居乐业；安居乐业，然后就会乐于遵循道理；遵循道理，就可以称为君子了。

　　"我又听说：'积少成多，积小成大。'所以古代的圣人，没有不是从默默无闻而变成声名远扬，由卑微变成显赫的，因此尧从诸侯起步，舜从深山之中兴起，并不是一天之内就突然能

显也,盖有渐以致之矣。言出于己,不可塞也;行发于身,不可掩也;言、行,治之大者,君子之所以动天地也。故尽小者大,慎微者著。积善在身,犹长日加益而人不知也;积恶在身,犹火销膏而人不见也。此唐、虞之所以得令名,而桀、纣之可为悼惧者也。

"夫乐而不乱,复而不厌者,谓之道。道者,万世亡敝;敝者,道之失也。先王之道必有偏而不起之处,故政有眊而不行,举其偏者以补其敝而已矣。三王之道,所祖不同,非其相反,将以救溢扶衰,所遭之变然也。故王者,有改制之名,亡变道之实。夏尚忠,殷尚敬,周尚文者,所继之救当用此也。道之大原出于天,天不变,道亦不变,是以禹继舜,舜继尧,三圣相受而守一道,亡救敝之政也。繇是观之,继治世者其道同,继乱世者其道变。今汉继大乱之后,若宜少损周之文,致用夏之忠者。夫古之天下,亦今之天下,共是天下,以古准今,壹何不相逮之远也?意者有所失于古之道与?有所诡于天之理与?

"夫天亦有所分予:予之齿者去其角,傅之翼者两其足,是所受大者,不得取小也。古之所予禄者,不食于力,不动于末,与天同意者也。夫已受大,又取小,天不能足,

显赫起来的，而是渐渐达到的。言语由自己说出来，是不能阻塞的；行为由自己做出来，是不能掩饰的；言语和行为，是治理天下的重要内容，君子依靠它感天动地。所以能做好小事的人，才能做成大业；能注意细微的人，才能彰明功德。自身积累善德，就像人的身体每天长高那样而自己却不知道；本身积累恶行，就像点灯时灯油减耗一样而自己也不能发觉。这就是唐尧、虞舜能成就美名，而夏桀、商纣却令人悲悼害怕的原因。

"快乐而能不淫乱，反复做善事而能不厌倦，就叫做道。有道，万世就不会破败；而破败的原因就是丧失了道。执行先王之道有所偏废，就会使政治昏乱，政令不行，要补救的话，只能是运用王道中被偏废的部分来补救积弊。三代圣王的治国之道，所遵从的有所不同，并不是相互有矛盾，都是为了整治社会积弊，只是因为面对的情况才形成了治国之道的不同。所以古代的圣明君主，虽有改变制度的名义，但没有改变治道的根本内容。夏代崇尚忠诚，商代崇尚恭敬，周代崇尚礼仪，这是因为它们所要拯救的积弊不同，必须采用不同的方法。道的博大精深，是由于它来源于天，天不变，道也不会变，所以夏禹继承虞舜，虞舜继承唐尧，三位圣王相互传授而遵循一样的治道，是因为三代之间没有需要补救的积弊。由此看来，继承一个至治的朝代，只需要实行与原来相同的治国之道，继承一个混乱的朝代，就一定要改变原来的治国之道。如今，汉朝是在大乱之后建国的，似乎应该稍微减少周代过多的礼仪，而提倡夏代的忠诚之道。古代的天下，也就是当今的天下，同是一个天下，拿古代与现在相比较，为什么会相差那么远呢？估计是因为没有遵循古代的治国之道吧？又或者是因为违背了天理吧？

"天对天下的万物也有一定的分配：赐给利齿的动物就不让它再长出犄角，赐给有翅膀的就只让它长出两只脚，这是因为已让它得到大利，就不再给它小利。古代已经获得俸禄的官员，就不许再靠力气谋食，不许经营工商末业，这和天的旨意是一样的。而那些已经获得大利，又争取小利的人，连天都不能满足他，

而况人乎？此民之所以嚣嚣苦不足也。身宠而载高位，家温而食厚禄，因乘富贵之资力，以与民争利于下，民安能如之哉！民日削月朘，浸以大穷。富者奢侈羡溢，贫者穷急愁苦，民不乐生，安能避罪？此刑罚之所以蕃，而奸邪不可胜者也。天子大夫者，下民之所视效，远方之所四面而内望也，岂可以居贤人之位而为庶人行哉！夫皇皇求财利，常恐乏匮者，庶人之意也；皇皇求仁义，常恐不能化民者，大夫之意也。若居君子之位，当君子之行，则舍公仪休之相鲁，无可为者矣。

"《春秋》大一统者，天下之常经，古今之通谊也。今师异道，人异论，百家殊方，指意不同，是以上无以持一统，法制数变，下不知所守。臣愚以为诸不在'六艺'之科、孔子之术者，皆绝其道，勿使并进，邪辟之说灭息，然后统纪可一，而法度可明，民知所从矣。"

天子善其对，以仲舒为江都相。丞相卫绾因奏："所举贤良，或治申、韩、苏、张之言乱国政者，请皆罢。"奏可。仲舒少治《春秋》，为博士，进退容止，非礼不行，学士皆师尊之。及为江都相，事易王。王，帝兄，素骄好勇，仲舒以礼匡正，王敬重焉。

尝问之，曰："越王句践与大夫泄庸、种、蠡伐吴，灭之。寡人以为越有三仁，何如？"仲舒对曰："昔鲁君问伐齐于柳下惠，惠有忧色，曰：'吾闻伐国不问仁人，此言何为至于

更何况人呢？这就是百姓抱怨贫苦不足的原因。那些大官，身受皇上恩宠又位居高位，家庭温饱又享受丰厚的俸禄，于是倚仗着富贵的权力和资产，与百姓争利，百姓怎么能跟他们比呢！百姓一天天地受到剥削，以至于陷入穷困。富裕的人奢侈挥霍，贫穷的人困顿愁苦，百姓没有活着的乐趣，哪里能避免犯罪呢？这就是尽管刑罚繁多却不能制止犯罪的原因。朝廷的官员是百姓观察模仿的对象，也是远方各族从四面向中央观察模仿的对象，怎么能居于贤人的高位却做着百姓所做的事情呢！急急忙忙地追逐财利，经常担心匮乏，是百姓的心态；急急忙忙地追求仁义，经常害怕不能教化百姓，才是大夫的心态。如果身居君子的要位，做出君子的行为，那么除了采用公仪休到鲁国做相的方法以外，就没有别的方法了。

"《春秋》所尊崇的大一统，是天下的常规，是古今通用的道义。而现在，经师们传授的道不同，各人的观点也不一样，百家学说主旨不同，因此君主没有方法能加以统一，法令制度经常改变，下面不知道该如何遵守。我认为，所有不属于'六艺'的范围，不符合孔子学说的学派，都予以禁绝，不许它们与儒学齐头并进，让邪恶偏颇的学说都灭绝，然后政令就能统一，法度可以明确，百姓就能知道遵循什么了。"

武帝很赞赏董仲舒的对策，任命董仲舒为江都国的相。丞相卫绾于是向武帝上奏道："举荐来的贤良，凡是研究申不害、韩非、苏秦、张仪的学说，扰乱国家政治的，请求都予以遣返。"武帝批准了奏章。董仲舒从小研究《春秋》，做过博士，进退举止，不符合礼节的事不做，学者们都把他当作老师来尊敬。到董仲舒做了江都国的相，事奉江都易王。易王，是武帝的哥哥，平素骄横，好逞勇力，董仲舒用礼义来帮他改正，易王很敬重他。

易王曾问他："越王句践与大夫泄庸、文种、范蠡攻打吴国，并将它灭亡。我认为越国有三个仁人，这个观点怎么样？"董仲舒回答："当初鲁国国君问柳下惠攻打齐国的事，柳下惠面露忧愁的神色，说：'我听说讨伐别国不问仁人，这样的话怎么来问

我哉？徒见问耳，犹且羞之，况设诈以行之乎？'夫仁人者，正其谊不谋其利，明其道不计其功，是以仲尼之门五尺之童，羞称五伯，为其先诈力而后仁义也。繇此言之，则越未尝有一仁也。"王曰："善。"

后公孙弘亦治《春秋》，而希世用事，仲舒以弘为从谀，弘嫉之。以胶西王亦上兄，尤纵恣，数害吏二千石，言于上，使仲舒相之。王素闻其贤，善待之。仲舒两事骄王，皆正身以率下，所居而治。及去位，家居不问产业，专以讲学、著书为事。朝廷有大议，使使就问之，其对皆有明法。

春二月，赦。 行三铢钱。 夏六月，丞相绾免，以窦婴为丞相，田蚡为太尉，赵绾为御史大夫，王臧为郎中令，迎申公为太中大夫。

上雅向儒术。婴、蚡俱好儒，推毂赵绾为御史大夫，王臧为郎中令。绾请立明堂，荐其师申公。上使使者奉安车、蒲轮、束帛加璧迎之。既至，问治乱之事。申公年八十余，对曰："为治者，不在多言，顾力行何如耳。"时上方好文词，见申公对，默然。然已招致，则以为太中大夫，舍鲁邸，议明堂、巡狩、改历、服色事。

壬寅（前139） 二年
冬十月，淮南王安来朝。
上以安属为诸父而材高，甚尊重之。
赵绾、王臧下吏，自杀。丞相婴、太尉蚡免，申公免归。以石建为郎中令、石庆为内史。

我呢？只是被问，尚且觉得羞耻，何况设计诈术来实行呢？'仁人修正大义而不谋求私利，彰明道德而不计较功劳，因此在孔子门下，三岁的小孩都羞于提起五霸，因为五霸都是先利用欺诈和武力，然后才考虑仁义的。这样看来，越国没有一个仁人。"易王说："好。"

后来公孙弘也研究《春秋》，但通过观察世务来改变处事方法，董仲舒认为公孙弘是阿谀之徒，公孙弘很嫉恨他。因为胶西王也是武帝的哥哥，尤其骄纵凶暴，多次迫害二千石官员，于是向武帝进言派董仲舒做胶西王的相。胶西王一直就听说董仲舒是贤人，对他很好。董仲舒两度事奉骄横的诸侯王，都能以自身的正直做出表率，随处安居而治理政务。辞官以后，住在家中，不过问家庭产业，一心放在讲学、著书上。朝廷有重要问题要讨论，都要派人去请教他，他的回答往往都有正确的法则依据。

春二月，大赦天下。　朝廷发行三铢钱。　夏六月，丞相卫绾被免职，武帝任命窦婴为丞相，田蚡为太尉，赵绾为御史大夫，王臧为郎中令，迎聘申公为太中大夫。

武帝向来看重儒术，窦婴、田蚡都爱好儒术，推荐赵绾为御史大夫，王臧为郎中令。赵绾奏请建立明堂，并推荐他的老师申公。武帝派使者驾着安车，用蒲裹着车轮，带着表示礼聘的帛和玉璧去迎接申公。申公到京城后，武帝向他询问治理乱世的事，申公已经八十多岁了，回答道："治理国家的人，并不在于说多少，只看身体力行罢了。"当时，武帝正喜好文辞，听到申公的回答，默然不语。但既然已经把他招来了，就任命他为太中大夫，住在鲁王在京的官邸里，商讨关于建立明堂、天子巡狩、改换历法和服色的事情。

壬寅(前139)　汉武帝建元二年

冬十月，淮南王刘安前来朝见武帝。

武帝因为刘安是自己的叔父辈，而且才能很高，很是尊重他。

赵绾、王臧被审问，自杀身亡。丞相窦婴、太尉田蚡被免职，申公也被免职回家。武帝任命石建为郎中令，石庆为内史。

太皇太后好黄老言,不悦儒术。赵绾请毋奏事东宫,太后大怒,阴求绾、臧奸利事以让。上因废明堂事,下绾、臧吏,皆自杀。婴、蚡免,申公亦以疾免归。

初,景帝以石奋及四子皆二千石,号奋为"万石君"。万石君无文学,而恭谨无与比。子孙为小吏,来归谒,必朝服见之,不名。有过失,不责让,为便坐,对案不食;然后诸子相责,因长老肉袒谢罪,改之,乃许。子孙胜冠者在侧,虽燕居必冠。其执丧、哀戚甚悼。子孙遵教,皆以孝谨闻。及绾、臧获罪,太后以为儒者文多质少,今万石君家不言而躬行,乃以其子建为郎中令,庆为内史。建在上侧,事有可言,屏人恣言极切;至廷见,如不能言者。上以是亲之。

春二月朔,日食。　三月,以许昌为丞相。　以卫青为太中大夫。

陈皇后骄妒,擅宠而无子,宠浸衰。上尝过姊平阳公主,悦讴者卫子夫,主因奉送入宫,恩宠日隆。皇后恚,几死者数矣。子夫同母弟青,冒姓卫氏,为侯家骑奴。召为建章监、侍中。既而以子夫为夫人,青为太中大夫。

夏四月,有星如日,夜出。　置茂陵邑。

太皇窦太后喜好黄老学说，不喜欢儒术。赵绾奏请不必再向太后汇报国家事务，窦太后大怒，暗中派人搜集赵绾、王臧谋求私利的证据，并以此责备武帝。武帝于是废除了兴建明堂之事，将赵绾、王臧交给官吏审问，二人都自杀了，窦婴、田蚡被免职，申公也以有病为由，被免职回家。

当初，景帝因为石奋和他的四个儿子都是二千石官员，就称石奋为"万石君"。万石君没有文才学问，但他的恭敬谨慎却无人可比。他的子孙做小官，回家来探望他，石奋必定穿着朝服与他们相见，不叫他们的名字。子孙们有了过失，他也不加以责备，而是坐在厢房里，对着桌子不吃饭；然后儿子们互相自责，通过长辈，袒露着上身向石奋请罪，改正了错误，石奋才答应进食。成年的子孙在身边，石奋即使闲居在家，也一定要戴冠。由他主持丧事，他的表情都显得极其悲哀。子孙们都遵循他的教诲，都以孝顺谨慎闻名于世。等到赵绾、王臧犯了罪，窦太后认为儒生文采多却缺乏质朴，而现在万石君一家不善文辞却能身体力行，于是任命他的大儿子石建为郎中令，任命他的小儿子石庆为内史。石建在武帝身边事奉，有什么需要进谏的，让人回避后，对武帝畅所欲言，极为恳切；而到了朝廷上朝见武帝时，石建却像是不善谈的人。武帝因此更加亲近他。

春二月初一，出现日食。　**三月**，武帝任命许昌为丞相。任命卫青为太中大夫。

陈皇后骄横嫉妒，独受君宠，却没能生孩子，因而武帝对她的宠爱渐渐衰退。武帝曾经去看望他的姐姐平阳公主，喜欢上平阳公主的歌女卫子夫，平阳公主就把卫子夫送到了宫中，武帝对她宠幸日益加重。陈皇后生气，好几次差点给气死。卫子夫同母异父的弟弟卫青，冒充姓卫，到平阳侯家做骑奴。武帝召见卫青，任命他为建章监、侍中。不久，武帝封卫子夫为夫人，任命卫青为太中大夫。

夏四月，有一颗像太阳一样闪耀的异星在夜间出现。　设立茂陵邑。

癸卯（前138） 三年

冬十月，中山王胜来朝。

议者多冤晁错之策，务摧抑诸侯王，数奏，暴其过恶，吹毛求疵，诸侯王莫不悲怨。至是置酒，胜闻乐声而泣。上问其故，胜具以吏所侵闻。上乃厚诸侯之礼，省有司所奏诸侯事，加亲亲之恩焉。

河水溢于平原。 大饥，人相食。 秋七月，有星孛于西北。 闽越击东瓯，遣使发兵救之，遂徙其众于江、淮间。

初，闽越发兵围东瓯，东瓯使人告急。天子问田蚡，对曰："越人相攻击，固其常，又数反覆。自秦时弃不属，不足以烦中国往救也。"庄助曰："小国以穷困来告急，天子不救，又何以子万国乎？且秦举咸阳而弃之，何但越也！"上曰："太尉不足与计。吾新即位，不欲出虎符发兵郡国。"乃遣助以节发兵会稽。会稽守欲距法不为发，助乃斩一司马喻意，乃发兵浮海，救东瓯。未至，闽越引兵罢。东瓯请举国内徙，乃悉举其众来，处于江、淮之间。

九月晦，日食。 帝始为微行，遂起上林苑。

上招选天下文学材智之士，简拔其俊异者宠用之。庄助、朱买臣、吾丘寿王、司马相如、东方朔、枚皋、终军等，并在左右。每令与大臣辩论，中外相应以义理之文，大臣

癸卯(前138) **汉武帝建元三年**

冬十月,中山王刘胜前来朝见武帝。

议臣们多为晁错的削藩之策叫屈,认为一定要打击和压制诸侯王,多次上奏,抨击诸侯王的过错和恶绩,吹毛求疵,诸侯王没有不悲伤抱怨的。到武帝为刘胜设酒宴时,刘胜听到音乐声不由得哭泣起来。武帝问他为什么哭,刘胜把官员们侵凌诸侯王的事全部奏报给了武帝。武帝于是增加对诸侯的礼遇,取消了有关部门抨击诸侯王的文书,对诸侯王施以优待亲属的恩惠。

黄河在平原郡泛滥。 发生大饥荒,出现人吃人的现象。秋七月,在西北天空出现彗星。 闽越国攻打东瓯国,武帝派使臣征发兵力援救东瓯,于是将东瓯国迁徙到江、淮之间。

当初,闽越发兵包围东瓯,东瓯派人向朝廷告急。武帝问田蚡怎么处理,田蚡回答说:"越人相互攻击,本来就是常有的事,又多次叛乱,反复无常。秦朝就被放弃,不值得麻烦朝廷前往救援。"庄助说:"小国陷入窘困的境地前来告急,如果陛下不去救援,又怎么能使天下万国臣服呢?况且,秦朝连都城咸阳都抛弃了,何止是越国呢!"武帝说:"太尉不值得和他讨论国家大事。我刚即位,不想用虎符征发郡国的兵马去打仗。"于是派庄助拿着皇帝的符节去征发会稽的军队。会稽郡太守想依据不见虎符不发兵的法令不发兵,庄助于是杀了一位司马官,传达了武帝的意思,郡守于是发兵渡海,救援东瓯。救兵还没到,闽越王就带兵撤走了。东瓯王请求全国内迁,朝廷同意后,东瓯王就率领全国民众迁到江、淮之间居住。

九月的最后一天,出现日食。 武帝开始微服出行,于是兴建上林苑。

武帝招徕选拔天下博学而有才智的人,破格提拔其中的突出人物加以宠信重用。庄助、朱买臣、吾丘寿王、司马相如、东方朔、枚皋、终军等人,都被宠信重用在自己左右。武帝经常令他们与朝中大臣辩论,中朝官和外朝官互相用义理来辩驳,外朝大臣

数屈焉。然相如特以辞赋得幸,朔、皋不根持论,好诙谐,上以俳优畜之。朔时直谏,有所补益。

是岁,上始为微行,与左右能骑射者,期诸殿门,常入南山下射猎,驰骛禾稼之地,民皆号呼骂詈。鄠、杜令欲执之,示以乘舆物,乃得免。又尝夜至柏谷,逆旅主人疑为奸盗,聚少年欲攻之。主人妪睹上状貌而异之,止其翁。不听,饮翁以酒,醉而缚之,少年皆散走。

后乃私置更衣十二所,又使吾丘寿王除上林苑,属之南山。东方朔进谏曰:"夫南山,天下之阻,陆海之地也。山出玉、石、金、银、铜、铁、良材,百工所取给,万民所卬足也;又有粳、稻、梨、栗、桑、麻、竹箭之饶,土宜姜、芋,水多蛙、鱼,贫者得以给足,无饥寒之忧,故鄠、镐之间,号为土膏,其贾亩一金。今规以为苑,绝陂池水泽之利,而取民膏腴之地,上乏国用,下夺农业,其不可一也。盛荆棘之林,大虎狼之虚,坏人冢墓,发人室庐,其不可二也。垣而囿之,骑驰车骛,有深沟大渠,夫一日之乐不足,以危无堤之舆,其不可三也。且殷作九市之宫而诸侯畔,灵王起章华之台而楚民散,秦兴阿房之殿而天下乱。粪土愚臣,逆盛意,罪当万死!"上乃拜朔为太中大夫、给事中,赐黄金百斤。然遂起上林苑。

往往被驳倒。但是司马相如只是凭长于辞赋就得到武帝的宠幸，东方朔、枚皋的观点没有论据，喜好讽刺幽默，武帝把他们看做插科打诨的艺人来收养。东方朔不时直言进谏，对朝政起到了一定的补益作用。

这一年，武帝开始微服出行，与能骑马射箭的左右侍从约定在殿门前会合，经常到终南山脚下打猎，骑马奔驰在农田里，百姓都大声怒骂。鄠县、杜县的县令想逮捕他们，他们出示天子的车驾等物品，才得以脱身。武帝又曾经在夜间到达柏谷，旅店的主人怀疑武帝等人是强盗，聚集了一帮青年人想攻打他们。店主的妻子看武帝的体态相貌不同寻常，就劝阻她的丈夫。店主不听劝告，她就把丈夫灌醉，然后把他捆了起来，那帮青年人都散走了。

武帝以后就秘密设立了十二处更衣休息的地方，又命令吾丘寿王兴建上林苑，一直连接到终南山。东方朔进谏说：“终南山是国家的屏障，是像大海一样富饶的陆地。山中出产玉、石、金、银、铜、铁、优质木材，各种手工业都用来做原料，百姓赖以维持生计；又盛产粳、稻、梨、栗、桑、麻、竹箭等，土壤适宜种植姜和芋头，水中有许多青蛙和鱼类，贫穷的人得以丰衣足食，不必担忧饥寒之苦，所以鄠水与镐水之间，号称丰饶之地，每亩土地价值一斤黄金。如今要把这块土地划为上林苑，断绝了池沼湖泽的财利，夺取了百姓的丰饶土地，上会减少国家的经费，下会破坏农业生产，这是不该建的第一个理由。蔓延了荆棘之林，扩大了虎狼的活动区域，毁坏了百姓的坟墓，拆掉了百姓的房屋，这是不该建的第二个理由。在周围筑墙圈成苑囿，骑马奔驰，驱车追逐，苑中又挖有深沟大渠，就为了一天的娱乐，不值得天子涉险犯难，这是不该建的第三个理由。商纣兴建内有九市的宫殿，导致了诸侯的叛乱；楚灵王筑起章华台，百姓四散奔逃；秦始皇兴建阿房宫，引起天下大乱。我是个卑贱的臣仆，违背了您的旨意，罪该万死！”武帝于是任命东方朔为太中大夫，授以给事中的官职，赐给他一百斤黄金。但还是建起了上林苑。

上又好自击熊豕野兽。司马相如谏曰:"陛下好陵阻险,射猛兽,卒然遇逸材之兽,骇不存之地,犯属车之清尘,舆不及还辕,人不暇施巧,虽有乌获、逢蒙之技不得用,枯木朽株,尽为难矣。虽万全而无患,然本非天子之所宜近也。且夫清道而后行,中路而驰,犹时有衔橛之变,况乎涉丰草,骋丘虚,前有利兽之乐,而内无存变之意,其为害也不难矣。夫轻万乘之重不以为安,乐出万有一危之途以为娱,臣窃为陛下不取。盖明者远见于未萌,而知者避危于无形。祸固多藏于隐微,而发于人之所忽者也。故鄙谚曰:'家累千金,坐不垂堂。'此言虽小,可以谕大。"上善之。

甲辰(前137) 四年
夏,有风赤如血。 旱。 秋九月,有星孛于东北。

乙巳(前136) 五年
春,罢三铢钱,行半两钱。 置五经博士。 夏五月,大蝗。

丙午(前135) 六年
春二月,辽东高庙灾。 夏四月,高园便殿火,帝素服五日。 五月,太皇太后崩。 六月,丞相昌免,以田蚡为丞相。

武帝又喜欢亲自击杀熊、野猪等野兽。司马相如进谏道："陛下喜欢涉猎险要的地方，射杀猛兽，要是突然碰到势大力猛的野兽，它受惊担心无路可走，就会冒犯陛下的随从车辆，陛下的车辆来不及调头，人来不及施展技艺，即使有像乌获、逢蒙那样的高超武艺，也来不及使用，枯木朽树也会成为祸害。即使陛下能够万全，安然无恙，但这也不该是天子所应该接近的境地。况且陛下出入都要在清道以后才能出发，车辆要行进在道路中间，即使这样谨慎，还会经常碰到马匹上的铁勒折断等变故，更何况穿过茂密的荒草，驰过丘陵废墟，前面有野兽的诱惑，而心里却没预防万一的准备，野兽要想加害陛下并不困难。陛下看轻万乘重位，不注意自己的安全，而是乐于在充满危险的道路寻求娱乐，我私下里认为陛下这种做法不可取。聪明的人能提前发现处于萌芽状态中的问题，智慧的人能预先避开尚未形成的危难。灾祸原本大多隐蔽在人们不易察觉的细微的地方，而出现在人们往往容易忽视的地方。所以俗话说：'家中藏有万贯家财，就不能坐在堂屋的边缘。'这话虽然说的是小事，却可以用来比喻大事。"武帝很赞赏他的意见。

甲辰（前137） 汉武帝建元四年
夏季，刮起一场红色如血的大风。 发生旱灾。 秋九月，东北天空出现彗星。

乙巳（前136） 汉武帝建元五年
春季，罢用三铢钱，发行半两钱。 设立五经博士。 夏五月，发生严重的蝗灾。

丙午（前135） 汉武帝建元六年
春二月，辽东郡的高祖庙发生火灾。 夏四月，高祖陵寝的偏殿发生火灾，武帝穿了五天的素服，以示请罪。 五月，太皇太后去世。 六月，丞相许昌被免职，武帝任命田蚡为丞相。

蚡骄侈,治宅甲诸第,田园极膏腴,多受四方赂遗。每入奏事,坐语移日,所言皆听;荐人或起家至二千石,权移主上。上乃曰:"君除吏已尽未?吾亦欲除吏。"尝请考工地益宅,上怒曰:"君何不遂取武库!"是后乃稍退。

秋八月,有星孛于东方,长竟天。 闽越击南越,遣大行王恢等将兵击之。 闽越王弟余善杀王郢以降,立余善为东越王。南越遣太子婴齐入宿卫。

闽越王郢击南越,南越王胡不敢擅兴兵,使人上书告天子。天子多其义,大为发兵,遣王恢出豫章,韩安国出会稽,击闽越。

淮南王安上书谏曰:"越,方外之地,剪发文身之民,不可以冠带之国法度理也。自三代之盛,胡、越不受正朔,非强弗能服、威弗能制,以为不居之地,不牧之民,不足以烦中国也。今自相攻击,而陛下发兵救之,是反以中国而劳蛮夷也。且越人轻薄反覆,不用法度,非一日之积。壹不奉诏,举兵诛之,臣恐后兵革无时得息也。

"间者,岁比不登,民生未复。今发兵资粮,行数千里,夹以深林丛竹,多蝮蛇、猛兽,夏月暑时,欧泄霍乱之病相随属也,曾未施兵接刃,死伤者必众矣。臣闻:'军旅之后,必有凶年。'言以其愁苦之气,薄阴阳之和,感天地之精,而

田蚡骄横奢侈,兴建的住宅是官员中最豪华的,田园极其肥沃,大量接受各地的贿赂。田蚡每次进宫奏报政事,坐在那儿说上半天,他所说的话都被武帝采纳;他推荐的人,有的从平民一直做到二千石的官员,权力凌驾于皇帝之上。武帝于是说:"你任命官吏完了没有?我也想任命官吏。"田蚡曾经请求把考工府的土地赐给他扩建住宅,武帝气愤地说:"您为什么不直接要武库!"此后,田蚡才稍微收敛了一点。

秋八月,东方天空出现彗星,光芒扫过天空。 闽越国攻打南越国,武帝派大行王恢等人率兵进攻闽越。 闽越王的弟弟余善杀死闽越王郢向朝廷投降,武帝立余善为东越王。南越王派遣太子婴齐入朝做武帝的警卫。

闽越王郢举兵进攻南越国,南越王赵胡不敢擅自发兵,派人上书向武帝告急。武帝很赞赏南越王的忠义,征发大批军队,派遣王恢从豫章郡出发,韩安国从会稽郡出发,合兵攻打闽越。

淮南王刘安上书劝谏道:"越人,生活在中原之外的土地上,是断发文身的野蛮人,不能用文明之国的法度来治理。早在夏、商、周三代的鼎盛时期,胡人、越人都不受中原的统治,并不是三代的势力不够强大,不能征服他们,也不是三代的军威不够雄壮,不能克制他们,而是认为越人的土地无法居住,野蛮的民族不值得中原王朝为它操劳。如今他们自相攻击,陛下却派兵援救,这是为了野蛮人反而使中原困苦劳顿。而且越人鄙薄,反复无常,他们不守法度,并不是一天两天如此,而是由来已久。一旦他们不奉皇帝诏令行事,就发兵攻打,我担心以后的战争会无休无止。

"最近几年,收成不好,百姓的生活还没恢复正常。现在发兵,调拨物资粮食,远征几千里以外的地方,行军途中,河两岸是茂密的森林、丛生的竹海,林中有很多蝮蛇、猛兽,夏季酷暑之时,呕吐腹泻、霍乱等疾病会接连不断,还不曾与敌人排兵交战,就已经死伤大半了。我听说:'战争过后,必然会有凶险的年份。'说是愁闷痛苦的气氛,使阴阳不和,感动天地的精气,由此而

灾气为之生也。陛下德配天地,泽及草木,一人有饥寒不终其天年而死者,为之凄怆于心。今方内无狗吠之警,而使甲卒暴露中原,沾渍山谷,边境之民,早闭晏开,朝不及夕。臣安窃为陛下重之。

"且越人绵力薄材,不能陆战,又无车、骑、弓弩之用,然而不可入者,以保地险,而中国之人不耐其水土也。

"臣闻道路言:闽越王弟甲弒而杀之,甲以诛死,其民未有所属。陛下若使重臣临存,施德垂赏以招致之,此必携幼扶老以归圣德;若无所用之,则存亡继绝,建其王侯,此必委质为臣,世共贡职。陛下以方寸之印,丈二之组,填抚方外,不劳一卒,不顿一戟,而威德并行。今以兵入其地,此必震恐,逃入山林,背而去之,则复群聚,留而守之,历岁经年,则士卒罢倦,食粮乏绝。一方有急,四面皆耸,臣恐变故之生,奸邪之作,由此始也。

"臣闻天子之兵,有征而无战,言莫敢校也。如使越人徼幸以逆执事,厮舆之卒有一不备而归,虽得越王之首,臣犹羞之。陛下以九州为家,生民皆为臣妾,夷狄之地何足以为一日之间,而烦汗马之劳乎!《诗》云:'王犹允塞,徐方既来。'言王道甚大,而远方怀之也。臣安窃恐将吏之以十万之师为一使之任也。"

产生出灾变的气象。陛下的仁德匹配天地，恩惠施及草木，如果有一个人因为饥饿寒冷而夭折，陛下就会为此心中凄凉悲哀。如今境内没有犬吠的惊恐，却使士兵们的尸体暴露在旷野，鲜血浸透了山谷；边境的居民早早开门，又早早关门，早上还要担心晚上是否还能活着。我刘安私下里替陛下想应该三思而后行。

"越人身薄力弱，不能在陆地上作战，又没有战车、马匹、弓弩等装备，但是朝廷不能进占越地的原因，是越人占据险要的地势，而中原士兵水土不服。

"我听人传说：闽越王的弟弟甲杀了闽越王，甲也因此被杀，越国的百姓无人统辖。陛下如果派重臣前往慰问，施加恩德，赐给奖赏，来招他们归降，越人必然会扶老携幼前来归顺圣明仁德的天子；如果陛下没有什么用得着他们的地方，就让越人保存即将灭亡的国家，延续断绝的世系，封立王侯，这样，越人一定会送来人质，做汉朝的藩臣，世世代代缴纳贡奉、赋税。陛下仅仅用方寸的印章，一丈二尺长的印绶，就能镇抚中原以外的地区，不花费一兵一卒，不损坏一支长戟，而产生威严恩德并重的效果。现在派兵进占越地，越人肯定震惊恐惧，逃到深山密林，如果汉军撤走，越人又会重新结集；如果汉军留守越地，长年累月，将士们就会疲倦，粮食也会缺乏。战争时期，一方出现了危急情况，四面都会受到震动，我担心发生变乱，出现奸邪，这些都会从进攻越人开始。

"我听说，天子的军队只有征战而没有战争，这是没有人胆敢较量。万一越人怀着侥幸心理迎战汉军的先头部队，哪怕是有一个砍柴驾车的士兵趁人不备逃跑，即使能得到越王的首级，我也感到羞耻。陛下以天下为家，所有民众都是您的奴仆；野蛮人的土地，还不足以给天子做一天的消遣，何必为它兴师动众呢！《诗经》说：'大王仁德遍及天下，徐方人自己前来投降。'这是说王道很光大，远方的民族都很仰慕。我刘安私下里认为，恐怕将帅们率领十万大军伐越，其实是做了一个使者就可完成的任务。"

是时，汉兵遂出，未隃岭，闽越王郢弟余善杀王，使使奉其头致王恢。恢以便宜案兵，告安国，而使使奉王头驰奏。诏罢兵，立无诸孙繇君丑为越繇王，奉闽越先祭祀。余善既杀郢，威行于国，繇王不能制，因立余善为东越王，与繇王并处。

上使庄助谕意南越。南越王胡顿首曰："天子乃为臣兴兵讨闽越，死无以报德！"遣太子婴齐入宿卫，谓助曰："国新被寇，使者行矣，胡方日夜装，入见天子。"助既去，南越大臣皆谏曰："先王昔言：'事天子期无失礼。'要之，不可以说好语。入见，则不得复归，亡国之势也。"于是胡称病，竟不入见。

以汲黯为主爵都尉。

始，黯为谒者，以严见惮。东越相攻，上使黯往视之。不至，还报曰："越人相攻，固其俗然，不足以辱天子之使。"河内失火，延烧千余家，上使往视之。还，报曰："家人失火，屋比延烧，不足忧也。臣过河南，贫人伤水旱万余家，或父子相食。臣谨以便宜持节，发仓粟以振之。臣请归节，伏矫制之罪。"上贤而释之。

以数切谏，不得留内，迁为东海守。好清静，择丞、史任之，责大指而已，不苛小。黯多病，卧阁内不出。岁

这时,汉军已经出兵,还没越过山岭,闽越王郢的弟弟余善杀死了闽越王,并派使臣捧着他的头颅送给王恢。王恢于是相机行事,停止进兵,将此事告诉韩安国,又派使者带着闽越王的头颅飞骑进京奏报武帝。武帝下诏撤兵,封无诸的孙子繇君丑做越繇王,祭祀闽越的祖先。余善杀了郢以后,在闽越国内树立了很高的威望,繇王不能控制他,于是立余善为东越王,与繇王并处。

武帝派庄助向南越王宣谕旨意。南越王赵胡磕头说:"天子为了我竟然发兵讨伐闽越,我即使死了也无法报答天子的大恩大德!"派太子婴齐进京做武帝的警卫,并对庄助说:"我的王国刚刚受到侵犯,请使臣您先行,我赵胡正在日夜收拾行装准备进京朝见天子。"庄助走后,南越国的大臣们都进谏道:"先王当初说过:'事奉天子,只希望能不丧失礼节。'总的来说,不能因为庄助说的好听的话,就进京朝见天子。真要去的话,就不一定能回来了,有亡国的危势。"赵胡于是就假称有病,最终也没有朝见武帝。

武帝任命汲黯为主爵都尉。

起初,汲黯担任谒者,以威严而为人敬畏。东越部族相互攻击,武帝派汲黯前往巡视。他还没到达东越,就回来向武帝奏报说:"越人自相攻击,本来就是他们习俗,不值得为了这事折辱天子的使臣。"河内郡发生火灾,火势蔓延烧毁了一千多家民房,武帝派汲黯前往视察。汲黯回来以后,汇报道:"百姓不慎失火,因为房屋连在一起,火势蔓延开来,不值得陛下担忧。我经过河南郡,发现贫民遭受水旱灾害的有上万家,有的甚至父子相食。我谨借出使的机会,用天子的符节,发放了官仓的粮食赈济灾民。我请求归还符节,甘愿承受假托皇上命令的惩罚。"武帝很赞赏他,赦免了他的罪过。

汲黯因为多次直言进谏,不得留在朝廷事奉为官,被迁到东海郡任郡守。他好清静无为,选择郡丞、掾史放手任用,自己只问责大事,不苛求细枝末节。汲黯身体多病,躺在内室中不出门。过了一年

余,东海大治。召为主爵都尉。其治务在无为,引大体,不拘文法;为人性倨少礼,面折,不能容人之过。时,天子方招文学,尝曰"吾欲云云",黯对曰:"陛下内多欲而外施仁义,奈何欲效唐、虞之治乎?"上怒,罢朝,谓左右曰:"甚矣,汲黯之戆也!"群臣或数黯,黯曰:"天子置公卿辅弼之臣,宁令从谀承意,陷主于不义乎? 且已在其位,纵爱身,奈辱朝廷何!"

黯多病,赐告者数,不愈。庄助复为请告,上曰:"汲黯何如人哉?"助曰:"使黯任职居官,无以逾人,然至其辅少主,守城深坚,招之不来,麾之不去,虽自谓贲、育,亦不能夺之矣。"上曰:"然。古有社稷之臣,至如黯,近之矣!"

与匈奴和亲。

匈奴来请和亲,天子下其议。王恢,燕人,习胡事,曰:"匈奴和亲,不过数岁,即复倍约。不如勿许,兴兵击之。"御史大夫韩安国曰:"匈奴迁徙鸟举,难得而制,今行数千里,与之争利,则人马疲乏,虏以全制其敝,此危道也。不如和亲。"群臣议者多附安国,于是许之。

丁未(前134)   元光元年
冬十一月,初令郡国举孝廉各一人。
从董仲舒之言也。

多，东海郡得到大治。武帝召汲黯入朝，任命他担任主爵都尉。他治理政务，主张清静无为，只是在大方向上加以引导，而不拘泥于法令条文；为人性格倨傲，不讲究礼节，当面就让人难堪，不能容忍别人的过错。当时，武帝正在招纳博学之士，曾经说"我想要如何如何"，汲黯回答道："陛下心里有很多欲望，而表面上做出施行仁义的样子，如何能效仿唐尧、虞舜的圣治呢？"武帝很生气，宣布退朝，回宫后，对侍从们说："汲黯的戆直也太过分了！"群臣中有人批评汲黯，汲黯说："天子设立公卿等辅佐大臣，难道愿意让他们阿谀奉承，而将君主陷入不仁不义的境地吗？况且，我已身为公卿，纵使爱惜自己的性命，又哪能让朝廷蒙受耻辱呢！"

汲黯多病，武帝多次准许他休病假，但仍不能痊愈。庄助又替他请假，武帝说："汲黯是怎样的人呢？"庄助说："让汲黯任职当官，虽然没有什么超常的才能，但是要说让他辅佐年幼的君主，他一定会坚定地守护先祖的基业，别人利诱他，他不会去；君主赶他走，他也不会离开，即使有人认为像孟贲、夏育一样勇猛，也不能改变他对朝廷的忠心。"武帝说："是啊。古代有社稷之臣，说到汲黯，差不多也是这样的人了！"

汉朝与匈奴和亲。

匈奴前来请求和亲，武帝让大臣们讨论这件事。王恢是燕地人，熟知胡人的情况，建议道："匈奴与汉朝和亲，要不了几年，就又会背叛盟约。还不如不答应他们的请求，发兵攻打匈奴。"御史大夫韩安国说："匈奴经常像飞鸟一样迁徙，很难控制他们，如今让大军奔行几千里，与他们作战，就会使人马困乏，而敌人以逸待劳，这可是很危险的。不如与匈奴和亲。"参加讨论的群臣，大多附和韩安国的意见，于是武帝同意与匈奴和亲。

丁未(前134)　汉武帝元光元年

冬十一月，开始命令各郡国各自举荐孝廉一人。

这是听取了董仲舒的建议。

遣将军李广、程不识将兵屯北边。

广与不识俱以将兵有名当时。广行无部伍、行陈,就善水草舍止,人人自便,不击刁斗自卫,莫府省约文书,然亦远斥候,未尝遇害。不识正部曲、行伍、营陈,击刁斗,治军簿至明,军不得休息,亦未尝遇害。然匈奴畏李广之略,士卒亦多乐从广,而苦程不识。

夏四月,赦。　　五月,诏举贤良、文学,亲策之。　　秋七月,日食。

戊申(前133)　二年
冬十月,帝如雍,祠五畤。　　始亲祠灶,遣方士求神仙。

李少君以祠灶却老方见,上尊之。少君匿其年及生长,善为巧发奇中。言:"祠灶则致物,而丹沙可化为黄金,蓬莱仙者可见,见之,以封禅则不死。"于是,天子始亲祠灶,遣方士入海,求蓬莱安期生之属,而事化丹沙诸药齐为黄金。久之,少君病死,天子以为化去不死;而海上燕、齐怪迂之士,多更来言神仙事矣。

立太一祠。

亳人谬忌奏祠太一,方曰:"天神贵者太一,太一佐曰五帝。"于是,天子立其祠长安东南郊。

夏六月,遣间诱匈奴单于入塞,将军王恢等伏兵邀之,不获。恢以罪下吏,自杀。

朝廷派将军李广、程不识率兵驻守边境。

李广和程不识都以善于指挥军队闻名于当时。李广行军没有编制和行列阵势,擅长靠近水丰草肥的地方安营扎寨,让士兵自由活动,也不派士兵敲打刁斗警卫营地,军中幕府的文书简单;但是也在远处派出侦察兵监视敌人,军营从没有遭到过袭击。而程不识则整顿编制,保持队形,认真安营布阵,夜间敲打刁斗巡营,处理军队的文书一直忙到天亮,军队都得不到好好地休息,也没有遭到袭击。但匈奴兵更害怕李广的计谋,士兵也大多乐于跟随李广作战,而苦于跟随程不识。

夏四月,大赦天下。　五月,武帝下诏察举贤良、文学,亲自出题考试。　秋七月,出现日食。

戊申(前133)　汉武帝元光二年

冬十月,武帝到雍地,在五畤举行祭礼。　武帝开始亲自祭祀灶神,派遣方士寻求神仙。

李少君凭借祭祀灶神求得长生不老的方术进见武帝,武帝很敬重他。李少君隐瞒了自己的岁数和生平经历,善于用巧妙的语言说中一些离奇的事情。他说:"祭祀灶神就可以得到神奇的东西,可以使丹砂变成黄金,可以见到蓬莱的仙人;见到仙人,并举行封禅大礼,就可以求得不死。"于是,武帝开始亲自祭祀灶神,并派遣方士到海上去寻求蓬莱安期生之类的神仙,又从事熔化丹砂等药物提炼黄金的工作。很久以后,李少君病死,武帝认为他化成了神仙,而并没有死;此后,燕地、齐地等沿海地区的一些怪诞荒迂的方士,纷纷前来跟武帝谈论关于神仙的事。

武帝建立太一祠。

亳县人谬忌奏请武帝祭礼太一神,说:"天神中最尊贵的是太一神,太一神的辅佐是五帝。"于是,武帝在长安的东南郊建起了祭祀太一神的祭坛。

夏六月,汉军暗地派间谍引诱匈奴单于入塞,将军王恢等人领兵伏击匈奴兵,没能取胜。王恢被投进监狱审问,自杀而死。

　　雁门马邑豪聂壹,因大行王恢言:"匈奴初和亲,信边,可诱以利,伏兵袭击,必破之道也。"上召问公卿,恢曰:"臣闻全代之时,北有强胡之敌,内连中国之兵,然匈奴不轻侵也。今以陛下之威,海内为一,然匈奴侵盗不已者,无他,以不恐之故耳。臣窃以为击之便。"韩安国曰:"臣闻高皇帝尝围于平城,七日不食;及解围反位,而无忿怒之心。夫圣人以天下为度者也,不以己私怒伤天下之公,故结和亲,至今为五世利。臣窃以为勿击便。"恢曰:"不然。高帝所以不报平城之怨者,非力不能,所以休天下之心也。今边境数惊,士卒伤死,中国槽车相望,此仁人之所隐也,故曰:击之便。"安国曰:"不然。臣闻人君谋事必就祖,发政占古语,重作事也。用兵者,以饱待饥,正治以待其乱,定舍以待其劳,故接兵覆众,伐国堕城,常坐而役敌国,此圣人之兵也。今将卷甲轻举,深入长驱,难以为功。从行则迫胁,衡行则中绝,疾则粮乏,徐则后利,不至千里,人马乏食。兵法曰:'遗人,获也。'臣故曰:勿击便。"恢曰:"不然。臣今言击之者,固非发而深入也,将顺因单于之欲,诱而致之边,吾选枭骑阴伏而处以为之备,审遮险阻以为其戒。吾势已定,或营其左,或营其右,或当其前,或绝其后,

雁门郡马邑县的豪强聂壹，通过大行王恢向武帝建议："匈奴刚与汉朝和亲交好，信任边地的吏民，可用财物引诱他们前来，汉军埋伏军队袭击，这是一条肯定打败匈奴的妙计。"武帝召公卿讨论这个建议，王恢说："我听说，当年代国保有它的国家时，北面有强大的匈奴敌视，内受中原国家军队的牵制，但是匈奴却不敢轻易入侵。现在凭借陛下的威严，国家统一，但匈奴却连续不断地入侵，没有别的原因，只是没使匈奴感到恐惧罢了。我私下里认为打击匈奴是有利的事。"韩安国说："我听说高皇帝曾被围困在平城，七天没能吃上饭；等到解围回到都城，高皇帝却没有愤怒之心。圣人具有包容天下的器度，不因为个人的愤怒而给天下造成伤害，所以高皇帝与匈奴和亲，到现在已为五世的人带来好处。我认为不打击匈奴对国家有利。"王恢说："不对。高皇帝之所以不报被围平城的仇恨，并不是力不能及，而是为了让天下人得到休息。如今，边境多次遭到匈奴的侵扰，士兵死伤无数，中原地区运送阵亡士兵棺木的车辆首尾相望，这是令仁人痛心的事。所以说打击匈奴是对的。"韩安国说："不对。我听说君主谋划大事必须和先祖的谋略相近，发号施令要参照前贤的语录，重视所做的事情。善于用兵的人，都使自己的军队吃饱了以等待敌人饥饿，治理好自己的军队等待敌人混乱，安扎好军营等待敌人疲惫，所以只要交战，就能全歼敌军；只要进攻敌国，就能摧城拔寨；经常按兵不动，就迫使敌人投降；这是圣人的用兵之道。现在，如果轻举妄动，长驱直入，恐怕难以成功。孤军深入就会受到威胁，齐头并进就会没有后援，进军太快就会缺乏粮食，进军太慢就会贻误战机，还没有前进到一千里，人马就会缺乏粮食。兵法上说：'派出军队，就可能被敌人擒获。'所以我说：不打匈奴为好。"王恢说："不对。我现在所说的打击匈奴，并不是发兵深入敌境，而是利用匈奴单于的贪欲，把他们引诱到边境上来，我们挑选骁勇的骑兵秘密埋伏，以防备敌军，审慎地占据险要的地势，以加强防御。我们的布阵已经完成，有的部队进攻敌军左翼，有的部队进攻敌军右翼，有的部队拦截敌军，有的部队切断敌人的退路，

单于可禽，百全必取。"上从恢议。

六月，以韩安国、李广、王恢为将军，将车骑、材官三十余万匿马邑旁谷中，阴使聂壹亡入匈奴，谓单于曰："吾能斩马邑令、丞，以城降，财物可尽得。"于是单于穿塞，将十万骑入武州塞。未至百余里，见畜布野而无人牧者，乃攻亭，得雁门尉史，知汉兵所居。单于大惊曰："吾固疑之。"乃引兵还。汉兵追至塞，弗及，乃皆罢兵。王恢主别从代出击胡辎重，亦不敢出。

上怒，下恢廷尉，当"恢逗桡，当斩"。恢行千金丞相蚡，蚡言于太后曰："王恢首为马邑事，今不成而诛恢，是为匈奴报仇也。"太后以告上，上曰："首为马邑事者恢，故发天下兵数十万，从其言为此。且纵单于不可得，恢所部击其辎重，犹颇可得以尉士大夫心。今不诛恢，无以谢天下。"于是恢闻，乃自杀。自是匈奴绝和亲，攻当路塞，然尚贪乐关市，嗜汉财物，汉亦关市不绝以中其意。

己酉（前132） 三年

春，河徙顿丘。夏，决濮阳。

春，河水徙，从顿丘东南流。夏，复决濮阳瓠子，注钜野，通淮、泗，泛郡十六。发卒十万塞之，辄复坏。是时，田蚡奉邑食鄃，居河北。河决而南，则鄃无水灾，邑收多。

这样肯定能捉住单于,大获全胜。"武帝采用了王恢的建议。

六月,武帝任命韩安国、李广、王恢为将军,率领车骑兵、有勇力的步兵共三十多万人马,埋伏在马邑附近的山谷中,暗中指使聂壹逃到匈奴,对单于说:"我能杀死马邑的县令和县丞,献城投降,您就可以得到全城的财物。"单于于是越过边境,统率十万骑兵进入武州塞。没走到离马邑城还有一百多里的地方,单于见牲畜遍地,却不见牧人,于是攻打亭隧,抓住了雁门郡的尉史,得知汉军埋伏的地点。单于大惊失色,说:"我本来就怀疑这事有诈。"于是领兵撤回。汉军追到边塞,没能追上,就全军撤回。王恢率领另一支部队,从代地出发,打算攻击匈奴的后勤部队,但也不敢出击。

武帝大怒,将王恢交给廷尉处理,判定"王恢避敌不战,应处斩首"。王恢向丞相田蚡行贿一千两黄金,田蚡对太后说:"王恢第一个提出马邑计划,现在计划没能实现就杀王恢,这可是为匈奴报仇啊。"太后将这话告诉武帝,武帝说:"第一个提出马邑计划的是王恢,所以我调集了几十万人马,正是听了他的话,我才同意了这次行动。况且,即使抓不到单于,王恢的部队如果能袭击匈奴的后勤部队,也可以安慰士大夫们的心。如今不杀王恢,无法向天下人交代。"王恢听到武帝的话以后,就自杀了。从此,匈奴断绝了与汉朝的和亲,攻打阻扼道路要塞,但是匈奴仍然贪图在边关的贸易,喜欢汉朝的财物,汉朝也就不关闭边境上的贸易市场,以使匈奴满意。

己酉(前132)　汉武帝元光三年

春季,黄河改道顿丘。夏季,黄河又在濮阳县决口。

春季,黄河改道,从顿丘向东南方向流去。夏季,黄河又在濮阳县的瓠子决口,流入钜野县,与淮河和泗水相沟通,在十六个郡泛滥成灾。武帝征发十万役夫堵塞黄河的缺口,刚被堵住,又让洪水冲坏了。当时,田蚡的食邑是鄃县;鄃县在黄河的北岸。黄河决口向南泛滥,鄃县就不会遭受水灾,食邑收入就会增加。

蚡言于上曰:"江河之决皆天事,未易以人力强塞。"望气者亦以为然。于是久不塞。

庚戌(前131) 四年

冬十二月晦,杀魏其侯窦婴。

初,孝景时,窦婴为大将军,田蚡乃为诸郎。已而,蚡日益贵幸,婴失势,宾客益衰,独颍阴灌夫不去。婴乃厚遇夫,相为引重。夫刚直使酒,诸有势在己之右者必陵之,数因醉忤蚡。蚡乃奏案:"夫家属横颍川。"得弃市罪。婴上书论救,上令与蚡东朝廷辨之。上问朝臣两人孰是,唯汲黯是婴,韩安国两是之,郑当时是婴,后不敢坚。太后怒,不食,曰:"今我在也,而人皆藉吾弟;令我百岁后,皆鱼肉之乎!"上不得已,遂族灌夫,使有司案治婴,得弃市罪,论杀之。

春三月,丞相蚡卒。 夏四月,陨霜杀草。 五月,以薛泽为丞相。 地震。 赦。

辛亥(前130) 五年

冬十月,河间王德来朝,献雅乐,对诏策。春正月,还而卒。

河间献王修学好古,实事求是。以金帛招来四方善书,得书多与汉朝等。时淮南王安亦好书,所招致率多浮辩。献王所得皆古文先秦旧书:《周官》《尚书》《礼记》《孟子》《毛氏诗》《左氏春秋》之属。采礼乐古事,稍稍增辑,至五百余篇,

田蚡就对武帝说："江、河决口都是天意,不容易以人力强行堵塞。"观云气的方士们也这样认为。于是很长时间都不去堵塞决口。

庚戌(前131) 汉武帝元光四年

冬十二月的最后一天,魏其侯窦婴被处死。

当初,景帝在位时,窦婴任大将军,田蚡才是个郎官。后来,田蚡日益尊贵受宠,而窦婴失去了权势,依附他的宾客日益减少,唯独颍阴县人灌夫不离开他。窦婴于是厚待灌夫,二人互相援引,互相敬重。灌夫性格刚烈耿直,常借酒撒气,对那些比自己有权势的人,必定加以凌辱,多次趁醉冒犯田蚡。田蚡上奏弹劾,称:"灌夫的家属在颍川郡横行霸道。"于是灌夫一门都被判处公开斩首示众。窦婴上书营救灌夫,武帝命令他和田蚡到东宫当庭辩论。武帝问朝中大臣两个人谁是谁非,只有汲黯认为窦婴对,韩安国认为二人都对,郑当时开始认为窦婴对,后来又不敢坚持。太后大怒,不肯吃饭,说:"现在我还活着,已经有人敢欺负我的弟弟;假如我死了,他们就要来宰杀他吗?"武帝迫不得已,就下令将灌夫满门处斩;又派司法官员审查窦婴,判处斩首示众,根据所定的罪名将他杀了。

春三月,丞相田蚡去世。 夏四月,出现寒霜,冻死了野草。五月,武帝任命薛泽为丞相。 发生地震。 大赦天下。

辛亥(前130) 汉武帝元光五年

冬十月,河间王刘德进京朝见,进献雅乐,回答皇帝的问题。春正月,刘德回河间后去世。

河间献王刘德,钻研学问,喜好古代典籍,为学注重实事求是。他用黄金、丝帛购买天下的好书,买来的书,与朝廷的藏书一样多。当时,淮南王刘安也喜好书籍,征集到的大多是浮华论辩一类的书,而献王征集到的都是用古文写成的先秦旧书,如《周官》《尚书》《礼记》《孟子》《毛氏诗》《左氏春秋》这一类的书。他采集关于礼乐的古事,稍稍加以增订编辑,成五百多篇文章,

被服、造次必于儒者,山东诸儒多从之游。

是岁,十月来朝,献雅乐,对三雍宫及诏策所问三十余事。推道术而言,得事之中,文约指明。天子下太乐官,存肆所献雅声,岁时以备数,然不常御。正月,王薨,中尉以闻,曰:"王身端行治,温仁恭俭,笃敬爱下,明知深察,惠于鳏寡。"大行令奏:"《谥法》:'聪明睿智曰献。'谥曰献王。"

通南夷,置犍为郡;通西夷,置一都尉。

初,王恢之讨东越也,使番阳令唐蒙风晓南越。南越食蒙以枸酱,问所从来,曰:"道西北牂柯江。牂柯江广数里,出番禺城下。"蒙归,问蜀贾人,贾人曰:"独蜀出枸酱,多持窃出市夜郎。夜郎临牂柯江,江广百余步。南越以财物役属之,然亦不能臣使也。"蒙乃上书曰:"南越王名为外臣,实一州主也。今以长沙、豫章往,水道多绝。窃闻夜郎精兵,可十余万,浮船牂柯,出其不意,此制越一奇也。请通夜郎道,为置吏。"

上乃拜蒙为中郎将,将千人,从笮关入。见夜郎侯多同,厚赐之,喻以威德,约为置吏。多同等贪汉缯帛,以为道险,汉终不能有,乃且听约。蒙还报,上以为犍为郡,

他的衣着、言谈举止都务求符合儒家学说,崤山以东的儒生多追随他学习。

这一年的十月,刘德来京朝见武帝,进献雅乐,回答了关于三雍宫的制度以及武帝提出的三十多个问题。他的回答都是依据儒家学说,能抓住问题的要害,语言简练,观点鲜明。武帝下令让太乐官练习河间王所献的雅乐,作为年节典礼中的项目,但平时不经常演奏。正月,河间王去世,中尉向武帝报告了这个消息,说:"河间王立身端正,行为有据,温良仁德,恭敬俭朴,敬上爱下,聪明智慧,洞察秋毫,恩惠遍及鳏寡孤独。"大行令上奏说:"《谥法》说:'聪明睿智称之为献。'议定河间王的谥号为献王。"

汉朝开通与南夷的道路,设置犍为郡;开通与西夷的道路,设立一个都尉。

当初,王恢讨伐东越时,派番阳县令唐蒙向南越王委婉地说明进军东越的意图。南越人请唐蒙吃枸酱,唐蒙问是从什么地方来的,南越人说:"是从西北方向的牂柯江运来的。牂柯江有几里宽,流经番禺城下。"唐蒙回去以后,又问从蜀地来的商人,商人说:"唯有蜀地出产枸酱,很多人私自把它拿到夜郎国去卖。夜郎国在牂柯江边,这里的江面宽一百多步。南越国利用财物役使夜郎国,但还不能使它成为自己的属国。"唐蒙于是向武帝上书说:"南越王名义上是朝廷的外臣,实际上不过是一州之主。如果从长沙、豫章出兵讨伐,水路大多断绝。我听说夜郎的精兵大约有十万多人,如果我军乘船沿牂柯江而下,就能出其不意,这是制服南越的一条奇策。请求打通夜郎的道路,在那儿设置官吏。"

武帝就任命唐蒙为中郎将,率领一千士兵,从筰关进入夜郎。唐蒙见到夜郎侯多同,给了他丰厚的赏赐,告知汉朝的威严圣德,约定由朝廷在当地设置官吏。多同等人贪恋汉朝的丝帛,认为道路艰险,汉朝终究不可能占有这块土地,于是就暂且服从了约定。唐蒙回京汇报,武帝就在这个地区设立了犍为郡,

发卒治道数万人,卒多物故。有逃亡者,用"军兴法"诛之,巴、蜀民大惊恐。上使司马相如责蒙等,因谕告巴、蜀民以非上意。相如还报。

时邛、筰君长,闻南夷得赏赐多,欲请吏。上问相如,相如曰:"邛、筰、冉駹,近蜀易通,为置郡县,愈于南夷。"上乃拜相如为中郎将,建节往使,因巴、蜀吏币物以赂西夷,皆请为内臣。除边关,关益斥,西至沫、若水,南至牂柯为徼,通零关道,桥孙水,以通邛都,为置一都尉、十余县,属蜀。上大悦。

发卒治雁门阻险。　秋七月,大风拔木。　皇后陈氏废。

后以祠祭厌胜、媚道事觉,册收玺绶,退居长门宫,供奉如法。窦太主惭惧,稽颡谢,上慰喻之。

初,上尝置酒主家,主见所幸卖珠儿董偃。上使之侍饮,常从游戏驰逐,观鸡、鞠,角狗马,上大欢乐之,因为主置酒宣室,使谒者引内偃。中郎东方朔辟戟而前曰:"董偃有斩罪三,安得入乎!"上曰:"何也?"朔曰:"偃以人臣私侍公主,一也;败男女之化,乱婚姻之礼,伤王制,二也;陛下富于春秋,方积思于'六经',而偃以靡丽、奢侈,极耳目之欲,乃国家之大贼,人主之大蜮,三也。"上默然良久,曰:"吾业已设饮,后而自改。"朔曰:"不可。夫宣室者,先帝之

征发几万名士卒修筑道路，很多士卒死亡。有的士卒逃跑了，唐蒙等人用"军兴法"诛杀逃跑士卒的头目，巴、蜀百姓大为惊恐。武帝派司马相如前往责备唐蒙等人，并遍告巴、蜀百姓，唐蒙等人的做法并不是皇帝的本意。司马相如回京奏报处理情况。

当时，邛人、筰人的酋长听说南夷得到很多的赏赐，也想请汉朝廷在他们的地区设置官吏。武帝征求司马相如的意见，司马相如说："邛、筰、冉駹都靠近蜀郡，容易开通道路；如果在那儿设置郡县，将会胜过南夷地区。"武帝于是任命司马相如为中郎将，持皇帝的符节出使西夷，用巴、蜀两郡的官府财物贿赂西夷；西夷各部族的酋长都请求做汉天子的臣民。废除了原有的边关，边关更加向外扩展，西部到达沫水、若水，南部到了牂柯江为界，开通了零关道，在孙水上架起了桥，以连接邛都；在这个地区设立了一个都尉、十几个县，隶属蜀郡。武帝非常高兴。

武帝征发士卒修治雁门郡险要关隘。 秋七月，刮起大风，拔倒树木。 陈皇后被废黜。

陈皇后因为祭神祈祷，采用巫祝蛊惑之术诅咒的方法，事情败露以后，武帝赐给皇后一份册书，收回了皇后的印玺绶带，贬居长门宫，仍然按照法度受到优待。窦太主又羞又怕，向武帝叩头请罪，武帝劝慰窦太主。

当初，武帝曾经在窦太主家摆设酒席，窦太主向武帝引见了她宠幸的珠宝商人董偃。武帝让他陪侍饮酒，从此，董偃常常陪同武帝游戏，骑马追逐，观看斗鸡、踢球、赛狗、赛马，武帝非常高兴，为此在宣室摆设酒宴，派谒者引导董偃入内。中郎将东方朔放下戟向前对武帝说："董偃犯有三条死罪，怎么能让他入宫呢！"武帝问："他犯了什么罪？"东方朔说："董偃身为臣子，却和公主私通，这是第一条罪状；有伤男女风化，扰乱婚姻礼法，破坏圣王制度，这是第二条罪状；陛下还年轻，正在集中精力学习'六经'，而董偃却追求豪华奢侈，极力满足感官欲望，他是国家的大贼，君王的大害，这是第三条罪状。"武帝沉默了很久，说："我已经准备好了酒席，以后自然会改正。"东方朔说："不行。宣室，是先帝处理

正处也。非法度之政不得入焉。淫乱之渐,其变为篡。"上曰:"善!"诏更置酒北宫,引偃从东司马门入;赐朔黄金三十斤。偃宠由是日衰。然是后,公主、贵人多逾礼制矣。

诏太中大夫张汤、中大夫赵禹定律令。

上使张汤、赵禹共定律令,务在深文。拘守职之吏,作"见知法",吏传相监司。用法益刻自此始。

八月,螟。 以公孙弘为博士。

是岁,征吏民有明当世之务、习先圣之术者,县次续食,令与计偕。菑川人公孙弘对策曰:"臣闻尧、舜之时,不贵爵赏而民劝善,不重刑罚而民不犯,躬率以正而遇民信也,是故因能任官,则分职治;去无用之言,则事情得;不作无用之器,则赋敛省;不夺民时,不妨民力,则百姓富;有德者进,无德者退,则朝廷尊;有功者上,无功者下,则群臣逡;罚当罪,则奸邪止;赏当贤,则臣下劝。凡此八者,治之本也。故民者,业之则不争,理得则不怨,有礼则不暴,爱之则亲上,此有天下之急者也。礼义者,民之所服也,而赏罚顺之,则民不犯禁矣。气同则从,声比则应。今人主和德于上,百姓和合于下,故心和则气和,气和则形和,形和则声和,声和则天地之和应矣。故阴阳和,风雨时,五谷

政务的地方。不是讨论有关法度的政务，不得入内。听任淫乱渐渐发展下去，就会变成篡权夺位。"武帝说："好！"下诏改在北宫摆设酒宴，令人领董偃从东司马门入宫；赏赐东方朔三十斤黄金。从此，董偃受到的宠爱日见衰减。但是此后，公主、贵人大多越过礼制行事了。

武帝下诏令太中大夫张汤、中大夫赵禹制定法律条令。

武帝命令张汤、赵禹共同制定法律条令，力求繁苛。严格控制在职官吏，制定了"见知法"，使官吏互相监视，知人犯罪必须举报。从这时候起，执行法律更加严厉苛刻了。

八月，发生螟虫灾害。　武帝任命公孙弘为博士。

这一年，武帝征召吏民中明了当世政务、熟知先圣治国之术的人到朝廷为官，进京途中由各县供应饭食，命令应征者与各地进京的"上计吏"同行。淄川人公孙弘在考试时答道："我听说尧、舜时，没有高贵的官爵和丰厚的赏赐，百姓却能互勉行善，不注重刑罚，百姓却能不违法犯罪，这是因为君主亲自为百姓做出了正直的表率，而且对百姓也讲求信义，所以根据才能而委任官职，就能各尽其职；抛弃没用的空话，就能了解事情的真相；不制作无用的器具，就可以减轻百姓的赋税；不在农忙时征发役夫，不妨碍民力，百姓就会富裕；有德的人被重用，无德的人被免职，朝廷就会享有尊严；有功的人晋职，无功的人降职，群臣就会明白官职有次第；判处的刑罚与所犯的罪行相当，就能制止犯罪；赐予的奖赏与人的贤能相符，就能鼓励臣子。这八条，是治理国家的根本。所以天下的百姓，让他们从事农业生产就不会引起争斗，公正合理地处理问题就不会引发怨恨，让他们懂得礼义就不会动用暴力，爱护他们，他们就会亲近君主，这是治理天下的当务之急。礼义，是百姓们乐于服从的，如果用奖赏和刑罚推行礼义，百姓就会违反禁令了。气相同就能互相影响，声相同就会相互呼应。如今君主在上使自己的行为符合德义，百姓在下与君主步调一致，所以心和就能气和，气和就能形和，形和就能声和，声和就会出现天地安和了。因此阴阳调和，风调雨顺，五谷

登,六畜蕃,山不童,泽不涸,此和之至也。臣闻,仁者,爱
也;义者,宜也;礼者,所履也;智者,术之原也。四者,治之
本也。得其要,则天下安乐;不得其术,则主蔽于上,官乱
于下,此事之情也。"策奏,天子擢为第一,拜博士,待诏金
马门。

　　齐人辕固,年九十余,亦以贤良征。弘仄目事固,固
曰:"公孙子,务正学以言,无曲学以阿世!"诸儒多疾毁固,
遂以老罢归。时凿山通西南夷,道千余里,戍转相饷。数
岁不通,士罢饿、暑湿,死者甚众。夷又数反,发兵兴击,
费以巨万计而无功。诏使弘视焉。还奏,盛毁西南夷无所
用,上不听。弘每朝会议,开陈其端,使人主自择,不肯面
折廷争,于是上大悦之。常与汲黯请间,黯先发之,弘推其
后,天子常说其言皆听。弘尝与公卿约议,至上前,皆倍其
约以顺上旨。汲黯廷诘弘多诈不忠,弘谢曰:"知臣者,以
臣为忠;不知臣者,以臣为不忠。"上益厚遇之。

　　壬子(前129)　**六年**
　　冬,初算商车。　　春,穿渭渠。
　　大司农郑当时言:"穿渭为渠,下至河,漕关东粟径
易,又可以溉渠下民田万余顷。"至是,发卒数万人穿之,

丰登,六畜繁衍,山不光秃,水不干涸,这是安和的最高境界。我听说,仁,就是仁爱;义,就是适宜;礼,就是应遵循的规则;智,就是道术的源泉。这四者是统治的根本。能够掌握它的要领,就会使天下平安欢乐;不能够正确地使用它,就会使君主在上被蒙蔽,官员在下胡作非为,这是政事的实际情况。"对策上呈武帝,武帝将他提升为第一名,任命他为博士,在金马门候旨应对。

齐人辕固已经九十多岁了,也被征选为贤良。公孙弘斜着眼睛看辕固,辕固说:"公孙先生一定要根据正统学说论事,不要歪曲儒学来迎合当世!"很多儒生都嫉恨诋毁辕固,辕固于是以年老为由辞官回家了。当时,正在开凿山险打通连接西南夷的道路,长达千余里,由戍卒转运粮饷。好几年也没能打通道路,修路的士卒疲惫饥饿,又遭受暑热潮湿的痛苦,死亡的人很多。西南夷又多次反叛,朝廷调集军队去攻打,花费了巨额开支,却不见功效。武帝下诏令公孙弘前往视察。公孙弘回京,极力批评开通西南夷没有任何作用,武帝不听从他的意见。公孙弘每次在朝廷上讨论问题时,总是列举事情的头绪,由武帝自己决定,不肯在朝廷上与武帝当面争论,因此武帝非常喜欢公孙弘。公孙弘曾经和汲黯一起请求武帝单独召见,由汲黯先提出问题,然后由公孙弘加以补充,武帝经常听得很高兴,全部采纳他们提出的建议。公孙弘曾经和公卿们商定好一致的意见,等到了武帝面前,却完全背弃了先前的约定,来迎合武帝的心意。汲黯当庭责备公孙弘太欺诈而不诚实,公孙弘谢罪说:"了解我的人,说我忠诚;不了解我的人,说我不老实。"武帝更加优待公孙弘。

壬子(前129) 汉武帝元光六年

冬季,开始对商人的车辆征税。   春季,开通渭渠。

大司农郑当时提议:"从渭水开辟一条河道,与黄河相连,以运输函谷关以东地区的粮食,路线直而且方便,又可以灌溉河道附近的一万多顷农田。"到了春季,武帝征发几万名役卒挖掘河道,

三岁而通,人以为便。

匈奴寇上谷,遣车骑将军卫青等将兵击却之。

匈奴寇上谷,遣卫青等四将军击之。李广军败,为胡所得,络盛置两马间。广佯死,暂腾而上胡儿马,夺其弓,鞭马南驰,遂得归。下吏当死,赎为庶人。两将军亦无功,唯青得首虏多,赐爵关内侯。青虽出于奴虏,然善骑射,材力绝人。遇士大夫以礼,与士卒有恩,众乐为用。有将帅材,故每出辄有功。

夏,大旱,蝗。

癸丑(前128) 元朔元年
冬,定二千石不举孝廉罪法。

诏曰:"朕深诏执事,兴廉举孝,庶举成风,绍休圣绪。夫十室之邑,必有忠信;三人并行,厥有我师。今或至阖郡而不荐一人,是化不下究,而积行之君子壅于上闻也。且进贤受上赏,蔽贤蒙显戮,古之道也。其议二千石不举者罪!"有司奏:"不举孝,不奉诏,当以不敬论;不察廉,不胜任也,当免。"奏可。

皇子据生。春三月,立夫人卫氏为皇后。赦。 秋,匈奴入寇。以李广为右北平太守。

匈奴号广曰"汉之飞将军",避之,数岁不敢入右北平。

三年以后，河道开通，大家都觉得很方便。

匈奴侵犯上谷郡，武帝派遣车骑将军卫青等人领兵打退匈奴军队。

匈奴侵犯上谷郡，武帝派遣卫青等四位将军反击匈奴。李广的部队战败，自己被匈奴兵俘虏，匈奴人把他放在挂在两马间的网袋里。李广装死，突然一跃而起，跳上匈奴兵的战马，夺取了他的弓箭，鞭打胡马向南奔驰，得以逃回汉朝。李广被交付司法官吏审讯，该判死罪，后花钱赎罪，被贬为庶人。其他两位将军也没能立功，只有卫青斩杀和俘虏了很多敌人，被赐给关内侯的爵位。卫青虽然出身于奴仆，但是擅长骑马射箭，勇力超过常人。他对待士大夫们彬彬有礼，对士兵们有恩，众人都愿意为他效力。卫青有胜任将帅的才能，所以每次出战，都能立下战功。

夏季，大旱，发生蝗灾。

癸丑（前128）　汉武帝元朔元年

冬季，武帝批准制定二千石官员不察举孝廉予以免职的法令。

武帝下诏说："朕殷切地嘱咐官吏，奖励廉吏，举荐孝子，希望能养成好的风气，继承和光大先代圣王的功业。十户人家构成的小村落中，必定有忠贞信义之士；三个人一起行走，其中必定有可以做我老师的贤人。如今，有的郡甚至一个贤人都不举荐，这表明教化还没有得以推行开去，因而那些积累了善行的贤人就被雍闭在下，而天子无法知道。况且，推荐贤人受到赏赐，雍闭贤人遭受公开的杀戮，这是古代的治世之道。二千石官员不举荐贤人应该判处有罪！"有关官吏奏报："不举荐孝子，不奉诏行事的，应该以'不敬'论罪；不察举廉吏的，就是不胜任官职，应该免职。"武帝批准了这个提议。

皇子刘据出生。春三月，卫夫人被册封为皇后。大赦天下。秋季，匈奴入侵，武帝任命李广为右北平太守。

匈奴人称李广为"汉朝的飞将军"，害怕而避开李广，好几年不敢入侵右北平郡。

东夷薉君降,置苍海郡。

东夷薉君南闾等二十八万人降,为苍海郡。人徒之费,拟于南夷,燕、齐之间,靡然骚动。

以主父偃、严安、徐乐为郎中。

临菑人主父偃始游齐、燕、赵,皆莫能厚遇,诸生相与排摈不容。假贷无所得,乃西入关,上书阙下。朝奏,暮召入。所言九事,其八事为律令,一事谏伐匈奴。其辞曰:"《司马法》曰:'国虽大,好战必亡;天下虽平,忘战必危。'夫怒者,逆德也;兵者,凶器也;争者,末节也。夫务战胜、穷武事者,未有不悔者也。昔秦吞战国,务胜不休,使蒙恬将兵攻胡,辟地千里,地皆沮泽、盐卤,不生五谷,乃使天下蜚刍挽粟,起于负海,转输北河,率三十钟而致一石。男子疾耕,不足于粮饷,女子纺绩,不足于帷幕,百姓靡敝,不能相养,盖天下始畔秦也。夫匈奴难得而制,非一世也。行盗侵驱所以为业,天性固然。虞、夏、殷、周固弗程督,禽兽畜之,不属为人。今上不观虞、夏、殷、周之统,而下循近世之失,此臣之所大忧,百姓之所疾苦也。"

偃同郡严安亦上书曰:"今人用财侈靡,车马、衣裘、宫室、声色、滋味,皆竞修饰,以观欲于天下。侈而无节,则不可赡,民离本而徼末。末不可徒得,故缙绅者不惮为诈,带剑者夸杀人以矫夺,而世不知愧,是以逐利无已,犯法者众。

东夷薉君前来归降,设置苍海郡。

东夷薉君南闾等二十八万人归降汉朝,武帝在这一地区设置苍海郡。为了安置徒众而支付的费用,和南夷地区的差不多,燕、齐一带,出现了骚动。

武帝任命主父偃、严安、徐安为郎中。

临淄人主父偃起初在齐、燕、赵等地活动,都没有得到丰厚的待遇,儒生们联合起来排斥他,不能容忍他。主父偃借贷不成,于是西入关中,到皇宫门前上书。早晨刚把奏书呈上,晚上就被召入宫。他的奏书谈了九项事情,其中八项是关于律令问题的,一项是劝谏讨伐匈奴的。书中写道:"《司马法》说:'国家虽然很大,但爱好战争必然灭亡;天下虽然已经太平,但忘掉战争必然危险。'愤怒,是背叛之德;兵器,是不祥之物;争斗,是最末的节操。追求战争胜利、穷兵黩武的人,没有不后悔的。当年秦始皇并吞列国,争胜不休,派蒙恬带兵攻打匈奴,开疆辟土达到千里,这一带都是湖泊和盐碱地,不能种植粮食,于是让天下百姓迅速地用车船运输粮食,从沿海地区开始,运到北河,大概起运时的三十钟粮食,到目的地只剩下一石。男子辛苦耕作,收获还不够缴纳军粮,女子纺线绩麻,织出来的布帛还不够做军营的帐篷,百姓倾家荡产,不能养活家人,因而天下开始反叛秦朝。匈奴难以制服,并不是到这一代才这样。匈奴行盗天下,侵犯边境,掳掠人畜,是他们的生业,他们的天性使他们这样做。虞、夏、商、周时期,本来就不对匈奴征收赋税,实行监督,而把他们视为禽兽,不当人看。如今,不向上观察虞、夏、商、周的传统,反而向下沿用近代的过失,这是我最忧虑的事情,也是百姓们所疾苦的事。"

主父偃的同乡严安上书说:"现在百姓花费钱财很是奢侈腐化,车马、衣裳、房屋住宅、音乐美色、美味佳肴,都竞相修饰,将自己的欲望展示于天下。生活奢侈而没有节制,就永远无法满足欲望,百姓就会本末倒置,放弃农业而从事工商业。工商业不可能白得,所以缙绅不害怕做欺诈的事,带剑的竞相杀人以巧取豪夺,而世人却不知惭愧,因此不停地追逐财物,犯法的人很多。

臣愿为民制度以防其淫,使贫富不相耀以和其心;心志定则盗贼消,刑罚少,阴阳和,万物蕃也。昔秦王意广心逸,欲威海外,北攻胡,南攻越,宿兵于无用之地十有余年,丁男被甲,丁女转输,苦不聊生,自经于道树者相望。及秦皇帝崩,天下大畔,灭世绝祀,穷兵之祸也。故周失之弱,秦失之强,不变之患也。今徇南夷,朝夜郎,降羌僰,略薉州,建城邑,深入匈奴,燔其龙城,议者美之,此人臣之利,非天下之长策也。"

无终徐乐上书曰:"臣闻天下之患,在于土崩,不在瓦解。陈涉起穷巷,奋棘矜,偏袒大呼,天下从风,此其故何也?由民困而主不恤,下怨而上不知,俗已乱而政不修,此三者,涉之所以为资也,此之谓土崩。吴、楚七国,号皆万乘,威足以严其境内,财足以劝其士民,然不能西攘尺寸之地,而身为禽者,此其故何也?当是之时,先帝之德未衰,而安土乐俗之民众,故诸侯无境外之助,此之谓瓦解。此二体者,安危之明要,贤主之所宜留意而深察也。间者,关东谷数不登,年岁未复,民多穷困,重之以边境之事,推数循理而观之,民宜有不安其处者矣。不安,故易动,易动者,土崩之势也。故贤主独观万化之原,明于安危之机,修之庙堂之上,而销未形之患,其要期于使天下无土崩之势而已矣。"

我希望为民众设立制度以防止他们过度的欲望,使富人不向穷人夸耀以平和民心;民心安定了,盗贼就会消除,刑罚就会减少,阴阳调和,万物茂盛。从前,秦始皇志高意广,意欲侵霸海外,向北进攻匈奴,向南攻打越人,将军队驻扎在无用的地方达十几年,成年男子披上铠甲,成年女子运输粮饷,生活困苦,活不下去,纷纷在路边的树上吊死,死者一个接着一个。等到秦始皇死了,天下反叛,秦朝灭亡,祭祀断绝,这都是穷兵黩武造成的祸害。所以周朝失之于衰弱,秦朝失之于强暴,不改变国政造成了祸害。现在朝廷攻打南夷,使夜郎入朝称臣,降服羌人和僰人,夺取薉州,建起城邑,深入到匈奴内部,烧毁匈奴的龙城,议臣们都加以赞美,这只是让大臣们得到好处,而不是治理国家的长久之计。"

无终县人徐乐上书说:"我听说天下最大的祸患在于土崩,而不在瓦解。陈涉从贫民的街巷里兴起,举起长戟,袒露着一边的胳膊,大声呼叫,天下人闻风响应,这是什么原因呢?是因为百姓困苦而君主却不加抚恤,下面怨恨而君主却不知情,社会风气已经败乱而国家政治仍得不到治理,这三条,正是陈涉借以起事的资本,这就叫土崩。吴、楚等七国,号称为万乘之王,他们的威力足以统辖封地全境,财力足以奖赏他的官吏民众,但是他们不能向西抢夺国家的尺土寸地,反而遭到擒拿,这是什么原因呢?那时,先帝的德政还没有衰减,而百姓大多安居乐业,所以反叛诸侯得不到本人封地以外的支援,这就是所谓的瓦解。这两点,是涉及国家安危的要点,贤明的君主对此应该留心注意而且细致考察。近来,函谷关以东的地区连年粮食歉收,年景没有恢复正常,百姓大多贫穷困苦,再加上边境战事的沉重负担,按照常规常理来看,百姓中应该会出现不安于现状的人。人不安于现状,就容易产生动乱;容易动乱,就是土崩的局势。所以贤明的君主只有观察世间事物变化的根源,明白安危的关键,在朝廷治理时政,就能把祸患消除在成形之前,而要领只是设法使天下不出现土崩的局势。"

书奏,召见,谓曰:"公等皆安在? 何相见之晚也。"皆拜为郎中,偃尤亲幸,一岁中凡四迁,为中大夫。大臣畏其口,赂遗累千金。或谓偃曰:"太横矣!"偃曰:"吾生不五鼎食,死即五鼎烹耳。"

甲寅(前127)　二年

冬,赐淮南王安几杖,毋朝。　　春正月,诏诸侯王得分国邑,封子弟为列侯。

主父偃说上曰:"古者,诸侯不过百里,强弱之形易制。今诸侯或连城数十,地方千里,缓则骄奢,易为淫乱,急则阻其强,而合从以逆京师。以法割削之,则逆节萌起。然诸侯子弟或十数,而適嗣代立,余无尺地之封,则仁孝之道不宣。愿陛下令诸侯得推恩分子弟以地,侯之。彼人人喜得所愿,上以德施,实分其国,不削而稍弱矣。"上从之。于是藩国始分,而子弟毕侯矣。

匈奴入寇,遣卫青等将兵击走之,遂取河南地,立朔方郡,募民徙之。

匈奴入上谷、渔阳,遣卫青、李息击走之,遂取河南地。诏封青为长平侯。主父偃言:"河南地肥饶,外阻河,城之以逐匈奴,省转戍,广中国,灭胡之本也。"公卿皆言不便。

奏书呈上，武帝召见了他们三人，对他们说："诸位原来都在哪里？为什么我们相见得这么晚呢？"将他们都任命为郎中。主父偃尤其受到武帝的宠信，一年里连升四次官，担任了中大夫。大臣们都害怕他的口，贿赂他的财物价值千金。有人对主父偃说："您太蛮横了！"主父偃说："我活着的时候如果享受不到五鼎进餐的荣耀，死了就领受五鼎烹煮的酷刑吧。"

甲寅（前127）　汉武帝元朔二年

冬季，武帝赐给淮南王刘安几案和手杖，恩准不必进京朝见。　春正月，武帝下诏准许诸侯王可以把自己封国的城邑分封给子弟，封为列侯。

主父偃劝武帝道："古代，诸侯封地不超过百里，朝廷强大、地方弱小的这种局面容易控制。如今的诸侯有的连城几十座，封地方圆千里，控制宽松时，诸侯就骄横奢侈，容易做出淫乱的事情；朝廷控制得紧时，诸侯们就倚仗自身的强大，联合起来反叛朝廷。如果以法令来分割削弱他们，就会产生叛乱的萌芽。然而诸侯王的子弟有的达十几个人，而只有嫡长子可以继承王位，其他人没有尺寸的封地，这就使得仁孝之道得不到彰明。希望陛下命令诸侯王可以把朝廷的恩惠推广到其他子弟身上，用本国的土地封他们为侯。他们人人都能如愿以偿，陛下表面上是施行恩德，实际上分裂了封国的土地，不采用削夺的方法，却能使诸侯王的封国渐渐衰弱。"武帝听从了他的意见。从这时开始，诸侯王国被分割，而诸侯王的子弟都成了侯。

匈奴入侵，武帝派卫青等人率兵出击，击退匈奴，于是夺取了黄河以南的地区。在此设置朔方郡，招募民众迁徙居住。

匈奴入侵上谷、渔阳，武帝派卫青、李息出击，打退来敌，于是夺取了黄河以南地区。武帝下诏封卫青为长平侯。主父偃说："黄河以南，土地肥沃富饶，对外有黄河作为天然屏障，在此地修筑城池可以驱逐匈奴，对内节省了转运输送屯戍漕运的开支，又拓宽了中国的疆域，这是消灭匈奴的根本方法。"公卿们都认为不便利。

上竟用偃计,立朔方郡,募民徙者十万口,筑城缮塞,因河为固。转漕甚远,自山东咸被其劳,费以数十百巨万,府库并虚。

三月晦,日食。　徙郡国豪桀于茂陵。

主父偃说上曰:"天下豪桀、并兼、乱众之民,皆可徙茂陵,内实京师,外销奸猾,此所谓不诛而害除。"上从之。

轵人郭解,关东大侠也,亦在徙中。卫青为言:"郭解家贫,不中徙。"上曰:"解布衣,权至使将军为言,此其家不贫。"卒徙解家。解平生睚眦杀人甚众,上闻之,下吏捕治,所杀皆在赦前。轵有儒生侍使者坐,客誉郭解,生曰:"解专以奸犯公法,何谓贤?"解客闻,杀此生,断其舌。吏以此责解,解实不知。吏奏解无罪。公孙弘议曰:"解布衣,为任侠行权,以睚眦杀人;解虽弗知,此罪甚于解杀之,当大逆无道。"遂族郭解。

燕王定国、齐王次昌,皆有罪自杀,国除;诛齐相主父偃,夷其族。
燕王定国与父姬奸,夺弟妻,杀肥如令郢人,郢人家告之。主父偃从中发其事,公卿请诛之。定国自杀,国除。

武帝最终还是采用了主父偃的计策,在那里设置了朔方郡,招募了十万民众迁徙到此地,修建城邑,修缮要塞,以黄河天险作为天然屏障。水陆运输的距离很遥远,从崤山以东的地区,百姓都承受着运输的重负,耗费高达数十百万万,钱府粮库一空如洗。

三月的最后一天,出现日食。　朝廷迁徙各郡国的豪强到茂陵邑居住。

主父偃劝说武帝道:"天下的豪强、兼并他人的富户和鼓动大众骚乱的人,都可以将他们迁徙到茂陵邑去居住,这样对内充实了京城,对外消除了奸邪势力,这就是所谓的不通过诛杀就能消除祸害。"武帝听从了他的意见。

轵县人郭解是函谷关以东地区的大侠,亦在迁徙的行列中。卫青替郭解说话:"郭解家中贫困,不符合迁徙的标准。"武帝说:"郭解是一介布衣,权势大到能够使将军替他说情,这就说明他家并不穷。"终于还是迁徙了郭解全家。郭解平生为一点小事而杀死的人很多,武帝听说以后,就派官吏将郭解逮捕审查,发现郭解所犯的罪都在颁布赦令以前。轵县有个儒生陪侍前来审案的使者,座中有客人赞扬郭解,儒生说:"郭解专门以奸邪触犯国法,怎么能称他贤能呢?"郭解的门客听说以后,就杀了这个儒生,割掉了他的舌头。官吏以此事来责问郭解,郭解确实不知道此事。官吏向武帝奏报郭解无罪。公孙弘议论说:"郭解只是一介布衣,却行侠任权,因为一点小事就杀人;郭解虽然不知道儒生被杀的事情,但这个罪比郭解亲手杀人还要大,应当按大逆不道罪论处。"于是将郭解灭族。

燕王刘安国、齐王刘次昌,都因有罪自杀,封国被废除;齐相主父偃被诛杀,全家被灭族。

燕王刘定国与他父亲康王的姬妾私通,又夺走了他弟弟的妻子,他杀死了肥如县的县令郢人,郢人的家人告发了他。主父偃从中朝把这份弹劾文书转给外朝大臣,公卿请求诛杀刘定国。刘定国自杀而死,封国被废除。

齐厉王次昌亦与姊通，偃尝欲纳女于齐王，不许，因言于上曰："临菑殷富，非亲爱子弟不得王。今齐王属疏，又与姊乱，请治之。"于是拜偃为齐相。至齐，急治王后宫宦者，辞及王，王惧自杀。上闻大怒，以为偃劫其王令自杀，乃征下吏。偃辞不服，上欲勿诛，公孙弘曰："齐王自杀、国除，偃本首恶。不诛之，无以谢天下。"乃族诛之。

以孔臧为太常。

上欲以孔臧为御史大夫，辞曰："臣世以经学为业，乞为太常，典臣家业，与从弟侍中安国，纲纪古训，使永垂来嗣。"上乃以为太常，其礼赐如三公。

乙卯（前126） 三年

冬，匈奴军臣单于死，弟伊稚斜单于立。 以公孙弘为御史大夫。春，罢苍海郡。

时，通西南夷，东置苍海，北筑朔方之郡。公孙弘数谏，以为罢敝中国，以奉无用之地，愿罢之。天子使朱买臣等难以置朔方之便，发十策，弘不得一，乃谢曰："山东鄙人，不知其便若是。愿罢西南夷、苍海，而专奉朔方。"上乃许之。

弘为布被，食不重肉。汲黯曰："弘位三公，奉禄甚多，为此，诈也。"上问弘，弘谢曰："有之。夫九卿与臣善者无

齐厉王刘次昌也和他姐姐私通，主父偃想把女儿嫁给齐王，没有得到同意，于是趁机对武帝说："齐都临淄殷实富裕，不是天子的亲弟弟和儿子，不能封在此地为王。如今齐王与陛下的关系越发疏远了，又和他姐姐私通，请求查处齐王。"武帝于是任命主父偃担任齐国的相。主父偃到了齐国，马上逮捕齐王后宫的宦官，供词牵连到齐王，齐王畏罪自杀。武帝听说以后，大为发怒，认为是主父偃胁迫齐王自杀的，就把他逮捕下狱。主父偃上书不服罪，武帝想不杀他，公孙弘说："齐王自杀，废除封国，主父偃本是罪魁祸首。不杀他，陛下就没法向天下人谢罪。"武帝就将主父偃灭族。

　　武帝任命孔臧为太常。

　　武帝想任命孔臧为御史大夫，孔臧辞谢说："我家世代以传习经学为业，请求让我担任太常，典掌我的家业，和堂弟、侍中孔安国一起总结、归纳古人的成训，使儒学能永传后世。"武帝于是任命孔臧为太常，对他的礼仪赏赐如同三公。

乙卯（前126）　汉武帝元朔三年

　　冬季，匈奴军臣单于死，他的弟弟伊稚斜自立为单于。　　武帝任命公孙弘为御史大夫。春季，废除了苍海郡。

　　这时，朝廷正在打通西南夷，在东部设置苍海郡，在北部修筑朔方郡的郡城。公孙弘多次向武帝进谏，认为这是以中原地区的疲惫来奉养那些没用的地方，请求武帝废止这些做法。武帝让朱买臣等人对公孙弘进行反驳，论说设置朔方郡的便利，提了十个问题，公孙弘一个也不能回答，于是请罪说："我是崤山以东的鄙陋之人，不知道设置朔方郡有这么多便利。请求废止修建西南夷、苍海郡，而集中力量兴建朔方郡。"武帝于是同意了他的请求。

　　公孙弘用麻布做被子，吃饭时不设两种肉菜。汲黯说："公孙弘位列三公，俸禄很多，他这么做是骗人的。"武帝询问公孙弘，公孙弘谢罪说："有这么回事。在九卿之中跟我关系好的，没有

过黯,然今日廷诘臣,诚中臣之病。臣诚饰诈,欲以钓名。且无黯忠,陛下安得闻此言?"上以为谦让,愈益厚之。

赦。 以张骞为太中大夫。

初,匈奴降者言:"月氏故居敦煌、祁连间,为强国,匈奴攻破之,杀月氏王,以其头为饮器。余众遁逃远去,怨匈奴,无与共击之。"上募能通使月氏者,张骞以郎应募。出陇西,径匈奴中。单于得之,留十余岁。骞得间西走,数十日,至大宛。大宛为发导译,抵康居,传致大月氏。大月氏太子为王,既击大夏,分其地而居之。地肥饶,少寇,殊无报胡之心。骞留岁余,乃还。复为匈奴所得。会匈奴乱,骞乃逃归。初行时百余人,去十三岁,唯二人得还。

匈奴入代郡、雁门。 夏六月,皇太后崩。 秋,罢西夷。 以张汤为廷尉。

汤为人多诈,舞智以御人。时上方乡文学,汤阳浮慕,事董仲舒、公孙弘等,以儿宽为奏谳掾,以古法义决疑狱。所治,即上意所欲罪,与监、史深祸者;即上意所欲释,与监、史轻平者,上由是悦之。汤于故人子弟调护之尤厚,其造请诸公不避寒暑,是以得声誉。汲黯数质责汤于上前曰:"公为正卿,上不能褒先帝之功业,下不能抑天下之邪心,安国富民,使囹圄空虚,何空取高皇帝约束纷更之为?

比过汲黯的,今天他在朝廷上质问我,确实击中了我的要害。我确实是矫饰造作,想以此来沽名钓誉。要是没有汲黯的忠直,陛下怎能听到这样的话?"武帝认为公孙弘是在谦让,反而更加尊重他。

大赦天下。　武帝任命张骞为太中大夫。

当初,匈奴前来归降的人说:"月氏原先居住在敦煌和祁连山之间,是个强国,匈奴攻破了它,杀死了月氏国王,用他的头颅做饮酒的器皿。其余的部众逃跑到远方,怨恨匈奴,但苦于没有人跟他们联合攻打匈奴。"武帝招募能出使月氏国的人,张骞以郎官的身份应募。他从陇西郡出发,直接深入匈奴的内地。被匈奴单于抓住,拘押了十多年。张骞得到机会向西方逃去,过了几十天,到达大宛。大宛国替他安排了向导和翻译,抵达康居国,再转送到大月氏国。大月氏国的太子做了国王,攻占大夏国以后,将它的土地分割后住了下来。当地肥沃富饶,很少有外来侵略,已经没有一点报复匈奴的想法。张骞待了一年多,就启程回国。又被匈奴人抓住。正好碰上匈奴内部混乱,张骞才得以逃回汉朝。出发时有一百多人,离开汉朝十三年,只有两个人得以生还。

匈奴入侵代郡、雁门郡。　夏六月,皇太后去世。　秋季,朝廷罢废西夷地区的建置。　任命张汤为廷尉。

张汤为人狡诈,玩弄巧智来驾驭他人。当时武帝正心向儒术,张汤就假装敬慕、尊重董仲舒、公孙弘等人,他任用兒宽为奏谳掾,用古代的法令和经义来判决疑难案件。张汤审理案件时,如果是皇帝想加罪的人,就把他交给执法严厉的监、史审讯;如果是皇帝想从轻发落的人,就把他交给执法轻平的监、史审讯,武帝因此对他很满意。张汤对于老朋友的子弟,照顾得尤其周到;去诸公府上拜访、请安,不避严寒酷暑,因而博得良好声誉。汲黯多次在武帝面前质问、责备张汤:"您身为公卿,上不能褒扬先帝的功业,下不能抑制天下百姓的邪心,使国家安定,百姓富裕,监狱空虚,为什么却只知道把高皇帝制定的法律胡乱更改呢?

而公以此无种矣!"黯时与汤论议,汤辩常在文深小苛,黯伉厉守高,不能屈,忿发,骂曰:"天下谓刀笔吏不可以为公卿,果然! 必汤也,令天下重足而立、侧目而视矣!"

丙辰(前125)　四年
夏,匈奴入代郡、定襄、上郡。

丁巳(前124)　五年
冬十一月,丞相泽免,以公孙弘为丞相,封平津侯。

丞相封侯自弘始。 时上方兴功业,弘于是开东阁以延贤人,与参谋议。 尝奏言:"十贼彍弩,百吏不敢前。 请禁民毋得挟弓弩,便。"上下其议,侍中吾丘寿王对曰:"臣闻:古者作五兵,非以相害,以禁暴讨邪也。 安居,则以制猛兽而备非常;有事,则以设守卫而施行陈。 秦兼天下,销甲兵,折锋刃,其后民以耰、锄、棰、梃相挞击,犯法滋众,卒以乱亡。 故圣王务教化而省禁防,知其不足恃也。 且愚闻圣王合射以明教矣,未闻弓矢之为禁也。 且所为禁者,为盗贼之以攻夺也;攻夺之罪死,然而不止者,大奸之于重诛,固不避也。 臣恐邪人挟之而吏不能止,良民以自备而抵法禁,是擅贼威而夺民救也,窃以为大不便。"上以难弘,弘诎服焉。

而您将会因此而断子绝孙!"汲黯经常与张汤辩论,张汤的言论常死抠法律条文,苛细周密;汲黯刚强严厉,坚守高节,但不能驳倒张汤,愤怒地大骂张汤:"天下人都说刀笔吏不能做公卿,果然如此! 如果都按张汤的主张去做,将会使天下人都陷入并脚站立、侧目而视的窘困境地了。"

丙辰(前125)　汉武帝元朔四年
夏季,匈奴入侵代郡、定襄郡和上郡。

丁巳(前124)　汉武帝元朔五年
冬十一月,丞相薛泽被免职,武帝任命公孙弘为丞相,封为平津侯。

丞相被封侯,从公孙弘开始。当时,汉武帝正在大规模建功立业,公孙弘于是打开相府东阁门来招揽贤人,和他们共同商讨国家大事。公孙弘曾经上奏道:"十个强盗拉满弓弦,能让上百名官吏不敢上前。请求下令禁止百姓随身携带弓箭,以利于地方治安。"武帝把他的建议交给官员讨论,侍中吾丘寿王反对说:"我听说古代人制造出五种兵器,不是为了相互残杀,而是用来制止暴力、讨伐邪恶的。百姓生活安定时,就用来制服猛兽,防备紧急情况;有战事发生,就用来设防、保卫,布置战阵。秦朝兼并天下,销毁兵器,折断刀锋,后来百姓用櫌、锄、棰、梃等各种农具互相攻击,违法犯罪的人日益增多,最终天下大乱而灭亡。所以圣明的君主推行教化,减少禁令和防范,因为明白这些是依靠不了的。而且我听说圣明的君主用射礼来教化百姓,从没听说过禁止使用弓箭的。况且禁止使用弓箭的原因,是盗贼用弓箭攻杀、劫掠;攻杀、劫掠是死罪,却不能禁绝,说明大奸之人并不害怕重刑,坚决不回避。我担心坏人携带弓箭而官吏不能禁止,良民却因用弓箭自卫而触犯法律,这是助长了坏人的威风而剥夺了百姓正当防卫的权利,我私下认为这是很不合适的。"武帝以此诘问公孙弘,公孙弘听从了他的建议。

弘外宽内深，诸尝有隙，无近远，虽阳与善，后竟报之。汲黯尝面触弘，弘欲诛之以事，乃言上曰："右内史界部中多贵人、宗室，难治，非素重臣不能任，请徙黯为右内史。"上从之。

春，大旱。 **匈奴寇朔方，遣卫青率六将军击之。还，以青为大将军。**

匈奴右贤王数侵扰朔方，天子令车骑将军青将三万骑出高阙，将军苏建、李沮、公孙贺、李蔡俱出朔方，李息、张次公俱出右北平，凡十余万人，皆领属青击匈奴。右贤王饮醉，青等夜至围之。右贤王惊，溃围北去。得裨王十余人，众万五千余人，畜数十百万，于是引兵还。

天子使使者持大将军印，即军中拜青为大将军，诸将皆属，益封八千七百户。封青三子、诸将、校尉七人为列侯。

青尊宠于群臣无二，公卿以下皆卑奉之，独汲黯与亢礼。人或说黯曰："自天子欲群臣下大将军，大将军尊重，君不可以不拜。"黯曰："夫以大将军有揖客，反不重邪！"青闻，愈贤黯，数请问国家、朝廷所疑，遇黯加于平日。青虽贵，有时侍中，上踞厕而视之；丞相弘燕见，上或时不冠；至如汲黯见，上不冠不见也。上尝坐武帐中，黯前奏事，上不冠，望见黯，避帐中，使人可其奏。其见敬礼如此。

夏六月，为博士置弟子五十人。

公孙弘外表宽厚而内藏心机，与他曾经有过矛盾的人，不论关系远近，他即使表面上装作与人为善，以后终究要报复。汲黯曾经当面顶撞过公孙弘，公孙弘想找借口杀死他，就向武帝建议："右内史管界，居住着很多重臣、宗室，难以治理，不是平素有威望的大臣不能胜任，请将汲黯改任为右内史。"武帝接受了他的建议。

春季，发生严重旱灾。　匈奴入侵朔方郡，武帝派遣卫青率领六位将军出击匈奴。得胜回朝，武帝任命卫青为大将军。

匈奴右贤王多次率兵侵扰朔方郡，武帝令车骑将军卫青率领三万兵马从高阙出发，将军苏建、李沮、公孙贺、李蔡一起从朔方出兵，李息、张次公一起从右北平出塞，总共十几万人马，都由卫青统领出击匈奴。匈奴右贤王喝醉了酒，卫青等人乘夜杀到，包围了右贤王大营。右贤王大惊，冲破包围向北逃跑。汉军俘虏了匈奴十几员偏将，部众一万五千多人，牲畜近百万头，于是得胜率兵回朝。

武帝派使者带着大将军印，来到军中封卫青为大将军，各路将领都归卫青统领，又加封给食邑八千七百户。并封卫青的三个儿子和七位将军、校尉为列侯。

卫青的尊宠超过所有的朝廷大臣，公卿以下的官员都对卫青谦卑奉承，唯独汲黯与卫青分庭抗礼。有人劝说汲黯："皇上是想让群臣都居于大将军之下，大将军尊贵，您不能不下拜。"汲黯说："以大将军的身份而有长揖不拜的客人，大将军反而不尊贵吗！"卫青听说后，更觉得汲黯贤明，多次向汲黯请教国家、朝廷的疑难大事，比平日更加尊重他。卫青虽然受尊贵，有时入宫，武帝就坐在床边接见他；丞相公孙弘在武帝空闲时谒见，武帝有时不戴帽子；而汲黯谒见时，武帝不戴帽子就不接见。武帝曾经坐在陈列兵器的帐中，汲黯前来奏事，武帝没戴帽子，看见汲黯，急忙躲进帐中，派人传话，批准他的奏章。汲黯受到的礼敬就是这样的。

夏六月，朝廷为博士设置弟子五十人。

诏曰:"盖闻导民以礼,风之以乐。今礼坏乐崩,朕甚闵焉。其令礼官劝学兴礼以为天下先!"于是丞相弘等奏:"请为博士官置弟子五十人,复其身,第其高下,以补郎中、文学、掌故。即有秀才异等,辄以名闻;其不事学,若下材辄罢之。又吏通一艺以上者,请皆选择以补右职。"上从之。自此公卿、大夫、士、吏彬彬多文学之士矣。

秋,匈奴入代。　削淮南二县。赐衡山王赐书不朝。

初,淮南王安好读书属文,喜立名誉,招致宾客、方术之士数千人,多江、淮间轻薄士,常以厉王迁死感激安。安乃治战具,积金钱。郎中雷被愿奋击匈奴,安斥免之。是岁,被亡之长安,上书自明。事下廷尉治,踪迹连安。上遣使即讯,太子迁欲使人刺杀汉使,不果。公卿奏:"安格明诏,当弃市。"诏削二县。安耻之,为反谋益甚。

安与衡山王赐相责望,礼节间不相能。赐闻安有反谋,恐为所并,亦结宾客为反具,使陈喜、枚赫作辌车、锻矢,刻天子玺、将相军吏印。当入朝,过淮南,乃昆弟语,除前隙,约束反具。上书谢病,上赐书不朝。

戊午(前123)　六年
春二月,遣卫青率六将军击匈奴。
大将军青出定襄,公孙敖、公孙贺、赵信、苏建、李广、

武帝下诏说："我听说,对百姓应用礼引导,用乐教化。如今礼乐败坏丧失,我很忧虑。命令礼官劝勉百姓学习,兴复礼教,为天下树立榜样。"于是丞相公孙弘等人上奏:"请为博士官设置弟子五十人,免除他们的赋税、徭役,按品学的高低,分别充任郎中、文学、掌故等官职。如果有特别优秀的,就提名推荐;而那些不学无术的庸才,就予以罢黜。另外,官吏中有精通一种以上技艺的,请求全部挑选出来,升官晋职。"武帝接受了这个建议。从此以后,公卿、大夫、士、吏中有学问的人越来越多。

秋季,匈奴入侵代郡。　武帝削减淮南王刘安的两个县。赐书信给衡山王刘赐,准许他不来朝见。

当初,淮南王刘安喜欢读书写文章,又好沽名钓誉,招纳的宾客和方术之士达几千人,大多是江、淮一带的轻薄之徒,他们常常用厉王在流放途中死亡一事刺激刘安。刘安于是制造用于战争的武器,积蓄金钱。郎中雷被愿意去奋击匈奴,但被刘安斥责,免去了官职。这一年,雷被逃到长安,上书朝廷说明自己的冤情。汉武帝把此事交给廷尉处理,事情牵连到刘安。武帝派使者去询问有关情况,淮南王的太子刘迁想派人刺杀汉朝廷使者,没有成功。公卿们上奏认为:"刘安犯了阻碍圣旨的大罪,应该当众斩首。"武帝下诏令削减了淮南王的两个县。刘安以此为耻,更加紧地准备谋反。

刘安与衡山王刘赐互相指责,在礼节上水火不容。刘赐听说刘安有反叛的阴谋,恐怕被他吞并,于是他结交宾客,准备武器,命令陈喜、枚赫制作战车、打造弓箭,雕刻天子的印玺和文武百官的印信。刘赐按例进京朝见,经过淮南国,与刘安用兄弟的语言交谈,消除前嫌,约定共同反叛。刘赐上书称病,武帝赐书信给他,准许他可以不来朝见。

戊午(前123)　汉武帝元朔六年
春二月,武帝派遣卫青率领六将军出击匈奴。

大将军卫青从定襄郡出发,公孙敖、公孙贺、赵信、苏建、李广、

李沮皆属,斩首数千级而还。

赦。　夏四月,卫青复率六将军击匈奴。前将军赵信
败降匈奴。

青复将六将军出定襄击匈奴,斩首虏万余人。右将军
建、前将军信并军,逢单于兵,与战一日余,汉兵且尽。信
将其余骑降匈奴,建尽亡其军,脱身亡自归。议郎周霸曰:
"自大将军出,未尝斩裨将。今建弃军,可斩以明威。"青
曰:"青幸得以肺腑待罪行间,不患无威。职虽当斩将,然
以臣之尊宠而不敢自擅诛于境外,于以见为人臣不敢专
权,不亦可乎?"遂囚建诣行在所。诏贬为庶人。

青姊子霍去病,年十八,善骑射,为票姚校尉,与轻勇
骑八百,直弃大军数百里赴利,斩捕首虏过当,于是封为冠
军侯。校尉张骞以知水草处,军得不乏,封博望侯。信教
单于益北绝幕,以诱罢汉兵,徼极而取之,毋近塞。单于
从之。

六月,诏民得买爵、赎罪;置武功爵。

是时,汉比岁击胡,斩捕首虏之士受赐黄金二十余万
斤,而汉军士马死者十余万,兵甲转漕之费不与焉。于是
大司农经用竭,不足以奉战士,乃诏令民得买爵赎罪。置
买官,名曰武功爵,级十七万。买爵至千夫者,得先除为
吏。吏道杂而多端,官职耗废矣。

李沮都归他统领,斩杀匈奴几千人,得胜而还。

大赦天下。　夏四月,卫青又率领六将军出击匈奴。前将军赵信战败,投降匈奴。

卫青又率领六位将军从定襄郡出发攻打匈奴,斩杀、俘虏了一万多人。右将军苏建、前将军赵信合兵一处,与匈奴单于的部队遭遇,两军交战了一天多,汉军伤亡殆尽。赵信率领残余骑兵投降匈奴,苏建全军覆没,独自脱身逃回。议郎周霸说:"自从大将军出征以来,从没有斩过一员副将。如今苏建丢弃了自己的部队,可将他斩首以显示大将军权威。"卫青说:"我有幸以皇帝近亲的身份统率大军,不担心没有权威。虽然我有权斩杀将领,但作为大臣,身受尊宠,不敢擅自在国境之外诛杀将领,以显示做人臣的不敢专权,不是也很好吗?"于是将苏建囚禁起来,送到武帝所在的地方。武帝下诏贬为庶人。

卫青的外甥霍去病,年方十八,擅长骑马射箭,担任票姚校尉,曾经率领八百名轻骑勇士,将大军丢弃在几百里外的地方独自寻找战机,斩杀、俘虏的敌军超过自己的损失,被封为冠军侯。校尉张骞因为知道水草丰厚的地方,使部队不缺供给,被封为博望侯。赵信建议匈奴单于再向北撤军,穿过沙漠,以引诱汉军,使他们疲劳,等到汉军极度疲劳时再进攻,不要迫近边塞。单于听从了他的建议。

六月,武帝下诏允许百姓可以购买爵位、可以花钱赎罪;设置武功爵。

当时,汉朝连年出击匈奴,赐给斩杀、俘虏敌人的勇士的黄金达到二十多万斤,而汉军兵士、马匹死亡的也有十多万,还不算兵器衣甲和运输粮草的费用。因此大司农的经费枯竭,已不足以供应军需,武帝于是下诏,允许百姓可以花钱买爵和赎罪。设置买官,名为武功爵,一级为十七万。凡是购买官爵到"千夫"的,可以优先任用。从此,做官的途径杂而且多,官职就混乱变坏了。

己未（前122） 元狩元年

冬十月，祠五畤，获一角兽，以燎。始以天瑞纪元。

行幸雍，祠五畤，获兽，一角而足有五蹄。有司言："陛下肃祗郊祀，上帝报享，锡一角兽，盖麟云。"于是以荐五畤，畤加一牛以燎。有司又言："元宜以天瑞命，一元曰'建'，二元以长星曰'光'，今元以郊得一角兽曰'狩'云。"

淮南王安、衡山王赐谋反自杀。

淮南王安与宾客左吴等日夜为反谋。召中郎伍被与谋反事，被始以为不可。安固问之，被曰："今诸侯无异心，百姓无怨气，可伪为诏，徙郡国豪桀于朔方；又伪为诏狱，尽逮诸侯太子、幸臣，使民怨，诸侯惧，即使辩士随而说之，傥可徼幸什得一乎！"安又欲使人伪得罪而西事大将军，一日发兵，即刺杀大将军。且曰："汉廷大臣，独汲黯好直谏，守节死义，难惑以非，至如说丞相弘等，如发蒙振落耳。"会太子谋杀汉使事觉，廷尉逮捕，安欲发兵，犹豫未决。被自诣吏告与安谋如此。上使宗正以符节治安，未至，安自刭，王后、太子伏诛，诸所与谋反者皆族。

捕得陈喜于衡山王子孝家。孝闻律：先自告，除其罪，即先自告所与谋反者枚赫、陈喜等。公卿请逮捕赐治，赐自刭死，王后、太子及孝皆弃市。

己未（前122） 汉武帝元狩元年

冬十月，武帝在五畤祭祀，捉到一头一角兽，献在祭坛上焚烧。开始用上天所降的祥瑞纪元。

武帝巡幸到雍地，在五畤祭祀，捉到一只长有一只角、五只蹄子的怪兽。有关官员奏道："陛下虔诚恭敬地祭祀，上帝作为回报，赐给陛下一角兽，这大概就是麒麟。"于是将一角兽献上五畤祭坛，每个祭坛上加一头牛，一齐焚烧。有关官员又奏道："帝王的年号应该用上天所降的祥瑞命名，陛下的第一个年号称为'建'，第二个年号因长星出现称为'光'，而这次的年号是因为郊祭时捉到一角兽，应该称为'狩'。"

淮南王刘安、衡山王刘赐谋反不成，自杀。

淮南王刘安与门客左吴等人日夜准备谋反。刘安招来中郎伍被，与他讨论谋反之事，伍被开始认为不可。刘安坚持询问，伍被说："如今诸侯没有二心，百姓没有怨气，大王可以伪造诏书，说是要将郡国的豪强之士迁徙到朔方郡；再伪造诏狱之书，声称要全部逮捕各诸侯的太子、宠臣，使得百姓怨恨，诸侯恐惧，然后派遣能言善辩的人随即到各地游说，或许可以侥幸有十分之一的希望吧！"刘安又准备派人假装在淮南国犯罪而向西逃到大将军卫青门下，一旦发兵，就刺杀卫青。刘安并且说："朝中大臣，只有汲黯喜好犯上直谏，是忠守臣节、为忠义而死之人，难以迷惑，至于游说丞相公孙弘等人，就像揭掉盖布或者摇落枯叶一样容易。"适逢淮南国太子刘迁谋杀朝廷使臣的事情被告发，廷尉前来逮捕刘迁，刘安准备起兵造反，但犹豫不决。伍被自己到廷尉那里告发与刘安谋反的情况。武帝派宗正持皇帝的符节处治刘安，宗正还没到，刘安就自刎而死，淮南王后、太子都被处死，所有参与谋反的人一律灭族。

从衡山王的儿子刘孝家中将陈喜抓获。刘孝听说法律规定：先行自首的，可以免除罪责，就自己先向朝廷告发了共同参与谋反的枚赫、陈喜等人。公卿们奏请将衡山王刘赐逮捕治罪，刘赐自刎而死，他的王后、太子以及刘孝都被当众斩首。

凡二狱，所连引列侯、二千石、豪桀等死者数万人。侍中庄助素与安交结，受其赂遗。上薄其罪，张汤以为助"腹心之臣，与诸侯交私，罪不可赦"，遂弃市。

夏四月，赦。　立子据为皇太子。　五月晦，日食。遣博望侯张骞使西域，始通滇国，复事西南夷。

初，张骞自月氏还，具为天子言西域诸国风俗："大宛在汉正西，可万里，其俗土著，耕田，多善马，有城郭、室屋。其东北则乌孙，东则于寘。于寘之西，则水皆西流注西海；其东，水东流注盐泽。盐泽潜行地下，其南则河源出焉。盐泽去长安可五千里，匈奴右方居盐泽以东，至陇西长城，南接羌，鬲汉道焉。乌孙、康居、奄蔡、大月氏皆行国，随畜牧，与匈奴同俗。大夏在大宛西南，与大宛同俗。臣在大夏时，见邛竹杖、蜀布，问：'安得此？'曰：'市之身毒。'身毒在大夏东南可数千里，其俗土著，与大夏同。度大夏去汉万二千里，居汉西南。今身毒又居大夏东南数千里，有蜀物，此其去蜀不远矣。今使大夏，从羌中，险；少北，则为匈奴所得；从蜀，宜径，又无寇。"

天子既闻诸国多奇物而兵弱，贵汉财物，诚得而以义属之，则广地万里，重九译，致殊俗，威德遍于四海，欣然以骞言为然。乃令骞因蜀犍为发间使四道并出，求身毒国。

因淮南王、衡山王谋反两案受牵连而被处死的列侯、二千石官员、豪强之士共达几万人。侍中庄助平素与刘安关系很好，接受过刘安的贿赂、馈赠。武帝认为这只是小罪，张汤认为"庄助作为皇上的心腹之臣，却与诸侯私下交好，罪不可赦"，于是，庄助被当众斩首。

夏四月，大赦天下。　武帝立皇子刘据为太子。　五月的最后一天，出现日食。　武帝派遣博望侯张骞出使西域，第一次通滇国，重新经营西南夷地区。

当初，张骞从月氏国回朝，向武帝详细介绍了西域各国的风土人情："大宛国在我汉朝的正西方，大约一万里的地方，当地人定居，耕田种地，多产有好马，有城郭、房屋。在大宛国的东北方向是乌孙国，它的东面是于阗国。于阗国以西，河水都向西流入西海；以东，河流向东流入盐泽。盐泽一带的河流都在地下流淌，往南就是黄河的源头。盐泽距长安大约五千里，匈奴国的西界在盐泽的东面，一直到陇西长城，南面与羌人居住地接壤，阻隔了汉朝通向西域的道路。乌孙、康居、奄蔡、大月氏都是游牧民族，随着牲畜寻找水草而迁居，与匈奴的风俗习惯一样。大夏国在大宛国的西南方向，与大宛国的风俗一样。我在大夏国的时候，见到过邛山的竹杖和蜀地的布，我问：'它们从哪里得来的？'他们回答道：'是从身毒国买来的。'身毒国在大夏国东南方约几千里，当地的习俗是定居，与大夏国一样。估计大夏国离汉朝有一万二千里，在汉朝的西南方向。而身毒国又在大夏国东南方几千里的地方，又有蜀地的产品，说明离蜀地不远。如今出使大夏，如果取道西羌地区，道路艰险；如果从稍北一点的地区通过，就会被匈奴人抓住；而从蜀地走，不仅是直路，而且没有强盗。"

武帝听说西域诸国多产奇异之物，而且兵力薄弱，喜欢汉朝的财物，如果能够通过仁义使他们归附，汉朝的疆域就会扩大万里，远方之人将通过多重翻译前来朝见，招致风俗各异的国家归入汉朝，皇帝的威德将会遍布四海。因此汉武帝欣然同意张骞的建议，命令张骞从蜀地犍为派使者从四条道路同时出发，前往身毒国。

各行一二千里,其北闭氐、笮,南闭嶲、昆明。杀略汉使,终莫得通,于是始通滇国,乃复事西南夷。

庚申(前121) 二年

春三月,丞相弘卒,以李蔡为丞相,张汤为御史大夫。以霍去病为票骑将军,击匈奴,败之;过焉支,至祁连山而还。

霍去病为票骑将军,将万骑出陇西击匈奴。转战六日,过焉支山千余里,斩首虏获甚众,收休屠王祭天金人。夏,复与公孙敖将数万骑俱出北地,张骞、李广俱出右北平。去病深入二千余里,逾居延,过小月氏,至祁连山,斩首三万,虏获尤多,益封五千户。

是时,诸宿将所将兵,皆不如去病。去病所将常选,然亦敢深入,常与壮骑先其大军,军亦有天幸,未尝困绝也,而诸宿将常留落不偶。由此去病日以亲贵,比大将军矣。

秋,匈奴浑邪王降,置五属国以处其众。

匈奴单于怒浑邪、休屠王为汉所杀虏数万人,欲召诛之。浑邪王与休屠王恐,谋降汉。休屠王后悔,浑邪王杀之,并其众以降。

汉发车二万乘迎之,县官无钱,从民赊马,民或匿马,马不具。上怒,欲斩长安令,右内史汲黯曰:"长安令无罪,独斩臣黯,民乃肯出马。且匈奴畔其主而降汉,汉徐以县次传之,何至令天下骚动,罢敝中国而以事夷狄之人乎?"上默然。及浑邪至,贾人与市者坐当死五百余人,黯请间

各路使者各自走出一二千里，北路被氏、筰阻挡，南路被阻于越巂、昆明。以前汉使纷纷被劫杀，终究没能得以通过，这次是第一次通滇国，于是重新经营西南夷。

庚申（前121）　汉武帝元狩二年

春三月，丞相公孙弘去世，武帝任命李蔡为丞相，张汤为御史大夫。　武帝任命霍去病为骠骑将军，出击匈奴，打败了匈奴；越过焉支山，到达祁连山后班师回朝。

霍去病被封为骠骑将军，率领一万骑兵从陇西出发，攻击匈奴。转战六天，越过焉支山一千多里，斩杀俘虏了很多匈奴士兵，夺得休屠王用于祭祀上天的金人。夏季，霍去病又与公孙敖率领几万骑兵一起从北地出发，张骞、李广都从右北平出发。霍去病深入匈奴境内两千多里，越过居延海，通过小月氏，到达祁连山，杀死匈奴三万人，俘虏的人更多，武帝加封给他五千户食邑。

当时，诸多久经战事的将军率领的兵马都不如霍去病。霍去病的兵马经常要通过挑选，但他也确实敢深入敌阵，常常率领精壮骑兵走在大军的前面；老天也确实对他的部队特别照顾，从没有陷入绝境，而那些老将们常因滞留落后而不能立功。因此霍去病的地位日显尊贵，可以和大将军卫青相比了。

秋季，匈奴浑邪王来降，朝廷设置五个属国来安置他的部众。

匈奴单于对浑邪王、休屠王被汉军杀死俘虏了几万人大为恼怒，想将他们招来杀掉。浑邪王和休屠王感到恐惧，密谋投降汉朝。休屠王后悔降汉，浑邪王将他杀死，吞并他的部众投降。

汉朝征调两万乘车辆前往迎接，县令没有钱，只好向百姓赊购马匹，有的百姓将马匹藏匿起来，因而马不够数。武帝大怒，要杀长安县令，右内史汲黯说道："长安县令无罪，只有把我杀了，百姓才肯交出马匹。况且浑邪王是背叛他的君主来投降的，朝廷只需按县的顺序传送，何至于使天下骚动不安，使中国疲敝来奉侍外族之人呢？"武帝默然不语。等浑邪王到达长安时，商人因与他们做生意而犯死罪的有五百多人，汲黯在武帝空闲时请求召见，

曰："夫匈奴攻当路塞,绝和亲,中国兴兵诛之,死伤者不可胜计,而费以巨万百数。臣愚以陛下得胡人,皆以为奴婢,以赐从军死事者家。今反虚府库赏赐,发良民侍养,譬若奉骄子,愚民安知市贾长安中物,而文吏绳以为阑出财物于边关乎!陛下纵不能得匈奴之资以谢天下,又以微文杀无知者五百余人,是所谓庇其叶而伤其枝者,臣窃为陛下不取也。"上默然,不许,曰:"吾久不闻汲黯之言,今又复妄发矣!"

居顷之,乃分徙降者边五郡故塞外,因其故俗为五属国。而金城河西,西并南山至盐泽,空无匈奴,时有候者到而希矣。

休屠王太子日磾没入官,输黄门养马。帝游宴,见马,后宫满侧。日磾等数十人牵马过殿下,莫不窃视,至日磾独不敢。日磾长八尺二寸,容貌甚严,马又肥好。上奇焉,即日赐汤沐衣冠,拜为马监,迁侍中、附马都尉、光禄大夫,甚信爱之。贵戚多窃怨曰:"陛下妄得一胡儿,反贵重之。"上愈厚焉。以休屠作金人为祭天主,故赐日磾姓金氏。

辛酉(前120) 三年
春,有星孛于东方。 夏,赦。 秋,匈奴入右北平、定襄。 山东大水,徙其贫民于关西、朔方。

山东被水,民多饥乏,遣使虚仓廪以振,犹不足;又募

上奏道："匈奴攻击我边路要塞,断绝和亲,我朝兴兵讨伐,伤亡不可胜数,耗费了几百万钱物。我原来以为陛下得到匈奴人,会把他们都当作奴婢,赐给战死沙场的将士家。如今反而花尽府库赏赐他们,让百姓侍候奉养他们,就像奉养骄横的儿子一样,无知的百姓哪里知道在长安城中做生意,竟会被法官判处使财物非法出关的罪名呢!陛下纵使不用匈奴的财物答谢天下,又凭借一条不重要的法律要杀死五百多名无知的百姓,这是所谓的为保护树叶而伤害了树枝,我私下里认为陛下的做法不可取。"武帝默然不语,没有准奏,后来说道:"我很久没有听到汲黯的声音了,如今又在这里胡言乱语了。"

过了不久,武帝将投降的匈奴人分别迁徙到边境五郡的旧要塞之外居住,保持他们原有的风俗,设置五个属国。自此,金城河以西,包括南山到盐泽一带,都没有匈奴人了,即便有时有匈奴探马来到,也很少了。

休屠王的太子日䃅没入官府为奴,派到黄门官处养马。武帝曾经在游戏饮宴时观看马匹,身边站满了后宫的美女。日䃅等几十人牵着马从殿下走过,没有人不偷看,唯独日䃅走过时,不敢窥视。日䃅身高八尺二寸,容貌很庄严,饲养的马又肥壮。武帝觉得很惊奇,当天就赐他洗澡更衣,任命为马监,后升为侍中、驸马都尉、光禄大夫,武帝很是信任宠爱他。皇亲国戚们多暗地里抱怨说:"陛下胡乱弄来这么一个胡儿,反而这么宠爱他。"武帝越发厚待日䃅。因为休屠王曾经制作金人祭祀上天,所以赐日䃅姓金。

辛酉(前120)　汉武帝元狩三年

春季,东方天空中出现彗星。　夏季,大赦天下。　秋季,匈奴侵入右北平和定襄。　崤山以东地区发生重大水灾,朝廷将困苦灾民迁徙到函谷关以西和朔方郡。

崤山以东地区遭受水灾,很多百姓都饥饿困苦,武帝派使者将仓库中的粮食全部拿出来赈济受灾百姓,仍然不够;又招募

富人假贷，尚不能相救，乃徙贫民关西、朔方新秦中，七十余万口，皆仰给县官，数岁贷与产业。使者分护，费以亿计。

减陇西、北地、上郡戍卒之半。

汉既得浑邪王地，陇西、北地、上郡益少胡寇，诏减三郡戍卒之半，以宽天下之繇。

作昆明池。

上将讨昆明，以昆明有滇池，方三百里，乃作昆明池以习水战。是时，法既益严，吏多废免。兵革数动，民多买复及五大夫，征发之士益鲜。于是除千夫、五大夫为吏，不欲者出马。以故吏弄法，皆谪令伐棘上林，穿昆明池。

得神马于渥洼水中。

是岁，得神马于渥洼水中。上方立乐府，造为诗赋，弦次以合八音之调。及得神马，次以为歌。汲黯曰："凡王者作乐，上以承祖宗，下以化兆民。今陛下得马，诗以为歌，协于宗庙，先帝、百姓岂能知其音邪？"上默然不说。

上招延士大夫，常如不足。然性严峻，虽素所爱信者，小有犯法，辄按诛之。汲黯谏曰："陛下求贤甚劳，未尽其用，辄已杀之。以有限之士，恣无已之诛，臣恐天下贤才将尽，陛下谁与共为治乎？"黯言之甚怒，上笑而谕之曰："何世无才？患人不能识之耳。且才犹有用之器也，有才而不肯尽用，与无才同，不杀何施？"黯曰："臣虽不能以言屈

富人借贷,还是不能解救,于是将贫苦灾民迁徙到函谷关以西地区和朔方郡的新秦中地区,共计七十多万人,全部由官府提供衣服、粮食,几年以内,由官府借贷生产资料。朝廷派使者分区管理,费用以亿计数。

武帝下诏裁减陇西、北地、上郡驻防部队的一半。

汉朝占有浑邪王的土地以后,陇西、北地、上郡三郡匈奴入侵日益减少,武帝下诏裁减上述三郡驻防部队的一半,以减轻天下百姓的徭役负担。

修挖昆明池。

武帝准备讨伐昆明,因为昆明有滇池,方圆三百里,于是命令修挖昆明池以练习水战。当时,法律更加苛严后,官吏多被免职。因为战事频繁,百姓多买爵到五大夫以逃避服役,官府可以征调服役的人日益减少。于是朝廷任命买到千夫、五大夫爵位的人担任官吏职务,不想当官的人必须交纳马匹。官吏们有玩弄法律的,都被发配到上林苑砍伐荆棘,修挖昆明池。

从渥洼水中得到一匹神马。

这一年,从渥洼水中得到一匹神马。武帝正在设置乐府,将所作的诗赋配上弦乐,使它们能符合八音曲调。等到获得神马,武帝命令创作歌曲。汲黯进谏道:"大凡圣明的君主制作乐章,对上应秉承祖先,对下应教化百姓。现在陛下得到一匹马,就将诗谱成歌曲,在宗庙中演唱,先帝和百姓难道能知道唱的是什么吗?"武帝默然无语,很不高兴。

武帝招揽士大夫,常常像怕人才不够用;但是性情严厉苛刻,即使是平时宠信的大臣,犯了点小错,就按照法律将其处死。汲黯进谏道:"陛下求访贤人很辛苦,还没让他们充分发挥才能,就给杀了。以有限的贤人供陛下任意的诛杀,我担心天下的贤人将要被杀光,陛下和谁一道来治理国家呢?"汲黯说话时很愤怒,武帝却笑着回答道:"哪个朝代没有贤人呢?就怕人发现不了。而且人才就如有用的器物,有才干却不能充分发挥,跟没有才干一样,不杀他还等什么呢?"汲黯说:"我虽然不能用言语说服

陛下,而心犹以为非。愿陛下自今改之,无以臣为愚而不知理也。"居久之,坐法免。

壬戌(前119) 四年
冬,造皮币、白金,铸三铢钱;置盐铁官,筭缗钱舟车。

有司言:"县官用度大空,而富商大贾财或累万金,不佐国家之急。请更钱造币以赡用,而摧浮淫并兼之徒。"时禁苑有白鹿,而少府多银、锡,乃以白鹿皮方尺,缘以藻缋为皮币,直四十万,朝觐、聘享必以皮币荐璧,然后得行。又造银、锡为白金三品:大者直三千,次直五百,小直三百。销半两钱,更铸三铢钱,盗铸者罪皆死。

于是以齐大煮盐东郭咸阳、南阳大冶孔僅为大农丞,领盐铁事。洛阳贾人子桑弘羊,以心计,年十三侍中。三人言利,事析秋豪矣。

诏禁民敢私铸铁器、煮盐者,钛左趾,没入其器物。又令诸贾人末作各以其物自占,率缗钱二千而一筭,及民有车、船者皆有筭。匿不自占,占不悉,戍边一岁,没入缗钱。有能告者,以其半畀之。其法大抵出张汤。汤每朝奏事,语国家用,日晏,天子忘食。丞相充位,天下事皆决于汤。百姓骚动,不安其生,咸指怨之。

以卜式为中郎,赐爵左庶长。

陛下，但心里还是觉得陛下做得不对。希望陛下从今往后能改正，不要认为我很愚昧而不明白道理。"过了很久以后，汲黯因犯法而被免职。

壬戌（前119）　汉武帝元狩四年

冬季，制造皮币、白金币，铸造三铢钱，设置盐铁官，朝廷征算百姓的财产包括船只、马车。

有关官员上奏说："官府用度非常空虚，而富商大贾的家财有的积累了万斤黄金，却不肯资助国家救急。请陛下重新制造钱币投入使用，来打击浮滑淫邪、吞并他人财物之徒。"这时，御苑中有一种白鹿，少府中有很多银、锡，于是用一尺见方的白鹿皮，在边缘绣上五彩花纹，制成皮币，价值四十万钱，令：进京朝觐，相互聘问，参加祭祀典礼时，必须用皮币托着要进献的玉璧，然后才能通行。又用银、锡造出三种白金币：大币值三千，中币值五百，小币值三百。命令销毁半两钱，新铸三铢钱，私自铸造钱币的人一律处以死罪。

因此汉武帝任命齐地的大煮盐商东郭咸阳、南阳的大冶炼商孔僅为大农丞，负责盐铁事务。洛阳商人子弟桑弘羊因为工于心计，十三岁就做了侍中。他们三人讨论如何谋利，一直分析到细微之处。

武帝下诏禁止民间私铸铁器、煮盐，禁者受铁钳左脚趾之刑，没收器具和产物。又令从事工商末业的人各自申报自己的财产，以一千钱为一缗，每二千缗为一算，纳税一百二十钱，另外，百姓家中有船只、马车的，都要征算。如果隐匿财产不报，或者申报不全的，罚戍守边塞一年，没收钱财。能告发别人的人，赏给被告发者财产的一半。这些法令多出自张汤之手。张汤每次上朝奏事，汇报国家财政情况，都谈得很晚，武帝因而忘了吃饭。丞相李蔡只是充数而已，天下大事都由张汤决策。百姓骚动，没法安心生活，都怨恨张汤。

武帝任命卜式为中郎，赐予左庶长爵位。

　　初，河南人卜式数输财县官以助边。天子使使问式："欲官乎？"式曰："臣少田牧，不习仕宦，不愿也。"使者问曰："家岂有冤，欲言事乎？"式曰："臣生与人无分争，邑人贫者贷之，不善者教之，何故有冤？无所欲言也。"使者曰："苟如此，子何欲？"式曰："天子诛匈奴，愚以为贤者宜死节于边，有财者宜输委，如此而匈奴可灭也。"上以问公孙弘，弘曰："此非人情。不轨之臣，不可以为化。"至是，上以式终长者，欲尊显以风百姓，乃召拜式为中郎，赐爵左庶长，赐田十顷，布告天下，使明知之。

　　春，有星孛于东北。　夏，长星出西北。　遣卫青、霍去病击匈奴。青部前将军李广失道，自杀。去病封狼居胥山而还。诏以青、去病皆为大司马。

　　上与诸将议曰："赵信为单于画计，常以为汉兵不能度幕轻留。今大发士卒，其势必得所欲。"乃粟马十万，令大将军青、票骑将军去病各将五万骑，而敢力战深入之士皆属去病。去病出代郡，青出定襄；李广为前将军，公孙贺为左将军，赵食其为右将军，曹襄为后将军，皆属大将军。

　　青既出塞，捕虏知单于所居，乃自以精兵走之，而令前将军广并于右将军，军出东道。广自请曰："臣部为前将军，且结发而与匈奴战，今乃一得当单于，臣愿居前先死。"青阴受上诫，以为"广老，数奇，毋令当单于"。广固自

当初，河南人卜式多次捐赠财产给朝廷，以资助边塞。武帝派使者问卜式："你想当官吧？"卜式回答道："我从小种田牧羊，不懂如何做官，不愿当官。"使者又问："莫不是家中有冤情，想要申诉？"卜式说："我平生与人没有纠纷，同乡中有穷人，就借钱给他，对不好的人就加以教导，怎么会有冤枉呢？我没什么要申诉的。"使者问："那么你这么做是为什么呢？"卜式说："天子征伐匈奴，我认为有才能的人应该战死边塞以全臣节，有财产的人应该捐钱支援，这样的话，就可以消灭匈奴了。"武帝以此事询问公孙弘，公孙弘说："这不是一般的人之常情。自身不轨的臣子是不可以推行教化的。"因此，武帝认为卜式是忠厚长者，想尊崇并宣扬他的义举以此来劝勉百姓，于是将卜式召到京城，任命他为中郎，赐给左庶长爵位和十顷田地，并宣告天下，使百姓都知道这件事。

春季，东北天空出现彗星。　夏季，西北天空出现彗星。武帝派卫青、霍去病出击匈奴。卫青部队的前将军李广迷失道路，自刎而死。霍去病在狼居胥山祭祀天神后回朝。武帝下诏任命卫青、霍去病同时担任大司马。

武帝与众将商议说："赵信为匈奴单于出谋划策，常常以为汉朝军队不可能轻装穿过大沙漠，即使能到也不可能久留。这一次我们要出动大军，势必要达到我们的目的。"于是征选十万匹用粟米料饲养的战马，命令大将军卫青、骠骑将军霍去病各率领五万骑兵，而敢于奋勇作战、深入匈奴内地的将士都归霍去病统领。霍去病从代郡出发，卫青从定襄郡出发；李广被任命为前将军，公孙贺为左将军，赵食其为右将军，曹襄为后将军，都归大将军卫青统领。

卫青从定襄出塞后，抓到俘虏，得知单于居住的地方，于是亲自率领精兵前进，而命令前将军李广与右将军赵食其合兵，由东路进军。李广主动请战道："我的部队是先锋部队，而且我从少年时就与匈奴作战，如今好不容易有机会正面对付单于，我请求担任先锋，先与匈奴死战。"卫青曾经受到武帝暗中告诫，认为"李广年岁已高，运气又不好，不要让他与单于正面作战"。李广自己坚决

辞于青，青不听，广不谢而起行，意甚愠怒。

青度幕，见单于兵陈而待，于是令武刚车自环为营，而纵五千骑往当匈奴，匈奴亦纵可万骑。会日且入，大风起，砂砾击面，两军不相见，汉益纵左右翼绕单于。单于遂乘六骡，冒围驰去。汉发轻骑夜追之，不得单于，捕斩万九千级。

广、食其军无导，惑失道，后期。青使长史急责广之幕府对簿。广谓其麾下曰："广结发与匈奴大小七十余战，今幸从大将军出，接单于兵，而大将军徙广部，行回远而又迷失道，岂非天哉？且广年六十余矣，终不能复对刀笔之吏！"遂自刭。广为人廉，得赏赐辄分其麾下，饮食与士共之，为二千石四十余年，家无余财。猿臂善射。将兵乏绝之处见水，士卒不尽饮，广不近水；士卒不尽食，广不尝食；士以此爱乐为用。及死，一军皆哭，百姓皆为垂涕。食其下吏当死，赎为庶人。

去病出代、右北平二千余里，绝大幕，直左方兵，获王、将、相等八十余人，封狼居胥山，禅于姑衍，登临翰海，斩七万级。益封五千八百户。

两军出塞，塞阅官、私马，凡十四万匹，而复入塞者不满三万匹。

乃益置大司马位，青、去病皆为之。自是之后，青日退而去病日益贵。青故人、门下士多去事去病，辄得官爵，

向卫青推辞,不走东路,遭到卫青的拒绝,李广没向卫青告辞就起兵出发,心中十分愤怒。

卫青横穿沙漠,发现单于的军队已经严阵以待,于是命令将兵车环绕一周结成营阵,派出五千骑兵进攻匈奴,匈奴也派出约一万骑兵迎战。恰好太阳将要落山,狂风大作,砂石扑面,两军士卒对面不能相见,汉军增加左右翼的力量包围单于。单于乘坐六匹骡子,冲出重围逃走。汉军派出轻骑部队连夜追赶,虽没能抓住单于,但俘虏斩杀了匈奴一万九千人。

李广与赵食其的部队没有向导,因而迷失了道路,未能赶上与单于的一战。卫青派长史责问李广迷路的情况,催李广到大将军府接受讯问。李广对他的部下说:"我从少年时就与匈奴进行过大小七十多场战斗,这次有幸跟随大将军出征,与单于的部队正面交锋,但大将军却将我部调到东路,路途已经绕远,再加上迷路,难道不是天意吗?况且我六十多岁了,终究不能再去面对那些刀笔小吏!"于是自刭而死。李广为人廉洁,得到赏赐就分给他的部下,与士卒一起吃喝,做二千石官员做了四十多年,家中没有富余的财产。李广的手臂像猿猴的长臂一样灵活,擅长射箭。他带领军队,在困境中找到水,士卒们没有都喝过,李广都不会靠近水源;士卒们没有都吃过饭,李广也不会进食;士卒因而乐意为他差遣。等到李广自杀,全军都哭了,百姓也都为他流泪。赵食其被交付法官审讯,其罪当死,赎身后被贬为平民。

霍去病从代郡、右北平郡出塞两千多里,穿越大沙漠,遭遇匈奴的左部军队,俘获匈奴王爷、将军、相国等八十多人,在狼居胥山祭祀天神,在姑衍山祭祀地神,登上翰海附近的山峰远眺,斩杀匈奴七万人。武帝增加霍去病食邑五千八百户。

卫、霍两支部队出塞时,在边塞检阅部队,官方与私人的马匹共有十四万匹,到军队回朝入塞时,只剩下不到三万匹了。

武帝于是增设大司马一职,由卫青、霍去病同时担任。自此以后,卫青的权势日渐衰退而霍去病则日显尊贵。卫青以前的朋友、门客大多改投到霍去病的门下,马上就得到了官职、爵位,

唯任安不肯。

去病为人，少言不泄，有气敢往。天子尝欲教之孙、吴兵法，对曰："顾方略何如耳，不至学古兵法。"天子为治第，令视之，对曰："匈奴未灭，无以家为也。"由此上益重爱之。然少贵，不省士。其从军，天子为遣太官赍数十乘，既还，重车余弃粱肉，而士有饥者。其在塞外，卒乏粮或不能自振，而去病尚穿域蹋鞠，事多此类。青为人仁，喜士，退让，以和柔自媚于上。两人志操如此。

是时，汉所杀虏匈奴合八九万，而汉士卒物故亦数万。是后匈奴远遁，而幕南无王庭。汉度河自朔方以西至令居，往往通渠，置田官，吏卒五六万人，稍蚕食匈奴以北，然亦以马少，不复大出击匈奴矣。

匈奴请和亲，遣使报之；单于留之不遣。

匈奴用赵信计，遣使于汉，好辞请和亲。天子下其议。丞相长史任敞曰："匈奴新破困，宜可使为外臣。"汉使敞于单于，单于大怒，留之不遣。博士狄山议以为和亲便，汤曰："此愚儒无知。"山曰："臣固愚，愚忠；若汤，乃诈忠。"于是上作色曰："吾使生居一郡，能无使虏入盗乎？"曰："不能。"曰："居一县？"对曰："不能。"复曰："居一障间？"山自度辩穷且下吏，曰："能。"于是上遣山乘障。至月余，匈奴

唯独任安不肯这么做。

霍去病为人，少言稳重，有勇气，敢作敢为。武帝曾经想教他学习孙子、吴起兵法，他回答道："作战时只看谋略怎么样罢了，不必学习古代兵法。"武帝为他修建府第，让他前往观看，他说："匈奴还没有消灭，要家干什么？"因此，武帝更加看重、宠爱他了。但霍去病年少时显贵，不太关心部下。他率军出征时，武帝派太官给他送来了几十车的食物，到班师回朝后，车上仍装了很多吃剩下的粮食和肉类，而士卒们仍有饿着肚子的。在塞外时，士卒们困缺乏粮食，有时显得士气不振，而霍去病却修建场地玩蹴鞠，这样的例子还有很多。卫青为人仁爱，尊士重贤，谦逊退让，以温和柔顺赢得了武帝的喜爱。两个人的志趣节操就是如此不同。

这时，汉朝消灭的匈奴军队达八九万人，汉军也伤亡了几万人。此后，匈奴向远方逃跑，沙漠以南就没有匈奴的王庭了。汉军渡过黄河，从朔方郡以西到令居县，到处开通渠道，设置田官，派遣士卒五六万人垦田，渐渐蚕食到匈奴故地以北，但是也因为缺少马匹，不再大举进攻匈奴了。

匈奴请求与汉朝和亲，武帝派遣使者前往；单于扣留使者不让回国。

匈奴采用赵信的计策，派遣使臣到汉朝，用好言好语请求与汉朝和亲。武帝命令群臣讨论对策。丞相长史任敞奏道："匈奴刚被打败，处境困难，应该让它成为我朝的属国。"汉朝派遣任敞出使匈奴，劝说单于投降汉朝，单于勃然大怒，将他扣留，不让他回国。博士狄山认为还是答应和亲对国家有利，张汤说："这个愚笨的儒生什么都不懂。"狄山说："我虽然愚笨，但我是愚忠；像张汤那种人是诈忠。"于是武帝变了脸色，说："我派你守一郡，你能不让匈奴入侵吗？"狄山说："不能。"武帝又问："管一个县呢？"狄山说："不能。"武帝再追问道："那管一个要塞呢？"狄山自己猜测，再辩论下去自己回答不出来，就要被移交官吏问责了，于是回答道："能。"武帝就派狄山去把守要塞。一个多月后，匈奴

斩山头而去。自是群臣震慑，无敢忤汤者。

以义纵为右内史，王温舒为中尉。

先是，宁成为关都尉，吏民出入关者号曰："宁见乳虎，无值宁成之怒。"及义纵为南阳太守，至关，成侧行送迎，纵不为礼。至郡，遂按宁氏，破碎其家，南阳吏民重足一迹。后徙定襄太守，初至，掩狱中重罪、轻系及私入视者，一捕，鞫曰"为死罪解脱"，是日皆报，杀四百余人，其后郡中不寒而栗。时赵禹、张汤以深刻为九卿，然其治尚辅法而行，纵专以鹰击为治。是岁，汲黯坐法免，乃以纵为右内史。

王温舒始为广平都尉，择郡中豪敢往吏十余人以为爪牙。皆把其阴重罪，而纵使督盗贼，以故，齐、赵之郊盗贼不敢近广平。迁河内太守，以九月至，令郡具私马五十匹为驿，捕郡中豪猾，相连坐千余家。上书请，大者至族，小者乃死，家尽没入偿臧。奏行不过二三日得可，事论报，至流血十余里。尽十二月，郡中毋声。其颇不得，之旁郡国追求。会春，温舒顿足叹曰："嗟乎！令冬月益展一月，足吾事矣。"上以为能，擢为中尉。

方士文成将军少翁伏诛。

齐人少翁以鬼神方见上。上有所幸王夫人卒，少翁以方夜致鬼，如王夫人之貌，天子自帷中望焉，于是乃拜少翁为文成将军，以客礼之。文成又劝上为台室而置祭具，以致

斩下狄山的头而去。从此以后,文武官员震恐,没有人敢再冒犯张汤了。

武帝任命义纵为右内史,王温舒为中尉。

此前,宁成担任函谷关都尉,官吏百姓出入此关时都说:"宁愿碰到正在喂奶的母老虎,也别赶上宁成发怒。"等到义纵做南阳太守,经过函谷关,宁成站在道路旁迎送,义纵不还礼。义纵到郡城后,就查处宁成一家,将其一家抄斩,南阳郡的官吏百姓,并足站立,不敢迈步。义纵后来改任定襄郡太守,刚到任时,就突然封闭了监狱,将轻重人犯以及私自入狱探视者,一律逮捕,判处他们犯有"为死囚犯解脱枷镣"的罪名,当天就判决,将四百多人全部处死,自此以后,郡中之人不寒而栗。当时,赵禹、张汤因苛刻严厉而做到九卿,但他们治理事务还是辅以法律,而义纵则像老鹰猎食一样治事。这一年,汲黯因触犯法律被免职,武帝任命义纵为右内史。

王温舒开始担任广平都尉时,在郡中挑选了十几名豪强敢闯的官吏充当爪牙。他掌握了这些人暗地里所犯的重罪,而派他们督捕盗贼,因此齐国、赵国郊外的盗贼不敢靠近广平郡。后来调任河内太守,九月到任,命令郡中为他准备五十匹驿马,搜捕郡中豪强奸邪之徒,相互牵连的达千余家。他上奏请求将罪大的诛灭九族,罪小的处死本人,没收全部家产抵销赃物。奏章送走不过两三天,就得到朝廷的批准,于是进行判决,以致血流十余里。到十二月底,郡中已无人敢出声。如有逃亡的罪犯,王温舒都派人到附近的郡国去追捕。恰逢春天,按例停止行刑,王温舒顿足叹息道:"唉!令冬季再延长一个月,我就能办完事了。"武帝认为他能干,将他提升为中尉。

方术之士文成将军少翁被处死。

齐人少翁因有召唤鬼神的方术进见武帝。武帝宠幸的王夫人死了,少翁使用方术在夜间招来鬼魂,容貌与王夫人一样,武帝从帷帐中见到了王夫人的鬼魂,于是封少翁为文成将军,待他以客人之礼。文成又劝武帝兴建高台,设置祭祀用具,以招致

天神。居岁余,其方益衰,乃为帛书以饭牛,佯不知,言曰:
"此牛腹中有奇。"杀视,得书,书言甚怪。天子识其手书,
于是诛之。

癸亥(前118)　**五年**

春三月,丞相蔡有罪,自杀。

坐盗孝景园壖地也。

罢三铢钱,铸五铢钱。

有司言:"三铢钱轻,易作奸诈。请铸五铢钱,周郭其
质,令不可摩镕。"

以汲黯为淮阳太守。

于是民多铸钱,楚地尤甚。乃召拜汲黯为淮阳太守。
黯为上泣曰:"臣自以为填沟壑,不复见陛下,不意复收用
之。臣常有狗马病,力不能任郡事。臣愿为中郎,出入禁
闼,补过拾遗,臣之愿也。"上曰:"君薄淮阳邪?吾今召君
矣,顾淮阳吏民不相得,吾徒得君之重,卧而治之。"

黯既辞行,过大行李息曰:"黯弃逐居郡,不得与朝廷
议矣。御史大夫汤,智足以拒谏,诈足以饰非,务巧佞之
语,辩数之辞,非肯正为天下言,专阿主意。主意所不欲,
因而毁之;主意所欲,因而誉之。好兴事,舞文法,内怀诈
以御主心,外挟贼吏以为威重。公列九卿,不蚤言,公与之
俱受戮矣。"息不敢言。及汤败,上抵息罪。使黯以诸侯相
秩居淮阳,十岁而卒。

**徙奸猾吏民于边。　夏四月,以庄青翟为丞相。　帝
如甘泉祠神君。**

天神。过了一年多，少翁的法术日益衰竭，于是他将写着字的丝帛让牛吞下，假装不知道，对武帝说："这头牛肚子里有奇异之物。"将牛杀死后，发现写字的丝帛，上面写的话很古怪。武帝认出是少翁的笔迹，将他杀了。

癸亥（前118） **汉武帝元狩五年**
春三月，丞相李蔡犯罪，自杀。
李蔡犯有盗用景帝陵园外空地的罪名。
废止三铢钱，改铸五铢钱。
有关官员奏称："三铢钱太轻，容易玩奸诈。请求改铸五铢钱，在周边镶上轮廓，使它不容易被磨损、熔化。"
武帝任命汲黯为淮阳太守。
因此，很多百姓私自铸钱，以楚地最为严重。武帝于是召见汲黯，任命他为淮阳太守。汲黯流着泪对武帝说："我自己以为将会填入沟渠，再也见不到陛下了，没想到陛下还会收用我。我经常生病，无力胜任一郡的政务。希望能充任中郎一职，出入宫廷，为陛下弥补过失，提醒遗漏之事，这是我的心愿。"武帝问："您看不起淮阳吗？我今天将您召回，考虑到淮阳的官吏与百姓不和，只想借重您的威望，您可以躺在床上治理政务。"

汲黯辞行，拜访大行李息说："我被贬弃到郡县，不能参与朝廷议事了。御史大夫张汤，他的机智足以拒绝劝谏，狡诈足以掩盖错误，专门说讨巧、奸佞的话，言辞诡辩，不肯为天下的正事说话，专心迎合主上的意图。凡是皇上不喜欢的，就加以诋毁；皇上喜欢的，就趁机称赞。还喜欢搬弄是非，玩弄法律条文，内心奸诈以左右皇上的心理，在朝中依靠贼官树立自己的威严。您位列九卿，如果不尽早揭露，我担心您会跟他一道受到严惩。"李息不敢开口，等到张汤垮台，武帝也将李息治罪。武帝赐予汲黯诸侯国相的地位，令他守淮阳，十年后汲黯去世。

朝廷将奸猾的吏民流放到边疆。 **夏四月，任命庄青翟为丞相。** **武帝到甘泉宫祭祀神灵。**

上病鼎湖甚。上郡有巫,病而鬼神下之。上召置,祠之甘泉。及病愈,起幸甘泉,置酒寿宫。神君非可得见,闻其言,上使人受,书其言,命之曰"画法"。其所语,世俗之所知也,无绝殊者,而上心独喜。时上卒起,幸甘泉,过右内史界中,道多不治,怒曰:"义纵以我为不复行此道乎!"衔之。

甲子(前117) 六年

冬十月,雨水,无冰。　　遣使治郡国缗钱,杀右内史义纵。

上既下缗钱令而尊卜式,百姓终莫分财佐县官,于是杨可告缗钱纵矣。可告缗遍天下,中家以上,大抵皆遇告。杜周治之,少反者。分遣御史、廷尉、正监即治郡国缗钱,得民财物、奴婢以亿万计,田宅亦如之。于是商贾中家以上皆破。民偷食好衣,不事畜业。内史义纵以为此乱民,部吏捕其为可使者。上以纵为废格沮事,弃纵市。

夏四月,庙立子闳为齐王,旦为燕王,胥为广陵王。初作诰策。　　遣博士循行郡国,举兼并及吏有罪者。

自造白金、五铢钱后,吏民坐盗铸金钱死者数十万人。犯者益众,吏不能尽诛。

诏遣博士六人分循郡国,举兼并之徒及守、相、为吏有罪者。

武帝在鼎湖宫得了重病。上郡有个巫师,生病时有鬼神附体。武帝将他招来,安置在甘泉宫祭祀。武帝病好后,前往甘泉宫,在寿宫中摆设酒宴。人们不能见到神君,只能听到他的声音,武帝命人将神君说的话记录下来,称之为"画法"。神君说的话,是世俗之人都能明白的,并无特别之处,而武帝听了心里却独自高兴。当时,武帝突然起驾前往甘泉宫,经过右内史的管界,见道路多毁坏失修,武帝生气地说:"义纵难道认为我再也不会走这条道了吗!"武帝怀恨在心。

甲子(前117) 汉武帝元狩六年

冬十月,降雨,无冰。 武帝派遣使者到各郡国惩治违犯"缗钱令"的人,杀死右内史义纵。

武帝颁布"缗钱令"以后,尊崇卜式,但百姓始终不肯拿出自己的财产来帮助朝廷,于是由杨可负责对隐瞒财产者进行大规模地告发和惩处。而可以被告发的人家遍及全国,中等财产以上的人家几乎全被告发。由杜周实施惩处,很少有人反抗。又派遣御史、廷尉、正监等到各郡国惩治违反"缗钱令"的人,获得百姓的财物、奴婢可以亿万来计算,田地房屋也是这样。于是商人中凡是中等家产以上的人家都破产了。百姓只讲究吃好穿好,不再积蓄家产。内史义纵认为这一做法骚扰了百姓,命官吏逮捕了杨可派出的人员。武帝认为义纵抗拒圣旨,阻挠告密、惩处之事,将他杀死。

夏四月,武帝在太庙封皇子刘闳为齐王,刘旦为燕王,刘胥为广陵王。从此,开始用颁布诰策来册封诸王。 派遣博士到各郡国视察,检举兼并他人土地的人以及犯罪的官吏。

自从铸造白金币、五铢钱以后,官吏、百姓因私铸钱币而被处死的达几十万。由于犯法的人实在太多,官府不能将他们都杀死。

武帝下诏派遣六位博士分别到各郡国巡视,检举兼并他人土地的人和犯罪的郡守、诸侯国相以及其他官员。

秋九月，大司马、票骑将军、冠军侯霍去病卒。 杀大农令颜异。

初，异以廉直至九卿。上既造白鹿皮币，问异，异曰："今王侯朝贺以苍璧，直数千，而其皮荐反四十万，本末不相称。"上不说。人有告异他事，下张汤治。异与客语"初令下有不便者"，异不应，微反唇。汤奏当："异见令不便，不入言而腹诽，论死。"自是之后，有"腹诽"之法比，而公卿大夫多谄谀取容矣。

乙丑（前116） 元鼎元年
夏，赦。

丙寅（前115） 二年
冬十一月，张汤有罪自杀。十二月，丞相青翟下狱，自杀。

初，御史中丞李文与汤有郤，汤所厚吏鲁谒居阴使人告文奸事，事下汤治，论杀之。上问："变事踪迹安起？"汤佯惊曰："此殆文故人怨之。"谒居病，汤亲为之摩足。赵王告："汤大臣，乃与吏摩足，疑与为大奸。"事下廷尉。谒居病死，事连其弟，弟告汤与谒居谋共变告李文。事下减宣，穷竟未奏。会盗发孝文园瘗钱，丞相青翟朝，与汤约俱谢，至前，汤独不谢。上使御史案丞相，汤欲致其文"丞相见知"。丞相长史朱买臣、王朝、边通，皆素怨汤，欲死之，乃与丞相谋，

秋九月,大司马、骠骑将军、冠军侯霍去病去世。武帝处死大农令颜异。

当初,颜异以廉洁正直升到九卿职位。武帝制造了白鹿皮币以后,询问颜异的意见,颜异说:"如今王侯们来朝贺,都以黑色璧玉为礼物,价值几千钱,而垫在下面的皮币却价值四十万,这是本末倒置。"武帝听了不高兴。有人告发颜异在别的事上犯法,武帝命令张汤审讯颜异。颜异的一位客人议论"诏令初下时有不太恰当的地方",颜异没有应声,只是微微撇了一下嘴唇。张汤上奏道:"颜异身为九卿,见到诏令有不妥之处,却不提醒皇上,而是在心里诽谤,应判处死刑。"从此以后,因为有"腹诽"这个案例,公卿大臣们纷纷阿谀谄媚来保全自己。

乙丑(前116) 汉武帝元鼎元年
夏季,大赦天下。

丙寅(前115) 汉武帝元鼎二年
冬十一月,张汤犯罪自杀。十二月,丞相庄青翟下狱,自杀。

当初,御史中丞李文与张汤有矛盾,张汤所赏识的官吏鲁谒居暗中唆使人告发李文的奸恶之事,武帝将此事交于张汤处理,张汤将李文判处死刑。武帝问:"告发之事是从哪里引起的呢?"张汤假装吃惊,说:"大概是李文的旧友对他不满吧。"鲁谒居生病,张汤亲自为他按摩脚。赵王刘彭祖向武帝告发说:"张汤身为大臣,却为一个小吏按摩脚,我怀疑他们有大阴谋。"武帝将此事交给廷尉处理。鲁谒居病死,事情牵连到他的弟弟,他的弟弟告发张汤与鲁谒居同谋告发李文。武帝将此事交给减宣处理,穷追到底,但最后始终没有结案奏报。恰好此时文帝陵园中所埋钱币被人盗走,丞相庄青翟上朝,与张汤约好一起向武帝谢罪,但到了武帝面前,张汤却独自不谢罪。武帝命张汤负责审查庄青翟,张汤想判处"庄青翟明知故纵"的罪名。丞相长史朱买臣、王朝、边通,平时都怨恨张汤,想置张汤于死地,于是和庄青翟商议,

使吏捕案贾人田信等,曰:"汤且欲奏请,信辄先知之,居物致富,与汤分之。"事辞颇闻,上问汤曰:"吾所为,贾人辄先知之,益居其物,是类有以吾谋告之者。"汤不谢,又伴惊曰:"固宜有。"减宣亦奏谒居等事。上以汤怀诈面欺,使赵禹切责汤,汤乃为书谢,因曰:"陷臣者,三长史也。"遂自杀。汤既死,家产直不过五百金。昆弟、诸子欲厚葬汤,母曰:"汤为天子大臣,被污恶言而死,何厚葬乎!"载以牛车,有棺无椁。上闻之,乃尽案诛三长史;丞相青翟下狱,自杀。

春,起柏梁台,作承露盘。

盘高二十丈,大七围,以铜为之。上有仙人掌,以承露,和玉屑饮之,云可以长生。宫室之修,自此日盛。

以赵周为丞相。　三月,大雨雪。　夏,大水,人饿死。置均输,禁郡、国铸钱。

孔僅为大农令,而桑弘羊为大农中丞,稍置均输,以通货物。悉禁郡国无铸钱,专令上林三官铸,非三官钱不得行。而民铸益少,计其费不能相当,唯真工、大奸乃盗为之。

西域始通,置酒泉、武威郡。

张骞建言:"乌孙王昆莫本为匈奴臣,后兵稍强,不肯复朝事匈奴,匈奴攻,不胜而远之。今以厚币,招以益东,居故浑邪之地,则是断匈奴右臂也。既连乌孙,自其西大夏之属,皆可招来而为外臣。"上以为然,拜骞为中郎将,赍金币、帛直数千巨万。

派官吏逮捕审讯商人田信等,说:"张汤要向皇上奏请什么,田信都能提前得知,囤积致富,赚到钱再分给张汤。"这些话传到武帝那里,就问张汤:"我要做的事,商人就能预先知道,囤积货物,这似乎是有人把我的计划告诉了他们。"张汤不谢罪,又假装吃惊道:"很有可能。"减宣也向武帝奏报了鲁谒居等事情。武帝认为张汤心怀奸诈而且当面欺瞒,派赵禹严责张汤,张汤上书谢罪,进而说:"陷害我的是三个丞相长史。"然后自杀。张汤死后,家中财产不过值五百金。张汤的兄弟、诸子想厚葬张汤,他母亲说:"张汤身为天子的大臣,被污言秽语诬陷而死,还要什么厚葬呢!"于是将张汤装在牛车上送到墓地,只有棺材,没有外椁。武帝听说以后,就将三名丞相长史全部处死;丞相庄青翟被捕入狱,自杀。

春季,武帝兴建柏梁台,制作承露盘。

承露盘高二十丈,柱围有七人合抱那么粗,用铜铸成。上面装着神人掌,以承接露水;和着玉屑喝下露水,据说就可以长生不死。宫室的兴建,从此以后日渐兴盛。

武帝任命赵周为丞相。   三月,天降大雪。   夏季,发大水,很多人饿死。   朝廷设置均输官,严禁各郡、国私自铸钱。

孔僅担任大农令,桑弘羊担任大农中丞。渐渐设置了均输官,负责征调各地物资。武帝下诏严禁各郡、国私自铸钱,专门由上林三官铸钱,不是三官铸的钱不得通行。而民间铸钱日益减少,计算费用,收支不相当,只真有水平的工匠或者是大奸之徒才私自铸钱。

西域开始与汉朝交往;汉朝廷设置酒泉、武威二郡。

张骞建议说:"乌孙王昆莫原来是匈奴的臣属,后来兵力渐渐强大,不肯再事奉匈奴,匈奴派兵攻打,乌孙未能取胜而远去。如果我国用丰厚的礼物拉拢乌孙,让他们东迁,住在过去浑邪王的辖地,这样就是断了匈奴的右臂。与乌孙结盟后,在它西面的大夏等国也都可以招来成为我国的藩臣。"武帝认为张骞说得很对,于是任命他为中郎将,带上价值数千万钱的黄金、绢帛出使。

至乌孙,久之,不能得其要领,因分遣副使使大宛、康居、大月氏、大夏、安息、身毒、于阗及诸旁国。乌孙送骞还,使数十人、马数十匹随骞报谢。是岁,骞还,到。后所遣使通大夏之属者,皆颇与其人俱来,于是西域始通于汉矣。

西域凡三十六国,南北有大山,中央有河,东西六千余里,南北千余里,东则接汉玉门、阳关,西则限以葱岭。河有两原,一出葱岭,一出于阗,合流东注盐泽。盐泽去玉门、阳关三百余里。自玉门、阳关出西域有两道:从鄯善傍、南山北,循河西行至莎车,为南道;南道西逾葱岭,则出大月氏、安息。自车师前王廷随北山循河西行至疏勒,为北道;北道西逾葱岭,则出大宛、康居、奄蔡。故皆役属匈奴,匈奴赋税诸国,取富给焉。

乌孙既不肯东还,汉乃于浑邪王故地,置酒泉郡,稍发徙民以充实之。后又分置武威郡,以绝匈奴与羌通之道。

上得宛汗血马,爱之,名曰“天马”。使者相望于道以求之。

丁卯(前114) **三年**
冬,徙函谷关于新安。 夏,雨雹。 令“株送徒”入财补郎。
所忠言:“世家子弟、富人乱齐民。”乃征诸犯令,相引数千人,名曰“株送徒”。入财者得补郎。郎选衰矣。

关东饥,人相食。 匈奴伊稚斜单于死,子乌维单于立。

张骞到达乌孙以后，很久都得不到乌孙的明确答复，于是派出副使出使大宛、康居、大月氏、大夏、安息、身毒、于阗以及附近各国。乌孙派人送张骞回国，又派几十人、几十匹马随张骞前往汉朝报聘答谢。这一年，张骞回到长安。后来，张骞派出的出使大夏等国的副使，大多数都与该国使臣一起回朝，于是西域各国开始与汉朝交往。

　　西域共有三十六个国家，南北有大山，中部有河流，东西长六千多里，南北宽一千多里，东部与汉朝的玉门关、阳关连接，西部以葱岭为界。河流有两个源头，一是出于葱岭，一是出于于阗，合流后向东流入盐泽。盐泽离玉门关、阳关有三百多里。从玉门关、阳关前往西域有两条路：从鄯善沿南山北脚，顺着河流向西到莎车，这是南道；从南道向西，越过葱岭，就到了大月氏、安息。从车师前王庭沿着北山，顺河流向西到疏勒，这是北道；从北道向西，越过葱岭，就可以到达大宛、康居、奄蔡。这些国家以前都受匈奴的统治，匈奴向它们征收赋税，掠夺财富。

　　因为乌孙不肯向东迁徙，汉朝就在浑邪王的故地设置了酒泉郡，逐渐迁徙百姓前往充实这一地区。后来，又从酒泉郡分置出武威郡，以断绝匈奴与羌人的交通道路。

　　武帝得到大宛出产的汗血马，十分喜爱，命名为"天马"。并派出大量使者前往大宛搜求。

丁卯（前114）　汉武帝元鼎三年

　　冬季，将函谷关迁到新安。　　夏季，天降冰雹。　　武帝下令实行"株送徒"法，凡是上缴财富的，可以补郎官。

　　所忠奏道："世家子弟和富人骚扰百姓。"于是征捕触犯法令的人，受到牵连的达到几千人，称之为"株送徒"。其中有愿意上缴财富的，可以入补郎官。从此，郎官的选举制度日渐衰坏了。

　　关东地区发生饥荒，出现人吃人的惨状。　　匈奴伊稚斜单于去世，其子乌维单于继位。

戊辰(前113) 四年

冬十一月,立后土祠于汾阴脽上,亲祠之。始巡郡国,至荥阳而还。 封周后姬嘉为周子南君。 春,以方士栾大为五利将军,尚公主。

方士栾大敢为大言,处之不疑。见上言曰:"臣常往来海上,见安期、羡门之属,曰'黄金可成而河决可塞,不死之药可得,仙人可致也',然臣师非有求人,人者求之。陛下欲致之,则贵其使者,令为亲属,以客礼待之,则可使通言也。"乃拜大为五利将军,封乐通侯,食邑,赐甲第,以卫长公主妻之,赍金十万斤。上亲幸其第,贵震天下。于是海上燕、齐之间,莫不扼腕自言有禁方、能神仙矣。

夏六月,汾阴得大鼎。

迎至甘泉,荐之郊庙。群臣皆贺。

以儿宽为左内史。

初,周亚夫为丞相,赵禹为史,府中皆称其廉平,然亚夫弗任,曰:"极知禹无害,然文深,不可以居大府。"及禹为少府,酷急;至晚节,吏务为严峻,而禹更名宽平。

尹齐素以敢斩伐著名,及为中尉,坐不胜任抵罪。

是时吏治皆以惨刻相尚,独左内史儿宽劝农业,缓刑法,理狱讼,务在得人心。择用仁厚士,推情与下,不求名声,吏民大信爱之。收租税时,裁阔狭,与民相假贷,以故

戊辰(前113)　汉武帝元鼎四年

冬十一月,在汾阴的脽丘上建起后土祠,武帝亲往祭祀。武帝首次出巡各郡国,抵达荥阳后返回京城。　封周朝王室后裔姬嘉为周子南君。　春季,封方士栾大为五利将军,并将公主嫁给他为妻。

方士栾大敢说大话,神情自然,从不犹疑。他进见武帝说:"我常常往来于大海之上,见到过安期生、羡门高等神仙,说'黄金可以炼成,黄河决口可以堵住,长生不死之药可以得到,仙人可以招来',但我的老师没有什么要求人的,都是别人求他。如果陛下一定要请他来,就应该尊重他的使者,并且视为亲近的属下,以待客的礼节对待,这样就能让他将陛下的请求传达给神仙。"于是武帝封栾大为五利将军、乐通侯,赐给食邑、府第,将卫长公主嫁给他为妻,又送给他十万斤黄金。武帝还亲自到栾大家中探望,栾大所受到的贵宠使天下震动。于是,沿海燕、齐等地的人们,无不兴奋地握住手腕,自称有秘方,能够沟通神仙。

夏六月,在汾阴获得大鼎。

武帝将此鼎迎接到甘泉宫中,呈献给郊庙。公卿大臣们都向武帝表示祝贺。

武帝任命兒宽为左内史。

当初,周亚夫担任丞相时,赵禹担任丞相史,丞相府中人人都称赞赵禹廉洁公正,但周亚夫却不重用他,说:"我很了解赵禹的公正,不会枉害别人,但他执法太严苛,不适宜在相府中掌权。"等到赵禹做了少府,执法更加严酷;到他晚年时,其他官吏都讲求执法严峻,而他却改为专注宽厚平和。

尹齐平素以敢于斩杀闻名,等到他做到中尉,因为不胜任职务而被控犯罪。

这时,执法严酷成为官吏们所推重的,唯独左内史兒宽劝民从事农业生产,放宽刑法,处理诉讼,务求取得民心。他选择任用仁爱忠厚之士,与下属推心置腹,不求个人名声,因此官吏、百姓都衷心地爱戴他。征收租税时,调节缓急,贷给百姓财物,因而

租多不入。后有军发，左内史以负租课殿，当免。民闻当免，皆恐失之，大家牛车，小家担负，输租缲属不绝，课更以最。上由此愈奇宽。

遣使谕南越入朝。

初，南越文王胡遣其子婴齐入宿卫，在长安取樛氏女，生子兴。文王薨，婴齐立，乃藏其先武帝玺，立樛氏为后，兴为嗣。汉数使使者风谕婴齐入朝。婴齐尚乐擅杀生自恣，固称病不见。薨，谥曰"明王"。兴代立，其母为太后。

太后尝与霸陵人安国少季通。是岁，上使少季往谕王及太后以入朝，比内诸侯。王年少，太后中国人。少季往，复与私通。国人不附太后。太后因使者上书，请比内诸侯，三岁一朝，除边关。天子许之，赐其丞相吕嘉银印，使者留填抚之。

以方士公孙卿为郎。

上幸雍，且郊，或曰："五帝，泰一之佐也，宜立泰一而上亲郊。"上疑未定。齐人公孙卿曰："汉兴复当黄帝之时，宝鼎出而与神通。黄帝接万灵明庭，明庭者，甘泉也。黄帝采首山铜，铸鼎于荆山下。鼎既成，有龙垂胡须下迎，黄帝上骑龙，与群臣、后宫七十余人俱登天。"于是上曰："嗟乎！诚得如黄帝，吾视去妻子如脱屣耳。"拜卿为郎。

租税经常收不上来。后来,有大的军事行动,兒宽因为税收不足,课考最差,应被免职。百姓听说兒宽要被免职,都担心失去他这样的好官,富户大家用牛车,一般小家肩挑背扛,络绎不绝地将租税交到官府,于是兒宽的课考政绩一下子变成最好。武帝因此更觉得兒宽特别。

武帝派遣使者前往南越国,告谕南越王入京朝见天子。

当初,南越文王赵胡派他的儿子赵婴齐入宫担任武帝的侍卫,赵婴齐在长安娶樛氏为妻,生下一子赵兴。赵胡死后,赵婴齐继位,于是隐藏先祖武帝的印玺,立樛氏为后,赵兴为世子。汉朝廷多次派遣使者提醒赵婴齐入京朝见天子。赵婴齐正以随心所欲杀人为乐,所以坚决称病不进京朝见。赵婴齐死后,谥为"明王"。赵兴继位,其母为太后。

樛氏曾经与霸陵人安国少季私通。这一年,武帝派安国少季前往晓谕南越王和太后入京朝见,与内地诸侯相同。赵兴年少,樛氏又是汉朝人。安国少季到南越国后,又与樛氏私通。南越国人都不拥护太后。樛氏于是趁汉朝使者来使的机会上书朝廷,请求比照内地诸侯,三年一次朝见,取消边界关卡。武帝批准了樛氏的请求,赐给南越国丞相吕嘉银质印信,所派的使者留在南越国,对其进行镇压和安抚。

武帝任命方士公孙卿为郎官。

武帝巡幸雍地,即将举行祭天仪式时,有人说:"五帝是泰一神的左右,应建立泰一庙,由皇上亲自祭祀。"武帝犹豫不决。齐人公孙卿说:"汉朝兴盛还会和黄帝时一样,宝鼎的出现,正与神意相通。黄帝在明庭迎接万种神灵,明庭,就是甘泉宫。黄帝在首山采铜,在荆山下铸造宝鼎。宝鼎铸成后,天上有一条龙垂下龙须迎接黄帝,黄帝骑上龙背,与群臣及后宫妃嫔七十多人一起升天成仙。"武帝于是叹道:"唉!要是真能和黄帝一样,我对待离开妻子儿女,就像脱下鞋子一样容易。"于是任命公孙卿为郎官。

己巳（前112） 五年

冬十月，帝祠五畤，遂猎新秦中，以勒边兵。

上祠五畤于雍，遂逾陇，西登崆峒，出萧关，从数万骑猎新秦中，以勒边兵而归。新秦中或千里无亭徼，于是诛北地太守以下。

立泰一及五帝祠坛于甘泉。十一月朔，冬至，亲郊见。

是为泰畤。自是，三岁天子一郊见。

南越相吕嘉杀使者及其王兴，更立建德为王；发兵反。

南越王、王太后治装入朝。吕嘉数谏，弗听，称病，不见汉使者。太后欲诛之，乃置酒请使者，大臣皆侍坐饮。嘉弟为将，将卒居宫外。酒行，太后谓嘉曰："南越内属，国之利也，而相君苦不便者，何也？"以激怒使者。使者狐疑相杖，遂莫敢发。嘉见耳目非是，即起而出。太后怒，欲纵嘉以矛，王止太后。嘉遂出，介其弟兵就舍。称病，阴与大臣谋作乱。

汉使壮士韩千秋与太后弟樛乐将二千人往。入境，嘉等遂反，下令国中曰："王年少；太后，中国人也，又与使者乱，无顾赵氏社稷，为万世虑计之意。"乃攻杀王、王太后及汉使者，立明王长男越妻子建德为王。千秋兵入，破数小邑。越开道给食，未至番禺四十里，击灭之，函封汉使者节置塞上，好为谩辞谢罪，发兵守要害处。

己巳(前112) 汉武帝元鼎五年

冬十月,武帝在雍地祭祀五畤,于是到新秦中打猎,以此整顿边防部队。

武帝在雍地祭祀五畤,然后越过陇山,西行登上崆峒山,出萧关,率领几万骑兵到新秦中打猎,以整顿边防部队,然后回京。新秦中有的地方千里范围内竟然没有设置亭障,武帝于是将北地太守以下的官员全部处死。

武帝在甘泉修建泰一及五帝祭坛。十一月初一,冬至,武帝亲自祭祀泰一神。

这就是泰畤。从此以后,天子每三年一次祭祀天神。

南越国丞相吕嘉杀死汉朝使者和南越王赵兴,改立赵建德为王,起兵造反。

南越王、王太后收拾行装,准备入京朝见。吕嘉多次劝谏,都被拒绝,于是假装生病,不见汉朝使者。王太后想杀掉他,于是设酒摆宴,款待汉朝使者,大臣们都来陪坐饮酒。吕嘉的弟弟身为大将,率士卒在王宫外巡视。酒宴上,王太后对吕嘉说:"南越国内附汉朝,对国家有利,而您却认为这样做不对,为什么呢?"想以此激怒汉朝使者。汉朝使者满腹狐疑,相互对峙,谁也不敢发作。吕嘉见势头不妙,就起身退席。王太后大怒,想用矛掷死吕嘉,南越王阻止了王太后。吕嘉于是离开王宫,在他弟弟的士兵护送下回到府中。他声称有病,暗地里与大臣们商议叛乱之事。

汉朝廷派壮士韩千秋与南越王太后的弟弟樛乐领兵两千前往。汉军进入南越国境,吕嘉等就造反了,命令全国道:"国王年幼;王太后,原来就是汉朝人,又与汉朝使者淫乱,不顾及赵氏的江山社稷,也没有为子孙万代考虑的意思。"于是,吕嘉等领兵攻杀了南越王、王太后和汉朝使者,立明王的大儿子赵越的南越妻子生的儿子赵建德为王。韩千秋领兵进入南越国后,攻下了几座小城池。南越人开辟直道,供应饭食,在距番禺四十里的地方将汉军消灭,封好汉使的符节,放在边塞上,以动人的诳语谢罪,又派兵把守边界的要塞。

夏四月,赦。 是月晦,日食。 秋,遣将军路博德等将兵击南越。

遣伏波将军路博德出桂阳,楼船将军杨仆出豫章,戈船将军严出零陵,下濑将军甲下苍梧,越驰义侯遗发夜郎兵,下牂柯江,咸会番禺。

赐卜式爵关内侯。

齐相卜式上书,请父子与齐习船者往死南越。诏褒美式,赐爵关内侯,布告天下,天下莫应。

九月尝酎,列侯百有六人皆夺爵。丞相周下狱,自杀。

时列侯以百数,皆莫求从军击越。会九月尝酎,祭宗庙,列侯以令献金助祭。少府省金,金有轻及色恶者,上皆令劾以"不敬",夺爵者百六人。丞相赵周坐"知列侯酎金轻",下狱,自杀。

以石庆为丞相。

时国家多事,桑弘羊等致利,王温舒之属峻法,而兒宽等推文学,皆为九卿,更进用事。事不关决于丞相,庆醇谨而已。

栾大伏诛。

大装为入海求其师,乃之太山。上使人随验,无所见,而大妄言见其师,方又多不售,坐诬罔,腰斩。

西羌反。

庚午(前111) 六年

冬,讨西羌,平之。 路博德等平南越,获建德、吕嘉;置九郡。

夏四月,大赦天下。 本月的最后一天,出现日食。 秋季,武帝派将军路博德等人率兵攻打南越国。

派遣伏波将军路博德从桂阳出发,楼船将军杨仆从豫章出发,戈船将军严从零陵出发,下濑将军甲进攻苍梧,南越降将驰义侯遗征发夜郎国军队,顺牂柯江南下,各路军队在番禺会合。

武帝赐卜式为关内侯。

齐国丞相卜式上书朝廷,请求让他父子和齐国熟习船只的人前往南越国死战。武帝下诏褒奖卜式,赐封他为关内侯,宣告天下,但天下没有一个人响应。

九月,举行酎祭活动,列侯中有一百零六人被革除爵位。丞相赵周被捕入狱,自杀。

当时,列侯数以百计,都不请求从军攻打南越。恰好九月在宗庙举行酎祭活动,列侯奉命进献黄金助祭。少府检查进献的黄金,凡是分量不足或者成色不佳的,武帝都命令一律以“不敬”为罪名加以参劾,被革除爵位的有一百零六人。丞相赵周被指控“明知列侯进献的黄金分量不足却纵容包庇”,被捕入狱,自杀。

武帝任命石庆为丞相。

时值国家多事之秋,桑弘羊等人谋取私利,王温舒等人实行严厉刑罚,而儿宽等人推崇儒家学说,他们都位列九卿,先后执掌大权。凡事不向丞相通报,也不由丞相决定,石庆仅仅敦厚、谨慎而已。

栾大被处死。

栾大整理行装,入海寻找他的仙师,竟到了泰山。武帝派人跟踪检查,并没有见到什么神仙,而栾大却妄称见到了他的老师;而且他的方术大多不灵,武帝以欺诈罪将他判处腰斩。

西羌反叛。

庚午(前111) 汉武帝元鼎六年

冬季,汉军征讨西羌,平定叛乱。 路博德等人平定南越之乱,俘获南越王赵建德、丞相吕嘉;朝廷在南越设置九郡。

杨仆入越地，先陷寻陕，破石门，待博德至俱进，至番禺。南越城守。会暮，仆攻败越人，纵火烧城。博德为营，遣使招降者，赐印绶，复纵令相招。黎旦，城中皆降。建德、嘉已夜亡入海，博德遣人追得之。戈船、下濑、夜郎兵未下，南越已平矣。遂以其地为南海、苍梧、郁林、合浦、交趾、九真、日南、珠厓、儋耳郡。

帝如缑氏观大人迹。

公孙卿言见仙人迹缑氏城上。上亲往视，问："卿得毋效文成、五利乎？"卿曰："仙者非有求人主，人主者求之。其道非宽假，神不来。言神事如迂诞，积以岁月，乃可致也。"上信之。于是郡、国各除道，缮治宫观、名山、神祠，以望幸焉。

平西南夷，置五郡。

驰义侯发南夷兵，且兰君反，杀使者。汉乃发巴、蜀罪人当击南越者击之，诛且兰及邛君、筰侯，遂平南夷为牂柯郡。夜郎侯入朝，上以为夜郎王。西夷冉駹之属皆振恐，请臣置吏。乃以邛都为越巂郡，筰都为沈黎郡，冉駹为汶山郡，广汉西白马为武都郡。

东越王余善反，遣将军杨仆等将兵击之。

初，东越王余善请以卒八千人，从楼船击吕嘉。兵至揭阳，以海风波为解，阴使南越。杨仆上书，愿便引兵击东越，上不许，令屯豫章、梅岭以待命。余善闻汉兵临境，遂反，自称武帝。

上欲复使杨仆将，为其伐前劳，以书敕责之曰："将

杨仆率兵攻入南越国,先攻陷寻陿,击破石门,等路博德率兵赶到,一起进兵到番禺。南越人据城坚守。天黑时,杨仆打败南越军,放火烧城。路博德设置营寨,派人招降越军,并赐给印信、绶带,再命令他们去招降同伴。黎明时分,城中人全部投降。赵建德、吕嘉已经趁夜逃到海上,路博德派人追捕,活捉了他们。戈船将军、下濑将军的部队和夜郎国的部队还没到,南越国已被平定。汉朝廷于是在南越旧地设置南海、苍梧、郁林、合浦、交趾、九真、日南、珠厓、儋耳九郡。

武帝到缑氏城观看神仙脚印。

公孙卿声称在缑氏城上看到神仙的脚印。武帝亲自前往观看,问道:"你不是想效仿少翁、栾大吧?"公孙卿说:"神仙没有要求于人间君主的,而人间君主却有求于他。如果求神之道不宽,神仙就不会来。说到神仙,好像很荒诞不经,但积够了时间,神仙就可以请来。"武帝相信了他的话。于是,各郡、封国纷纷扩建道路,修缮宫观以及名山、神祠,希望神仙降临。

汉朝平定西南夷,设置五郡。

驰义侯征发南夷的军队时,且兰族首领反叛,杀死汉朝使者。汉朝廷就将原该去打南越的巴、蜀罪犯组成的军队调去攻打南夷,杀死且兰及邛、筰等部族首领,于是平定了南夷之乱,设置了牂柯郡。夜郎侯入京朝见,武帝封他为夜郎王。西夷冉駹等部族都很害怕,请求对汉朝称臣,由朝廷设官管理。于是汉朝廷在邛都设置越巂郡,在筰都设置沈黎郡,在冉駹设置汶山郡,在广汉西部的白马设置武都郡。

东越王余善反叛,武帝派遣将军杨仆等领兵讨伐。

当初,东越王余善请求率兵八千人,随楼船将军杨仆讨伐吕嘉。军队抵达揭阳后,余善以海上风浪太大为借口不前进,暗中派人与南越联络。杨仆上书,请求乘胜带兵进攻东越,武帝没有批准,命令屯兵豫章、梅岭等待命令。余善听说汉军兵临国境,于是反叛,自称武帝。

武帝想再派杨仆率兵,因杨仆恃功自傲,就下诏书责备他道:"将

军之功,独有先破石门、寻陿,非有斩将搴旗之实也,乌足以骄人哉! 前破番禺,捕降者以为虏,掘死人以为获;失期内顾,挟伪干君;受诏不至兰池,明日又不对。推此心在外,江海之间可得信乎? 今东越深入,将军能率众以掩过不?"仆皇恐,对曰:"愿尽死赎罪!"上乃遣横海将军韩说出句章浮海,楼船将军杨仆出武林,王温舒出梅岭,越侯出若邪、白沙,以击东越。

置张掖、敦煌郡。

博望侯既以通西域尊贵,其吏士争上书言外国利害求使,上为募吏民遣之。妄言无行之徒争效之,皆贱市县官赍物,以私其利。外国亦厌汉使,禁其食物以苦之;而匈奴奇兵又时遮击之。于是天子遣公孙贺、赵破奴将万余骑,斥逐匈奴,不使遮汉使,皆不见匈奴一人。乃分武威、酒泉地,置张掖、敦煌郡,徙民以实之。

以卜式为御史大夫。

式既在位,乃言:"郡、国多不便县官作盐铁,苦恶价贵,或强令民买之,而船有算,商者少,物贵。"上由是不悦。

帝自制封禅仪。

初,司马相如病且死,有遗书,劝上封泰山。会得宝鼎,上乃令诸儒采《尚书》《周官》《王制》之文,草封禅仪,数年不成。以问兒宽,宽曰:"封泰山、禅梁父,昭姓考瑞,帝王之盛节也。然享荐之义,不著于经。非群臣之所能列,

军的功劳只不过是先攻陷石门、寻陿，并没能斩将夺旗，有什么好骄傲的！先前攻破番禺，你将投降的人捉来当俘虏，将死人挖出来说是你斩杀的；你贪恋妻妾，误了期限；你用欺诈的手段冒犯君主；你接受诏书却不去兰池，第二天也不加以解释。推断你表现的这种心思，天下人能会相信你吗？如今东越已深入我国边境，你能不能率兵弥补你的过失？"杨仆惶恐地回答道："我愿拼死作战来赎罪！"武帝于是派横海将军韩说从句章出发泛海，楼船将军杨仆从武林出发，王温舒从梅岭出发，南越降将已封侯的戈船、下濑将军从若邪、白沙出发，进攻东越。

朝廷设置张掖、敦煌郡。

博望侯张骞以出使西域而获得尊贵的地位以后，他的部下争相上书朝廷，述说外国的利害关系，请求出使，武帝于是招募官吏百姓，派他们出使。一些说大话而无德行的人争相仿效，他们将携带的国家财物贱卖后，谋求私利。外国也讨厌汉朝使者，不给他们提供食物，给他们制造困难；而匈奴也时常派出奇兵拦阻偷袭汉朝使者。于是武帝派遣公孙贺、赵破奴率领一万多骑兵，驱逐匈奴，不让他们阻拦汉朝使者，但没能碰到一个匈奴人。于是朝廷分割武威、酒泉二郡的土地，增设张掖、敦煌二郡，从内地迁徙民众充实这一地区。

武帝任命卜式为御史大夫。

卜式上任后，上奏道："各郡、国对盐、铁由朝廷专营多感不便，苦于产品质次价高，有时还强迫百姓购买，而船只也要交纳算赋，所以商人少，物价昂贵。"武帝因此不喜欢卜式。

武帝亲自制定封禅礼仪。

当初，司马相如生病快死前留下遗书，劝武帝到泰山封禅祭祀天地。适逢获得宝鼎，武帝命令儒生采集《尚书》《周官》《王制》等书的记载，草拟封禅的礼仪，但几年过去了，也没有拟出来。武帝询问兒宽的意见，兒宽说："在泰山祭天，在梁父山祭地，昭扬祖先的姓氏，考求上天的祥瑞，这是帝王的盛大的典礼。但是献礼的仪式，在经书中没有记载。这不是群臣所能拟就的，

唯天子建中和之极，兼总条贯，金声而玉振之，以顺成天庆，垂万世之基。"上乃自制仪，颇采儒术以文之，尽罢诸儒不用。

只有天子才能掌握中正平和的最高原则,综合各项条理,发出金玉般震响的声音,以顺利促成这一天下的庆典,作为万世遵奉的法则。"武帝于是自己制定礼仪,多采用儒家学说加以修饰,将儒生们一律罢斥不用。

资治通鉴纲目卷五

起辛未（前110）汉武帝元封元年，尽己未（前62）汉宣帝元康四年。凡四十九年。

　　辛未（前110）　元封元年
　　冬十月，帝出长城，登单于台，勒兵而还。
　　上又以古者先振兵释旅，然后封禅。诏曰："南越、东瓯，咸伏其辜；西蛮、北夷、颇未辑睦。朕将巡边垂，躬秉武节，亲帅师焉。"乃行。自云阳，历五原，出长城，北登单于台，至朔方，临北河，勒兵十八万骑，旌旗径千余里。遣郭吉告单于曰："南越王头已悬于汉北阙。今单于能战，天子自将待边；不能，即南面而臣于汉。"单于怒，留吉。上乃还。祭黄帝冢而释兵。

　　贬卜式为太子太傅，以兒宽为御史大夫。
　　上以式不习文章，故贬秩，而以宽代之。

　　东越杀王余善以降。徙其民江、淮间。

　　汉兵入东越境，繇王居股杀余善，以其众降。上以闽地险阻，数反复，终为后世患。乃诏诸将悉徙其民于江、淮之间，遂虚其地。

　　春正月，帝如缑氏，祭中岳，遂东巡海上求神仙。夏四月，封泰山，禅肃然。复东北至碣石而还。五月，至甘泉。

辛未(前110)　汉武帝元封元年

冬十月,武帝出长城,登单于台,亲自统率军队还朝。

武帝又认为古制是先收起兵器、解散军队,然后才举行封禅大典,便下诏:"南越、东瓯,都已服罪受惩;西蛮、北夷,却未和睦相处。朕将巡视边塞,秉承武德,亲自统率军队前往。"于是领兵出发。自云阳经五原,出长城,北上登单于台,直达朔方,临近北河,统率骑兵十八万,军旗千余里。派遣郭吉为使节通报匈奴单于:"南越王的人头已然悬挂在汉都长安的北门。如果单于能战,天子亲自在边境等候;如不能战,就该归顺中国向汉称臣。"单于大怒,扣留了郭吉。武帝班师还朝。祭祀黄帝陵墓后罢兵。

贬卜式为太子太傅,任命儿宽为御史大夫。

武帝认为卜式不熟悉典章礼法,因此贬职降级,而用儿宽取代他。

东越诛杀东越王余善,举国投降。令东越居民迁移到长江、淮河之间。

汉朝军队进驻东越境内,繇王骆居股诛杀东越王骆余善,率领部下投降。武帝认为闽越地势险阻,已多次反复,终究是后世的隐患。于是下诏令各降将率领民众全部迁移到长江、淮河之间,闽越地区遂成空地。

春正月,武帝出游缑氏,祭祀中岳嵩山,于是向东巡幸大海,寻求神仙。夏四月,再登泰山祭天,到肃然山祭地。又转向东北直达碣石才返回。五月,回到甘泉。

正月，上幸缑氏，礼祭中岳。从官在山下，闻有若言"万岁"者三。上遂东巡海上，祠八神，益发船求蓬莱，及与方士传车及间使求神仙，皆以千数。四月，还至奉高，封泰山下东方，如郊祠泰一之礼。封下有玉牒书，书秘。礼毕，天子独上泰山，亦有封。明日下阴道，禅泰山下阯东北肃然山，如祭后土礼。江、淮间茅三脊为神籍。祠夜若有光，昼有白云出封中。天子还，坐明堂，群臣上寿，下诏改元。天子既已封泰山，无风雨，而方士更言蓬莱诸神若将可得，于是上欣然庶几遇之。复东至海上，欲自浮海求蓬莱，群臣谏莫能止。东方朔曰："夫仙者得之自然，不必躁求。若其有道，不忧不得；若其无道，虽至蓬莱见仙人，亦无益也。臣愿陛下第还宫静处以须之，仙人将自至。"上乃还。是行凡周行万八千里云。

赐桑弘羊爵左庶长。

先是，桑弘羊为治粟都尉，领大农，尽管天下盐铁。乃置大农都丞数十人，分主郡国，令远方各以其物如异时商贾所转贩者为赋，而相灌输。置平准于京师，都受天下委输，贵即卖之，贱即买之，欲使富商大贾无所牟大利，而万物不得腾踊。至是，巡狩所过赏赐，用帛百余万匹，钱金以巨万计，皆取足大农。弘羊又请令吏得入粟补官，及罪人赎罪。民不益赋而天下用饶。于是赐弘羊爵左庶长。是时小旱，上令官求雨。卜式言曰："县官当食租衣税而已，

正月，武帝巡幸缑氏，依礼祭祀了中岳嵩山。随从官员在山下，隐约听见有呼唤"万岁"的声音达三次。武帝于是东游到海边，向八位神灵致祭，越发派船队寻求蓬莱真神，并令方士利用驿车与伺隙行事的特使寻访神仙，人员都已过千。四月，返回奉高，先到泰山下东方祭祀天神，仿效郊外祭祀泰一的礼仪。祭坛下埋有玉牒文书，其内容保密。典礼结束，武帝独自登上泰山，另行祭天礼。第二天从泰山北路下山，在泰山山麓东北肃然山祭祀地神，仿效祭祀后土的礼仪。用江、淮间出产的有三条脊骨的灵茅作为献礼。那五色土建起的祭坛夜间似有一道光芒，白天似有一片白云从坛中隐约升腾。武帝祭祀天地回来，高坐明堂上，群臣轮流敬酒祝颂，武帝下诏改年号为"元封"。武帝已然在泰山完成祭祀天地的封禅大典，并没有遇到风雨，而方士更加传言蓬莱诸路神仙似乎可以请到，于是武帝欣喜若狂，希望与神仙相遇。武帝再往东方海滨，想乘船出海亲自寻访蓬莱诸神，群臣劝阻都没能阻止住。东方朔说："进见神仙要出于自然，不能急躁强求。如果有福分，不必担忧难相遇；如果没德政，纵然到蓬莱拜见了神仙，也毫无益处。臣愿陛下只管回到宫中静候等待，神仙自会降临。"武帝于是还朝。这次巡幸出游共走了一万八千里。

授予桑弘羊左庶长官阶。

当初，桑弘羊担任治粟都尉，兼任大司农，主管全国盐铁专卖。于是设置大农都丞数十人，分别管理各郡、国的物资供应，命令边远地区各自根据异时商人转卖的货物抵作赋税，互相协作灌注运输。在都城长安设立平准令，统管天下货物转运，物价高时就出售，物价贱时就收购，目的是让富商大贾无法从中牟取暴利，而各种物价不能够猛涨。到如今，武帝巡视各地所有的赏赐，耗费布帛一百多万匹，金钱数以万计，都由大农部供应。桑弘羊又请武帝批准小吏捐献粮粟后可递补升官，以及囚犯可捐献粮粟赎罪。结果百姓没增加赋税而朝廷财用却富饶宽裕。于是武帝封赐桑弘羊为左庶长。当时遇到小规模旱灾，武帝命令各级官员祈雨。卜式说："政府官员应该靠田租赋税而丰衣足食，

今弘羊令吏坐市列肆,贩物求利。烹弘羊,天乃雨。"

秋,有星孛于东井,又孛于三台。

望气王朔言:"候独见填星出如瓜,食顷,复入。"有司皆曰:"陛下建汉家封禅,天其报德星云。"

壬申(前109) 二年
冬十月,帝祠五畤,还祠泰一,以拜德星。 春,如东莱。

公孙卿言:"见神人东莱山,若云欲见天子。"于是幸东莱,宿留数日,无所见。复遣方士求神怪,采芝药,以千数。时岁旱,天子既出无名,乃祷万里沙。还,过祠泰山。

夏,还,临塞决河。筑宣防宫。

初,河决瓠子,二十余岁不塞,梁、楚尤被其害。是岁,发卒数万人塞之。自泰山还,自临决河,沉白马、玉璧,令群臣负薪,卒填决河。筑宫其上,名曰宣防。导河北行二渠,复禹旧迹。

至长安,立越祠。

越人勇之言:"越俗祠皆见鬼有效,东瓯王敬鬼得寿。"乃令立越祠,亦祠天神上帝百鬼,而用鸡卜。

作蜚廉、桂观、通天茎台。

公孙卿言:"仙人好楼居。"于是上令长安、甘泉作诸台观,使卿持节设具而候神人,益广诸宫室。

现在桑弘羊让官吏们摆摊坐店,经商牟利。只有烹杀了桑弘羊,老天爷才会降雨。"

秋季,彗星出现在东井星旁,后来彗星又出现于三台星边。

观测云气的术士王朔说:"不久就将看到填星出现,形状似瓜;一顿饭的工夫,它又隐退。"有关部门都异口同声地说:"陛下开办汉王朝的封禅大典,上天用德星来回报了。"

壬申(前109)　汉武帝元封二年

冬十月,武帝前往五畤祭神,还朝时又祭祀泰一天神,以便拜谢德星。　春季,前往东莱。

公孙卿说:"在东莱山遇见神仙,似乎说是想会见天子。"于是武帝巡游东莱,留住了几天,也没看见什么。又派遣方士寻访神明怪物,采集灵芝妙药,总数达一千多人。这时正遇上旱灾,武帝远游也找不到冠冕堂皇的名义,于是就向万里沙神祈祷。返回长安途中,祭祀了泰山。

夏季,还京,亲临黄河决口处指挥筑堤抢险。建造宣防宫。

当初,黄河在瓠子决口,二十多年都堵不住,梁、楚地区受害尤为惨重。这一年,征调兵卒数万人前去筑堤。武帝自泰山还京途中,亲临黄河决口处,将白马、玉璧沉入洪流以祭河神,命群臣去背柴填土,终于堵塞住黄河决口。在原决口处建造祭宫,取名"宣防"。疏导黄河改道往北沿着两条旧渠道运行,恢复了夏禹治水的故道。

回到长安,建立越祠。

越人勇之说:"越人风俗是祭鬼见鬼都很有效,东瓯王当年敬鬼曾得长寿。"于是武帝下令建立越式祠堂,同时祭祀天神上帝和百鬼,并且使用"鸡卜"法。

兴建长安的蜚廉馆、桂观及甘泉的通天茎台。

公孙卿扬言:"神仙喜欢居住楼房。"于是武帝下令在长安、甘泉兴建各种楼台、宫观,派遣公孙卿手握符节、备好酒席恭候神仙降临,越发扩建各处宫殿馆舍。

朝鲜袭杀辽东都尉。

初，全燕之世，尝略属真番、朝鲜，为置吏，筑障塞。秦灭燕，属辽东外徼。汉兴，为其远难守，复修辽东故塞，至浿水为界。燕人卫满亡命聚党，椎髻、夷服，东走出塞，渡浿水，居秦故空地，役属真番、朝鲜蛮夷及燕亡命者王之，都王险。孝惠、高后时，辽东太守约满为外臣，保塞外蛮夷，无使盗边。欲入见者，勿得禁止。以故满得侵降其旁小邑，方数千里。传子至孙右渠，所诱汉亡人滋多，未尝入见；辰国欲上书见天子，又雍阏不通。是岁，汉使涉何诱谕，右渠终不肯奉诏。何去至浿水，刺杀送者，归报，拜辽东东部都尉。朝鲜袭杀之。

甘泉房中产芝九茎。　赦。　旱。

上以旱为忧，公孙卿曰：“黄帝时，封则天旱，干封三年。”上乃下诏曰：“天旱，意干封乎！”

秋，作明堂于汶上。

上欲作明堂，未晓其制度。济南公玉带上“明堂图”，有殿无壁，茅盖通水，上有楼。乃令作明堂奉高汶上，如其图。

遣将军杨仆、荀彘将兵伐朝鲜。　遣将军郭昌发兵击滇，滇王降，置益州郡。

朝鲜袭击辽东郡、杀死辽东都尉涉何。

当年燕国全盛时期,曾经侵略征服过真番、朝鲜,为此添置了地方官吏,修筑了关防要塞。秦国吞并燕国后,那里隶属辽东郡外界。汉王朝兴起,因为此地远离中原难于防守,便重修了辽东原有的边塞,以浿水为边界。燕人卫满率领亡命之徒集结党羽,改梳椎形发髻,改穿异族服装,向东逃出边塞,渡过浿水,盘踞着秦朝原有的空虚之地,奴役着真番、朝鲜等异族人民及燕国亡命之徒,径自称王,建都王险。汉惠帝及高后吕雉统治时期,辽东郡太守与卫满签约,让卫满担当汉王朝的域外大臣,负责防卫塞外其他部族,不让他们偷袭中国边境。但其他部族首领要求晋见中国皇帝时,不得加以禁止。因此卫满得以侵略并降服了邻近小国,占地数千平方里。卫满传位给儿子再传到孙子卫右渠,所招汉人逃亡者更加多了,他却不曾晋见中国皇帝;辰国君主想上书求见汉天子,也被他阻塞不得通行。这一年,汉王朝的使者涉何前往谴责警告,卫右渠始终不肯接受汉天子诏令。涉何告辞返回到浿水时,刺杀了护送涉何的朝鲜小王首领,回国报功,被授予辽东郡东部都尉的官职。朝鲜愤而袭击辽东郡,杀掉都尉涉何。

甘泉宫中培养出九茎连叶的灵芝。　大赦天下。　大旱。

武帝深为旱情严重而担忧,公孙卿说:"黄帝之时,封禅后天下大旱,缺水三年。"武帝于是下达诏书说:"天下大旱,料想大约是水源干枯而无雨吧!"

秋季,在汶水河畔兴建明堂。

武帝要兴建明堂,却不知道它的规模体制。济南公玉带呈上"明堂图",其中有大殿而四面无墙壁,用茅草搭建又有水道相通,最上面有楼。于是武帝下令在奉高的汶水河畔兴建了宣明政教所用的明堂,是按照"明堂图"建造的。

派遣楼船将军杨仆、左将军荀彘分别率领海陆大军共同讨伐朝鲜。　派遣将军郭昌出兵袭击滇国,滇国国王投降,在滇国设置了益州郡。

遣将军郭昌发巴蜀兵,击灭劳深、靡莫。以兵临滇,滇王降。以其地为益州郡,赐滇王王印,复长其民。是时,汉灭两越,平西南夷,置初郡十七,且以其故俗治,毋赋税。南阳、汉中以往郡,各以地比,给初郡。而初郡时时小反,杀吏,发卒诛之,岁万余人。大农以均输、调盐铁助赋,故能赡之。然所过,訾给毋乏而已,不敢言擅赋法矣。

以杜周为廷尉。

周外宽,内深次骨,其治大放张汤。时诏狱益多,一岁至千余章,逮至六七万人。吏所增加,十万余人。

癸酉(前108) **三年**
冬十二月,雷、雨雹。
雹大如马头。
遣将军赵破奴击楼兰,虏其王。遂击车师,破之。

楼兰王姑师攻劫汉使,为匈奴耳目。上遣赵破奴击之,破奴以七百骑虏楼兰王,遂破车师。因举兵威以困乌孙、大宛之属。封破奴浞野侯。于是酒泉列亭障至玉门矣。

初作角抵戏、鱼龙曼延之属。   荀彘执杨仆并其军。朝鲜人杀王右渠以降,置乐浪、临屯、玄菟、真番郡。彘以罪征弃市。

派遣将军郭昌征调巴蜀兵,攻破劳深、靡莫。领兵逼近滇国,滇王投降。在滇国故地设置了益州郡,赐给滇王印信,仍让他做滇人头领。这时,汉朝廷消灭南越、闽越,平定了西南各部族,新设立十七个郡,并且按各地原有风俗去治理,不向它们征收赋税。南阳、汉中以南各郡,各自按其次第由近到远,供给初设郡的财粮装备。而新设的郡经常发生小的动乱,杀害官吏,汉廷征兵讨伐镇压,每年都得调集一万多人。大农部凭借"均输"所得及盐铁专利来补助赋税之不足,因此还能胜任军费等开销。但军队所经之地,财政供给并不匮乏罢了,不敢再夸口说什么擅增赋税之法了。

任用杜周为廷尉。

杜周外表宽厚,内心苛刻如入骨髓,他处理案件大体仿效张汤。当时奉诏令拘押犯人的监狱增多了,每年办案达一千余件,逮捕的人数达六七万人。官吏额外增加的囚犯又有十余万人。

癸酉(前108) 汉武帝元封三年

冬十二月,有雷电,降冰雹。

冰雹大的像马头。

派遣将军赵破奴突袭楼兰国,俘虏楼兰国王。于是又出击车师国,攻破了它。

楼兰国王袭击劫杀汉朝使者,替匈奴刺探军情。武帝派遣将军赵破奴攻打楼兰国,赵破奴率七百轻骑兵俘获楼兰国王,于是攻破车师国,趁势发兵威胁要围困乌孙国、大宛国等。还朝后,武帝封赵破奴为"浞野侯"。这时从酒泉往西设置的堡垒一直延伸到了玉门关。

武帝开始提倡角抵戏和鱼龙曼延等百兽杂戏。 **左将军荀彘拘押楼船将军杨仆,兼并他率领的部队。朝鲜人杀死国王卫右渠后举国投降,汉王朝在朝鲜故地设置了乐浪、临屯、玄菟、真番四郡。荀彘因争功获罪被征召到长安后,押赴街市斩首。**

　　汉兵入朝鲜境，朝鲜王右渠发兵距险。杨仆将齐兵先至，战败遁走；收散卒，复聚。荀彘破其浿水上军，乃前至城下，围其西北。杨仆亦往会，居城南，数月未下。彘所将燕、代卒，多劲悍，力战；仆尝败亡，卒皆恐，将心惭，常持和节。朝鲜大臣乃阴使人约降于仆，往来未决。彘使人降之，不从；又数与仆期战，仆欲就其约，不会。彘意仆前失军，今与朝鲜私善，疑有反计，未敢发。上以两将乖异，兵久不决，使济南太守公孙遂往正之，有便宜得以从事。遂至，彘具以素所意告之，遂亦以为然，乃共执仆而并其军。遂还报，上诛遂。彘击朝鲜益急，朝鲜相尼谿参等，使人杀之右渠以降。以其地为四郡。彘征弃市。仆赎为庶人。

　　　甲戌（前107）　四年
　　冬十月，帝祠五畤，遂出萧关。春三月，还，祠后土。夏，大旱。　匈奴寇边，遣郭昌将兵屯朔方。

　　匈奴自卫、霍度幕以来，希复为寇，远徙北方，休养士马，习射猎，数使使请和亲。汉使王乌窥之，单于佯许，遣太子入汉为质；又曰："吾欲入汉见天子，面相约为兄弟。"王乌归报，汉为单于筑邸长安。会匈奴使至汉病死，汉

汉朝军队攻入朝鲜境内,朝鲜国王卫右渠派兵坚守险要。楼船将军杨仆率领军队从海路先到,交战失败逃窜到山区;杨仆收拢溃散的兵士,重新集结。左将军荀彘率领军队从陆路攻破浿水沿线的朝鲜守军,于是向前推进到王险城下,包围了西北两面。杨仆领兵前往会师,扎营城南,僵持数月攻不下城池。荀彘所统率的原燕国、代国兵士,大多强劲勇猛,尽力作战;杨仆曾经败逃,兵士都较畏缩,将领内心愧惧,经常主张和解。朝鲜大臣暗地派人约定向杨仆投降,往来交涉还未决定。荀彘派人招降,朝鲜不肯从命;又多次与杨仆约定日期会战,杨仆却想完成和约,不肯参加会战。荀彘猜想杨仆曾败给朝鲜致使军队溃散,现在又与朝鲜私相友善,便怀疑他有叛变计划,只是未敢发作。武帝觉得两位将军乖戾反常,使战事长久不能解决,就派济南太守公孙遂前往纠正,授权他斟酌情势自行处理而不必请示。公孙遂到达前线,荀彘把平时的怀疑全面汇报给公孙遂,公孙遂也认为有道理,于是和荀彘共同拘押了杨仆,而且兼并了他率领的部队。公孙遂还朝奏报处置结果,武帝下令诛杀公孙遂。荀彘攻打朝鲜更加急迫,朝鲜尼谿相参等,派人杀死国王卫右渠后投降。汉王朝在朝鲜故地设置四郡。荀彘被征召回长安,押赴街市斩首。杨仆赎身后废为平民。

甲戌(前107) 汉武帝元封四年

冬十月,武帝去雍城祭祀五帝,于是出萧关。春三月,回京祭祀后土神。 夏季,大旱。 匈奴侵扰边境,汉王朝派遣郭昌领兵驻守朔方。

匈奴自卫青、霍去病北渡沙漠讨伐以来,仍希望再次侵犯汉境,为此先远远地迁徙到北方,使士兵战马得到休养,加强骑射狩猎训练,屡次遣使者请求与汉和亲。汉王朝派王乌前去刺探内情,匈奴单于假装赞许他,派遣太子到汉朝当人质;又宣称:"我想拜见汉朝天子,当面约定为兄弟之邦。"王乌回报,汉朝廷特为单于在长安修建了豪华官邸。恰逢匈奴使者到长安后病故,汉朝廷

使路充国送其丧。单于以为"汉杀吾使者",乃留充国,而数使奇兵侵犯汉边。乃遣昌等屯朔方以备之。

乙亥（前106） 五年

冬,帝南巡江、汉,望祀虞舜于九疑。射蛟,获之。春三月,至泰山,增封。祀上帝于明堂,配以高祖;因朝受计。夏四月,赦。 还郊泰畤。 大司马、大将军、长平侯卫青卒。

青凡七出击匈奴,再益封,并三子凡二万二百户;后尚长公主。苏建尝责青以招选贤者,青曰:"招贤绌不肖,人主之柄也。人臣奉法,何与招士!"霍去病亦放此意。

初置刺史。

冀、幽、并、兖、徐、青、扬、荆、豫、益、凉州及朔方、交趾,凡十三部。

诏举茂材、异等可为将、相,使绝国者。

上以名臣文武欲尽,乃下诏曰:"盖有非常之功,必待非常之人。故马或奔踶而致千里,士或有负俗之累而立功名。夫泛驾之马,跅弛之士,亦在御之而已。其令州、郡察吏、民有茂材、异等,可为将、相及使绝国者。"

派遣路充国护送灵枢回匈奴治丧。单于误认为"汉王朝杀害了我们匈奴的使者",便扣留了路充国,并多次派出骑兵侵犯汉朝边境。汉王朝于是派遣拔胡将军郭昌等率领部队驻守朔方,以加强警戒。

乙亥(前106)　汉武帝元封五年

冬季,武帝南游到长江、汉水一带,遥望九嶷山祭祀虞舜。浔阳江射蛟龙,斩获了这水怪。春三月,巡游到泰山,增高祭坛。首次使用明堂祭祀上帝,附带祭祀了汉高祖刘邦;于是在明堂接受各路王侯的朝见,审核各地郡县封国的实绩。　夏四月,大赦天下。　返回到甘泉宫祭祀泰一天神。　大司马、大将军、长平侯卫青病故。

卫青前后共七次出击匈奴建奇功,第二次增加封地,连同三个儿子共得两万两百户;后又娶长公主为妻。游击将军苏建曾经责求卫青效仿古代名将招选贤才,卫青说:"招纳贤才,贬除庸人,那是君主的权力。做臣子的只能遵照执行,何必干预招贤之事!"骠骑将军霍去病也有类似意见。

开始设置刺史。

冀州、幽州、并州、兖州、徐州、青州、扬州、荆州、豫州、益州、凉州以及朔方、交趾,共十三部增设刺史。

武帝下诏让各地举荐秀才奇异之人中可胜任将军、宰相,可出任极远邦国特使的人才。

武帝意识到知名臣子文武将相都要凋零枯萎,便下求贤诏说:"凡有不寻常的功业,必须等待不寻常的人去完成。所以良马中有的不驯服奋蹄奔跑却能日行千里,贤士中有的受世俗恶名所累却能建功立业。那不服约束的马,放荡不羁之人,也在于如何驾驭而已。我命令各州、郡负责考察官吏、百姓中凡是优秀奇异之人可胜任将军、宰相的以及可出任极远邦国特使的,举荐给朝廷。"

丙子（前105） 六年

春，作首山宫。 遣郭昌将兵击昆明。

汉欲通大夏。遣使，皆闭昆明，为所杀，夺币物。于是
赦京师亡命，遣郭昌将以击之。后复遣使，竟不得通。

秋，大旱，蝗。 以宗室女为公主，嫁乌孙。

乌孙使者见汉广大，归报其国，其国乃益重汉。匈奴
怒，欲击之。乌孙恐，使使愿得尚汉公主，为昆弟。天子许
之，以江都王建女细君为公主，往妻乌孙，昆莫以为右夫
人。匈奴亦遣女妻之，以为左夫人。公主自治宫室居，岁
时一再与昆莫会。昆莫年老，言语不通，公主悲愁思归，作
《黄鹄》之歌。天子闻而怜之，间岁遣人问遗。昆莫欲使其
孙岑娶尚公主，公主不听，上书言状。天子方欲与乌孙共
灭胡，诏报"从其国俗"，岑娶遂妻公主。昆莫死，代立为
昆弥。

是时，汉使西逾葱岭，诸小国皆随汉使献见天子。每
巡狩海上，悉从外国客；大都多人则大角氐，聚观者，散财
帛，行赏赐，以示富厚。令遍观各仓库府藏之积，以倾骇
之。然西域以近匈奴，常畏匈奴使，待之过于汉使焉。

匈奴乌维单于死，子"儿单于"乌师庐立。

乌师庐年少，号"儿单于"。自此之后，单于益西北

丙子(前105)　汉武帝元封六年

春季,修建首山宫。　派遣郭昌领兵攻打昆明。

汉王朝想与大夏国交往。派遣使者,都在昆明受阻,使节被滇王杀害,携带的礼品财物被劫夺。于是武帝赦免了京师长安的亡命罪犯,派拔胡将军郭昌率领他们南下征讨滇国。然后再派使者,竟然还不能通往大夏。

秋季,大旱,有蝗灾。　封宗室江都王之女为公主,远嫁到乌孙国。

乌孙国使者发现中国地大物博,回国禀报了乌孙国王,于是乌孙国王更加敬重汉王朝。匈奴单于大怒,想要袭击乌孙国。乌孙举国惊恐,派来使者表示愿娶汉朝公主,与汉王朝结为兄弟之邦。武帝应允下来,封江都王刘建之女细君为公主,前往嫁给乌孙王为妻,乌孙王昆莫封细君为右夫人。匈奴单于也送美女嫁给乌孙王,昆莫封她为左夫人。公主细君自己兴建中国式宫殿居住,每年只有一两次与昆莫相会。昆莫年老,语言又不通,公主悲伤愁苦思念故乡,创作了《黄鹄》之歌。武帝听说后也很可怜她,每隔一年总要派遣使者前往慰问赠送礼物。昆莫想让他的孙儿岑娶婚配公主,公主不肯从命,向武帝上书说明内情。武帝正准备联合乌孙国共同歼灭匈奴,就下诏书答复说"遵从乌孙国的风俗吧",岑娶于是娶公主为妻。昆莫不久逝世,岑娶取代他成为乌孙国王,王号昆弥。

这时,汉朝使者向西跨越葱岭,西域诸小国都派人随同汉朝使者回长安朝见汉天子。武帝每次巡游到海滨,都让外国使节跟随前去;大都市多人从事角抵表演,招来大批围观者,武帝令人散发财宝锦帛,大行赏赐,以便向外国使者夸示中国的富饶和宽厚。让外国客人普遍参观各地仓库积存的物资,以此让他们震惊并倾慕。然而西域各国由于地理上邻近匈奴,经常畏惧匈奴使者,对匈奴使者的礼遇超过了汉朝使者。

匈奴乌维单于逝世,他的儿子号称"儿单于"的乌师庐继位。

乌师庐年少,号称"儿单于"。自他继位后,匈奴单于更向西北

徙,左方兵直云中,右方兵直酒泉、敦煌郡。

丁丑（前104） 太初元年

冬十月,帝如泰山。十一月甲子朔旦,冬至,祀明堂。益遣方士入海。

上自泰山东至海上,考入海及方士求神者莫验。然益遣,冀遇之。

柏梁台灾。 十二月,禅蒿里,望祀蓬莱。 春,还,作建章宫。

以柏梁灾故,越人勇之曰:"越俗,有火灾,复起屋,必以大,用胜服之。"于是作建章宫,度为千门万户。东凤阙;西虎圈;北太液池,中有渐台、蓬莱、方丈、瀛州、壶梁;南玉堂、璧门,立神明台、井干楼,辇道相属。

夏五月,造太初历,以正月为岁首。

太中大夫公孙卿、壶遂、太史令司马迁等言:"历纪坏废,宜改正朔。"兒宽议以为宜用夏正。乃诏卿等造《汉太初历》,以正月为岁首,色上黄,数用五,定官名,协音律,定宗庙百官之仪,以为典常,垂之后世。光禄勋、大鸿胪、大司农、执金吾、京兆尹、左冯翊、右扶风,皆是岁所改也。

筑受降城。

匈奴"儿单于"好杀伐,国人不安。左大都尉告汉曰:"我欲杀单于降汉,汉远,即兵来迎我,我即发。"上乃遣公孙敖筑塞外受降城以应之。

转移，其东方兵力直达云中，西方兵力直达酒泉、敦煌两郡。

丁丑（前104） 汉武帝太初元年

冬十月，武帝出游到泰山。十一月一日清晨，冬至，武帝在明堂祭祀上帝。更加派遣方士到海上寻访神仙。

武帝从泰山往东到海滨，考查入海的人及方士到海上寻访神仙的结果，竟没有应验的。然而更加遣送方士入海，希望有机会遇见神仙。

柏梁台失火。 十二月，武帝到嵩里山祭祀地神，到渤海遥祭蓬莱仙山。 春季，回到长安，下令建造建章宫。

由于柏梁台发生火灾，越人勇之便说道："按照南越风俗，遇有火灾，再建房屋，必须比原来的更大，以便超过而降服它。"于是在长安城西建造建章宫，屋宇广大有千门万户。东边有铜凤凰做装饰的楼阁；西边有豢养老虎的兽苑；北边有人工湖取名太液池，湖中有渐台，又有象征仙山的蓬莱、方丈、瀛洲、壶梁；南边有玉堂、璧门，还建立了神明台、井干楼，皇帝专用的车道互相连接。

夏五月，制定太初历，以正月为每年第一个月份。

太中大夫公孙卿、壶遂、太史令马迁等人纷纷上奏："历数纲纪败坏废弛，应该修改历法重订元旦。"御史大夫兒宽议决认为应用夏朝历法。于是下诏令公孙卿等制定《汉太初历》，以正月为每年第一个月，颜色崇尚黄色，数字以"五"为祥，重新改定官名，调和五音六律，制定天子百官祭祀的礼仪，作为典章常规，流传给后代。光禄勋、大鸿胪、大司农、执金吾、京兆尹、左冯翊、右扶风，都是这一年所改定的。

建筑"受降城"。

匈奴"儿单于"好战喜杀戮，国内百姓不得安宁。他们的左大都尉密告汉朝说："我想杀掉单于投降汉王朝，可惜汉王朝离我太远，请立即派大军来接应我，有外援我即刻发难。"武帝便派遣公孙敖在塞外建造"受降城"，以接应左大都尉。

秋,遣将军李广利将兵伐宛。

汉使入西域者言:"宛有善马,在贰师城,匿不肯与汉使。"上使壮士持千金及金马以请之。宛王不肯,汉使怒,椎金马而去。宛贵人令其东边郁成王遮杀之。于是上大怒,诸尝使者言:"宛兵弱,诚以汉兵不过三千人,可尽虏矣。"上以为然。而欲侯宠姬李氏,乃拜其兄广利为贰师将军,发属国骑及郡国恶少年数万人,以往伐宛。期至贰师城取善马,故以为号。

关东蝗起,飞至敦煌。　中尉王温舒有罪自杀,夷三族。

温舒少文,居廷惛惛不辨,为中尉则心开。素习关中俗,豪恶吏皆为用。然为人谄,势家,有奸如山,弗犯;无势,虽贵戚必侵辱。舞文巧请,行论无出者。至是,坐为奸利,当族,自杀。时两弟及婚家亦坐他罪族。光禄勋徐自为曰:"古有三族,而温舒罪至五族乎!"

戊寅(前103)　二年
春正月,丞相庆卒,以公孙贺为丞相。

时朝廷多事,督责大臣,丞相比坐事死。贺引拜,不受印绶,顿首涕泣。上起去,贺不得已,拜。出曰:"我从是殆矣!"

夏,籍吏民马补车骑。　秋,蝗。　李广利攻郁成,不克,还屯敦煌。

秋季,派遣将军李广利领兵讨伐大宛国。

汉朝派往西域的使者报告:"大宛国有良种马,就在贰师城,却隐藏起来不肯交给汉使者。"武帝派壮士车令等携带黄金千两和纯金塑马像前去请求交换良马。大宛国王不答应,汉朝使者大怒,击碎金马扬长而去。大宛国贵族命令他们东边守将郁成王拦住汉使者并屠杀了他们。这时武帝大怒,曾经出使过大宛国的人又纷纷进言:"大宛国兵力疲弱,果真派去汉王朝大军不超过三千人,就能全部俘虏他们。"武帝以为有道理。此时武帝正想为宠妃李氏族人封侯拜将,于是任命李夫人的兄长李广利为贰师将军,征发附属国骑兵及各郡国凶恶青少年数万人,前往讨伐大宛国。由于期待着到贰师城夺取良种马,所以用"贰师"为号。

关东地区闹蝗灾,蝗虫直飞到敦煌。　中尉王温舒犯罪自杀,被诛灭全族。

王温舒缺少文化教养,当别的官则昏愦糊涂不辨贤愚,当中尉则思路顿开。向来熟悉关中风俗,豪强恶吏都能为他所用。但他为人谄媚,对有权有势人家,即使奸情如山大,也不敢冒犯;对无权失势之人,虽是贵戚皇亲苗裔,也必然侵害侮辱。利用法律条文作弊弄法,执行判罪无人能逃脱。到此时因犯有奸诈谋私罪,被诛灭全族,他畏罪自杀。当时他两个弟弟及儿女亲家也因别的罪被灭族。光禄勋徐自为感叹道:"古代有诛灭三族的,而王温舒罪大恶极以至于诛灭五族啊!"

戊寅(前103)　汉武帝太初二年
春正月,丞相石庆逝世,任命公孙贺为丞相。

当时国家正值多事之秋,皇帝督察责罚大臣,许多丞相接连地因获罪而死。公孙贺退避拜辞,不肯接受印信,叩头致礼,泪流满面。武帝起身退朝,公孙贺不得已,拜官丞相。出朝后感叹道:"我从此入险境了!"

夏季,没收下层官吏和百姓的马补充军车军马。　秋季,蝗灾。　李广利攻打郁成王,没能取胜,于是退兵屯守敦煌。

贰师过盐水,当道小国各城守,不给食。比至郁成,士不过数千,皆饥罢。攻郁成,郁成大破之。贰师引兵还。至敦煌,士不过什一二。上书乞罢兵,上怒,使使遮玉门,曰:"军有敢入者辄斩之。"贰师恐,因留敦煌。

遣赵破奴击匈奴,败没。

上犹以受降城去匈奴远,遣浚稽将军赵破奴将二万骑,期至浚稽山。既至,左大都尉欲发而觉,单于诛之。发兵八万骑围破奴,获之。因急击其军,军吏畏亡将而诛,遂没于匈奴。

己卯(前102) 三年

春,帝东巡海上。 匈奴"儿单于"死,季父呴犁湖单于立。 筑塞外城障。秋,匈奴大入,尽破坏之。

上遣光禄勋徐自为出五原塞,筑城、障、列亭,西北至庐朐。秋,匈奴大入定襄、云中,尽破坏之。

睢阳侯张昌有罪,国除。

初,高祖封功臣,为列侯百四十有三人。时兵革之余,民人散亡,大侯不过万家,小者五六百户。其封爵之誓曰:"使黄河如带,泰山若厉,国以永存,爰及苗裔。"申以丹书之信,重以白马之盟。及高后时,差第位次,藏诸宗庙,副在有司。逮文、景间,流民既归,户口亦息,列侯大者至三四万户,小国自倍,富厚如之。子孙骄逸,多抵法禁,

贰师将军李广利领兵渡过盐水，沿途经过的各小国都闭城守护，不肯供应军粮。等到了郁成，士卒不过数千人，而且都饥饿疲惫。进攻郁成，郁成守军大破汉朝贰师。李广利率领贰师撤退。到达敦煌，剩下的士卒不到十分之一二了。李广利上报朝廷请求班师回京，武帝大怒，派使者在玉门设阻，扬言："军士若有敢返回玉门关的，定斩不赦！"李广利惊慌失措，于是留守在敦煌。

派遣赵破奴再攻匈奴，全军覆没。

武帝仍然认为受降城离匈奴太远，便派浚稽将军赵破奴率领两万骑兵，准备挺进到浚稽山。如期到达目的地后，匈奴左大都尉正想发动叛乱却被发觉了，匈奴单于杀了他。单于调动军队以八万骑兵包围了赵破奴，俘虏了他。匈奴乘势急攻汉朝军队，汉军官兵担心丧失统帅会被诛杀，于是全军向匈奴投降。

己卯（前102）　汉武帝太初三年

春季，武帝东游到海滨。　匈奴"儿单于"逝世，他的小叔父呴犁湖单于继位。　修筑塞外的城堡、屏障。秋季，匈奴大举入侵，又全部破坏了这些防御设施。

武帝派遣光禄勋徐自为北出五原塞，修建城堡、屏障，观察敌情的亭候，向西北曼延直到庐朐。秋季，匈奴大举入侵定襄、云中等地，全部毁坏了城障亭候。

睢阳侯张昌犯罪，封国被除。

当初，汉高帝封赏功臣，获列侯爵位的有一百四十三人。那时正值战乱之后，百姓流离逃亡，列侯中大的封邑不过万家，小的五六百户。高帝封爵的誓言说："即令黄河淤塞水流如衣带，泰山腐蚀磨成石头块，封国永远存在，传至子孙后代。"颁发诏书申明信义，杀掉白马歃血盟誓。到了吕后时期，封爵等级重新排次，文献藏在祖庙，副本存于官署。到了文帝、景帝期间，流散的百姓回归故土，人口户籍不断增加，列侯中大的采邑三四万户，小的也增加一倍，财富随之增长。其子孙骄横放肆，很多犯法被禁，

陨身失国。至是，昌坐为太常乏祠，国除。见侯才四人，罔亦少密焉。

大发兵从李广利围宛，宛杀其王毋寡以降，得善马数十匹。

汉既亡涅野之兵，公卿议者皆愿罢宛军。上以为宛小国而不能下，则大夏之属渐轻汉，而宛善马绝不来。乃案言伐宛尤不便者，赦囚徒，发恶少年及边骑，出敦煌者六万人，负私从者不与。牛十万，马三万匹，驴、橐佗以万数，赍粮。发天下吏有罪者、亡命者及赘婿、贾人、故有市籍、父母大父母有市籍者，凡七科，適为兵；及载糒给贰师；拜习马者二人为执、驱马校尉。

于是贰师行，所至迎给，不下者，攻屠之。至宛城，兵到者三万，围其城，攻之四十余日。宛贵人共杀王，持头使贰师，曰："无攻我，我尽出善马，恣所取而给军食。即不听我，我尽杀善马，康居之救又且至。"贰师许之。宛乃出其马，令汉自择之，而多出食食汉军。汉取其善马数十匹，中马三千余匹，立宛贵人昧蔡为宛王，与盟而罢兵。令搜粟都尉上官桀攻破郁成，郁成王走，追斩之。

庚辰（前101） 四年
春，封李广利为海西侯。

毁了自身丧失了封国。到了现在,张昌由于担任太常主持祭祀工作不力,封国被除。至今犹存的列侯只剩四人,法网也稍加严密了。

大规模调集部队跟随李广利围攻大宛国,宛人杀死他们的国王毋寡而投降,获得良马数十匹。

汉王朝既已丧失浞野侯赵破奴的受降兵团,公卿们发表议论都希望撤回侵宛大军。武帝却认为大宛这样的小国也不能攻克,那么大夏之类的国家就会逐渐看轻汉王朝,而大宛国的良马绝对招不来了。于是处罚了那些扬言伐宛尤为不利的人,下令赦免了关押的犯人,征调各地流氓恶少会同边塞骑兵,西出敦煌的大军达六万人,志愿从军者不计算在内。另有牛十万头,马三万匹,驴、骆驼数以万计,携带粮草。又征调全国犯案官吏、亡命之徒、入赘男儿、商人小贩、曾有商人户籍者、父母及祖父母有过商人户籍者,凡七种人,罚去当兵;还要运载粮草供给贰师;任命熟习骑术的二人分别担任执马校尉和驱马校尉。

于是伐宛大军向贰师挺进,沿途所经之处都热情迎送供应军需,凡阻挠进军的,一旦攻克就屠城。抵达大宛城下,先锋部队三万人,包围大宛都城,攻打四十余日。大宛贵族共同谋杀了国王毋寡,派使者捧着毋寡人头献给贰师将军李广利,请求道:"别再围攻大宛,我们献出全部良马,任凭挑选,而且供应贵军粮草。如果拒绝我们的请求,我们将杀掉所有良马,反正康居的救援部队也快到了。"贰师将军李广利答应了他们的请求。于是大宛贡献了他们的良马,让汉朝军队自行挑选,而且献出丰富的粮草供汉朝军队食用。汉军挑选走良马数十匹,中等好马三千余匹,另立大宛贵族昧蔡为大宛国国王,与其订立盟约后撤兵而回。李广利命令搜粟都尉上官桀攻破郁成,郁成王败走逃到康居国,上官桀追击并斩杀了郁成王。

庚辰(前101) 汉武帝太初四年
春季,汉武帝封李广利为海西侯。

贰师所过小国闻宛破，皆使其子弟从入贡献，因为质焉。军还，入马千余匹。后行，军非乏食，战死不甚多，而将吏贪，不爱士卒，侵牟之，以此物故者众。上以为万里而伐，不录其过。乃封广利等：侯者二人，为九卿者三人，二千石百余人。奋行者官过其望，以谪过行者黜其劳，士卒赐直四万钱。

匈奴因楼兰候汉使后过者，欲绝勿通。军正任文捕得生口，知状以闻。上诏文引兵捕楼兰王，将诣阙簿责。王对曰："小国在大国间，不两属无以自安。愿徙国入居汉地。"上直其言，遣归国，亦因使候司匈奴。匈奴自是不甚亲信楼兰。

于是自敦煌西至盐泽，往往起亭，而轮台、渠犁皆有田卒数百人，置使者、校尉领护，以给使外国者。

秋，起明光宫。 冬，匈奴呴犁湖单于死。弟且鞮侯单于立，使使来献。

上欲因伐宛之威遂困胡，乃下诏曰："高皇帝遗朕平城之忧，高后时单于书绝悖逆。昔齐襄公复九世之仇，《春秋》大之。"且鞮侯初立，恐汉袭之，乃曰："我儿子，安敢望汉天子；汉天子，我丈人行也。"因尽归汉使之不降者路充国等，使使来献。

辛巳（前100） 天汉元年

贰师将军李广利班师回朝所经过的各小国，听说大宛被攻破，纷纷派遣王室子弟随军进贡，谒见汉天子后便留做人质。伐宛大军还朝进入玉门关的战马只剩千余匹。原本是回军敦煌再出师的，军队又并非缺乏粮草，战死的人数也并不太多，但将帅官吏贪婪，不知爱护士兵，侵吞牟取士兵利益，因此亡故者甚多。武帝念其万里征讨之功，不计较他们的过失。于是封赏李广利等军官：侯爵的二人，担任九卿高官的三人，俸禄为二千石的一百余人。志愿从军的所授官衔超出其奢望，因犯罪被征调当兵的赦免其原罪，士兵所获赏赐价值四万钱。

匈奴于是派骑兵借路楼兰国拦击汉朝使者及殿后部队，准备截断汉军封锁通道。汉朝军正任文捕到敌方俘虏，获取情报立即报告朝廷。武帝命令任文率兵逮捕楼兰国王，将他押往长安当朝审案。楼兰王对答道："我们小国处在大国夹击中，不两边听令将无法自得安宁。请允许我们举国迁居汉朝辖地。"武帝觉得他是直言禀报实情，就遣送他归国，也顺势请他协助侦察匈奴动静。匈奴从此不再亲近信任楼兰国。

于是汉朝自敦煌西至盐泽，处处设立驿站，而北方的轮台、渠犁都设有屯田部队数百人，安置使者、校尉领护等官员管理屯田，并供应对外使臣食宿。

秋季，兴建了与长乐宫相连的明光宫。　**冬季**，匈奴呴犁湖单于去世。其弟且鞮侯继位为单于，派遣使者到汉朝献礼。

武帝想利用战胜大宛国的余威围困匈奴，于是下诏说："高皇帝把他在平城白登之围时的忧患遗留给我，高太后时匈奴单于的书信极其狂妄荒谬。从前齐襄公报复九世祖先的仇怨，《春秋》大书特书。"且鞮侯单于刚继承皇位，害怕汉朝袭击匈奴，便回报说："我是儿子辈，怎敢冒犯汉天子；汉朝天子，是我家的长辈。"于是全部遣返了汉朝使臣中不肯投降匈奴的如路充国等，派遣使者来汉朝献礼。

辛巳（前100）　汉武帝天汉元年

春三月,遣中郎将苏武使匈奴。

上嘉单于之义,遣苏武送匈奴使留在汉者,因厚赂单于,答其善意。既至,置币单于,单于益骄,非汉所望也。

会长水虞常等谋杀汉降人卫律,而劫单于母阏氏归汉。人告单于。时律为丁灵王,贵宠用事,单于使律治之。

常引武副张胜知其谋,单于怒,欲杀汉使者。左伊秩訾曰:"即谋单于,何以复加?宜皆降之。"召武受辞。武谓假吏常惠等曰:"屈节辱命,虽生,何面目以归汉。"引佩刀自刺。卫律惊,自抱持之,武气绝,半日复息。单于壮其节,朝夕遣人候问武,而收系胜。

武益愈。会论虞常,剑斩常已,律曰:"汉使张胜谋杀单于近臣,当死,降者赦罪。"举剑欲击之,胜请降。律谓武曰:"副有罪,当相坐。"武曰:"本无谋,又非亲属,何谓相坐。"复举剑拟之,武不动。律曰:"苏君,律前负汉归匈奴,幸蒙大恩,赐号称王,拥众数万,马畜弥山,富贵如此。苏君今日降,明日复然。空以身膏草野,谁复知之!"武不应。律曰:"君因我降,与君为兄弟。今不听吾计,后虽欲复见我,尚可得乎!"武骂律曰:"汝为人臣子,不顾恩义,畔主背亲,为降虏于蛮夷,何以汝为见!且单于信汝,使决人生死,不平心持正,反欲斗两主,观祸败。南越杀汉使者,屠为九郡;宛王杀汉使者,头悬北阙;朝鲜杀汉使者,即时

春三月，派遣中郎将苏武出使匈奴。

武帝嘉奖匈奴单于的情义，派遣苏武护送拘留在汉朝的匈奴使者回国，于是备厚礼赠单于，答谢他的善意。到匈奴后，把钱财送给单于，单于反更傲慢了，全然不符合汉廷的期望。

恰逢长水虞常等人密谋刺杀变节降敌的汉朝使臣卫律，劫持单于的母亲太后阏氏归顺中国。不料有人向单于告发了。这时卫律已被单于封为丁灵王，富贵受宠正当权，单于令他审理此事。

虞常引诱苏武的副手张胜参与其阴谋，单于大怒，想杀害汉朝使者。左伊秩訾说："如果他们谋杀单于，用什么办法再加重处罚？应该劝他们全都投降。"于是召见苏武转达了训辞。苏武对假吏常惠等随员说："屈节投降有辱君命，虽能苟生，有何面目返回汉朝？"拔出佩刀自杀。卫律大惊，亲自抱住苏武阻止他，苏武昏厥气绝，过了半天又苏醒过来。单于钦佩苏武的气节，早晚派人前往问候，同时逮捕关押了张胜。

苏武逐渐痊愈。恰逢对虞常论罪，剑斩虞常之后，卫律威胁道："汉朝使者张胜谋杀单于近臣，应当处死，只有投降才能赦免死罪。"举剑就要刺杀张胜，吓得张胜请求投降。卫律又对苏武说："副使有罪，你该连坐受惩。"苏武说："本来没参与密谋，又不是张胜的亲属，为什么连坐受罚？"虞常再拔剑装作刺杀苏武，苏武毫无惧色。卫律劝道："苏先生，我卫律从前背弃汉朝而归顺匈奴，幸蒙单于垂恩，赐我爵号封我为王，我现在拥有数万人口，马匹牲畜满山遍野，如此大富大贵。苏先生今日投降，明日也会如此。徒自横尸草野，谁又知道你呢！"苏武不回答。卫律又说："先生因我而投降，我与先生如兄弟。今天若不听从我的建议，以后虽想再见我，还可能吗！"苏武大骂卫律："你既为人臣子，不顾念恩义，背弃君主和父母，投降蛮夷甘为奴，我何必再来拜见你！况且单于宠信你，让你裁决人的生死，你不肯平心而论主持公正，反而想挑拨两国君主争斗，坐观祸福成败。须知南越杀了汉朝使节，结果被屠灭为中国的九郡；大宛杀害了汉朝使节，结果宛王头悬于长安北门；朝鲜杀害了汉朝使节，立即

诛灭。若知我不降明,欲令两国相攻,匈奴之祸从我始矣。"律白单于,愈欲降之。乃幽武置大窖中,绝不饮食。天雨雪,武啮雪与旃毛并咽之,数日不死。匈奴以为神,乃徙武北海上无人处,使牧羝,曰:"羝乳乃得归。"别其官属,各置他所。

雨白氂。 夏,大旱。 赦。 发谪戍屯五原。

壬午(前99) **二年**
夏,遣李广利将兵击匈奴。别将李陵战败,降虏。

贰师出酒泉,击匈奴,斩万余级。师还,匈奴大围之,汉军乏食数日,死伤者多。假司马赵充国与壮士百余人,溃围陷陈,贰师引兵随之,遂得解。汉兵物故什六七,充国身被二十余创。诏征诣行在所,帝亲视其创,嗟叹之,拜为中郎。

初,李广有孙陵,善骑射,爱人下士。帝以为有广之风,拜骑都尉,使将丹阳楚人五千人,教射酒泉、张掖以备胡。至是,上欲使为贰师将辎重。陵曰:"臣所将,皆荆楚勇士,奇材剑客,力扼虎,射命中。愿得自当一队,分单于兵,毋令专乡贰师军。"上曰:"将恶相属邪!吾发军多,无骑予女。"陵对:"无所事骑,臣愿以步兵五千人涉单于庭。"上壮而许之,因诏路博德将兵半道迎陵军。博德亦羞为陵

被诛灭而亡国。你明知我不会降敌，就想让两国间互相攻伐，恐怕匈奴的祸端将由我肇始了。"卫律禀告单于后，单于越发想招降苏武。于是幽禁了苏武，安置于地窖中，断绝其饮食。恰逢天降大雪，苏武饮雪水咬毡毛一并吞咽，熬过多日而未死。匈奴以为有神灵佐助，便把苏武迁移到北海荒无人烟处，让他放牧公羊，说："公羊产奶才放你归国。"区别对待苏武的随从官员，将他们各自安置到不同的地方。

天降白毛。　夏季，大旱。　大赦天下。　调罪犯屯戍五原。

壬午（前99）　汉武帝天汉二年
夏季，派遣李广利领兵抗击匈奴。别将李陵被匈奴打败，投降了敌人。

贰师将军李广利率军自酒泉出塞，抗击匈奴，斩获敌人首级一万有余。班师回朝，匈奴援军中途大规模围攻，使汉军一连数日缺乏粮草，死伤的不少。代理司马赵充国率壮士百余人，突破重围，冲锋陷阵，贰师将军李广利领兵跟随他突围，这才得到解脱。汉朝军队伤亡十之六七，赵充国身上受伤二十余处。武帝下诏在行宫召见他们，亲自察看赵充国的创伤，为之嗟叹，任命赵充国为中郎将。

当时，李广有个孙子叫李陵，擅长骑马射箭，爱护部下士卒。武帝认为他有李广的风范，拜授他为骑都尉，让他统管丹阳郡楚人五千名，在酒泉、张掖一带教他们射箭以防备匈奴。到了此时，武帝想让李陵为贰师将军李广利筹办军需。李陵说："我所指挥的是来自荆楚的勇士，武艺高超精于剑术，猛力能扼杀老虎，射箭可百发百中。希望能够独当一面领军参战，分散匈奴单于的注意力，不让匈奴专门对付贰师的部队。"武帝说："你是不是厌恶为人属官呀！可我动用的军队太多，再无军马配给你。"李陵回答道："用不着骑兵，我愿率步兵五千人踏平单于朝廷。"武帝赞许他的雄心壮志便答应了李陵，于是下诏给路博德，命他率领军队在半路上接应李陵的军队。路博德也羞于做李陵的

后距,奏言:"方秋,匈奴马肥,未可与战,愿留陵至春俱出。"上疑陵悔而教博德上书,乃诏博德击匈奴于西河,诏陵以九月发。

陵于是出居延,至浚稽山,与单于相值,骑可三万。虏见汉军少,直前就营。陵搏战,追击杀数千人。单于大惊,召左右地兵八万余骑攻陵。陵且战且引南行,数日,斩首三千余级。单于曰:"此汉精兵,击之不能下,日夜引吾南近塞,得无有伏兵乎?"欲去。

会军候管敢亡降匈奴,具言:"陵军无救,矢且尽。"单于大喜,遮道急攻陵。陵军南行,未至鞮汗山,一日五十万矢皆尽。陵太息曰:"兵败,死矣。"令军士各散,期至遮虏障相待。虏骑数千追之。陵曰:"无面目报陛下。"遂降,军得脱至塞者四百余人。上闻陵降,怒甚。群臣皆罪陵,惟太史令司马迁盛言:"陵事亲孝,与士信,常奋不顾身,以徇国家之急。其素所畜积也,有国士之风。今举事一不幸,全躯保妻子之臣随而媒蘖其短,诚可痛也。且陵提步卒不满五千,深蹂戎马之地,抑数万之师,虏救死扶伤不暇,悉举引弓之民,共攻围之。转斗千里,矢尽道穷,士张空拳,冒白刃,北首争死敌,得人之死力,虽古名将不过也。身虽陷败,然其所摧败亦足暴于天下。彼之不死,宜欲得当以报汉也!"上以迁为诬罔,欲沮贰师,为陵游说,下迁腐刑。

后援部队，上奏说："时值秋季，匈奴草盛马肥，不宜与之交战，请李陵稍候到明春再同时出兵。"武帝怀疑是李陵后悔而教路博德上这道奏章，便下诏让路博德立即到西河迎击匈奴，又下诏让李陵九月出发。

于是李陵由居延出塞，到达浚稽山，与单于相遇，匈奴有骑兵三万。敌人发现汉朝军队很少，便一往直前逼近汉军营垒。李陵率军与敌兵展开肉搏战，追剿杀死敌兵数千人。单于大惊失色，连忙召集左右地方军旅八万余骑兵围攻李陵。李陵且战且退往南撤，几日内斩敌首级三千余。单于说道："这必是汉朝的精锐部队，所以久攻不能取胜，他们还日夜引诱我们往南接近边塞，能不设伏兵吗？"想立即撤兵。

这时正逢李陵部下军候管敢因故逃亡并投降了匈奴，供认道："李陵军队得不到救援，弓箭将要耗尽。"单于大喜，急忙拦路攻打李陵。李陵军队南撤，还未抵达鞮汗山，终于有一天，五十万支箭全射完了。李陵仰天长叹："我军失利，必死无疑。"命令军中士卒各自逃散，约定到遮虏障相聚。匈奴数千骑兵穷追不舍。李陵叹道："我没脸报答汉朝皇帝了。"于是投降了匈奴，其部下得以逃脱回到塞内的仅四百余人。武帝听说李陵投降了，非常愤怒。所有大臣都怪罪李陵，只有太史令司马迁极力辩白："李陵侍奉父母尽孝，对士兵讲信义，常常奋不顾身，奔赴国家急难。看他向来的蓄志，真有国士的风范。如今做事一有失误，那些苟全身躯保护妻子的大臣，趁机挑拨揭其短处，实在令人痛心。况且李陵带领的步兵不满五千人，深捣敌方军事重地，抗击数万敌兵，使敌方顾不上救死扶伤，连忙动员全国的弓箭手，大举围攻李陵。李陵转战千里，箭射光了，退路切断了，战士们空拉弓弩，甘冒刀锋，向北迎击敌人争相赴难，能得部下如此死力效忠，即使古代名将也难超过他了。自身虽然陷敌惨败，但是他所摧毁创伤敌人的战绩也足以扬威于天下。他之所以不求死，应该是想寻找适当的时机再报效汉朝呀！"武帝认为司马迁诬罔骗人，旨在诋毁贰师将军李广利，为李陵游说，便下令判司马迁腐刑。

久之，上悔曰："陵当发出塞，乃诏强弩迎军；坐预诏之，得令老将生奸计。"乃遣使劳赐陵余军得脱者。

遣绣衣直指使者，发兵击东方盗贼。

上以法制御下，好尊用酷吏，吏民益轻犯法。东方盗贼滋起，攻城邑，取库兵，释死罪，杀二千石，掠卤乡里，道路不通。上始使御史中丞、丞相长史督之，弗能禁；乃使光禄大夫范昆等衣绣衣，持节、虎符，发兵以兴击。所至得擅斩二千石以下，诛杀甚众，一郡多至万余人。数岁，乃颇得其渠率，散卒失亡复聚党阻山川者往往而群居，无可奈何。于是作《沉命法》，曰："盗起不发觉，发觉而捕弗满品者，二千石以下至小吏，主者皆死。"其后小吏畏诛，虽有盗，不敢发，府亦使其不言，故盗贼浸多，上下相为匿，以文辞避法焉。

时暴胜之为直指使者，衣绣杖斧，所诛杀二千石以下尤多，威振州郡。至勃海，闻郡人隽不疑贤，请与相见。不疑容貌尊严，衣冠甚伟，胜之蹦履起迎。登堂坐定，不疑据地曰："窃伏海滨，闻暴公子旧矣，今乃承颜接辞。凡为吏，太刚则折，太柔则废，威行，施之以恩，然后树功扬名，永终天禄。"胜之深纳其戒，及还，表荐，召拜青州刺史。王贺亦为绣衣御史，逐捕群盗，多所纵舍，以奉使不称免，叹曰："吾闻活千人，子孙有封；吾所活者万余人，后世其兴乎！"

过了很久，武帝才悔悟说："应在李陵发兵出塞后，才下令路博德率强弓手迎敌接应；由于预先下诏给路德博，使这位老将节外生枝施奸计。"于是派遣使者前去慰劳赏赐逃脱回国的李陵残军。

派遣绣衣直指使者，调兵攻打东方盗贼。

武帝依靠法律治理国家，喜欢重用酷吏，小吏百姓越发轻易触犯法律。东方盗贼蜂起，攻打城镇都邑，夺取军库武器，释放监狱死囚，杀戮二千石官员，劫掠乡里，断绝交通。武帝起初用御史中丞、丞相长史监督剿灭，但未能禁止；于是又派光禄大夫范昆等穿上特制的绣花官服，带上象征权力的符节、虎符，调动军队发起征讨。所到之处有权擅自斩杀二千石的郡守以下官吏，结果诛杀甚多，一郡多至万余人。几年之间，竟也捕到些义军首领，但散兵游勇流失逃亡后又重新聚集占山为王的往往成群结党，对他们无可奈何。于是颁布了《沉命法》："盗贼兴起而官方没有发觉，或是虽然发觉了但逮捕的贼人不够数，则郡守以下直至小吏，主管治安的一律处死。"此后小官吏害怕被处死刑，即使有盗贼，也不敢揭发，郡府大官们也不让他们举报，因此盗贼逐渐增多，上下互相掩饰，以虚伪的公文躲避法网。

当时暴胜之为直指使者，穿上刺绣的官服，手执斧钺行刑，诛杀的郡守以下官员特多，威名震动州郡。他来到渤海郡，听说郡中有个叫隽不疑的最贤明，请他来相见。隽不疑容貌庄重有威严，衣帽华丽壮伟，暴胜之趿着鞋起身迎客。登堂入室，宾主坐定，隽不疑俯身席地而谈："我生长在海边，早已听说暴先生的大名了，今天才幸得见面交谈。凡是做官吏的，太刚强的容易折断，太柔弱时万事俱废，威严推行过后，再施加恩德，而后才能建立功勋，扬名天下，永久享受天赐的福禄。"暴胜之深刻记住他的告诫，等到返回京都，便上表奏荐隽不疑，武帝召见他，任命他为青州刺史。王贺也当绣衣御史，负责追捕魏郡群盗，每每纵容放弃捕杀，由于不称职而被罢免，就叹息道："我听说救活一千人，子孙得封爵；我所救活的达一万多人，后世大约会兴旺发达吧！"

癸未（前98） 三年

春二月，初榷酒酤。 三月，帝东巡，还祠常山。

上行幸泰山，修封，祀明堂，因受计。还祠常山，瘗玄玉。时方士之候神人，求蓬莱者终无验，天子益怠厌矣。然犹羁縻不绝，冀遇其真。

夏，大旱。 赦。

甲申（前97） 四年

春正月，遣李广利等击匈奴，不利。族诛李陵家。

发天下七科谪，遣李广利等四将军出塞。匈奴闻之，悉远其累重于余吾水北，而单于以兵十万待水南。汉军战不利，引归。时上遣公孙敖深入匈奴，迎李陵。敖还，因曰："捕得生口言：'李陵教单于为兵以备汉军。'故臣无所得。"上于是族陵家。既而闻之，乃李绪，非陵也。单于以女妻陵，立为右校王，与卫律皆贵用事。

夏四月，立子髆为昌邑王。 令死罪入赎。

钱五十万，减死一等。

乙酉（前96） 太始元年

春正月，徙豪桀于茂陵。 夏，赦。 匈奴且鞮侯单于死，子狐鹿姑单于立。

且鞮单于有二子，长为左贤王，次为左大将。单于死，左贤王未至，贵人立左大将。左贤王不敢进，左大将使人召而让位焉。左贤王辞以病，左大将曰："即不幸死，传之于我。"

癸未（前98）　汉武帝天汉三年

春二月,开始实行酒类专卖。　　三月,武帝到东方巡游,回京途中,到恒山祭祀。

武帝巡游到泰山,增修封禅,祭祀于明堂,顺便受理考核官员政绩。回京途中,到恒山祭祀,把墨玉埋在祭坛下。这时方士四处恭候神仙,寻求蓬莱仙境的始终没有应验,武帝越发懈怠厌倦了。然而还是笼络他们,不断绝交往,希望遇见真仙。

夏季,大旱。　　大赦天下。

甲申（前97）　汉武帝天汉四年

春正月,派遣李广利等攻打匈奴,失利。族灭李陵全家。

朝廷征调全国七种贱民,派遣李广利等四位将军率领步兵、骑兵出塞。匈奴得到情报,把军民辎重全部远迁到余吾水以北,单于亲率十万大军在余吾水南岸迎战。汉朝军队作战失利,撤退回国。这时武帝又派公孙敖深入匈奴腹地,迎接李陵。公孙敖回国便上奏道:"逮住俘虏供称:'李陵教导单于用兵来抵御汉朝军队。'因而我们无功而返。"武帝于是下令诛灭李陵家族。不久接到情报,教单于用兵的是李绪,不是李陵。匈奴单于把女儿嫁给李陵,封他为右校王,与卫律同样受宠掌实权。

夏四月,武帝立皇子刘髆为昌邑王。　　下令死囚犯人纳金赎罪。

缴钱五十万,减轻死罪一等。

乙酉（前96）　汉武帝太始元年

春正月,强令各郡国豪强移民到茂陵。　　夏季,大赦天下。匈奴且鞮侯单于去世,其子狐鹿姑单于继位。

匈奴且鞮侯单于有两个儿子,长子封为左贤王,次子封为左大将。且鞮侯单于去世,左贤王在外赶不回来,贵族立左大将为单于。左贤王闻讯不敢前进,左大将派人召回兄长让位给他。左贤王推辞说有病,左大将说道:"等你不幸病死,再把位置传给我。"

左贤王遂立为狐鹿姑单于,以左大将为左贤王。

丙戌(前95)　**二年**
秋,旱。　穿白渠。
赵中大夫白公奏穿渠引泾水,首起谷口,尾入栎阳,注渭中,袤二百里,溉田四千五百余顷。因名曰"白渠",民得其饶。

丁亥(前94)　**三年**
春正月,帝东巡琅邪,浮海而还。　皇子弗陵生。

弗陵母曰河间赵倢伃,居钩弋宫,任身十四月而生。上曰:"闻昔尧十四月而生。"乃命门曰"尧母门"。

以江充为水衡都尉。
初,充为赵王客,得罪亡,诣阙告赵太子阴事,太子坐废。充容貌魁岸,被服轻靡。上召与语,大悦之。拜为直指绣衣使者,使督察贵戚、近臣逾侈者。充举劾无所避,令身待北军击匈奴。贵戚子弟叩头求哀于上,愿入钱赎罪,凡数千万。上以充为忠直。尝从上甘泉,逢太子家使乘车马行驰道中,充以属吏。太子使人谢充,曰:"非爱车马,诚不欲令上闻之,以教敕亡素者,唯江君宽之。"充不听,遂白奏。上曰:"人臣当如是矣。"大见信用,威震京师。

戊子(前93)　**四年**
春三月,帝东巡,祀明堂,修封禅。夏五月,还宫。

左贤王于是继位为狐鹿姑单于,并封其弟左大将为左贤王。

丙戌(前95) **汉武帝太始二年**
秋季,大旱。 白渠贯通。
赵中大夫白公上奏,开凿渠道引导泾河的水,从谷口起,到栎阳止,注入渭河,全长二百里,可灌溉良田四千五百余顷。于是命名为"白渠",农民受益得丰收。

丁亥(前94) **汉武帝太始三年**
春正月,武帝东游到琅邪,遨游东海后回长安。 皇子弗陵降生。
刘弗陵的母亲是河间人赵倢伃,居住在钩弋宫,怀孕十四个月才生子。武帝说:"据说远古尧帝也是受孕十四个月后降生的。"于是下令将刘弗陵降生的钩弋宫门取名为"尧母门"。
任命江充为水衡都尉。
最初,江充是赵敬肃王府的门客,得罪了太子刘丹,逃亡到长安宫中,告发了太子的隐私,刘丹因而被罢黜。江充容貌魁伟,衣着轻柔华丽。武帝召见江充与他谈话,极为高兴。任命他为绣衣直指使者,让他负责监督查办皇亲国戚、亲近大臣的违法行径。江充检举弹劾毫无顾忌,让他们待罪于北军准备迎击匈奴。皇亲国戚的不法子弟向武帝叩头哀求,情愿缴钱赎罪,数额高达几千万。武帝认为江充忠心耿直。江充曾跟随皇上去甘泉,恰逢太子刘据家信使所乘车马在御用大道上奔驰,江充逮捕了他交下官审判。太子派人酬谢江充说:"我并不是怜惜部下车马,实在是不愿让皇上知道,误认为我平素不训诫部下,敬请江先生从宽发落。"江充不理睬,于是径自上奏。武帝说:"当大臣的就该这样做。"更加宠信江充,江充声威震动京都长安。

戊子(前93) **汉武帝太始四年**
春三月,皇帝东游,祭祀于明堂,增修封禅。夏五月,回到皇宫。

赦。　冬十月晦,日食。

己丑(前92)　征和元年
春三月,赵王彭祖卒。

彭祖所幸淖姬生男,号淖子。时淖姬兄为汉宦者,上召问:"淖子何如?"对曰:"为人多欲。"上曰:"多欲不宜君国子民。"问武始侯昌,曰:"无咎无誉。"上曰:"如是可矣。"遣使者立昌为赵王。

夏,大旱。　冬十一月,大搜长安十日。

上居建章宫,见一男子,带剑入中龙华门。命收之,弗获。上怒,斩门候。发三辅骑士搜上林,索长安中,十一日乃解。巫蛊始起。

庚寅(前91)　二年
春正月,丞相贺有罪,下狱,死,夷其族。

贺子敬声为太仆,骄奢不奉法,擅用北军钱。发觉,下狱。时诏捕阳陵大侠朱安世甚急,贺自请逐捕安世,以赎敬声罪。果得安世,安世笑曰:"丞相祸及宗矣。"遂从狱中上书,告敬声与阳石公主私通,祝诅上,有恶言。遂下贺狱,父子死狱中,家族。

以刘屈氂为左丞相。　夏四月,大风,发屋折木。诸邑、阳石公主及长平侯卫伉,皆坐巫蛊死。　帝如甘泉。秋七月,皇太子据杀使者江充,白皇后,发兵反。诏丞相

大赦天下。　冬十月的最后一天,出现日食。

己丑（前92）　汉武帝征和元年

春三月,赵王彭祖逝世。

刘彭祖所宠幸的淖姬生了男孩,名叫刘淖子。当时淖姬的哥哥在皇宫当宦官,武帝召见他问道:"淖子这个人怎么样?"他回答说:"为人多欲。"武帝说:"欲望太多不适宜做君主治理百姓。"又问刘彭祖之子武始侯刘昌的情况,淖姬的哥哥说:"此人无大过也无美名。"武帝说:"这样就合适。"命使者传旨立刘昌继赵王位。

夏季,大旱。　冬十一月,长安大搜捕持续十日。

武帝居住在建章宫中,忽然看见一男子,携带宝剑闯入中龙华门。武帝下令制服他,竟然没能捕获刺客。武帝愤怒,下令斩杀宫门守卫官。调集三辅骑兵到上林苑大搜捕,又在长安城内大搜捕,十一天后才解除戒严。一连串"巫蛊"案件由此开始掀起。

庚寅（前91）　汉武帝征和二年

春正月,丞相公孙贺获罪,逮捕入狱,死,诛灭其家族。

公孙贺的儿子公孙敬声接任为太仆,骄横奢侈,目无法纪,擅自动用北军公款。事情败露后,被押入监狱。此时恰逢武帝下诏追捕阳陵大侠朱安世十万火急,公孙贺亲自请求负责抓捕朱安世,以便赎回儿子公孙敬声的罪责。后来果然抓到了朱安世,不料朱安世笑着说:"丞相大祸临头殃及宗族。"于是从狱中上书武帝,告发公孙敬声与阳石公主私通,诅咒武帝,口出恶言。武帝于是将公孙贺也逮捕入狱,父子二人都被处死在狱中,公孙家族的人全被诛灭。

任命刘屈氂为左丞相。　夏四月,狂风成灾,摧毁房屋,折断大树。诸邑公主、阳石公主及卫皇后侄儿长平侯卫伉,都因牵连"巫蛊"案情被诛杀。　武帝前往甘泉。秋七月,皇太子刘据斩杀绣衣使者江充,通告了皇后,起兵造反。皇帝下诏命丞相

屈氂讨之。据败走湖，皇后卫氏及据皆自杀。

初，上年二十九，乃生戾太子，甚爱之。及长，仁恕温谨，上嫌其材能少，不类己；皇后、太子常不自安。上觉之，谓大将军青曰："汉家庶事草创，加四夷侵陵中国，朕不变更制度，后世无法；不出师征伐，天下不安，为此者不得不劳民。若后世又如朕所为，是袭亡秦之迹也。太子敦重好静，必能安天下，不使朕忧。欲求守文之主，安有贤于太子者乎！闻皇后与太子有不安之意，岂有之邪！可以意晓之。"太子每谏征伐四夷，上笑曰："吾当其劳，以逸遗汝，不亦可乎！"

上每行幸，常以后事付太子，宫内付皇后。有所平决，还，白其最，上亦无异；有时不省也。上用法严，太子宽厚，多所平反，虽得百姓心，而用法大臣皆不悦。皇后恐久获罪，每戒太子，宜留取上意，不应擅有所纵舍。上闻之，是太子而非皇后。群臣宽厚长者，皆附太子；而深酷用法者，皆毁之。邪臣多党与，故太子誉少而毁多。卫青薨，后臣下无复外家为据，竞欲构太子。

上与诸子疏，皇后希得见。太子尝谒皇后，移日乃出。黄门苏文告上曰："太子与宫人戏。"上益太子宫人。太子知之，衔文。文与小黄门常融等，常微伺太子过，辄增加

刘屈氂讨伐太子。刘据兵败逃亡到湖县,其后皇后卫氏及皇太子刘据都自杀了。

当初,武帝二十九岁那一年,才生戾太子,非常宠爱他。等他长大,秉性仁慈、宽恕、温和、谨慎,武帝嫌他才能欠缺,不像自己;卫皇后和太子刘据常有不安全感。武帝觉察到母子的恐惧,就对皇后的兄弟大将军卫青说:"汉王朝各种政事都在草创,加上四邻外族侵扰中国,我如果不改革传统制度,后世就没有准则;我如果不出兵攻伐胡人,天下就不得安宁;为此,不得不劳师动众。倘若后世又学我的作为,则是重蹈秦朝亡国的覆辙。太子敦厚稳重而好静,必然能够安定天下,不让我忧虑。想寻求能守成的君主,哪里有比太子更贤明合适的!听说皇后和太子感到不安全,岂有此理!可将我的意思转达给他们母子。"太子经常劝阻讨伐四邻外族事,武帝笑道:"我来承当辛劳,把安乐送给你,不也是合宜的吗!"

武帝每次出游,常将身后事托付给太子,宫内事务托付给皇后。有所裁决,等武帝还朝后,把最重要的向他报告,武帝也不持什么异议;有时候武帝根本不察验。武帝用法严苛,太子宽容温厚,多次平反冤狱,虽然得到百姓拥戴,但执法的大臣们却都不开心。皇后担心长此以往会得罪武帝,就经常告诫太子,应当留意讨取武帝的欢心,不该自作主张决定取舍。武帝听说这件事后,认为太子对而皇后错了。群臣中宽容温厚的长者,都依附于太子;而深苛残酷好用法的官员,都诋毁太子。由于奸邪臣子大都结成党羽宗派,因此太子得到的称赞少而诋毁多。舅丈卫青去世,此后臣子们不再担心皇戚的报复,争先恐后要陷害太子。

武帝与各位皇子都疏远了,连皇后也难得见他一面。太子刘据曾去拜见皇后,过了一日才出宫。禁宫侍从官黄门苏文秘密报告武帝说:"太子与宫人们戏耍。"于是武帝增加了太子宫的侍女人数。太子知道原委后,就对苏文怀恨在心。苏文勾结小黄门常融等人,经常窥探太子刘据的过失,动不动就添油加醋

白之。皇后切齿,使太子白诛文等。太子曰:"第勿为过,何畏文等!上聪明,不信邪佞,不足忧也。"上尝小不平,使融召太子。融言:"太子有喜色。"上嘿然。及太子至,上察其貌,有涕泣处,而佯语笑;上知其情,乃诛融。皇后亦善自防闲,避嫌疑,虽久无宠,尚被礼遇。

是时,方士及诸神巫多聚京师,惑众、变幻,无所不为。女巫往来宫中,教美人度厄,埋木人祭祀之;更相告讦,以为祝诅。上心既疑,尝昼寝,梦木人数千持杖欲击上。上为惊寤,因是体不平。江充见上年老,恐晏驾后为太子所诛,因言"上疾祟在巫蛊"。于是上以充为使者,治巫蛊狱。充将胡巫掘地,视鬼,染污令有处,辄收捕验治,烧铁钳灼,强服之。民转相诬以巫蛊,坐而死者前后数万人。

充因言:"宫中有蛊气。"上乃使充入宫,至省中,坏御座,掘地求蛊。又使苏文等助充。充先治后宫希幸夫人,以次及皇后、太子宫,掘地纵横,无复施床处。云:"于太子宫得木人尤多,又有帛书,所言不道,当奏闻。"太子惧,问少傅石德。德惧并诛,因曰:"前丞相父子、两公主及卫氏皆坐此。今无以自明,可矫以节收捕充等系狱,穷治其奸诈;且上疾,在甘泉,皇后及家吏请问皆不报,存亡未可知,

地向武帝告密。皇后对他们愤恨之极，让太子奏请武帝诛杀苏文等人。太子说："只要我不犯错误，何必惧怕苏文等人！况且皇上耳聪目明，不会偏听偏信奸佞的谗言，这事不值得忧虑。"武帝曾害了场小病，派常融召太子来见。常融回报："太子面露喜色。"武帝沉默不语。等到太子来到身旁，武帝察言观色，发现他脸上带着泪痕，却在强颜欢笑；武帝得悉真情，便杀掉常融。皇后也好自为之，小心设防，躲避嫌疑，所以虽然长期失宠，却还能受到礼遇。

这时，方士和各地巫师大多聚集在首都长安，妖言惑众，神秘变幻，无所不为。女巫们经常出入宫中，教嫔妃宫女避灾求福，房间里埋藏木偶祭拜；再互相揭发隐私，指控对方诅咒了天子。武帝心中顿生疑团，有一次白天睡觉，梦见数千个木偶手持木杖想攻击自己。武帝被惊醒，因此身体不舒适。江充见武帝年老多病，害怕武帝升天后被太子诛杀，就说什么"陛下的病是巫蛊在作祟"。于是武帝派江充为特使，负责审查巫蛊案。江充便率领胡人巫师，到处挖掘土地，察看鬼迹，故意污染土地，诈称是巫蛊闹鬼处，于是先逮捕案犯再取证审理，烧红铁刑具钳肉烤皮，强迫被捕者服罪。众人被逼得互相诬告对方"巫蛊"，因此而处死的先后达数万人。

江充进而说："宫中也有蛊气妖氛。"武帝便派江充进入内宫，直达禁地，不惜捣毁皇帝的御座，深掘土地寻找木偶。武帝又派苏文等人协助江充办案。江充先从后宫少有宠幸的嫔妃办起，依次闹到皇后寝处、太子宫中，交错纵横地开掘土地，以至于再没有安放床铺的地方。宣扬说："在太子宫中掘得木偶最多，又发现丝帛上写的文字，所说都是大逆不道的话，应当奏明皇上。"太子惊恐失措，就向少傅石德请教对策。石德担心自己受牵累一并被诛，就献计说："前任丞相公孙贺父子，诸邑、阳石两位公主及卫伉等人都因'巫蛊'而被处死。如今江充栽赃使我们无法为自己申辩清楚，只能假传圣旨逮捕江充等把他们关入监狱，追究他们的阴谋诡诈；况且皇上有病，住在甘泉宫，皇后及太子家奴前往请安问候都不给通报，皇上的生死存亡都不可知，

而奸臣如此，太子不念秦扶苏事邪！"太子曰："吾人子，安得擅诛？不如归谢，幸得无罪。"将往甘泉，而充持之急。太子不知所出，遂从德计。七月，使客诈为使者，收捕充等。自临斩之，骂曰："赵虏，前乱乃国王父子不足耶？乃复乱吾父子也！"

使舍人持节夜入宫，白皇后，发中厩车载射士，出武库兵，发长乐宫卫卒。苏文亡归甘泉，言状。上曰："太子心惧，又忿充等，故有此变。"乃使使召太子。使者不敢进，归报云："太子反已成，欲斩臣，臣逃归。"上大怒，赐丞相玺书曰："捕斩反者，自有赏罚，坚闭城门，毋令反者得出。"太子宣言："帝病困，疑有变。"上于是从甘泉来，幸城西建章宫。诏发三辅近县兵，丞相将之。太子亦矫制赦长安中都官囚徒，命石德及宾客张光等分将。

太子立车北军南门外，召护北军使者任安，与节，令发兵。安拜受节，入，闭门不出。太子引兵殴四市人数万，至长乐西阙下，逢丞相军，合战五日，死者数万人。民间皆云"太子反"，以故众不附。

太子兵败，南奔覆盎城门。司直田仁部闭城门，以为太子父子之亲，不欲急之，太子得出亡。丞相欲斩仁，御史大夫暴胜之曰："司直吏二千石，当先请，奈何擅斩之！"丞相释仁。上闻大怒，下吏责问。胜之皇恐，自杀。诏

而奸臣如此嚣张，太子难道不想想秦朝太子扶苏受害的往事嘛！”太子说：“我是皇太子，怎敢擅自诛杀？不如前往甘泉宫谒见父皇谢罪，希望能侥幸摆脱罪名。”正要前往甘泉宫，而江充告太子状更为急迫。太子无计可施，便听从了石德的诡计。七月，太子让他的门客假称是皇帝的使者，逮捕了江充等人。刘据亲临刑场斩杀江充，怒骂道：“赵国贼人，以前谋害赵国国王父子还不够？今又要来搅乱我父子。”

刘据又派舍人无且手持符节，乘夜深潜入未央宫中，向皇后报告此事，接着调集皇宫车马运载射手，搬出军械库的武器，征调长乐宫的卫士。苏文乘乱逃往甘泉，告发太子谋反。武帝说：“太子心里畏惧，又恼恨江充等人，所以发生这场动乱。”于是派遣使者前去召唤太子。使者不敢前往，回来传假情报说：“太子谋反已成定局，还想斩杀我，我是逃跑出来的。”武帝闻讯大怒，赐给丞相刘屈氂御诏说：“逮捕斩杀谋反者，自然有所赏罚，必须关闭所有城门，不准一个叛逆漏网。”太子刘据则宣称：“皇上病重困在甘泉宫，担心奸臣发动变乱。”武帝为此从甘泉宫返回，进驻长安城西建章宫。下诏调集京畿三辅邻近郡县的军队，由丞相刘屈氂统率。太子也假传圣旨赦免长安中都官府囚犯，命令石德和门客张光等人分别统率叛军。

太子乘车亲临北军营门之外，召见其指挥官护北军使者任安，赐给他符节，命令他发兵。任安毕恭毕敬地接受了符节，回到军营，下令紧闭营门不出兵。太子领兵驱赶市民数万人，集结到长乐宫西门下，同丞相刘屈氂的军队遭遇，交战五天，死亡数万人。民间纷纷传说“太子造反”，因此民众不肯依附于太子。

太子的军队战败，向南直奔覆盎城门。佐助丞相的司直田仁闭门守关，他认为太子刘据与武帝有父子的亲情，不忍心逼迫太急，网开一面让太子得以出逃。丞相刘屈氂要斩杀田仁，御史大夫暴胜之说：“司直属于二千石的高级官员，应当先请示皇上，怎敢随意处决他！”丞相于是释放了田仁。武帝听说此事后，怒不可遏，派小吏前去责问。暴胜之惊惶恐惧，就自杀了。武帝下诏

收皇后玺绶,后自杀。上以为任安老吏,欲坐观成败,有两心,与田仁皆要斩。诸太子宾客尝出入宫门,皆坐诛;其随太子发兵,以反法族。

上怒甚,群下忧惧,不知所出。壶关三老茂上书曰:"臣闻父者犹天,母者犹地,子犹万物也。故天平,地安,物乃茂成;父慈,母爱,子乃孝顺。今皇太子为汉適嗣,承万世之业,体祖宗之重,亲则皇帝之宗子也。江充,布衣之人,闾阎之隶臣耳。陛下显而用之,衔至尊之命,以迫蹴皇太子,造饰奸诈,群邪错缪。太子进则不得见上,退则困于乱臣,独冤结而无告,不忍忿忿之心,起而杀充,恐惧逋逃。子盗父兵,以救难自免耳,臣窃以为无邪心。往者江充谗杀赵太子,天下莫不闻! 陛下不察,深过太子,发盛怒,举大兵而求之,三公自将。智者不敢言,辩士不敢说,臣窃痛之! 唯陛下宽心慰意,亟罢甲兵,无令太子久亡。臣不胜倦倦,出一旦之命,待罪建章宫下。"书奏,天子感寤;然尚未显言赦之也。

太子亡,东至湖,匿泉鸠里。主人家贫,常卖屦以给太子。发觉,八月,吏围捕太子。太子入室,距户自经。皇孙二人,皆并遇害。

初,上为太子立博望苑,使通宾客,从其所好,故宾客多以异端进。

地震。

书收缴皇后的印玺、印绶,卫皇后也自杀了。武帝认为任安是老奸巨猾的官吏,想坐观武帝与太子双方交兵的成败,对自己有二心,于是与田仁一并腰斩。众多的太子门客曾出入于太子宫门,都受牵累被诛杀;其中追随太子参加叛军作战的,一律以谋反罪被灭族。

武帝盛怒不止,群臣忧虑慌恐,不知如何是好。壶关三老令狐茂上书说:"我听说父亲犹如青天,母亲犹如大地,儿子犹如天地间的万物。因此青天平稳,大地安定,万物才能茂盛;父亲仁慈,母亲疼爱,儿子才能孝顺。如今皇太子是我汉朝合法继嗣人,将继承万世的基业,体察祖宗的重托,论亲情又是皇上的嫡长子。江充,一介平民,街头巷尾的卑贱臣子。陛下让他显贵而受重用,奉使至尊的使命,竟然迫害打击皇太子,虚伪奸诈,群小酿成差失。太子进则不能见到皇上,退则受困于乱臣贼子,独自蒙冤郁结而哀告无门,无法忍受悲愤的心情,一怒之下杀掉江充,接着又心怀恐惧立即逃亡。儿子盗用父亲的军队,以便自我救助免受灾难,我私下认为他并无邪心恶意。过去江充陷害、谗杀赵国太子刘丹,天下谁人不知! 陛下不能明察,过度责备太子,以致大发雷霆,调动大军去追捕他,而且令三公亲自指挥作战。聪明的人不敢上书进言,能言善辩的人不敢开口讲情,我私下为之痛惜! 希望陛下放宽心怀大发慈悲,立即解除戒严,不要让太子长久在外流亡。臣不胜诚恳之情,不顾身家性命,在建章宫门外待罪受罚。"奏章呈上,武帝感动醒悟;但还不曾明确说出赦免太子的话来。

太子逃亡,向东来到湖县,躲藏在泉鸠里。主人家境贫困,经常织卖草鞋以便供养太子。事情败露,八月,地方官吏围捕太子。太子回屋,紧闭屋门,自杀身亡。皇孙二人一同遇害。

当初,武帝为太子建立博望苑,让他交朋结友,投其所好,因此宾朋客人大都靠异端得以进用。

发生地震。

辛卯（前90） 三年

春正月，匈奴寇五原、酒泉。三月，遣李广利等将兵击之。 夏，赦。 发西域兵击车师，得其王民众而还。六月，丞相屈氂弃市。李广利妻子下吏，广利降匈奴，诏族其家。

初，贰师之出也，丞相刘屈氂为祖道，送至渭桥。广利曰："愿君侯早请昌邑王为太子；如立为帝，君侯长何忧乎？"屈氂许诺。昌邑王者，贰师女弟李夫人子也；贰师女为屈氂子妻，故共欲立焉。贰师出塞，破匈奴兵于夫羊句山，乘胜追北，至范夫人城。会有告"丞相夫人祝诅上，及与贰师共祷祠，欲令昌邑王为帝"。按验，罪至大逆不道。六月，屈氂要斩东市；贰师妻子亦收。贰师闻之，忧惧，遂深入要功，北至郅居水上。逢左贤王、左大将，合战一日，杀左大将，虏死伤甚众。还至燕然山，单于自将五万骑，遮击贰师。夜，堑汉军前，深数尺，从后急击之，军大乱败。贰师遂降。单于以女妻之。宗族遂灭。

秋，蝗。 以田千秋为大鸿胪。族灭江充家。

吏民以巫蛊相告言者，案验多不实。上颇知太子惶恐无他意，会高寝郎田千秋上急变，讼太子冤曰："子弄父兵，罪当笞；天子之子过误杀人，当何罪哉！臣尝梦见一白头翁教臣言。"上乃大感寤，召见千秋，谓曰："父子之间，

辛卯（前90） 汉武帝征和三年

春正月，匈奴侵袭五原、酒泉。三月，派贰师将军李广利等率军迎击匈奴。　夏季，大赦天下。　调集西域六国联军袭击车师国，俘获车师国王，征服车师百姓后凯旋。　六月，丞相刘屈氂在长安街市被腰斩。李广利妻子家人被逮捕入狱，李广利最终投降了匈奴，武帝下诏杀李广利全族。

当初，李广利率军出征，丞相刘屈氂为他祭祀路神并饯行，一直送到长安城北的渭桥。李广利说："希望您早点请求陛下立昌邑王刘髆为太子；如果昌邑王继承帝位，您今后还有什么可忧心的呢？"刘屈氂应允了。昌邑王其人，乃是贰师将军李广利之妹李夫人的儿子；李广利的女儿是刘屈氂的儿媳，因此二人都想立昌邑王为太子。贰师将军出兵塞外，在夫羊句山打败匈奴军队，乘胜追击向北败逃的匈奴军直至范夫人城。这时恰巧有人密告说"刘丞相的夫人诅咒皇上，刘丞相还同贰师将军李广利一起祭祀祷告，千方百计谋立昌邑王为帝"。经查证属实，刘屈氂确实犯下大逆不道的谋反罪。六月，在长安东街路口将刘屈氂腰斩；李广利的妻子也被捕了。贰师将军李广利闻讯后忧虑害怕，就想深入敌后邀功补过，领兵向北攻到郅居水上。与匈奴左贤王、左大将遭遇，交战一日，杀左大将，匈奴死伤很多。大军撤退到燕然山，匈奴单于亲自统领五万骑兵，拦击贰师将军李广利。入夜，匈奴在汉朝军队退路上挖掘壕沟，深达数尺，从背后发起猛击，汉朝军队阵脚大乱，溃败下来。贰师将军便投降了匈奴。匈奴单于把女儿嫁给他。李广利家族被诛灭。

秋季，蝗灾。　任命田千秋为大鸿胪。江充家族被诛灭。

吏民互相告发"巫蛊"事件的，经查验大都不合实情。武帝也深知太子刘据惊慌失措并无反叛之意，恰逢在高帝祭庙任职的高寝郎田千秋呈上紧急奏章，述说太子的冤情："儿子乱用父亲的兵权，其罪应当鞭笞；天子的儿子有过错误杀了人，应当治什么罪呢！我曾梦见一位白发老翁指点我向皇上奏报。"武帝于是深受感动而醒悟，立即召见田千秋，对他说："父子之间的事，

人所难言也,公独明其不然。此高庙神灵使公教我,公当遂为吾辅佐。"立拜千秋为大鸿胪,而族灭江充家,焚苏文于横桥上。上怜太子无辜,乃作思子宫,为归来望思之台于湖。天下闻而悲之。

　　壬辰(前89)　四年
　　春正月,帝如东莱。
　　上欲浮海求神山,群臣谏弗听。会大风晦冥,海水沸涌,留十余日,乃还。
　　雍县无云如雷者三,陨石二,黑如黳。　　三月,帝耕于钜定。还,至泰山。罢方士、候神人者。

　　上耕于钜定,还幸泰山,修封禅,祀明堂,见群臣,乃言曰:"朕即位以来,所为狂悖,使天下愁苦,不可追悔。自今事有伤害百姓,靡费天下者,悉罢之。"田千秋曰:"方士言神仙者甚众,而无显功,请皆罢斥遣之。"上曰:"大鸿胪言是也。"于是悉罢诸方士候神人者。是后上每对群臣自叹:"向时愚惑,为方士所欺。天下岂有仙人,尽妖妄耳!节食服药,差可少病而已。"

　　夏六月,还宫。　　以田千秋为丞相,封富民侯。以赵过为搜粟都尉。
　　千秋无他材能术学,又无伐阅功劳,特以一言寤意,数月取宰相、封侯,世未尝有也。然为人敦厚有智,居位自称,逾于前后数公。先是,桑弘羊言:"轮台东有溉田五千顷以上,可遣屯田卒,置校尉,募民壮健敢徙者诣田所,

外人难以插话，只有先生能阐明其中的是非。这是祖先高皇帝的神灵托梦让先生开导我，先生应当立即做我的辅佐大臣。"马上拜田千秋为大鸿胪，并将江充家族诛灭，在长安北城外的横桥上活活烧死了苏文。武帝怜惜太子刘据冤枉无辜，就在湖县建造"思子宫"，筑起了"归来望思台"。天下人听说此事都很悲伤。

壬辰（前89）　汉武帝征和四年
春正月，皇帝前往东莱。

武帝想乘船入海寻找神山，群臣劝谏他都不听。恰巧大风猛烈，天昏地暗，海水沸腾汹涌，耽搁了十余日，只好折回。

雍县晴空无云，竟有三次如闻雷声，天降两枚陨石，黝黑如漆。　三月，武帝在钜定躬耕以示重农。归途经过泰山。罢免了求神的方士和候神使者。

武帝在钜定躬耕，归途中经过泰山，修坛筑台祭祀天地，在明堂举行祭祀大典，召见群臣，对大家说道："我自继承皇位以来，所作所为有时狂妄无理，使全国官民陷于愁苦之中，现在追悔莫及。自今往后，凡有伤害黎民百姓、浪费全国钱财的事，一律罢黜它。"田千秋说："方士谈论神仙的很多，却无明显效应，请求全部罢黜遣散他们。"武帝准奏说："大鸿胪所说极是。"于是全部罢黜了所有的方士和候神使者。此后武帝每每面对群臣而叹息说："以前我愚昧被迷惑，让方士欺骗了。天下哪有什么神仙，都是妖言邪说虚妄胡编的！节制饮食，服用补药，稍可少得病而已。"

夏六月，回到甘泉宫。　提拔田千秋为丞相，封他为富民侯。任命赵过为搜粟都尉。

田千秋并无特殊才能学问，又无可炫耀的资历功劳，只凭一句话让武帝醒悟，几个月内取得丞相的高位，晋封侯爵，这是前世未曾有过的。但他为人诚恳忠厚，足智多谋，位居宰相倒也称职，超过了在他前后的几位相公。在此之前，搜粟都尉桑弘羊奏称："轮台之东有可灌溉的良田五千顷以上，可派军队前往屯田，设立校尉，招募民间身强体壮敢于远迁的人前往屯田的地方，耕种农田，

垦田筑亭，以威西国。"上乃下诏，深陈既往之悔，曰："前有司奏欲益民赋三十，助边用，是重困老弱孤独也。今又请遣卒田轮台；轮台西于车师千余里，前击车师，虽降其王，以辽远乏食，道死者尚数千人，况益西乎！匈奴常言：'汉极大，然不耐饥渴，失一狼，走千羊。'乃者贰师败，军士死略离散，悲痛常在朕心。今又请远田轮台，欲起亭隧，是扰劳天下，非所以优民也，朕不忍闻。大鸿胪等又议欲募囚徒送匈奴使者，明封侯之赏以报忿，此五伯所弗为也。当今务在禁苛暴，止擅赋，力本农，修马复令，以补缺、毋乏武备而已。郡、国二千石，各上进畜马方略补边状，与计对。"自是不复出军，而封田千秋为富民侯，以明休息，思富养民也。又以赵过为搜粟都尉。过教民为代田：一亩三甽，岁代处，故曰代田。每耨辄附根，根深能风旱。其耕耘田器皆有便巧，用力少而得谷多，民皆便之。

秋八月晦，日食

癸巳（前88）　后元元年
春，祠泰畤。　赦。　夏六月，侍郎仆射马何罗反，伏诛。

初，马何罗与江充相善。及卫太子起兵，何罗弟通以力战封侯。后上夷灭充宗族、党与，何罗兄弟惧及，遂谋

修筑驿亭,用来威震西域各国。"武帝于是下达诏书,深刻陈述对以往的悔恨,说:"前些时候有关部门上奏,要求增加赋税每人多缴三十钱,资助边防之需,这是加重负担困扰老弱孤独者。如今又要求派遣军队到轮台屯垦;轮台在车师国以西一千多里,从前开陵侯成娩攻击车师,虽然迫使车师国王投降,但因道路遥远缺少粮草,死在路途中的竟有数千人,况且轮台更在车师国之西!匈奴常说:'汉朝地域极其广大,可是受不住饥渴的煎熬。丢失一只恶狼,逃跑千只肥羊。'以前贰师将军李广利惨败,官兵死伤,流离失所,悲痛之情总是萦回我心中。现在又要到遥远的轮台去屯田,还想开山凿路修驿亭,这实在是扰乱民心使天下骚动,而不是用来安抚百姓,我不忍心听这样的建议。大鸿胪等人又建议招募囚犯去护送匈奴的使者,明确表示以封侯授爵引诱他们刺杀单于以泄愤,这是春秋五霸都不肯做的事。当务之急是严禁官员苛政暴虐,严禁擅自增加赋税,大力倡导以农为本,修复'养马代替差役'的法令,用以填补战马损失的缺额,不让边塞武备匮乏而已。各郡县、封国二千石以上的高级官员,都要呈报养马补充边防之需的方案,与地方年终工作总结同来赴对。"从此不再出兵征讨,而封田千秋为富民侯,用以表明休养生息,思虑富庶、教养民众之意。又任命赵过为搜粟都尉。赵过教导百姓实行代田:一亩田划成三畎三垄,每年轮换安排使用,因此叫代田。在垄中播种,每耨草时就锄垄土培壅苗根,扎根深了可防风御旱。耕地耘田的农具也都改良得轻便灵巧,用力虽少而收获的粮谷更多了,农民都称便受益。

秋八月的最后一天,出现日食。

癸巳(前88) 汉武帝后元元年

春季,祭祀天地五帝。 大赦天下。 夏六月,侍郎仆射马何罗谋反,伏诛。

当初,马何罗与江充彼此交好。等到太子刘据斩杀江充起兵时,马何罗与其弟马通都以竭力死战而被封侯。后来武帝命令夷灭江充全族及其党羽,马何罗兄弟二人害怕株连到自己,于是阴谋

为逆。侍中金日磾视其志意有非常，心疑之，阴独察其动静，与俱上下，以故久不得发。上幸林光宫，旦，未起，何罗袖白刃，从东厢上。见日磾，色变；走趋卧内，触宝瑟，僵。日磾得抱何罗，投殿下，禽缚之。穷治，皆伏辜。

秋七月，地震。　杀钩弋夫人赵氏。

燕王旦自以次第当为太子，上书求入宿卫。上怒曰："生子当置齐鲁礼义之乡，乃置之燕，果有争心。"乃斩其使；又坐匿亡命，削三县。旦辩慧博学，其弟广陵王胥，有勇力，而皆动作无法，度多过失，故上皆不立。

是岁，钩弋夫人之子弗陵，年七岁，形体壮大，多知，上奇爱之，心欲立焉，以其年稚，母少，犹与久之。欲以大臣辅之，察群臣，唯奉车都尉、光禄大夫霍光，忠厚可任大事。上乃使黄门画周公负成王朝诸侯，以赐光。光，去病之弟也。后数日，帝谴责钩弋夫人；夫人脱簪珥，叩头。帝曰："引持去，送掖庭狱。"夫人还顾，帝曰："趣行，汝不得活！"卒赐死。顷之，帝闲居，问左右曰："外人言云何？"左右对曰："且立其子，何去其母乎？"帝曰："然，是非儿曹愚人之所知也。往古国家所以乱，由主少母壮也。女主独居骄蹇，

造反叛乱。侍中金日磾察觉到马氏兄弟神情心态有些反常，未免心中生疑，就暗自细察二人的动静，跟他们同出同进，因此马氏兄弟长时间内不能发难。后来武帝巡游到林光宫，次日清晨尚未起床，马何罗衣袖中暗藏着利刃，从东厢房闯入内宫。不料碰见了金日磾，大惊失色，连忙直奔卧室内，慌乱中撞在乐器宝瑟上，一失足向后摔倒。金日磾乘势拦腰抱住马何罗，把他摔到大殿之下，侍卫上前生擒了他。经彻底审理惩治，全体叛乱者都服罪。

秋七月，发生地震。　　武帝处决了钩弋夫人赵氏。

燕王刘旦自以为按照长幼次序应当被封为太子，于是上书要求到长安当宫廷侍卫。武帝大怒，说道："生了儿子应当安排到齐鲁礼义之乡，今竟放到燕国故地，果然产生争夺皇位的野心。"于是斩杀了燕王刘旦的使者；又因藏匿亡命之徒的牵累，削去刘旦受禄的良乡、安次、文安三县。刘旦有辩材又聪慧博学，其弟广陵王刘胥，勇猛强健，然而这二人所作所为都不遵法度，考虑多次犯有重大过失，因此武帝都不准备立他们做继承人。

这年钩弋夫人赵氏生的儿子刘弗陵，年方七岁，身高体壮，足智多谋，武帝特别疼爱他，有意立他为太子，只因他年幼，他的母又太年轻，所以一直犹豫不决。想物色合适大臣辅佐弗陵，遍察群臣，只有奉车都尉、光禄大夫霍光，忠诚宽厚足以胜任国家大事。于是武帝命令黄门画工，画一张周公背负着周成王接受诸侯朝拜的图画，赏赐给霍光。霍光乃是骠骑将军霍去病的弟弟。几天之后，武帝借故申斥钩弋夫人；钩弋夫人连忙摘下名贵的发簪耳环等首饰，跪地叩头求饶。武帝说："拉出去，关进内宫牢狱。"钩弋夫人环顾徘徊，武帝大叫："赶快走，你休想再求活命。"终于赐她一死。过了不久，武帝闲坐歇息，便问左右侍从道："外界舆论说些什么？"左右侍从回答："人们议论：'即将立她儿子当太子，何必非杀掉他母亲？'"武帝说："不错，此事不是那些愚蠢之人所能理解的。古往今来国家所以发生动乱，大都因君主年龄太小而母亲青春正盛。女主子一旦独居高位，骄横傲慢，

淫乱自恣,莫能禁也。汝不闻吕后邪? 故不得不先去之也。"

　　甲午(前87)　二年

　　春二月,帝如五柞宫。立弗陵为皇太子。以霍光为大司马、大将军,金日磾为车骑将军,上官桀为左将军,受遗诏辅少主。帝崩。

　　二月,上幸五柞宫。病笃,霍光涕泣问曰:"如有不讳,谁当嗣者?"上曰:"君未谕前画意邪? 立少子,君行周公之事。"光顿首让曰:"臣不如金日磾。"日磾亦曰:"臣外国人,不如光;且使匈奴轻汉。"乃立弗陵为皇太子。明日,命光、日磾及上官桀受遗诏,辅少主。与御史大夫桑弘羊,皆拜卧内床下。光出入禁闼二十余年,出则奉车,入侍左右,小心谨慎,未尝有过。为人沉静详审,每出入、下殿门,止进有常处,郎、仆射窃识视之,不失尺寸。日磾在上左右,目不忤视者数十年;赐出宫女,不敢近。上欲内其女后宫,不肯。其笃慎如此,上尤奇异之。日磾长子为帝弄儿,其后壮大,自殿下与宫人戏,日磾适见,遂杀之。上怒,日磾具言所以。上为之泣,而心敬日磾。桀始以材力得幸,为未央厩令。上尝体不安,及愈,见马,马多瘦。上大怒曰:"令以我不复见马邪?"欲下吏。桀顿首曰:"臣闻圣体不安,日夜忧惧,意诚不在马。"言未卒,泣数行下。上以为爱己,由是

荒淫秽乱，胡作非为，那就没人能够禁止了。你们没听说过吕后乱政的教训吗？因此我不能不先除掉钩弋夫人。"

甲午（前87）　汉武帝后元二年

春二月，武帝前往盩厔县五柞宫。武帝立刘弗陵为皇太子。武帝任命霍光为大司马、大将军，金日磾为车骑将军，上官桀为左将军，由这三人接受遗诏，辅佐幼主。武帝病逝。

二月，武帝光临盩厔县五柞宫。武帝病情严重，霍光痛哭流涕地问道："陛下如果不幸离世，谁应该继承您的皇位？"武帝说："你难道不理解先前赐你那幅画的用意吗？立我最小的儿子，由你履行周公摄政的职责。"霍光叩头辞让说："我不如金日磾。"金日磾也赶忙辞让说："我是外国人，原不如霍光；况且由我辅政会让匈奴轻视我汉朝。"于是武帝下诏立刘弗陵为皇太子。第二天，命霍光、金日磾及上官桀接受遗诏，一同辅佐幼主。三人与御史大夫桑弘羊，全部在武帝寝宫病床前叩拜受职。霍光出入宫廷二十余年，出宫则执掌武帝御驾，入宫则事奉武帝左右，小心谨慎，从未有什么过失。他为人沉着冷静、周到慎重，每次出宫入宫，下殿出门，行止进退都有一定的地方，郎官、仆射们暗中观察默记，发现他竟尺寸不差。金日磾在武帝身边，几十年来目不斜视；赐给他宫女，他也不敢亲近。武帝想将他女儿纳为后宫嫔妃，他也不肯。其诚笃谨慎如此，武帝尤其感到奇异。金日磾的长子是汉武帝的娈童，后来他长大了，在殿下与宫女调情，恰巧被金日磾撞见了，就把他杀死了。武帝勃然大怒，金石磾详述了杀死亲生儿子的缘由。武帝为之悲哀落泪，后来更由衷地敬重金日磾。上官桀最初因勇力过人而得到武帝的赏识，被任命为未央宫厩令。有一次武帝身体不舒服，等到痊愈后，检查御马，发现马匹清瘦。武帝大发雷霆，说："厩令以为我再也见不到这些御马了吗？"便要将上官桀逮捕入狱。上官桀叩头请罪说："我听说皇上圣体欠安，昼夜为您担忧害怕，确实没心思照料御马。"话没说完，又流下几行热泪。武帝以为他真心爱自己，因此

亲近。又明日，帝崩，入殡未央前殿。

帝聪明能断，善用人，行法无所假贷。隆虑公主子昭平君，尚帝女夷安公主，隆虑主病困，以金千斤、钱千万，为昭平君豫赎死罪，上许之。主卒，昭平君日骄，醉杀主傅，系狱。廷尉以公主子上请。上为之垂涕叹息久之，曰："法令者，先帝所造也，用弟故而诬先帝之法，吾何面目入高庙乎？又下负万民。"乃可其奏。哀不能自止，左右尽悲。待诏东方朔前上寿曰："臣闻圣王为政，赏不避仇雠，诛不择骨肉。此五帝所重，三王所难也。陛下行之，天下幸甚！臣朔奉觞昧死再拜上万岁寿。"上初怒朔，既而善之。

太子弗陵即位。姊鄂邑长公主共养省中。光、日磾、桀共领尚书事。

光辅幼主，政自己出，天下想闻其风采。殿中尝有怪，一夜，群臣相惊。光召尚符玺郎，欲收取玺。郎不肯授，光欲夺之，郎按剑曰："臣头可得，玺不可得也。"光甚谊之。明日，诏增此郎秩二等。众庶莫不多光。

三月，葬茂陵。　夏，赦。　秋七月，有星孛于东方。追尊钩弋夫人为皇太后，起云陵。　冬，匈奴入朔方，遣左将军桀行北边。

视为亲近。又过了一天，武帝病逝，遗体运到未央宫前殿入殓停枢待葬。

武帝聪明能决断，善于用人，执行法令严厉，毫不容情。隆虑公主的儿子昭平君，娶了武帝的女儿夷安公主，隆虑公主病危时，献出黄金千斤、钱千万，请求预先为儿子昭平君赎一次死罪，武帝答应了她。隆虑公主逝世后，昭平君日益骄纵，竟在喝醉酒后杀死公主的师傅，被逮捕入狱。廷尉因昭平君是隆虑公主之子而请示武帝。武帝为之落泪叹息了很久，说道："法令是先帝创立的，倘因妹妹的缘故而破坏先帝的法令，我还有何脸面再进高祖皇帝的祭庙？况且又辜负了百姓的信赖。"于是批准了廷尉的奏请。处决昭平君后，仍然哀伤不已难以自拔，左右侍从都跟着悲痛不止。待诏东方朔上前祝贺说："我听说圣明的君王处理国家大政，奖赏不回避仇人，惩罚不区分骨肉。这两条乃五帝最看重，三王难做到。如今陛下做到了，这是天下的最大幸运！我东方朔举杯，冒死再拜向陛下祝贺。"武帝开始对东方朔很恼火，接下来又觉得他是对的。

太子刘弗陵即皇帝位。其姐鄂邑长公主一起住在宫中负责抚养他。霍光、金日磾、上官桀三人共管尚书事。

霍光辅佐幼主，国家政令都由他做主发布，天下人都想见见他的风采。宫殿中曾出现怪物，一整夜，群臣互相惊扰。霍光召见尚符玺郎，想收取玉玺以防意外。尚符玺郎不肯给他，霍光便要强夺，尚符玺郎手按宝剑说道："我的头你可拿去，但玉玺不能让你拿走。"霍光对他的表态甚为嘉许。第二天，代皇帝下诏将尚符玺郎加秩二等。老百姓没有不敬佩霍光的。

三月，将武帝安葬于茂陵。　夏季，大赦天下。　秋七月，东方天空出现彗星。　追尊钩弋夫人为皇太后，修起云陵。　冬季，匈奴入侵朔方郡，朝廷派遣左将军上官桀巡视北方边防。

乙未（前86）　孝昭皇帝始元元年

　　夏，益州夷反，募吏民发奔命，击破之。　　秋七月，赦。大雨至于十月。　　燕王旦谋反，赦，弗治。党与皆伏诛。

　　初，武帝崩，赐诸侯王玺书。燕王旦得书不肯哭，曰："玺书封小，京师疑有变。"遣幸臣之长安问礼仪，阴刺候朝廷事。及诏赐钱、益封，旦怒曰："我当为帝，何赐也！"遂与齐孝王孙泽等结谋，诈言以武帝时受诏，得职吏事，修武备，备非常。为奸书，言"少帝非武帝子，天下宜共伐之"。使人传行郡国，以摇动百姓。泽谋归发兵临菑，旦招来郡国奸人，赋敛铜铁作甲兵，数阅其车骑、材官卒，发民大猎以讲士马，须期日。杀谏者韩义等，凡十五人。八月，青州刺史隽不疑收捕泽等以闻。遣大鸿胪丞治，连引燕王。诏以燕王至亲，勿治；而泽等皆伏诛。

以隽不疑为京兆尹。

　　不疑为京兆尹，吏民敬其威信。每行县、录囚徒还，其母辄问不疑："有所平反，活几何人？"即多所平反，母喜笑异他时；或无所出，母怒，为不食。故不疑为吏，严而不残。

汉昭帝

乙未(前86) 汉昭帝始元元年

夏季,益州郡夷人反叛,朝廷招募吏民从军紧急救援,击败叛军。 秋七月,大赦天下。天降大雨,持续到十月。 燕王刘旦谋反,昭帝赦免他,不治其死罪。而他的同党都伏法被杀。

当初,武帝逝世后,朝廷将加盖皇帝玉玺的告哀诏书下达给各诸侯王。燕王刘旦得到诏书后不肯哭泣,说道:"诏书的印封过小,京师恐已发生变故。"于是派他宠信的使臣前往长安,以询问有关武帝丧祭礼仪为借口,暗中刺探朝廷动态。等到昭帝下诏赏赐刘旦钱三十万、增益其封国人口一万三千户时,刘旦愤怒地声称:"本来应当由我做皇帝,何劳别人赏赐我!"于是联络齐孝王之孙刘泽等结盟谋反朝廷,伪称在汉武帝生前曾接受诏书,允许他执掌封国内各级官吏的任免权,整顿其封国的军队,防备非常变故。还编制造谣的文书,指控说"如今的小皇帝原不是武帝的儿子,天下应该群起讨伐他"。派人到各郡国广为传播,以动摇百姓民心。刘泽计划回齐国后从临淄发兵,刘旦在燕国招揽各郡国奸邪之徒,征敛民间钢铁用以制作铠甲兵器,多次检阅燕国的车骑、材官等多种部队,征调百姓大规模狩猎以训练将士、马匹的作战能力,只待与刘泽等约定日期举兵叛乱。刘旦处决了劝阻他的郎中韩义等共十五名官员。八月,青州刺史隽不疑逮捕了刘泽等人并奏闻朝廷。昭帝派大鸿胪丞审理此案,案情牵连供出了燕王刘旦。昭帝下诏以燕王为至亲兄弟,命令不许追究;而刘泽等全部伏法被杀。

将隽不疑调任京兆尹。

隽不疑担任京兆尹,官员和百姓都很敬服他的威望和信誉。每当他巡视各县、审查囚徒案情回来,他母亲就盘问隽不疑:"平反了多少冤狱,救活了多少人?"如果很多冤案得以平反,他母亲就比平时更喜笑颜开;如果没有平反冤案,他母亲就发脾气,为此而不吃饭。因此隽不疑为官,虽然执法很严,却并不残酷。

九月,车骑将军、秺侯金日䃅卒。

初,武帝以日䃅捕反者马何罗功,遗诏封为秺侯。日䃅以帝少,不受封。及病困,光白封之,卧受印绶,一日薨,谥曰敬。日䃅两子,赏、建,俱侍中,与上共卧起。赏奉车,建驸马都尉。及赏嗣侯,佩两绶,上谓光曰:"金氏兄弟两人,不可使俱两绶耶?"对曰:"赏自嗣父为侯耳。"上笑曰:"侯不在我与将军乎?"对曰:"先帝之约,有功乃得封侯。"乃止。

闰月,遣使行郡国,举贤良,问民疾苦   冬,无冰。

丙申(前85) 二年

春,正月,封大将军光为博陆侯。   以刘辟彊、刘长乐为光禄大夫。

或说霍光曰:"将军不见诸吕之事乎? 摄政擅权,而背宗室,不与共职,是以天下不信,卒至于灭亡。今将军当盛位,帝春秋富,宜纳宗室,又多与大臣共事,则可以免患。"光然之,乃择宗室可用者,拜二人光禄大夫,辟彊守长乐卫尉。

三月,遣使振贷贫民种、食。   秋,诏所贷勿收责,除今年田租。   匈奴狐鹿孤单于死,子壶衍鞮单于立。

九月,车骑将军、秺侯金日磾去世。

当初,武帝鉴于金日磾逮捕叛逆谋反的马何罗立下大功,留遗诏封金日磾为秺侯。金日磾以新皇帝年纪还小为理由,不肯接受封爵。等到金日磾病重时,霍光赶忙向昭帝报告了武帝遗诏封三人为侯之事,于是金日磾在病床上接受了秺侯的印信与绶带,一天之后就去世了,谥号为"敬"。金日磾的两个儿子金赏和金建,都担任侍中,与昭帝年龄相仿,同起同睡。金赏官居奉车都尉,金建是驸马都尉。后来金赏继承父亲金日磾的侯爵,佩戴两种绶带,昭帝便对霍光说:"金氏兄弟二人,难道不能让他们都佩戴两种绶带吗?"霍光回答说:"金赏是继承他父亲的侯爵才多一条绶带的。"昭帝笑着说道:"封侯不是由我和将军决定的吗?"霍光回答道:"先皇有规定,为国家建立功勋才能封侯。"于是昭帝才作罢。

闰十月,昭帝派遣使者带着皇帝符节巡视各郡国,举荐贤良人才,查问民生疾苦。 冬季,气候温暖不结冰。

丙申(前85) 汉昭帝始元二年

春正月,昭帝封大将军霍光为博陆侯。 任命刘辟彊、刘长乐为光禄大夫。

有人劝告霍光说:"将军没见到吕氏家族的下场吗?辅助皇帝治理朝政而专擅大权,却疏远皇族成员,不与他们分享权力,因此失去了天下人的信任,终于导致家族败亡。如今将军身居高位,皇帝年轻,应该接纳皇族成员,并且多与大臣共商国是,便可以免除祸患。"霍光认为有道理,于是挑选皇室成员中足以胜任高官要职者,任命刘辟彊、刘长乐二人为光禄大夫,刘辟彊兼任长乐宫卫尉。

三月,朝廷派使者赈济缺乏种子和口粮的贫苦农家。 秋季,昭帝颁布诏书说,朝廷救济灾民的种子和口粮都不必归还,并免除今年农民的田赋。 匈奴狐鹿孤单于去世,其子壶衍鞮单于继承皇位。

初,武帝征伐匈奴,深入穷追二十余年,匈奴马畜孕重堕殰,罢极,苦之。常有欲和亲意,未能得。是岁,单于病且死,谓诸贵人:"我子少,不能治国,立弟右谷蠡王。"及单于死,卫律等与颛渠阏氏谋,矫单于令,更立其子为壶衍鞮单于。左贤王、右谷蠡王怨望,不复肯会龙城。匈奴始衰。

丁酉(前84) 三年

春二月,有星孛于西北。 秋,募民徙云陵。 冬十月,遣使祠凤皇于东海。 十一月朔,日食。

戊戌(前83) 四年

春三月,立倢伃上官氏为皇后,赦。

初,霍光与上官桀相亲善,每休沐出,桀常代入决事。光女为桀子安妻,生女,年甫五岁,安欲因光内之宫中,光以为尚幼,不听。盖长公主私近子客丁外人,安说外人曰:"安子容貌端正,诚因长主时得入为后,以臣父子在朝,而有椒房之重。汉家故事,常以列侯尚主,足下何忧不封侯乎?"外人言于长主,以为然,召安女入为倢伃,遂立为后。

秋,令民勿出马。

诏曰:"比岁不登,流庸未还,往时令民出马,其止勿出,

当初，武帝大举征讨匈奴，深入腹地穷追猛打前后二十余年，害得匈奴马匹牲畜的孕育繁殖往往降生死胎，百姓疲困至极，痛苦难熬。常常希望与汉朝恢复和亲关系，却一直未能如愿。这一年，狐鹿孤单于病重临死时，对贵族头领们说："我的儿子年幼，不能治理国政，请立我的弟弟右谷蠡王为单于。"等到狐鹿孤单于病死后，卫律等人与颛渠阏氏密谋，假传狐鹿孤单于旨令，改立他的儿子左谷蠡王为壶衍鞮单于。左贤王、右谷蠡王了解内情后怨恨不已，决定不再参加每年一次的龙城祭祀大典。匈奴从此走向衰落。

丁酉（前84） **汉昭帝始元三年**
春二月，西北天空出现彗星。　秋季，招募百姓迁居到云陵。冬十月，派使臣前往东海祭祀凤凰降落之地。　十一月初一，出现日食。

戊戌（前83） **汉昭帝始元四年**
春三月，昭帝诏立上官倢伃为皇后，大赦天下。

当初，霍光与上官桀互相亲密友好，每当霍光休假离朝时，上官桀经常代他入朝裁决政事。霍光的女儿是上官桀之子上官安的妻子，生下一个女孩儿，只有五岁，上官安就想通过霍光的关系使女儿进入后宫，霍光以为外孙女年龄还小，不肯答应。昭帝的姐姐盖长公主与她儿子的门客河间人丁外人私通，上官安就去游说丁外人道："我女儿容貌端正，若能借助长公主进入后宫成为皇后，我上官家父子二人在朝为官，更得皇后作为靠山。按照汉朝的惯例，公主通常是嫁给列侯，您又何愁不封侯呀？"丁外人向盖长公主转告此事，盖长公主表示赞同，于是颁布诏书将上官安的五岁女儿召入宫中，封倢伃，随即立为皇后。

秋季，诏令百姓不必贡献军马。

朝廷下诏令说："农业连年歉收，流亡外地以雇庸为生的农民还没有返回乡里，以往命令百姓贡献军马，可停止执行，不再献马，

诸给中都官者减之。"

西南夷复反,遣兵击之。 以上官安为车骑将军。

己亥(前82) 五年
春正月,男子成方遂诣阙,诈称卫太子,伏诛。

有男子乘黄犊车诣北阙,自谓卫太子。公车以闻,诏公卿、将军、中二千石杂识视,至者立莫敢发言。吏民聚观者数万人,右将军勒兵阙下以备非常。京兆尹不疑后到,叱从吏收缚。或曰:"是非未可知,且安之。"不疑曰:"诸君何患于卫太子! 昔蒯聩违命出奔,辄拒而不纳,《春秋》是之。卫太子得罪先帝,亡不即死,今来自诣,此罪人也!"遂送诏狱。上与大将军光闻而嘉之,曰:"公卿大臣当用有经术、明于大谊者!"繇是不疑名重朝廷,在位者皆自以不及也。廷尉验治何人,竟得奸诈:本夏阳人,姓成,名方遂,居湖。有故太子舍人谓曰:"子状貌甚似卫太子。"方遂利其言,冀以得富贵。坐诬罔不道,要斩。

罢儋耳、真番郡。

庚子(前81) 六年
春,诏问贤良、文学民所疾苦。

凡是供给京师诸官府的赋税都将减少。"

西南方的夷人再次谋反,朝廷派人领兵前往征讨。　上官安被任命为车骑将军。

己亥(前82)　汉昭帝始元五年

春正月,有个叫成方遂的男子闯进宫内,谎称自己是卫太子刘据,被处决。

有个男子乘坐黄牛牸车来到未央宫北门外,自称是卫太子刘据。公车官将此事急奏朝廷,昭帝下诏书令三公九卿、将军和中二千石等高级官员共同前往辨识,可到达现场的高官们没有谁敢发言的。长安城中官吏百姓聚集围观的有数万人,右将军为防意外,率兵守备于宫门外。京兆尹隽不疑最后赶到,立即命令随从的官吏将该男子逮捕。有人劝他说:"此人是否真是前任太子刘据还不能确定,暂且不要处理。"隽不疑说:"各位何必害怕他是卫太子呢! 历史上的卫国太子卫蒯聩,因违抗其父灵公之命而私自出逃,后来其子卫辄继位就拒绝接纳卫蒯聩回国,《春秋》予以肯定。卫太子刘据得罪了先皇武帝,逃亡在外即令没有死,如今自己回来了,那也是国家的罪人!"于是将该男子押送到诏狱。昭帝与大将军霍光听到报告后,称赞隽不疑说:"公卿大臣就该由这种精通儒家经典、明辨是非大义的人来担任!"从此隽不疑在朝中名重一时,其他身居高位的人都自以为不如他。后来廷尉查证该男子的来龙去脉,终于发现是欺伪诈骗:这男子原是夏阳人,姓成,名方遂,住在湖县。有位前任卫太子的侍从对他说:"你的身材相貌很像卫太子刘据。"成方遂心想此说对自己很有利,希望借此谋求富贵。成方遂被指控为"诬罔不道",腰斩。

朝廷撤销了儋耳、真番两郡。

庚子(前81)　汉昭帝始元六年

春季,昭帝下诏命各郡国举荐的贤良、文学询问民间疾苦。

谏大夫杜延年言:"年岁比不登,流民未尽还,宜修孝文时政,示以俭约宽和,顺天心,说民意,年岁宜应。"光纳其言,诏有司问郡国所举贤良、文学民所疾苦,教化之要,皆对:"愿罢盐、铁、酒榷、均输官,毋与天下争利,示以俭节,然后教化可兴。"桑弘羊难,以为"此国家大业,所以制四夷,安边足用之本,不可废也!"于是盐铁之议起焉。

苏武还自匈奴,以为典属国。

初,苏武既徙北海上,禀食不至,掘野鼠、去草实而食之。杖汉节牧羊,卧起操持,节旄尽落。初,武与李陵俱为侍中,及陵降,单于使至海上,为武置酒设乐,谓曰:"单于闻陵与子卿素厚,故使来说足下,虚心欲相待。终不得归汉,空自苦;亡人之地,信义安所见乎!足下兄弟皆坐事自杀,太夫人已不幸,妇亦更嫁矣;独有女弟男女,存亡不可知。人生如朝露,何自苦如此!且陛下春秋高,法令无常,大臣无罪夷灭者数十家,安危不可知,子卿尚复谁为乎!"武曰:"武父子无功德,皆为陛下所成就,位列将,爵通侯,常愿肝脑涂地。今得杀身自效,诚甘乐之!臣事君犹子事父也,子为父死,无所恨,愿勿复言。"陵与武饮数日,复曰:"子卿壹听陵言。"武曰:"自分已死久矣。王必欲降,武请毕

谏大夫杜延年建议道："连年收成不好，离井背乡的百姓还没有全部返回家园，应当恢复汉孝文帝时的无为而治，提倡节俭，为政宽和，顺从天意，取悦民心，年景就会跟着好转起来。"霍光采纳了他的建议，昭帝下诏，命有关部门向各郡国举荐的贤良、文学询问民间疾苦及推行教化的要领，大家众口一词回答道："希望取消盐、铁、酒类的专卖制度，罢黜均输官，不再与天下人争利，带头履行节俭，这之后才可以振兴教化。"桑弘羊反对这些建议，他认为"盐、铁、酒的专卖和均输措施都是国家制夷安边的根本大业，不能废除！"于是关于盐铁专卖等问题的大辩论由此开始了。

苏武从匈奴返回，昭帝封苏武为典属国。

当初，苏武被匈奴放逐到北海边后，得不到官方供应的粮食，就挖掘野鼠、连同鼠洞中藏的草籽来充饥。他手持汉节牧羊，睡卧起身都带着它，以致节杖上的毛缨全部脱落了。当初，苏武和李陵都是汉朝的侍中，等到李陵投降匈奴后，匈奴单于派他到北海边，为苏武摆酒设乐，李陵对苏武说道："匈奴单于知道我与您一向情谊深厚，所以派我来劝说先生，单于愿对你虚心相待。你终究不能再回汉朝，何必独自白白受苦；在这荒无人烟的地方，你的信义节操又有谁能看到呢！你的兄弟都已因罪自杀，你母亲也已经不幸去世，你的妻子也已改嫁了；只剩下两个妹妹及一个男孩儿、两个女儿，其生死存亡不得而知。人的一生就像早晨的露水一般短暂，你又何必这样自寻苦恼呢！况且皇帝陛下年事已高，法令变化无常，大臣无罪而遭满门抄斩的达数十家，身家安危不可知，苏先生究竟为的是谁呢！"苏武说："我苏武父子本无才德功绩，全靠皇上的成全造就，得以入将军之列，与侯爵沟通，每每愿以肝脑涂地报答天恩。如今得以杀身报效皇上，实在是心甘情愿的！为臣的事奉君王犹如儿子事奉父亲，儿子为父亲而死，毫无遗憾，请你不要再多说了。"李陵与苏武一连饮酒数日，又劝道："苏先生请再听我一句话。"苏武说："我自己认为是已死很久了。大王一定要我投降，苏武就请求结束

今日之欢，效死于前！"陵见其至诚，喟然叹曰："嗟乎！义士！陵与卫律之罪，上通于天。"因泣下沾衿，与武决去。

后陵复至北海上，语武以武帝崩。武南乡号哭，欧血，旦夕临，数月。及是匈奴国内乖离，常恐汉兵袭之，于是与汉和亲，乃归武及马宏等。宏前使西国，为匈奴所遮，亦不肯降。故匈奴归此二人，欲以通善意。于是陵置酒贺武曰："足下扬名匈奴，功显汉室，虽古竹帛所载，丹青所画，何以过子卿！陵虽驽怯，令汉贳陵罪，全其老母，使得奋大辱之积志，庶几乎曹柯之盟，此陵宿昔之所不忘也。收族陵家，为世大戮，陵尚复何顾乎！已矣，令子卿知吾心耳。"陵泣下数行，因与武决。

官属随武还者九人。既至京师，诏武奉一太牢，谒武帝园庙。拜为典属国，秩中二千石，赐钱三百万，公田二顷，宅一区。武留匈奴凡十九岁，始以强壮出，及还，须发尽白。

夏，旱。　秋七月，罢榷酤官。
罢榷酤，从贤良、文学之议也。武帝之末，海内虚耗，户口减半。霍光知时务之要，轻徭薄赋，与民休息。至是，匈奴和亲，百姓充实，稍复文、景之业焉。

今天的欢聚，让我死在你的面前！"李陵见苏武一片至诚，长叹一声道："哎呀！你真是义士！我李陵与卫律的罪过，上通于天。"于是泪湿衣襟，与苏武告别而去。

后来李陵又到北海边，告诉苏武汉武帝已然去世。苏武面向南方号啕痛哭，以致吐血，早晨和晚上都如此举哀，连续了数月。等到匈奴国内分崩离析，常常害怕汉朝军队趁机袭击匈奴，于是又与汉朝和亲，也就归还了苏武及马宏等人。马宏以前出使西域各国，被匈奴军队拦劫俘虏，也不肯投降。因此匈奴归还这二人，想借此表达与汉朝沟通友好之意。于是李陵又摆设酒宴祝贺苏武说："先生您名声传遍匈奴，功劳昭著于汉朝，即使是古代史籍所记载，丹青所描画的人物事迹，又怎能超过你！我李陵虽然愚蠢怯懦，假如当年汉朝天子能宽恕我的罪过，保全我的老母，使我能够忍辱负重，那春秋时期曹刿劫持齐桓公于柯盟的壮举，正是我当时念念不忘的志向。可是汉朝竟屠杀我全家全族，这是当世最残酷的杀戮，李陵我还有什么再值得顾念的！一切都已过去，不过是让苏先生了解我的苦衷而已。"李陵洒下几行热泪，便与苏武诀别。

被扣押的汉朝官员与随从人员，随同苏武回国的共有九人。苏武一行来到京师长安后，昭帝诏令苏武用牛、羊、猪各一只，前往汉武帝陵园祭庙隆重拜祭。又封苏武为典属国，俸禄品级为中二千石，并赏赐苏武钱三百万、公田二顷、住宅一所。苏武被扣在匈奴共十九年，去时正当年富力强，到返国时，胡须头发全部都白了。

夏季，干旱。　秋七月，昭帝下令罢黜了酒类专卖官员。

罢免酒类专卖官员，是听从了贤良、文学们的建议。武帝末年，国家财力虚耗，户口减少一半。霍光深知当时的治政要务，在于减轻徭役减少赋税，让百姓得以休养生息。到如今与匈奴恢复和亲，百姓生活充实，稍微恢复了文帝、景帝时的社会繁荣景象。

辛丑（前80）　元凤元年

春三月，征有行义者韩福等至长安，赐帛遣归。

　　赐郡国所选有行义者韩福等五人帛，人五十匹，遣归。诏曰："朕闵劳以官职之事，其务修孝弟，以教乡里。令郡县以正月赐羊酒。有不幸者，赐衣被一袭，祠以中牢。"

　　武都氏人反，遣兵击之。　夏，赦。　秋七月晦，日食既。八月，鄂邑长公主、燕王旦、上官桀、安等谋反，皆伏诛。

　　上官桀父子为丁外人求封侯，霍光不许；又欲令得召见，又不许。长主大以是怨光，而桀、安亦惭。自先帝时，桀位在光右，及是皇后亲安女，光乃其外祖，而顾专制朝事，由是与光争权。燕王旦自以帝兄不得立，常怀怨望。桑弘羊欲为子弟得官，亦怨恨光。于是盖主、桀、安、弘羊皆与旦通谋。

　　诈令人为燕王上书，言："光出都肄郎、羽林，道上称跸；擅调益莫府校尉。专权自恣，疑有非常。"候伺光出沐日奏之。桀欲从中下其事，弘羊当与诸大臣共执退光。书奏，帝不肯下。明旦，光闻之，止画室中不入。上问："大将军安在？"桀对曰："以燕王告其罪，故不敢入。"有诏："召

辛丑（前80） 汉昭帝元凤元年

春三月，朝廷征调郡国荐举的有行义者涿郡韩福等人到长安来，赏赐了丝帛后打发他们回乡。

昭帝赏赐给各郡国所推举的品行好又讲道义的韩福等五人以丝帛，每人五十匹，送他们返归故里。昭帝下诏书说："我不忍心用当官任职的俗事烦劳你们，只是希望你们致力于孝悌等美德的修养，以便在乡里推行教化。命令各郡县在每年正月赐他们羊肉美酒。有不幸逝世者，赐给他一副衣被，并享以中牢羊、猪祭祀。"

武都氐人谋反，朝廷派军队前往镇压。 夏季，大赦天下。秋七月的最后一天，出现日全食。 八月，鄂邑长公主、燕王刘旦、上官桀及其子上官安等人谋反，都伏诛受死。

上官桀父子为丁外人谋求封侯，霍光不准，又想让丁外人取得被皇帝召见的资格，霍光仍然不准。盖长公主因此怨恨霍光，而上官桀、上官安也觉得脸上无光。自从武帝时代，身为太仆的上官桀地位高于霍光，及至现在，皇后是上官安的亲女儿，而霍光只是皇后的外祖父，却反而专制朝政，因此上官桀父子与霍光争权。燕王刘旦自以为是昭帝的兄长而未能继承皇位，所以经常怀恨在心。御史大夫桑弘羊想为他的子弟谋得一官半职被拒绝，也很怨恨霍光。于是盖长公主、上官桀、上官安、桑弘羊都与燕王刘旦串通谋反。

上官桀等人狡诈地让人以燕王刘旦的名义上书给昭帝，声称："霍光到外地实习检阅郎官和羽林军时，效仿皇帝出巡，命人清道并驱赶行人；还擅自增选大将军府的校尉。霍光大权独揽，为所欲为，怀疑他将采取非常行动。"专门等到霍光休假时把奏章呈给昭帝。上官桀原指望从朝廷中交给下属官员去查办，由桑弘羊与各位大臣一起逮捕霍光。不料奏章呈上去后，昭帝扣留不肯查办。第二天早晨，霍光听说此事后，停在画室中不敢贸然进殿。昭帝问："大将军在哪里？"上官桀回答道："因为燕王控告他犯有谋反罪，所以不敢再进殿。"昭帝当即下诏说："召见

大将军。"光入，免冠，顿首谢。上曰："将军冠，朕知是书诈也。将军无罪。"光曰："陛下何以知之？"上曰："将军之广明都郎属耳，调校尉以来，未能十日，燕王何以得知之？且将军为非，不须校尉。"是时，帝年十四，尚书、左右皆惊。而上书者果亡，捕之甚急。桀等惧，白上："小事不足遂。"上不听。后桀党与有谮光者，上辄怒曰："大将军忠臣，先帝所属以辅朕身，敢有毁者坐之。"自是桀等不敢复言。

桀等谋令长公主置酒请光，伏兵格杀之，因废帝而立燕王。驿书往来，外连郡国豪桀以千数。旦以语相平，平曰："左将军素轻易，车骑少而骄，臣恐其不能成；又恐既成，反大王也。"旦不听。安果谋诱燕王至而诛之，因废帝而立桀。会盖主舍人父燕仓知其谋，以告大司农杨敞，敞素谨畏事，乃移病卧，以告杜延年。延年以闻。九月，诏捕桀、安、弘羊、外人等，并宗族悉诛之。盖主、燕王皆自杀。

冬，以韩延寿为谏大夫。

文学魏相对策，以为"日者燕王为无道，韩义出身强谏，为王所杀。义无比干之亲，而蹈比干之节，宜显赏其子，以示天下明为人臣之义"。乃擢义子延寿为谏大夫。

大将军霍光。"霍光上殿后，脱去官帽，叩头请罪。昭帝说："大将军请戴上官帽，我知道这道奏章是欺诈造假。大将军并没有罪。"霍光问："陛下怎么知道是假的？"昭帝说："大将军到广明检阅郎官是最近的事，选调校尉以来，也不到十天，燕王怎么可能知道此事？况且大将军真要谋反，也不必选调校尉来助阵。"这时，昭帝只有十四岁，尚书及左右官员全都震惊了。后来发现呈递这奏章的人果然逃跑了，昭帝下令紧急搜捕。上官桀等人害怕了，就对昭帝说："区区小事，不值得穷追不舍。"昭帝不听。后来上官桀的同党中有人说霍光的坏话，昭帝就怒斥道："大将军是忠臣，先帝嘱咐他辅佐我治理朝政，谁胆敢再诬陷他，我就让谁反坐。"从此上官桀等不敢再攻击霍光了。

上官桀等人又阴谋策划让盖长公主大摆酒席宴请霍光，埋伏武士当场杀掉霍光，趁机废掉昭帝而迎立燕王刘旦继承皇位。通过驿站传书往来递送情报，对外联络了各郡国数以千计的地方豪杰。刘旦把谋反计划告诉了燕国丞相平，这位名叫平的丞相说："左将军上官桀一向轻率不稳重，车骑将军上官安年轻而骄纵，我担心他们成不了大事；又恐怕大功一旦告成，他们也会背叛大王的。"刘旦不听。上官安果然又密谋引诱燕王刘旦来京而谋杀他，然后废掉昭帝而拥立其父上官桀为皇帝。恰巧盖长公主一位舍人之父燕仓了解到上官桀等人的阴谋，便将此事告诉了大司农杨敞；杨敞一向谨慎怕事，于是上书称病，移居别处卧床调养，并将此事告诉了谏大夫杜延年。杜延年立即上奏了朝廷。九月，昭帝下诏逮捕了上官桀、上官安、桑弘羊、丁外人等，连同他们的宗族全部诛杀了。盖长公主、燕王刘旦都畏罪自杀。

冬季，任命韩延寿为谏大夫。

文学之士济阴人魏相在回答昭帝的策问时，认为"先前燕王刘旦大逆不道，韩义挺身而出强硬劝阻，被燕王所杀。韩义不像商朝比干与纣王有亲属关系，但却实践了比干劝谏纣王一样的节义，应当公开奖赏韩义的儿子，借以向全天下明确表示作为臣子应恪守的大义"。于是提拔韩义的儿子韩延寿为谏大夫。

以张安世为右将军，杜延年为太仆。

大将军光以朝无旧臣，安世自先帝时为尚书令，志行纯笃，乃白用安世为右将军兼光禄勋以自副焉。又以延年有忠节，擢为太仆、右曹、给事中。光持刑罚严，延年常辅之以宽。吏民上书言便宜，辄下延年平处复奏。言可官试者，至为县令；或丞相、御史除用。满岁以状闻，或抵其罪法。安世，汤之子；延年，周之子也。

匈奴入寇，边兵追击之，获瓯脱王。

自是匈奴恐汉以瓯脱王为道击之，即西北远去，不敢南逐水草。遣骑屯受降城以备汉，北桥余吾水，令可度，以备奔走。欲求和亲，而恐汉不听，故不肯先言，常使左右风汉使者。然其侵盗益希，遇汉使愈厚，欲以渐致和亲。汉亦羁縻之。

壬寅（前79）　**二年**
夏，赦。

癸卯（前78）　**三年**
春正月，泰山石立；上林僵柳复起生。

太山有大石自起立。上林有僵柳自起生；有虫食其叶，曰"公孙病已立"。符节令眭弘上书，言："大石自立，僵柳复起，当有匹庶为天子。当求贤人禅帝位，以顺天命。"坐设妖言惑众，伏诛。

朝廷任命张安世为右将军,任命杜延年为太仆。

大将军霍光认为朝廷中缺少旧臣,张安世在武帝时就担任尚书令,志向操守纯朴真诚,于是奏请昭帝任命张安世为右将军兼光禄勋,作为自己的助手。又认为杜延年忠诚有志节,特提升他为太仆、右曹、给事中。霍光执法严厉,杜延年经常以宽厚辅之。小吏平民上奏所提建议,就转交杜延年先研究其可行与否再呈报昭帝。又称,凡参加朝廷考试合格的人,派往各地担任县令;或交给丞相、御史择优选用。满一年后将其为官的政绩上报朝廷,或对有罪的依法惩治。张安世,是前御史大夫张汤的儿子;杜延年,是前御史大夫杜周的儿子。

匈奴入侵,边塞部队追击匈奴,俘虏了瓯脱王。

从此匈奴担心汉朝令瓯脱王为向导袭击他们,便向西北方向远远退去,不敢再南下寻觅水草。匈奴派遣骑兵屯驻于受降城以防备汉朝的袭击,又在城北余吾水上架设桥梁,使军队能够渡河,以便随时撤退奔逃。匈奴单于想求汉朝和亲,又怕汉朝不肯答应,因此不愿先开口,就常让左右侍从暗示汉朝使者。此时匈奴南下侵扰掳掠的情况日益减少,对汉朝使者的招待日益优厚,他们想以此逐渐达到和亲的目的。汉朝也对匈奴实行笼络策略。

壬寅(前79)　**汉昭帝元凤二年**
夏季,大赦天下。

癸卯(前78)　**汉昭帝元凤三年**
春正月,泰山大石自行竖立起来,上林苑里一棵枯柳起死回生。

泰山有块大石自己竖立起来。上林苑有棵枯死倒地的柳树竟起死回生又复活;又有虫子啃咬树叶,啃出"公孙病已立"的字样。担任符节令的鲁国人眭弘上书说:"大石自行站立,枯柳倒而复起,应是有位平民百姓成为天子。该当访求贤明之人把帝位禅让给他,以便顺应天命。"眭弘因制造妖言蛊惑人心,被处死。

少府徐仁自杀。要斩廷尉王平。

　　燕、盖之乱，桑弘羊子迁亡，过父故吏侯史吴；后迁捕得，伏法会赦，吴自出系狱。廷尉王平与少府徐仁杂治，皆以为"吴非匿反者，乃匿为随者"，即以赦令除吴罪。后侍御史治实，以"桑迁通经术，知父谋反而不谏争，与反者身无异。吴故三百石吏，首匿迁，不与庶人匿随从者等。吴不得赦"。奏请覆治，劾廷尉、少府纵反者。仁，丞相千秋女婿也，千秋召中二千石、博士会公车门，议问吴法。光于是以千秋擅召中二千石以下，外内异言，遂下平、仁狱。朝廷皆恐丞相坐之。杜延年奏记光曰："吏纵罪人，有常法。今更诋吴为不道，恐于法深。丞相久故，及先帝用事，非有大故，不可弃也。间者民颇言狱深，吏为峻诋。今丞相所议，又狱事也，如是以及丞相，恐不合众心，群下谨哗，庶人私议，流言四布。延年窃重将军失此名于天下也。"光以平、仁弄法，卒下之狱。仁自杀，平要斩。而不以及丞相，终与相竟。延年论议持平，合和朝廷，皆此类也。

冬，辽东乌桓反，遣将军范明友将兵击之。

　　初，冒顿破东胡，东胡余众散保乌桓及鲜卑山，为二族，世役属匈奴。武帝击破匈奴左地，因徙乌桓于上谷、渔阳、

少府徐仁自杀。廷尉王平被腰斩。

燕王刘旦、盖长公主叛乱时，桑弘羊之子桑迁出逃，曾投靠过其父桑弘羊的老部下侯史吴；后来桑迁被捕获并处死，时逢大赦，侯史吴投案自首囚禁在监狱里。廷尉王平与少府徐仁共同审理谋反案，都认定"侯史吴并非藏匿了谋反者，而是窝藏了追随反贼的连坐者"，于是按大赦令赦免了侯史吴的罪过。后来侍御史重新查处此事，认为"桑迁精通经典儒术，明知其父桑弘羊谋反而不加劝阻抗争，本身与谋反者并无两样。侯史吴曾为俸禄三百石的官吏，主谋窝藏桑迁，与一般百姓窝藏连坐的逃犯不同。侯史吴不能赦免"。奏请朝廷重新处治侯史吴之罪，并弹劾廷尉、少府开脱谋反者。少府徐仁是丞相田千秋的女婿，田千秋在公车门召集中二千石的官员及博士官聚会，商议审问侯史吴的法令依据。霍光于是借故田千秋擅自召集中二千石以下官员聚会，朝廷内外舆论不一，就将廷尉王平、少府徐仁逮捕入狱。朝廷上下都害怕丞相田千秋受到牵连。太仆杜延年呈进一份报告给霍光说："官吏释放了有罪之人，有正常的处罚办法。而今更进一步诋毁侯史吴为大逆不道，恐怕在依法定罪上也属勉强。丞相在位很久了，又是先帝所信任重用的大臣，除非有重大过失，否则不可废弃。近来平民百姓反映断案问罪苛刻，官吏严刑峻法罗织罪名。如今丞相要商讨的，正是有关诉讼之事，倘若因此而责及丞相，恐将违背众人之心，以致形成属下喧哗吵闹，平民私下议论，流言四处扩散的局面。我杜延年暗自担心大将军为此案而名声受损。"霍光依然认为王平和徐仁是玩弄法律，终于将他俩逮捕入狱。徐仁在狱中自杀，王平被腰斩。而此案也没有牵累到丞相，丞相田千秋终于与霍光共事到最后。杜延年论议公平，使朝廷和睦，其行为都类似于此。

冬季，辽东乌桓反叛，昭帝派将军范明友领兵前往讨伐。

当初，匈奴冒顿单于击败东胡族，东胡残余部众流散后分别占据了乌桓及鲜阜山，于是形成两个部族，世世代代臣服于匈奴。武帝攻破匈奴的左翼地区，便将乌桓迁徙到上谷、渔阳、

右北平、辽东塞外,侦察匈奴动静。置护乌桓校尉监领之,使不得与匈奴交通。至是,部众渐强,遂反。

汉得匈奴降者,言匈奴方发二万骑击乌桓,霍光欲邀击之,以问护军都尉赵充国,充国以为:"乌桓间数犯塞,今匈奴击之,于汉便。又匈奴希寇盗,北边幸无事,蛮夷自相攻击,而发兵要之,招寇生事,非计也。"光更问中郎将范明友,明友言可击。于是拜明友为度辽将军,将二万骑出辽东。匈奴引去。初,光诫明友:"兵不空出,即后匈奴,遂击乌桓。"明友乘乌桓敝击之,斩获甚众。匈奴由是恐,不敢复出兵。

甲辰(前77) 四年
春正月,帝冠。 丞相千秋卒。
时政事壹决大将军光。千秋居丞相位,谨厚自守而已。

二月,以王䜣为丞相。 夏五月,孝文庙正殿火,帝素服遣使作治。
上及群臣皆素服,发中二千石,将五校作治,六日成。

赦。 遣使诱楼兰王安归,杀之。
初,楼兰王死,匈奴先闻之,遣其质子安归,归得立为王。汉诏令入朝,王辞不至。复为匈奴反间,数遮杀汉使。骏马监傅介子使大宛,诏因令责楼兰王,王谢服。介子还,谓

右北平和辽东的塞外地区,令其为汉朝侦察匈奴的动静。汉朝设置了护乌桓校尉一官,负责监督管辖乌桓,使他们不能与匈奴交往串通。到了此时,乌桓势力逐渐强大起来,于是反叛汉朝。

后来汉朝获得归降的匈奴人,得知匈奴正派出两万骑兵袭击乌桓,霍光准备派兵拦击匈奴部队,以此事询问护军都尉赵充国的意见,赵充国认为:"乌桓近来多次骚扰边塞,如今匈奴袭击他们,对汉朝十分有利。再者匈奴已很少侵扰掠夺我边界地区,北部边疆所幸无战事,蛮夷部族间自相攻击,而汉朝却发兵拦击,招惹敌寇前来生事,实在不是良策。"霍光又询问中郎将范明友,范明友说可以出击。于是任命范明友为度辽将军,率领二万骑兵从辽东出塞。匈奴当即撤退而去。当初,霍光曾告诫范明友:"大军不可徒劳出塞,如果落在匈奴骑兵之后,那就袭击乌桓。"范明友趁乌桓已被匈奴攻打疲惫之机发动攻击,斩杀俘虏乌桓叛兵很多。匈奴从此大为惶恐,不再敢向汉朝出兵了。

甲辰(前77)　汉昭帝元凤四年

春正月,昭帝举行加冠大典。　丞相田千秋去世。

当时朝政大事全部由大将军霍光一人做决定。田千秋身居丞相之位,谨慎忠厚自保平安而已。

二月,昭帝任命王䜣为丞相。　夏五月,文帝祭庙正殿失火,昭帝身穿素服派官员负责修复。

昭帝及群臣上下一律身穿素服,派出中二千石的官员,率领左右前后中五校令所属工匠前往修复,六日之后修缮完毕。

大赦天下。　朝廷派遣特使引诱楼兰国王安归,诛杀了他。

当初,楼兰国王去世,匈奴最先得到讣闻,立即将在匈奴充当人质的楼兰国王子安归护送回国,使他得以即位成为新的楼兰国王。昭帝下达诏书命令他来长安相见,楼兰国王安归推辞不肯来。后又受匈奴的离间,多次拦杀汉朝的使者。担任骏马监的傅介子出使大宛,昭帝下诏书责令他顺便去质问谴责楼兰国王安归,楼兰国王表示愿谢罪臣服。傅介子回长安后,对

大将军光曰:"楼兰数反复而不诛,无所惩艾。愿往刺之,以威示诸国。"大将军白遣之。介子赍金币,扬言以赐外国为名至楼兰。王贪汉物来见。介子与坐饮,醉,谓曰:"天子使我私报王。"王起,随介子入帐中,壮士二人从后刺之,遂斩其首,驰传诣阙,悬北阙下。

立其弟在汉者尉屠耆为王,更名其国为鄯善,为刻印章;赐以宫女为夫人,备车骑、辎重,丞相率百官送至横门外,祖而遣之。王自请曰:"国中有伊循城,其城肥美,愿汉遣一将屯田积谷,令臣得依其威重。"于是汉遣吏士田伊循,以填抚之。封介子为义阳侯。

乙巳(前76)　五年
夏,大旱。　发恶少年、吏亡者屯辽东。　冬,大雷。丞相诉卒。

丙午(前75)　六年
春正月,筑辽东、玄菟城。　夏,赦。　乌桓复犯塞,遣范明友将兵击之。　冬十一月,以杨敞为丞相。

丁未(前74)　元平元年
春二月,减口赋钱什三。　有流星大如月,众星皆随西行。　夏四月,帝崩。大将军光承皇后诏,迎昌邑王

大将军霍光说："楼兰国反复无常而不加诛杀，就无所惩戒。我愿前去刺杀他，以此向西域各国显示汉朝的权威。"大将军霍光禀告昭帝后派傅介子上路。傅介子携带金银财宝等，宣称要赏赐外国君王，以此为名来到了楼兰。楼兰国王贪图汉朝的金银财宝，就前往会见汉朝特使。傅介子与楼兰国王共坐对饮，趁其酒醉之时，对楼兰国王说："汉朝天子让我秘密报告大王。"楼兰国王起身，随傅介子进入后帐中，两名壮士突然从背后刺杀楼兰国王，并斩下他的首级，用驿马迅速传送到皇宫，悬挂在未央宫北门外。

汉朝立尚在汉朝的安归之弟尉屠耆为楼兰国王，并改其国名为鄯善，为他颁刻印章；将宫女赐给尉屠耆做夫人，又为他准备好车马、辎重，由丞相率领文武百官送至长安横门之外，祭路神后设宴饯行，送他回国。尉屠耆国王自己请求说："我们楼兰国有座伊循城，那一带土地肥沃富饶，希望汉朝派一位将军在此屯田聚积粮谷，使我得以借重汉朝的军威。"于是汉朝派遣官吏、士卒到伊循城屯田，以镇抚鄯善国。昭帝封傅介子为义阳侯。

乙巳（前76） 汉昭帝元凤五年
夏季，大旱。　征调有恶迹的青少年、逃亡的官吏到辽东服役屯田。　冬季，大雷震耳。　丞相王𫄧去世。

丙午（前75） 汉昭帝元凤六年
春正月，修筑辽东、玄菟二城。　夏季，大赦天下。　乌桓再次侵犯边塞，朝廷派度辽将军范明友领兵出击。　冬十一月，汉昭帝任命杨敞为丞相。

丁未（前74） 汉昭帝元平元年
春二月，昭帝下诏书将七岁至十四岁百姓人头税减少十分之三。　天上有流星，大如月亮，所有星辰都追随它向西运行。　夏四月，昭帝在未央宫去世。大将军霍光承受皇后的诏令，迎接昌邑王

贺诣长安。六月，入即位。尊皇后曰皇太后。

帝崩无嗣。时武帝子独有广陵王胥，群臣欲立之。胥本以行失道，先帝所不用；大将军光不自安。郎有上书，言："周太王废太伯，立王季，文王舍伯邑考，立武王。唯在所宜，虽废长立少可也。广陵王不可以承宗庙。"光即日承皇后诏，迎昌邑王贺诣长安邸。

贺，昌邑哀王髆之子，素狂纵，动作无节。武帝之丧，游猎不止。中尉王吉谏曰："大王不好书术而乐逸游，数以奂脆之玉体，犯勤劳之烦毒，非所以全寿命之宗也，又非所以进仁义之隆也。夫广厦之下，细旃之上，明师居前，劝诵在后，上论唐、虞之际，下及殷、周之盛，考仁圣之风，习治国之道，欣欣焉发愤忘食，日新厥德，休则俯仰屈伸以利形，专意积精以适神。大王诚留意如此，则心有尧、舜之志，体有乔、松之寿，福禄臻而社稷安矣。皇帝仁圣，至今思慕未怠，于宫舍、囿池、弋猎之乐未有所幸，大王宜夙夜念此以承圣意。诸侯骨肉，莫亲大王，于属则子，于位则臣，一身而二任之责加焉。恩爱行义，纤介有不具者，于以上闻，非飨国之福也。"王乃下令曰："中尉甚忠，数辅吾过。"使赐牛肉、酒、脯，而放纵自若。

刘贺到长安。六月，刘贺入宫继承皇位。尊奉皇后为皇太后。

昭帝逝世后没有儿子。当时武帝的儿子只有广陵王刘胥还在，群臣都想拥立广陵王继承皇位。然而刘胥本人由于行为不合礼法，武帝不肯重用他；大将军霍光为此而心中不安。有位郎官上书朝廷，宣称："周太王废弃长子太伯，立太伯之弟王季为继承人；周文王废弃长子伯邑考，立伯邑考之弟武王为继承人。只要适合继承王位，即使废长立幼也完全应该的。广陵王刘胥不能继承皇位。"霍光即日接受了皇后颁发的诏书，迎接昌邑王刘贺到达长安的官邸。

刘贺是昌邑哀王刘髆之子，一向狂妄放肆，所作所为毫无节制。武帝丧期中，刘贺依旧外出巡游狩猎不止。中尉王吉上书劝谏说："大王不爱研读经书，贪图安逸游乐，屡次以柔软脆弱的尊贵身体，去承受辛勤劳瘁的烦苦煎熬，这不是用来保全寿命的良方，也不是用来进取仁义的高招。在宽广的殿堂之中，细软的毛毡之上，明师指导于前，劝学诵读于后，研讨上至唐尧、虞舜之际，下及殷、周兴盛之时，考察仁义圣贤的风范，学习治国安邦的道理，欣欣然发愤忘食，使个人道德修养日新月异，休息时俯仰身躯、屈伸肢体以利于体态的健美，专心致志、养精蓄锐以适于调和心神。大王果真能留意此道，那么心中将产生尧、舜那样的志向，身体将获得王子乔、赤松子一般的长寿，福禄齐来而封国安定了。当今皇上仁义圣明，一直思慕先帝不曾懈怠，对于修建宫殿别馆、园林池塘及巡游狩猎一类乐事都没有兴趣，大王应该日夜想到这一点以便秉承圣上的心意。诸侯王中血缘关系上，没有谁比大王更亲近皇上的了，论亲属关系大王如同皇上的儿子，论身份地位大王可是皇上的臣子，一身兼有两种角色其责任重大。大王应广施恩爱推行仁义，稍有一点细微过失，被人报告皇上知晓，都不是享有封国之福。"昌邑王刘贺便下令说："中尉王吉极为忠诚，屡次弥补我的过失。"命侍从赏赐中尉王吉牛肉、美酒、干肉等以示嘉奖，而自身依然放纵如前。

　　郎中令龚遂,忠厚刚毅,有大节,内谏争王,外责傅相,引经义,陈祸福,至于涕泣,蹇蹇亡已。王尝与驺奴、宰人游戏无度,遂入见王,涕泣膝行,曰:"大王知胶西王所以亡乎?"王曰:"不知也。"曰:"臣闻胶西王有谀臣侯得,王所为拟于桀、纣,而得以为尧、舜。王说其谀,常与寝处,唯得所言,以至于是。今大王亲近群小,渐渍邪恶,存亡之机不可不慎。臣请选郎通经有行义者与王起居,坐则诵《诗》《书》,立则习礼容,宜有益。"王许之。遂乃选郎中十人侍王,数日皆逐去。

　　王尝见大白犬,颈以下似人,冠方山冠,以问遂,遂曰:"此天戒,言在侧者尽冠狗也! 去之则存,不去则亡矣。"又见大熊,左右莫见,以问遂,遂曰:"山野之兽,来入宫室,宫室将空,危亡象也。"王仰天叹曰:"不祥何为数来!"遂叩头曰:"臣不敢隐忠,数言危亡之戒,大王不说。夫国之存亡,岂在臣言哉! 愿王内自揆度,大王诵《诗》三百五篇,人事浃,王道备,王之所行中《诗》一篇何等也? 大王位为诸侯王,行污于庶人,以存难,以亡易,宜深察之。"王终不改。

　　及征书至,夜漏未尽一刻,以火发书。日中发,晡时至

郎中令龚遂，忠厚刚毅，坚守原则，对内不断规劝昌邑王，对外责求太傅和封国丞相尽职，还引经据典，陈述利害，以至于声泪俱下，忠贞耿直不止。昌邑王刘贺曾经与车夫、厨师无限度地游戏取乐，龚遂入宫晋见刘贺，痛哭流涕地用双膝跪着行走到刘贺面前，说道："大王知道胶西王刘端为什么灭亡吗？"刘贺说："不知道。"龚遂说："我听说胶西王刘端身旁有个阿谀奉承的臣子叫侯得，胶西王的作为像夏桀、商纣一样暴虐，而侯得却认为像唐尧、虞舜一样圣明。胶西王最喜欢侯得的阿谀奉承，经常与他同寝共处。只因听信侯得的谗言，以至于落得身败国亡的下场。如今大王亲近奸佞小人，逐渐沾染邪念恶习，当此存亡的关键时刻，不可不慎之又慎。我请求挑选通晓经书、品行端正的郎官与大王一起生活，坐则诵读《诗经》《尚书》，立则学习礼仪举止，这对大王应更有益。"昌邑王刘贺答应了他。龚遂便挑选郎中十人事奉刘贺，几天之后刘贺就将他们驱逐赶走了。

刘贺曾经见到一只白色大狗，脖颈以下似人身，戴一顶方山冠，为此事而询问龚遂，龚遂回答说："这是上天下达的警告，说您身边的亲信之人都是戴着人帽的狗呀！赶走他们才能生存，不赶走他们就要灭亡了。"刘贺又见到一只大熊，可左右侍从谁都没看见，再次询问龚遂，龚遂回答说："熊是山林中的野兽，竟然突入王宫；恐怕王宫将成空屋，此乃危亡的征兆。"刘贺仰天长叹道："不祥之兆为什么屡次出现！"龚遂叩头说道："我的忠心使我不敢隐瞒真相，因而屡次提到危亡的警告，大王感到不快。可是国之存亡，又岂是我的话语所能决定的呢！敬请大王自己好好想一想，大王诵读《诗经》三百零五篇，其中说唯'人事'恰当，'王道'才能周备，而今大王的所作所为符合《诗经》的哪一篇呢？大王身居封国诸侯王，行为比平民百姓还污浊，以此求生存很难，以此求灭亡太容易了，大王应当深思明察了。"刘贺始终不肯悔改。

等到征召刘贺继承皇位的诏书送达时，正值初夜将近一刻，刘贺在火烛下打开诏书。中午刘贺出发前往长安，黄昏时就到

定陶，行百三十五里，从者马死相望。王吉奏书戒王曰：
"臣闻高宗谅闇，三年不言。今大王以丧征，宜日夜哭泣悲
哀而已，慎毋有所发！大将军仁爱、勇智、忠信之德，天下
莫不闻。愿大王事之、敬之，政事壹听之，大王垂拱南面而
已。"

王到霸上，大鸿胪郊迎，骖奉乘舆车，王使遂参乘。至
广明、东都门，遂曰："礼，奔丧望见国都哭。此长安东郭门
也。"王曰："我嗌痛，不能哭。"至城门，遂复言，王曰："城门
与郭门等耳。"且至未央宫东阙，遂曰："昌邑帐在是，大王
宜下车，乡阙西面，伏哭进哀止。"王曰："诺。"到，哭如仪。
六月，受玺绶，袭尊号。

葬平陵。　昌邑王有罪，大将军光率群臣奏太后，废之。

昌邑王淫戏无度。昌邑官属皆征至长安，超擢拜官。
龚遂谏请逐之，不听。太仆丞张敞亦上书曰："天子以盛年
初即位，天下莫不拭目倾耳，观化听风。国辅大臣未褒，而
昌邑小辈先迁，此过之大者也。"又不听。

大将军光忧懑，以问故吏大司农田延年。延年曰："将
军为国柱石，审此人不可，何不建白太后，更选贤而立之？"
光曰："今欲如是，于古尝有此不？"延年曰："伊尹相殷，废
太甲以安宗庙；后世称其忠。将军若能行此，亦汉之伊尹
也。"光乃引延年给事中，阴与张安世图计。

了定陶，走出一百三十五里，沿途不断有随从人员的马匹相继累死。王吉上奏劝诫刘贺说："我听说商高宗居丧期间，三年内没开口说话。如今大王因丧事而受征召，应当日夜哭泣悲哀而已，千万谨慎不可发号施令！大将军霍光仁爱、勇智、忠信的品德，天下无人不知。希望大王能依靠、尊敬大将军，朝政大事全听从大将军的安排，大王自己只需垂衣拱手无为而治当皇上而已。"

昌邑王到达霸上，朝廷派大鸿胪到郊外迎候，事奉刘贺换乘皇帝专用的御车，刘贺命郎中令龚遂陪伴乘车。抵达广明、东都门时，龚遂说："按照礼仪，奔丧的人看到国都应该痛哭。这里已是长安外郭的东门了。"刘贺说："我咽喉疼痛，不能哭。"来到城门之前，龚遂再次提醒他，刘贺却说："城门与郭门一样。"将到未央宫东门外了，龚遂又说："昌邑国吊丧的帐幕就在此处了，大王应该下车，朝着门阙而面向西方，伏地痛哭极尽哀伤之情而后止。"大王答应道："好吧。"到了灵堂，依照礼仪哭拜。六月，刘贺接受皇帝玉玺绶带，承袭帝位。

昭帝安葬于平陵。　昌邑王刘贺有罪，大将军霍光率领群臣奏明皇太后，废黜刘贺。

昌邑王刘贺即位后仍荒淫嬉戏毫无节制。原昌邑国官吏都征调到长安，有的破格提拔授给高官。龚遂进谏请求驱逐这些人，刘贺拒不听从劝告。太仆丞张敞也上书劝谏说："陛下正值盛年而初即皇位，天下人无不拭目以待，侧耳倾听，静观朝政风化的动向。辅国的大臣尚未获得褒奖，而昌邑国来的小吏先得升迁，这实在是大过失呀。"刘贺仍不听谏。

大将军霍光忧愁烦懑，就向旧部属大司农田延年询问对策。田延年说："大将军身为国家柱石，既已看出此人不行，何不禀告太后，改选一位贤明圣主拥立他呢？"霍光问："如今正想这样办，不知历史上曾经有过这样的先例吗？"田延年说："当年伊尹为商朝相，曾废黜了太甲以便安定国家；后世称赞伊尹忠心为国。大将军若能照此办理，也就成为汉朝的伊尹了。"于是霍光命田延年兼任给事中，又与车骑将军张安世秘密策划。

王出游，光禄大夫夏侯胜当乘舆前谏曰："天久阴而不雨，臣下有谋上者。陛下出，欲何之？"王怒，缚胜属吏。光让安世，以为泄语。安世实不言，乃召问胜，胜对言："在《鸿范传》。"光、安世大惊，以此益重经术士。

既定议，召丞相、御史、将军、列侯、中二千石、大夫、博士，会议未央宫。光曰："昌邑王行昏乱，恐危社稷，如何？"群臣皆惊鄂失色，莫敢发言。延年离席按剑曰："先帝属将军以幼孤，寄将军以天下，以将军忠贤能安刘氏也。今群下鼎沸，社稷将倾；且汉之传谥，常为'孝'者，以长有天下，令宗庙血食也。如汉家绝祀，将军虽死，何面目见先帝于地下乎？今日之议，不得旋踵，群臣后应者，臣请剑斩之。"光谢曰："九卿责光是也。"于是议者皆叩头曰："唯大将军令。"

光即与群臣俱见白太后。太后乃幸未央承明殿，诏诸禁门毋内昌邑群臣。安世将羽林骑，收缚二百余人，皆送廷尉诏狱。光敕左右："谨宿卫！卒有物故自裁，令我负天下，有杀主名。"

太后盛服坐武帐中，侍御数百人皆持兵，期门武士陛戟陈列殿下，群臣以次上殿，召昌邑王伏前听诏。尚书令读奏曰："丞相臣敞等昧死言：孝昭皇帝早弃天下，遣使征昌邑王典丧，服斩衰，无悲哀之心，废礼谊，居道上不素食，

刘贺外出巡游,光禄大夫夏侯胜挡在他所乘的御车前面劝谏道:"天气久阴而不下雨,预示臣下有阴谋反叛皇上者。陛下外出,想到哪里去?"刘贺大怒,下令将夏侯胜捆绑起来交官吏治罪。霍光责备张安世,认为是他将计划泄漏了。但张安世确实没有泄密,于是召请夏侯胜来诘问,夏侯胜回答说:"我是根据《鸿范传》预测形势的。"霍光、张安世大吃一惊,从此更加尊重饱读经书的儒士。

霍光与张安世计议已定,便召集丞相、御史、将军、列侯、中二千石、大夫、博士等,在未央宫聚会讨论。霍光说:"昌邑王刘贺行为昏乱,恐将危及国家,怎么办?"群臣闻此言都大惊失色,没有人敢发表意见。田延年离开席位手按剑柄讲道:"孝武皇帝把年幼孤儿托付给大将军,也把国家大事托付给大将军,那是因为大将军忠心耿耿又贤明,能保全刘姓江山。如今朝廷被奸佞群小搞得乌烟瘴气,国家面临危机险境;何况汉朝历任皇帝谥号,大都特加一'孝'字,为的是天下长治久安,让宗庙永享祭祀。如果汉家祭祀断绝,大将军即使死去,又有何面目见先帝于九泉之下?今天的讨论,不得有人退缩,群臣中迟疑到最后才响应的,我请求挥剑斩杀他。"霍光致歉说:"九卿责备我的话是对的。"于是参加会议的官员都叩头说道:"一切听从大将军的命令。"

霍光当即与群臣一起去朝见禀告皇太后。皇太后就前往未央宫承明殿,下诏命皇宫各门不许放昌邑国群臣入内。车骑将军张安世率领羽林军,收捕了昌邑国群臣二百余人,全部押送到廷尉所属的诏狱。霍光命令左右随从说:"严密看守昌邑王!如果他突然死去或自杀,将使我对不起天下人,背上弑君的罪名。"

皇太后盛装打扮,坐在特设的武帐中,数百名侍卫全部手握兵器,期门武士手执铁戟排列于殿下,文武群臣按品级次第上殿各就其位,然后召昌邑王上前俯首帖耳听候宣诏。尚书令宣读奏章说:"丞相杨敞等冒死上奏皇太后陛下:孝昭皇帝过早地抛弃天下,朝廷派遣使者征召昌邑王前来主持丧礼,昌邑王身穿丧服,却没有丝毫悲哀之心,废弃礼义,在途中不肯吃素食,

使从官略女子载衣车,内所居传舍。受玺、大行前,就次,发玺不封。从官更持节引内昌邑驺宰、官奴,与居禁闼内敖戏。发乐府乐器,击鼓歌吹,作俳倡;召内泰壹、宗庙乐人,悉奏众乐。与孝昭皇帝宫人蒙等淫乱。"太后曰:"止!为人臣子,当悖乱如是邪!"王离席伏,尚书令复读曰:"祖宗庙祠未举,为玺书,使使者持节以三太牢祠昌邑哀王园庙,称'嗣子皇帝'。受玺以来二十七日,使者旁午持节,诏诸官署征发,凡一千一百二十七事。荒淫迷惑,失帝王礼谊,乱汉制度。臣敞等数进谏,不变更,日以益甚,恐危社稷,天下不安。臣敞等谨与博士议,皆曰:五辟之属,莫大不孝。宗庙重于君,王不可以承天序,奉祖宗庙,子万姓,当废!臣请有司以一太牢具告祠高庙。"皇太后诏曰:"可。"光令王起,拜受诏;脱其玺组,奉上太后。扶王下殿,出金马门,就乘舆副车。光送至邸,谢曰:"王行自绝于天,臣宁负王,不敢负社稷。愿王自爱。"涕泣而去。

群臣奏请徙王贺房陵,太后诏归贺昌邑,赐汤沐邑二千户;国除,为山阳郡。

昌邑群臣坐在国时不举奏王罪过,令汉朝不闻知,又不能辅道,陷王大恶,皆下狱,诛杀二百余人。唯中尉吉、

派随从官员掳掠女子，藏进有帘幕遮蔽的车中运载，在沿途驿站陪宿。在先帝灵柩前接受了皇帝玉玺，回到住处打开印玺后竟不再封存。侍从官员更手持皇帝符节前去招引昌邑国的车马官、官奴仆等，与他们同住在禁宫内，肆意游戏娱乐。搬出乐府乐器，擂起鼓来，吹拉弹唱，演戏取乐；又调集泰一祭坛和宗庙的歌舞艺人，遍奏各种乐曲。还与孝昭皇帝的名叫蒙的宫女等人淫乱。"太后插话质问："停下来！昌邑王是做臣子的，怎敢如此狂悖淫乱！"昌邑王离开席位伏地请罪，尚书令继续宣读道："尚未举行祭祀宗庙的大典，就颁发正式诏书，派使者携带皇帝符节，以三牛三羊三猪的规格前往祭祀其父昌邑哀王的陵庙，自称'嗣子皇帝'。自登极以来二十七日，向四面八方派出使者并手持皇帝符节，用诏令向各官署征求调发，共计一千一百二十七件。荒淫迷惑，全失帝王礼义，败坏汉朝制度。臣杨敞等屡次进谏规劝，却始终不见改正，反而日益严重，恐将危及国家，天下不得安宁。臣杨敞等谨与博士官商议，一致认为：《孝经》所说五刑之类，不孝之罪最大。宗庙的重要性超过君王，如今昌邑王不能承受天命，供奉祖先宗庙，不能爱民如子，实应废黜！臣等请求允许主管部门用一牛一羊一猪的太牢，祭告于高祖皇帝庙。"皇太后下诏说："可以。"霍光传令昌邑王起身，拜受皇太后诏书；霍光又解下昌邑王身佩的玉玺绶带，献给皇太后。然后扶着昌邑王下殿，从金马门走出皇宫，登上御驾的副车。霍光一直护送昌邑王回到他在长安的官邸，谢罪道："大王的行为举止自绝于天下，我宁肯辜负了大王，不敢辜负国家。愿大王珍重自爱。"说罢挥泪告辞而去。

群臣上奏请求将昌邑王刘贺迁居到汉中房陵县，皇太后下诏命刘贺回昌邑居住，赐给他两千户人家做汤沐邑；后来昌邑国撤销，改为山阳郡。

原昌邑国群臣，在封国任职时不能举报刘贺的罪过，使朝廷不了解真实情况，又不能对刘贺加以辅助引导，致使刘贺陷入罪恶，都一律将他们逮捕入狱，诛杀了二百余人。唯独中尉王吉、

郎中令遂,得减死,髡为城旦。师王式系狱当死,使者责曰:"师何以无谏书?"式对曰:"臣以《诗》三百五篇朝夕授王,至于忠臣孝子之篇,未尝不为王反复诵之也;至于危亡失道之君,未尝不流涕为王深陈之也。臣以三百五篇谏,是以无谏书。"亦得减死论。

光以太后省政,宜知经术,白令夏侯胜用《尚书》授太后,迁胜长信少府。

秋七月,迎武帝曾孙病已入即位,尊皇太后曰太皇太后。

初,卫太子纳史良娣,生子进,号史皇孙。皇孙纳王夫人,生子病已,号皇曾孙。生数月,遭巫蛊事。太子男、女、妻、妾皆受害,独皇曾孙在,亦坐收系郡邸狱。故廷尉监丙吉受诏治狱,心知太子无事实,重哀皇曾孙无辜,择谨厚女徒胡组、郭徵卿,令乳养,日再省视。

望气者言:"长安狱中有天子气。"武帝遣使者分条中都官,诏狱系者无轻重,一切皆杀之。夜到郡邸狱,吉闭门不纳,曰:"他人无辜死者犹不可,况亲曾孙乎?"使者不得入,还以闻。武帝亦寤曰:"天使之也!"因赦天下。

吉闻史良娣有母贞君及兄恭,乃载皇曾孙付之。后有诏,掖庭养视,上属籍宗正。时掖庭令张贺,尝事卫太子,思顾旧恩,哀曾孙,奉养甚谨,欲以女孙妻之。贺弟安世

郎中令龚遂,因曾劝谏刘贺而得以免除死刑,剃去头发后罚其白天守城而夜晚做苦工。刘贺的师傅王式也被逮捕入狱当判死刑,使者质问他说:"你为人师表,为什么不上书规劝他?"王式回答说:"我用《诗经》三百零五篇从早到晚地给昌邑王讲授,遇到讲忠臣孝子的篇章,未尝不为大王反复朗读讲解;遇到讲亡国无道的昏君时,未尝不流着眼泪为大王深刻评述详说。我用三百零五篇《诗经》劝谏,所以不另上书规劝。"也得以减刑免死。

霍光鉴于皇太后要省察朝政,理应通晓经书儒术,于是禀明皇太后,让夏侯胜以《尚书》传授太后,并提升夏侯胜为长信少府。

秋七月,朝廷迎接武帝曾孙刘病已入皇宫继承皇位,尊奉皇太后为太皇太后。

当初,卫太子刘据娶史良娣,生了儿子叫刘进,号称史皇孙。史皇孙娶涿郡女子王夫人,生的儿子叫刘病已,号称皇曾孙。皇曾孙出生几个月,正赶上巫蛊之祸。卫太子刘据及其三子一女连同他的诸妻妾全部遇害,唯独皇曾孙保全,也受连坐被关进大鸿胪所属的郡邸狱中。原廷尉监鲁国人丙吉受武帝诏命负责审理巫蛊案,丙吉心知卫太子刘据并无犯罪事实,更加哀怜皇曾孙无辜受牵累,便选择谨慎忠厚的女囚徒胡组、郭徵卿二人,命她们哺养皇曾孙刘病已,丙吉每天前往探视两次。

观望云气的术士说:"长安监狱中有一股天子之气。"武帝派使者分别通知京中各官府,凡各监狱在押犯人,无论罪行轻重,一律都处死。使臣夜晚来到郡邸狱,丙吉紧闭大门不让他们进去,还说:"其他人尚且不应无辜被杀,何况是皇上的亲曾孙呢?"使臣一直不能进去,就返回朝廷将此事奏明武帝。武帝也醒悟了,说道:"上天让丙吉这样做啊!"于是下诏大赦天下。

丙吉听说皇曾孙祖母史良娣的母亲贞君和兄长史恭尚在,就用车载着皇曾孙托付给他们照顾。后来武帝下诏,命掖庭抚养皇曾孙,并命宗正为他登记皇族属籍。当时担任掖庭令的张贺,曾事奉过卫太子刘据,感念卫太子的旧恩,又怜惜皇曾孙,因而小心奉养,还想把自己的孙女许配给皇曾孙为妻。张贺的弟弟张安世

为右将军,辅政,怒曰:"曾孙乃卫太子后也,勿复言予女事。"时暴室啬夫许广汉有女,贺以家财聘之。曾孙因依倚广汉兄弟及史氏,受《诗》于东海澓中翁,高材好学;然亦喜游侠,斗鸡走马,上下诸陵,周遍三辅。以是具知闾里奸邪,吏治得失。及是,吉奏记光曰:"今社稷宗庙,群生之命,在将军之壹举。窃伏听于众庶,其所言诸侯、宗室在列位者,未有所闻也。而武帝曾孙名病已,在掖庭、外家者,今十八九矣,通经术,有美材,行安而节和。愿将军详大义,参以蓍龟,先使入侍,令天下昭然知之,然后决定大策。天下幸甚。"

七月,光会丞相以下,议定所立,遂上奏曰:"孝武皇帝曾孙病已年十八,师授《诗》《论语》《孝经》,躬行节俭,慈仁爱人,可以嗣孝昭皇帝后,承祖宗,子万姓。"皇太后诏曰:"可。"光遣宗正德迎曾孙,就斋宗正府。明日,入未央宫,见太后,封为阳武侯。群臣奏上玺绶,即皇帝位,谒高庙。

侍御史严延年劾奏:"大将军光擅废立主,无人臣礼,不道。"奏虽寝,然朝廷肃然敬惮之。

赦。 丞相敞卒,以蔡义为丞相。
义以明经,给事大将军莫府。昭帝召见说《诗》,擢光禄大夫。数岁为丞相,年八十余,貌似老妪。议者谓光置宰相,

担任右将军，参与辅政，听说此事后愤怒地说："皇曾孙是罪犯卫太子的后代，不要再提什么嫁女之事。"当时暴室啬夫许广汉亦有一女，张贺以自己的家财作为皇曾孙与许广汉女儿定婚的聘礼。皇曾孙从此以许广汉兄弟和曾祖母史家为依靠，又跟随东海人澓中翁学习《诗经》，皇曾孙天资高又好学；但也喜欢游侠之事，乃至斗鸡走狗，往来于各皇陵所在地，足迹遍及京畿三辅。因此他完全了解乡里民间的奸邪丑恶和下层官吏治事的好坏得失。等到刘贺被废黜时，丙吉上书霍光说："如今国家与皇室祭庙的安危，百姓的命运，全部系于大将军的一番举措。我暗自听取百姓的议论，他们对诸侯皇亲居高位者，都没有好印象。而武帝的曾孙刘病已，奉遗诏养育在掖庭和外曾祖史家，今年已有十八九岁了，他通晓经书儒术，有良好的素养，举止安详而性情平和。希望大将军详加考察其大节，再参考占卜的结果，可先让他入宫侍奉太后，使天下臣民明白透彻地了解他，然后决定他能否继承皇位的大计。天下人将为此而庆幸。"

七月，霍光召集丞相以下的文武百官，共同议定皇位继承人，于是上奏皇太后说："孝武皇帝的曾孙刘病已，年十八岁，从师学习过《诗经》《论语》《孝经》，自身行为节俭，仁慈爱人，可以作为孝昭皇帝的继承人，承侍祖先宗庙，治理天下百姓。"皇太后下诏说："可以。"霍光派遣宗正刘德迎接皇曾孙，将刘病已接到宗正府进行斋戒。第二天，再进未央宫，朝见皇太后，被封为阳武侯。群臣奏上皇帝玉玺绶带，刘病已正式即皇帝位，拜谒汉高祖祭庙。

侍御史严延年上奏弹劾霍光："大将军霍光擅自废立君主，不守人臣之礼，大逆不道。"奏章虽被搁置，但朝廷对严延年肃然敬畏。

大赦天下。　丞相杨敞逝世。任命蔡义为丞相。

蔡义精通经书，因此在大将军幕府供职。昭帝曾召见蔡义为自己讲解《诗经》，并提拔他为光禄大夫。几年之后升为丞相，已是年过八十，外貌很像老太婆。群臣议论霍光安置的宰相，

用可专制者,光曰:"以为人主师,当为宰相,何谓云云。"

冬十一月,立皇后许氏。

公卿议立皇后,皆心拟霍将军女,亦未有言。上乃诏求微时故剑。大臣知指,白立许倢伃为皇后。霍光以后父广汉刑人,不宜君国,岁余乃封为昌成君。

太皇太后归长乐宫。初置屯卫。

戊申(前73) **中宗孝宣皇帝本始元年**
春,大将军光请归政,不受。

诏有司论定策安宗庙功,大将军光等皆益封。光稽首归政,上谦让不受。诸事皆先关白光,然后奏御。自昭帝时,光子禹及兄孙云,皆为中郎将;云弟山奉车都尉、侍中,领胡、越兵;两女婿为东、西宫卫尉;昆弟、诸婿、外孙皆奉朝请,为诸曹、大夫、骑都尉、给事中。党亲连体,根据于朝廷。及昌邑王废,光权益重,每朝见,上虚己敛容,礼下之已甚。

夏四月,地震。 凤皇集胶东。 赦,勿收田租赋。追谥戾太子、戾夫人,悼考、悼后。置园邑。

诏曰:"故皇太子在湖,未有号谥,岁时祠。其议谥,置园

专挑选可由他专制驱使之人,霍光辩解说:"蔡义已做过皇帝的老师,理应成为宰相,何必议论纷纷。"

冬十一月,立许婕伃为皇后。

公卿讨论立皇后一事,众人心中都拟定大将军霍光的小女儿,但没有明说。宣帝便下诏寻找微贱时用过的宝剑。大臣们懂得宣帝的心意,便奏请立许婕伃为皇后。霍光认为皇后之父许广汉是受过刑的人,不宜做封国国君,一年多以后才封许广汉为昌成君。

太皇太后返回长乐宫居住。长乐宫开始驻兵守卫。

汉宣帝

戊申(前73) **汉宣帝本始元年**

春季,大将军霍光恳请归政于宣帝,宣帝不接受。

宣帝诏令有关部门议定对安定宗庙有功人员的褒奖,大将军霍光等人都增加了封邑。霍光在朝堂上跪拜叩头触地恳请归政于宣帝,宣帝谦让不肯接受。朝中各项事务都先向霍光报告,然后上奏皇帝。早自昭帝时,霍光的儿子霍禹及霍光兄长之孙霍云,都被任命为中郎将;霍云之弟霍山被任命为奉车都尉、侍中,统领由胡人、越人组编的军队;霍光的两个女婿分别担任东宫、西宫卫尉;霍光的兄弟、女婿和外孙都参加朝会,担任诸曹、大夫、骑都尉、给事中等要职。霍氏一家的亲戚骨肉结成一体,在朝廷盘根错节。到昌邑王被废黜后,霍光的权势越发加重,每次朝见,宣帝总是虚心自馁、收起笑容,其谦恭肃敬的礼仪低于皇帝的身份。

夏四月,发生地震。 有凤凰聚集于胶东。 大赦天下,免收田租赋税。 宣帝为故皇太子夫妇追加谥号为戾太子、戾夫人;为亲生父母追加谥号为悼考、悼夫人。修建陵园祭庙。

宣帝下诏说:"已故皇太子埋葬在湖县,没有谥号,所以不能享受每年四季的祭祀。应当为故皇太子议定谥号,建立陵园

邑。"有司奏:"礼,为人后者,为之子也。故降其父母,不得祭,尊祖之义也。陛下为孝昭皇帝后,承祖宗之祀,亲谥宜曰悼,母曰悼后;故皇太子谥曰戾,史良娣曰戾夫人。"皆改葬焉。

召黄霸为廷尉正。

霍光既诛上官桀,遂以刑罚痛绳群下,由是俗吏皆尚严酷;而河南丞黄霸独用宽和为名。上在民间时,知百姓苦吏急也,闻霸持法平,乃召以为廷尉正;数决疑狱,庭中称平。

己酉(前72) **二年**
春,大司农田延年有罪自杀。

昭帝之丧,大司农僦民车,延年诈增僦直,盗取钱三千万,为怨家所告。御史大夫田广明谓杜延年曰:"《春秋》之义,以功覆过。当废昌邑王时,非田子宾之言,大事不成。今县官出三千万自乞之,何哉?愿以愚言白大将军。"延年言之,光曰:"诚然,实勇士也。当发大议时,震动朝廷。"因自抚心曰:"使我至今病悸。谢田大夫晓大司农,通往就狱,得公议之。"广明使人语延年,延年曰:"幸宽我耳,何面目入牢狱!"遂自刎死。

尊孝武皇帝庙为世宗,所幸郡国皆立庙。

诏曰:"孝武皇帝躬仁谊,厉威武,功德茂盛,而庙乐未称,朕甚悼焉。其与列侯、二千石、博士议。"于是群臣皆

祭庙。"有关官员奏请道："按礼仪规定，既做了某人的继承人，就成为此人的儿子了。所以对自己的亲生父母，就不再祭祀，这是遵从祖先的大义。陛下是作为孝昭皇帝的继承人，接续祖宗的香火；陛下亲生父亲的谥号应为'悼'，亲生母亲的应为'悼后'；故皇太子应定谥号为'戾'，史良娣应称为'戾夫人'。"全部重新择地安葬。

汉宣帝召见黄霸，任命他为廷尉正。

霍光诛杀上官桀后，便以严刑峻法控制管理部下，因此世俗官吏都崇尚严酷用法；而河南太守淮阳人黄霸却能以宽和著称于世。宣帝在民间时，知道百姓受官吏的执法峻急之苦，听说黄霸执法平和，便召他来长安，任命他为廷尉正；他多次裁决疑案，朝廷群臣都称赞他公平。

己酉（前72）　**汉宣帝本始二年**
春季，大司农田延年因犯罪而自杀。

为昭帝治丧时，大司农雇用民间车辆，田延年假称雇车费用增加，贪污了三千万钱，被与他有仇怨的人告发。御史大夫田广明对太仆杜延年说："按照《春秋》大义，可用功劳掩盖过失。当初废黜昌邑王时，若不是田延年慷慨陈词，则大事不能成功。如今就当成他乞求皇帝赏给三千万钱，怎么样？请把我这番话转禀大将军。"杜延年转达了田广明的话，霍光说："确实如此，田延年真是勇士。当初议决大事时，田延年挺身而出，震动朝廷。"于是霍光扪心自语道："当时的情景使我至今心有余悸。感谢田广明大夫并请明白转告大司农田延年，前往监狱报到，一切秉公处理。"田广明派人通告田延年，田延年说："即使有幸被宽大处理，我又有何面目跨入牢狱去受辱！"于是自刎而死。

尊奉孝武皇帝庙号为"世宗"，武帝巡游过的郡国都建立祭庙。

宣帝颁布诏书说："孝武皇帝亲自推行仁义，远播武威，功业品德已致极盛，而祭庙的音乐与此不相称，朕为此甚觉痛心。相关部门应与列侯、二千石、博士共同议定。"于是群臣异口同声地

曰："宜如诏书。"夏侯胜独曰："武帝虽有攘四夷、广土境之功，然多杀士众，竭民财力，奢泰无度，天下虚耗，至今未复。无德泽于民，不宜为立庙乐。"公卿共难胜曰："此诏书也。"胜曰："诏书不可用也。人臣之谊，宜直言正论，非苟阿意顺指。议已出口，虽死不悔。"于是丞相、御史劾奏胜非议诏书，毁先帝，不道；及丞相长史黄霸阿纵胜，不举劾，俱下狱。有司遂请尊武帝庙为世宗庙，奏《盛德》《文始五行》之舞。巡狩所幸郡国皆立庙。胜、霸既久系，霸欲从胜受《尚书》。胜辞以罪死，霸曰："朝闻道，夕死可矣。"胜贤其言，遂授之。系再更冬，讲论不怠。

秋，遣将军田广明等将兵，及校尉常惠护乌孙兵击匈奴。

初，乌孙公主死，汉复以楚王戊之孙解忧为公主，妻岑娶。岑娶胡妇子泥靡尚小，岑娶且死，以国与季父大禄子翁归靡，曰："泥靡大，以国归之。"翁归靡既立，号肥王，复尚楚主，生元贵靡。公主及昆弥皆上书，言："匈奴复连发大兵，侵击乌孙，欲隔绝汉。昆靡愿发兵五万，尽力击匈奴。唯天子出兵救之。"先是，匈奴数侵汉边，汉亦欲讨之。秋。大发兵，遣广明等五将军十六万骑，分道并出。以常惠为校尉，持节护乌孙兵，共击匈奴。

说:"应当按照诏书指示办理。"唯独长信少府夏侯胜说:"孝武皇帝虽有征服四夷、开拓疆土的功绩,但也造成大批将士死亡,百姓财力枯竭,奢侈无度,天下虚耗,至今未能恢复元气。武帝对人民并无恩泽,不应该为他专设祭庙之乐。"公卿大臣一致责备夏侯胜说:"这是诏书的意思。"夏侯胜说:"此诏命不可依从。臣子的大义是,应当直言不讳宣扬正理,不可苟且阿谀顺应皇上的旨意。我的话既已讲出,虽死而无悔。"于是丞相、御史等上奏宣帝,弹劾夏侯胜非议诏书,诋毁先帝,大逆不道;以及丞相长史黄霸附和纵容夏侯胜,不肯检举弹劾夏侯胜,将二人一并逮捕下狱。相关官员便奏请尊奉孝武皇帝祭庙为"世宗庙",祭庙音乐专奏《盛德舞》《文始五行舞》。凡武帝出巡到过的郡国,一律建庙祭祀。夏侯胜、黄霸长期关押在狱中,黄霸想跟随夏侯胜学习《尚书》。夏侯胜以犯罪当死为由推辞,黄霸说:"早晨听说真理,晚上死而无憾。"夏侯胜赞赏他的话,就向他传授《尚书》。在狱中关押了两个冬天,一直不倦地讲解评述。

秋季,派遣祁连将军田广明等率领大军迎敌,命校尉常惠监护乌孙军队共同攻打匈奴。

当初,嫁到乌孙的汉朝公主去世,汉朝又封楚王刘戊的孙女刘解忧为公主,嫁给乌孙国王岑娶。岑娶的胡人妻子所生儿子泥靡年纪还小,乌孙王岑娶临死前,将国家交给叔父大禄的儿子翁归靡,嘱咐道:"泥靡长大成人后,可将国家皇位还给他。"翁归靡即乌孙王位后,号称肥王,又娶汉公主刘解忧为妻,生下儿子元贵靡。汉公主及乌孙王都上书汉天子,说:"匈奴又接连派出大军,侵袭乌孙国,企图断绝乌孙与汉朝的联系。乌孙王愿派精兵五万,竭尽全力抗击匈奴。请求汉天子派兵来救援我们。"在此之前,匈奴屡次侵犯汉朝边境,朝廷正想出兵讨伐。秋季,汉朝大规模调遣军队,令田广明等五位将军统率十六万骑兵,分别从不同路线出塞并肩抗敌。任命常惠为校尉,持皇帝符节监护乌孙军队,共击匈奴。

庚戌（前71） 三年

春正月，大将军光妻显弑皇后许氏。

时霍光夫人显，欲贵其小女成君，道无从。会许后当娠，病。女医淳于衍者，霍氏所爱，当入宫侍疾。显谓衍曰："将军素爱成君，欲奇贵之。今皇后当免身，若投毒药去之，成君即为皇后矣。如蒙力，事成，富贵共之。"衍即捣附子，赍入长定宫。皇后免身后，衍取附子并合太医大丸，以饮皇后。有顷，曰："我头岑岑也，药中得无有毒？"对曰："无有。"遂加烦懑，崩。后人有上书，告诸医侍疾无状者，皆收系诏狱。显恐急，即具语光曰："既失计为之，无令吏急衍。"光大惊，欲自发举，不忍。奏上，光署"衍勿论"。显因劝光内其女入宫。

葬恭哀皇后于杜陵南园。 夏五月，田广明有罪，下吏自杀。封常惠为长罗侯。

匈奴闻汉兵大出，奔远遁。五月，军罢。田顺不至期，诈增卤获；广明知虏在前，逗留不进。皆下吏，自杀。乌孙昆弥自将五万骑，与常惠从西方入，获名王、骑将以下四万级，马、牛、羊、驴七十余万头。封惠为长罗侯。于是匈奴遂衰耗。单于自将数万骑击乌孙，会天大雨雪，一日深丈余，人畜冻死，还者不能什一。于是丁令乘弱攻其北，乌桓入

庚戌（前71） 汉宣帝本始三年

春正月,大将军霍光之妻显谋杀了许皇后。

当时霍光夫人名显,一心想让她的小女儿霍成君贵为皇后,却没有机缘。恰逢许皇后怀孕,身体不舒服。有位女医淳于衍,一向为霍氏所怜爱,当入宫侍奉许皇后治病。霍夫人显对淳于衍说:"大将军一向最疼爱小女儿成君,希望她异常尊贵。如今许皇后即将分娩,如果趁机下毒药除去她,成君就可成为皇后了。如蒙鼎力相助,事成之后,共享富贵。"于是淳于衍捣碎毒药附子,带入长定宫。许皇后生产之后,淳于衍取出附子,掺到御医为皇后撮合的大药丸中,让许皇后服下。过了一会儿,许皇后说:"我头脑涨疼,药里莫非有毒?"淳于衍回答道:"没有。"许皇后越发烦躁郁闷,终于死去。后来有人上书朝廷,控告各御医对许皇后没能尽心侍奉治疗,结果这些御医都被收捕关进诏狱。霍夫人显又急又怕,便将实情全部告诉霍光,并说:"既然失策做下这件事,只求别让办案官吏逼迫淳于衍。"霍光大吃一惊,想自己举发此事,又于心不忍。处理此案的奏章上报后,霍光违心签署了"对淳于衍不必追究"的意见。霍夫人显便劝大将军把女儿霍成君送入皇宫。

在杜陵南园安葬了谥号"恭哀"的许皇后。 夏五月,田广明有罪,司法官员审案后田广明自杀。宣帝封常惠为长罗侯。

匈奴听说汉朝大规模出兵征讨,便逃奔远方。五月,汉朝军队停止军事进攻。虎牙将军田顺未到预定目标就退兵而回,还虚报多说了斩获匈奴的人数;祁连将军田广明获悉前方有匈奴军队,却迟疑逗留不肯进兵。诏令交由司法官员问罪,二人都自杀了。乌孙昆弥亲自率领五万骑兵,与校尉常惠一起从西方进袭匈奴,俘虏名王、骑将以下四万人,缴获马、牛、羊、驴等七十余万头。宣帝封常惠为长罗侯。由此匈奴终于国力亏损衰弱了。冬季匈奴单于亲自率领数万骑兵袭击乌孙,遇上天降大雪,一天之中积雪深达一丈多厚,匈奴军民、牲畜冻死,生还者不到十分之一。于是丁令趁匈奴力量衰弱之机攻其北部,乌桓则攻

其东,乌孙击其西,所杀数万骑;重以饿死人民什三、畜产什五。诸国羁属者皆瓦解,攻盗不能理,滋欲乡和亲,而边境少事矣。

大旱。 六月,丞相义卒,以韦贤为丞相,魏相为御史大夫。 以赵广汉为京兆尹。

初,广汉为颍川太守。颍川俗,豪桀相朋党。广汉为缿筒,受吏民投书,使相告讦。于是更相怨咎,奸党散落,盗贼不得发。由是入为京兆尹。广汉遇吏,殷勤甚备,事推功善,归之于下,吏咸愿为用,僵仆无所避。广汉皆知其能之所宜,尽力与否;其或负者,辄收捕之,无所逃;案之,罪立具。尤善为钩距以得事情,闾里铢两之奸皆知之。其发奸擿伏如神。京兆政清,长老传以为自汉兴,治京兆者莫能及。

辛亥(前70) 四年
春三月,立大将军光女为皇后。赦。

初,许后起微贱,登至尊日浅,从官、车服甚节俭。及霍后立,舆驾、侍从益盛,赏赐官属以千万计,与许后时悬绝矣。

夏四月,地震,山崩,二郡坏祖宗庙。帝素服,避殿。诏问经学,及举贤良方正之士。 以夏侯胜为谏大夫,黄霸为扬州刺史。

其东部，乌孙攻其西部，三国军队共斩杀匈奴数万骑兵；再加上饿死的百姓达十分之三，损失畜产达十分之五。原来臣服于匈奴的西域各国也都叛离瓦解，对于外患内盗都无力治理，就更加向往与汉朝和亲，而汉朝边境也减少了战事。

大旱。　六月，丞相蔡义去世，宣帝任命长信少府韦贤为丞相，大司农魏相为御史大夫。　任命赵广汉为京兆尹。

当初，赵广汉担任颍川太守。颍川地区风俗，地方豪杰往往结党成帮。赵广汉专设一个竹筒，接受官吏百姓的举报告状，鼓励人们互相揭发检举。于是人们彼此结怨互相责备，不法帮派因而瓦解，盗贼不能逞狂。赵广汉因此被调入长安担任京兆尹。赵广汉对待下级官员，殷勤周到，遇有功劳善举或奖赏之事，总要归之于部下，所以下属官吏都乐于受他差遣，即使赴死也不逃避。赵广汉完全了解手下人的能力所在，办事尽力与否；如有人蒙骗于他，就会当即被抓获，谁也别想逃脱；审讯查证，立刻具结定罪。赵广汉特别善于辗转盘究以了解事情真相，市井细微的不法之事他也全能知晓。赵广汉发现奸邪摘除隐患犹如神灵一般。京兆地区政治清明，老辈人相传认为自汉朝开国以来，没有一个京兆尹能比得上赵广汉。

辛亥（前70）　汉宣帝本始四年

春三月，宣帝立大将军霍光之女霍成君为皇后。大赦天下。

当初，许皇后出身微贱，登上皇后的宝座时间不长，她的侍从、车马、服饰等都非常节俭。及至霍成君立为皇后，车驾、侍从等日益繁盛，官属的赏赐也以千万计，与许皇后时相差极为悬殊。

夏四月，发生地震、山崩，北海、琅邪两郡的太祖、太宗庙被震坏。宣帝身穿素服，避开皇宫正殿五天。下诏书求教于经学之士，并令各部门举荐贤良、方正之士。　任命夏侯胜为谏大夫，黄霸为扬州刺史。

　　上以地震，释胜、霸而用之。胜为人，质朴守正，简易无威仪。或时谓上为君，误相字于前，上亦以是亲信之。尝见，出道上语，上闻而让胜，胜曰："陛下所言善，臣故扬之。尧言布于天下，至今见诵。臣以为可传，故传耳。"朝廷每有大议，上谓曰："先生建正言，无惩前事。"复为长信少府，迁太子太傅。年九十卒。太后素服五日，以报师傅之恩。

五月，凤皇集北海。

壬子（前69）　**地节元年**
春，有星孛于西方。　冬十二月晦，日食。　以于定国为廷尉。

　　定国为廷尉，乃迎师学《春秋》，备弟子礼。为人谦恭，虽卑贱皆与钧礼。其决狱平法，务在哀鳏寡，罪疑从轻，加审慎之心。朝廷称之曰："张释之为廷尉，天下无冤民；于定国为廷尉，民自以不冤。"

癸丑（前68）　**二年**
春三月，以霍禹为右将军。大司马、大将军、博陆侯霍光卒。

　　大将军光病，车驾自临问，为之涕泣。光上书谢恩，愿分国邑，封兄孙山为列侯。即日拜光子禹为右将军。光薨，谥曰宣成，赐葬具如乘舆制度。置园邑三百家，长、丞

宣帝鉴于地震的惩罚，便释放了夏侯胜、黄霸，而且重用二人。夏侯胜的为人，质朴正派，平易近人而没有官僚架势。有时竟称宣帝为"君"，或在宣帝面前直呼别人表字，宣帝也因此更亲信他。有一次夏侯胜晋见宣帝，出宫后就传播宣帝讲的话，宣帝听说后便责怪夏侯胜，夏侯胜说："陛下的话说得好，我是故意宣扬的。古代帝尧的话传布于天下，至今被人称述。我以为您的话值得传扬，所以才传扬出去的。"每当朝廷商议大计，宣帝便说："先生只管发表高论，不要为以前的事而有所警戒。"不久又任命夏侯胜为长信少府，升任太子太傅。九十岁时夏侯胜去世。太后为之身穿素服五日，以报答他为师之恩。

五月，有凤凰聚集到北海郡。

壬子（前69） 汉宣帝地节元年

春季，天空的西方出现彗星。 冬十二月的最后一天，出现日食。 任命于定国为廷尉。

于定国担任廷尉，便拜师学《春秋》，执弟子之礼。他为人谦恭，即使对官卑身贱之人，也与他们同等礼遇。于定国判决诉讼案件，执法公平，刻意同情鳏夫、怜悯寡妇，凡罪证不够确凿的都从轻判决，更加以周到慎重的考虑。朝廷上下称赞他说："张释之当廷尉，天下没有蒙冤之民；于定国当廷尉，人们自信不会被冤枉。"

癸丑（前68） 汉宣帝地节二年

春三月，宣帝任命霍禹为右将军。大司马、大将军、博望侯霍光病逝。

大将军霍光病重，宣帝亲自前往慰问，为他生病而痛哭流泪。霍光上书宣帝以表谢恩，并且表示愿意分出采邑三千户，请求赐封兄长霍去病的孙子奉车都尉霍山为列侯。当天，宣帝任命霍光之子霍禹为右将军。霍光去世，谥号为"宣成"，宣帝赏赐给他的葬具如同御用规格一般。拨出三百家民户事奉陵园，设置长、丞

奉守。复其后世,畴其爵邑,世世无有所与。

夏四月,以张安世为大司马、车骑将军,领尚书事。

魏相上封事曰:"圣王褒有德以怀万方,显有功以劝百寮,是以朝廷尊荣。今新失大将军,宜显明功臣以填藩国,毋空大位以塞争权。车骑将军安世忠信谨厚,国家重臣也,宜尊其位。"上亦欲用之。安世深辞,不能得,乃拜大司马、车骑将军,领尚书事。

凤皇集鲁。 大赦。 以霍山为奉车都尉,领尚书事;御史大夫魏相给事中。

上思报大将军德,乃封光兄孙山为乐平侯,使以奉车都尉领尚书事。魏相因许广汉奏封事,言:"《春秋》讥世卿,恶宋三世为大夫,及鲁季孙之专权,皆危乱国家。自后元以来,禄去王室,政由冢宰。今光死,子复为右将军,兄子秉枢机,昆弟、诸婿据权势,在兵官,夫人显及诸女皆通籍长信宫,或夜诏门出入。骄奢放纵,恐浸不制。宜有以损夺其权,破散阴谋,以固万世之基,全功臣之世。"又故事:诸上书者皆为二封,署其一曰"副",领尚书者先发副封,所言不善,屏去不奏。相复因许伯白去副封,以防壅蔽。帝善之,诏相给事中,皆从其议。

负责守墓祭祀。又下诏免除霍光后世子孙的徭役赋税,让他们享有与霍光相等的封爵和食邑,世世代代永远不变。

夏四月,宣帝任命张安世为大司马、车骑将军,掌尚书事务。

御史大夫魏相向宣帝呈送的一道密封奏章中说:"圣明的皇帝总要褒奖德高望重之人,以便安抚天下,表彰功勋赫赫之人,以便勉励百官,因此朝廷尊崇而荣耀。如今国家刚刚失去了大将军霍光,应明确表彰功臣,以便镇抚各诸侯封国,不要出现权力真空,以免朝臣争位。我以为车骑将军张安世忠诚信义,谨慎厚道,是国家的重臣,应该尊崇他的职位。"宣帝也正想重用他。张安世推辞了很久,未能成功,于是被隆重授予大司马、车骑将军,主管尚书事务。

凤凰在鲁国聚集。 大赦天下。 宣帝任命霍山为奉车都尉,掌尚书事务;任命御史大夫魏相担任给事中。

宣帝想报答大将军霍光拥立自己继承皇位的恩德,便封霍光之兄霍去病的孙子霍山为乐平侯,命他以奉车都尉的身份主管尚书事务。魏相通过昌成君许广汉向宣帝上秘密奏章,说道:"《春秋》讥讽由贵族世代为卿的制度,厌恶宋国襄公、成公、昭公三代皆娶本国大夫之女为妻,以及鲁国季孙氏专擅国政,都曾使国家陷于危亡动乱中。我朝自孝武皇帝后元以来,皇室不能支配俸禄,朝政由尚书重臣掌握。今霍光虽死,他的儿子仍为右将军,他兄长的儿子掌管中枢机要事务,他的兄弟、女婿们也都身居权要之职,担任军队将领,霍光的夫人显及其几个女儿都在长信宫录名于门籍,甚至半夜叫开宫门出入。霍氏一门骄奢放纵,恐将逐渐难于控制。应有良策削夺他们的权势,破除他们酝酿中的阴谋,以便巩固汉家万世的基业,保全功臣的后代子孙。"又,依照惯例:凡上书朝廷都是一式两份,其中一份注明为"副本",主管尚书事务的大臣先打开副本审阅,如果所奏不妥,就搁置起来不予上奏。魏相又通过许广汉禀报宣帝取消奏章副本,以防阻塞言路而蒙蔽宣帝。宣帝认为很好,下诏命魏相兼任给事中,完全采纳了魏相的意见。

帝兴于间阎,知民事之艰难。霍光既薨,始亲政事,厉精为治,五日一听事。自丞相已下,各奉职奏事,敷奏其言,考试功能。侍中、尚书功劳当迁及有异善,厚加赏赐,至于子孙,终不改易。枢机周密,品式备具,上下相安,莫有苟且之意。及拜刺史、守、相,辄亲见问,观其所由,退而考察所行,以质其言,有名实不相应,必知其所以然。常称曰:"庶民所以安其田里,而亡叹息愁恨之心者,政平讼理也。与我共此者,其唯良二千石乎!"以为太守,吏民之本,数变易则下不安;民知其将久,不可欺罔,乃服从其教化。故二千石有治理效,辄以玺书勉厉,增秩,赐金,或爵至关内侯;公卿缺,则选诸所表,以次用之。是故汉世良吏于是为盛,称中兴焉。

匈奴壶衍鞮单于死,弟虚闾权渠单于立。

时汉以匈奴不能为寇,罢塞外诸城,以休百姓。单于喜,谋欲和亲。

甲寅(前67) **三年**

春三月,赐胶东相王成爵关内侯。

诏曰:"胶东相王成,劳来不怠,流民自占八万余口,治有异等之效。其赐成爵关内侯,秩中二千石。"后诏问郡国上计长史、守丞以政令得失。或对言:"前胶东相成伪自

宣帝出身于民间，了解民事的艰难。霍光死后，宣帝开始亲自主持朝政，励精图治，每隔五天集中处理一次政事。自丞相以下，群臣各自就其负责的事务奏报请示，再根据他们陈述的意见，令相关部门考核其功效。凡任侍中、尚书的官员有功绩应当升迁及有特殊贡献的，一律厚加赏赐，惠及子孙，永久不改变。中枢机构严密，法令制度完备，上下相安无事，没有人抱着苟且敷衍的态度办事。至于任命州刺史、郡太守、封国丞相等高级地方官员，宣帝总是亲自召见询问，观察他们的由来，退朝后还要考察他们的行为，用来对证他们的言论，如有名实不相符的，一定要追究其原因何在。宣帝常说："老百姓之所以能安居乡里，而无唉声叹气忧愁怨恨的心绪，在于朝政清明司法公平。能与我共同做到这一点的，难道不是优秀的俸禄二千石的地方高官吗！"宣帝认为郡太守是治理官吏百姓的关键，频繁变动则令治下不安定；百姓若知道郡太守将长久留任，不可能欺骗蒙蔽他，就会服从郡太守的教化。所以凡地方二千石官员治理有成效的，宣帝就颁布诏书郑重勉励，增加官阶俸禄，赏赐黄金，有的赐爵至关内侯；遇有公卿职位空缺，就从诸多受过表彰的官员中遴选，依照等次顺序擢升任用。因此汉朝的清官良吏以这一时期最为兴盛，号称"中兴"。

　　匈奴壶衍鞮单于去世，其弟虚闾权渠单于即位。

　　当时汉朝认为匈奴已无力侵犯边境，便将塞外各处城防撤除，以便于百姓休养生息。匈奴单于闻讯大喜，图谋再与汉朝和亲。

　　甲寅（前67）　汉宣帝地节三年
　　春三月，宣帝赐予胶东国丞相王成关内侯爵位。

　　宣帝颁布诏书说："胶东国丞相王成，勤勉不懈怠地招抚百姓，流民自动申报还乡的达八万余人，其治理有特等功效。赐予王成关内侯的爵位，官阶俸禄升至中二千石。"后来宣帝诏令向郡国派往朝廷呈报地方财政、户籍、治安情况的长史、守丞们询问朝廷政令的得失。有人回答说："已故胶东国丞相王成擅自

增加,以蒙显赏。"是后俗吏多为虚名云。

夏四月,立子奭为皇太子。

霍显闻立太子,怒不食,曰:"此乃民间时子,安得立?即后有子,反为王邪?"复教后毒太子。数召赐食,保、阿辄先尝之;后挟毒不得行。

五月,丞相贤致仕。

贤以老病乞骸骨。赐黄金、安车、驷马,罢就第。丞相致仕,自贤始。

六月,以魏相为丞相,丙吉为御史大夫。　以疏广为太子太傅,兄子受为少傅。

太子外祖父平恩侯许伯以为太子少,白使其弟中郎将舜监护太子家。上以问广,广对曰:"太子,国储副君,师友必于天下英俊,不宜独亲外家。且太子官属已备,复使舜护太子家,示陋,非所以广太子德于天下也。"上善其言,以语魏相,相免冠谢曰:"此非臣等所能及。"广由是见器重。

大雨雹。以萧望之为谒者。

京师大雨雹。大行丞萧望之上疏言:"陛下思政求贤,尧、舜之用心也。然而善祥未臻,阴阳不和,是大臣任政,一姓专权之所致也。附枝大者贼本心,私家盛者公室危。惟陛下躬万机,选同姓,举贤材,以为腹心,与参政谋,明陈其职,

虚报流民回乡申报户籍的人数,以便骗取朝廷的表彰奖赏。"此后庸碌无能的官吏多靠谎报功绩来骗取虚名。

夏四月,宣帝立儿子刘奭为皇太子。

霍光的妻子显听说立刘奭为太子,气得吃不下饭,说道:"此人乃皇上生活在民间时所生的儿子,怎么能立为当皇太子?如果皇后将来生了儿子,反倒只能做诸侯王吗?"于是又教唆霍皇后成君毒杀皇太子。霍皇后多次召太子来赐给饮食,但太子的保姆、奶娘总先品尝;霍皇后虽带着毒药却无从下手。

五月,丞相韦贤请求退休。

韦贤因年老多病请求退休。宣帝赏赐给他黄金百斤、安稳的小车、四匹马驾辕,批准他辞职回家。丞相退休,自韦贤开始。

六月,宣帝任命魏相为丞相,丙吉为御史大夫。 任命疏广为太子太傅,疏广兄长的儿子疏受为少傅。

太子刘奭的外祖父平恩侯许广汉,认为太子年纪还少,就向宣帝建议,让自己的弟弟中郎将许舜监护太子家。宣帝就这件事询问疏广的意见,疏广回答说:"太子,是国家的储君,他的老师和朋友必须是天下英俊人才,不应只亲近外祖父许家。况且太子的各级官属已然齐备,而今再让许舜监护太子家,足以显示出浅陋狭隘,这不是向天下广泛传扬太子美德的好办法。"宣帝认为疏广言之有理,便将他的建议转告给丞相魏相,魏相脱帽致歉说:"这种见识不是我等所能赶得上的。"疏广由此受到宣帝的器重。

天降大冰雹。宣帝任命萧望之为谒者。

京师长安下了一场大冰雹。大行丞萧望之汉宣帝呈上奏章说:"陛下图求政治清明求贤若渴,这正是古代圣王尧、舜用心之所在。然而善祥吉兆未到,天地阴阳不合,这是大臣把持朝政,一姓人专制弄权所招致的天罚。攀附的枝蔓太壮了将伤害大树的根株,私家的势力太盛了将危及国家的政权。唯愿陛下亲自处理纷繁的政务,选拔同姓辅臣,举用贤良人才,将他们作为心腹,让他们参与朝政谋划,令公卿大臣明确讲出各自的贡献,

以考功能,则庶事理矣。"上素闻望之名,拜为谒者。时上博延贤俊,民多上书言便宜,辄下望之问状。高者请丞相、御史;次者中二千石试事,满岁以状闻;下者报闻,罢。所白处奏皆可。

秋九月,地震。诏求直言,省京师屯兵;罢郡国宫馆,假贷贫民。

诏曰:"乃者地震,朕甚惧焉。有能箴朕过失,以匡不逮,毋讳有司!朕既不德,不能附远,是以边境屯戍未息。今复饬兵重屯,久劳百姓,非所以绥天下也。其罢车骑、右将军屯兵,池籞未御幸者,假与贫民。郡国宫馆勿复修治。流民还归者,假公田,贷种食,且勿算事。"

以张安世为卫将军,诸军皆属。以霍禹为大司马,罢其屯兵。

霍氏骄侈纵横,太夫人显僭拟淫放。帝自在民间,闻知霍氏尊盛日久,内不能善。既亲政,魏相给事中,数燕见言事;平恩侯与侍中金安上等径出入省中。吏民奏封事,不关尚书,群臣进见独往来。于是霍氏甚恶之。

上颇闻霍氏毒杀许后,而未察,乃徙光女婿未央卫尉范明友、中郎将羽林监任胜、长乐卫尉邓广汉为他官。更以张安世为卫将军,两宫卫尉、城门、北军兵属焉。

以考核其功绩和能力。这样一来诸事都能妥善处理了。"宣帝早已听说过萧望之的大名，便任命他为谒者。这时宣帝正在广泛延揽贤良俊杰，经常有上书朝廷提出建议的，宣帝就下达给萧望之去问明实情。才能确实高的转交丞相、御史试用；才能次一等的交由中二千石官员试用，满一年后将试用结果奏闻朝廷；才能低下的禀报宣帝后，遣送回乡。凡萧望之所提出的建议，都被宣帝认可。

秋九月，发生地震。宣帝下诏书寻求直言敢谏者，缩减了京师屯戍部队；罢修郡国的宫殿别馆，借贷田地粮种给贫民。

宣帝下诏书说："先前发生的大地震，使朕异常惊恐。有能之士请规谏朕的过失，匡正朕的不足，也不必回避相关官员的失误。朕既然不能施恩德，也就不能令边远的蛮夷族归附，因此边塞的屯戍无休无止。如今又要整治军队加强边防，长期以来使百姓劳辛，这不是用来安定天下的良策。现决定撤销车骑将军张安世、右将军霍禹统领的两支屯戍部队，皇家池塘禁苑中未被天子巡幸的，也借给平民百姓。各郡国宫殿别馆不再修缮。流民回归家园的，官府可借给他们公田，贷给种子粮食，并且免除他们的赋税徭役。"

宣帝任命张安世为卫将军，各路禁卫军等都归属于张安世统领。任命霍禹为大司马，撤销原由他统领的屯戍部队。

霍氏一家骄横奢侈，肆无忌惮，太夫人霍氏显超越本分制作辇车，又与管家冯子都淫乱。宣帝早在民间时，就听说霍氏一家长期尊宠，不能自我约束。亲掌朝政后，命御史大夫魏相任给事中，屡次在闲暇时召见魏相，听他汇报国事；平恩侯许广汉和侍中金安上等也可径自出入禁宫。官吏百姓呈递秘密奏章，不必再经过尚书省，群臣晋见皇帝更可独来独往。于是霍氏一家非常恼火。

宣帝听说过不少有关霍氏毒杀许皇后的传闻，只是尚未详察，于是将霍光的女婿未央宫卫尉范明友、中郎将兼羽林监任胜、长乐宫卫尉邓广汉调任其他官职。改任张安世为卫将军，统领未央、长乐两宫卫尉，长安十二门的警卫部队和北军八校兵马。

以霍禹为大司马，冠小冠，亡印绶，罢其屯兵官属，特使禹官名与光俱大司马者。诸领胡越骑、羽林及两宫卫将屯兵，悉易以所亲信许、史子弟代之。

冬十二月，置廷尉平。

初，孝武之世，征发烦数，百姓贫耗，穷民犯法，奸轨不胜。于是使张汤、赵禹之属，条定法令，作见知故纵、监临部主之法。缓深故之罪，急纵出之诛。其后奸滑巧法，转相比况，禁罔浸密，律令烦苛，文书盈于几阁，典者不能遍睹。是以郡国承用者，或罪同而论异，奸吏因缘为市，所欲活则傅生议，所欲陷则予死比，议者咸冤伤之。

上在闾阎知其若此，会廷尉史路温舒上书曰："臣闻秦有十失，其一尚存，治狱之吏是也。夫狱者，天下之大命也，死者不可复生，绝者不可复属。《书》曰：'与其杀不辜，宁失不经。'今治狱吏则不然，上下相驱，以刻为明，深者获公名，平者多后患。故治狱之吏皆欲人死，非憎人也，自安之道在人之死。是以人血流离，刑徒比肩，大辟之计，岁以万数。此仁圣之所伤也，太平之未洽，凡以此也。夫人情，安则乐生，痛则思死，捶楚之下，何求而不得！故囚人不胜

任命霍禹为大司马，却只让他戴小冠帽，并且不颁给印信及绶带，撤销他以前统领的屯戍部队和官属，只让霍禹的官名与霍光同样为大司马。所有统领胡越骑兵、羽林军及驻守未央、长乐两宫警卫部队的将领，都改由宣帝所亲信的许、史两家子弟取而代之。

冬十二月，设置廷尉平。

当初，孝武皇帝时，征调频繁，百姓贫乏，穷苦之人触犯法律，为非作歹者不胜其多。于是武帝命张汤、赵禹之流，制定法令条规，制定了有关"知情不举，放纵罪犯"和"长官有罪，僚属连坐"等酷法。对于执法苛刻、故入人罪的酷吏造成冤案的，往往从宽处理；对于执法谨慎、宽释犯人的官吏疑为枉法的，往往严惩重罚。后来奸猾的官吏玩弄法律，转相比照苛刻的判例，使法网日益严密，律令逐渐烦苛，法律文件堆积满桌满屋，相关官员不能普遍察看。因此各郡国在引用法令条规时，有的罪行相等而处罚各异，奸猾的官吏借机进行交易，想使罪犯活命就附会能令他生存的法令，想使罪犯陷于死地就比照非死不可的条例，人们的议论都认为冤屈太多无辜伤亡。

宣帝在民间时深知此弊，恰逢廷尉史钜鹿人路温舒上书宣帝说："我听说秦朝政治有十大失误，其中一种至今尚存，那就是司法官吏的严酷。刑狱乃是天下最要命的大事，处死的人不可能复生，截肢断体的人也不可能再接上复原。《尚书》中说：'与其杀无辜之人，宁可偶尔失之宽纵。'如今司法官吏则不这样，他们上下相争，都以苛刻为贤明，判刑酷虐的能获取公正的美誉，执法平正的往往多有后患。因此司法官吏都想将案犯定成死罪，并非憎恨案犯，而是保全自己的方法在于置人于死地。因此人犯鲜血横流，受刑的囚徒一个挨着一个，统计处死刑的人数每年多达数万。仁慈圣明之心无限悲伤，太平盛世不能到来，都是由于这个缘故。按照人之常情，平安则乐于生存，痛苦则希望死去，严刑拷打之下，什么口供得不到！所以当囚犯不能忍受

痛，则饰辞以示之；吏治者利其然，则指导以明之；上奏畏
郤，则锻练而周内之。盖奏当之成，虽皋陶听之，犹以为死
有余辜。何则？成练者众，文致之罪明也。故俗语曰：'画
地为狱，议不入；刻木为吏，期不对。'此皆疾吏之风、悲痛
之辞也。唯陛下省法制，宽刑罚，则太平之风可兴于世。"
上善其言。

诏以"廷史任轻禄薄，置廷尉平，秩六百石，员四人"。
每季秋后请谳时，上常幸宣室，斋居而决事，狱刑号为平矣。

涿郡太守郑昌上疏言："明主躬垂明听，虽不置廷平，
狱将自正；若开后嗣，不若删定律令。律令一定，愚民知所
避，奸吏无所弄矣。今不正其本，而置廷平以理其末，政衰
听怠，则廷平将召权而为乱首矣。"

侍郎郑吉击车师，破之。因田其地。
车师王与匈奴结婚，教匈奴遮汉道。侍郎郑吉将免刑
罪人田渠犁，发诸国兵，与所将田士合万余人，共击车师，
破之。车师王请降。吉等归渠犁，车师王奔乌孙。匈奴更
以王昆弟兜莫为王，收其余民东徙；而吉使吏卒往田车师
地以实之。

痛苦时,审案官吏就花言巧语进行暗示;官吏办案时认为什么样的供词有利,就指引诱导犯人以便让他明白该如何招供;上奏朝廷时担心遭到批驳,就罗织罪名陷被告于周密的法网中。这天衣无缝的判决书上奏之后,即使是圣明的皋陶听了,也会认为被告死有余辜。为什么呢?因为罗织的罪名太多,捏造的罪状太明显了。所以俗话说:'地上画圈权作监狱,建议不要进去;削根木头雕成审讯官吏,希望别去面对。'这都是人们对司法黑暗、酷吏当道痛心疾首、悲愤至极的言辞。希望陛下减省法令条规,放宽刑罚,则太平盛世的风气才能呈现于世。"宣帝认为他说得很好。

后来宣帝下诏书表示"廷史职权小而俸禄少,应增设廷尉平,俸禄为六百石,人员为四名"。于是每年秋后对全年诉讼最后审判定案之时,宣帝经常到宣室殿,沐浴斋戒敬居此殿并亲自裁决,从此各类刑罚案狱的判决号称公平了。

涿郡太守郑昌上奏章说:"圣明的君主能亲自垂听民情明断案狱,即使不设置廷尉平一职,司法也自会公正;若想为后世确立规范,则不如删改修定法律条规。法律条规一旦确定,愚民也知道该避讳什么,奸猾官吏也就无计可施了。如今不从根本上加以纠正,而是靠设置廷尉平在末梢上补救,一旦朝政疏懈,陛下对垂听案例有所倦怠,那廷尉平将揽权弄法,成为祸乱天下的罪魁了。"

侍郎郑吉袭击车师国,打败了他们。于是派将士到车师屯田。

车师国王与匈奴联姻,教唆匈奴截断汉朝通往乌孙的联络路线。会稽人侍郎郑吉等率领被免除刑罚的罪犯在渠犁屯田,他征调西域各友邦国家的军队,会合管辖之下的屯田兵卒总共万余人,一同攻击车师国,打败了他们。车师国王请求归降。郑吉等率兵返回渠犁,车师国王逃往乌孙。匈奴改立原车师国王乌贵的弟弟兜莫为新的车师国王,召集车师国余下的百姓向东迁徙;而郑吉便开始派官吏兵卒前往车师屯田,以充实该地。

乙卯（前66） 四年

春二月，赐外祖母号为"博平君"。

上初即位，数遣使求外家。至是，得王媪及其男无故、武，赏赐巨万，皆封列侯。

诏有大父母、父母丧者勿繇。

诏曰："百姓遭凶而繇，使不得葬，伤孝子之心。自今勿繇，使得送终，尽其子道。"

夏五月，山阳、济阴雨雹杀人。

雹大如鸡子，深二尺五寸。

诏"自今子匿父母、妻匿夫、孙匿大父母，皆勿治"。

诏曰："父子、夫妇，天性也，虽有患祸，犹蒙死而存之，诚爱结于心，岂能违之？ 自今子匿父母、妻匿夫、孙匿大父母，皆勿坐。"

秋七月，霍氏谋反，伏诛，夷其族。皇后霍氏废。

霍显及禹、山、云，自见日侵削，数相对啼泣自怨。山曰："今丞相用事，县官信之，尽变易大将军时法令，发扬大将军过失。又诸儒生多窭人子，远客饥寒，喜妄说狂言，不避忌讳，大将军常仇之。今陛下好与儒生语，人人自书对事，多言我家者。又闻民间欢言'霍氏毒杀许后'，宁有是邪？"显恐急，即具以实告。禹、山、云惊曰："县官斥逐诸婿，用是故也。此大事，诛罚不小，奈何？"于是始有邪谋矣。

乙卯(前66) 汉宣帝地节四年

春二月，宣帝赐其外祖母"博平君"的称号。

宣帝初即位，屡次派遣使者寻访外祖母一家。到今年才访得王老太和她的儿子王无故、王武，赏赐他们金钱巨万，两位舅父都封为列侯。

宣帝下诏书，有祖父母、父母丧事的，不再服徭役。

宣帝下诏书说："百姓家中不幸遇到丧事而仍服徭役，使他们不能安葬亲人，刺伤了孝子之心。自今以后遇丧事不服徭役，使他们能为长辈送终，以尽为子的孝道。"

夏五月，山阳、济阴下了场冰雹，砸死多人。

冰雹大如鸡蛋，深达二尺五寸。

宣帝下诏书说"自今以后，凡属儿子窝藏父母、妻子窝藏丈夫、孙子窝藏祖父母的，一律不治罪"。

宣帝诏书中说："父与子、夫与妇之间的亲情，是先天的本性，虽然发生祸患，还要冒死而保全亲人，实在是胸中凝聚着爱心，岂能违背？自今以后儿子窝藏父母、妻子窝藏丈夫、孙子窝藏祖父母的，一律不连坐。"

秋七月，霍氏一家谋反，全被处死，夷灭霍氏全族。皇后霍成君被废。

霍光夫人显和霍禹、霍山、霍云，看到霍家权势日益被削弱，经常聚在一处痛哭流涕、自怨自艾。霍山说："如今丞相当权，天子信任他，完全更改了大将军在世时的法令，还常宣扬大将军的过失。再者那些儒生大多是贫家子弟，远方来客衣食无着，偏爱胡说八道口出狂言，毫无忌惮，大将军一向痛恨他们。如今陛下专爱和这些腐儒交谈，他们每人都上书奏事，纷纷指责我们霍家。又听民间盛传说'霍家毒死许皇后'，难道有这种事吗？"霍光夫人显吓坏了，就将全部实情告诉众人。霍禹、霍山、霍云大惊失色，说道："天子将霍家女婿都贬斥放逐，想必是为了这个缘故。这是一桩大事，一旦败露必遭严惩，如何是好？"于是开始有反叛朝廷的阴谋。

云舅李竟,坐与诸侯王交通,辞语及霍氏,有诏"云、山不宜宿卫,免就第"。

山阳太守张敞上封事曰:"臣闻季友有功于鲁,赵衰有功于晋,田完有功于齐,皆畴其庸,延及子孙。终后田氏篡齐,赵氏分晋,季氏颛鲁。故仲尼作《春秋》,迹盛衰,讥世卿最甚。乃者大将军决大计,安宗庙,海内之命断于掌握。方其盛时,感动天地,侵迫阴阳。朝臣宜有明言曰:'辅臣颛政,贵戚大盛,君臣之分不明,请罢霍氏三侯就第。'明诏以恩不听,群臣以义固争而后许之。天下必以陛下为不忘功德,而朝臣为知礼,霍氏世世无所患苦。今朝廷不闻直声,而令明诏自亲其文,非策之得者也。今两侯已出,人情不相远,以臣心度之,大司马及其枝属,必有畏惧之心。夫近臣自危,非完计也。臣敞愿于广朝白发其端,直守远郡,其路无由。唯陛下省察。"上甚善其计,然不召也。

禹、山等谋,令太后为博平君置酒,召丞相、平恩侯以下,使范明友、邓广汉承太后制引斩之,因废天子而立禹。事觉,七月,云、山、明友自杀;禹要斩;显及诸女、昆弟皆弃市;与霍氏相连坐诛灭者数十家。皇后霍氏废,处昭台宫。封告者皆为列侯。

初,霍氏奢侈,茂陵徐生曰:"霍氏必亡。夫奢则不逊,不逊必侮上,侮上者,逆道也。霍氏秉权日久,天下害之,

霍云的舅父李竟，结交诸侯王遭连坐，审讯中涉及霍氏一家，宣帝诏令"霍云、霍山不适宜再担任宫禁的警卫官，可免职回家"。

山阳太守张敞向宣帝上秘密奏章说："我听说春秋时期，季友有功于鲁国，赵衰有功于晋国，田完有功于齐国，都得到本国的酬劳，并延及子孙。但到最后田氏篡夺了齐国政权，赵氏瓜分了晋国江山，季氏专权于鲁国朝政。因此孔子作《春秋》，考察各国兴衰，批评世袭的卿大夫也最为严厉。以前大将军霍光做出重要决策，使宗庙平安，天下的命运取决于他的权力运用。当他鼎盛时期，威严震天动地，势力逼近日月。朝廷群臣理应明确指出：'辅政大臣专擅朝政，外戚势力过于强盛，君臣的界限不分明，请求解除霍氏三侯的官爵令其回老家。'皇上明确诏令对之施恩，不听从大臣所请，群臣再据理力争，然后陛下批准。这样一来，天下人肯定认为陛下不忘旧臣功德，而当朝群臣也知礼，霍氏也可世世代代无忧患无苦难。如今朝廷中听不到直言，就迫使陛下亲自下诏书表明态度，这不是高招上策。现在霍氏两侯已被赶出宫廷，人情相差不远，以我的心情猜度霍氏，大司马霍禹和他的亲戚僚属，必然怀有畏惧之心。天子身边的大臣恐慌自危，总不是万全的办法。我愿在朝堂上公开表白我的建议作为开端，只是身在遥远的山阳郡为太守，没有理由来京师，请求陛下仔细考虑。"宣帝很欣赏张敞的建议，然而却没有召他来京。

霍禹、霍山等商议，让太后设酒宴款待博平君王媪，召丞相魏相、平恩侯许广汉以下臣属作陪，然后让范明友、邓广汉奉太后之命将他们斩杀，趁机废掉宣帝而立霍禹为皇帝。后来政变阴谋被发觉，七月，霍云、霍山、范明友自杀；霍禹被腰斩；霍光夫人显及霍氏姊妹兄弟全被拉到闹市问斩；与霍氏有牵连而被诛杀的有数十家。皇后霍成君被废，囚居于昭台宫。凡告发霍氏政变阴谋的人都封为列侯。

当初，霍氏一家骄横奢侈，茂陵人徐福就曾指出："霍氏一定灭亡。凡奢侈无度就会傲慢不逊，傲慢不逊就必然冒犯皇上，冒犯皇上就是大逆不道。霍氏一家长时间把持朝政，天下人厌恶，

而又行以逆道，不亡何待？"乃上疏言："霍氏泰盛，陛下即爱厚之，宜以时抑制，无使至亡。"书三上，辄报闻。至是，人为徐生上书曰："臣闻客有过主人者，见其灶直突，傍有积薪。客谓主人：'更为曲突，远徙其薪，不者且有火患。'主人不应。俄而失火，邻里共救之，幸而得息。于是杀牛置酒，谢其邻人。灼烂者在于上行，余各以功次坐，而不录言曲突者。人谓主人曰：'乡使听客之言，不费牛酒，终亡火患。今论功而请宾，曲突徙薪无恩泽，焦头烂额为上客邪？'主人乃寤而请之。今茂陵徐福数上书言霍氏且有变，宜防绝之。乡使福说得行，则国无裂土出爵之费，臣无逆乱诛灭之败。往事既已，而福独不蒙其功，唯陛下察之。"上乃赐福帛十匹，以为郎。

帝初立，谒见高庙，大将军光骖乘，上严惮之，若有芒刺在背后；张安世代光骖乘，上从容肆体，甚安近焉。故俗传霍氏之祸，萌于骖乘。后十二岁，霍后复徙云林馆，乃自杀。

九月，诏减天下盐贾。令郡国岁上系囚掠笞瘐死者，以课殿最。 以朱邑为大司农。

邑少为桐乡啬夫，廉平不苛，以爱利为行，未尝笞辱人，存问孤老，吏民爱敬之。迁北海太守，以治行第一。入

而又干出大逆不道的事,不灭亡还等什么?"于是上书朝廷说:"霍氏一家权势太盛,陛下既然厚爱他们,就应随时加以约束限制,不要让他们走到灭亡的地步。"上书三次,也呈报宣帝知晓了。到了霍氏灭族,有人为徐福上书朝廷说:"我听说有位客人到主人家拜访,见主人家炉灶的烟筒是直的,旁边又堆有柴薪。客人对主人说:'您家的烟筒应改为弯曲的,把柴薪搬到远处去,否则将会发生火灾。'主人默然不予理会。不久,主人家果然失火,邻居们共同抢救,侥幸将火扑灭。于是主人家杀牛摆酒,对邻居深表谢意。救火时被烧伤的请到上座,其余则按出力多少依次入座,却没请那位建议改弯烟筒移走柴堆的人。有人对主人说:'当初如果听从客人的劝告,就不用杀牛摆酒多所破费,也终究不会发生火灾了。如今论功请客酬谢,那建议改弯烟筒移走柴堆的人没得到恩惠,而救火时烧得焦头烂额的人才该成为座上客吗?'主人这才醒悟,将那位客人请来。如今茂陵人徐福屡次上书说霍氏将有叛变举措,应事先予以防范杜绝。先前如果徐福的忠告得以采纳,那么国家就没有划分土地分封列侯的花费,臣下也不会有谋逆叛乱遭到诛杀的下场了。事情已然过去,而徐福唯独没能因功受赏,希望陛下明察。"宣帝于是赐给徐福绸缎十匹,任命他为郎官。

宣帝初即位时,前往汉高祖庙祭拜,大将军霍光同车陪乘,宣帝心中十分畏惧,如有芒刺在背;后改由张安世代替霍光同车陪乘,宣帝才觉得从容放松,十分安全亲近。因此世俗传说霍氏的祸患,萌芽于霍光陪同宣帝乘车。十二年后,霍皇后又被迁徙到云林馆囚禁,于是自杀身亡。

九月,宣帝下诏书降低全国盐价。令各郡国每年呈报本地囚犯遭受严刑拷打或饥寒病死的情况,以便考核政绩评出最优等的和最末等的奏报给宣帝。 任命朱邑为大司农。

朱邑少年时为桐乡啬夫,廉洁公正不苛刻,广施仁爱安于利,不曾鞭打污辱人,慰问孤寡老人,官吏百姓爱护敬佩他。于是升任北海郡太守,以地方政绩和个人品行排名第一。调入朝中

为大司农，敦厚笃于故旧，公正不可交以私。身为列卿，居处俭节，禄赐以共族党，家无余财。及卒，天子下诏称扬，赐其子金百斤，以奉祀。

以龚遂为水衡都尉。

先是，勃海岁饥，盗贼并起。上选能治者，丞相、御史举龚遂，拜勃海太守。召见，问："何以治盗贼？"对曰："海濒遐远，不沾圣化，其民困于饥寒，而吏不恤，故使陛下赤子盗弄陛下之兵于潢池中耳。今欲使臣胜之邪，将安之也？"上曰："选用贤良，固欲安之也。"遂曰："臣闻治乱民犹治乱绳，不可急也；唯缓之，然后可治。臣愿丞相、御史且无拘臣以文法，得一切便宜从事。"上许焉，加赐黄金赠遣。乘传至勃海界，郡发兵以迎，遂皆遣还，移书敕属县："罢逐捕吏，诸持田器者皆为良民，吏毋得问；持兵者乃为贼。"遂单车至府。盗贼闻遂教令，即时解散，弃其兵弩而持钩锄。于是悉平，民安土乐业。遂乃开仓廪，假贫民，选用良吏，尉安牧养焉。齐俗奢侈，好末技，不田作。遂躬率以俭约，劝民务农桑，各以口率种树畜养。民有带持刀剑者，使卖剑买牛，卖刀买犊，曰："何为带牛佩犊。"劳来循行，郡中皆有畜积，狱讼止息。至是，入为水衡都尉。

担任大司农,纯朴厚道忠诚于故交旧友,秉性公正而不可以私情交往。身为列卿,生活节俭朴素,俸禄和封赏与全族人共同享用,家中没有储存多余的钱财。等他死后,宣帝下诏书称赞表扬,赐给他儿子黄金百斤,以供祭祀祖先之用。

宣帝任命龚遂为水衡都尉。

先前,渤海郡遇到荒年,百姓饥馑,盗贼并起。宣帝要挑选有才能治理的官员,丞相、御史举荐龚遂,宣帝就任命他为渤海太守。召见时,宣帝问道:"你用什么办法治理盗贼?"龚遂回答:"渤海郡地处海滨远离京师,没能得到圣明君主的教化,当地百姓为饥寒所困扰,而地方官吏却不加体恤,所以才使陛下的子民盗取陛下的兵器,在小池塘中耍弄而已。如今陛下想让我去镇压取胜呢,还是安抚他们呢?"宣帝说:"我征选贤良,本意是想安抚他们。"龚遂说:"我听说治理作乱的百姓就如同整理一团乱绳,不能操之过急;只有将紧张局势缓和下来,然后才能治理。我希望丞相、御史暂且不要用严格的法令约束我的行动,允许我一切相机行事。"宣帝批准了他的请求,加赏黄金派他去赴任。龚遂乘坐驿车来到渤海郡界,郡中官员调来军队前往迎接,龚遂将军队全部遣回营中,并立即下达文书给所属各县,命令:"将所有追剿缉捕盗贼的官吏一律撤销,凡是手持农具的都视为良民,地方官吏不得追究;只有手持兵器的才算是盗贼。"然后龚遂单人独车前往郡衙就职。盗贼们听说新太守龚遂的教诲政令后,立即解散,抛弃他们的兵器弓弩等而拿起了镰刀锄头。于是盗贼全部平息,人们安居乐业。龚遂便下令打开官仓,赈济贫民百姓,选派清官良吏,去慰问安抚管理百姓。齐地风俗崇尚奢侈,人们喜欢经营工商业,不愿在田间劳作受苦。龚遂就以身作则,提倡勤俭节约,劝导百姓从事农业生产,按各户人口多少来规定必须种树若干、养家畜若干。凡百姓带刀持剑的,让他们卖剑买牛,卖刀买牛犊,开导他们:"为什么身上佩带着'牛'和'犊'?"经过辛勤劝勉往来巡查,终于使渤海郡中百姓都有积蓄,刑狱诉讼逐渐平息。到了此时,龚遂被调入长安担任水衡都尉。

丙辰（前65）　元康元年

春正月，初作杜陵。　三月，赦。

以凤皇集，甘露降也。

夏五月，追尊悼考为皇考，立寝庙。

有司复言："悼园宜称尊号曰皇考。"于是立庙。

杀京兆尹赵广汉。

赵广汉好用世吏子孙，新进年少者，专厉强壮蜂气，见事风生，无所回避。率多果敢之计，莫为持难。以私怨论杀男子荣畜，人上书言之，事下丞相、御史按验。广汉疑丞相夫人杀侍婢，欲以胁丞相。乃将吏卒入丞相府，召其夫人跪庭下受辞，收奴婢十余人去。丞相上书自陈，事下廷尉治，不如广汉言。上恶之，下广汉廷尉。吏民守阙号泣者数万人，竟坐要斩。广汉廉明，威制豪强，小民得职，百姓追思歌之。

贬少府宋畴为泗水太傅。

畴议"凤皇下彭城，未至京师，不足美"，故贬。

以萧望之为平原太守，复征入守少府。

上选博士、谏官通政事者，补郡国守、相，以谏大夫萧望之为平原太守。望之上疏曰："陛下哀愍百姓，出谏官以补郡吏。然朝无争臣，则不知过，所谓忧其末而忘其本者也。"上乃征望之入守少府。

丙辰(前65) **汉宣帝元康元年**

春正月,宣帝开始修建杜陵。 三月,大赦天下。

因有凤凰聚集于泰山,甘露降于未央宫。

夏五月,追尊悼考为皇考,建立皇考庙。

相关部门再次奏请:"皇上的亲生父亲应该尊称为'皇考'。"于是兴建皇考庙。

诛杀京兆尹赵广汉。

赵广汉喜欢任用世代为吏者的子孙,特别是初入官场的年轻人,专门锻炼他们的强猛和锐气,他们办事雷厉风行,无所顾忌。他们大多有胆识有决断,没有谁为僵持对立感到为难。赵广汉出于私人恩怨,将一名叫荣畜的男子判处死刑,有人上书朝廷控告了他,此事交由丞相、御史负责查证审判。赵广汉怀疑丞相魏相的夫人杀死过婢女,就想利用此事威胁丞相。于是赵广汉亲自率领着官吏、士卒闯入丞相府,召丞相夫人前来,跪在院中接受盘问,并抓走了丞相府的奴婢十余人离去。丞相魏相上书宣帝为自己辩白,宣帝命廷尉负责审理,经查证并不像赵广汉说的那样。宣帝厌恶赵广汉的行为,下令将赵广汉关进廷尉狱中。官吏和百姓纷纷守在皇宫门前号哭,有数万人之多。赵广汉终于被腰斩。京兆尹赵广汉廉洁明察,以威严抑制豪强,使小民各得其所,受到百姓的追念和歌颂。

贬少府宋畴为泗水太傅。

少府宋畴声称"凤凰飞集彭城,未到长安,不足以赞美",因此受到指控被贬谪。

宣帝任命萧望之为平原郡太守,后来又征调他回京担任少府。

宣帝征选通晓政务的博士、谏大夫,补任郡太守、封国丞相,任命谏大夫萧望之为平原郡太守。萧望之上书宣帝说:"陛下哀怜百姓,将朝中谏官派往各郡、国补充地方官员的空缺。然而朝中缺少直言敢谏的大臣,则皇上难于了解朝政的过失,正所谓忧虑末梢而忘记了根本。"宣帝于是又征调萧望之回朝任职少府。

以尹翁归为右扶风。

翁归为人,公廉明察。为东海太守,过辞廷尉于定国。定国欲托邑子,与翁归语终日,不敢见,曰:"此贤将,汝不任事也,又不可干以私。"郡中吏民贤、不肖,及奸邪罪名,尽知之。县各有记籍,自听其政。有急名则少缓之;吏民小解,辄披籍。取人必于秋冬课吏大会中及出行县,不以无事时。其有所取也,以一警百,吏民皆服,改行自新。以治郡高第,入为扶风,选用廉平以为右职,接待以礼,好恶同之;其负翁归,罚亦必行。缓于小弱,急于豪强,课常为三辅最。其在公卿间,清絜自守,语不及私。然温良谦退,不以行能骄人,故尤得名誉。

莎车叛,卫侯冯奉世矫发诸国兵击破之,以奉世为光禄大夫。

上令群臣举可使西域者,前将军韩增举冯奉世,以卫侯使持节送诸国客至伊循城。会故莎车王弟呼屠征与旁国共杀其王万年及汉使者自立,扬言:"北道诸国已属匈奴。"于是攻劫南道,歙盟畔汉,从鄯善以西皆绝不通。奉世计以为不亟击之,则莎车日强,其势难制,必危西域。

宣帝任命尹翁归为右扶风。

尹翁归的为人，公正廉洁，明察秋毫。升任东海郡太守时，曾去拜谢廷尉北海人于定国。于定国想向他托付同邑人之子，与尹翁归倾心交谈一整天，竟未敢让同邑人之子出来相见，事后于定国对同邑人之子说："这尹翁归是贤明之人，你不能胜任在他下属办事，现在又不能为私情求他关照。"尹翁归对东海郡中官吏百姓谁贤达谁不肖，谁有奸邪的罪状恶名，了解得一清二楚。各县都已登记造册，审理诉讼时可不经县令自行决断。下属治事过于苛急，就令其稍加平缓；下属官吏百姓办事稍有懈怠，就亲自查阅档案记录予以督促。尹翁归逮捕罪犯必然定在秋冬考核官吏大会中，及出巡各县之际，决不在平日无事时进行。他逮捕罪犯，目的在于以一儆百，官吏和百姓全都敬服他，愿意改过自新。由于治郡政绩经考核列入高等，被调回长安担任右扶风。他选用廉洁奉公的官员担任高级职务，待人接物注重礼节，无论自己喜欢还是厌恶，都同等相待；有人胆敢背弃他，也必予追究处罚。对于弱小者处理时平缓，对于豪强处理时苛急，考核其成功捕获盗贼等政绩时，经常列为三辅中最高等。他在公卿之间，能廉洁自守，从不谈及私事。然而温厚善良谦虚退让，不以个人品行能力傲视别人，因此更在朝中受到赞誉。

莎车国发生叛乱，卫侯冯奉世矫命征调各国军队夹击莎车并打败了他们，宣帝任命冯奉世为光禄大夫。

宣帝命群臣举荐能胜任出使西域的人选，前将军韩增推举上党人冯奉世，宣帝令他以卫侯的身份充当使者，持皇帝的符节护送大宛等国客人到达伊循域。正巧前莎车王之弟呼屠征联合邻国势力，共同谋杀了国王万年及汉朝使者，自立为莎车王，各处扬言："西域北路各国已归属匈奴。"于是派兵攻打南路各国，率各国歃血结盟背叛汉朝，使西域自鄯善国以西诸国都与汉朝断绝交往。冯奉世考虑到实际情况，认为若不及时攻击莎车国，则莎车国势力日益强盛，那局势就将难以控制，必然危及整个西域。

遂以节谕告诸国,发其兵,进击莎车,攻拔其城。莎车王自
杀,传首长安,更立他昆弟子为王。诸国悉平,奉世以闻。
帝召见韩增曰:"贺将军所举得其人。"

议封奉世,丞相、将军皆以为可,独萧望之以为"奉世
奉使有指,而擅矫制发兵,虽有功效,不可以为后法。即封
奉世,开后奉使者利,要功万里之外,为国家生事于夷狄,
渐不可长。"乃以为光禄大夫。

丁巳(前64) 二年
春正月,赦。 二月,立倢伃王氏为皇后。
上欲立皇后,惩艾霍氏欲害皇太子,乃选后宫无子而
谨慎者,立长陵王倢伃为皇后,令母养太子。

夏五月,诏二千石察其官属治狱不平者;郡国被疾疫
者,毋出今年租。
诏曰:"狱者,万民之命,能使生者不怨,死者不恨,则
可谓文吏矣。今则不然,用法或持巧心,析律二端,深浅不
平。增辞饰非,以成其罪,奏不如实,上亡由知。二千石各
察官属,勿用此人。吏或擅兴徭役,饰厨传,称过使客,越
职逾法,以取名誉。譬犹践薄冰以待白日,岂不殆哉! 天
下颇被疾疫之灾,其令被灾甚者毋出今年租赋。"

帝更名询。

于是借着皇帝符节告谕各国国王,征调他们的军队,进攻莎车,攻克其都城。莎车国王自杀,首级被送至长安,改立莎车前国王其他兄弟的儿子为新的莎车王。叛乱诸国全被平定后,冯奉世奏闻朝廷。宣帝召见韩增说:"祝贺将军所推举的人非常称职。"

宣帝又与群臣商议拟封冯奉世为列侯,丞相、将军都认为可行,只有萧望之认为"冯奉世出使西域有圣旨指定的任务,而擅自假托皇命征调各国军队,虽然建立功勋,却不能让后人效法。如封冯奉世为侯,将为今后奉命出使的人开创谋利的先例,等于鼓励他们到万里之外邀功请赏,将会给国家在夷狄地区惹是生非,此风不可渐长。"于是任命冯奉世为光禄大夫。

丁巳(前64) 汉宣帝元康二年

春正月,大赦天下。 二月,宣帝立倢伃王氏为皇后。

宣帝想立皇后,鉴于霍成君谋害皇太子刘奭的教训,于是挑选后宫没有儿子而又行为谨慎的人,立长陵人王倢伃为皇后,令她抚养太子刘奭。

夏五月,宣帝下诏令二千石官员督察属下判案不公平的现象;令各郡国遭疾病瘟疫之害的百姓,免除今年的田租赋税。

宣帝下诏书说:"刑狱,关系着万民的生命,唯有能使生者不抱怨,死者不怀恨,才可算得上是称职的良吏。如今却不是这样,司法官吏有的心怀鬼胎用诈使巧,援引法令不一,审案断狱轻重不公。有的添枝加叶文过饰非,以便定死被告的罪状,又不如实上奏朝廷,使我无法了解真相。今命二千石官员各自督察自己的属下,不得任用这样枉法之人。有的官吏擅自征发徭役,装饰宾馆驿站,使过往使者和客人称心如意,超越职权违反规定,只求捞取虚名赞誉。这就如同踩在薄冰上而期待烈日升空,岂不危险吗!天下颇遭疾病瘟疫之灾,现在下令遭灾最严重的地区,百姓免缴今年的田租赋税。"

宣帝更名刘询。

诏曰："闻古天子之名，难知而易讳也，其更讳询。"

匈奴扰车师田者，诏郑吉还屯渠犁。

匈奴大臣皆以为"车师地肥美，使汉得之，多田积谷，必害人国，不可不争"。数遣兵击车师田者。郑吉将渠犁田卒救之，为匈奴所围。吉上言："愿益田卒。"上与赵充国等议，欲因匈奴衰弱，击其右地，使不敢复扰西域。

魏相谏曰："臣闻救乱诛暴，谓之义兵，兵义者王。敌加于己，不得已而起者，谓之应兵，兵应者胜。争恨小故，不忍愤怒者，谓之忿兵，兵忿者败。利人土地货宝者，谓之贪兵，兵贪者破。恃国家之大，矜民人之众，欲见威于敌者，谓之骄兵，兵骄者灭。此五者，非但人事，乃天道也。间者匈奴尝有善意，所得汉民，辄奉归之，未有犯于边境；虽争屯田车师，不足致意中。今闻诸将军欲兴兵入其地，臣愚不知此兵何名者也！今边郡困乏，难以动兵。'军旅之后，必有凶年'，言民以其愁苦之气，伤阴阳之和也。出兵虽胜，犹有后忧。今守相多不实选，风俗尤薄，水旱不时。按今年计子弟杀父兄、妻杀夫者，凡二百二十二人，臣愚以为此非小变也。今左右不忧此，乃欲报纤介之忿于远夷，殆孔子所谓：'吾恐季孙之忧，不在颛臾，而在萧墙之内也。'"上乃遣常惠将骑往车师，迎郑吉吏士还渠犁，遂以车师故地与匈奴。

宣帝下诏书说:"听说古代天子的名字,人们不常用又容易避讳,所以我改名为询。"

匈奴骚扰车师国屯田的军民,宣帝诏令郑吉返回渠犁屯驻。

匈奴国的大臣们都认为"车师国土地肥美,让汉朝占领,在那里大量屯田积聚谷物,必为我国之害,不可不进行争夺"。于是屡次派兵袭击在车师国屯田的汉朝军民。郑吉率渠犁屯田的兵卒解救,被匈奴围困。郑吉上奏朝廷说:"希望增派屯田军队。"宣帝与后将军赵充国等商议,打算趁匈奴国力衰疲之机,出击其西部地区,使其不敢再骚扰西域各国。

丞相魏相上书劝谏说:"我听说,解救危乱,诛凶除暴,称为义兵,兵行仁义的足以称王天下。敌人入侵我们,不得已而奋起应战,称为应兵,军队被迫应战的可以获胜。争相报复小的怨仇,忍不住愤怒而起兵,称为忿兵,军队压不住愤怒情绪的往往失败。贪图别国的土地财宝而起兵,称为贪兵,军队贪利的将为别人所破。自恃国家强大,矜夸人口众多,想向敌国耀武扬威,称为骄兵,军队骄傲将自取灭亡。这五种情况,不仅是人事常规,而且是天帝意志所在。近来匈奴曾向我国表明善意,得到汉朝的百姓,马上就将他们送还,未曾侵犯我国边境;虽与我国争着在车师屯田,却不足介意。如今听说各位将军主张兴兵攻入匈奴境内,恕我愚昧,不知此次军事行动名义何在!现在边境各郡都很困乏,难以调兵征战。'军事行动之后,必然出现灾年',《老子》此话意指百姓愁苦怨恨之气,伤害了天地间的阴阳谐调。即使出兵侥幸获胜,也会带来后患无穷。如今各郡太守、各封国丞相多不称职,世风民俗尤为浇薄,水旱灾害不时发生。按今年统计,子弟杀父兄、妻子杀丈夫的,共有二百二十二人,我认为这不是小的变态事件。现在陛下左右不为此事担忧,却想发兵到边远蛮夷之地去报复细小的怨仇,恐怕正如孔子所说:'我担心季孙氏的忧患,不在颛臾国,而在萧墙之内。'"于是宣帝派长罗侯常惠率领骑兵前往车师,接应郑吉及其所率将士回到渠犁,就将车师国故地转让给匈奴。

相好观汉故事,数条汉兴已来国家便宜行事,及贾谊、晁错、董仲舒等所言,奏请施行之。敕掾史按事郡国及休告还府,辄白四方异闻。或有逆贼灾变,郡不上,相辄奏言之。与丙吉同心辅政。

以萧望之为左冯翊。

帝以萧望之经明持重,论议有余,材任宰相,欲详试其政事,复以为左冯翊。望之从少府出为左迁,即移病。上使侍中谕意曰:"所用皆更治民以考功,君前为平原太守日浅,故复试之于三辅,非有所闻也。"望之即起视事。

戊午(前63) 三年
春三月,封故昌邑王贺为海昏侯。

上心忌故昌邑王贺,赐山阳太守张敞玺书,令谨备盗贼,毋下所赐书。敞于是条奏贺居处、衣服、言语、跪起,清狂不惠,以著其废亡之效。上乃知贺不足忌,封为海昏侯。

封丙吉等为列侯。故人阿保赐物有差。

丙吉为人深厚,不伐善。自曾孙遭遇,绝口不道前恩。会掖庭宫婢自陈,尝有阿保之功,辞引使者丙吉知状。上亲见问,然后知吉有旧恩而终不言,大贤之。

魏相喜欢阅览记载汉朝旧事的奏章,屡次列举汉朝建国以来斟酌事势处理朝政的实例,以及贾谊、晁错、董仲舒等名臣的建议,奏请宣帝批准实行。又令丞相府的官员前往郡国办理公事及休假后从家返回相府的,则向他汇报四方发生的奇闻逸事。有的地区出现逆贼反叛或灾情变故之事,郡府不向朝廷报告,魏相就向宣帝奏明实情。魏相与御史大夫丙吉同心协力,辅佐朝政。

宣帝任命萧望之为左冯翊。

宣帝认为萧望之精通经学,老成持重,往往有许多高明见解,其才能堪为宰相,想仔细考核他处理政务的本领,便又任命他为左冯翊。萧望之从执掌宫廷供应的少府调往长安地方长官是降职,当即上书称病。宣帝派侍中金安上向萧望之转达圣意说:"这项任命都是为考核你治理百姓的能力,你先前任平原太守的时间太短,所以再调你到三辅地区试用,并非听到有人告发你。"萧望之立即起身处理政事。

戊午(前63) **宣帝元康三年**

春三月,宣帝下诏封原昌邑王刘贺为海昏侯。

宣帝心中忌恨原昌邑王刘贺,便赐给山阳太守张敞一道加封玺印的密诏,令他小心防备盗贼,密查而不加宣扬。张敞于是逐条奏明刘贺的起居、衣服、言论、礼仪等诸多方面清狂寡恩惠的情况,以标明他被废弃流放的成效。宣帝这才知道刘贺已不值得畏忌,便封刘贺为海昏侯。

宣帝封丙吉等人为列侯。有抚育保养之恩的故人,赏赐财物有所区别。

丙吉为人深沉忠厚,从不表功自夸。自从皇曾孙刘病已即位称帝,丙吉闭口不谈从前救助皇曾孙的恩德。恰有嫔妃禁宫的婢女自称,曾对当今皇上有抚养之功,并交代出丙吉最了解内情。宣帝亲自召见丙吉询问,而后方知丙吉对自己有旧恩却始终不讲出来,便认为丙吉是大贤人。

初,张贺尝为弟安世称皇曾孙之材美,及征怪,安世辄绝止,以为少主在上,不宜称述曾孙。及帝即位,而贺已死,上谓安世曰:"掖庭令平生称我,将军止之,是也。"

诏曰:"朕微眇时,丙吉、史曾、许舜皆有旧恩;张贺辅导朕躬,修文学经术,恩惠卓异,厥功茂焉。《诗》不云乎:'无德不报。'封贺子彭祖及吉、曾、舜,皆为列侯。"故人下至郡邸狱复作尝有阿保之功者,皆受官禄、田宅、财物,各以恩深浅报之。

吉临当封,疾病,上忧其不起。夏侯胜曰:"有阴德者必飨其乐,今吉未获报,非死疾也。"果愈。

张安世自以父子封侯,在位太盛,乃辞禄。安世谨慎周密,每定大政,已决,辄移病出。闻有诏令,乃惊,使吏之丞相府问焉。自朝廷大臣,莫知其与议也。尝有所荐,其人来谢,安世大恨,以为举贤达能,岂有私谢邪!绝弗复为通。有郎功高不调,自言,安世曰:"君之功高,明主所知,人臣执事何长短而自言乎?"绝不许。已而郎果迁。

夏六月,立子钦为淮阳王。　疏广、疏受请老,赐金遣归。

皇太子年十二,通《论语》《孝经》。太傅疏广谓少傅受曰:"吾闻'知足不辱,知止不殆'。今宦成名立,如此不去,

当初,掖庭令张贺常对其弟车骑将军张安世称赞皇曾孙的才干,及有关皇曾孙的奇异征兆,张安世总是禁止他谈论这些,认为年轻的皇上昭帝在上,不应称道皇曾孙。等到宣帝即位时,张贺已然逝世,皇上对张安世说:"掖庭令张贺当初无端地称赞我,将军制止他是对的。"

于是宣帝下诏说:"朕在平民身微之时,御史大夫丙吉、中郎将史曾、长乐卫尉许舜,都对朕有旧恩;已故掖庭令张贺辅导朕,研究文学和儒术,恩惠卓著,他的功绩最高。《诗经》不是说过吗:'无德不报。'今追封张贺之子张彭祖及丙吉、史曾、许舜等,皆为列侯。"凡宣帝的故交,下至当初在郡邸狱中按刑律服劳役的妇女,曾对他有抚育之恩的,都赏赐官禄、田地、房屋、财物,分别按照恩德的深浅予以报答。

丙吉临受封时,身染重病,宣帝担心他一病不起。太子太傅夏侯胜说:"积有阴德之人必能享受安乐,如今有阴德的丙吉还没得到回报,可见不是致死的病了。"后来丙吉果然痊愈。

张安世自认为父子都被封侯,权位过于显赫,便向宣帝请求辞去俸禄。张安世为人谨慎周密,每次与宣帝商讨大政要事,一经议决后,便上书称病退出。直到宣帝颁发诏令,还假装吃惊,派人到丞相府中探听详情。自朝廷大臣起,无人知道他曾参与了此事的决策讨论。张安世曾举荐过一人,后来此人登门致谢,张安世感到遗憾,认为自己替国家举荐贤能之士,岂有私相酬谢之理! 由此拒绝再同此人交往。有位郎官建立大功却未得调升,径自找张安世为他说情,张安世说:"你的功劳高,英明的皇上自然知晓,作为办事的大臣怎能自己去说长道短!"坚决不答应他。不久这位郎官果然升迁了。

夏六月,宣帝立皇子刘钦为淮阳王。 疏广、疏受请求告老还乡,宣帝赐给他们黄金,遣送二人荣归故里。

皇太子刘奭年已十二岁,通晓《论语》《孝经》。太傅疏广对少傅疏受说:"我听说'知道满足的人不会受到侮辱,知道适可而止的人不会遇到危险'。如今官至高位,功成名就,到此地步还不肯

惧有后悔。"即日俱移病上疏,乞骸骨。上皆许之,加赐黄金二十斤,皇太子赠以五十斤。公卿、故人设祖道,供张东都门外,送者车数百两,道路观者皆曰:"贤哉,二大夫!"或叹息为之下泣。

广、受归乡里,日令其家卖金共具,请族人、故旧、宾客与相娱乐。或劝以为子孙立产业者,广曰:"吾岂老悖不念子孙哉!顾自有旧田庐,令子孙勤力其中,足以共衣食,与凡人齐。今复增益之,以为赢余,但教子孙怠惰耳。贤而多财,则损其志,愚而多财,则益其过。且夫富者众之怨也,吾既无以教化子孙,不欲益其过而生怨。又此金者,圣主所以惠养老臣也,故乐与乡党、宗族共飨其赐,以尽吾余日,不亦可乎?"于是族人悦服。

以颍川太守黄霸守京兆尹,寻罢归故官。

黄霸为颍川太守,使邮亭、乡官皆畜鸡、豚,以赡鳏寡贫穷者;为条教,行之民间,劝以为善防奸,及务耕桑、节用、殖财、种树、畜养。初若烦碎,然精力能推行之。吏民见者语次寻绎,问他阴伏以相参考,聪明识事,吏民不敢有所欺。奸人去入他郡,盗贼日少。霸力行教化而后诛罚,务在成就全安长吏,曰:"数易长吏,送故迎新之费,及奸吏因缘绝簿书,盗财物,公私费耗甚多,皆当出于民。所易新吏又未必贤,或不如其故,徒相益为乱。凡治道,去其泰甚者耳。"霸以外宽内明,得吏民心,户口岁增,治为天下第一,征

离去,恐将有后悔之日。"当天疏广、疏受都上书宣帝,告老称病请求退职。宣帝都予批准,并加赐黄金二十斤,皇太子又赠送黄金五十斤。公卿大臣和故友至交在东都门外祭祀路神,设宴饯行,陈设帷帐,前来送行的车达数百辆,沿途观看的人都赞叹着:"真贤明啊,两位大夫!"还有人感叹不止为之落泪。

疏广、疏受荣归乡里,每天命家人变卖黄金,摆酒设宴,请族人、旧友、宾客一起娱乐。有人劝他们为子孙置办产业,疏广说道:"我岂是年老昏庸不顾念子孙呀! 只是自家旧有田地房屋,令子孙们勤劳耕作经营,就足以供给他们衣食,过与普通人同样的生活。如今再增加产业,使有盈余,只能教子孙们懒惰懈怠了。贤明的人而财产过多,就会磨损他们的志气;愚蠢的人而财产过多,就会增添他们的过失。况且那富翁是众人怨恨的对象,我既然无法教化子孙们,也就不愿再增加他们的过失而招致怨恨。再说这些金钱,是圣明的皇上用作恩养老臣的,因此我愿与同乡同族的人共享皇上的恩赐,以度过我的余生,不也很好吗?"于是族人心悦诚服。

宣帝任命颍川太守黄霸为京兆尹,不久又罢免,仍归旧官职。

黄霸担任颍川太守,让驿站和乡官都畜养鸡、猪,用以救济鳏夫寡妇和贫穷的人;后又订立规章条例,在民间推行,教育百姓行善防奸及务农养蚕、节省费用、增殖财富、种植树木、饲养家畜。起初似乎烦琐细碎,然而黄霸能集中精力贯彻推行。接见属下官吏百姓时,从交谈中寻找线索,询问其他潜在问题以便互相参考,黄霸聪明又记事,官吏百姓不敢有所欺瞒。奸邪之人纷纷逃往其他郡,颍川地区盗贼日益减少。黄霸大力推行教化后,再施加诛罚,力求成就保全下属官吏,他说:"频繁地变更重要官吏,会增加送旧迎新的费用,奸猾的官吏借机藏匿档案,盗取财物,公私费用耗费过多,全要由百姓们承担。新换的官吏也未必贤明,有的还不如旧官吏,就会徒然互相添乱。治理的原则,不过是清除太坏的官吏而已。"黄霸以外表宽厚而内心明察,很得官吏百姓之心,郡内户口逐年增加,政绩天下第一,宣帝征召

守京兆尹。寻坐法,贬秩;诏复归颍川为太守,以八百石居。

己未(前62) 四年

春正月,诏"年八十以上,非诬告、杀伤人,勿坐"。

右扶风尹翁归卒。

翁归卒,家无余财。诏曰:"翁归廉平乡正,治民异等。其赐翁归子黄金百斤,以奉祭祀。"

求高祖功臣子孙失侯者,赐金,复其家。

凡百三十六人。

大司马、卫将军、富平侯张安世卒。

谥曰敬。

以韦玄成为河南太守。

初,扶阳节侯韦贤薨,长子弘有罪系狱,家人矫贤令,以次子玄成为后。玄成深知其非贤雅意,即阳狂不应召。大鸿胪奏状,章下丞相、御史案验。玄成友人侍郎章亦上疏言:"圣王贵以礼让为国,宜优养玄成,勿枉其志,使得自安衡门之下。"而丞相、御史遂以玄成实不病,劾奏之。有诏勿劾,引拜。玄成不得已,受爵。帝高其节,以为河南太守。

遣光禄大夫义渠安国行边兵。

初,武帝开河西四郡,隔绝羌与匈奴相通之路,斥逐诸羌,不使居湟中。及帝即位,义渠安国使行诸羌,先零豪言:"愿时渡湟水北,逐民所不田处畜牧。"安国以闻。后将军赵充国劾安国奉使不敬。是后羌人旁缘前言,抵冒渡湟水,

他担任京兆尹。不久,因被指控违法,受到降级处罚;宣帝下诏让他重新回到颍川任太守,以八百石的官秩任职。

己未（前62） 汉宣帝元康四年

春正月,宣帝下诏说"年龄在八十岁以上的人,若非诬告、杀人、伤人,不再连坐论罪"。右扶风尹翁归去世。

尹翁归去世,家中无余财。宣帝下诏书说:"尹翁归廉洁公正,治理百姓成绩优异。特赐尹翁归之子黄金百斤,作为祭祀之用。"

宣帝命有关部门查访汉高祖功臣的子孙中失落侯爵的人,一律赐予黄金,恢复其家业。

凡一百三十六人。

大司马、卫将军、富平侯张安世病故。

谥号为"敬"。

宣帝任命韦玄成担任河南太守。

当初,扶阳节侯韦贤去世,韦贤的长子韦弘因罪被逮捕入狱,韦家人假托韦贤生前有令,以次子大河都尉韦玄成作为韦贤的继承人。韦玄成深知此非父亲本意,便假装疯癫不肯应召袭爵。大鸿胪向宣帝奏报实情,宣帝把奏章交丞相、御史核查验证。韦玄成的友人侍郎名叫章的也上书说:"圣明的君王尊崇礼让治国,应该优抚韦玄成,不要违背他的志向,使他得以自安于陋室清贫。"而丞相、御史竟以韦玄成原本没得疯病的事实弹劾他。宣帝下诏令不要弹劾,引领他来承袭爵位。韦玄成迫不得已,接受侯爵。宣帝欣赏他的志节,任命他为河南太守。

宣帝派光禄大夫义渠安国巡边练兵。

当初,武帝开辟河西四郡,断绝了羌与匈奴的联系通道,并驱赶羌人各部,不让他们居住于湟中地区。等到宣帝即位,又派光禄大夫义渠安国巡查羌人各部,羌人先零部落首领请求说:"希望时常渡过湟水以北,在耕田以外有水草处放牧。"义渠安国表示同意并奏闻朝廷。后来将军赵充国弹劾义渠安国奉使不敬,擅作主张。此后羌人便借口汉使曾经许诺,强行渡过湟水,

郡县不能禁。

既而先零与诸羌解仇交质。上以问充国,对曰:"羌人所以易制者,以其种自有豪,数相攻击,势不壹也。往西羌反时,亦先解仇合约。然羌势不能独造,比闻匈奴数诱羌人,欲与之共击张掖、酒泉地。疑其遣使至羌中,与相结。羌乃解仇作约,到秋马肥,变必起矣。宜遣使者行边兵,豫为备,敕视诸羌毋令解仇,以发觉其谋。"于是两府复白遣安国。

当地郡县无力禁止。

不久,先零部落与羌人其余各部解除了怨仇,彼此交换了人质。宣帝就此事询问赵充国,赵充国回答说:"羌人之所以容易控制,是因各部落自有首领,彼此间屡次互相攻击,势力不统一。以往西羌背叛朝廷时,也是先解除自身仇怨重结联盟。然而羌人势力不能单独行动,近来听说匈奴屡次引诱羌人,想联合他们共同挟击张掖、酒泉地区。我怀疑匈奴已派使臣到诸羌中,与他们互相勾结。诸羌化解怨仇签订盟约,到秋后战马肥壮,必生变乱。应立即派使臣去巡边练兵,预先做好防备,警告诸羌不让他们化解仇怨,以便揭发其中的阴谋。"于是丞相和御史大夫两府联名又奏报宣帝,再派义渠安国去巡边练兵。